Schule zwischen Orient und Okzident

Das iranische Bildungssystem im Spannungsfeld zwischen
europäisch geprägter Modernisierung und islamischem Anspruch

Inaugural-Dissertation
zur
Erlangung der Doktorwürde
des
Fachbereichs Erziehungswissenschaften
der Philipps-Universität Marburg

vorgelegt von
Kambis Moghbeli
aus Isfahan

Marburg, im Oktober 2000

Vom Fachbereich Erziehungswissenschaften der
Philipps-Universität Marburg
als Dissertation angenommen am:

Tag der mündlichen Prüfung: 11.12.2000

Erstgutachter: Prof. Dr. Wolfgang Klafki
Zweitgutachter: Prof. Dr. Heidemarie Koch

Schule zwischen Orient und Okzident

Das iranische Bildungssystem im Spannungsfeld zwischen europäisch geprägter Modernisierung und islamischem Anspruch

von

Kambis Moghbeli

Tectum Verlag
Marburg 2003

Moghbeli, Kambis:
Schule zwischen Orient und Okzident.
Das iranische Bildungssystem im Spannungsfeld zwischen
europäisch geprägter Modernisierung und islamischem Anspruch.
/ von Kambis Moghbeli
- Marburg : Tectum Verlag, 2003
Zugl.: Marburg, Univ. Diss. 2000
ISBN 978-3-8288-8612-4

© Tectum Verlag

Tectum Verlag
Marburg 2003

FRIEDERIKE SCHMIDT GEWIDMET

Ich besaß es doch einmal,
was so köstlich ist!
Daß man doch zu seiner Qual
nimmer es vergißt!

(Goethe, An den Mond)

Erklärung

Hiermit erkläre ich, daß ich die Dissertation selbständig ohne unerlaubte Hilfe angefertigt habe. Die Arbeit hat noch bei keiner anderen wissenschaftlichen Hochschule vorgelegen.

Marburg, den 16. Oktober 2000

Vorwort

In der Zeit vor der Islamischen Revolution fand sich am Anfang aller iranischer Schulbücher sowie an vielen Gebäuden von Bildungseinrichtungen folgender Spruch des persischen Nationaldichters Firdausi

„Tawânâ buwad har ke dânâ buwad
zedânesch del-e pîr burnâ buwad."[1]

Diese Worte kann man folgendermaßen übersetzen:

„Mächtig ist jeder, der wissend ist; durch Wissen bleibt das alte Herz jung".

Dieses Zitat hebt die Bedeutung von Bildung zur Bewältigung des Lebens hervor und erinnert daran, daß die Aneignung immer neuer Kenntnisse uns davor bewahrt, im Alten gefangen zu bleiben und so den Herausforderungen des Lebens nicht mehr gewachsen zu sein. Firdausis Weisheit ist in unserer Zeit aktueller denn je, da wir, wie keine Generation vor uns, durch die rasant voranschreitenden Entwicklungen etwa auf technischem Gebiet stets vor neue Herausforderungen und Aufgaben gestellt sind. Das Bildungswesen kann sich diesen Entwicklungen nicht verschließen. Es kann nicht beim althergebrachten Fächerkanon und bei überkommenen Unterrichtsmethoden stehen bleiben, sondern bedarf einer stetigen Anpassung an die veränderten Verhältnisse, also einer kontinuierlichen Modernisierung.

Neben den sich rasch verändernden Möglichkeiten und Gegebenheiten auf den Gebieten der Technik, Naturwissenschaft und Ökonomie ist unsere Zeit ferner dadurch geprägt, daß wir uns wie in keiner vorangegangenen Epoche über alle Grenzen von Kontinenten und Kulturen hinweg als Teil einer Welt begreifen. Daher ist der Umgang mit Menschen fremder Kulturkreise von besonderer Bedeutung für unsere Gegenwart. Toleranz und Verständigung zwischen den Kulturen markieren also ein unabdingbares Erziehungsziel. Meine Arbeit soll vor diesem Hintergrund dazu beitragen, daß auch das iranische Bildungssystem sich dieser Aufgabe verpflichtet fühlt.

Das Dissertationsvorhaben geht zurück auf eine Anregung von Herrn Prof. Dr. Wolfgang Klafki, emeritierter Lehrstuhlinhaber für Systematische und Historische Pädagogik, Schultheorie und Allgemeine Didaktik an der Philipps-Universität Marburg, der auch die Betreuung sowie die Erstellung des Erstgutachtens übernahm. Für die unermüdliche Bereitschaft, mir in seiner sehr menschlichen und verständnisvollen Art mit Rat und Tat zur Seite zu stehen, möchte ich mich an dieser Stelle herzlich bedanken.

---

[1] Firdausi, Abul Qasim, Schahnameh, az ruy-e tschap-e Vullers pas az mughabeleh ba nusach chatti-ye digar (Firdausi, Schahnameh. A revision of Vullers Edition, newly collected with MSS., with the Persian translation of the Latin notes, Teheran 1313 (1934), vol. I; vgl. Einleitung S. 2, Zeile 14.

Für weitere Hilfe einschließlich der Übernahme des Zweitgutachtens danke ich der apl. Professorin für Iranistik an der Philipps-Universität, Frau Prof. Dr. Heidemarie Koch.

Ferner sei Meik Gerhards, Cornelia Imming, Stephani Voigtsberger und einer großen Zahl Ungenannter gedankt, die mir – wann immer erforderlich – bei der organisatorischen und technischen Realisierung dieser Arbeit zur Seite standen.

Sehr gerne möchte ich ausdrücklich die Hilfe der Familien Bernbeck aus Friedberg und Offenbach hervorheben, die durch ihr reges Engagement die Voraussetzungen zur Aufnahme meines Studiums in Deutschland schufen.

Zugleich richtet sich mein Dank an die Vertreter der Philipps-Universität Marburg, die mir durch ein Stipendium den Abschluß der Promotion ermöglichten.

Schließlich danke ich Ilonca Merte, die mit größter Kompetenz und großem Einsatz das druckfertige Manuskript erstellt und technisch betreut hat.

Bei der Arbeit an meiner Dissertation blieb ich nicht immer von Schwierigkeiten im persönlichen Bereich verschont. Es sei daher nicht zuletzt allen Freunden gedankt, die mich in dieser Zeit immer wieder durch ihren Zuspruch ermutigten und somit ebenfalls einen nicht unerheblichen Anteil am Zustandekommen dieser Arbeit haben.

- Zwei Formalia seien vorweg angemerkt. Im europäischen Raum werden die Begriffe „Persien" und „Iran" gleichbedeutend benutzt, wobei „Iran" seit 1934 der offizielle Name des Landes ist. „Persien" geht auf das altpersische Wort „Parsa" zurück, das sowohl das Volk bezeichnete als auch das Land, in dem es lebte. Später trug auch die Hauptstadt „Persepolis" diesen Namen, der zunächst im 9. Jahrhundert v. Chr. für eine Gegend südwestlich des Orumiyeh - (Urmia) - Sees belegt ist. Dort wurden die Perser zum ersten Mal geschichtlich faßbar, bevor sie nach Süden wanderten.

  In unserer Zeit ist der Begriff noch in der offiziellen politischen Bezeichnung der Provinz „Fars" erhalten, die das Gebiet umfaßt, in dem die Perser nach ihrer Einwanderung aus dem Norden seßhaft wurden, und von dort ihre Herrschaft auf andere Gebiete ausdehnten. Bereits die Sassaniden verwendeten den Begriff „Iran", was „Land der Arier" bedeutet, um damit das gesamte Gebiet der arischen Völker zwischen Industal und Mesopotamien zu umschreiben.

  Die Begriffe „Arier" und „arisch" sind im Deutschen durch ihren Gebrauch in der Zeit des Nationalsozialismus negativ konnotiert. Die damaligen Rassentheoretiker nahmen eine jeglicher historischer Grundlage entbehrende Abwandlung des Gebrauchs dieser Termini vor, indem sie sie auf die Indoeuropäer im allgemeinen und auf die Germanen im besonderen bezogen.

Im Unterschied dazu beziehen sich die Begriffe in historisch korrekter Verwendung auf diejenigen Völker Indiens und des iranischen Bereichs, deren Sprachen einen eigenen, in sich engverwandten Zweig der indogermanischen Sprachfamilie bilden. In diesem Sinne werden sie auch in unserer Zeit in Geschichts- und Sprachwissenschaft verwendet. Sowohl im Altindischen als auch im Altpersischen stellt „arisch" eine Selbstbezeichnung des jeweiligen Volkes dar.[2] In der auf die Sassaniden folgenden islamischen Zeit bis zum Jahr 1934 trug das Land offiziell den Namen „Persien". 1934 nahm Reza Schah Pahlawi ausgehend von nationalistischem Gedankengut die Bezeichnung „Iran" erneut auf, um zu verdeutlichen, daß primär arische Völkerschaften die Geschichte des Landes bestimmten. Zugleich betonte er somit durch diese Anordnung, daß die Identität seines Landes bereits in vorislamischer Zeit wurzelt.

Auch ich bin der Auffassung, daß bei der Betrachtung der iranischen Kultur der bis in vorislamische Zeit zurückgehenden, mehr als 2500-jährigen Kontinuität Rechnung zu tragen ist. Über diese langanhaltende Kontinuität einer persischen Kultur in wechselvoller Geschichte bemerkt Goethe, der sich ausgiebig mit ihr auseinandersetzte, in seinen „Noten und Abhandlungen zu besserem Verständnis des West-östlichen Divans":

> „Wenn wir uns nun zu einem friedlichen, gesitteten Volke, den Persern, wenden, so müssen wir, da ihre Dichtungen eigentlich diese Arbeit [= *d.h. den West-östlichen Divan*] veranlaßten, in die früheste Zeit zurückgehen, damit uns dadurch die neuere verständlich werde. Merkwürdig bleibt es immer dem Geschichtsforscher, daß, mag ein Land noch so oft von Feinden erobert, unterjocht, ja vernichtet sein, sich doch ein gewisser Kern der Nation immer in seinem Charakter erhält, und, ehe man sichs versieht, eine altbekannte Volkserscheinung wieder auftritt. In diesem Sinne möge es angenehm sein, von den ältesten Persern zu vernehmen und einen desto sicherern und freiern Schritt, bis auf den heutigen Tag, eilig durchzuführen."[3]

Dennoch wird hier aus stilistischen Gründen die Bezeichnung „Persien" im Wechsel mit „Iran" verwendet, ohne daß im Rahmen dieser Arbeit damit ein Bedeutungsunterschied verbunden wäre.

- In der gesamten Arbeit ist ein auch weibliche Personen einschließender Gebrauch maskuliner Formen vorausgesetzt. Unter den Begriffen „Lehrer" bzw. „Schüler" sind also auch Lehrerinnen und Schülerinnen miteinbezogen. Anders gehe ich vor, wenn ich in speziellen Zusammenhängen – etwa in Kapitel 7 – explizit auf den Unterschied hinweise.

---

[2] Vgl. zu dieser Begriffsbestimmung Brandenstein, Wilhelm / Mayrhofer, Manfred, Handbuch des Altpersischen, Wiesbaden 1964, S. 1.

[3] Goethe, Johann Wolfgang, West-östlicher Divan, hrsg. und erläutert von Hans-J. Weitz. Mit Essays zum 'Divan' von Hugo von Hofmannsthal, Oskar Loerke und Karl Krolow, Frankfurt/Main ^{8}1988, S. 136.

Inhaltsverzeichnis

Vorwort 1
Inhaltsverzeichnis 5
Einleitung 11
E.1. Problemdimension und Verständigung über das Thema 11
E.2. Zum Bildungsbegriff 12
E.3. Aufbau der Arbeit 15
E.4. Zum Forschungsstand der Bildungs- und Kulturgeschichte Persiens 17

1. **Historischer Abriss der Kulturgeschichte des Iran unter besonderer Berücksichtigung der traditionellen Erziehung bis zur Mitte des 19. Jahrhunderts** 23

   1.1. Die präislamische Zeit 23
   1.1.1. Der Iran an der Schnittstelle zwischen Orient und Okzident: Seine geopolitische Lage als Bedingung einer vermittelnden eigenen kulturellen Identität 23
   1.1.2. Charakteristische Merkmale des Aufbaus des achämenidischen Staatswesens 25
   1.1.3. Toleranz als Überlebensstrategie des Vielvölkerstaates der Achämeniden (550-330 v. Chr.) 26
   1.1.4. Die Bedeutung der iranischen Religionen für das persische Geistesleben und Selbstverständnis 30
   1.1.5. Ansätze einer institutionalisierten Erziehung im alten Persien 41

   1.2. Die Zeit nach der Islamisierung Persiens 50
   1.2.1. Historische Hintergründe der Ausbreitung des Islam in Persien 51
   1.2.2. Vergleich zwischen islamischen und zoroastrischen Grundprinzipien in religiöser, ethischer, politischer und pädagogischer Hinsicht 53
   1.2.3. Zur Kontinuität persischer Identität ungeachtet arabischer Okkupation und der Beitrag des Iran zum kulturellen und wissenschaftlichen Austausch zwischen Orient und Okzident 57
   1.2.4. Erzieherische Institutionen in der islamischen Zeit: Maktab und Madreseh 62
   1.2.5. Bildung und Kultur während der mongolischen Fremdherrschaft 71
   1.2.6. Die Etablierung der schiitischen Variante des Islam als Staatsreligion im 16. Jahrhundert und die Folgen für die Erziehungsvorstellungen 73

2. **Modernisierungsprozesse in Deutschland vor ihren historisch-gesellschaftlichen Hintergründen und ihre Auswirkungen auf das Bildungswesen seit der Aufklärung** 77

   2.1. Zum Modernisierungsbegriff 78

2.2. Vorläufer der Modernisierung 81
2.2.1. Renaissance und Humanismus: Ansätze zu einem neuen
Weltverständnis und die Entdeckung des Individuums 81
2.2.2. Die Reformation: Personale Glaubensbeziehungen im protestantischen
Verständnis und die Neubestimmung des Verhältnisses von
Staat und Kirche 84

2.3. Bildungs- und Erziehungsvorstellungen im Spannungsfeld zwischen
Ansätzen zu säkularer Rationalität und religiösen Kontexten im
Zeitalter des Absolutismus 88

2.4. Die Zeit der Aufklärung 95
2.4.1. Das Eigenrecht des Kindes und der Emanzipationsgedanke im
philosophisch-pädagogischen Denken der Zeit: Rousseau und Kant 96
2.4.2. „Klassische" Bildungs- und Erziehungstheorien: Volksbildungskonzeption (Pestalozzi) und Neuhumanismus (Humboldt) 99

2.5. Dimensionen der Modernisierung 104
2.5.1. Politische Modernisierung und erste Demokratisierungsansätze 104
2.5.2. Säkularisierung 106
2.5.3. Industrialisierung 108

2.6. Bildung und Erziehungsvorstellungen in der wilhelminischen Zeit 112
2.6.1. Neue kulturelle Strömungen und Bildungsinnovationen im
sozioökonomischen Rahmen der wilhelminischen Zeit 112
2.6.2. Grundzüge der Bildungspolitik in der wilhelminischen Ära 114
2.6.3. Exkurs: Anfänge einer ökonomischen und bildungsorientierten
Emanzipation der Frau 117
2.6.4. Die wilhelminische Zeit als Epoche sozialer Umbrüche und geistiger
Gegensätze 118

2.7. Pädagogische Reformansätze in der Weimarer Republik 120

2.8. Gleichschaltung der Bildungsinstitutionen während der Zeit des
Nationalsozialismus 125

2.9. Restauration des Schulwesens in der Bundesrepublik 1945-1965 126

2.10. Schulreform und Bildungsexpansion in der Bundesrepublik seit 1965 129
2.10.1. Zum allgemeinbildenden Schulwesen 129
2.10.2. Exkurs: Berufliche Ausbildung 134

3. Der zukunftsorientierte Ansatz von Modernisierung und seine
Begründung... 139

3.1. Gesellschaftliche und bildungsspezifische Hauptcharakteristika der
Moderne 139

3.2. Negative Auswirkungen und notwendige Neuorientierungen in der
Moderne: Der Ansatz von Ulrich Beck 142

| 3.3. | *Die Neubestimmung pädagogischer Aufgaben vor dem Hintergrund der reflexiven Modernisierung* .... *145* |

4. Islamisch-iranische Erneuerungsbestrebungen als Gegenbewegung zu staatsreligiös-autoritären Strukturen **151**

4.1.	*Darstellung eines zeitgemäßen Islambildes: Der Ansatz von Bassam Tibi* *151*
4.2.	*Mu'taziliten und Mystiker: Ihr Verständnis des Islam als eine Religion der Selbstbestimmung und Eigenverantwortlichkeit des Einzelnen*........... *156*
4.3.	*Die islamischen Modernisten*.. *166*
4.3.1.	Politische Erneuerungsansätze und Säkularisierungsbestrebungen im Iran des 19. und 20. Jahrhunderts.. 166
4.3.2.	Postrevolutionäre Modernisierungsansätze: das Beispiel von Abdul-Karim Sorusch.. 176

5. Die Bedeutung westlich geprägter Bildungsideale für die Modernisierung des iranischen Bildungssystems. **181**

5.1.	*Die Gründung des Dar-al-Fonun (Haus der Künste) als Ausdruck der Wertschätzung westlich orientierter Bildungs- und Ausbildungsvorstellungen* *183*
5.2.	*Christliche Missionare und die Anfänge des Sonderschulwesens im Iran unter besonderer Berücksichtigung des Blindenbildungswesens* *186*
5.3.	*Die Entstehung emanzipativer Ansätze als Folge europäischer Einflüsse 189*
5.4.	*Ansätze von Bildungsreformen nach der Konstitution der Pahlawi-Dynastie*... *191*
5.4.1.	Reza Schah: Das neu erwachende Nationalgefühl Persiens und die Folgen für das Bildungssystem 191
5.4.2.	Mohammad Reza Schah und das Programm der "Weißen Revolution" ... 195
5.5.	*Soziokulturelle, ökonomische und religiöse Hintergründe der Islamischen Revolution von 1979* *199*
5.5.1.	Die Ausgangsbedingungen der Islamischen, der Französischen und der Russischen Revolution im Vergleich 199
5.5.2.	Die säkulare Politik der Pahlawi-Dynastie und die schiitische Geistlichkeit 204
5.5.3.	Die Wirtschaftspolitik seit der Verstaatlichung der Ölfelder und die Entstehung einer breiten gesellschaftlichen Opposition gegen das Pahlawi-Regime 207
5.5.4.	Der Verlust der kulturellen Identität als eine Vorbedingung der Islamischen Revolution 210
5.5.5.	Die Unzulänglichkeiten der Bildungspolitik während der Pahlawi-Ära und ihre Bedeutung für die Islamische Revolution 213

6. **Das Bildungswesen nach der islamischen Revolution von 1979 – die inhaltliche Neuorientierung als Ausdruck der politischen Umwälzungen 217**

    6.1.   Interdependenzen der wirtschaftlichen, gesellschaftlichen, politischen und kulturellen Situation mit dem Bildungssystem im Iran der Gegenwart 218

    6.2.   Die Kulturrevolution und ihre Zielsetzungen 224

    6.3   Die organisatorische Struktur des iranischen Bildungssystems 226

    6.3.1.   Amuzesch-e qabl az dabestan, die Vorschulerziehung 227

    6.3.2.   Muzesch-e ʿebtedāʾi, der Primarbereich 229

    6.3.3.   Tahsilāt-e rāhnamāʾi, die Sekundarstufe I, bzw. Orientierungsschule 229

    6.3.4.   Tahsilāt-e motawaseteh, die Sekundarstufe II 229

    6.3.5.   Amuzesch-e fanni wa herfeʾi, die Berufsausbildung 232

    6.3.6.   Tahsilāt-e āli, die universitäre Ausbildung 235

    6.3.7.   Amuzesch-e estesnāʾi, die Sonderschulerziehung 238

7. **Einblicke in die Besonderheiten des iranischen Bildungswesens, dargestellt am Beispiel des Primarbereichs 241**

    7.1.   Die organisatorischen Rahmenbedingungen 243

    7.2.   Ziele, Inhalte und Methoden des Unterrichts 246

    7.3.   Zur Situation der Lehrerausbildung 250

    7.4.   Charakterisierung der Lehrinhalte am Beispiel von Grundschulbüchern 252

    7.4.1.   Manipulation und Personenkult als Begleitphänomene in der Pädagogik des Primarschulbereichs 252

    7.4.2.   Religion als Leitmotiv der Wissensvermittlung 254

    7.4.3.   Die Bedeutung von politisch-militärischer Agitation 261

    7.4.4.   Zur Relevanz von didaktisch-pädagogisch begründeten Kriterien für die Auswahl der Lehrinhalte 267

    7.5   Auswirkungen des zentral gestalteten Bildungssystems bezüglich der Chancengleichheit der Landbevölkerung, der ethnischen und religiösen Minderheiten sowie der Nomaden 270

    7.6.   Zwei zentrale Probleme des iranischen Schulwesens 275

    7.6.1.   Koedukation und das Verhältnis der Geschlechter an den Schulen 275

    7.6.2.   Zur Problematik des Religionsunterrichts an öffentlichen Schulen 282

    7.7.   Die Grundschule als Ort und Ausdruck der gesellschaftlichen Spannungen und Widersprüche 286

    7.8.   Umfrage unter Grundschullehrerinnen in der Region Isfahan im Iran 290

    7.8.1.   Durchführung der Studie 290

    7.8.2.   Ergebnisse der Erhebung 291

    7.8.3.   Interpretation der Studie 300

7.9. Zusammenfassende Kritik sowie Überlegungen zur Gestaltung des Unterrichts im Sinne einer zeitgemäßen iranischen Pädagogik 303

Schlussbetrachtung 311

Anhang 1 319

Anhang 2 331

Literaturverzeichnis 333

Über den Autor 347

Einleitung

E.1. Problemdimension und Verständigung über das Thema

Der Verfasser beabsichtigt, mit dieser Arbeit einen Beitrag zur Klärung der Frage zu leisten, wie sich die Bildungs- und Erziehungsvorstellungen im Verlauf der iranischen Geschichte entwickelt und verändert haben, und welche historisch-kulturellen Faktoren diesen Prozess beeinflußten.

Die Vorstellungen über Bildung und Erziehung werden in einer Gesellschaft auch durch von außen wirkende Impulse maßgeblich bestimmt. Bei diesen Betrachtungen im Iran läßt sich nachweisen, daß der Austausch während verschiedener Zeitabschnitte insbesondere mit Westeuropa unterschiedlich intensiv war. Ein Ziel dieser Arbeit ist, der Frage nachzugehen, weshalb sich der Iran zu bestimmten Zeiten in hohem Maße an westeuropäischen Vorbildern orientierte, sich aber in gewissen Phasen der gesellschaftlichen Entwicklung von diesen westeuropäischen Modellen distanzierte.

Ferner sollen einerseits die Hintergründe für die gegenwärtige, desolate bildungspolitische Lage im Iran skizziert werden. Andererseits wird der Versuch unternommen, im Rekurs auf die bedeutende persische Kulturgeschichte Ansätze für einen Ausweg aus diesem erstarrten System zu formulieren. Dieser gesellschaftlich zu leistende Bezug zu den kulturhistorischen Anfängen scheint für das kollektive Selbstbewußtsein Irans von großer Bedeutung zu sein, um aus einer selbstbewußten Stellung heraus eine produktive Auseinandersetzung mit anderen Kulturkreisen vollziehen zu können. Denn solch ein Dialog dürfte das künftige Leben und den Stellenwert Irans in der Völkergemeinschaft maßgeblich beeinflussen.

Der Verfasser zeigt auf, daß der Iran in seiner Geschichte während langer Zeitabschnitte Phasen durchlebte, die als besonders kulturinnovativ galten, und Werte hervorbrachte, die bis heute von ihrer Relevanz nichts eingebüßt haben. Aufgrund dieser Impulse nimmt Persien eine herausragende Stellung in der gesamten Kulturgeschichte der Völker ein. Es scheint bei der Diskussion des pädagogischen Modernisierungsprozesses von großer Bedeutung zu sein, auf diese frühen kulturellen Leistungen des alten Iran einzugehen. Die aufgrund der historischen Analyse gewonnenen Befunde und Hinweise dürften eine wertvolle Basis und Orientierungshilfe für die Erarbeitung zeit- und kulturgerechter Modernisierungskonzepte im heutigen Iran darstellen.

Modernisierung im Sinne dieser Arbeit kann nur „reflexive Modernisierung" sein, die einen kritiklosen Fortschrittsglauben vermeidet. Dabei darf die reflexive Modernisierung keinen Bereich der iranischen Gesellschaft auslassen. Sowohl Bildung als auch Religion sind inhärente Bestandteile der iranischen Kultur, die sich bis heute wechselseitig bedingen. Freilich hängt die Realisierung dieser Ziele maßgeblich von dem der Bildung eingeräumten Stellenwert wie auch von den jeweils vermittelten Erziehungswerten ab.

E.2. Zum Bildungsbegriff

Im Laufe der Untersuchung formuliert der Verfasser an entscheidenden Stellen zu den dargestellten Entwicklungen im pädagogischen Denken und im Bildungswesen Irans sowie in der – vorrangig deutschen – neuzeitlich-westlichen Pädagogik und im deutschen Bildungswesen zentrale und kritisch zu würdigende Thesen. Sie und die hier erarbeiteten Vorschläge für die Weiterentwicklung des iranischen Bildungswesens orientieren sich an einigen Grundgedanken, die vor allem von Wolfgang Klafki in seinen Arbeiten zum Konzept einer „Kritisch-konstruktiven Erziehungswissenschaft" und eines entsprechenden Bildungsbegriffs in der jüngeren deutschen Erziehungswissenschaft entwickelt worden sind.[1]

Allerdings kann es sich nicht darum handeln, in einem der relativ weit entwickelten Länder der sogenannten westlichen Welt, nämlich in Deutschland, herausgebildete pädagogische Leitvorstellungen *unmittelbar* auf den Iran, ein Land des islamischen Kulturraums, übertragen zu wollen.

Weil die kritisch-konstruktive Erziehungswissenschaft sich aber in ihrem Bildungskonzept um eine weltweite Perspektive bemüht, die Verpflichtung einer friedlichen Koexistenz der Völker und ihrer Staaten betont und auf die wechselseitige Toleranz und Verständigung zwischen den Kulturen und Religionen bedacht ist, scheint es möglich, sich an deren Prinzipien orientieren zu können, ohne damit den Anspruch auf eine eigenständige Entwicklung der iranischen Pädagogik und des iranischen Bildungswesens aufgeben zu müssen. Die Anerkennung von *Unterschieden* in der Entwicklung von Ländern, Staaten und Kulturen einschließlich ihrer Religionen gehört zu den Zielvorstellungen kritisch-konstruktiver Erziehungswissenschaft: friedliche Begegnung, offener Austausch und weitgehende Kooperation.

Ein weiterer Grund, sich am Bildungsbegriff der kritisch-konstruktiven Erziehungswissenschaft zu orientieren, liegt in seiner Modernität, die mit dem Konzept der reflexiven Modernisierung, das für diese Arbeit grundlegend ist, korrespondiert. Die kritisch-konstruktive pädagogische Theorie schließt einen umfassenden und ganzheitlichen Bildungsbegriff mit internationaler Perspektive ein. Daher bietet sie auch ein Instrumentarium für die vielschichtigen Probleme im Iran, die sich aus der Vernetzung der politisch-gesellschaftlichen Bedingungen mit den bildungsspezifischen Fragestellungen ergeben.

Der Verfasser übersieht keinesfalls die kontroverse Diskussion des Bildungsbegriffs in den letzten Jahrzehnten. Die kritischen Einwände lauten, daß er praxisfern, anachronistisch und unpolitisch sei. Die folgenden Ausführungen zeigen jedoch, daß diese Kritik zwar auf manche traditionelle Deutungen des Bildungsbegriffs zutrifft, aber nicht auf das Bildungsverständnis der kritisch-konstruktiven Erziehungswissenschaft und ihr verwandte Konzeptionen. Deren Vertreter

---

[1] Vgl. Klafki, Wolfgang: Grundzüge eines neuen Allgemeinbildungskonzepts; in: ders.: Neue Studien zur Bildungstheorie und Didaktik. Zeitgemäße Allgemeinbildung und kritisch-konstruktive Didaktik, Weinheim [5]1996, S. 43-81, bes. S. 43-54.

halten den Bildungsbegriff weiterhin für geeignet, ja für unverzichtbar, um breit angelegte Aktivitäten, Hilfen und Maßnahmen in pädagogischen Prozessen, die miteinander interagieren, angemessen bündeln zu können.

Es ist an dieser Stelle nicht möglich, die Entstehung und die Geschichte des Bildungsbegriffs nachzuzeichnen. Der klassische Bildungsbegriff, der von Lessing, Herder, Kant, Pestalozzi, Humboldt und weiteren Denkern zwischen 1770 und 1830 entwickelt und vertreten wurde, enthält zum Teil explizit, zum Teil implizit gesellschaftskritische Momente, die aber beim damaligen Erkenntnisstand nicht hinreichend ausformuliert werden konnten. Doch es sei darauf hingewiesen, daß einige der klassischen pädagogischen Denker des 18. und 19. Jahrhunderts den Bildungsbegriff durchaus kritisch-progressiv deuteten und politisch verwendeten. Sie traten für Ziele ein, die aus der Zentralidee der Aufklärung, dem Postulat „Ausgang des Menschen aus seiner selbstverschuldeten Unmündigkeit" (Kant) resultierten, nämlich die Selbstbestimmungsfähigkeit des Individuums, die Berufung auf die Vernunft und die Infragestellung überkommener Besitz- und Herrschaftsverhältnisse. Dementsprechend sind Bildungsfragen auch immer Machtfragen, betreffen also die Stabilisierung oder die Überwindung bestehender Herrschaftsverhältnisse. Die klassische Bildungstheorie befragte den Zusammenhang von Bildung und Gesellschaftsstruktur und dessen politische Dimension allerdings nur sehr unzureichend.

Hingegen nahmen moderne Pädagogen und Philosophen wie etwa Herwig Blankertz oder Jürgen Habermas in jüngerer Zeit progressiv klassische Ansätze auf, um sie in kritischer Absicht auf die Verhältnisse der Gegenwart und der absehbaren Zukunft anzuwenden.

1. Deshalb erweitert und ergänzt der moderne Bildungsbegriff den klassischen um so wichtige Fragestellungen wie Bildung und Gesellschaft, Bildung als Entwicklung und Umsetzung von Grundfähigkeiten und Bildung im Sinne einer neu konzipierten Allgemeinbildung. Im folgenden werden diese Charakteristika unter drei Hauptgesichtspunkten erläutertIn modernen pädagogischen Theorien kommt der Bildung bei gesellschaftlichen Veränderungen eine besondere Aufgabe zu, insofern Theorie und Praxis der Pädagogik nicht nur von den gesellschaftlichen Bedingungen geprägt werden, sondern aktiv an gegenwärtigen und zukünftigen Entwicklungen teilhaben.

> „Die Formel ‚Bildungsfragen sind Gesellschaftsfragen' besagt (...): Der Bildungstheorie und der Bildungspraxis werden die Möglichkeit und die Aufgabe zugesprochen, auf gesellschaftliche Verhältnisse und Entwicklungen nicht nur zu reagieren, sondern sie unter dem Gesichtspunkt der pädagogischen Verantwortung für gegenwärtige und zukünftige Lebens- und Entwicklungsmöglichkeiten jedes jungen Menschen der nachwachsenden Generation, aber auch jedes Erwachsenen, dessen Interesse an Weiterbildung bereits vorhanden oder der darauf ansprechbar ist, zu beurteilen und mitzugestalten."[2]

Ein so verstandener Bildungsbegriff, der im engen Zusammenhang mit gesellschaftspolitischen Fragen steht, zielt auf kritische Betrachtung bestehender

---

[2] Ebda., S. 50f.

Verhältnisse ab und macht so den Weg für neue Handlungsspielräume des sich als Subjekt begreifenden Individuums frei. Damit ist ein Instrumentarium zur Reflexion über die gesellschaftlichen und politischen Ursachen geschaffen, um vielfach herrschende Ungleichheiten zwischen Mann und Frau oder ethnischen und religiösen Minderheiten und deren Auswirkungen auf spezifische Bereiche der Bildung zu erkennen und daraus pädagogische Konzepte zur Behebung solcher Diskriminierungen zu entwickeln.

2. Die kritisch-konstruktive Erziehungswissenschaft benennt Fähigkeiten, deren (im Prinzip unabschließbare) Entwicklung jedem jungen Menschen und jedem bildungswilligen Erwachsenen mit Hilfe pädagogischer Anregungen, Unterstützungen und Institutionen ermöglicht werden soll.

„Bildung muß heute als selbsttätig erarbeiteter und personal verantworteter Zusammenhang dreier Grundfähigkeiten verstanden werden
- als Fähigkeit zur Selbstbestimmung jedes einzelnen über seine individuellen Lebensbeziehungen und Sinndeutungen zwischenmenschlicher, beruflicher, ethischer, religiöser Art;
- als Mitbestimmungsfähigkeit, insofern jeder Anspruch, Möglichkeit und Verantwortung für die Gestaltung unserer gemeinsamen kulturellen, gesellschaftlichen und politischen Verhältnisse hat;
- als Solidaritätsfähigkeit, insofern der eigene Anspruch auf Selbst- und Mitbestimmung nur gerechtfertigt werden kann, wenn er nicht nur mit der Anerkennung, sondern mit dem Einsatz für diejenigen und dem Zusammenschluß mit ihnen verbunden ist, denen eben solche Selbst- und Mitbestimmungsmöglichkeiten aufgrund gesellschaftlicher Verhältnisse, Unterprivilegierung, politischer Einschränkungen oder Unterdrückungen vorenthalten oder begrenzt werden."[3]

3. Der kritisch-konstruktive Ansatz bestimmt Bildung als Allgemeinbildung im dreifachen Sinn
- Bildung als demokratisches Bürgerrecht: *„Bildung für alle"*
- Bildung als Mitbestimmungs- und Solidaritätsprinzip: „Bildung im Medium des Allgemeinen"

„Allgemeinbildung muß verstanden werden als Aneignung der die Menschen gemeinsam angehenden Frage- und Problemstellungen ihrer geschichtlich gewordenen Gegenwart und der sich abzeichnenden Zukunft und als Auseinandersetzung mit diesen gemeinsamen Aufgaben, Problemen, Gefahren."[4]

- Bildung als Grundrecht auf „die freie Entfaltung der Persönlichkeit"

„Allgemeinbildung (...) muß als Bildung in allen Grunddimensionen menschlicher Interessen und Fähigkeiten verstanden werden, also als Bildung
- des lustvollen und verantwortlichen Umgangs mit dem eigenen Leib,
- der kognitiven Möglichkeiten,
- der handwerklich-technischen und der hauswirtschaftlichen Produktivität,

---

[3] Ebda., S. 52.
[4] Ebda., S. 53.

- der Ausbildung zwischenmenschlicher Beziehungsmöglichkeiten, m.a.W.: der Sozialität des Menschen,
- der ästhetischen Wahrnehmungs-, Gestaltungs- und Urteilsfähigkeit,
- schließlich und nicht zuletzt der ethischen und politischen Entscheidungs- und Handlungsfähigkeit."[5]

Bei der Auseinandersetzung mit historischen Fragestellungen, Denkergebnissen, Lösungsversuchen, Erfahrungen und Möglichkeiten geht es vor allem darum, den zu Bildenden nicht auf die bisherige Geschichte festzulegen, sondern ihn für die Gestaltung von Gegenwart und Zukunft freizusetzen. Eine solche Herangehensweise erfordert in unserer Zeit eine multiperspektivische Sicht und enthält zugleich einen universellen Anspruch.

E.3. Aufbau der Arbeit

Der Verfasser untersucht im 1. Kapitel den Einfluß der Religionen während der einzelnen historischen Epochen im Hinblick auf die jeweiligen Bildungsinhalte vorherrschender Menschenbilder.

Für die Darstellung des Themas scheint es erforderlich, einen historischen Rückblick bis in die präislamische Zeit zu geben, um die besondere, ursprünglich ganz eigenständige kulturelle Entwicklung des Iran an der Schnittstelle zweier Kulturgrenzen hinreichend herausarbeiten und würdigen zu können. Dazu werden verschiedene Faktoren herausgestellt, die die Entwicklung und die späteren Änderungen dieser Geisteshaltungen bewirkten, zumal sie auch für die Analyse der gegenwärtigen Mentalität von großer Bedeutung sind.

Eine der bedeutenden Umbruchsphasen seit dem siebten Jahrhundert bildet die sogenannte Islamisierung und die damit einhergehende Arabisierung der Sprache, der Lebensgewohnheiten und der Mentalität, was die weitere geistige und kulturelle Entwicklung des Landes entscheidend prägte. In diesem Zusammenhang wird ein Problem behandelt werden müssen, das durch oktroyierte kulturelle Einflüsse entstanden ist und bis heute in der gesamten iranischen Gesellschaft nachwirkt. Hierunter ist der kulturelle Übergang von einer starken, selbstbewußten und autochthonen persischen Gesellschaft mit eigener Religion, Sprache und Kunst zu einer unübersehbar von arabisch-türkischen Impulsen geprägten kulturellen „Mischgesellschaft" zu verstehen. Dabei steht das Interesse im Vordergrund, solche Faktoren herauszuarbeiten, durch welche Persien seine Identität als eigenständige Kultur ungeachtet langer Phasen arabischer Herrschaft und deren massiver Einflüsse bis heute bewahrte.

In den Kapiteln 2 und 3 wird zunächst der zentrale Arbeitsbegriff meiner Untersuchung, nämlich das, was „Modernisierung" bedeutet, herausgearbeitet und definiert. Die Ursprünge dessen, was Kulturhistoriker und Soziologen heute gemeinhin unter „Modernisierung" verstehen, reichen in Europa weit zurück bis in die Zeiten der Renaissance, der Reformation und der Aufklärung. Die vorliegende Arbeit stellt die Zusammenhänge zwischen diesen epochalen Umwälzungen und der aufkommenden Idee vom Individuum dar, das man von nun an als

---
[5] Ebda., S. 54.

bildbares Subjekt begreift. Diese kulturgeschichtliche Entwicklung zeichnet der Verfasser exemplarisch an ihrem Verlauf in Deutschland nach.

Kapitel 4 präsentiert diverse Modernisierungsansätze, welche vor allem darauf ausgerichtet waren, den Prozeß der Säkularisierung und der Individualisierung im Iran voranzutreiben. Eine Tendenz zu solchen Ansätzen existierte bei Mystikern und Mu'tazeliten bereits seit Jahrhunderten. Analog zu den europäischen Entwicklungen verfolgen seit dem ausklingenden 19. Jahrhundert auch westlich orientierte islamische Modernisten solche Modelle und forcieren damit eine anhaltende und lebendige Diskussion sogar über die Islamische Revolution von 1979 hinaus. Daran wird deutlich, daß Persien stets Interesse an kultureller und politischer Erneuerung bekundete und frühzeitig – jedenfalls innerhalb besonderer intellektueller Kreise – die Notwendigkeit der Modernisierung erkannte. Der darauf folgende Abschnitt soll der Untersuchung jener Umstände gelten, die dazu führten, daß der Iran ungeachtet seiner kulturellen Ressourcen keinen Zugang zu jenen Voraussetzungen zu entwickeln vermochte, die im Westen die Modernisierung auf technisch-wissenschaftlichem Gebiet bedingten. Dabei kristallisiert sich die Frage heraus, weshalb sich trotz Modernisierungsbemühungen eine Säkularisierung, also eine Trennung zwischen Staat und Religion, bis zum heutigen Zeitpunkt nicht durchsetzte. Vor diesem Hintergrund lässt sich vor allem das Scheitern der verschiedenen, insbesondere religiös motivierten Erneuerungsbestrebungen erklären.

Im 5. Kapitel folgt eine Untersuchung über die Ursachen der Modernisierung des Bildungssystems seit dem 19. Jahrhundert. Darüber hinaus thematisiert der Verfasser den Einfluß westlich geprägter Bildungsideale auf das iranische Bildungssystem, welcher mit der Öffnung des Landes für europäische Gastgelehrte und Ingenieure einsetzte.

Einen Wendepunkt in der Geschichte des iranischen Bildungssystems markiert die Gründung der ersten westlich orientierten Schule in Teheran im Jahre 1851. Seit diesem Zeitpunkt förderte der iranische Staat zunehmend westliches Gedankengut bis zur Islamischen Revolution.

Da Ideen und Impulse zur Erneuerung in der Regel von außen ins Land drangen, erwies sich die Einstellung der Iraner zur Modernisierung als durchaus ambivalent. Neben Interesse und Neugier einerseits empfanden viele Perser andererseits ein vages Unbehagen gegenüber dem Fremden und Unbekannten, das sie als Ein- oder gar Übergriff deuteten. Letzteres läßt sich zweifelsfrei damit erklären, daß gerade die traditionalen Gesellschaften Modernisierungsimpulse gemeinhin mit latenter Bedrohung und der Gefahr einer Entfremdung von angestammten Werten identifizieren.

Eine bis heute fortwirkende latente Angst vor Fremdeinfluß erfordert eine genauere Betrachtung der bildungspolitischen Situation, der Organisation des Bildungswesens sowie der verwendeten Rahmenlehrpläne und pädagogischen Zielsetzungen, da die Veränderungen in diesem Bereich zugleich als Reaktion auf das genannte Problem zu begreifen sind. Diese Aufgabe wird in Kapitel 6 geleistet. Zum besseren Verständnis werden zunächst die Interdependenzen der jeweiligen wirtschaftlichen, gesellschaftlichen, politischen und kulturellen Situation mit dem Bildungssystem des heutigen Iran erläutert. Darauf folgt ein Abriß der Kulturrevolution und ihrer Zielsetzungen. Dabei wird die Phase des Umbruchs (1979) bis zur Gegenwart in ihren relevanten Linien nachgezeichnet. Eine detaillierte Beschreibung der schulischen Gliederungen und ihrer Organisationsstruktur schließt sich an. Es wird untersucht, was sich an den Rahmenbedingungen, an den formellen Strukturen, an der finanziellen Ausstattung der Schulen sowie an den Grundlagen der Lehrerausbildung im Vergleich zur vorrevolutionären Zeit ändert und welche Folgen für den interkulturellen Austausch daraus für die Zukunft resultieren.

Nach einem Gesamtüberblick zum gegenwärtigen Stand und zur Organisation des postrevolutionären, iranischen Schulsystems wird im abschließenden 7. Kapitel exemplarisch auf die Besonderheiten des Primarschulbereichs eingegangen. An diesem Beispiel soll untersucht werden, welche besonderen Probleme sich im iranischen Bildungswesen auf dem Weg zur Modernisierung stellen.

Die Primarstufe wurde für diese Betrachtung deshalb gewählt, weil deren Besuch für alle Schüler verpflichtend ist. Zugleich stellt der Schulbeginn den Übergang von der familiären Sozialisation zur staatlich kontrollierten schulischen Erziehung dar. Daher ist der Staat selbstverständlich besonders bemüht, bereits bei den Grundschülern seinen Einfluß möglichst frühzeitig zur Geltung zu bringen. Vor diesem Hintergrund wird verständlich, daß sich die Intentionen des Staates in den Schulbüchern des Primarstufenbereichs eindeutig wiederfinden. Außerdem kommt der Primarschulausbildung insoweit eine hohe Bedeutung zu, weil in dieser Altersstufe den Kindern die Grundlagen der Bildung und Erziehung vermittelt werden.

Nicht zuletzt soll der demographische Aspekt hervorgehoben werden, weil die überaus hohe Bevölkerungs-Zuwachsrate von jährlich ca. 3,5% den Staat vor erhebliche infrastrukturelle und bildungsplanerische Probleme stellt.

Vor dem Hintergrund der reflexiven Modernisierung skizziert der Autor im abschließenden Teil dieses Kapitels ein zeitgemäßes Bildungs- und Erziehungskonzept für den Unterricht im Iran.

Schließlich werden in der Schlußbetrachtung die wichtigsten Ergebnisse dieser Arbeit zusammengefaßt und mit Blick auf Möglichkeiten und Grenzen der Modernisierung konstruktive Reformvorschläge dargelegt.

E.4. Zum Forschungsstand der Bildungs- und Kulturgeschichte Persiens

In der hier vorliegenden Arbeit wird erstmalig versucht, historische, kulturgeschichtliche und interkulturell gedeutete erziehungswissenschaftliche Aspekte unter spezifisch pädagogischer Perspektive mit Blick auf das Thema der Modernisierung im heutigen Iran zu erörtern.

Die wenigen wissenschaftlichen Arbeiten, die sich mit Fragen des iranischen Bildungssystems befassen, greifen Momente einer vergleichenden Modernisierungsdebatte nicht oder allenfalls am Rande auf. Sie setzen in der Bearbeitung des Themas andere Schwerpunkte. Zwar sprechen die Verfasser die Frage der Modernisierung an, jedoch gehen sie nicht näher darauf ein. Dem überwiegenden Teil der von mir gesichteten Arbeiten haftet aus heutiger Sicht allein schon deshalb ein Mangel an, weil sie entweder noch in vorrevolutionärer Zeit oder unmittelbar nach der Islamischen Revolution entstanden sind und daher über die aktuellen bildungspolitischen Verhältnisse im Iran wenig auszusagen vermögen.

Den in jüngerer Zeit von iranischen Autoren zu Fragen der iranischen Bildungsökonomie und -struktur vorgelegten Arbeiten fehlt es an präzisen Grundkonzepten für die Analyse der mit der Modernisierung einhergehenden Probleme. Die Herausforderung besteht meines Erachtens in der Erarbeitung eines kultur- und religionsverträglichen Modernisierungskonzepts, das den technisch-ökonomischen Erfordernissen, die sich aus Innovationen und den dadurch hervorgerufenen Veränderungen ergeben, gerecht wird. Die iranischen Autoren beschränken sich bisher jedoch auf die Auseinandersetzung mit Detailfragen, die sie aus umfassenden religiösen, kulturellen, politischen, sozialen und pädagogisch bedeutsamen Zusammenhängen herauslösen, wie etwa das Problem der Alphabetisierung der Landbevölkerung, die Entwicklung des Schul- und Ausbildungswesens im vergangenen Jahrhundert oder Fragen der beruflichen Bildung. Zugleich zeichnen sich diese Studien vielfach durch geringe analytische Tiefe aus, indem sie eher deskriptiv verfahren. Veröffentlichungen mit pädagogisch-gesellschaftlicher Fragestellung sind im Iran ausgesprochen rar. Quellen – seien es statistische Daten, Lehr- und Stoffpläne oder Planungsunterlagen – liegen entweder nicht vor oder sind gegenwärtig unzugänglich. Befriedigender sieht es in den naturwissenschaftlichen Disziplinen aus. Dort liegen in der Regel Übersetzungen wichtiger Arbeiten aus dem angloamerikanischen und europäischen Raum vor, welche das politische System als unbedenklich erachtet. Die Vermeidung der Konfrontation mit dem Staat und religiösen Institutionen führte sowohl während der Schah-Zeit als auch heute, im islamisch geprägten iranischen Staat, zu einer Art Selbstzensur der Autoren, die sich als höchst wirksam erweist. Entweder flüchten sie in die Anonymität und publizieren unter Pseudonym, oder sie kleiden ihre Texte in Märchen- oder Fabelgewänder, die die eigentlichen Inhalte maskieren.

Die in dieser Arbeit vorgelegten Erörterungen zur Kulturgeschichte Persiens eruhen im wesentlichen auf Forschungen des iranischen Kulturwissenschaftlers Isa Sa'diq.[6]

Zur Darstellung der Achämenidenzeit werden mehrere Arbeiten der Marburger Iranistin Heidemarie Koch herangezogen, die durch das Studium der Verwaltungstäfelchen aus Persepolis neue Einblicke in die Religions-, Kultur- und Sozialgeschichte des ältesten Perserreiches vermittelt. Eine Zusammenfassung ihrer Ergebnisse findet sich in dem anschaulichen Buch „*Es kündet Dareios der König*".[7]

---

[6] Vgl. Sa'diq, Isa: Tarich-e fahrang-e Iran (Die Geschichte der iranischen Kultur). Teheran 1339 (1960).

[7] Koch, Heidemarie: Es kündet Dareios der König. Vom Leben im persischen Großreich; in: Kulturgeschichte der antiken Welt. Band 55, Mainz 1992.

Ferner berücksichtigt der Verfasser amerikanisch-europäische Analysen. Zum einen ist hier Fryes auch als deutsche Übersetzung vorliegende Studie *Persien*[8] zu nennen, zum anderen ist auf Schweizers Werk *Iran. Drehscheibe zwischen Ost und West*[9] hinzuweisen. Fryes besonderer Beitrag besteht darin, daß er, anders als jene Autoren, welche die Zeit der Islamisierung Persiens analysieren, eher den Blick auf Einflüsse richtet, die von der iranischen Kultur auf den Islam ausgingen. So lautet ein Kapitel seiner Arbeit *Der Iran erobert den Islam*.

Die Studie Schweizers behandelt die Kulturgeschichte Persiens von ihren Anfängen bis über die islamische Revolution von 1979 hinaus. Vor dem Hintergrund der gegenwärtigen Ressentiments weiter Kreise der amerikanisch-europäischen Öffentlichkeit, versucht er die kulturellen Leistungen, Traditionen und Entwicklungslinien in der Geschichte des Iran differenziert darzustellen. Für die Erläuterung der pädagogischen Entwicklungen in Europa seit der Aufklärung, wird insbesondere auf Werke Rousseaus, Kants und Pestalozzis zurückgegriffen, in denen wesentliche Prinzipien der Bildungs- und Erziehungsvorstellungen vorformuliert wurden.

In der Auseinandersetzung mit den Begriffen der gegenwartsbezogenen Moderne sowie der „Reflexiven Moderne" erweisen sich besonders die Arbeiten von Ulrich Beck, dem Autor des Buches *Risikogesellschaft*,[10] und Jürgen Habermas,[11] dem Vertreter einer originellen Variante der *Kritischen Theorie*, als fruchtbar. Für eine Betrachtung der Entwicklungen der iranisch-islamischen Vorstellungen von „Moderne" und „Modernität" wird die Monographie von Mustafa Taghawi-Moghadam, *Modernität und Religiosität im Iran*[12] herangezogen, in welcher der Autor profund die Probleme untersucht, die sich ergeben, wenn Religion und Tradition auf Konzepte der Modernisierung und Innovation stoßen. Ein modern geprägtes Verständnis des Islam vermittelt Bassam Tibi in seiner Studie *Islamische Bildungsvorstellungen und Islam-Unterricht an deutschen Schulen*,[13] auf die in dieser Arbeit näher einzugehen sein wird.

Zur Darstellung der europäischen Einflüsse und der daraus resultierenden Impulse auf die Entwicklung Persiens wird auf die Arbeit Mostafa Nayyeris[14] ver-

---

[8] Vgl. Frye, Richard: Persien. Essen 1975.
[9] Schweizer, Gerhard: Iran. Drehscheibe zwischen Ost und West, Stuttgart 1991.
[10] Beck, Ulrich: Risikogesellschaft. Auf dem Weg in eine andere Moderne, Frankfurt a.M. 1986.
[11] Habermas, Jürgen: Der philosophische Diskurs der Moderne. 12 Vorlesungen, Frankfurt a.M. 1985; ders.: Theorie des kommunikativen Handelns. Bd. 2: Zur Kritik der funktionalistischen Vernunft, Frankfurt a.M. 1988; ders.: Erläuterungen zur Diskursethik. Frankfurt a.M. 1991.
[12] Taghawi-Moghadam, Mustafa: Modernism wa dindari dar Iran. (Modernität und Religiosität im Iran). Dissertation. Teheran 1374 (1995).
[13] Tibi, Bassam: Islamische Bildungsvorstellungen und Islam-Unterricht an deutschen Schulen. Interkulturelle Öffnung und Konfliktpotentiale; in: Bildung und Erziehung 48, Heft 4, Köln 1995. S. 249-260.
[14] Nayyeri, Mostafa: Darstellung des Schulwesens im Iran seit 1850. Dissertation. Köln 1960.

wiesen, die die pädagogischen Entwicklungen im Iran in dem Zeitraum von 1850 bis 1960 verfolgt.

Um die gesellschaftlichen Rahmenbedingungen für die Anfänge einer eigenständigen iranischen Pädagogik aufzuzeigen, wird auf das Werk des Autors Jacob Eduard Polak, *Persien. Das Land und seine Bewohner*[15], zurückgegriffen, da er selbst ein Zeitzeuge dieser Entwicklung war. Bei der Diskussion der sich historisch hieran anschließenden Entwicklungen während der Regierungszeit Reza Schah Pahlawis wird auf die nationalsozialistisch geprägte Arbeit von Walter Hinz, *Iran*[16], bezug genommen, da er die Ereignisse dieser Zeit stringent und anschaulich darstellt.

Das Programm der „Weißen Revolution" und seine Auswirkungen auf das Bildungswesen während der Zeit Mohammed Reza Schah Pahlawis wird unter Heranziehung der Arbeiten von Rahim Rahimzadeh-Oskui, *Das Wirtschafts- und Erziehungssystem in der Geschichte Irans*[17], sowie der Studie von Syrus Djawid über die Alphabetisierung im Iran[18] analysiert. Während Rahimzadeh-Oskui eine eher sozialistische Grundhaltung einnimmt und die Entwicklungen im Iran ganz unter dem Blickwinkel nationalökonomischer Entwicklungstheorien betrachtet, erweist sich Djawid in seiner Arbeit als mit dem Pahlawi-Regime konform.

Um die Zielsetzungen des bedeutenden Bildungsprogramms – die Kulturrevolution nach der islamischen Revolution – näher zu erläutern, empfiehlt es sich, diverse kürzere, in Englisch verfaßte Publikationen wie etwa die von Khosrow Sobhe[19] in Betracht zu ziehen. Die Stärken der Argumentation Sobhes liegen für den westlich geprägten Leser gerade in seinem systematischen Vergleich zweier außereuropäischer Kulturrevolutionen, nämlich der iranischen und der chinesischen. Zur Veranschaulichung der postrevolutionären Rahmenbedingungen des Bildungswesens erscheint ein Rückgriff auf die entsprechenden Abschnitte der iranischen Verfassung als hilfreich.[20]

Der gegenwärtige Stand des iranischen Schulsystems wird unter Bezugnahme auf die in diesem Bereich einzige von Mirlohi publizierte Monographie, *Das allgemeine und berufliche Schulwesen im Iran*[21], skizziert.

---

[15] Polak, Jakob Eduard: Persien. Das Land und seine Bewohner. Ethnografische Schilderungen, Leipzig 1865.
[16] Hinz, Walther: Iran. Politik und Kultur von Kyros bis Reza Schah, Leipzig 1938.
[17] Rahimzadeh-Oskui, Rahim: Das Wirtschafts- und Erziehungssystem in der Geschichte Irans. Dissertation. Frankfurt a. M. 1981.
[18] Djawid, Syrus: Die Alphabetisierung im Iran vor ihrem sozialökonomischen Hintergrund. Dissertation. Köln 1969.
[19] Sobhe, Khosrow: Education in Revolution: Is Iran duplicating the Chinese Cultural Revolution? In: Comparative Education, 18, No. 3. London u. a. 1982. S. 271-280.
[20] Verfassung der Islamischen Republik Iran; in: Botschaft der islamischen Republik Iran (Hg.): Iran und die Islamische Republik. Bonn 1980.
[21] Mirlohi, Seyed Hossein: Das allgemeine und berufliche Schulwesen im Iran. Entwicklungen, Strukturen, Probleme und Perspektiven. Dortmund 1989.

Um bildungspolitische Aspekte und Leitgedanken hinreichend erörtern zu können, berücksichtigt der Verfasser einige einschlägige englische Publikationen sowie neuere Beiträge der Autorin Fatemeh Samanzadeh-Darinsoo[22]. Die europäische Perspektive wird unter Einbeziehung der Veröffentlichungen von Ulrich Marzolph[23] dargestellt, in denen er Schulbuchanalysen der vor- und nachrevolutionären Zeit vornimmt.

Eine Einschätzung der Situation aus eher sozialistischer Sicht liefert Lutz Meyer in seiner Studie Islamische Ideologie und Schule.[24]

Zum Ausgleich der unbefriedigenden Informationslage hinsichtlich der gegenwärtigen bildungspolitischen Situation führte der Verfasser im Rahmen einer Studienreise in den Iran eine Erhebung unter Grundschullehrerinnen in der Region Isfahan durch und konnte so weitere Informationen und Stellungnahmen direkt vor Ort gewinnen.

Außerdem wurden eine Recherche in der pädagogischen Zeitschrift Roschd Moallem (Entwicklung)[25] nach relevanten Beiträgen für das Thema der Arbeit angestellt und eine Auswahl von Lehrbüchern des Primarschulbereichs auf die ihnen zugrundeliegenden Lehrmotive und -inhalte untersucht.

---

[22] Samadzadeh-Darinsoo, Fatemeh: Die Islamisierung des Schulsystems der Islamischen Republik Iran; in: Orient 27, Hildesheim 1986, Band 3, S. 450-462, und Band 4, S. 629-641. Die profilierten und differenzierten in der Zeitschrift Orient publizierten Aufsätze Samadzadeh-Darinsoos bilden eine der wichtigsten Grundlagen zu Fragen des Grundschulwesens nach der Islamischen Revolution. Sie ist eine der wenigen iranischen Wissenschaftlerinnen mit Schwerpunkt Sozialwissenschaften und Pädagogik, die sich mit pädagogischen Fragen des nachrevolutionären iranischen Bildungssystems im sozialen Kontext dezidiert auseinandersetzt.

[23] Marzolph, Ulrich: Die Revolution im Schulbuch. Die Grundschulbücher "Persisch" vor und nach 1979; in: Spektrum Iran 7 (1994) Heft 3/4, S. 36-56; ders.: Interkulturelles Erzählen. Der Transfer von Erzählgut in iranischen Grundschulbüchern; in: Carola Lipp (Hg.): Medien populärer Kultur. Erzählung, Bild und Objekt in der volkskundlichen Forschung, Frankfurt/New York 1995, S. 182-195.

[24] Meyer, Lutz: Islamische Ideologie und Schule. Die Lehrinhalte von sozialkundlichen Unterrichtsbüchern der Grundschule der Islamischen Republik im Vergleich zu denen der Schahzeit; in: Angewandte Sozialforschung 12, Heft 4, Wien 1984, S. 265-274.

[25] *Roschd Moallem* ist eine monatlich erscheinende Publikation des Bildungs- und Erziehungs-ministeriums, die die Auffassungen der Lehrerinnen und Lehrer zu pädagogischen Fragen widerspiegelt.

1. Historischer Abriss der Kulturgeschichte des Iran unter besonderer Berücksichtigung der traditionellen Erziehung bis zur Mitte des 19. Jahrhunderts

Zu Beginn dieser Arbeit soll ein Abriß der persischen Kulturgeschichte einige grundlegende Zusammenhänge und Begriffe der iranischen Kultur erläutern. Ohne ihre Beachtung muß eine verständliche und nachvollziehbare Abhandlung über die Entwicklung des Bildungswesens zwangsläufig unvollständig bleiben.. Dieses umfangreiche erste Kapitel soll also den Hintergrund des Themas darstellen und an bestimmte Traditionen und Werte erinnern, die in vergangenen Epochen der persischen Geschichte lebendig waren und welche aus der Sicht der kritisch-konstruktiven Pädagogik bei der heutigen Erziehung und Ausbildung Jugendlicher im Iran eine besondere Beachtung finden sollten.

1.1. Die präislamische Zeit

1.1.1. Der Iran an der Schnittstelle zwischen Orient und Okzident: Seine geopolitische Lage als Bedingung einer vermittelnden eigenen kulturellen Identität

Die Entwicklung einer Gesellschaft wird vielfach durch ihre geographische Lage bedingt. Befindet sich ein Land in geographischer Isolation (etwa von Meeren oder Wüsten umgeben), so hat die betroffene Nation geringere Möglichkeiten, durch den Austausch mit anderen Völkern ihre besonderen Fähigkeiten zu entfalten und auszubauen. Da sich der Iran jedoch an der Schnittstelle zwischen Orient und Okzident befindet, konnte er durch die Berührung mit durchziehenden Völkern und deren Kultur profitieren und die hierdurch vermittelten Impulse für die Entwicklung des eigenen Landes nutzen.[1]

Der Iran besteht zum größten Teil aus einer Hochebene, die im Norden vom Elbursgebirge und einem schmalen Küstenstreifen am Kaspischen Meer, im Westen vom Zagros-Gebirge begrenzt wird, welches wiederum in die mesopotamische Tiefebene, den heutigen Irak, abfällt. Zum Süden des heutigen Irak gab es bereits in frühesten Zeiten intensive Beziehungen. Bereits der älteste historische Text der Weltgeschichte berichtet über eine Auseinandersetzung zwischen der sumerischen Stadt Uruk und einem im heutigen Iran zu lokalisierenden Land namens „Aratta".[2] Durch das nördliche Zagrosgebirge führte eine seit uralten Zeiten begangene Straße vom Mittelmeer auf die iranische Hochebene, die ihre Fortsetzung in der Seidenstraße fand, welche nach Zentralasien und schließlich nach China führte und in ihrer Bedeutung für den kulturellen Austausch sowie

---

[1] Zur Bedeutung der geographischen Lage Persiens vgl. Safa, Zabihollah: Durnamaii az farhang Iran wa asare djahani-e an. Djelwehhaii az honare Iran dar tamadonhaie digar (Einflüsse der iranischen Kunst und Kultur auf die anderen Zivilisationen). Teheran 1375 (1996), S. 12.

[2] Vgl. Kramer, Samuel Noah: Geschichte beginnt mit Sumer. München 1959, S. 26-35.

den Handel zwischen Ost und West kaum überschätzt werden kann. Darüber hinaus existierten Verbindungen nach Indien über den Persischen Golf oder auf dem Landwege über Belutschistan. Es sind diese überregionalen Verbindungen, die die Kultur und Ökonomie des Landes über die Jahrhunderte hinweg geprägt haben:

> "Diese sogenannte ‚Seidenstraße' und die Handelsader zum Golf und von dort ostwärts ließen Städte an den Stationen der Karawanen entstehen und das Handwerk sowie die Landwirtschaft aufblühen, die teils Tauschwaren, teils Transporttiere und Verpflegung für die Reisenden zur Verfügung stellten. Schon in jener Zeit erreichten chinesische Eisenwaren und Seiden, indisches Elfenbein, parthische Teppiche und die Gewürze des Orients den Mittelmeerraum. So wuchsen in den günstig gelegenen Oasen reiche Karawanenstädte heran (...)."[3]

In der Antike war die verbindende Lage des Iran zwischen den großen Imperien von Byzanz, China und Indien von entscheidender Bedeutung. Daher stellte das Land gleichsam eine „Drehscheibe" zwischen den verschiedenen Welten dar. Fremde Einflüsse wurden aufgenommen und mit dem eigenen Kulturgut assimiliert.

Seine Mittellage zwischen den großen Reichen machte das Land jedoch auch zum Eroberungsziel fremder Herrscher. Es wurde also nicht kontinuierlich von einheimischen Monarchen regiert, sondern erlebte mehrere Fremdherrschaften, so unter anderem durch Griechen, Araber, Mongolen, Türken und Tataren.

Auch die durch Eroberungen bedingten Einflüsse anderer Kulturen wirkten sich auf Leben, Denken und künstlerisches Schaffen und nicht zuletzt auf die Erziehungsvorstellungen aus. Hervorzuheben ist, daß es dem iranischen Volk trotz massiver fremder Einflüsse gelungen ist, seine Identität durch alle Zeiten zu bewahren und aus der Verschmelzung der Kulturen etwas Eigenständiges zu entwickeln. Diese aus der assimilierenden Tendenz entstandene persische Kultur beeinflußte dann ihrerseits über die Grenzen des Landes hinaus die Nachbarn in verschiedenen Bereichen (Handwerk, Kunst, Sprache oder Literatur). Ein prägnantes Beispiel für die vielfältigen kulturellen Anstöße bei den Nachbarn ist das Tadj Mahal, das Marmormausoleum, das der indische Kaiser Dschehan im 17. Jahrhundert für seine Lieblingsfrau errichten ließ. Der persische Einfluß wird nicht zuletzt in den Inschriften an diesem Bauwerk greifbar, die in persischer Sprache abgefaßt sind.

Bevor im folgenden die iranischen Erziehungsvorstellungen in ihrer historischen Entwicklung dargestellt werden, erfolgt ein historischer Abriß. Denn nur vor einem solchen Hintergrund ist die Entwicklung von Bildung und Erziehung nachvollziehbar.

Die iranische Geschichte läßt sich übergreifend in zwei große Perioden einteilen, die präislamische und die islamische Zeit. Den Wendepunkt stellt die Invasion der Araber um 640 n. Chr. dar.

---

[3] Brentjes, Burkhard: Steppenreiter und Handelsherren. Die Kunst der Partherzeit in Vorderasien. Leipzig 1990, S. 19f.

Die ersten sicheren Daten über das persische Reich in der präislamischen Periode lassen sich für die Herrschaftszeit der Meder belegen. Im Jahre 708 v. Chr. gründete Deiokes das Mederreich mit der Hauptstadt Ekbatana. Die Führung dieses persischen Reiches ging jedoch im Jahre 550 v. Chr. mit dem Sieg des Kyros über die Meder in die Hände der Achämeniden über. Das Achämenidenreich ist das erste große und bedeutende iranische Staatsgebilde, das von 550-330 v. Chr. existierte.

Im Anschluß an die Achämeniden herrschte für einen kurzen Zeitraum Alexander der Große im Persischen Reich. Danach wurden weite Teile Persiens von seinen Nachfolgern, den Seleukiden, regiert (323-129 v. Chr.). Die Arsakiden, die in Europa vielfach „Parther" genannt werden, begründeten bereits 247 v. Chr. ein eigenes Königreich im Nordiran östlich des Kaspischen Meeres. Im Jahre 129 v. Chr. gelang ihnen die Vertreibung der Seleukiden. Danach beherrschten sie bis 224 n. Chr. das Land. Auch wenn sie die Diadochen Alexanders bekämpften, standen sie doch selbst unter massivem hellenistischen Einfluß.

Im Jahre 224 n. Chr. besiegte der aus der Provinz Fars stammende Lokalfürst Ardaschir bei Golpaigan den letzten Arsakidenherrscher. Damit begann die Zeit der Sassaniden, die bewußt an die Achämeniden anknüpften und altiranische Traditionen neben den hellenistischen Einflüssen zu hoher Geltung brachten. Die Sassaniden regierten bis zur arabisch-islamischen Eroberung des Landes. Der letzte Sassanide, Yazdgird III., wurde 651 auf der Flucht vor den Arabern in einer Mühle bei Merw im Osten Irans ermordet.

1.1.2. Charakteristische Merkmale des Aufbaus des achämenidischen Staatswesens

Die wichtigsten Quellen zu Wirtschaft, Gesellschaft und Verwaltung des achämenidischen Staates sind neben den Königsinschriften die in Persepolis gefundenen Tontäfelchen der Zentralverwaltung.[4] Als sekundäre Quellen kann man das Awesta, das Alte Testament und Werke der griechischen Geschichtsschreiber, etwa Herodots, heranziehen, deren Überlieferungen jedoch von geringerer Zuverlässigkeit sind und bei der historischen Urteilsbildung soweit als möglich zu den Aussagen der Primärquellen in Beziehung gesetzt werden sollten.

Die Königsinschriften stellen die wichtigste Quelle für die religiös-politische Weltdeutung der Achämeniden dar. Die Tontäfelchen vermitteln einen unmittelbaren Einblick in die gut organisierte, das gesamte Reich umfassende Verwaltungspraxis. Die griechischen Geschichtsschreiber legen ihr Hauptaugenmerk auf die Beschreibung des Staatswesens, auf Infrastruktur, Verkehrs- und Nachrichtenwesen sowie auf die Schilderung der ethisch-moralischen Wertvorstellungen der benachbarten Perser. Die Darstellungen der Griechen als in der Antike bedeutende politische Rivalen der Perser deuten darauf hin, daß jene über eine besonders hoch entwickelte Kultur verfügten, der man Bewunderung zollen

---

[4] Vgl. Koch, Heidemarie. Es kündet Dareios der König. Mainz 1992.

mußte. Ein prägnantes Zeugnis dafür war das gut ausgebaute und durch Straßenwächter gesicherte Wegesystem, wie wir den Überlieferungen Herodots entnehmen können.[5] Die fortwährend bewachten Straßen sicherten den Kaufleuten den Transport ihrer Waren und der Handel blühte. Der Bau großer Fernstraßen, auf denen Beamte auch weit entfernte Provinzen für damalige Verhältnisse in einem kurzen Zeitraum erreichen konnten sowie das gut strukturierte Post- und Nachrichtenwesen trugen nicht minder zum Erhalt des archämenidischen Reiches bei. Die Vermittlung von Nachrichten erfolgte mittels hoher Signaltürme, die in jeder Satrapie vorhanden waren und von denen aus man durch Feuer Leuchtzeichen geben konnte.[6] An den Straßen befanden sich Poststationen, in denen ein Beamter auf Dienstreise gegen Vorlage seines gesiegelten Passes, in dem vermerkt war, in wessen Auftrag er reiste und welche Strecke er zurückzulegen hatte, Verpflegung erhielt.[7]

Zudem gelang es den Persern in dieser Zeit als erstem Volk im Vorderen Orient, im großen Stile Münzen zu prägen. Bemerkenswert ist auch die Architektur der Achämenidenzeit. Das bedeutendste Zeugnis stellt Persepolis dar, das, von Dareios um 520 begonnen, mit seinen weiten Säulenhallen, gewaltigen Treppenanlagen und Reliefdarstellungen als architektonisches Wunderwerk gilt.[8]

Von nicht geringerer Bedeutung sind in diesem Zusammenhang etwa auch die Grabmale der Achämeniden in Naqsch-e-Rostam, die Palastanlage und das Grabmal des Kyros in Pasargadae sowie die Palastanlagen in Susa, welche noch heute bei den Archäologen hohe Aufmerksamkeit genießen. Jedoch kann an dieser Stelle nicht näher darauf eingegangen werden.

1.1.3. Toleranz als Überlebensstrategie des Vielvölkerstaates der Achämeniden (550-330 v. Chr.)

In diesem Kapitel soll aufgezeigt werden, daß die Toleranz in der iranischen Geschichte eine lange Tradition besaß. Und die Indizien deuten darauf hin, daß sich der Iran in der Antike darin besonders vor anderen Völkern auszeichnete. Es ist immer wieder beobachtet und hervorgehoben worden, daß die achämenidischen Könige sie in einer für die damalige Zeit bemerkenswerten Form praktizierten.[9]

Das Achämenidenreich folgt in der Reihe altorientalischer Großreiche auf die Reiche der Assyrer und Babylonier. Doch läßt sich

„kein größerer Gegensatz (....) vorstellen, als er zwischen dem Auftreten der Assyrer [und Babylonier] und dem der Perser in Vorderasien besteht".[10]

---

[5] Vgl. Wiesehöfer, Josef: Das antike Persien. Von 550 v. Chr. bis 650 n. Chr., Düsseldorf/Zürich ²1998, S. 115 ff.
[6] Vgl. Ebd., S. 115.
[7] Vgl. Koch 1992, S. 29.
[8] Zu Persepolis vgl. Koch 1992, S. 79-162.
[9] Vgl. Safa 1996, S. 19.
[10] Schaeder, Hans Hermann, Das persische Weltreich; in: Iranistische Mitteilungen 27. Helmhart Kanus-Credé (Hg.). Berlin 1997, S. 31-62, hier S. 41.

Alle drei Reiche brachten weite Gebiete des Vorderen Orients unter ihre Kontrolle. Dabei waren die Assyrer und Babylonier bemüht, ihre Herrschaft, sofern sie nicht durch Vasallenverträge mit Auflagen durchgesetzt werden konnte, mittels härtester Unterdrückungsmaßnahmen zu sichern. Eine weitverbreitete Methode zu jener Zeit bildete die Deportation weiter Bevölkerungsteile in fremde Gebiete. Die Assyrer versuchten, durch ihre Deportationen eine Mischbevölkerung zu schaffen, die keine eigene Identität mehr besitzen sollte.

Die Babylonier waren insofern maßvoller, als sie den Deportierten noch geschlossene Wohngebiete einräumten. Jedoch spielte auch in ihrer Politik die Zerschlagung der angestammten Identität der unterworfenen Völker eine wesentliche Rolle. So zerstörten sie bei ihrer Eroberung Jerusalems im Jahre 587 v. Chr., bei der sie die gesamte Oberschicht Judäas umsiedelten, den dortigen Tempel und brachten die Kultgeräte und den Tempelschatz nach Babylon.[11] Der judäische Staatskult, der die Identität des Volkes religiös untermauerte, wurde somit zerschlagen. Diese repressive Politik stand im Einklang mit der damals weit verbreiteten altorientalischen Tradition, den Kult eines besiegten Gegners zu vernichten, indem man seine Tempel zerstörte und die Götterbilder und heiligen Kultgegenstände als Trophäen in seine eigene Hauptstadt brachte. Der religiöse Hintergrund dieser Praxis lag in der Annahme, daß die von den Feinden verehrten Götter die eigentlichen Hauptgegner seien, denen die feindlichen Heere nur zu Diensten waren.[12]

Kyros der Große (558-530 v. Chr.) eroberte im Jahre 539 das Babylonische Großreich. Seine Politik stand in deutlichem Gegensatz zu der der Babylonier. Er vermied, die Identität der unterworfenen Völker zu vernichten; vielmehr achtete er weitestgehend ihre Sitten und ihre Religion. Er ließ sich sogar als Ausdruck seiner Toleranz zum „König von Babel, Sumer und Akkad" krönen und nahm so den Herrschertitel des unterworfenen Reiches an. Wie sehr sich Kyros in die Tradition unterworfener Völker einordnete, läßt sich anhand eines bekannten Schriftdokumentes, des sogenannten Kyroszylinders[13], gerade im Falle Babyloniens eindeutig belegen. Es stellt Kyros selbst als Erwählten des babylonischen Reichsgottes Marduk dar. Marduk habe ihm anstelle des letzten neubabylonischen Königs Nabonid die Herrschaft übertragen, weil die Babylonier unter den despotischen Folgen seiner Politik zu leiden hatten.[14] Kyros ließ diesen Zylinder in der Form neubabylonischer Königsinschriften von babylonischen Priestern verfassen.[15]

Dieselbe Politik wandte Kyros gegen die von den Babyloniern deportierten Judäer an. Er gestattete ihnen die Rückkehr in die Heimat mit ihren Kultgegen-

---

[11] Vgl. Altes Testament (2. Kön. 25,8ff.). Es wird die „Neue Jerusalemer Bibel", Freiburg/Basel/Wien 1985 zugrunde gelegt.
[12] Vgl. Safa 1996, S. 17.
[13] Vgl. Eilers, Wilhelm: Der Keilschrifttext des Kyros-Zylinders; in: Festgabe deutscher Iranisten zur 2500 Jahrfeier Irans. Stuttgart 1971, S. 156-166.
[14] Vgl. die Zeilen 11ff. des Zylinders.
[15] Vgl. Eilers, 1971, S. 158.

ständen[16] und ließ darüber hinaus ihren Tempel wiederaufbauen, wobei die Finanzierung der Rekonstruktion sogar aus dem königlichen Haushalt bestritten wurde.[17]

Die Frage der Toleranz wird von verschiedenen Autoren wie etwa Schweizer[18] und Klima[19] im Rahmen ihrer Analyse der frühpersischen Geschichte diskutiert, ohne jedoch die Hintergründe näher zu beleuchten. Eine Ursache für die Toleranz der Achämeniden bestand darin, daß sich die zoroastrische Religion noch in ihrer Entstehungsphase befand, nicht dogmatisch war und daher den anderen kulturellen und religiösen Einflüssen offenstand. Die gelebte Toleranz wirkte sich positiv auf die Einheit und das Zusammengehörigkeitsgefühl im persischen Reich aus. Eine gegenläufige Entwicklung einschließlich der daraus resultierenden nachteiligen Folgen für das Volk läßt sich während der Zeit der Sassaniden nachweisen, worüber im Laufe der Arbeit noch zu sprechen sein wird. Die Etablierung einer selbstherrlichen Macht des Zoroastrismus und die grausame Verfolgung Andersgläubiger wie etwa der Manichäer, Mazdakiten und Christen führte zum Niedergang des sassanidischen Großreiches.

Eine weitere wichtige Ursache für die Toleranz der Achämeniden lag darin begründet, daß sich mit dem aufkommenden Handel ein liberaler und wichtiger Wirtschaftsfaktor etablierte. Intoleranz hätte sich negativ auf die wechselseitigen Handelsbeziehungen und den Austausch von Informationen ausgewirkt. Ein nicht weniger bedeutender Faktor für die Toleranz liegt in der geringen Größe des persischen Volkes und der geographischen Ausgangslage ihres Stammlandes. Die Perser stammten aus dem eher kargen iranischen Hochland. Daher lag für sie – wie für manche früheren Völker aus dieser Gegend – die Auswanderung ins reiche Mesopotamien und nach Syrien nahe. Allerdings scheiterten viele der Auswanderungsversuche, da das Volk zu klein war, um auf längere Sicht Fuß zu fassen und einen politischen oder kulturellen Einfluss geltend zu machen.[20]

Wollten die Achämeniden trotz der verhältnismäßig geringen Zahl ihrer eigenen Beamten die eroberten Gebiete an sich binden, konnte das nur dann Erfolg haben, wenn sie die unterworfenen Völker nicht durch den Versuch einer Bevormundung gegen sich aufbrachten. So überließen sie ihnen in ihren Regionen kulturelle und partiell politische Autonomie, die allerdings einherging mit „beständiger Aufsicht durch das Zentrum",[21] in dem bis auf wenige Ausnahmen al-

---

[16] Vgl. das alttestamentliche Buch Esra, Kap.1; vgl. auch die Zeilen 30-32 des Kyroszylinders bei Eilers, S. 165.
[17] Vgl. Esra 6,1-5. Es existierte ein dahingehendes Edikt aus dem ersten Regierungsjahr des Kyros, das Dareios in der Folgezeit in Kraft setzte.
[18] Vgl. Schweizer 1991, S. 78ff.
[19] Vgl. Klima, Otakar: Ruhm und Untergang des alten Iran. Leipzig 1988, S. 72f.
[20] Vgl. Schaeder 1997, S. 38.
[21] Wiesehöfer ²1998, S. 94.

lein Perser die höchsten Verwaltungsposten und militärischen Ränge innehatten.[22]

Die Frage der Toleranz erscheint auch vor dem Hintergrund eines weiteren Aspekts bedeutsam. Eine entscheidende Problematik bestand in der Tatsache, daß die Perser dem Bedarf an ausgebildeten Beamten und Schreibern nicht nachkommen konnten, so daß sie für ihre Verwaltung auf den Einsatz ägyptischer und vorderasiatischer Fachkräfte zurückgreifen mußten.

> „Gewiß ist bei Dareios' Haltung zu seinen neuen Untertanen in Rechnung zu stellen, daß er, um sein Ziel zu erreichen, ihrer willigen Mitarbeit bedurfte. Seine Perser verstanden zu kämpfen und zu siegen, sie liebten die Jagd, das Spiel und die Freuden des Harems. Aber für die Verwaltung eines Reiches von schätzungsweise fünfzig Millionen Untertanen mit einer unübersehbaren Mannigfaltigkeit von Sprachen, Religionen, sozialen und wirtschaftlichen Unterschieden waren sie nicht vorbereitet."[23]

Gewiss entbehrte die achämenidische Toleranz im Unterschied zur Praxis im neuzeitlichen Sinne einer theoretischen, „aufgeklärten" Grundlage. Ähnlich verhielt sich das Preußen des 17./18. Jahrhunderts, wenn auch hier der Gedanke der Toleranz durchaus auch vor dem Hintergrund der Einwanderungspolitik und der Staatsraison zu begreifen ist.

Die achämenidische Toleranz hatte ihre Grenze da, wo Völker ihre Religion benutzten, um gegen die persische Oberherrschaft aufzubegehren. In diesem Zusammenhang ist die sogenannte Daeva-Inschrift des Xerxes zu sehen, in der er sich rühmt, Götzentempel zu Ahuramazdatempeln umgeweiht zu haben.[24] Diese Inschrift, die manche Historiker als Beleg gegen die achämenidische Toleranz anführen, ist jedoch als allgemeine Warnung zu verstehen, in der Xerxes den nichtpersischen Völkern Strafen für den Fall androht, daß sie ihre Religion als Möglichkeit zur Auflehnung gegen seine Herrschaft einsetzten. Es ist wohl festzuhalten

> „Niemals hat Xerxes von seinen Untertanen verlangt, die alten Götter etwa zugunsten Ahuramazdas aufzugeben. Wurden von seiten der Rebellen jedoch Politik und Religion in der Weise vermengt, daß Götter als Beistand im Kampf angerufen, daß Aufstände sogar als gottgewollt ausgegeben wurden, dann erwarteten die Aufständischen wie ihre Kultstätten schwere Strafen".[25]

Wiesehöfer macht die Toleranz an zwei bedeutenden Herrschern fest, an Kyros und an Xerxes, in denen bereits die griechischen Historiker, die sich mit den Persern befaßten, zwei Typen sahen. Kyros verkörperte den weisen und toleranten Herrscher, Xerxes den intoleranten Eiferer. Beides ist nach Wiesehöfer zu relativieren, und es ergibt sich schließlich folgendes Bild, das hier als Beurteilung der achämenidischen Herrscher allgemein angeführt werden soll:

---

[22] Vgl. Wiesehöfer ²1998, S. 93.
[23] Schaeder 1997, S. 42.
[24] Vgl. Wiesehöfer ²1998, S. 78.
[25] Ebda., S. 88.

„Kyros und Xerxes waren, ungeachtet ihrer eigenen religiösen Überzeugung, in religiösen Dingen bereit, die Überzeugungen der Untertanen zu achten und zu respektieren, ihre Kulte zu fördern, wenn dadurch nur das Band Herrscher-Untertanen gefestigt werden konnte. Religiöser Eifer war ihnen fremd, ebenso aber auch die – moderne – Vorstellung von religiöser Toleranz als humanistischem Prinzip".[26]

Bei aller Einschränkung bleibt den Achämeniden das historische Verdienst, zum ersten Mal in der Kulturgeschichte ein hohes Maß an Toleranz praktiziert zu haben. Diese Tatsache gewinnt nicht zuletzt deshalb an Bedeutung, da selbst in der Gegenwart eine große Zahl von Staaten weit von der Realisierung dieses Ideals entfernt ist. Gerade zu unserer Zeit ist Toleranz für das friedliche Zusammenleben der Völker unverzichtbar. Sie sollte daher im Rahmen von Bildung und Erziehung einen hohen Stellenwert einnehmen.

1.1.4. Die Bedeutung der iranischen Religionen für das persische Geistesleben und Selbstverständnis

Es ist davon auszugehen, daß wesentliche kulturelle und sozial relevante Fragen in den überlieferten Zeugnissen Persiens behandelt werden. In diesen verstreuten Dokumenten soll nach Anhaltspunkten gesucht werden, die Aufschluß über die ethischen und religiösen Wertvorstellungen der damaligen Zeit geben. Meist handelt es sich bei den erhaltenen Texten um Rechtsvorschriften und Dokumente religiösen Inhalts. Aus diesem Grund empfiehlt es sich für unsere Frage, die überlieferten Zeugnisse des religiösen Lebens der damaligen Zeit näher zu betrachten. Es sollte möglich sein, aus den uns bekannten theologischen und sozialethischen Schriften einen Eindruck sowohl von der gesellschaftlichen Struktur als auch von den pädagogischen Wertvorstellungen während der präislamischen Zeit zu erhalten. Die religiösen Hauptströmungen in dieser Zeit waren der Zoroastrismus, der Manichäismus und der Mazdakismus, auf welche nun in gebotener Kürze eingegangen wird.

1.1.4.1. Der Einfluß der zoroastrischen Ethik und Religion

Die zoroastrische Religion geht auf das Wirken des Propheten Zarathustra zurück. Sie erfuhr jedoch im Laufe ihrer Geschichte einige Wandlungen, von denen ihre grundlegenden Prinzipien jedoch unberührt blieben. Gegen die weitverbreitete Ansicht, Zarathustra habe um 1000 v. Chr. gelebt, hat Hinz unter Verwendung verschiedener Quellen, die in manchem eine bemerkenswerte Übereinstimmung zeigen, folgende Daten für Zarathustra errechnet: Seine Geburt ist auf ca. 630 v. Chr. datiert, er gewann etwa 588 den nordostiranischen Fürsten Vischtaspa für seine Verkündigung und pflanzte um diese Zeit eine Zypresse vor dem Feuerheiligtum der Stadt Keschmar, die ein eifernder Kalif im 9. Jahrhundert n. Chr. fällen ließ. Der Prophet starb nach Hinz' Rercherchen im Jahre 553.[27]

---

[26] Ebda., S.89.
[27] Vgl. Hinz, Walther: Zarathustra. Stuttgart 1961, S. 22-25.

Eliade berechnet die Lebenszeit Zarathustras weitesgehend übereinstimmend mit Hinz auf 628-551 v. Chr.[28]

Von Zarathustra stammen sechzehn Hymnen, die uns im heiligen Buch der Zoroastrier, dem Awesta, erhalten sind. Hierbei handelt es sich um „Gathas" oder „Gesänge". Aus ihnen läßt sich die Lehre des Propheten rekonstruieren, obwohl diese Texte selbst für Philologen äußerst schwer zu begreifen sind:

> „Die vorhandenen Übersetzungen widersprechen sich vielfach so, daß man vermeint, es handle sich gar nicht um denselben Grundtext".[29]

Zarathustras Lehre enthält drei grundlegende Gesichtspunkte:
1) Ahuramazda ist der einzige zu verehrende Gott.
2) Das blutige Opfer ist abzulehnen.
3) Das Weltgeschehen ist bestimmt durch einen Kampf des Guten gegen das Böse. Der Mensch muß in diesem Kampf Partei für das Gute ergreifen und die Konsequenzen seiner Entscheidung tragen.

Zu 1): Die altiranische Religion, die Zarathustra vorfand, war polytheistisch. Vor allem der Gott Mithra und die Göttin Anahita scheinen große Verehrung genossen zu haben. Der auch in Indien verehrte Gott Mithra war offenbar ein Gott, den die arischen Völker bereits vor ihrer Trennung in Inder und Iraner anbeteten. Er entwickelte sich schließlich zur „beherrschende(n) Gestalt im Götterkreis der Heimat Zarathustras".[30]

Wenn Herodot schreibt, daß die alten Perser eine „Himmelskönigin" verehrten, liegt der Schluß nahe, daß es sich um die Göttin Anahita handelte, deren Name Herodot wohl nicht geläufig war.[31]

Zarathustra negiert nun zugunsten des einen Gottes „Ahuramazda" – dies bedeutet „der allweise Herr" – Mithra und Anahita sowie alle anderen altiranischen Götter.

Man hat in der Forschung nachzuweisen versucht, daß vor Zarathustra eine Gottheit Ahuramazda als Teil eines größeren Götterkreises verehrt wurde. Dem ist jedoch entgegenzuhalten

> „Ahura Mazdâ ist für Zarathustra der eine, wahre, allmächtige und allwissende Schöpfergott. Niemand, der die Gathas unvoreingenommen auf sich wirken läßt, kann sich Zarathustras Gottesbegriff von einer der indo-iranischen Göttergestalten abgeleitet denken. Hier ist etwas überwältigend Neues in Erscheinung getreten, das alles überkommene Heidentum als hohl und nichtig beiseitefegt".[32]

Dementsprechend enthält Zarathustras Aufruf, Ahuramazda als einzigen Gott zu verehren, zugleich die Degradierung der traditionellen iranischen Götter zu Dämonen. Dies läßt sich in der persischen Sprache damit belegen, daß das altirani-

---

[28] Vgl. Eliade, Mircea: Geschichte der religiösen Ideen. Bd.1. Freiburg/Basel/Wien ²1994, S. 280.
[29] Hinz 1961, S.20f.
[30] Ebda., S. 35.
[31] Vgl. Hinz 1961, S. 34.
[32] Ebda., S. 92.

sche Wort *daeva* (heute *div*), das in vorzarathustrischer Zeit als Name eines göttlichen Wesens diente, heute die Bezeichnung für böse Geister darstellt.[33]

Nach der Verkündigung Zarathustras ist Ahuramazda noch von anderen himmlischen Wesen umgeben, die man etwa als „Engel" bezeichnen könnte, die aber sehr deutlich von dem einzigen Gott unterschieden und ihm untergeordnet werden. In der Spätphase der Religion wurde der böse Geist zu einer Art Gegengott erhoben und Götter genossen wieder Verehrung, die Zarathustra ursprünglich verdammt hatte.

Zu 2): Zarathustra lehnt das blutige Opfer ab. Diesem Aspekt kommt eine derart herausragende Bedeutung zu, daß er in einem Gesang seine Berufung als Prophet, der die Praxis des Schlachtopfers unterdrücken soll, darstellt. An dieser Stelle gibt Ahuramazda einer Klage statt, die die „Seele des Stieres" bei ihm vorgebracht hat.[34]

Die Ablehnung des blutigen Opfers markiert darüber hinaus noch einen mindest gleichermaßen bedeutsamen, sozialen Zusammenhang. In der Heimat Zarathustra bestand ganz offenbar ein nachhaltiger Gegensatz zwischen der kriegerischen Herren- oder Adelskaste und der einfachen Schicht der Bauern und Viehzüchter. Besonders die Herrenkaste sowie einfallende Nichtseßhafte feierten das blutige Opfer, wozu sie den unterprivilegierten Bauern das Vieh raubten.[35] Zarathustras greift zugunsten der unterdrückten Bauern in diesen sozialen Konflikt ein und verurteilt den tyrannischen Hochmut der Edlen und Krieger.[36]

Auch die „Seele des Stieres" klagt über die sich zunächst verschließenden himmlischen Mächte

> „Die wissen eben nicht, wie die Hochmögenden [= die stieropfernde Herrenschicht] mit den Niedrigen [= den Bauern und Viehzüchtern] verfahren".[37]

Zu 3): Zarathustra zu Folge, schuf Ahuramazda zuerst zwei Geister, von denen der eine ihm treu blieb, der andere sich jedoch von ihm abwandte und so zum „Lügengeist" degradierte. Dadurch kam die Scheidung zwischen Gut und Böse in die Welt

> „Von diesen beiden Geistern erkor sich der Lügengeist, Bösestes zu wirken; das göttliche Recht aber [erwählte] der Heiligste Geist, der die festesten Himmel zum Gewand hat".[38]

Zunächst stellte der Abfall des bösen Geistes die himmlischen Wesen vor die Wahl, sich für das Gute oder Böse zu entscheiden. Einige von ihnen, darunter die „daevas", also die altiranischen Götter, schlossen sich dem bösen Geist an.[39]

---

[33] Vgl. Eliade ²1994, Bd. 1, S. 287.
[34] Vgl. Awesta, Yasna 29; Übersetzung nach Hinz 1961, S. 166f.
[35] Vgl. Söderblom, Nathan: Der lebendige Gott im Zeugnis der Religionsgeschichte. Nachgelassene Gifford-Vorlesungen, München/Basel 1966, S. 170.
[36] Vgl. Ebda., S. 168.
[37] Yasna 29, 3; Übersetzung nach Hinz 1961, S. 166.
[38] Yasna 30.5; Übersetzung nach Hinz 1961, S. 107.
[39] Vgl. Hinz 1961, S. 109.

Gleichermaßen steht der Mensch vor dieser ethischen Entscheidung. Er besitzt die Freiheit entweder – wie der gute Geist – Ahuramazda zu dienen oder aber dem bösen Geist bzw. den daevas zu folgen. Die Mithraverehrer mit ihren blutigen Opfern wählen den zweiten Weg und wenden sich dem Bösen zu. Die Entscheidung bleibt freilich nicht ohne Konsequenzen: Zarathustra lehrt sowohl das Gericht über den Einzelnen nach seinem Tode als auch das Gericht über die ganze Welt an deren Ende. Der Verstorbene hat nach seinem Tod die sogenannte „Brücke des Auserwählers" zurückzulegen. Dies gelingt jedoch nur demjenigen, der in seinem Leben gute Taten vollbrachte, so wird er mit dem Leben im Paradies „belohnt". Die anderen, die in ihrem Leben dem „Lügengeist" gefolgt waren, stürzen von der Brücke in das „Haus der Lüge" und erwarten folgendes Schicksal:

> „Den Übelherrschern, Übeltätern, Übel redenden, den Übelwesen, den Übelgesinnten, kurz den Lügenknechten ziehen die Seelen [dort] mit bösen Speisen entgegen ... Im Hause der Lüge sind jene die wahren Gäste".[40]

In dem, am Ende der Welt stattfindenden Gericht, dem sich die Menschen zu unterziehen haben, überwindet Ahuramazda den „Lügengeist" und alle, die ihm gefolgt sind. Damit ist der Kampf zwischen Gut und Böse, der unsere Welt kennzeichnet, entschieden.[41]

Zarathustra lehrte als erster die Vorstellungen des Jenseits als Himmel und Hölle sowie die des Jüngsten Gerichts. Der Zoroastrismus übte durch diese Ideen auf die drei großen monotheistischen Weltreligionen Judentum, Christentum und Islam einen bedeutenden Einfluß aus. Somit blieb in ihnen ursprünglich zoroastrisches Gedankengut erhalten, auch nachdem lediglich eine kleine Minderheit im Iran und in Indien den Zoroastrismus nach dem Untergang des Sassanidenreiches vertritt. Es liegt nahe, daß das zoroastrische Gedankengut der jüdischen Diaspora im Zweistromland und im Iran vermittelt wurde.

Hinsichtlich der christlichen Tradition liefern uns Altes Testament und nachalttestamentliche jüdische Schriften, die das Neue Testament seinerseits voraussetzt, aussagekräftige Belege. Die prägnanteste und ausführlichste Stelle in dieser Tradition findet sich in der Rede vom Jüngsten Gericht im Danielbuch, in dem deutlich Einflüsse der Achämenidenzeit nachwirken:[42]

> „Von denen, die im Land des Staubes schlafen, werden viele erwachen, die einen zum ewigen Leben, die anderen zur Schmach, zur ewigen Abscheu. Die Verständigen werden strahlen, wie der Himmel strahlt; und die Männer, die viele zum rechten Tun geführt haben, werden immer und ewig wie die Sterne leuchten".[43]

---

[40] Yasna 30.10; Übersetzung nach Hinz 1961, S. 111f.
[41] Vgl. Hinz 1961, S. 111f.
[42] Nach Daniel 6,29; 10,1 wirkte der unter Nebukadnezar nach Babylon verschleppte Judäer Daniel dort noch zur Zeit des Kyros. Das Buch selbst stammt wohl aus der hellenistischen Zeit. Die Einleitung in der „Neuen Jerusalemer Bibel", S. 1022, geht von einer Fassung aus, die zwischen 167 und 164 v. Chr. entstanden ist.
[43] Daniel 12, 2f. (Einheitsübersetzung, zitiert nach der „Neuen Jerusalemer Bibel").

Vor dem Hintergrund, der Idee des Kampfes von Gut und Böse, kommt der von Ahuramazda gesetzten Rechtsordnung, die Zarathustra mit dem Begriff *Ascha* bezeichnet, elementare Bedeutung zu. Der Mensch verpflichtet sich darin, seinen Lebenswandel an den Maßstäben dieses Rechts zu orientieren.[44] Die ethische Entscheidung bekommt gerade dadurch besonderes Gewicht, daß er vor dem Jüngsten Gericht Rechenschaft ablegen muß.

Der Zoroastrismus darf also mit Fug und Recht als eine im höchsten Maße ethische Religion eingeordnet werden. Damit korrespondiert, daß Nietzsche in Umkehrung dessen, worin er die Bedeutung des historischen Zarathustra sah, seinen Propheten des kommenden amoralischen Zeitalters ebenfalls „Zarathustra" nannte. Im historischen Zarathustra sah er denjenigen,

> „der zuerst im Kampf des Guten und Bösen das eigentliche Rad im Getriebe der Dinge gesehen [habe:] die Übersetzung der Moral ins Metaphysische (.....) ist sein Werk".[45]

Der alte iranische Prophet repräsentiert also für Nietzsche jene Gestalt, die die Hochschätzung von Moral und Metaphysik begründete, die die Welt bis in seine eigene Zeit prägt.

Die „Umwertung aller Werte", mit der Nietzsche ein neues Zeitalter begründen möchte, legt er einem zweiten, erdichteten Zarathustra in den Mund, der quasi das Werk des ersten aufheben soll.

Der Zoroastrismus gewann weitreichende Bedeutung für die persische Kultur. Damit gerät gleichzeitig eine Streitfrage in den Blick. In der gegenwärtigen Forschung herrscht kein Konsens darüber, welche Staatsreligion die Achämenidenzeit maßgeblich prägte. Allerdings deuten eine Reihe von Anzeichen auf den Zoroastrismus hin. Wichtige Quellen hierfür sind die in Persepolis gefundenen Verwaltungstäfelchen, die grundlegende Erkenntnisse über die staatliche Kultorganisation der Zeit Dareios' I. (522-486 v. Chr.) vermitteln.[46] Diese Täfelchen verzeichnen die Ausgabe von Opfergaben aus der Verwaltungszentrale an einzelne Kultorte im persischen Kernland und im Gebiet der Elamer. Sie enthalten zugleich Informationen über die dort verehrten Götter, die begangenen Feste, die beteiligten Priester und die Arten von Opfern. Manche Züge der Kultorganisation, die sich auf den Täfelchen widerspiegeln, lassen sich unverkennbar vor dem Hintergrund des zoroastrischen Glaubens erklären.

So fällt auf, daß die Zentrale in Persepolis keinerlei Tiere als Opfergaben ausgab, sondern lediglich Gerste, Mehl, Wein und Bier.[47] Darüber hinaus wird deutlich, daß grundsätzlich keine Opfergaben für den Kult von Göttern wie Mi-

---

[44] Vgl. Hinz 1961, S. 97.
[45] Ebda., S. 10f.
[46] Zu diesen Täfelchen und ihrer religionsgeschichtlichen Bedeutung vgl. Koch, Heidemarie, Götter und ihre Verehrung im achämenidischen Persien; in: Zeitschrift für Assyriologie und Vorderasiatische Archäologie 77 (1987), S. 239-278.
[47] Vgl. Koch 1987, S. 270.

thra und Anahita erteilt wurden.⁴⁸ Ergänzt wird diese Beobachtung dadurch, daß im gesamten Iran bisher kein einziges antikes Heiligtum für Mithra nachgewiesen werden konnte, obwohl dieser Gott in vorzarathustrischer Zeit von überragender Bedeutung gewesen ist. Das ist

> „in seiner Stummheit ein beredtes Zeugnis für die Wucht, mit der sich Zarathustra den Kultformen seines Landes aufgeprägt hat".⁴⁹

Außerdem fällt auf, daß nur in wenigen Fällen ein elamischer Priester in den Verwaltungstäfelchen erwähnt wird. Die wenigen Belege beziehen sich auf zwei Personen, die neben den eigentlich elamischen Göttern auch dem Gott Zarathustras, also Ahuramazda, Opfer darbrachten. Diese Tatsache ist vor dem Hintergrund zu verstehen, daß die Achämeniden den Monotheismus Zarathustras grundsätzlich teilten, wenn auch mit einer begrenzten Toleranz gegenüber dem altelamischen Kult

> „Offenbar war Dareios nicht bereit, wenn er schon gegen die ‚heidnischen' Götter der Elamer tolerant war und ihnen Opfergaben zukommen ließ, auch noch deren Priester zu finanzieren, soweit diese nicht ihrerseits sich einverstanden erklärten, auch Ahuramazda mit zu verehren".⁵⁰

Aus den Täfelchen geht hervor, daß die Perser, anders als in Elam, im persischen Kerngebiet nahezu ausnahmslos Ahuramazda verehrten.⁵¹

Der Einfluß Zarathustras begann spätestens in der Achämenidenzeit, wie wir den Täfelchen entnehmen können. Dieses Bild wird dadurch ergänzt, daß Ahuramazda der einzige Gott ist, den Dareios in seinen Inschriften erwähnt. Als Beleg dafür sei aus einer der beiden Grabinschriften von Naqsch-e Rostam zitiert, aus der Inschrift DNa, die folgendermaßen beginnt:

> „A great god is Ahuramazda, who created this earth, who created yonder sky, who created man, who created happiness for man, who made Darius king, one king of many, one lord of many".⁵²

Dareios führt also die Schöpfung von Himmel und Erde, die Lenkung der menschlichen Geschicke und seine Einsetzung zum König allein auf Ahuramazda zurück. Daneben bleibt kein Raum für andere Götter.

Aufgrund der angeführten Indizien läßt sich schlußfolgern, daß der Zoroastrismus in der Achämenidenzeit die Stellung einer Staatsreligion innehatte. Die priesterlichen Funktionen bei dieser Religion übernahmen in zunehmendem Maße die Magier. Hierbei handelt es sich nach Herodot um einen medischen Volksstamm, in dem das Priestertum der alten iranischen Götter erblich war. Mit

---

⁴⁸ Vgl. Koch, Heidemarie: Persien zur Zeit des Dareios. Das Achaemenidenreich im Lichte neuer Quellen; in: Kleine Schriften aus dem Vorgeschichtlichen Seminar der Philipps-Universität Marburg, H. 25, Marburg 1988, S. 29f.
⁴⁹ Hinz 1961, S. 72.
⁵⁰ Koch 1987, S. 277.
⁵¹ Vgl. Koch 1987, S. 273f.
⁵² Englische Übersetzung nach Kent, Roland G., Old Persian. Grammar, Texts, Lexicon, 1953, S. 138.

Einführung der zoroastrischen Staatsreligion arrangierten sie sich notgedrungen mit den neu entstandenen Verhältnissen und konvertierten zum Glauben an Ahuramazda.[53] In der Sassanidenzeit, der Spätphase der vorislamischen Periode des Iran, gelang es den Magiern, ihre Position auszubauen und eine repressive zoroastrische Staatskirche zu etablieren, die die toleranten Elemente der frühen achämenidischen Zeit weitestgehend vernachlässigte.

Die Auseinandersetzung mit dem Zoroastrismus, der zweifelfrei die wichtigste im Iran selbst entstandene Religion darstellt, kann einige grundlegende Einsichten und wertvolle Maßstäbe für die Orientierung der heutigen Jugend im Bereich der Erziehung bieten.

Der Zoroastrismus lehrte als erste Religion im Vorderasiatischen Raum den Menschen als ein mit freiem Willen ausgestattetes, im Kern ethisches Wesen, das sich grundsätzlich entscheiden muß, nach welchen Prinzipien es sein Leben ausrichten will. Diese *Notwendigkeit* liegt nach Zarathustras in dem Dualismus begründet, der seit dem Abfall des „Lügengeistes" die ganze Welt prägt. Die *Möglichkeit* der Entscheidung impliziert, daß der Zoroastrismus sich gegen die Vorstellung wendet, daß das Handeln und Denken des Menschen schicksalhaft vorherbestimmt sei. Dies läßt folgendes Urteil zu

> „Die wesentliche Errungenschaft der Ethik des Zarathustra lag in der Entdeckung des freien Willens der menschlichen Persönlichkeit (...). Zarathustras Auffassung zufolge war der Mensch kein Spielball eines unerbittlichen Schicksals (...). Es lag lediglich bei ihm selbst, ob er dem Licht oder der Nacht folgen wollte (...). Seine Entscheidung war im Diesseits unanfechtbar und wurde im Jenseits der Gerichtsbarkeit des höchsten Gottes unterworfen".[54]

Das Glaubensbekenntnis faßt die zoroastrische Ethik insoweit prägnant zusammen, als es eine grundlegende ethische Selbstverpflichtung enthält. Darin weicht es sowohl von dem in der christlichen Liturgie gesprochenen Apostolischen Glaubensbekenntnis, das die Grundlehren des christlichen Glaubens zusammenfaßt, als auch vom islamischen Glaubensbekenntnis, in dem sich der Muslim zum einzigen Gott und zu Mohammad als seinem Propheten bekennt, ab.

> „Ich bekenne mich als Mazdaanbeter, als Zarathustrier, mit Gelöbnis und Bekenntnis. Ich gelobe gutgedachtes Denken, ich gelobe gutgesprochenes Wort, ich gelobe gutgetanes Werk."[55]

Weiterhin verbindet der Zoroastrismus den Glauben an Gott und an die jenseitige Verantwortung des Menschen mit ausdrücklicher Weltzugewandtheit und Diesseitsbezogenheit. Ein eindrückliches Anzeichen dafür ist wohl in der Geburtslegende Zarathustras zu sehen, nach welcher er lachend zur Welt kam, also optimistisch ins Dasein trat.[56]

---

[53] Vgl. Koch 1992, S. 279f.
[54] Fürstenauer, Johanna: Sittengeschichte des alten Orients. Reinbek 1969, S. 226.
[55] Geldner, Karl -F.: Die zoroastrische Religion. Das Awesta, Tübingen 1926, (Yasna 12, 8), S. 16f.
[56] Vgl. Glasenapp, Helmuth von: Die nichtchristlichen Religionen. Frankfurt 1957. S. 289.

Dieser Charakterzug der Religion ist wohl darauf zurückzuführen, daß Zarathustra sich gesandt wußte, in den sozialen Gegensatz zwischen Bauern und Viehzüchtern auf der einen Seite sowie kriegerischen Adligen und Nomaden auf der anderen Seite, einzugreifen. Er ergriff Partei für die Bauern und Viehzüchter. Bis heute ist das Ideal des zoroastrischen Glaubens nicht etwa der weltflüchtige Mönch oder Asket, auch nicht der nach dem Martyrium strebende Glaubenskrieger, sondern der friedliche Bauer.

Im Videvdad (in der älteren Literatur auf Grund einer Fehllesung „Vendidad" genannt), worin Vorschriften einer allerdings späteren Entwicklungsstufe der Religion zur Bekämpfung der bösen Geister aufgezeichnet sind, wird sogar die Arbeit des Bauern vom Dreschen des Getreides bis zum Brotbacken als Kampf gegen die widergöttlichen *daevas* dargestellt

„Wenn das Getreide (zum Ausdreschen) zurechtgelegt wird, dann fangen die Daeva's (vor Angst) zu schwitzen an; wenn die Mühle (zum Mahlen des Getreides) zurechtgelegt wird, dann machen sich die Daeva's naß; wenn das Mehl (zum Teigmachen) zurechtgelegt wird, dann heulen die Daeva's; wenn der Teig (zum Backen) zurechtgelegt wird, dann farzen die Daeva's (vor Angst)".[57]

An derselben Stelle des Videvdad findet sich noch folgende Bemerkung zur landwirtschaftlichen Tätigkeit

„Schöpfer! Wer erfreut (...) mit größter Freude diese Erde? - Darauf antwortet Ahura Mazda: Wenn man fürwahr am meisten Getreide und Weideländer und fruchttragende Pflanzen anlegt, oder wenn man trockenes Land auf ihr bewässert oder Wasser auf ihr trockenlegt".[58]

Die Hochschätzung landwirtschaftlicher Arbeit schließt den sinnvollen Umgang mit den natürlichen Ressourcen ein. Der Zoroastrismus hat ein ausgeprägtes ökologisches Bewußtsein, weil er darum weiß, daß sein landwirtschaftliches Ideal nur dauerhaft verwirklicht werden kann, wenn Wasser und Boden als Grundlage der Existenz vor Verunreinigung und Auslaugung bewahrt werden.

1.1.4.2. Jenseitsorientierte manichäische Ethik und sozialrevolutionärer Mazdakismus

Parallel zu der zoroastrischen Religion war etwa seit dem 3. Jahrhundert n. Chr. die persische Gesellschaft vom Manichäismus beeinflußt. Ihr Gründer Mani (ca. 216-277) wurde in Mesopotamien, das damals zu Persien gehörte, geboren und wuchs auch dort auf. Später weitete sich sein Wirkungskreis bis nach Indien hin aus. Seine Religion basiert wie der Zoroastrismus auf einem dualistischen Prinzip.

"Die Grundlage der manichäistischen Lehre bildete die dualistische Anschauung vom Walten zweier Prinzipien, dem guten Gott und der bösen Materie. Gott ist Güte, Licht

---

[57] Vendidad, Fargard (=Kapitel) 3; Übersetzung nach Fritz Wolff, zitiert nach Söderblom 1966, S. 219.
[58] Vendidad 3,23; zitiert nach der Übersetzung von Geldner 1926, S. 36.

und Wahrheit, die Materie ist das Böse, die Finsternis und die Lüge. Beide Prinzipien sind seit Ewigkeiten gegeben voneinander völlig unabhängig."[59]

Anders als der Zoroastrismus ist der Manichäismus jenseitsorientiert und nicht weltzugewandt, sondern von Askese geprägt. Er lehnt Aktivität und Arbeit in dieser Welt als Sünde ab. Die wichtigste Aufgabe des Menschen besteht für die Manichäer darin, ihren religiösen Pflichten nachzugehen und durch Fasten und Beten für ihre Befreiung von den Sünden zu sorgen.

Die Folge dieser radikalen Weltabwendung ist, daß sich die manichäische Gemeinde in zwei Gruppen einteilte, von denen die eine, die kleinere der *electi* (Auserwählte) ihren Glauben in Vollkommenheit, das heißt, in einem Mönch-Dasein lebte.

Für sie galten drei Moralgebote: 1. Verzicht auf schlechte Gedanken und Reden sowie auf den Genuß von Fleisch und berauschendem Getränk; 2. Verbot, mit den Händen zu sündigen, das heißt zu arbeiten, und 3. Askese, beispielsweise die Enthaltung von allem geschlechtlichen Verkehr.

Die größere Gruppe der *auditores* (Hörer) dagegen führte ein weltliches Leben. Sie verrichteten die täglich anfallende Arbeit und versorgten die *electi*. Die Ehe war ihnen erlaubt. Sie durften sogar Nebenfrauen haben. Auch ihre Arbeit galt zwar als Sünde, jedoch beteten die *electi* nach dem Empfang ihres von den *auditores* zubereiteten Essens für die Vergebung der Sünden ihrer *auditores*.[60]

Ähnlich wie im Zoroastrismus wird auch in der manichäischen Ethik die Natur hochgeachtet. Pflanzen zu beschädigen und Tiere zu töten, galt als Sünde.

"Wer Ähren schneidet, wird in seinem künftigen Dasein zur Ähre; wer eine Maus erschlägt, wird zur Maus (...)."[61]

Des weiteren zeichnet sich der Manichäismus durch pazifistische Tendenzen aus. Ein Beleg dafür ist das Gespräch des Sassanidenkönigs Bachram I. (273-276 n. Chr.) mit Mani, in dem der König – kein Anhänger des Manichäismus – dem Religionsstifter vorwirft:

"Wozu hat man euch nötig, da ihr weder in den Krieg ziehet oder die Jagd treibet?"[62]

Dennoch ist die Einstellung zu Pazifismus in der manichäischen Religion von einer ambivalenten Haltung geprägt. Die *electi* konnte in Berufung auf ihren Glauben, der Kriegstaten als Sünde verurteilte, den Kriegsdienst verweigern. Die Hörer hingegen hatten einerseits für das materielle Überleben der *electi* aufzukommen, andererseits ihren militärischen Schutz zu gewährleisten und wurden daher auch nicht daran gehindert, Kriegsdienste zu verrichten. Dieser Dualismus innerhalb der manichäischen Glaubensgemeinschaft wurde auch dadurch ermöglicht, daß die *electi* der gehobenen gesellschaftlichen Schicht angehörten und es sich daher erlauben konnten, auf Arbeit und Kriegsdienst zu verzichten.

---

[59] Klima 1988, S. 135; vgl. auch Widengren, Geo.: Mani und der Manichäismus, Stuttgart 1961, S. 48.
[60] Vgl. Klima 1988, S. 138.
[61] Ebda., S. 139.
[62] Widengren 1961b, S. 45f.

Die Tatsache, daß es in der manichäischen Religion Missionarinnen gab, mit einem Gefolge von Frauen und Männern ausgestattet waren, deutet auf die Gleichberechtigung der Frauen – jedenfalls auf dem religiösen Sektor. Als Beweis ist hier eine Szene aus der Lebensbeschreibung des heiligen Porphyrius von Gaza anzuführen, die Marcus Diaconus verfaßte: Der Heilige hält bei einer seiner Missionsreisen eine Disputation mit Julia, einer Anhängerin des Manichäismus, die auch Frauen in ihrem Gefolge hat.[63]

In der Tat war der Manichäismus eine Bewegung, die sich gegen die Macht der etablierten Schichten, repräsentiert durch die zoroastrische Geistlichkeit, und die Willkürherrschaft der sassanidischen Dynastie wandte. Denn in dieser Zeit wuchs der Unterschied zwischen Arm und Reich. Die einen schwelgten im Überfluß, die anderen litten bittere Not.

Die Ablehnung der materiellen Welt, ihrer Güter und ihres Genusses, wie sie der Manichäismus lehrte, wirkte über eine lange Zeit über die Grenzen des Iran hinaus. So ist etwa die vergleichbare Haltung, die sich im europäischen Mittelalter bei der ursprünglich bulgarischen Sekte der Bogomilen und ihren westeuropäischen Nachfolgern, den Katharern, zeigt, wohl ein später Einfluß manichäischer Religion. Auch der Erfolg von Bogomilen und Katharern lag in den desolaten sozialen Verhältnissen ihrer Zeit.[64]

Das Bildungsideal des Manichäismus dürfte am Gedanken der Kontemplation angelehnt gewesen sein, und somit einem Rückzug ins Innere des Menschen entsprechen.

In pädagogischer Hinsicht ist erwähnenswert, daß Mani die Malerei als Instrument zur Verbreitung seiner Lehre unter den Analphabeten nutzte. Daraus läßt sich folgern, daß er den breiteren Bevölkerungsschichten seine Lehre zu vermitteln bemüht war, wenn auch dieser Glaube primär bei dem reichen und gebildeten Teil der Bevölkerung Anklang fand.

Mazdak (Meister) lebte im 5. Jahrhundert. Über seine Herkunft liegen uns keine genaueren Angaben vor. Er vertrat im gleichen Maße wie der Zoroastrismus und der Manichäismus eine dualistische Lehre (Gut = Licht; Böse = Finsternis), wobei der Sieg des Lichts über die Finsternis bei ihm bereits in der Gegenwart erfolgt, während er bei Mani erst für die Zukunft in Aussicht gestellt wird.[65] Insofern ist der Mazdakismus (gleichermaßen wie der Zoroastrismus) diesseitsorientiert, jedoch in seinen gesellschaftlichen Forderungen wesentlich radikaler. Diese Bewegung war Ausdruck akuter sozialer Spannungen in der Spätphase des Sassanidenreiches.

Roth bemerkt dazu,

> "(...) daß die mazdakistische Gesellschaftstheorie eine Zusammenfassung aller sozialrevolutionären Häresien des Orients im 5. Jahrhundert darstellt. Massenwirksam konnte

---

[63] Vgl. Marcus Diaconus: Das Leben des Porphyrius, §§ 86-91; in: Widengren 1961b, S. 120ff.
[64] Zu Bogomilen und Katharern vgl. Eliade, ²1994, Bd. 3/1, S. 175-181.
[65] Rahimzadeh-Oskui 1981, S.124.

der Mazdakismus werden, indem er die zoroastrische Religion von innen heraus radikalisierte."[66]

Mazdak plädierte für eine gleichmäßige Verteilung des Reichtums unter allen Menschen und die Aufhebung des Privateigentums zugunsten einer Gütergemeinschaft, da erst die Existenz privaten Eigentums Not und Elend mit sich gebracht habe.[67]

„Er lehrte, daß Gott den Menschen Eigentum gegeben hatte, damit sie es gerecht unter sich verteilen sollten, aber sie hätten eine große Sünde begangen, da sie nicht nach dem göttlichen Befehle ihre Habe verteilt hätten. Die Unterschiede betreffs des Vermögens sind die Ursachen aller Reibungen in der menschlichen Gesellschaft."[68]

Einige Quellen berichten sogar davon, daß Mazdak sich für eine soziale Pflichtfürsorge einsetzte. Außerdem bekämpfte er die „sexuelle Anarchie", indem er die Befreiung der Frauen aus jeglicher Haremsknechtschaft forderte, da solche Harems in der damaligen Zeit Statussymbole wohlhabender Männer waren, die bei ärmeren Neid und Gier erregten.[69]

Der Mazdakismus wurde unterstützt von den armen Schichten der Städte und der Bauernschaft. Es kam zum Aufstand, bei dem die Bauern sich unter Berufung auf Mazdaks Forderungen weigerten, dem Staat Steuern zu entrichten, und sie in Form von Naturalien an die Armen verteilten. Unter dem weitreichenden Einfluß dieses Aufstandes ließ Kavad I. (499-531 n. Chr.) die königlichen Getreidespeicher öffnen, reformierte das Eherecht und leitete erste Schritte zur Unterwerfung des zoroastrischen Klerus ein.[70] Kavad wandte sich der mazdakistischen Lehre zu, die Motive hierfür sind in der Forschung nicht hinreichend geklärt. Es liegt nahe, daß er erstens die Mazdakiten fürchtete, da sie sich als eine bedeutende politische Kraft etabliert hatten, oder zweitens, daß er die Macht des Klerus und des Adels einzudämmen beabsichtigte, oder daß er sich drittens in der Tat zu dieser Lehre bekannte. Immerhin wird berichtet, daß Mazdak engen Kontakt zu dem Königshaus pflegte und dem König seine Forderungen durch folgendes Gleichnis verdeutlicht habe: Wenn jemand von einer Schlange gebissen worden sei, so sei es selbstverständlich, daß derjenige, der ein Gegengift besitzt, dem Gebissenen davon abgibt. Der Hunger sei das Gift des armen Volkes, und das Gegengift bestände in dem Getreide in den Scheunen des Königs. Der Besitzende sei verpflichtet, dem Hungernden davon abzugeben.[71]

---

[66] Roth, Karl: Mazdak: Bemerkungen über die erste sozialrevolutionäre Bewegung in Iran und ihre Auswirkungen auf den schiitischen Chiliasmus; in: Autonomie, Nr. 1, Der Iran. Materialien gegen die Fabrikgesellschaft, Hamburg/Frankfurt 1979, S. 32-34, hier S. 32.
[67] Vgl. Klima, Otakar: Mazdak. Geschichte einer sozialen Bewegung im sassanidischen Reich, Prag 1957, S. 160.
[68] Ebda., S. 168.
[69] Vgl. Klima 1988, S. 186.
[70] Vgl. Rahimzadeh-Oskui 1981, S. 125.
[71] Vgl. Klima 1957, S. 169.

Da uns kaum Quellenmaterialien über die Mazdak-Lehre vorliegen, lassen sich nur schwer Anhaltspunkte über das vorherrschende Erziehungsideal dieser Lehre eruieren. Jedoch ist anzunehmen, daß entsprechend der in der mazdakistischen Lehre geforderten Gleichheit bei der Teilhabe an den natürlichen Ressourcen Feuer, Wasser und Land das Recht der Beteiligung an Bildung als Allgemeinrecht jedes Einzelnen betrachtet wurde. Die Umsetzung von Mazdaks Forderungen in die Praxis hätte die Gleichbehandlung der Menschen in allen Bereichen des gesellschaftlichen Lebens zur Folge gehabt. Somit sollten alle gesellschaftlichen und geistigen Ressourcen jedem Einzelnen frei verfügbar und gemeinschaftlich nutzbar sein.

Ausgehend von dem hohen Stellenwert der Gleichheit war naheliegend, daß alle Menschen literarische Fähigkeiten erwerben sollten. Die Propagierung des Gleichheitsideals bei der freien Partnerwahl, was allerdings ein gesundes Selbstbewußtsein und das Wissen um die eigenen Rechte voraussetzte, erforderte, daß man auch den Frauen diese Möglichkeit einräumte, denn ohne einen Zugang zu den entsprechenden Bildungsvoraussetzungen wäre der Grundsatz der Gleichheit eine Farce geblieben.

Mazdaks Lehre wurde von der zoroastrischen Priesterschaft und vom Großadel entschieden bekämpft. Er selbst fand schließlich – wie viele seiner Anhänger – einen gewaltsamen Tod, indem er von Chosrau I. (531-579 n. Chr.) – dem Nachfolger Kavads – hingerichtet wurde.[72] Der Einfluß des Mazdakismus reichte über die sassanidische Zeit hinaus; so wurden etwa bei der Entstehung des Schiismus im Iran des späten 7. Jahrhunderts auch mazdakistische Ideen erneut aufgegriffen.

1.1.5. Ansätze einer institutionalisierten Erziehung im alten Persien

Es liegen kaum gesicherte Forschungsergebnisse vor, und wir verfügen über wenige Quellen, die Aufschluß über die Organisation und Praxis des Erziehungswesens und seiner inhaltlichen Ausgestaltung während der Zeit des antiken Persiens geben. Nur wenig ist darüber bekannt, wie die Wirklichkeit der Erziehung in den Familien und den außerfamiliären Zusammenhängen aussah. Die folgenden Darstellungen sind daher in erster Linie Rekonstruktionen historisch überlieferter Bruchstücke, philosophisch-religiöser Fragmente und ethischer Grundlagen, die auch Gedanken zur Erziehung, Ethik und Moral enthalten.

Dabei kann es im Rahmen dieser Arbeit nicht unternommen werden, näher zu untersuchen, inwieweit diese Ideen und Vorstellungen zu Fragen der Erziehung in die Realität umgesetzt wurden. Beispielsweise läßt sich äußerst schwer ermitteln, wie hoch der Anteil der Bildungselite an der Gesamtbevölkerung gewesen ist. Doch es ist davon auszugehen, daß sich der Teil der sogenannten „Kulturträger" auf einen relativ kleinen Kreis der oberen gesellschaftlichen Schichten beschränkte.

---

[72] Vgl. ebda., S. 167.

Einige persische Autoren, etwa Bijan[73] oder Hekmat[74], deuten an, daß in der antiken Zeit Persiens der Großteil der Bevölkerung des Lesens und Schreibens mächtig war. Wie und wo diese Kulturtechniken vermittelt wurden, wird indes bei diesen Verfassern von Werken über Erziehung nicht angegeben. Wenn man bedenkt, daß die persische Gesellschaft in ihrer Frühphase eine recht heterogene, nur lose verbundene Völkergemeinschaft war, die sich überwiegend noch im Übergangsstadium vom Nomadentum zur Seßhaftigkeit befand, fällt es dem heutigen Betrachter schwer, eine derartige Verbreitung dieser Kulturtechniken nachzuvollziehen.

Daher kann Bildung im Sinne von institutioneller Schulung meiner Auffassung nach kaum allen Teilen der Bevölkerung zugänglich gewesen sein. Weder forderten die bäuerlich-nomadischen Lebensverhältnisse eine solche Bildung, noch ließen sie sie zu. Darüber hinaus lebte – nach dem, was wir heute über die Lebensbedingungen der damaligen Zeit wissen – der Großteil der Bevölkerung in Armut. Krankheiten, Naturkatastrophen und Kriege taten ein übriges, um diesen Zustand herbeizuführen und aufrechtzuerhalten.[75] Vermutlich waren die Kulturtechniken lediglich in den führenden gesellschaftlichen Kreisen und bei einigen Berufsgruppen anzutreffen, etwa bei Priestern, Astrologen, Medizinern, Baumeistern und Kaufleuten.

Die Angehörigen höherer Schichten unter den iranischen, insbesondere den nordiranischen Völkern, haben es lange vorgezogen, ihre Kinder – vorzugsweise die Söhne – nicht im eigenen Haus zu erziehen. Von den Osseten – einem Volk, das die Region des Kaukasus bewohnte – ist bekannt, daß sie ihre Kinder üblicherweise einem *farsag läg* überließen, einem anderen Mann, der in der Regel einer geringeren sozialen Schicht angehörte als der, aus der das Kind stammte.

> „Wer es also auf sich nahm, ein Kind bei sich zu erziehen, wurde der atalyk (Mit-Vater, Freund der Familie) des Vaters des betreffenden Kindes. Er konnte nicht nur einen guten Lohn dafür erhalten, sondern blieb von diesem Moment an einer seiner Vertrauten."[76]

Die inhaltliche Ausgestaltung der an diesen Mann delegierten Erziehungsgewalt sah insbesondere vor, dem Jungen das Reiten, die Geschicklichkeit im Umgang mit Waffen sowie Rhetorik und Anstandslehre zu vermitteln. Inwiefern andere iranische Völker dieses System in gleicher oder modifizierter Form übernahmen, läßt sich nicht mit Bestimmtheit sagen. Als Begründung dieses Systems der Fremderziehung führt Widengren an:

---

[73] Vgl. Bijan, Asdollah: Durnamai-e Tarbiat dar Iran ghabl az Eslam (Perspektive der Erziehung im Iran vor dem Islam.). Teheran 1315 (1936), S. 31.

[74] Vgl. Hekmat, Ali-Asghar: Tarbiat dar Iran-e Bastan. (Erziehung im antiken Iran). Teheran 1351 (1972), S. 360.

[75] Vgl. Klima 1988, S. 23.

[76] Widengren, Geo: Der Feudalismus im alten Iran. Männerbund-Gefolgswesen-Feudalismus in der iranischen Gesellschaft im Hinblick auf die indogermanischen Verhältnisse, Köln 1969, S. 64.

„Ein Kind wird am häufigsten im Haus seiner Eltern schlecht erzogen, aber überläßt es einem Fremden, und es wird ein djigit". [77]

Dabei bezeichnet das Wort *djigit* eine Mischung aus ritterlichem Kavalier und mutigem Krieger.

Als ein wesentlicher Grund für dieses Erziehungssystem wird angeführt, daß hierdurch potentielle, innerfamiliäre Konflikte zwischen Eltern und Kindern bereits im Vorfeld vermieden würden, weil durch die Fremderziehung der Kinder die Möglichkeit für solche Spannungen gar nicht gegeben ist. Auch im mittelalterlichen Europa waren solche Praktiken innerhalb adliger Dynastien geläufig, welche ihre Kinder in anderen, zum Teil verwandten Familien großziehen ließen. Dadurch wurden auch auf diesem Weg nützliche politische oder wirtschaftliche Verbindungen geschlossen.

Die Ursprünge dieses Systems dürften bis in die Zeit matriarchalischer Gesellschaften zurückreichen, bei denen die Erziehung stets dem Bruder der Großmutter väterlicherseits oblag, der leibliche Vater hingegen übernahm die Funktion des väterlichen Freundes und Anleiters. Ähnlich verhält es sich bei den benachbarten Völkern der Perser, etwa den Armeniern und Georgiern, die den Pahlawibegriff *dayag* (Amme; *dayahd* im Neupersischen) als Lehnwort in ihre Sprachen übernommen haben. *Dayag* bezeichnet die Person, welche anstelle der Eltern die Aufgaben der Erziehung und die Fürsorge für das Kind übernimmt und für den Nachwuchs Verantwortung trägt.

Bei den Armeniern und Georgiern lautet dieser Begriff *dayeak* oder auch *sun*, wobei *dayeak* sowohl den Ernährer als auch die Ernährerin und *sun* sowohl das ernährte Mädchen als auch den ernährten Jungen bezeichnen kann.[78]

Es ist anzunehmen, daß für die zahlreichen Geschäftsleute des antiken Persien das Erlernen von Lesen, Schreiben und Rechnen von besonderer Bedeutung war. Betrachten wir zunächst die Verhältnisse der Achämenidenzeit. Die Achämeniden legten großen Wert auf Wehrhaftigkeit, Gerechtigkeit, Selbstbeherrschung, Mäßigkeit, Abhärtung und Ritterlichkeit.

Der Stellenwert dieser Tugenden läßt sich unter anderem daraus ersehen, daß sich Dareios in einer seiner Grabinschriften von Naqsch-e Rostam ihrer rühmt. Es handelt sich um die mit dem Sigel DNb abgekürzte Inschrift:

„Saith Darius the King: By the favor of Ahuramazda I am of such a sort that I am a friend to right, I am not a friend to wrong. It is not my desire that the weak man should have wrong done to him by the mighty; nor is that my desire that the mighty man should have wrong done to him by the weak. What is right, that is my desire. I am not a friend to the man who is a Lie-follower. I am not hot-tempered. What things develop in my anger, I hold under control by my thinking power. I am firmly ruling over my own (impulses). (.....) Trained am I both with hands and with feet. As a horseman I am a good horseman. As a bowman I am a good bowman both afoot and on horseback. As a spearman I am a good spearman both afoot and on horseback".[79]

---

[77] Widengren 1969, S. 64.
[78] Vgl. ebda., S. 69ff.
[79] Englische Übersetzung nach Kent 1953, S. 140.

Im Schlußparagraphen derselben Inschrift, der erst durch neuere Forschungen rekonstruiert werden konnte, hat Dareios eine Botschaft an die Jugend formuliert, in der er die Ausbildung folgender Fähigkeiten und Geisteshaltungen fordert: Selbsterkenntnis, Entdeckung eigener Begabungen, objektive Urteilskraft, Solidarität mit den Schwachen, Gemeinschaftssinn und Weitsicht:

> „Junger Mann, mache gar sehr kund, welcher Art du bist, welcher Art deine Fähigkeiten, welcher Art dein Verhalten! Nicht erscheine dir das am besten, was deinen Ohren gesagt wird; höre auch das, was darüber hinaus gesagt wird! Junger Mann, halte nicht das für vortrefflich, was der Mächtige tut; was der Schwache leistet, das beachte vielmehr! Junger Mann! Arbeite weder nur für dich allein, noch sollst du in deinem Glücke träge werden!"[80]

Über die Erziehung in der Achämenidenzeit finden wir auch wichtige Hinweise in späteren griechischen Quellen, etwa bei Herodot und Xenophon. Ihnen zufolge bestand in der Achämenidenzeit die Möglichkeit einer systematisch gelenkten Ausbildung für junge Männer der gesellschaftlichen Elite, die ohne harte Arbeit ihrer Hände auskommen konnte. Ihre Ausbildung fand in einer Institution statt, die die Griechen als *Schule der Gerechtigkeit* bezeichneten. Der Schulbesuch begann mit Vollendung des 7. Lebensjahres.[81]

Im alten Persien wie in vielen frühzeitlichen Kulturen spielte die sportliche und medizinische Ausbildung eine besondere Rolle. Das Awesta weist immer wieder auf den Zusammenhang zwischen körperlicher und geistiger Gesundheit hin, wie dies uns auch aus dem alten Rom vertraut ist. Das bekannte Wort von Juvenal (60–140 n. Chr.) lautet:

> „Orandum est ut sit mens sana in corpore sano [Man bete (bzw. wünsche), daß in einem gesunden Körper auch ein gesunder Geist sein möge]".[82]

Diese Auffassung wurde auch in der zoroastrischen Lehre vertreten, weil man der Ansicht war, daß zum Kampf gegen das Böse, verkörpert durch Ahriman, eine gesunde und stabile Konstitution des Menschen notwendig sei.

Die Sportarten, die man im alten Persien den Kindern vermittelte – Reiten, Bogenschießen, Jagd, Tschogan (Polo), Speerwerfen und Schwimmen – blieben auch nach der Islamisierung ein wichtiger Bestandteil der Erziehung, wie man Firdausis (939-1020 n. Chr.) Beschreibung im *Schahnameh*, dem bedeutenden Nationalepos, entnehmen kann.

Die Leibeserziehung der Kinder hatte vor dem Hintergrund zoroastrischer Religion noch einen tieferen Sinn. Da man glaubte, daß die Krankheit durch Ah-

---

[80] Deutsche Übersetzung von Frau Prof. Dr. Heidemarie Koch, Marburg, in einer brieflichen Mitteilung. Sie faßt darin das kombinierte Ergebnis der Bemühungen verschiedener Forscher zusammen. Für die Rekonstruktion war eine aramäische Übersetzung ausschlaggebend. Die hier sonst verwendete Ausgabe von Kent enthält den Schlußparagraphen noch nicht in dieser Form.

[81] Vgl. Böhm, Johann: Geschichte der Pädagogik. Nürnberg 1892, S. 35.

[82] Iuvenalis, Decimus Iunius: Saturae X, 356; in: Decimi Iunii Iuvenalis saturae. J.R.C. Martyn (Hg.), Amsterdam 1987.

riman hervorgerufen wurde, bemühte man sich, die Gesundheit zu erhalten und dadurch Ahriman zu überwinden.

Als größte Schande, die als Folge der Vernachlässigung der Erziehung zur Wehrhaftigkeit eintreten könnte, galt das Lügen und das Schuldenmachen; letzteres wiederum verführte zum Lügen.[83]

Als Lehrer der Jugendlichen wurden Männer ab dem 50. Lebensjahr mit großer Erfahrung ausgesucht, die sich in allen genannten Tugenden hervorragend bewährt hatten und somit Vorbilder der jüngeren Generation sein konnten. Mit dem 15. Lebensjahr begann das Jünglingsalter. Die Erziehung dauerte bis zur Vollendung des 25. Lebensjahres, dann entließ man sie als Staatsbürger mit allen Pflichten für das Vaterland, im Frieden wie im Krieg. Die Kinder der Adeligen wurden an diesen höfischen Schulen meist zu Richtern, Lehrern, Generälen oder Medizinern ausgebildet. Die Kinder der breiten Volksschichten lernten gewöhnlich den Beruf ihres Vaters.

Die Ideale der persischen Erziehung versuchte man insbesondere bei der Unterweisung des Thronfolgers zu erfüllen. Ziel war eine Hervorhebung des zukünftigen Königs als besondere Person durch körperliche Schönheit und höchste geistige Tugenden. Er erhielt vom 7. bis zum 14. Lebensjahr eine Ausbildung im Reiten und Jagen und wurde dann den königlichen Pädagogen übergeben.

„Das sind vier ausgewählte vornehme Perser, nämlich der Weiseste, der Gerechteste, der Mäßigste und der Tapferste, von denen der erste die Magie des Ormuzd [auch Ormazd, jüngere Namensform des altiranischen Hochgottes Ahuramazdah, d. Verf.] und die Regierungskunst, der zweite die Wehrhaftigkeit fürs Leben lehrt. Der Mäßigste unterweist den königlichen Knaben, damit er sich nicht von den Begierden beherrschen lasse, sondern sich gewöhne, frei und in Wahrheit König zu sein; der Tapferste macht ihn furchtlos und beherzt, indem er ein Sklave wäre, wenn er sich fürchtete."[84]

Abschließend soll in einer knappen Skizze auf die Ausbildungssituation der Mädchen während dieser Epoche eingegangen werden, welche zweifelsfrei eine besondere Beachtung verdient. Die bisherigen Ausführungen stützten sich ausschließlich auf Quellen, die die Erziehung männlicher Jugendlicher im Blick hatten. Die bereits erwähnten Verwaltungstäfelchen aus Persepolis lassen uns darüber hinaus Anhaltspunkte zur Ausbildungssituation von Frauen gewinnen. Ihnen ist zu entnehmen, daß Frauen in Handwerksberufen offenbar in gleicher Weise ausgebildet wurden wie Männer und bei der Ausübung des Berufes wie diese entsprechend der erlernten Fähigkeiten vergütet wurden.[85] Die Gleichberechtigung der Geschlechter war sogar so weit vorangeschritten, daß Frauen auch leitende Positionen einnehmen konnten und vielfach als Vorgesetzte von Männern fungierten.[86] Dieser für einen antiken orientalischen Staat auffällige

---

[83] Vgl. Schmid, Karl Adolf: Geschichte der Erziehung vom Anfang an bis auf unsere Zeit. Bearbeitet in Gemeinschaft mit einer Anzahl von Gelehrten und Schulmännern, Bd. 1, Stuttgart 1884, S. 129f.
[84] Böhm 1892, S. 36.
[85] Vgl. dazu Koch 1992, S. 234.
[86] Vgl. ebda., S. 234f.

Sachverhalt setzte zweifellos eine der leitenden Position angemessene Ausbildung der Frauen voraus. Wie sehr die berufliche Tätigkeit von Frauen geschätzt wurde, zeigt sich auch darin, daß der achämenidische Staat bereits Mutterschaftsurlaub gewährte. Fünf Monate lang war eine Frau nach der Geburt eines Kindes von ihren Dienstpflichten befreit und bezog Unterhalt seitens des Staates. Danach stand ihr die Möglichkeit einer Teilzeitbeschäftigung offen.[87]

Die Achämenidenzeit endete im Jahre 331 v. Chr., als Alexander der Große die Hauptstadt Persepolis eroberte. Von nun an stand das Land unter dem Einfluß hellenistischer Kultur, die auch die Erziehung entscheidend prägte. Da der griechische Kultureinfluß bis in die Partherzeit hinein reichte, ist es angebracht, die Zeit von 331 v. Chr. bis 224 n. Chr. unter dem Begriff „alexandrinisch-parthische Epoche" zusammenzufassen. Alexander der Große und zehntausend seiner Krieger vermählten sich mit iranischen Frauen.

> „Seine Heirat mit Roxane, der Tochter eines sogdischen Fürsten, und die Massenvermählung seiner Soldaten mit iranischen Frauen zu Susa (...) waren weitere Schritte auf dem Weg der Verschmelzung."[88]

Ein deutlicher Hinweis für die Präsenz der griechischen Kultur in dieser Zeit im Iran war eine besondere Maßnahme, die Alexander anordnete. Er befahl 30.000 Jungen nach griechischem Vorbild auszubilden.[89]

Von der iranischen Kultur gingen jedoch auch weitreichende Impulse für den griechischen und vorderasiatischen Bereich aus. Beispiele hierfür sind zahlreiche persische Lehnwörter in diesen Sprachen. Das wohl bekannteste ist das Wort „Paradies", das vom altpersischen *paridaida* für „Lustgarten" oder „Wildpark" (awestisch *para-daeza* – Umzäunung) abstammt.[90] Im Altgriechischen taucht es als *parádeisos* auf, das im weltlichen Bereich einen Lustgarten oder Jagdpark bezeichnet. Es findet sich etwa im Assyrischen als *pardisu* und im Biblischen Hebräisch als *pardes*.[91] Dieser Gebrauch ist in zahlreiche europäische Sprachen übergegangen und es findet sich im theologischen Sinne im Neuen Testament als „Paradies" wieder.[92]

Das hellenistische Erbe, das Alexander der Große mitbrachte, blieb während der Seleukidenzeit im Iran lebendig. Beispiele dafür sind die Ausbreitung der griechischen Sprache sowie der Einfluß des griechischen Rechtswesens. Außerdem führten die Seleukiden ein einheitliches Münzwesen, einheitliche Gewichte

---

[87] Vgl. Ebda.
[88] Frye, Richard: Persien. Essen 1975, S. 263.
[89] Vgl. Razi Hamedani, Abdullah: Tarich-e Iran az Zaman-e bastan ta Sal-e 1316 (Geschichte Irans vom Altertum bis 1937). Teheran 1317 (1938), S. 27.
[90] Vgl. Brandenstein, Wilhelm/Mayrhofer, Manfred: Handbuch des Altpersischen. Wiesbaden 1964, S. 137.
[91] Vgl. Altes Testament, Hohelied 4, 13; Prediger Salomo 2,5 und Nehemia 2,3. Zur Etymologie vgl. Gesenius, Wilhelm / Buhl, Franz: Hebräisches und aramäisches Wörterbuch über das Alte Testament. Berlin u.a. ^{17}1915, S. 657.
[92] Vgl. Gemoll, Wilhelm: Griechisch-Deutsches Schul- und Handwörterbuch. München/ Wien ^{9}1965, S. 571.

und Maße sowie einen neuen Kalender ein.[93] Diese hellenistischen Einflüsse setzten sich über Jahrhunderte hinweg fort und sind auch unter der Herrschaft der Arsakiden, die im folgenden dem westlichen Sprachgebrauch entsprechend „Parther" genannt werden (etwa 250 v. Chr. - 224 n. Chr.), und der Sassaniden (224 - 651 n. Chr.) wirksam.

In der Partherzeit wurde neben dem in aramäischen Buchstaben geschriebenen Pahlawi, Griechisch als Schriftsprache verwendet. Darüber hinaus förderten Ausgrabungen griechische Theater zutage.[94] So ist also in dieser Epoche der griechische Einfluß deutlich in Literatur und Kunst zu belegen.

Die bereits ausführlich dargestellte religiöse Toleranz während der Achämenidenzeit, galt auch noch unter den Parthern als Garant des persischen Großreichs. Unter den Parthern breiteten sich auch Judentum und Christentum im Reich aus.

„Auf Grund der toleranten Haltung der Parther konnte so eine Vielzahl von Religionen nebeneinander fortbestehen und ineinander übergehen."[95]

Diese unterschiedlichen Religions- und Lebensgemeinschaften bildeten die Basis der vielfältigen traditionellen Kunst und Kultur.

Den Parthern folgten im Jahre 224 die Sassaniden, deren Herrschaft durch bewußten Rückgriff auf alte persische Traditionen charakterisiert ist. In dieser Zeit bekam der Zoroastrismus erneut die Stellung einer Staatsreligion. Er wurde der bedeutendste kulturbezogene Faktor, wenn auch der Einfluß der hellenistischen Kultur weiter nachwirkte. Anders als in der Achämenidenzeit nahm der sassanidische Zoroastrismus intolerante Züge an, die sich in der Verfolgung Andersgläubiger bemerkbar machten. Verantwortlich dafür waren wohl die Magier, die bereits ab der Zeit Dareios I. die Pflege des Staatskultes übernahmen. Im Sassanidenreich gelang es ihnen nun, darüber hinaus höchste Machtstellungen zu erlangen und religiöse wie oberste richterliche Gewalt in ihren Händen zu vereinen. Damit begann die Verquickung von Religion und Politik, die in der Zeit nach der Islamisierung Persiens unter verändertem Vorzeichen noch verhängnisvolle Folgen haben sollte. Ein Beleg für den zunehmenden machtpolitischen Einfluß der zoroastrischen Elite zeigt Widengren anhand eines Beispiels aus der Zeit des ersten Sassanidenherrschers Ardaschir I. (224-241 n. Chr.)„Er hatte in jeder Provinz nicht nur einen Satrapen, Marzpan, sondern auch einen Mobad [zoroastrischer Geistlicher, d.Verf.] eingesetzt, wodurch jede Provinz sowohl einen Provinzgouverneur als auch ein geistliches Oberhaupt erhielt. (...) Zwangsmaßnahmen großen Stils wurden aber erst durchgeführt, als Karter [der leitende Religionspolitiker und Organisator der zoroastrischen Staatskirche, d. Verf.] freie Hand bekam. Die Menschen nicht-zoroastrischer Religion, vor allem Juden, Christen, Manichäer und Buddhisten, wurden schonungslos verfolgt (...). Damit war eine Entwicklung eingeleitet, die einen vollständigen Bruch mit der

---

[93] Vgl. Frye 1975, S. 286f.
[94] Vgl. Ebda., S. 392f.
[95] Brentjes 1990, S. 24.

Religionspolitik der Achämeniden bedeutete und die für die religiösen Minoritäten des Sassanidenreiches verhängnisvoll werden sollte."[96]

Diese intolerante Haltung, wie sie im Inneren des Reichs gegenüber Andersdenkenden praktiziert wurde, ist in Beziehung zu den Nachbarvölkern nicht zu beobachten, denn es fand weiterhin ein reger Kulturaustausch mit Rom, Byzanz und Indien statt.

Die sassanidische Zeit ist sowohl durch griechische, als auch indische Einflüsse geprägt. Ardaschir I. brachte Wissenschaftler und Bücher aus Indien und Griechenland nach Persien. Der zweite sassanidische Herrscher, Shapur I. (241-272 n. Chr.), ließ diese Bücher ins Pahlawi übersetzen und in der neu gegründeten Akademie zu Jundi-Shapur (Dschondischapur), der ersten Hochschule Persiens, aufbewahren.[97] In dieser Zeit wurde auch das medizinische Lehrbuch des Griechen Theodosios übersetzt.[98] Da die Sassanidenkönige diese Entwicklung sehr förderten, kamen bekannte griechische Wissenschaftler aus ihrer Heimat nach Persien, um dort zu lehren. Die Schließung der Akademie in Athen brachte erneut griechische Wissenschaftler nach Persien.[99]

> „Als Kaiser Justinian I. im Jahre 529 die Akademie zu Athen schloß, gingen sieben der Gelehrten, die dort unterrichtet hatten [zur Universität in Dschondischapur, d. Verf.], wohin sie von König Anusch-irwan, einem Verehrer Platons und Aristoteles', berufen worden waren."[100]

Der König Anuschirwan, dessen ursprünglicher Name Chosrau I. war und der von 531-579 regierte, erhielt sogar selbst Unterricht in Philosophie bei den Gelehrten Paulus Persa und Uranius, wobei der erstgenannte einen Teil der Logik des Aristoteles für ihn übersetzte. Er sandte seinen Leibarzt Burzoe nach Indien, der von dort das Schachspiel, zahlreiche Sanskritbücher und medizinische Werke mitbrachte. Letztere übersetzte er auch ins Pahlawi.[101]

Die Unterrichtsfächer in Jundi-Shapur waren zum einen die theoretischen Wissenschaften, worunter Literatur, Philosophie, Jura, Mathematik und Astronomie fielen, und zum anderen die praxisorientierten Wissenschaften, welche Landwirtschaft, Viehzucht, Veterinärmedizin, Wasserwirtschaft, Qanat (Bewässerungsanlagen und Kanalisation), Hochbau, Architektur und Medizin umfaßten, das letztgenannte genoß einen besonderen Stellenwert.[102] Zudem wurden Recht, Regierungsgeschäfte, Finanzen und indische, griechische und zoroastrische Theologie gelehrt.

Wie einer aus Ägypten stammenden Gedenktafel im Vatikanischen Museum zu entnehmen ist, studierten zu jener Zeit auch persische Studenten im Ausland.

---

[96] Widengren 1961, S. 24.
[97] Vgl. Rahimzadeh-Oskui 1981, S. 88.
[98] Vgl. Sa'diq 1960, S. 77.
[99] Vgl. de Boer, T. J.: Geschichte der Philosophie des Islam. Stuttgart 1901, S. 20.
[100] Nayyeri 1960, S. 23.
[101] Vgl. Frye 1962, S. 459.
[102] Vgl. Hekmat 1972, S. 392.

„Auf Befehl des Kaisers von Persien wurden die Jungen der vornehmen Familien zum medizinischen Studium an die medizinische Akademie in Sais [in Ägypten, das damals zum Römischen Reich gehörte, d. Verf.] geschickt."[103]

Ihren Höhepunkt erreichte die Universität Jundi-Shapur in der zweiten Hälfte des 6. Jahrhunderts. Unter dem Vorzeichen des Zoroastrismus wurden hier hinduistische, griechische, jüdische, christliche und persische Traditionen und Lehren miteinander vereint und in die iranische Kultur aufgenommen. Diese Traditionsvielfalt erlebte mit Beginn der arabischen Invasion einen Bruch.[104]

So vielfältig die Gestaltung des Bildungswesens in der Sassanidenzeit auch gewesen sein mag, so ist doch anzunehmen, daß die überwiegende Mehrheit an diesen Möglichkeiten nicht teilhaben konnte. Sie standen primär der Oberschicht offen, denn über einen großen Teil der Unterschicht, vor allem Bauern, ist nur bekannt, daß sie religiöse Unterweisung erfuhren. Bezüglich der Bildung des weiblichen Geschlechtes lassen sich dem Awesta deutliche Hinweise entnehmen.

„Wenn du ein Kind hast, sei es ein Sohn oder eine Tochter, schicke es zur Schule, da das Licht der Weisheit das Auge hellseherisch macht. Hindere deine Frau und deine Kinder nicht am Lernen, damit die Sorge und Reue dich nicht in Zukunft befallen".[105]

Jedoch beschränkte sich die Erziehung der Mädchen primär auf das Erlernen häuslicher Aufgaben.[106] Diese Forderung des Awesta ist vermutlich nur bei den Töchtern der höheren Schicht erfüllt worden. Sie konnten sich wohl im Bereich der Literatur-, der Musik- und der Rechtswissenschaften ausbilden lassen. In einem sassanidischen Rechtsbuch wird davon berichtet, daß einem gelehrten Richter auf dem Weg zum Gerichtshof fünf Frauen begegneten, die einige Fragen zu besonderen Rechtsfällen stellten. Als er auf eine Frage keine Antwort wußte, tröstete ihn eine der Frauen und wies ihn auf die Quelle hin, in der die Antwort nachzulesen war.[107]

Zusammenfassend bleibt festzuhalten, daß in der präislamischen Zeit Tugenden wie Wehrhaftigkeit, Gerechtigkeit und Mäßigung die Bildung charakterisierten. Betrachtet man jedoch jeweils gesondert die drei großen Phasen, die achämenidische, die hellenistisch-parthische und die sassanidische Zeit, zeigen sich markante Unterschiede. In der **ersten** Phase, der Achämenidenzeit, standen Ritterlichkeit und Toleranz als Erziehungsideale im Vordergrund der Erziehung. Da der Zoroastrismus in dieser Zeit noch nicht wie später im Sassanidenreich dogmatisch und erstarrt war, stand die Pädagogik im Zeichen der Toleranz. So stand der Mensch als selbstbestimmtes Wesen im Zentrum der Erziehung.

Die **zweite** Phase, die hellenistisch-parthische Zeit, ist in hohem Maße von griechischen Bildungsidealen geprägt. In dieser Phase begann sich erstmals eine

---

[103] Nayyeri 1960, S. 23.
[104] Vgl. Seyedebrahimi, Fatemeh: Cultural incorporation of Iran into the western capital culture. Ann Arbor /Michigan University (Microfilm) 1993, S. 106-109.
[105] Aus dem Awesta Fragment IV, zitiert nach Nayyeri, Köln 1960, S. 12.
[106] Vgl. Sa'diq 1960, S. 9.
[107] Vgl. Bartholomae, Christian. Die Frau im sassanidischen Recht. Heidelberg 1924, S.9.

eigenständige persische Pädagogik zu entwickeln, die in der gesamten folgenden Periode der präislamischen Zeit fortwirkte. Dies betraf vor allem die Naturwissenschaften und die Philosophie.

In der **dritten** Phase, während der sassanidischen Zeit, dominierten in Folge der Etablierung des Zoroastrismus sportliche Ertüchtigung und medizinische Kenntnisse. Zugleich erlangten aufgrund permanenter kriegerischer Auseinandersetzungen das Erlernen des Kriegshandwerks, der Ausbau des Verkehrswesens und anderer Bereiche der Infrastruktur im Rahmen der Bildung große Bedeutung. Im Gegenzug beherrschte der mittlerweile Andersgläubigen gegenüber intolerant gewordene Zoroastrismus weitestgehend die Gesellschaft. In Reaktion darauf bildeten sich während dieser Zeit Gegenbewegungen, die zur Entstehung von Manichäismus und Mazdakismus führten. Sie stellten sich gegen die elitäre Herrschaft der Sassaniden und forderten gesellschaftliche Gleichberechtigung. Der Manichäismus trug pazifistisches Gedankengut in das Bildungswesen hinein. Aus dem Mazdakismus ergab sich die sozialrevolutionäre Idee der Gleichberechtigung der Geschlechter auf dem gesellschaftlichen Sektor sowie der Realisierung größerer Freiräume für die Bildung der Unterschicht.

1.2. Die Zeit nach der Islamisierung Persiens

Die Islamisierung des Landes stellt den tiefgreifendsten Einschnitt in der Geistesgeschichte Persiens dar. Mit ihr begann eine Epoche der Kulturgeschichte, die bis heute anhält. Anders als die Kulturgüter der Achämenidenzeit sind die der islamischen Epoche von ihren Anfängen an noch tief im Bewußtsein der iranischen Bevölkerung verankert. Bei der Betrachtung der Entwicklung in islamischer Zeit wird auf verschiedene persische Dichter und Denker etwa Avicenna, Saadi oder Firdausi eingegangen und aus ihren Werken zitiert. Allen diesen Dichtern kommt in der Erziehung der Perser bis heute ein nicht zu unterschätzender Stellenwert zu. Noch heute kann ein großer Teil der Bevölkerung weite Teile dieser Dichtung auswendig wiedergeben. Diese Dichtungen dienen häufig auch dazu, einen Vortrag, eine wissenschaftliche Arbeit oder im alltäglichen Leben etwa einen Liebesbrief einzuleiten. Wollte man einen Vergleich anstellen, würde das auf deutsche Verhältnisse übertragen bedeuten, daß der überwiegende Teil der Bevölkerung imstande wäre, mittelalterliche Gedichte, etwa von Walther von der Vogelweide, aus dem Gedächtnis frei vorzutragen. Wir haben es also im Iran mit einer ganz anderen Verbundenheit und Wertschätzung der eigenen Dichter und Denker zu tun.

Bevor die Ausbreitung des Islam in Persien und die grundlegenden Veränderungen des Bildungswesens skizziert werden, erfolgt eine kurze Zusammenfassung der dafür relevanten historischen Ereignisse. Gute und ausführliche Darstellungen über die Kulturgeschichte Persiens bietet Frye, der als maßgebliche Quelle für die folgenden Ausführungen dient.

1.2.1. Historische Hintergründe der Ausbreitung des Islam in Persien

Viele Autoren konstatieren nicht unvoreingenommen, daß sich der islamische Glaube mit raschem Tempo und nur mit Hilfe von Gewalt in Persien ausbreiten konnte. So führt etwa Rahimzadeh-Oskui aus

> „Mit der Eroberung Irans durch die Araber wurde eine neue Ära in der Geschichte des Landes eingeleitet. Der Islam hat mit dem Schwert die politische Souveränität Irans in einem ungeheuren Tempo vernichtet. Die Perser mußten damit ihre Lebensverhältnisse weitgehend dem Islam anpassen, jedoch wurde der Islam selbst mit der Zeit iranisiert".[108]

Auch Rodinson bestätigt in seiner Studie kritisch dieses Vorurteil und betont, daß

> „für den christlichen Westen (...) die Muslime lange eine Bedrohung (waren), ehe sie zum Problem wurden (...) und als ein wildes und räuberisches Volk zudem als unchristlich galten".[109]

Neuere Ansätze in der Forschung beweisen jedoch eher das Gegenteil. Nach Frye erstreckte sich der Glaubenswechsel über die relativ lange Periode von etwa einem Jahrhundert,

> „da zur Zeit der Eroberungen kein dringender Grund für einen Glaubenswechsel vorhanden war. (...) Nicht Bekehrung, sondern eher Tribut war die Losung des Tages".[110]

In der spätsassanidischen Zeit, während der Regierungszeit Chosraus I. (531-579) sowie seines Nachfolgers Chosrau II. (591-628), galt Persien zweifellos noch als ein relativ homogen organisierter, mächtiger Staat. Zunehmend setzten jedoch in verschiedenen gesellschaftlichen Bereichen unübersehbare Zerfalls- und Auflösungserscheinungen ein, die vom allmählichen Niedergang der sassanidischen Dynastie kündeten. So stieg etwa die Inflation derart an, daß Steuererhöhungen nicht zu vermeiden waren, die für die Kaufleute und die unteren Gesellschaftsschichten keineswegs von Vorteil gewesen sein können.[111]

Dieser Umstand rief Unzufriedenheit bei einem großen Teil der Bevölkerung hervor und provozierte einen Vertrauensverlust im Hinblick auf die Kompetenzen und den guten Willen der Zentralregierung. Außerdem schwand das Zusammengehörigkeitsgefühl zwischen den diversen Gruppen der Gesellschaft zusehends. Frye konstatiert für die damalige Zeit ein Klassen- und Kastensystem, in dem die einzelnen Mitglieder weder ihrem jeweiligen Herrscher Loyalität bekundeten noch Solidarität mit anderen gesellschaftlichen Klassen demonstrierten. Ihm zufolge zeigt sich dieses Klassensystem – diese die Homogenität der Gesellschaft zersplitternde Struktur – auch in den unterschiedlichen, in den Tempeln beständig brennenden Feuern, die jeweils eine Klasse der Gesellschaft symbolisierten.

---

[108] Rahimzadeh-Oskui 1981, S. 90.
[109] Rodinson, Maxime: Die Faszination des Islam. München 1991, S. 23.
[110] Frye, Richard. Persien. Zürich 1962, S. 477.
[111] Vgl. ebda., S. 477.

„Wir haben festgestellt, daß jeder König sein eigenes Feuer besaß. Ferner gab es mindestens drei große Feuer, die den ursprünglichen Klassen oder Kasten der Gesellschaft entsprachen, das Farnbag-Feuer für die Priester, das Guschnasp-Feuer für die Krieger, das Burzin-Mihr-Feuer für die Bauern und das gemeine Volk. Ein Feuer für die Schreiber, d.h. die Beamten, die Ärzte, die Dichter usw., ist nicht bekannt".[112]

Diese sozialen Ungleichheiten und die zunehmende Schwäche der Zentralmacht begünstigten den Siegeszug der Araber, zumal gegen Ende der sassanidischen Dynastie kein Herrscher mehr die Autorität besaß, diesen Zerfall aufzuhalten.

„Die letzten Jahrzehnte des Sassanidenreiches nach dem Tod Chosraus II. zeigen den Verfall der Zentralgewalt zugunsten der Heerführer."[113]

Ein derartig in verschiedene Gruppen zersplittertes Reich vermochte den Arabern keinen ernstzunehmenden Widerstand entgegenzusetzen.

So läßt sich resümieren, daß primär der chaotische und zersplitterte Zustand des sassanidischen Reichs während und nach der Regierungszeit Chosraus II. den Arabern die Eroberung Persiens erleichterte. Zahlreiche Beispiele in der Geschichte zeugen zwar von der Mobilisierung größerer Bevölkerungsgruppen gegen potentielle Invasionen von Eindringlingen, jedoch hemmten die gravierenden sozialen Mißstände sowie die Kluft zwischen König und Untertanen am Ende der Sassanidenherrschaft einen erfolgreichen Widerstand. Der letzte sassanidische König Jazdgard III. flüchtete von einem Gau seines Reiches zum andern, bis er im Jahre 651 oder 652 in einer Mühle bei Merw ermordet wurde.[114]

In das politisch aus der Invasion resultierende Machtvakuum – Eliminierung der Eliten des sassanidischen Reichs und der zoroastrischen Religionsgemeinschaft – stießen allmählich die Araber vor. Den verbleibenden persischen Eliten wurde die Konversion zum Islam durch soziale Privilegien erleichtert. Dies lässt sich anhand eines Dekretes aus dem Jahre 741 belegen, welches nicht nur die Abfassung aller wichtigen Schriftstücke auf Arabisch, sondern auch die Besetzung aller bedeutsamen Positionen mit Muslimen vorsah.[115] Perser mit hohem Bildungsstand, die eine entsprechende Position einnehmen wollten, zogen also die Konvertierung vor. Besonders bei den *dihqans*, den feudalen Landbesitzern, registriert man überproportional häufige Übertritte zum Islam aus politischen Erwägungen.

Die arabische Sprache trat als Schriftsprache an die Stelle des Persischen, die persische Sprache behielt jedoch im Bereich der mündlichen Kommunikation weitestgehend ihre Bedeutung. Lediglich die zoroastrische Priesterschaft verwendete weiterhin das Pahlawi auch in der schriftlichen Form, weil ihre heiligen Texte in dieser Sprache verfasst waren.

---

[112] Ebda.
[113] Ebda.
[114] Vgl. Hinz, Walther: Iran. Politik und Kultur von Kyros bis Reza Schah. Leipzig 1938, S. 55.
[115] Vgl. Frye 1962, S. 478.

Neben den machtpolitischen Umwälzungen brachte die Islamisierung im Iran auch Konsequenzen für das Bildungswesen mit sich, die in den folgenden Abschnitten zur Sprache kommen.

1.2.2. Vergleich zwischen islamischen und zoroastrischen Grundprinzipien in religiöser, ethischer, politischer und pädagogischer Hinsicht

Um die Veränderung der Erziehungsprinzipien nach der Islamisierung näher zu bestimmen, ist es angebracht, sich zunächst mit den Grundlagen der islamischen Religion auseinanderzusetzen und die wesentlichen Unterschiede zwischen Islam und Zoroastrismus herauszuarbeiten.

Ohne dieses Hintergrundwissen sind die islamischen Denkmuster in den verschiedenen politischen, kulturellen und erzieherischen Bereichen nicht nachvollziehbar.

Die Wirksamkeit Mohammads (etwa 570-632 n. Chr.) als Verkünder einer neuen Religion war für das Gebiet Arabiens von besonderer Bedeutung. Er brachte den Bewohnern eine einheitsstiftende Religion und versammelte Seßhafte, Beduinen- und Nomadenstämme unter einer politischen Kraft. Von der arabischen Halbinsel breitete sich nun der Islam auf weitere Gebiete aus, unter anderem auf Persien. Mohammad vereinte in seiner Person geistliche und weltliche Führung.

„Politik und Gesellschaftslehre sind nicht nur unmittelbar mit der Religion verbunden (...), sie sind darüber hinaus als ein Bestandteil des Glaubenssystems, also als religiöse Akte, anzusehen."[116]

Der Islam betrachtet Religion und politische Macht als untrennbare Bereiche, so daß Mohammad bei den Muslimen nicht nur als Prophet, sondern zugleich als vorbildlicher Staatsmann und Heerführer gilt.

Auch der *djihâd*, wörtlich das Bemühen oder der Einsatz für die islamische Religion, tatsächlich aber der heilige Krieg zur Verbreitung und Verteidigung des Islam, ist auf diese Doppelfunktion des Islam und seines Stifters Mohammad zurückzuführen.

Das Wort *Islam* bedeutet „vollständige Ergebenheit unter die Herrschaft Gottes".[117] Nach dieser monotheistischen Religion sind alle Menschen vor Gott gleich, und der Glaube gilt als einziger Maßstab, wodurch sich die Menschen vor Gott unterscheiden. Das Prinzip der Gerechtigkeit ist ein zentraler Bestandteil des islamischen Glaubens. Alle Menschen ungeachtet ihrer Rasse, Herkunft,

---

[116] Falaturi, Abdoljawad: Der Islam. Eine Religion mit gesellschaftlichem und politischem Engagement; in: Beiträge zur Konfliktforschung, Heft 1, 10. Köln 1980a, S. 49-70, hier S. 51.

[117] Es handelt sich um den Infinitiv des Kausativstammes der Wurzel „salima"- „vollständig sein", müßte also wörtlich mit „vervollständigen" oder „ganze Sache machen" übersetzt werden. Vgl. die Definition des Islam bei Schimmel, Annemarie: Islam, religionsgeschichtlich und politisch; in: Religion in Geschichte und Gegenwart, Bd. 3, ³1959, Spalten 907-920, hier Sp. 907.

Reichtum oder Nationalität sind im Sinne der islamischen Wertvorstellungen gleich zu behandeln. Diese Merkmale gelten lediglich als gesellschaftliche Prinzipien.[118]

Arkan, die fünf Säulen des islamischen Glaubens – Schimmel nennt sie die fünf Hauptpflichten – bestehen aus *schahada*, dem Glaubensbekenntnis: "Ich bezeuge, daß es nur einen Gott gibt, und Mohammed ist sein Gesandter", *salat*, dem fünfmaligen täglichen Gebet, *zakat*, der Almosenpflicht, *saum*, dem Fasten im Monat Ramadan sowie *hadsch*, der Wallfahrt nach Mekka.[119] Letzterem Gebot sollte jeder Gläubige wenigstens einmal in seinem Leben nachkommen.

Anders als der Zoroastrismus, der im eigenen Land entstand, fand der Islam durch die Fremdherrschaft der Araber im Iran Einzug und bildet keine originäre, im Lande gewachsene Religion.

Wie der Zoroastrismus ist auch der Islam eine monotheistische Religion. Sowohl Zoroastrismus als auch Islam heben die individuelle Verantwortung des Menschen für seine Frömmigkeit und sein Handeln hervor; beide betonen die Vorstellung eines Jüngsten Gerichts und der Auferstehung, bei der der Gläubige für seine Taten zur Verantwortung gezogen wird. Daraufhin erfolgt die Entscheidung, ob er in den Himmel oder in die Hölle gelangt. Jedoch im Unterschied zum Zoroastrismus stellt der Islam ein umfassenderes Glaubenssystem dar. So sind beispielsweise in Koran, neben Hadith (den Überlieferungen von den Taten des Propheten) und Scharia (den religiösen und ethischen Pflichten) Gesetze und Regelungen für sämtliche Bereiche des Lebens enthalten, wie etwa politische Handlungsweisen (etwa Erhebung von Steuern) oder auch Regelungen des Familien-, Erb- und Strafrechts.

Aus dieser Mehrzahl von Bestimmungen kann man ersehen, daß die individuelle Entscheidungsfreiheit im Islam weit eingeschränkter ist als im Zoroastrismus. Der Islam repräsentiert mit anderen Worten ein Rechtsnormensystem, dessen Gesetze verbindlichen Anspruch für alle Zeiten erheben.[120] Bestimmend ist außerdem der Absolutheits- und Allgemeingültigkeitsanspruch des Islam, der für sämtliche Lebensbereiche die absolute Wahrheit zu besitzen vorgibt:

„Als (einzig wahre) Religion gilt bei Gott der Islam".[121]

Nach islamischer Auffassung offenbarte Gott Mohammad den Koran in arabischer Sprache. So soll ihm bei der ersten Offenbarung in einer Höhle nahe Mekka der Erzengel Gabriel mit der Aufforderung erschienen sein:

„Lies! Denn dein Herr ist der Allgütige, der lehrte durch die Feder, den Menschen lehrte, was er nicht wußte".[122]

Da es sich bei diesen Offenbarungen um ein himmlisches Buch handelt, darf am Wortlaut des Koran nichts verändert werden. Strenggenommen ist nicht einmal

---

[118] Falaturi 1980a, S. 53.
[119] Vgl. Schimmel 1959, Sp. 911.
[120] Vgl. Falaturi 1980a, S. 59.
[121] Koran, Sure 3, 19; in: Paret, Rudi: Der Koran (Übersetzung). Stuttgart 1982, 2. Aufl, S. 44.
[122] Koran, Sure 96, 4-6.

eine Übersetzung erlaubt. Jeder fromme Muslim liest den Koran auf Arabisch und leistet auch seine Pflichtgebete in dieser Sprache.

Vor diesem Hintergrund wird auch verständlich, weshalb es bis zur Gegenwart zu keiner vollständigen und allgemein anerkannten Übersetzung des Koran kam – auch nicht in die persische Sprache. Diese Einschränkung hat bis heute für alle nicht arabisch-sprachigen, muslimischen Völker schwerwiegende Folgen.

Während die Zoroastrier sich iranischer Dialekte bedienten, in denen ihr heiliges Buch awestisch niedergeschrieben war, und das Mittelpersische, das sogenannte Pahlawi, benutzten, und somit die Auseinandersetzung mit den Inhalten des Zoroastrismus für einen gebildeten Perser kein Hindernis darstellte, bestand von Anfang an bezüglich der kritischen Auseinandersetzung mit den Inhalten des Koran und anderen heiligen Schriften des Islam eine Barriere. Da sie der arabischen Sprache nicht mächtig waren, blieben ihnen diese Texte unzugänglich. Dieses Problem existiert bis in die Gegenwart.

Auch bezüglich ihrer Einstellung zur Bildung, weisen beide Religionen Parallelen auf. Das Wort *Awesta* bedeutet „Grundtext" oder „Überlieferung", und das Wort Koran ist mit „Lesung" zu übersetzen. Wie in vorangehenden Kapiteln bereits für die heiligen Schriften der Zoroastrier gezeigt, finden sich auch im Koran Verse, die die Bedeutung von Bildung und Wissen hervorheben

> „Dies sind Gleichnisse, die Wir für die Menschheit aufstellen, doch es verstehen sie nur jene, die Wissen haben".[123]
>
> „Sprich: Können wohl ein Blinder und ein Sehender einander gleichen? Wollt ihr denn nicht nachdenken?"[124]

Während unter dem Begriff „blind" in diesem Zusammenhang eine unwissende, ungebildete Person zu verstehen ist, bezeichnet „sehend" einen gebildeten Menschen.

Auch in den Hadithsammlungen wird die Bedeutung des Lehrens und Lernens herausgestellt.[125]

Reza, der achte Imam der Schiiten:

> „Die Suche nach dem Wissen ist für jeden Muslim (ob Mann oder Frau) obligatorische Pflicht".

Ali, der erste Imam der Schiiten:

> „Wenn die Leute wüßten, was in der Suche des Wissens für sie liegt, so würden sie es sicher suchen, wenn es ihnen auch ihr Blut kostete und wenn sie auch in die Tiefe des Meeres eindringen sollten".

Mohammad Baqer, der fünfte Imam der Schiiten:

> „Der Gelehrte, der sein Wissen in der richtigen Weise benutzt, ist mehr wert als 7000 Anbeter".

---

[123] Koran, Sure 29, 44.
[124] Koran, Sure 35, 20-21 und 23.
[125] Alle folgenden Zitate nach Nayyeri, S. 26.

Die Tatsache, daß sich in den Suren und Überlieferungen zahlreiche Stellen über die herausragende Stellung des Wissens finden lassen, bedeutet noch nicht, daß diese normativen Forderungen in der Praxis in islamischen Gesellschaften auch umgesetzt werden. Manche Autoren scheinen dies stillschweigend anzunehmen oder sie ziehen solche Unterschiede zumindest nicht in Betracht.[126]

Während der Zoroastrismus von der Weltzugewandtheit geprägt ist, richtet sich das Denken im Islam auf das jenseitige Leben. Im Gegensatz zum Zoroastrismus gibt es im Islam zwei unterschiedliche Sichtweisen bezüglich der Eigenverantwortlichkeit des Menschen. Die eine betrachtet das individuelle Wohlergehen als vom Verhalten des Menschen abhängig, die andere als von Allah bestimmt. Die Lehre der Vorherbestimmtheit wirkt sich bis heute eher nachteilig auf Erziehung und Bildung sowie das Menschenbild im Islam aus: Passivität und Fatalismus, die Abwendung vom Diesseits und Hoffnung auf das paradiesische Jenseits resultierten daraus. Aus vielen Überlieferungen geht hervor, daß die erlangte Seligkeit im Jenseits mehr zähle als das Leben in dieser Welt. Eine alltäglich benutzte Redewendung in Persien lautet:

„Wenn jemand etwas Gutes vollbringt, möge Gott ihn segnen. Ein Prozent in dieser Welt und das hundertfache im Jenseits!"

Das menschliche Unglück sei ein Zustand, den man mit Geduld ertragen müsse, wie bereits Ali, der erste Imam der Schiiten, mit folgendem Spruch ausgedrückt haben soll:

„Die Welt ist für den Gläubigen ein Gefängnis".

Die sozialen und politischen Mißstände werden tendenziell als gottgegeben hingenommen und in der Hoffnung auf ein besseres Leben im Jenseits erduldet. Daraus resultiert eine Antriebsarmut für politische und gesellschaftliche Veränderungen. Diese Jenseitsorientierung und ihre schwerwiegenden Folgen für die Modernisierung, erfahren, wie in Kapitel 4 dieser Arbeit zu zeigen sein wird, durch islamische Modernisten vehemente Kritik.

Bezüglich der Toleranz gegenüber Andersgläubigen lassen sich zwischen Islam und Zoroastrismus Unterschiede aufzeigen: gemäß der Lehre des Islam sind Andersgläubige nur insoweit zu tolerieren, als sie Anhänger der „Buch-Religionen" sind. Die sogenannten Buchreligionen umfassen Juden, Christen und Zoroastrier. Anhänger anderer religiöser Richtungen gelten im Islam als Heiden, die zu bekehren oder zu bekämpfen sind. In diesen Zusammenhang gewinnt der „Heilige Krieg", welcher nicht als Perversion des Islam, sondern als substantieller Bestandteil dieser Religion zu begreifen ist, an großer Bedeutung. Wie bereits erwähnt, verfolgten zwar auch in der Praxis die Zoroastrier Andersdenkende wie etwa Manichäer und Mazdakiten - insbesondere gegen Ende des sassanidischen Reiches. Jedoch war diese Haltung nicht in der Lehre dieser Religion begründet, ebenso wenig wie die Greueltaten der Kreuzzüge der christlichen Lehre entstammten. Der Zoroastrismus kennt nicht die Pflicht, die eigene

---

[126] Vgl. Mirlohi 1989, S. 61ff.

Religion mit Hilfe von Gewalt auf Andersgläubige auszudehnen; und er ist in seiner heutigen Gestalt nicht missionarisch tätig.

1.2.3. Zur Kontinuität persischer Identität ungeachtet arabischer Okkupation und der Beitrag des Iran zum kulturellen und wissenschaftlichen Austausch zwischen Orient und Okzident

Persien entwickelte sich nach seiner Islamisierung zum Schauplatz vielfältigsten kulturellen Austausches. Die altpersisch-zoroastrischen, die griechisch-byzantinischen und die arabisch-islamischen Einflüsse verschmolzen zu einer neuen Synthese, die man als „persisch-islamische Kultur" bezeichnen kann. Vergleicht man die Entwicklung im Iran mit der in anderen, vom Islam ebenfalls unterworfenen alten Kulturräumen (etwa Syrien, Mesopotamien oder Ägypten), bleibt zu konstatieren, daß es hier, ungeachtet des islamischen Einflusses, nicht zu einer vollständigen Arabisierung der Sprache kam. Bei den anderen genannten Völkern scheiterte der Versuch, eine eigene Identität gegenüber den Arabern zu bewahren. Als deutlichstes Zeichen dafür gilt, daß die alten, in diesen Gebieten beheimateten Sprachen nach der islamischen Eroberung lediglich in den sehr dezimierten christlichen Kirchen und bei ihren Anhängern tradiert wurden. In den übrigen Fällen avancierte überall das Arabische zur dominierenden Sprache.

Zur Singularität der Langlebigkeit der iranischen Kultur stellt der Archäologe Ghirshman fest,

„daß es antike Kulturen gab, die lange Blütezeiten erlebten. Von ihnen blieb allerdings – sieht man einmal davon ab, was Archäologen über sie mit Mühe und Not ermittelt haben – wenig übrig. Lediglich die iranische Kultur – ungeachtet ihres ausgesprochen hohen Alters – steht, nach wie vor wie der stabile Fels in der Brandung anstürmender Zeit".[127]

Zeitgleich übernahm der Iran eine besondere Rolle im grenzüberschreitenden, wissenschaftlichen und kulturellen Austausch, so daß sogar das Abendland von der Arbeit iranischer Gelehrter profitierte.

Welche Faktoren entscheidend dazu beitrugen, soll im folgenden thematisiert werden. Zunächst sei noch eine Bemerkung zu dem Begriff „Identität" vorausgeschickt, der hier kulturell zu verstehen ist. Er markiert die in mehreren Aspekten wahrnehmbaren Differenzen einer kulturellen Größe von einer anderen oder die Ununterscheidbarkeit dieser Zuschreibungen angesichts der jeweils spezifisch eigenen Kulturzugehörigkeit.

Die Soziologie definiert den Begriff der „Ich-Identität" als Summe der Rollen und Erwartungen einer Gesellschaft bezogen auf die Besonderheit eines Individuums. Ein zentraler Konflikt resultiert dabei aus dem Widerspruch der Bedürfnisse und Ansprüche des Individuums gegenüber den von der Gesellschaft for-

---

[127] Ghirshman, Roman: Iran az aghaz ta Eslam (Iran: Von seinen Anfängen bis zum Islam). Teheran 1372 (1993), Vorwort, S. 17 (Übersetzung des Verfassers; eine englische Übersetzung des Buches findet sich im Literaturverzeichnis).

mulierten Normen.[128] Die „Ich-Identität", auch „Selbstkonzept" genannt, betrifft demnach den Kern der Selbstbehauptung, den die Individuen aufbauen müssen, wenn sie lebensfähig sein sollen.

In unserem Zusammenhang soll der Identitätsbegriff nicht auf ein Individuum beschränkt bleiben, sondern die gesamte persische Zivilisation umfassen, die nicht allein auf einer ethnischen Grundlage beruht, da der Iran stets verschiedene Volksgruppen auf seinem Gebiet vereinte. Persien zählte nach der islamischen Eroberung zu den Kalifenstaaten, zuerst zum omayadischen, dann zum abbasidischen Reich. Damit verlor es seine eigenständige politische Macht. Daher vermochten die Iraner ihre Identität nicht mehr als politische Größe zu verwirklichen, sondern suchten sie gleichsam kompensatorisch auf anderen Gebieten.

Die politische Okkupation durch die Araber verlief in Persien nicht ohne Diskriminierung gegenüber der eingesessenen Kultur und Bevölkerung. Wie sehr man seitens der arabischen Eroberer den Unterschied zu den nicht assimilierten Iranern empfand, demonstriert die Tatsache, daß sie die Iraner sogar bei Glaubenszeremonien von ihren arabischen Glaubensbrüdern trennten.[129]

Die großartigen kulturellen Leistungen, die die Perser der ersten Jahrhunderte nach der Islamisierung des Landes hervorbrachten, gelten als Reaktion des Volkes auf seine Eroberung und Diskriminierung, um ihre eigene Identität zu erhalten. Als bis in unsere Zeit wirksame Parallele dazu lässt sich auf die Juden verweisen, die gleichermaßen jahrhundertelang als politisch nahezu rechtlos galten, jedoch auf künstlerischem und wissenschaftlichem Gebiet mannigfaltige Talente hervorbrachten, die im Zuge der Emanzipation und Assimilation des europäischen Judentums gesamtgesellschaftlich hervortraten.

Der Unterschied, der zwischen dem Iran und den anderen von den Muslimen eroberten Gebieten bestand und auf dem diese gegensätzlichen Entwicklungen beruhen, dürfte meines Erachtens ein zweifacher sein. Im größten Teil der von den Arabern eroberten Gebiete waren neben dem bedeutsamen Griechisch semitische Sprachen verbreitet. Wie im nabatäischen und palmyrenischen Bereich nordarabische, so bedienten sich die Menschen im ganzen sogenannten „fruchtbaren Halbmond" verschiedener aramäischer Dialekte. Diese Ethnien gewöhnten sich wegen der auffallend engen Verwandtschaft der semitischen Sprachen untereinander in einem relativ kurzen Zeitraum an das ebenfalls semitische Arabisch. Das Persische hingegen entstammt nicht der semitischen, sondern der indogermanischen Sprachgruppe, die sich – abgesehen von vielen arabischen Einflüssen im Vokabular – auch heute noch lexikalisch und grammatisch grundlegend vom Arabischen unterscheidet.

---

[128] Vgl. Krappmann, Lothar: Identität; in: Lenzen, Dieter (Hg.): Enzyklopädie Erziehungswissenschaft: Handbuch und Lexikon der Erziehung, Bd. 1: Theorien und Grundbegriffe der Erziehung und Bildung, Stuttgart 1983, S. 434-437.

[129] Vgl. Spuler, Bertold: Iran in früh-islamischer Zeit. Politik, Kultur, Verwaltung und öffentliches Leben zwischen der arabischen und der seldschukischen Eroberung 633 bis 1055. Veröffentlichungen der orientalischen Kommission (Hg.), Wiesbaden 1952, S. 291.

Den zweiten Unterschied markiert die Tatsache, daß die übrigen, von den Muslimen eroberten Gebiete zu diesem Zeitpunkt seit Jahrhunderten unter griechischer und römischer Fremdherrschaft standen. Bereits der hellenistische Einfluß, besonders auch die Einführung des Christentums als Staatsreligion unter Kaiser Konstantin, beeinträchtigte ihre wenn auch alte und ehrwürdige, bodenständige Kultur nachhaltig. Die lange römische Herrschaft hatte unter anderem durch die Einführung dieser neuen Staatsreligion in der Form einer nationenübergreifenden, römischen Einheitskirche, zielte darauf ab, die kulturelle Eigenständigkeit dieser Gebiete aufzulösen, um diese in ihr einheitliches Imperium einzubinden. Demgegenüber existierte der Iran zur Zeit der islamischen Eroberung als eigenständiger (wenn auch politisch geschwächter) Staat. Dadurch konnte sich dort ein vergleichsweise starkes Identitätsbewußtesein herausbilden.

Gemäß eines von den Arabern erlassenen Gesetzes, mußten iranische Wissenschaftler und Denker ihre Arbeiten (sofern es sich nicht um literarische Werke handelte) in arabischer Sprache publizieren. Daher gilt noch heute eine Reihe persischer Gelehrter im Westen als arabische Denker. Al Farabi (870-950) und Al Ghazali (1058-1111) sind hierfür repräsentative Beispiele. Der Beitrag der Perser an der Entwicklung arabischer Gelehrsamkeit und Kultur dieser Zeit dürfte kaum zu unterschätzen sein, wodurch wiederum iranisches Kulturgut auf das arabische einwirkte. So bemerkt Spuler, daß

> „ein großer Teil der arabisch schreibenden Theologen, Historiker, Grammatiker und Dichter persischer Herkunft war, von denen mancher auch in Bagdad noch des Persischen mächtig war [und die] vieles Iranische zu einem integrierenden Bestandteil der arabischen Literatur [machten]".[130]

Ungeachtet des arabischen Einflusses bewahrte Persien seine vorislamische Tradition. So überliefert uns bereits die frühe islamische Zeit alte, ins Arabische übersetzte persische Texte, so etwa das verloren gegangene Hodaj-namak (Buch der Könige), das gegen Ende der Sassanidenzeit entstand und die bis dahin vereinzelt umlaufenden Sagen und geschichtlichen Erinnerungen zu einer großen Nationalgeschichte zusammenfaßte. Dieses Buch gilt in der arabischen Übersetzung als eine der namhaftesten Quellen für iranische Geschichtsschreiber.[131]

Gleichzeitig existierte offensichtlich eine Rezeption dieses Königsbuches in persischer Sprache, wenngleich infolge Sprachwandels die mittelpersische Schrift zugunsten der heute noch gebräuchlichen arabischen aufgegeben wurde.[132] Abul Qasim Firdausi (940-1025) verwendete als Vorlage seines Königsbuches Schahnameh[133] das persisch weitertradierte Hodaj-namak. Sein Werk ist

---

[130] Ebda., S. 291.
[131] Vgl. Herzfeld, Ernst, Das Schahnameh und die Geschichte; in: Iranistische Mitteilungen 16. Helmhart Kanus-Credé (Hg.). Berlin 1986, S. 2-32, hier S. 10.
[132] Vgl. Herzfeld 1986, S. 10f.
[133] Das Schahnameh, übersetzt von Helmhart Kanus-Credé, ist in mehreren Folgen der von ihm herausgegebenen „Iranistischen Mitteilungen" über viele Jahrgänge hinweg zu finden. Zu Quellen und Entstehungsgeschichte des Werkes vgl. Nöldeke, Theodor: Das Iranische Nationalepos. Berlin ²1921.

ein prägnantes Beispiel dafür, daß man auch in der arabischen Zeit vorislamisch-persische Kulturgüter überlieferte und schöpferisch weiterentwickelte. Firdausis Werk, die erste bedeutende Dichtung in neupersischer Sprache, in der der Dichter arabische Wörter weitestgehende vermied, gilt als ein „Meilenstein für die Selbstbehauptung des Iranertums".[134] Bis in die Gegenwart figuriert es als das bedeutendste iranische Nationalepos.

Bei der Tradierung des vorislamischen Erbes spielten zugleich die verbliebenen zoroastrischen Priester eine bedeutende Rolle. Sie trugen als Hauslehrer in den Adelsfamilien zum Erhalt der persischen Sprache und Kultur bei. Die Familien, die weiterhin an der zoroastrischen Religion festhielten, unterrichteten ihre Kinder in der Pahlawisprache. Kinder aus adligen, islamischen Gutsbesitzer- oder Kaufmannsfamilien dagegen erlernten zwar die Prinzipien der islamischen Lehre, pflegten jedoch auch weiterhin als ihre eigene Sprache und Schrift das Pahlawi, denn dadurch konnten sie sich als Bildungselite von der Masse der Bevölkerung abheben.

Die persische Pädagogik des Altertums blieb auf diese Weise erhalten und überdauerte Jahrhunderte der Fremdherrschaft.[135]

Den Fortbestand der persischen Sprache außerhalb iranischer Grenzen, etwa in Indien, garantierten zoroastrische Priester, die größtenteils nach der Islamisierung nach Indien auswanderten und dort ihre alten Texte tradierten. Sie bilden noch heute die bedeutende Minderheit der Parsen in Indien.[136] Der Einfluß der Ghaznawiden-Dynastie (977-1071 im Iran, in Afghanistan bis 1190), deren Reich sich über die Grenzen des Iran hinaus bis nach Indien erstreckte, war ein maßgeblicher Grund für die Verbreitung der persischen Sprache in Indien. Diese ursprünglich in ihrem Regierungsstil ganz besonders von der iranischen Kultur beeinflußte, türkische Herrscherfamilie, setzte während ihrer Regierungszeit im Iran dort Perser als Großwesire ein. Ihre Stellung entsprach der eines Reichskanzlers, und sie galten als unentbehrlich für die Regierung des Landes.

> „Im 4. und 5. Jh. nach Hidjrah [10./11. Jahrhundert n. Chr.; d. Verf.] wurde der islamische Glaube durch Herrscher der Ghaznawiden–Dynastie in Indien verbreitet. Die Ghaznawiden trugen nicht nur zur Verbreitung des islamischen Glaubens, sondern darüber hinaus auch zur Vermittlung der persischen Sprache bei. Im indischen, von den Ghaznawiden eroberten Teil des Landes setzte sich das Persische politisch und religiös durch. Diese Einflüsse waren so weitreichend, daß indische Dichter, wie etwa Masud Iben Sad Iben Salman Lahuri, begannen, in persischer Sprache zu dichten."[137]

Durch den Erhalt ihrer Sprache, in der ein reiches vorislamisches Erbe – eine jahrhundertelang durch Wissenschaft, Kunst und Verwaltung geprägte Tradition – aufgegangen war, bewahrten die Iraner in der islamischen Periode ungeachtet aller Eroberungen durch Araber, Türken und Mongolen ihre Identität und übernahmen eine führende Rolle im kulturellen und politischen Leben.

---

[134] Spuler 1952, S. 236.
[135] Vgl. Moschtaghi 1969, S. 17f.
[136] Vgl. Glasenapp 1957, S 292.
[137] Safa 1996, S. 122.

Ohne den Beitrag Irans, wo das antike Wissen bewahrt und ergänzt wurde, wäre auch die Entstehung der arabischen Universitäten in der Abbasidenzeit kaum denkbar. Diese Zeit hatte, vor allem durch das Wirken des wissenschaftsfreundlichen Kalifen Ma'mun (785-833), Sohn des berühmten Harun al-Raschid, eine Blüte arabischer Gelehrsamkeit zur Folge. Die mit dem Ziel der Übersetzung griechischer Texte ins Arabische erfolgte Gründung der Universität Bagdad, der ältesten heute noch bestehenden Universität der Welt, ging auf seine Initiative zurück.

Ma'mun rief berühmte Mediziner, Physiker, Mathematiker und Astronomen sowie bedeutende religiöse Denker der Sunniten, Schiiten, Christen, Juden und Zoroastrier an seinen Hof. Seine Toleranz zeichnete sich darin aus, daß er die moderne mu'tazilitische Ausprägung des Islam zur Staatsreligion erhob.

Vergleicht man das Zeitalter Ma'muns mit der heutigen islamischen Welt, erscheint es ausgesprochen modern. Das gilt sowohl für die Stellung der Frau als auch für den freien Austausch der Wissenschaftler untereinander. Schimmel konstatiert, daß

„(...) im frühen Islam (...) die Frau, wie aus der Geschichte belegt werden kann, verhältnismäßig frei [war], und [daß] bis ins 14. Jahrhundert Frauen als Gelehrte eine Rolle gespielt [haben]".[138]

Die Perser trugen entscheidend zur Bewahrung antiker Gelehrsamkeit bei, welche teilweise nur über arabische Vermittlung in Europa wiederbelebt werden konnte.

So gelangten die in Jundi-Shapur und anderen Universitäten der sassanidischen Zeit aufbewahrten und von Gelehrten ins Arabische übersetzten Texte, etwa des Aristoteles, zusammen mit altsyrischen Überlieferungen über das seinerzeit islamisch-maurische Spanien in die Hände europäischer Gelehrter.[139] Zeitgleich etablierte sich die Institution der Universität in Europa. Daraus resultierte eine Wiederbelebung der Wissenschaften wie Mathematik, Astronomie und Medizin, die in Europa zum damaligen Zeitpunkt weniger entwickelt waren.[140] Die jungen Christen lernten Arabisch und lasen die Werke orientalischer Gelehrter, wie aus einem Zeugnis des Bischofs von Cordoba aus dem Jahre 850 n. Chr. hervorgeht.

„Viele Christen lesen die arabischen Dichtungen und Geschichten oder studieren die Schriften der muslimischen Theologen und Philosophen, und zwar nicht, um sie zu widerlegen, sondern um zu lernen, wie man sich besser in Arabisch ausdrücken kann. Alle gebildeten jungen Christen kennen die arabische Sprache und Literatur und sammeln mit großen Kosten eine solche Bibliothek."[141]

---

[138] Schimmel 1959, S. 914.
[139] Vgl. Gabrieli, Francesco: Mohammed in Europa. 1300 Jahre Geschichte, Kunst, Kultur, München 1983, S. 12 und S.168.
[140] Vgl. Gabrieli 1983, S.168.
[141] Orlandi, E.: Mohammed und seine Zeit. Wiesbaden 1974, S. 52.

1.2.4. Erzieherische Institutionen in der islamischen Zeit: Maktab und Madreseh

Außerfamiliäre intentionale Erziehung erfolgte in den durch die arabische Herrschaft geprägten Jahrhunderten der persischen Geschichte vor allem in zwei Formen: durch Predigten (für die gesamte Bevölkerung) und durch den Unterricht für Kinder im *Maktab* und in der *Madreseh*, in denen die Kinder im Koran sowie im Lesen und Schreiben unterrichtet wurden. Räumlich gesehen fand dieser Unterricht häufig wie die Predigt auch in der Moschee statt. Um islamische Inhalte so weit wie möglich zu verbreiten, unterrichtete man außerdem in Krankenhäusern und in den Häusern für Sternkunde.[142]

So entstand unter islamischem Einfluß im Iran ein Schulsystem, bestehend aus zwei Schulstufen: einer Grundstufe, *Maktab*, und einer höhere Stufe, *Madreseh*.

Der *Maktab*[143] (Ort des Schriftlichen), auch Koranschule genannt, galt als die einfachste Institution des islamischen Erziehungswesens. Er vermittelte der Masse der Bevölkerung Elementarbildung und entwickelte sich im Laufe der Zeit zu einer Volksschule. Die Kinder lernten hier vor allem anhand der Verse des Koran zu lesen und zu schreiben. Dies deckt sich mit den folgenden von Spuler formulierten Erziehungszielen der damaligen Zeit

> „Ein junger Perser muß nach der Beschneidung zu einem Lehrer kommen, bei dem er den Koran lesen und auswendig sagen lernt, später soll er bei einem Fechtmeister unterrichtet und zur Schweigsamkeit erzogen werden. Schließlich soll er ein Handwerk einüben, um sich notfalls selbst durchbringen zu können".[144]

Wohlhabende Familien stellten im Gegensatz dazu Hauslehrer ein. Mit dem Maktab wurde nach der Gründung der jungen muslimischen Gemeinde ein einfaches Erziehungssystem, das wenigstens die dürftigsten Elemente der Bildung umfaßte, eingerichtet.[145]

Er befand sich nicht nur in Moscheen sondern auch in Privathäusern und Geschäften. Es gab weder eine allgemeine Schulpflicht, noch war der Unterricht in diesen Schulen reglementiert. Allerdings erwähnt Spuler in seiner frühislamischen Geschichte, daß in den großen Städten eine Art von Allgemeinverbindlichkeit für den Schulbesuch bestanden habe.[146]

---

[142] Vgl. Safarpur, M.: Amusesch wa pawaresch-e tatbighi (Vergleichende Ausbildung und Erziehung). Teheran 1342 (1963), S. 63.
[143] Zu Maktab vgl. Houtsma u.a. (Hg.): Enzyklopädie des Islam. Bd. 3, Leiden/Leipzig 1936, S. 193ff. und Wensick, Arent Jan / Kramers, J.H.: Handwörterbuch des Islam. Leiden 1976, S. 403ff.
[144] Spuler 1952, S. 264.
[145] Vgl. Eberhard, Otto: Bildungswesen und Elementarunterricht in der islamischen Welt; in: Pädagogisches Magazin, Heft 685. Goslar u.a. 1918, S. 10.
[146] Spuler 1952, S. 263.

Daß das Kind sich selber sauberhalten konnte, galt als wichtigstes Kriterium für die Einschulung in eine Koranschule.[147] Der Schulbesuch begann im Alter von fünf bis sechs Jahren und endete in der Regel mit dem 15. Lebensjahr.

Das islamische Gesetz sah den unentgeltlichen Schulbesuch der Kinder der breiten Bevölkerungsschichten vor.

Schüler unterschiedlichen Alters und Leistungsniveaus erhielten gleichzeitig Unterricht durch einen Lehrer. Zugleich fand eine geschlechtsspezifische Erziehung, wie sie in der islamischen Lehre begründet ist, statt, wobei der Erziehung der Mädchen nicht die gleiche Aufmerksamkeit zuteil wurde wie der der Jungen.

Der französische Aristokrat Chardin beobachtete einen Maktab in Isfahan Anfang des 19. Jahrhunderts. Er gibt seine Beobachtungen mit folgenden Worten wieder

> „Die Schüler lesen ihre Lektion laut und gleichzeitig. Der eine beginnt sein ABC, der andere buchstabiert, ein dritter liest Persisch, ein anderer Arabisch; (...) einer rezitiert Verse, der andere Prosastücke; wieder ein anderer studiert Grammatik oder die Syntax; da jeder laut liest, ist der Lehrer gezwungen, sehr laut zu sprechen, wenn nicht sogar zu schreien. Der Lehrer ist vollkommen unempfindlich gegen Lärm, er schreibt oder liest seelenruhig, solange es dauert. Währenddessen hört er auf jeden, ob er gut spricht, ob er fortfährt, ob er laut und mit Aufmerksamkeit rezitiert."[148]

Die Kinder bildeten während des Unterrichts einen Kreis um den Lehrer. Das Lehrer-Schüler-Verhältnis war von Dominanz und Autorität des Lehrers geprägt, der Schüler durfte den Lehrer nicht korrigieren.[149]

Die Methode des Unterrichts beschränkte sich vielfach auf das Auswendiglernen vor allem des Koran.

> „Der Schüler schrieb einen oder mehrere Verse auf eine Tafel, lernte sie auswendig, wischte sie aus und lernte die nächsten usw. Sodann las die ganze Klasse mit dem Lehrer laut vor."[150]

Vom Standpunkt der modernen westlichen Pädagogik aus, ist zweifelsfrei der in der islamischen Welt weit verbreiteten Form des Unterrichtes zur Aneignung von Wissen kein Verständnis entgegenzubringen. Dabei darf nicht übersehen werden, daß diese Methode in Anbetracht der gesellschaftlichen Umstände, unter denen sie entstand, ihre Berechtigung hatte. Es sei daran erinnert, daß die Menschen damals ein unsicheres Leben führten und Bücher oft Plünderungen zum Opfer fielen. Ein mühsam aufgeschriebenes Werk konnte von heute auf morgen verloren sein. Was den iranischen Raum anbelangt herrschte dort ein großer Mangel an Büchern, da die Araber nach ihrer Invasion zahlreiche persi-

---

[147] Vgl. Sa'diq 1960, S. 364 Anm. 2.
[148] Chardin, Jean: Voyages de chevalier Chardin en Perse. L. Langles (Hg.) 10 Bände. Paris 1811, Bd. IV, S. 225f.. In: Golschani, Abdolkarim: Bildungs- und Erziehungswesen Persiens im 16. und 17. Jahrhundert. Hamburg 1969, S 81.
[149] Vgl. Golschani 1969, S. 98.
[150] Gottschalk, Hans L.: Die Kultur der Araber; in: Thurnher, Eugen (Hg.): Die Kultur des Islam. Handbuch der Kulturgeschichte, Frankfurt a.M. 1971, S. 47.

sche Bibliotheken in Brand setzten, da ihnen der Inhalt dieser Bücher als heidnisch galt.

Ein weiterer wichtiger Grund für die Verbreitung der Methode des Auswendiglernens scheint die Tatsache zu sein, daß die Perser anfangs die arabische Sprache nicht beherrschten und erst durch das regelmäßige, intensive Erlernen von Texten mit ihr vertraut wurden. Des weiteren bleibt anzumerken, daß diese Methode nicht ausschließlich in islamischen Schulen angewandt wurde, sondern auch in anderen Kulturen des Altertums weit verbreitet war. Als Beispiel bietet sich die jüdische Kultur an, die dieser Methode ebenso einen äußerst hohen Stellenwert beimaß, wie die Rezitation komplett auswendiggelernter Passagen der Thora durch die Gläubigen zeigte. Dabei galt die wortgetreue Wiedergabe der Schrift als besonders wichtig, da es sich hierbei um ein heiliges Buch handelte. In der Vergangenheit war diese Methode auch in Europa, etwa im wilhelminischen Deutschland, neben der Förderung kreativer Fähigkeiten weit verbreitet. Auch hier dienten vielfach religiöse Texte wie etwa Kirchenlieder und Psalmen als Lehrinhalte.

Der hohe Stellenwert des Auswendiglernens lag auch darin begründet, daß das Rezitieren des Koran in Arabisch als gute Tat (*sawab*) angesehen wurde, da man der Auffasung war, dies habe eine positive Auswirkung auf den Geist, unabhängig davon ob der Leser die Bedeutung versteht.

Nicht zuletzt liegt ein weiteres Motiv, jedenfalls für die Anfangszeit der Verbreitung des Islam im Iran, in der unterschiedlichen Entwicklung der persischen und der arabischen Kultur. Orientierten sich die Erziehungsziele der gehobenen gesellschaftlichen Schichten Persiens eher an einem anspruchsvollen Innovationsniveau, so spielten differenzierte Lehr- und Erziehungsziele für ein weitestgehend kriegerisches Nomadenvolk wie die Araber keine Rolle. Für sie rangierte die Handhabung des Schwerts über lange Perioden hinweg weit vor der Führung des Stiftes.

Ungeachtet einiger Reformen und organisatorischer Veränderungen blieb der Maktab bis in das 20. Jahrhundert hinein die einzige öffentliche und auch offiziell anerkannte Institution der Elementarbildung im Iran. Diese Schulform behielt auch eine Existenzberechtigung neben den neu entstandenen Grundschulen, die nach der konstitutionellen Revolution (1905-1911) errichtet worden waren.[151]

Anders als der Maktab verkörpert die *Madreseh* die höhere Bildung. Zu dieser Einrichtung hatte jedoch nur ein kleiner Teil der Bevölkerung Zugang. Hierzu gehörten zum einen die wohlhabenden Familien und vermutlich einige wenige Hochbegabte, die sich durch besondere Leistungen im Maktab hervorgetan hatten. Sie konnten in den Genuß von Stipendien kommen.

Vom 10. Jahrhundert an gründete der Staat in den größeren Städten wie Nishabur, Isfahan und Bagdad neue Schulen mit dem Ziel, die Madreseh von der Moschee räumlich zu trennen. Sie wurden zu Ehren des Großwesirs Nizam al-Mulk (1018-1092), der unter der türkischen Dynastie der Seldschuken regierte

---

[151] Vgl. Mirlohi 1989, S. 77.

und die genannten Schulen sehr förderte, *Nizamiyes* genannt.[152] Die in Bagdad im Jahre 1057 gegründete Nizamiye galt als die berühmteste.

Es gab während dieser Periode renommierte iranische Philosophen, Schreiber, Poeten, Musiker und Künstler, die als Lehrer an solchen Fakultäten Koranwissenschaft, arabische Literatur, Rechtswissenschaft, Rhetorik, Logik, Philosophie, Geographie, Geschichte, Musik, Medizin, Chemie, Physik, Astronomie und Mathematik lehrten. Hier seien exemplarisch Al-Farabi, Al-Biruni, Abu Ali Sina, Al-Razi und Al-Ghazali genannt.

Nizam al-Mulk wählte für diese Schulen eine bemerkenswerte Art der Finanzierung. Er stiftete Dörfern öffentliche Bäder, deren Erlös der Erhaltung dieser Schulen diente. Zudem wurden einzelne Nizamiyes durch Spenden wohlhabender Stifter unterstützt. Weitere von ihm initiierte diverse Neuerungen waren eine stabile Regelung der Gehälter der Lehrer, die Bereitstellung von Stipendien und Wohnräumen für die Studenten und die Einrichtung einer großen Bibliothek.[153]

Alle Schulen wiesen denselben Standard hinsichtlich ihrer Finanzierung, Verwaltung und Curricula auf. Die Nizamiye kombinierte in dem Zeitraum vom 11. bis zum 13. Jahrhundert die antike iranische Kultur und das islamische Denken und entwickelte Wissenschaften, Künste und Literatur weiter.

Exemplarisch für den Erfolg des Ausbildungssystems der *Nizamiye* soll auf zwei große Denker dieser Epoche eingegangen werden, die aus diesen Schulen stammten: Erstens Abu Ali Sina (lat.: Avicenna; 980-1037) und zweitens Muslih ad-Din Sa'di (1215-1292). Diese beiden trugen in besonderem Maße zur Entwicklung der Wissenschaften in Persien bei. Avicenna war einer der bedeutendsten Mediziner, Philosophen und Dichter, die das persische Reich je hervorbrachte, ein Universalgelehrter. Er wurde in Afschana in der Provinz Chorasan, dem heutigen Usbekistan, geboren und starb in Hamadan. Mit seinen wissenschaftlichen Arbeiten inspirierte er gleichermaßen Orient und Okzident. Seine akademischen Texte verfaßte er auf Arabisch, für seine Gedichte wählte er jedoch wie sein Vorbild Firdausi die persische Sprache. Bereits 1150 rezipierte die europäische Geisteswelt sein medizinisches Werk *Canon medicinae*. Es diente im 13. Jahrhundert an den Universitäten Italiens, des Deutschen Reiches, Frankreichs und Englands als wesentlicher Leitfaden der Medizin.[154]

„Mit Staunen lernten christliche Ärzte von den Erkenntnissen ihres moslemischen Kollegen, ohne vorerst zu begreifen, daß sie mit ihrem eigenen Verhalten eine geistige Revolution im Abendland vorbereiteten. Was einst schon griechische Ärzte für selbstverständlich hielten, nämlich durch Beobachtung der Naturgesetze zu lernen, das kam schließlich wieder durch das Standardwerk eines Persers in Europa zu Ehren."[155]

---

[152] Vgl. Hinz 1938, S. 67.
[153] Vgl. Gottschalk 1971, S. 54.
[154] Zur Biographie Avicennas und zu seinen medizinischen Werken vgl.: Schipperges, Heinrich: Eine "Summa Medicinae" bei Avicenna. Zur Krankheitslehre und Heilkunde des Ibn Sina; in: Sitzungsberichte der Heidelberger Akademie der Wissenschaften, Jahrgang 1987/1. Abhandlung, Berlin/Heidelberg u.a. 1987, S. 3-58.
[155] Schweizer 1991, S. 150.

Bereits im Jahre 1000 gelangte Avicenna zu der herausragenden Erkenntnis, daß Tuberkulose ansteckend sei und eine große Zahl von Patienten sich durch Wasser oder Luft infizieren können. Seine medizinische Abhandlung verzeichnete jede bis dahin bekannte Krankheit, ihre Ursachen, ihre Wirkungen sowie die Möglichkeiten der Heilung. Er war einer der ersten, die einen engen Zusammenhang zwischen körperlicher und seelischer Krankheit konstatierten.[156]

Einige seiner Erkenntnisse lassen sich sogar in die Vorgeschichte der modernen Tiefenpsychologie einordnen

> „Klar unterschied er im komplizierten Gefüge der Seele zwischen einem 'unverhüllten' Antrieb, der jedem Menschen bewußt ist, und einem 'verborgenen', der im Dunkeln bleibt. Das 'Verborgene', Verdrängte begriff er als Ursprung vieler Krankheiten".[157]

Besondere Aufmerksamkeit soll nun seinen Ansichten zu Fragen der Erziehung gelten. Er nennt fünf zentrale Ziele. In der Reihenfolge ihres Stellenwerts lauten sie: 1. Glaube; 2. Gute Ethik oder Moral; 3. Gesundheit; 4. Schriftkundigkeit; 5. Kunsthandwerk oder kleines Gewerbe.[158] Aus dieser Rangfolge läßt sich schlußfolgern, daß Glaube, Ethik und Moral für einen gebildeten Menschen zentrale Bedeutung haben und die Aneignung anderer Fähigkeiten erst unter diesen Voraussetzungen sinnvoll erscheint. Ein Arzt ist nicht allein auf Grund seiner medizinischen Kenntnisse ein guter Arzt, er braucht dazu auch den Glauben und die Moral.

Seiner Auffassung nach spielt die Erziehung in der Kindheit für die weitere Entwicklung des Menschen eine herausragende Rolle. Er postuliert, man solle einem Kind bis zu seinem 6. Lebensjahr nichts verbieten, was ihm Freude bereitet, und auch nichts aufzwingen, was es überfordert. Er begründet diese, für die damalige Zeit moderne Ansicht damit, daß anderenfalls aus dem Kind ein ängstlicher, nervöser und arbeitsunwilliger Mensch werden könnte.[159]

Als ein weiterer bedeutender Gelehrter und Schriftsteller gilt Sa'di. Er war zugleich Dichter, Philosoph, Didaktiker und Morallehrer.[160] Er studierte an der *Nizamiye* in Bagdad und ging danach auf jahrelange Wanderschaft durch Syrien, Kleinasien, Indien, Ägypten und andere Länder am Persischen Golf und des Vorderen Orients. Dort pflegte er zahlreiche Bekanntschaften mit Literaten und Philosophen sowie mit Herrscherhäusern. Fanden seine Bücher bereits im damaligen Unterricht an den Schulen Verwendung, so gelten sie auch heute noch als grundlegendes Fundament für eine solide literarische Bildung. Bereits seit

---

[156] Zur Verbindung von Medizin und Psychiatrie bei Avicenna und einer positiven Bewertung seines Ansatzes moderner Psychatrie sowie seiner Säftelehre, die von ihm zur medizinischen Therapie herangezogen wurde, vgl: Osman, Abdallah Abdel Gadir: Psychiatrische Abhandlungen im Canon medicinae des islamischen Philosophen und Mediziners des Mittelalters Ibn Sina. Dissertation. Marburg 1994, bes. S. 71-77.

[157] Schweizer 1991, S. 150.

[158] Vgl. Sa'diq 1960, S. 50.

[159] Vgl. ebda., S. 51.

[160] Vgl. Rezazade, Schafaq: Tarich-e adabiyat-e Iran (Geschichte der iranischen Literatur). Teheran 1333 (1954) S. 249.

dem 17. Jahrhundert erfuhr Sa'di in Europa hohe Wertschätzung. Beispielsweise bewunderte Johann Wolfgang von Goethe die Kunst des Dichters, „sich zu sammeln (...) und zu belehren"[161] und verarbeitete seine Ideen in dem Werk *West-östlicher Divan.*[162]

Anders als in Firdausis Texten ist bei Sa'di der enorme Einfluß der arabischen Sprache ersichtlich. Diese Tatsache resultiert vermutlich daraus, daß anders als zur Zeit Firdausis der Einfluß der arabischen Herrschaft weitestgehend geschwächt und so das Selbstvertrauen der Iraner wieder gewachsen war. Das Arabische stellte keine Bedrohung mehr für die iranische Identität dar, so daß für ihn hinsichtlich der Verwendung arabischer Wörter kein Hindernis mehr bestand. Die Aufnahme von arabischen Wörtern ins Persische war längst zu einem untrennbaren Bestandteil der neu entstandenen Kultur geworden. Diese Synthese, die einerseits aus dem Widerstand gegen die arabische Kultur und andererseits durch die Assimilierung von arabischen Elementen in die eigene persische Kultur erwachsen war, entspricht genau der oben erwähnten Definition von Identität, welche gleichzeitig die konstanten und veränderlichen Faktoren einschließt.

Bezeichnend für ihn ist, daß er in seinen Werken immer die praxisbezogenen Aspekte der Mystik in den Vordergrund stellte und somit den Bezug zur Gesellschaft nie verlor.

> „Die praktische, realitätsbezogene Seite eines solchen Sufismus legt Sa'di an vielen Beispielen dar. Immer wieder hebt er hervor, daß der Derwisch [der arme und gläubige Sufi, Anm. d. Verf.] in erster Linie ein Mensch zu sein habe, der mitten im Leben steht und an den Freuden und Unannehmlichkeiten des Alltags in gleicher Weise teilhat. Ein Mensch, der sich dem Genuß der Welt verschließt, ist etwas ›Niedriges‹."[163]

Diese Äußerung verdeutlicht Sa'dis Weltzugewandtheit. Die beiden berühmtesten Werke, in denen er seine Vorstellungen zum Ausdruck bringt, sind *Bustan* (Der Obstgarten) aus dem Jahre 1256 und *Gulistan* (Der Rosengarten) aus dem Jahre 1258. In der Versdichtung *Bustan* stellt er die theoretischen Grundsätze seiner ethischen Weltanschauung zusammen, im *Gulistan* verdeutlicht er diese an wichtigen Bereichen des Alltags.

Ein Kapitel im Buch *Gulistan* ist speziell der Erziehung gewidmet, doch auch die übrigen Kapitel thematisieren pädagogische Ideen. *Bustan* enthält ebenfalls Passagen zur Erziehung, etwa im siebten Kapitel, das den Titel *Welt der Erziehung* trägt. Am Ende jeder Geschichte formuliert der Dichter in einer Zusammenfassung die Moral, die dem Leser in prägnanter Form die zu vermittelnde Botschaft vor Augen hält. Die folgenden Passagen demonstrieren Art und Bedeutung damaliger Erziehungsideale.

---

[161] Vgl. Bellmann, Dieter: Nachwort; in: Sa'di, Muslih ad-Din: Der Rosengarten. Bremen 1982, S. 285-302, hier S. 299.

[162] Goethe, Johann Wolfgang: West-östlicher Divan. (Hrsg. und erläutert von Hans-J. Weitz. Mit Essays zum 'Divan' von Hugo von Hoffmannsthal, Oskar Loerke und Karl Krolow), Frankfurt a.M. [8]1988.

[163] Bellmann 1982, S. 293.

Sa'di hebt folgende Erziehungsziele besonders hervor: 1. Religiosität, Tugendhaftigkeit und Enthaltsamkeit; 2. Klugheit und Weisheit; 3. Redegewandtheit, 4. Selbstvertrauen und Selbstbewußtsein.[164] Er plädiert im Gegensatz zu Avicenna für eine so früh wie möglich einsetzende Erziehung des Kindes, denn andernfalls könnten gute Charaktereigenschaften unterentwickelt bleiben und schlechte Anlagen später nicht mehr kompensiert werden.[165]

> „Kinder darf man nicht wild aufwachsen lassen, sie müssen erzogen werden und das früh genug. Wem man in der Jugend Anstand nicht lehrt, der wird später ein Tölpel. Nasses Holz kannst du biegen wie du willst, ist es trocken, wird es nur im Feuer gerade."[166]

Diese Aussage deutet auf eine frühe Zucht und Reglementierung der Kinder hin. Nach dem Verständnis Sa'dis wird der Mensch von Gut und Böse bestimmt. Er hat durch Verstand und Klugheit die Aufgabe, das Böse zu überwinden, nach dem Guten zu streben und die sittliche Vervollkommnung zu erlangen.

> „Dein Sein ist eine Stadt, die gute und böse Bewohner hat. Du bist der Herrscher in diesem Land, dein weiser Wesir ist der Verstand. Verlangen, Begierde, Haß und Neid wohnen in dir wie das Blut in den Adern, die Seele im Körper."[167]

Die Anwendung eines dualistischen Prinzips bei der Einteilung der Eigenschaften des Menschen in gute und böse erinnert an die Lehre Zarathustras. Dies zeigt, daß die großen Gelehrten des persischen Mittelalters trotz ihres islamischen Glaubens immer wieder Gedankengut der präislamischen Zeit verarbeiteten.

Sa'di setzte sich mit zwei wichtigen Faktoren der Erziehung auseinander, den Einflüssen der Umwelt und den Erbanlagen. Unter der Umwelt werden hier Personen verstanden, mit denen das Kind häufig in Berührung kommt, wie etwa Eltern, Lehrer, Freunde, Nachbarn und Spielkameraden, die durch ihr Verhalten die Einstellung des Kindes prägen. Jedoch geht aus diesen Schriften nicht deutlich hervor, welchem dieser beiden Faktoren er die bedeutendere Rolle in der Erziehung zuspricht. Er pendelt zwischen zwei Positionen. Zum einen weist er auf den Einfluß im Umgang mit guten oder schlechten Menschen hin.

> „Sitzt beim Engel ein Teufel dabei, lernt der Engel Furcht, Trug und Verräterei."[168]

Diese Erkenntnis hat die Aufforderung an die Eltern zur Konsequenz, auf den Umgang ihrer Kinder sorgsam zu achten. Eltern oder Erzieher müssen die Kinder vor dem Umgang mit unsittlichen Menschen und vor negativen Einflüssen

---

[164] Vgl. Sa'diq 1960, S. 71.
[165] Vgl. ebda., S. 70.
[166] Sa'di, Muslih ad-Din: Gulistan, (Der Rosengarten). Teheran, o. J., Kap. 7, S. 180; zitiert nach: Moschtaghi 1969, S. 23. Der Verfasser zitiert diese und die folgenden Zitate in der Übersetzung von Moschtaghi. Entsprechend einer Überprüfung kann von einer korrekten und zutreffenden Übersetzung ausgegangen werden.
[167] Sa'di, Gulistan, Kap. 7, S. 178; zitiert nach Moschtaghi 1969, S. 20.
[168] Sa'di, Gulistan, Kap. 8, S. 217; zitiert nach Moschtaghi 1969, S. 21.

bewahren. Zum anderen mißt Sa'di aber auch dem Einfluß der Erbanlagen für
die Entwicklung der Kinder eine wesentliche Bedeutung bei.

> „Ob auch die Wolke Wasser des Lebens regnet,
> Niemals äßest von dem Zweige der Weide du Frucht,-
> Mit dem Gemeinen verschwende nicht deine Zeit,
> Denn aus Stroh gewinnst du niemals Zucker."[169]
> „Ein gutes Schwert aus schlechtem Eisen,
> Wer kann es schmieden?
> Ein Niemand, o Weiser, wird nicht durch Erziehung ein Jemand.
> Der Regen – nicht widerspricht sich in dem Segen seines Wesens.
> Und doch läßt er im Garten Tulpen
> und in der Wüste Dornen wachsen."[170]

Das Hauptanliegen Sa'dis, den Menschen zur sittlichen Vervollkommnung zu
führen, durchzieht sein ganzes Werk. So legt er etwa Wert auf Kunst und künstlerisches Handwerk, die er zugleich als praktisch nützlich und als ethisch wertvoll einstuft.

> „Ein weiser Mann belehrte seine Söhne: Oh, ihr Lieblinge eures Vaters, lernt eine
> Kunst! Auf Eigentum und weltlichen Besitz kann man sich nicht verlassen; Gold und
> Silber sind auf einer Reise stets in Gefahr, entweder stiehlt es ein Dieb oder der Besitzer
> gibt es mit der Zeit aus. Aber die Kunst ist eine Quelle, die nie versiegt und daher ein
> ewiger Reichtum. Wenn der Künstler seinen materiellen Reichtum verliert, besteht für
> ihn keine Sorge, weil die Kunst selbst ein Reichtum ist. Wo er hingeht, wird er gelobt
> und verehrt und bekommt einen Ehrenplatz."[171]

Sa'di gibt in seinen Schriften außerdem praktische Anweisungen für die Erziehung der Kinder. So soll man sie nicht allzusehr verwöhnen:

> „Weh dem Sohne, den der Vater mit Zärtlichkeit aufzieht, in den Zeiten, da ihn die
> Härte anpackt."[172]

Andererseits empfiehlt er jedoch auch, Kinder durch Lob zu ermutigen:
„Gut für den Sohn sind Preis, Lob und Lohn, nicht Schelten und Drohen des
Lehrers."[173]
Er legt besonderen Wert darauf, daß Reden und Handeln nicht auseinanderklaffen dürfen, sondern eng zusammen gehören.

> „Der Weise ohne Tat ist wie ein Baum ohne Frucht." „Lernst du auch, soviel du kannst,
> – folgt die Tat nicht, bleibst du dumm. Nicht Gelehrter, bist nicht Weiser – bist ein Tier,
> das Bücher schleppt."[174]

---

[169] Sa'di, Gulistan, Dibaca (Einleitung), S. 25; zitiert nach: Moschtaghi 1969, S. 22.

[170] Sa'di, Gulistan, Kap. 1, S. 27; zitiert nach: Moschtaghi 1969, S. 22.

[171] Sa'di, Gulistan, Kap. 7, S. 178; zitiert nach: Moschtaghi 1969, S. 22f.

[172] Sa'di, Muslih ad-Din: Bustan. 1. Aufl., Teheran 1949, S. 173; zitiert nach: Moschtaghi 1969, S. 23.

[173] Sa'di, Bustan, S. 173; zitiert nach: Moschtaghi 1969, S. 23.

[174] Sa'di, Gulistan, S. 205, zitiert nach: Moschtaghi 1969, S. 24.

Diese Aufforderung zu aufrichtigem Handeln nimmt er gleichermaßen auch in seiner Gesellschaftskritik an den oberen geistlichen und weltlichen Herrschaftsträgern auf

> „Die Kritik richtet sich auch gegen die islamische Geistlichkeit. Die Frömmelei und der Hochmut mancher Vertreter sind für Sa'di mit einem aufrichtigen Glauben an Allah nicht zu vereinen, weil ihre Worte mit ihren Handlungen nicht übereinstimmen: Die Leute lehren sie der Welt entsagen, indes sie Geld und Korn zusammentragen."[175]

Bei einem Vergleich zwischen Avicennas und Sa'dis Vorstellungen über Erziehung bleibt festzuhalten, daß sich beide bereits zu einer Zeit bemühten, Erziehungskonzepte zu formulieren, als in Europa noch keine Auseinandersetzung mit den spezifischen Bedürfnissen der Kinder stattfand.

Wesentliche Unterschiede zwischen den beiden lassen sich jedoch bezüglich ihres Menschenbildes erkennen. Die Erziehungslehre von Avicenna ist auf die Freiheit des Kindes bedacht. Er vertritt die Auffassung, daß der Mensch von Natur aus gut sei und nur freiheitliche Bedingungen die Entwicklung der Erbanlagen gewährleisten würden. Daher ist sein erzieherischer Ansatz an kindlichen Bedürfnissen und Befindlichkeiten orientiert, mit besonderem Augenmerk auf die Respektierung der Rechte des Kindes. So fordert er beispielsweise auch die Erwachsenen auf, dem Kind respektvoll zu begegnen und es als Persönlichkeit ernst zu nehmen.

Dies war eine sehr moderne Auffassung im Vergleich zu den anderen pädagogischen Konzepten seiner Zeit. Ginge die heutige Schulpädagogik im Iran von einem positiven Menschenbild aus – wie Avicenna bereits im 10. Jahrhundert –, nähme sie das Kind in seiner Persönlichkeit ernst und gewährte sie den Kindern Freiräume für die Entfaltung ihrer Anlagen, so würde damit zweifelsfrei ein positiver, emanzipativer Schritt für das iranische Schulsystem der Gegenwart eingeleitet.

Sa'dis Konzept basiert im Gegensatz zu Avicennas Lehre auf der Auffassung, daß der Mensch einen Hang zum Bösen in sich birgt. Vor diesem Hintergrund betont er die Notwendigkeit einer an Zucht und Ordnung orientierten frühzeitigen Erziehung des Kindes. Wie bei Avicenna erkennt er die Bedeutung der Erziehung und den Schutz des Kindes an, denn ohne solche Grundvoraussetzungen verkümmere es. Des weiteren hebt er den Aspekt der Weltzugewandtheit in der Erziehung hervor, die zur Empfänglichkeit für moderne Entwicklungen führen soll. Offenheit gegenüber der Welt und die aktive Teilhabe am gesellschaftlichen Leben, was sich auch in seinen Gedichten widerspiegelt, stehen im Mittelpunkt seines Erziehungskonzeptes.

Betrachtet man die erzieherischen Vorstellungen, die im heutigen iranischen Bildungssystem dominieren, wie in Kapitel 7 anhand von Grundschulbüchern aufzuzeigen sein wird, so lassen sich von den oben genannten Idealen lediglich Gehorsam, Zucht und Ordnung, also die typischen Merkmale eines autoritären Erziehungssystems, wiederfinden. Hingegen kommt der positive Ansatz Avi-

---

[175] Bellmann 1982, S. 295.

cennas und Saʿdis, die Betonung der freien Entfaltung des Kindes, die Freude am Lernen, der Schutz und der Spielraum für Aktivität sowie der Aufbau von Selbstvertrauen und Selbstbewußtsein nicht genügend zum Tragen.

1.2.5. Bildung und Kultur während der mongolischen Fremdherrschaft

Nach der Herrschaft der Araber geriet der Iran zunehmend unter den Einfluß zentralasiatischer Völker. Zuerst beherrschten die turkstämmigen Seldschuken und Ghaznawiden große Teile Persiens. Denen folgten nach einer kurzen Übergangsphase um 1220 die Mongolen. Während die Historiker sich darüber einig sind, daß unter der Seldschuken-Dynastie die persische Kultur und Wissenschaft weiterhin hohes Ansehen genossen, bleibt das Urteil über die Auswirkungen der Mongolenzeit auf die Kultur Persiens ambivalent. Es scheint angebracht, bei der Analyse innerhalb der Mongolenzeit zwei unterschiedliche Phasen zu unterscheiden. Während in der ersten Phase Brutalität und ungeahnte Zerstörungswut der Fremdherrscher überwogen, ist in der darauffolgenden Zeit mit der Etablierung der mongolischen Herrschaft erneut eine Blüte des iranischen Geisteslebens zu verzeichnen, so daß durchaus auch

„der iranische Schaffensgeist (erneut) freie Entfaltung in Wirtschaft, Verwaltung, Wissenschaft und Kunst erlebte".[176]

Zugleich ist bei einer Bewertung der Herrschaftszeit der Mongolen im Iran auch regional zu unterscheiden. Diese Ambivalenz bei der Einschätzung der Mongolenherrschaft stellt Bellmann differenziert dar, indem er konstatiert, daß

„die nördlichen Gebiete zum Teil gänzlich entvölkert und verwüstet wurden, während (...) der Süden und Südwesten fast völlig verschont blieben. Dieses war in der Provinz Fars auch der geschickten Bündnispolitik des Atabeken zu verdanken, der nicht zögerte, den Mongolen keinen Widerstand entgegenzusetzen und in ein tributpflichtiges Untertanenverhältnis einzuwilligen".[177]

Mit beispielloser Brutalität ritten Anfang des zweiten Jahrzehnts des 13. Jahrhunderts Mongolenstämme über das Land, die „von der bestehenden Kultur und Zivilisation vieles hinwegfegten."[178] Sie brandschatzten kulturelle Zentren, zerstörten ganze Städte und ermordeten alles, was sich ihnen in den Weg stellte.[179] Diese Unruhen, Kämpfe und Unterdrückungen hielten mehrere Jahrzehnte an. Teile von Irans kultureller Identität versanken in den Trümmern des einstmals so stolzen Reiches.

Besonders für das Bildungs- und Erziehungswesen hatte diese Fremdherrschaft gravierende Verluste zur Folge, zum einen materiell für die bis dahin etablierten Institutionen und zum anderen ideell für das erreichte Niveau im literarischen Schaffen und der Entwicklung der Forschung. Die wertvollen Bibliothe-

---

[176] Hinz 1938, S. 73.

[177] Bellmann 1982, S. 291.

[178] Vgl. Moschtaghi 1969, S. 24.

[179] Vgl. Hinz 1983, S. 72, wo er zutreffend als Motto aus einer persischen Chronik zitiert: „Sie kamen, zerstörten, verbrannten, erschlugen, verschleppten, verschwanden."

ken, die kulturellen Zentren und historischen Denkmäler wurden unter ihrer Besatzung zerstört und so das jahrhundertelange Wirken von Gelehrten und Philosophen zunichte gemacht.[180]

Nach der Etablierung ihrer Herrschaft griffen die mongolischen Herrscher, wie einst die arabischen, seldschukischen und ghaznawidischen, jedoch auf iranische Beamte und Gelehrte zurück, so daß weitreichende Impulse für den Aufbau der kulturellen Zentren erneut von den einheimischen Fachkräften ausgingen. Dadurch wurde die persische Kultur auch den fremden Herrschern näher gebracht.[181] Vor diesem Hintergrund wird verständlich, dass trotz Bildungsverfall und Zerstörung in der Anfangszeit, das Land bald erneut eine führende Position in wirtschaftlicher und kultureller Hinsicht in der damaligen Welt einnahm.[182]

Als Beispiele sind hier die Astronomie und Historiographie zu nennen. Ein bedeutendes Zeugnis dafür ist der Bau der berühmtesten Sternwarte dieser Zeit in der Stadt Maragheh, welche noch in unserer Zeit bei den Beobachtern einen tiefgehenden Eindruck hinterlässt. Außerdem gelangte in dieser Zeit eine besondere Richtung des Islam, die Mystik, welche einen Ansatz zur Moderne darstellt, zu ihrem Höhepunkt. Die Mystiker brachten neues Gedankengut in die iranische Kultur ein (vgl. dazu Kap. 4.2).

Daher erscheint es oberflächlich, wenn Nayyeri die auf die Mongolenstürme folgende Zeit lakonisch als kulturhistorisch und bildungsgeschichtlich unbedeutende Übergangszeit charakterisiert.[183]

Hinz dagegen ignoriert zwar in seiner Darstellung nicht die negativen Folgen der Mongolenherrschaft für die Wissenschaften und deren Entwicklung, weist jedoch zugleich in differenzierter Weise darauf hin, daß spätestens seit dem Übertritt des Mongolenfürsten Ghazan Chan zum Islam und der Berufung des Iraners Chadjeh-Raschid od-Din Fazlhullah zu seinem Großwesir eine Abkehr von der zerstörerischen Politik zu beobachten ist.

Die oben erwähnte gesteigerte Hinwendung zum mystisch motivierten Sufismus mag angesichts des unerwarteten und brutalen mongolischen Überfalls als eine – jedenfalls für die seelische Grundbefindlichkeit des Menschen – adäquate Flucht- und Rückbesinnungsmöglichkeit, also als eskapistische Abwendung von der grausamen Realität gedeutet werden. Jedenfalls bleibt die These eines Gefühls von

„Hoffnungslosigkeit, Pessimismus und Traditionalismus (...), wodurch dem Sufismus ein guter Nährboden gewährt war"[184],

weiter zu diskutieren, was an dieser Stelle allerdings den Rahmen sprengen würde. Die Brutalität der Mongolen und die Blüte des Sufismus stehen zeitlich

---

[180] Vgl. Moschtaghi 1969, S. 24.
[181] Vgl. Safa 1996, S. 114ff.
[182] Hinz 1938, S. 73.
[183] Nayyeri 1960, S. 28.
[184] Ebda., S. 25.

in einer äußerst engen Korrelation, so daß es naheliegend ist, hier – wenn auch nicht zwingend – einen sachlichen Zusammenhang anzunehmen. Jedenfalls läßt sich im mittelalterlichen Europa eine gegensätzliche Tendenz beobachten. Vergleichbare Katastrophenerfahrungen führten dort eher noch zu einer zunehmenden Hinwendung zu den etablierten Religionen und zur Akzeptanz ihrer Institutionen.

Abschließend bleibt anzumerken, daß die Regionen, die sich der mongolischen Herrschaft freiwillig unterwarfen den grausamen Zerstörungen entgingen und in ihrer kulturellen Entwicklung kaum beeinträchtigt wurden. So fand beispielsweise die Dichtung in Schiraz, wo Hafiz und der bereits erwähnte Sa'di wirkten, zu damaliger Zeit einen Höhepunkt. Darin zeigt sich, daß die Mongolen keine Barbaren waren, die Kulturgüter um ihrer selbst willen vernichteten. Sie taten es vielmehr im Zuge der Eroberung von Gebieten, die Widerstand leisteten, und aus machtpolitischen Erwägungen.

1.2.6. Die Etablierung der schiitischen Variante des Islam als Staatsreligion im 16. Jahrhundert und die Folgen für die Erziehungsvorstellungen

Die beiden wichtigsten Konfessionen innerhalb des Islam sind Schiismus und Sunnismus. Die Trennung der beiden Richtungen erfolgte unmittelbar nach dem Tod des Propheten Mohammad (632 n. Chr.), als die Nachfolgefrage zu klären war.

Grundsätzlich läßt sich erkennen, daß sowohl in schiitisch als auch in sunnitisch geprägten Ländern die Religion auf Wissenschaft und Erziehung einen hohen Einfluß ausübt. Der Stand der wissenschaftlichen Entwicklung ist in den Ländern beider islamischer Richtungen in etwa gleich. Im folgenden sollen Gemeinsamkeiten und Unterschiede aufgezeigt werden.

Beide Strömungen unterscheiden sich in Lehre und Praxis weniger als die christlichen Konfessionen. Beide bekennen sich zu den oben genannten fünf Grundpfeilern des Islam.[185]

Die Schiiten unterscheiden sich jedoch darin von den Sunniten, daß sie allein in Ali, einem Vetter und Schwiegersohn Mohammads, und dessen Nachkommen die wahren Nachfolger des Propheten als Führer der Gläubigen erkennen. Diese sind die Imame, männliche Blutsverwandte des Propheten, die als

„Teil des göttlichen Lichts (gelten und so als) Mittler zwischen Gott und den Gläubigen (fungieren)".[186]

Mehdi, der zwölfte von ihnen, verschwand 874 n. Chr. bereits im Kindesalter. Die schiitische Lehre deutet dieses Ereignis als Entrückung und vertritt die Auffassung, daß er nun im Verborgenen lebe und am Ende der Tage wieder erscheinen werde.

---

[185] Zu diesen „Grundpfeilern" oder „Hauptpflichten" vgl. die Definition nach Schimmel, S. 57.
[186] Eliade ²1994, Bd. 3/1, S. 120.

Von großer Bedeutung hierbei ist, daß der zwölfte Imam bei seinem Wiedererscheinen eine nie dagewesene Epoche der Gerechtigkeit und des Reichtums bringt.[187] Bis dahin sollen *Ayatollahs* („Zeichen Gottes", geistliche Führer) stellvertretend für die Imame die Gläubigen in ihren Aufgaben unterweisen, da nach schiitischer Auffassung die Laien nicht in der Lage sind, ihre Religion eigenverantwortlich auszuüben und der geistlichen Führung bedürfen, um den rechten Sinn des in sich mehrdeutigen Koran zu erschließen.[188] Der *Ijtihad* (Koranauslegung: im ursprünglichen Sinne „Anstrengung") bedarf des theologischen Fachmanns, einer Autoritätsperson. Nur wer seinen Stammbaum auf einen der Imame zurückführen kann, ist berechtigt, dieses Amt auszuüben.

Aus dieser Haltung heraus hat sich im Hinblick auf die religiöse Praxis eine Zweiklassengesellschaft herausgebildet, in der die Geistlichkeit die Elite stellt, die der Masse der Gläubigen gegenübersteht – eine Differenzierung, die der sunnitischen Richtung des Islam gänzlich unbekannt ist.

Die schiitische Geistlichkeit ist außerdem in sich weitergehend hierarchisch gegliedert. *Akhund* bezeichnet etwas abwertend den Geistlichen niederen Ranges, *Ruhaniyat* die Geistlichkeit als Gruppe, und höhere Geistliche werden *Mujtahid* genannt. Letztere, die auch als *Ayatollah Osma* (Groß-Ayatollah) bezeichnet werden, besitzen allein die Berechtigung, in religiösen Fragen ein Urteil zu fällen.[189] Diese Urteile und Weisungen sind auch für die Geistlichen niederen Ranges bindend. Letztlich ist der einzelne schiitische Muslim dazu verpflichtet, in der Gestaltung seines religiösen Lebens die Weisungen eines Ayatollahs zu befolgen. Sollte er dennoch bei der Ausübung der religiösen Pflichten den Vorschriften nicht völlig gerecht werden, kann er sich am Tag des Jüngsten Gerichtes auf den Ayatollah berufen, der ihm als „Wegweiser" diente.

Da der Koran verschiedene Interpretationen zuläßt, stehen die Meinungen der *Mujtahidin* nicht selten gegeneinander. Dabei sind diese Auffassungen vielfach von unterschiedlichen gesellschaftlichen und politischen Interessen geprägt.

Aus der Bedeutung des Imamats für die wahre Unterweisung der Gläubigen ergibt sich ein kaum zu überschätzender Einfluß des geistlichen Standes auf alle Bereiche des gesellschaftlichen Lebens.

Neben der herausragenden Stellung der Geistlichen im schiitischen Islam muß die Märtyrerfrömmigkeit hervorgehoben werden. Sie hat ihre Wurzeln in der Frühgeschichte des Schiismus: Ali hatte zwei Söhne, Hassan und Hussain, die nach ihrem Vater als zweiter und dritter Imam gelten. Hussain, der dritte Imam, wurde nach schiitischer Auffassung um sein Recht gebracht, als der omayyadische Herrscher von Damaskus die Nachfolge Mohammads an sein Haus band. Hussain wurde im Jahre 680 n. Chr. ermordet, was ihn bis heute zu der zentralen Märtyrerfigur der schiitischen Welt macht. Die Schiiten gedenken am Todestag

---

[187] Vgl. ebda., S. 122f.
[188] Vgl. ebda., S. 120.
[189] Vgl. Halliday, Fred: Iran im Zeichen der Revolution. Ursachen, Verlauf und Bedeutung der Umwälzungen im Iran; in: Der Bürger im Staat, 31. Opladen 1981, S. 56-64, hier S. 57.

Hussains, dem 10. Tag des Monats Muharram, mit Prozessionen und Passionsspielen des Märtyrers.

Diese Märtyrerfrömmigkeit bringt eine nicht unerhebliche Jenseitsorientierung mit sich. In der jüngsten Geschichte des Landes hat die Geistlichkeit nun unmittelbare politische Gewalt übernommen. Ihre traditionelle Stellung gewinnt erneut an Bedeutung. Unter ihrem Einfluß erlebt das Märtyrertum eine Wiederbelebung. Die den Märtyrern zugesprochene Hoffnung auf das jenseitige Glück wird in den Dienst der gegenwärtigen Politik gestellt, indem das Martyrium als Einsatz für den islamischen Staat interpretiert wird. Ein prägnantes Beispiel dafür stellt eine Doppelbriefmarke dar, die die Islamische Republik anläßlich des Internationalen Tag des Kindes 1986 herausgab, auf der ein zwölfjähriger Jugendlicher abgebildet ist, der im irakisch-iranischen Krieg als Kindersoldat starb. Neben dieser Abbildung findet sich ein Zitat Khomeinis, das sein Verhalten als vorbildlich hervorhebt.[190]

Der Schiismus gewann seine Stellung als Staatsreligion im Iran erst im 16. Jahrhundert. Nachdem es bis zum Ende der Mongolenherrschaft (13.-16. Jahrhundert) keine zentrale Herrschaft, sondern mehrere lokale Dynastien gab, die unterschiedliche Richtungen des Islam repräsentierten, bestieg Schah Ismail I. 1501 den iranischen Thron, begründete die Safawidendynastie, einte das Land und führte den Schiismus als Staatsreligion ein.[191] Diese Staatskonfession wurde in der Folgezeit zu einem tragenden Pfeiler des neu entstandenen zentralistischen Staates und sollte der iranischen Bevölkerung eine eigenständige Identität gegenüber den als politische Gegner betrachteten sunnitischen Osmanen und Usbeken sichern.

Seit ihrer Etablierung erhebt die Geistlichkeit den Anspruch, die religiöse Gewalt müsse über der weltlichen rangieren.

Die 1979 gegründete Islamische Republik Iran hat diesen Anspruch folgerichtig in ihrem Grundsatz der *welayat-e-faghih-e-adel* (Führungsbefugnis des gerechten islamischen Rechtsgelehrten) verankert. Hieraus ergibt sich für die Praxis der Politik, daß der oberste islamische Führer des Landes, ein Ayatollah, über dem Staatspräsidenten steht. Er hat die Aufgabe, dafür zu sorgen,

„daß die verschiedenen Institutionen des Staates nicht von ihren islamischen Pflichten abweichen".[192]

Daraus resultiert zugleich, daß Gesetze, die der oberste religiöse Führer seinerseits nicht befürwortet, nicht in Kraft treten können.

Die weitreichend unabhängige Stellung der Geistlichen der Staatsgewalt gegenüber wird dadurch gestärkt, daß sie unmittelbar von den Gläubigen finanziert werden. Jeder schiitische Muslim hat an den Geistlichen, der ihm als Vorbild

---

[190] Vgl. die Abbildung der Sonderbriefmarke in Anhang 2.
[191] Vgl. Rashad, Mahmoud: Iran- Geschichte, Kultur und lebendige Traditionen - antike Stätten und islamische Kunst in Persien. Köln 1998, S. 72ff.
[192] Präambel der Verfassung der Islamischen Republik Iran, § 15; in: Verfassung der Islamischen Republik Iran (dt. Ausgabe). Presse- und Kulturabteilung der Botschaft der Islamischen Republik Iran (Hg.), Bonn 1980.

und Wegweiser in religiösen Fragen fungiert, unmittelbar Steuern zu entrichten.[193] Bedingt durch diese finanzielle Unabhängigkeit bilden die Geistlichen in Zeiten, in denen die Regierung des Landes nicht im Einklang mit ihren Interessen handelt, ein nicht zu unterschätzendes Oppositionspotential.

Als Beweis für ihre Machtstellung sind die offenen Angriffe gegen die Maßnahmen der Ghadjaren-Dynastie im 19. Jahrhundert anzuführen. So konnte etwa im sogenannten „Tabakprotest" von 1891/92 das Gutachten der *Mujtahidin* bewirken, daß der Vertrag der iranischen Regierung mit Großbritannien über das britische Tabakmonopol aufgehoben wurde, da dieser Vertrag den Iranern äußerst unbefriedigende Konditionen einräumte.[194]

Abgesehen von wenigen Ausnahmen, wirkt sich die Sonderstellung der Geistlichen nachteilig auf die gesellschaftliche und insbesondere die bildungspolitische Entwicklung aus. Bevor Mitte des 19. Jahrhunderts moderne Bildung und Erziehung im Iran Fuß faßten, existierten weitestgehend die von der geistlichen Führung dominierten Koranschulen. Im Vordergrund der Ausbildung standen islamische Religion und Philosophie, während Technik und Naturwissenschaften deutlich vernachlässigt wurden. Die Lehrinhalte dieser Fächer waren religiösen Glaubensgrundsätzen untergeordnet.

Erst seit Mitte des 19. Jahrhunderts greift der Iran zunehmend auf Erkenntnisse der westlichen Welt zurück, um in seinem erstarrten Bildungssystem Veränderungen herbeizuführen.[195] Seit dieser Zeit wirkten europäische Einflüsse auf das Bildungssystem ein, wie im fünften Kapitel noch zu zeigen sein wird.

---

[193] Vgl. Halliday 1981, S. 61.
[194] Vgl. Ende, Werner: Der schiitische Islam als politische Kraft; in: Iran in der Krise - Weichenstellungen für die Zukunft. Beiträge zur Diskussion der Zukunftsfragen der Islamischen Republik Iran. Forschungsinstitut der Friedrich-Ebert-Stiftung (Hg.), Bonn 1980, S. 19-35, hier S. 26f.
[195] Vgl. Seyedebrahimi 1993, S. 116f.

2. Modernisierungsprozesse in Deutschland vor ihren historisch-gesellschaftlichen Hintergründen und ihre Auswirkungen auf das Bildungswesen seit der Aufklärung

Zweifelsfrei hat die okzidentale Welt seit dem ausgehenden Mittelalter im Vergleich zum Orient eine enorme Entwicklung in allen Zweigen der Wissenschaft, Wirtschaft und Technik vollzogen. Die Hintergründe und Ursachen dieses Prozesses sollen nun im Mittelpunkt der Betrachtungen stehen.

Weiterhin soll die Entwicklungsgeschichte des Modernisierungsbegriffes mit dem Ziel erläutert werden, auf dem gegenwärtigen Stand der Diskussion ein Verständnis von Modernisierung zu erlangen, das dynamisch, aktuell und zukunftsweisend ist und das zugleich für strukturelle Änderungsprozesse in einer jeweils bestimmten historischen Periode in Anspruch genommen werden kann. Die Auseinandersetzung mit dem Modernisierungsbegriff und seiner Bedeutung für das neuzeitliche Erziehungs- und Bildungsverständnis ergibt sich im Rahmen dieser Arbeit ferner aus folgenden Gründen:

Einerseits sollen die Abweichungen zwischen der iranischen Entwicklung und den westlichen Industriestaaten herausgestellt werden, um positive Anregungen für den Aufbau eines „modernen", den Bedingungen und Möglichkeiten des beginnenden 21. Jahrhunderts entsprechenden Erziehungssystems im Iran zu gewinnen.

Andererseits soll mit Hilfe der jüngeren Erkenntnisse den Entwicklungs- und „Schwellenländern" die Chance eröffnet werden, auf dem Weg der Modernisierung in eine (selbst-) bewußte Auseinandersetzung mit den Problemen des Fortschritts einzutreten. Dies bedeutet, daß diese Länder zugleich auf mögliche negative Folgeerscheinungen der Modernisierung aufmerksam werden, um somit ungewollten Konsequenzen etwa im ökologischen oder sozialen Bereich, wie sie ein unreflektierter Fortschrittsglaube im Westen hervorbrachte, vorzubeugen. Hierbei sind die verschiedene Bereiche betreffenden Analysen maßgeblicher Kritiker der auf unreflektierte Modernisierung und ständiges Wachstum ausgerichteten westlichen Politik und Ökonomie zu beachten.

Nicht zuletzt soll die Modernisierung im Sinne dieser Arbeit zeitgleich beim Aufgreifen der Impulse aus der westlichen Welt darauf abzielen, die kulturelle Identität des Landes zu wahren.

Der Modernisierungsbegriff ist ein Terminus der jüngeren Vergangenheit, der sich erst nach dem zweiten Weltkrieg in der Geschichtswissenschaft, den Sozialwissenschaften, der Gesellschaftsphilosophie und partiell in der Pädagogik durchgesetzt hat. Die mit dem Begriff „Modernisierung" beschriebenen Entwicklungen und Tendenzen werden als ein Konzept der Neuzeit interpretiert, das seinen ideengeschichtlichen Ursprung in der Aufklärung und seinen praktischen Sitz im Leben zunächst in der Industriellen Revolution in England fand. Diese Verläufe wurden durch ideelle und reale Veränderungen seit der frühen Neuzeit vorbereitet.

Es ist nicht möglich, im Rahmen dieser Arbeit die große Zahl der unterschiedlichen, zum Teil sich überschneidenden Definitionsversuche und Diskussionen zu diesem Thema, die bereits allein in der deutschen Literatur vorliegen, ausführlich darzustellen und gegeneinander abzuwägen. Wenn man jedoch einen Teil solcher Umschreibungsversuche miteinander vergleicht, so stellt man fest, daß es zwar keine einheitliche Definition in der Literatur gibt, daß die Autoren aber in wesentlichen, den Modernisierungsbegriff betreffenden Auslegungsaspekten übereinstimmen, auch wenn sie solche Bestimmungen in unterschiedlicher Weise zur Sprache bringen. Als Kennzeichen der Moderne gelten etwa die Säkularisierung, der Prozeß der wissenschaftlichen Entwicklung, die Rationalisierung, die Industrialisierung, die Individualisierung und die politische Demokratisierung. In anderen Gesichtspunkten weichen verschiedene Autoren voneinander ab, etwa hinsichtlich der Frage, wann denn der Modernisierungsprozeß eingesetzt habe. In diesem Zusammenhang soll unter dem Gesichtspunkt der oben genannten Zielsetzung vorwiegend auf den Modernisierungsbegriff in den bereits genannten Hauptdimensionen sowie Epochen, in denen diese Prozesse verstärkt abliefen – Renaissance, Humanismus, Reformation und Aufklärung –, eingegangen werden.

Daher verwendet der Verfasser von den beiden Begriffen „Moderne" und „Modernisierung", die in der Literatur vielfach ineinander übergehen, besonders den der Modernisierung, weil er den Prozeßcharakter dieses Wandels deutlicher zum Ausdruck bringt.

2.1. Zum Modernisierungsbegriff

Im folgenden soll stellvertretend auf einige Autoren zurückgegriffen werden, welche sich ausführlich mit der Modernisierung in ihren vielfältigen Dimensionen auseinandersetzten. Auch wenn manche Autoren in der Beschäftigung und der Umschreibung des Modernisierungsbegriffes weit in die Geschichte zurückgehen (so etwa Helmer, der bei seinen Erläuterungen die erste Erwähnung des lateinischen Begriffs *modern* auf die Jahre 494/495 n. Chr. datiert)[1], beginnt hier Darstellung mit dem Zeitalter der Aufklärung, weil die von dieser Epoche ausgegangenen Impulse für die Modernisierung prägend waren und bis in die Gegenwart hinein nachwirken. Ferner soll bei der Analyse des Modernisierungsprozesses nicht eine reine Begriffsdefinition erfolgen. Der Verfasser referiert weitergehend ideengeschichtliche Prozesse, die bis heute als nicht abgeschlossen gelten.

Zunächst soll ein wichtiger Aspekt, der während oder seit der Aufklärung offensichtlich an Bedeutung gewinnt, herausgestellt werden. Nach Titze tritt seit dieser Zeit der kritische, selbstverantwortliche Mensch als Erzeuger der modernen Kultur in den Mittelpunkt, da alte Erfahrungen nicht mehr unvermittelt auf künftige Erwartungen übertragen werden können. Die Frage nach der Begründung der Existenz des Menschen erfolgt nun individuell in einer weltlichen

---

[1] Helmer, Karl: Modern-Moderne-Modernität. Begriffsgeschichtliche Analysen und kritische Anmerkungen; in: Koch, Lutz / Marotzki, Winfried / Peukert, Helmut (Hg.): Revision der Moderne? Beiträge zu einem Gespräch zwischen Pädagogik und Philosophie, Weinheim 1993, S. 10-26, hier S. 11.

Sphäre und kann nicht mehr, zumindest nicht vorrangig, durch religiöse Erklärungsmuster beantwortet werden.[2]

In diesem Zusammenhang weist Titze auf Herder hin, der in seinen „Ideen zur Philosophie der Geschichte der Menschheit" aus dem Jahre 1784 bereits den Kern dieses Gedankens – die Freilassung des Menschen als ein wesentliches Merkmal der Moderne – auf den Punkt brachte.

> „Der Mensch ist der erste Freigelassene der Schöpfung; er stehet aufrecht. Die Waage des Guten und Bösen, des Falschen und Wahren hängt in ihm; er kann forschen, er soll wählen. Wie die Natur ihm zwo Hände zu Werkzeugen gab und ein überblickendes Auge, seinen Gang zu leiten, so hat er auch in sich die Macht, nicht nur die Gewichte zu stellen, sondern auch, wenn ich so sagen darf, selbst Gewicht zu sein auf der Waage."[3]

Peukert versteht unter dem Begriff der Modernisierung bestimmte gesellschaftliche Neuerungen der letzten zweieinhalb Jahrhunderte. Diese kommen besonders im Bereich der Philosophie und der Einzelwissenschaften, etwa der Astronomie des Kopernikus, der Erkenntnistheorie von Locke, der Evolutionstheorie von Darwin, der Psychoanalyse von Freud, in der Industrialisierung, in der Politik, vor allem in der Theorie und Praxis der Demokratie und ihrer zentralen Institutionen sowie in der Ökonomie, insbesondere in der kapitalistischen Marktwirtschaft, zum Ausdruck.[4]

Daß der Modernisierungsbegriff immer umfassender und differenzierter verstanden und auf alle gesellschaftlichen Prozesse angewendet wird, macht die Definition von Habermas deutlich

> „Der Begriff der Modernisierung bezieht sich auf ein Bündel kumulativer und sich wechselseitig verstärkender Prozesse: auf Kapitalbildung und Ressourcenmobilisierung; auf die Entwicklung der Produktivkräfte und die Steigerung der Arbeitsproduktivität; auf die Durchsetzung politischer Zentralgewalten und die Ausbildung nationaler Identitäten; auf die Ausbreitung von politischen Teilnahmerechten, urbanen Lebensformen, formaler Schulbildung; auf die Säkularisierung von Werten und Normen usw."[5]

Neben den genannten Aspekten, die von Habermas besonders hervorgehoben werden, wird die Zeit als ein zentraler Maßstab der Ökonomie betrachtet, und das Individuum ist bestrebt, diese profitorientiert zu nutzen. Flechsig bringt diesen Tatbestand bei der Analyse der modernen Kultur in unserer Zeit mit ihrem Leitmotiv „*immer mehr"* wie folgt auf den Punkt

---

[2] Vgl. Titze, Hartmut: Die Tradition der Pädagogik und die Selbstkritik der Moderne; in: Oelkers, Jürgen (Hrsg.): Aufklärung, Bildung und Öffentlichkeit. Pädagogische Beiträge zur Moderne, Weinheim/Basel 1992, S. 99-116, hier S. 103f.

[3] Herder, Johann Gottfried: Ideen zur Philosophie der Geschichte der Menschheit. 2 Bände, Berlin/Weimar 1965, Bd. 1, S.144.

[4] Vgl. Peukert, Helmut: Die Erziehungswissenschaften der Moderne und die Herausforderungen der Gegenwart; in: Benner, Dietrich / Lenzen, Dieter / Otto, Hans-Uwe (Hg.): Erziehungswissenschaften zwischen Modernisierung und Modernitätskrise. Weinheim/Basel 1992, S.113-127, hier S. 114ff.

[5] Habermas, Jürgen, Der philosophische Diskurs der Moderne. 12 Vorlesungen, Frankfurt/Main 1985, S.10.

„In materieller Hinsicht ermöglicht es die sich modernisierende Kultur den von ihr erfaßten Individuen, Organisationen und Staaten
- immer mehr Natur anzueignen und in Ressourcen zu transformieren,
- immer größere Territorien in die engere Herrschaftssphäre einzubeziehen,
- immer mehr Güter und Energie zu produzieren und konsumieren,
- immer längere Wege immer schneller zurückzulegen,
- immer mehr Wissen und Information zu erzeugen und zu verbreiten,
- immer mehr Wirklichkeit in Bilder und Symbole zu fassen,
- immer länger zu leben und dabei weniger krank zu sein,
- immer weniger anstrengende Handarbeit zu verrichten und
- einen immer höheren sozialen Status zu erlangen".[6]

Modernisierung wurde bis in die jüngste Zeit hinein positiv konnotiert und als Fortschritt zum Besseren hin verstanden. Der Fortschrittsglaube bestimmte das Bewußtsein. Seitdem aber eine Krise der Moderne aufgrund der Zerstörung natürlicher Ressourcen, der atomaren Bedrohung, des Bevölkerungswachstums und der Isolation des Individuums ungeachtet vermehrter Kommunikation eingesetzt hat, gibt es auch Positionen, die eine Abkehr von dem eindimensionalen Fortschrittsgedanken um jeden Preis fordern und auch vollziehen. Die Reflexion und das In-Frage-Stellen der Modernisierung selbst werden nun zu Postulaten eines neuen Bewußtseins und neuer Verhaltensweisen.

„Unter dem Eindruck einer selbstdestruktiven, auf sich zurückschlagenden, gleichsam objektiv 'reflexiv' gewordenen Modernisierung versuchen wenigstens einzelne Gruppen und anfanghaft auch Regierungen, bei Entscheidungen über die weitere Entwicklung zerstörerische Tendenzen der bisherigen Modernisierung von vornherein mitzubedenken und das Reflexionspotential der Moderne auf den Prozeß der Modernisierung selbst anzuwenden, die Modernisierung also selbst zu modernisieren."[7]

Nicht selten werden solche Bemühungen mit dem Begriff *reflektierte Moderne* oder auch *reflexive Moderne* oder *reflexive Modernisierung* bezeichnet. Während es sich dabei also um Überlegungen zu einer kritisch revidierten, zum Teil tiefgreifend reformierten Fort- und Umbildung der bisherigen *Modernisierung* handelt, ohne einige ihrer ursprünglichen Leitideen – Freiheit, Gleichberechtigung aller Menschen, Recht auf Selbstbestimmung und Wohlstand – aufzugeben, gibt es eine andere Gruppe von Kritikern, die auch die Gültigkeit und damit die Orientierungsfunktion solcher Grundideen anzweifeln und teils bereits den Anfang einer neuen Epoche, etwa der *Postmoderne*, kommen sehen oder eine fundamentale Abwendung von der *Moderne* für notwendig halten. Auf die Theorie der Postmoderne soll hier jedoch nicht weiter eingegangen werden.

---

[6] Flechsig, Karl-Heinz: Vielfalt und transversale Vernunft. Prinzipien postmodernen Denkens und die Modernisierungskrise in Bildungssystemen; in: Benner, Dietrich u.a.: Erziehungswissenschaft zwischen Modernisierung und Modernitätskrise. Weinheim/Basel 1992, S. 351-360, hier S. 352f.
[7] Peukert 1992, S.116.

2.2. Vorläufer der Modernisierung

Zunächst soll in diesem Kapitel auf die Vorläufer der Modernisierung (Renaissance, Humanismus und Reformation) und deren Konsequenzen für das Schulwesen eingegangen werden, um in den darauf folgenden Abschnitten die Aufklärung und die Entwicklung des Bildungswesens bis zur Gegenwart darzustellen. Dabei werden auch die bereits genannten Dimensionen des Modernisierungsprozesses zur Sprache kommen, und zwar in den einzelnen, chronologisch aufgeführten Phasen mit unterschiedlichem Gewicht.

Im Frühmittelalter wurde nach der Institutionalisierung der Kirche und der teilweisen Zwangschristianisierung ganzer Völker die christliche Religion in Europa zur religiösen und moralischen Orientierungsinstanz. Zugleich arrangierte sie sich, wenn auch erst nach immer wieder aufbrechenden, vehementen Auseinandersetzungen mit der weltlichen Macht. Letztlich war jedoch die Aufgabenteilung zwischen Kirche und Staat nicht hinreichend geklärt.

Dieser Konflikt eskalierte im elften und zwölften Jahrhundert im Investiturstreit, in dem die beiden Rivalen um die Vorherrschaft rangen. Im Jahre 1122 n. Chr. wurde dieser Streit durch das Wormser Konkordat zwischen Papst Calixtus II. und Kaiser Heinrich V. beigelegt.

Im Rahmen des Modernisierungsprozesses seit dem ausgehenden Mittelalter konnte sich die Idee der Bildbarkeit des Einzelnen entfalten. Die Entdeckung des bildbaren Individuums steht hier als Schlüsselfaktor für die Expansion des Erziehungssystems. Diese Entdeckung brachte weitreichende Konsequenzen für das soziale, wirtschaftliche, technische und kulturelle Wachstum in Europa in den letzten zwei Jahrhunderten mit sich. Daher sollen diese Vorgänge im Hinblick auf ihren Einfluß auf das Verständnis von Bildungsprozessen untersucht werden. Es gilt zu thematisieren, daß der Gedanke der Bildbarkeit als zentrales Moment eines neuen Menschenbildes und damit einer neuen Auffassung von Erziehung in einer engen Korrelation mit den gesellschaftlichen Entwicklungen stand.

Durch Humanismus und Renaissance und die letztlich durch sie ermöglichte Reformation in Zentraleuropa – mit den damit einhergehenden Umwälzungen – kam es zunächst in Teilgruppen der kulturellen Führungsschichten zur Entwicklung eines neuen Menschenbildes. Die neue Geisteshaltung stellte den Menschen in den Mittelpunkt der Betrachtung. Dies wird etwa innerhalb der Kunst deutlich, so an der Entdeckung der Zentralperspektive, an den ersten freistehenden Skulpturen, an der naturalistischen Darstellung der menschlichen Anatomie oder am neuen Selbstbewußtsein der Künstler. Zugleich bahnte sich der Gedanke der umfassenden Bildbarkeit des Menschen an, zunächst in Form der Darstellung charakteristischer und bedeutender Individuen.

2.2.1. Renaissance und Humanismus: Ansätze zu einem neuen Weltverständnis und die Entdeckung des Individuums

Die wirkungsvollsten Ausprägungsformen einer veränderten Geisteshaltung zu Beginn der Neuzeit im 15. und 16. Jahrhundert treten besonders in der Renaissance (ital.: rinacita, rinascimento = Wiedergeburt (der Antike)) und im Humanismus (lat.: humanitas = Menschlichkeit) hervor. In der äußerst vielschichtigen Bewegung des Humanismus kam es in zunehmendem Maße zu einer intensiven Beschäftigung mit den antiken Sprachen Latein und Griechisch und den Schriften der Antike, woraus ein generelles Interesse an klassischer Literatur, Kunst, Philosophie und Wissenschaft erwachte. Die Anhänger jener Bewegungen deuten den Menschen als potentiell schöpferisches Wesen, als Erschaffer der Kultur. Diese Geisteshaltung breitete sich von Italien auf andere europäische Länder aus.

Allerdings bleibt festzuhalten, daß dieses „neue Denken" zunächst und für lange Zeit – zum Teil über Jahrhunderte hinweg – sich nur in kleinen Gruppen, bei Teilen der kulturellen Elite entwickelte, jedoch weder bei allen religiös, kulturell, gesellschaftlich und politisch einflußreichen oder herrschenden Gruppen, Personen und Institutionen Akzeptanz fand noch gar die Masse der übrigen Bevölkerung erreichte. Dieser Tatbestand kommt nicht nur bei älteren Geistes- und Kulturhistorikern, sondern auch in neueren Darstellungen oft nicht oder nicht deutlich genug zum Ausdruck. Deren verallgemeinernde Charakteristika sprechen allzu häufig von „dem neuzeitlichen Menschen" oder „dem Menschen der Renaissance" und verdecken damit die Tatsache, daß es sich bei den frühen Vertretern der Moderne um zahlenmäßig kleine „Avantgarden" handelte, die erst aus der historischen Rückschau als Vorläufer oder Pioniere von langfristigen, konfliktreichen Modernisierungsprozessen interpretiert werden können. In diesem historischen Sinne sollten auch die folgenden Grundsätze verstanden und die Zitate gelesen werden. Wesentliche Aspekte dieser humanistischen Einstellung waren folgende:

- Jedem Menschen wird aufgrund seines Menschseins ein unveräußerlicher Eigenwert zugesprochen.
- Jedes Individuum stellt eine einmalige Verkörperung des allgemeinen Menschseins dar und ist daher in seiner Individualität zu fördern.
- Demzufolge sollen jedem Menschen die größtmöglichen Chancen zur freien und umfassenden Entfaltung seiner Persönlichkeit eingeräumt werden.

Vor allem in Italien führte dieser humanistische Aufbruch zu einer die Kultur der Epoche prägenden Bewegung, die man vor allem aufgrund ihrer Wiederentdeckung der griechisch-römischen Antike als „Renaissance" bezeichnete. Dieser vielschichtige Aufbruch, der sich nicht zuletzt in künstlerischen Einzelpersönlichkeiten wie Leonardo Da Vinci und Michelangelo kristallisierte, wird vielfach als bedeutendste Wurzel der modernen Welt angesehen.

> „Die Renaissance ist nicht nur wegen ihres emanzipatorischen Charakters, nicht nur wegen ihrer aristokratischen Art, sondern in ihrer gesamten Existenz ein Wagnis, aber ein geglücktes, eine Episode, aber eine ungeheuer wirksame."[8]

---

[8] Freyer, Hans: Weltgeschichte Europas. Bd. 2, Wiesbaden 1948, S. 764.

Zu dieser Einschätzung über die (italienische) Renaissance gelangt Freyer. Die Renaissance besitze einen aufklärerischen und selbstbefreienden Impetus und habe den Menschen zu sich selbst gebracht, mithin ihm seine Individuation ermöglicht und ihn als solchen freigesetzt, also selbstbewußt gemacht.[9]

Dilthey (1833-1911), Begründer der Lebensphilosophie und Wissenschaftstheoretiker der Geisteswissenschaften, sieht in seiner Arbeit über *die Anschauungen des germanischen und romanischen Menschen* im 15. und 16. Jahrhundert in den maßgeblichen Repräsentanten der Renaissance erstmals alle Varianten der Lebensstimmung, des Glaubens, der Charaktere und Stile der Lebensführung vertreten. Er war der Meinung, daß sie dies „im offenen Tageslicht" und mit „offenem Visier" taten. Zusammenfassend kommt Dilthey in seiner *Geschichte der Pädagogik* zu folgendem Befund

> „Die festen Verbände des Mittelalters unter Kaiser und Papst lösen sich, Städte und Fürstenhöfe gestatten dem Individuum freie Entfaltung. Handel und Industrie schaffen die Bedingungen eines von der Kirche unabhängigen geistigen Lebens. Der Nominalismus hat die mittelalterliche Metaphysik-Theologie aufgelöst. So treten in elementaren Formen freies individuelles sittlich-religiöses Leben, Erfahrungswissen, lyrischer Gefühlsausdruck, Erfassen des Individuellen hervor. Zwischen Mittelalter und Neuzeit ein ungebundenes freies Walten dieser elementaren Formen (sic!)."[10]

Das Augenmerk der Träger der Renaissance verlagerte sich mithin zunehmend auf die Wirklichkeit und den Wert des einzelnen Menschen, der jetzt in seiner Einzigartigkeit und Besonderheit wahrgenommen wurde. Die unübersehbaren Folgen und Umwälzungen, die das Zeitalter der Renaissance brachte, können an dieser Stelle nur mit einigen Stichworten angerissen werden.

Wohl am deutlichsten wird für unsere Frage der gewaltige Umbruch, der sich zu Beginn der Neuzeit auf praktisch allen Gebieten bemerkbar machte und sich in nachhaltigen Impulsen zur Revision des überkommenen Weltbildes durch die Pioniere der neuzeitlichen Naturwissenschaften äußert. Einerseits verhalfen die naturwissenschaftlichen Erkenntnisse im wahrsten Sinne des Wortes dem Menschen zu seiner Horizonterweiterung; andererseits wurde das neue Wissen auch zum ersten großen Dämpfer für das eben erst gewonnene Selbstbewußtsein. Denn Kopernikus und Galilei erschütterten mit ihren Forschungsergebnissen das bis dahin gültige ptolemäische, geozentrische Weltbild, die Deutung der Erde als Zentrum des Kosmos. Nicht länger konnte man sich geborgen und heimisch fühlen in einer überschaubaren Welt, in der der Mensch Mittelpunkt war oder in der Nähe dieses Mittelpunktes seinen Ort hatte. Auch hier ist zu betonen, daß solche Erkenntnisse zunächst nur in kleinen kulturellen Gruppen zur Geltung kamen. Die katholische Kirche und die weltlichen Herrscher bekämpften bis ins 17. Jahrhundert hinein entschieden die öffentliche Verbreitung solcher Erkenntnisse, die das vermeintlich theologisch sichere Wissen der bisherigen Eliten in Frage stellten.

---

[9] Vgl. Ebda., S. 765.
[10] Dilthey, Wilhelm: Gesammelte Schriften, Bd. 9: Pädagogik. Geschichte und Grundlinien des Systems, Stuttgart 1960, S. 125.

Als weitere Impulse für die tiefgreifenden Veränderungen, die allmählich wirksam wurden, seien hier noch die folgenden genannt: die Erfindung des Buchdrucks durch Gutenberg (1450), wodurch die massenhafte Verbreitung von Wissen und Information ermöglicht wurde; die Übernahme des im chinesischen Raum erfundenen Schießpulvers, das die Voraussetzung für moderne Kriegsführung darstellte, und das Aufkommen der von Henlein erfundenen tragbaren Uhr als Möglichkeitsbedingung, sich seine Zeit nach einem „objektiven", detailliert skalierten Maßstab einzuteilen.

Wohl am nachhaltigsten wirkte sich die veränderte Weltsicht für die alte Kirche sowie die überkommenen politischen Strukturen aus. Gleichwohl kommt Freyer in seiner Einschätzung der Auswirkungen der Renaissance auf das Christentum zu folgendem Ergebnis: In seinem Gesamtverlauf sei das Jahrhundert der Renaissance kein Weg vom Christentum weg gewesen, ganz im Gegenteil.

> „Wie in der hohen Kunst, so greift in der Lebensstimmung und im religiösen Gefühl das 16. Jahrhundert über die florentinische Renaissance hinweg, gleichsam auf das Trecento zurück: das Jahrhundert der Reformation, der Gegenreformation, der Glaubenskriege, auf das Jahrhundert Dantes. Die mechanischen Begriffe des Pendelschlages oder der Reaktion genügen durchaus nicht, diesen Vorgang zu erfassen. Auch ist die Renaissance nicht bloß Episode; die Weltlichkeit, die sie errungen hat, geht ja in vollem Strom in die fernere Geschichte des abendländischen Christentums ein."[11]

Rückblickend war ungeachtet dieser Einschätzung im ausgehenden 14. Jahrhundert die mittlerweile oftmals korrupte und in ihrer politischen Autorität und moralischen Integrität geschwächte Kirche in ihren Grundfesten instabil geworden. Ihre nicht mehr durchweg unmündigen Kinder wurden zunehmend renitenter; und Menschen wachsender Anzahl wollten nicht länger sämtliche Fragen ihrer Lebensbezüge letztinstanzlich allein durch diese Kirche geregelt und beantwortet wissen. Der im späten Mittelalter einsetzende Differenzierungsprozeß erreichte im 16. Jahrhundert einen vorläufigen Höhepunkt in den Reformbewegungen. Der umfassende Anspruch der „alten", „einen", „katholischen" Kirche, in der irdischen Welt unter Berufung auf einen göttlichen Auftrag die Normen für die Beziehungen der Christen sowohl im Diesseits als auch im Jenseits bestimmen zu können, wurde erschüttert.

2.2.2. Die Reformation: Personale Glaubensbeziehungen im protestantischen Verständnis und die Neubestimmung des Verhältnisses von Staat und Kirche

Martin Luther (1483-1546), der im allgemeinen als Erneuerer überkommener christlich-mittelalterlicher Strukturen angesehen wird, hat mit seinem Werk entscheidenden Anteil an der Entstehung eines neuen Menschenbildes. Aufgrund seiner neu gewonnenen Einsichten in das Wesen des christlichen Glaubens, die sogenannte reformatorische Entdeckung, geriet er in krassen Gegensatz zur da-

---

[11] Freyer 1948, S. 777.

mals verbreiteten Ablaßpraxis. Dies steigerte sich immer mehr zu einem Grundsatzkonflikt mit der römischen Amtskirche.

Luther gründete den persönlichen Glauben allein auf die Heilige Schrift und bestritt damit der Kirche ihre Mittlerstellung in der Frage des persönlichen Heils. Nach Luther lassen sich die Grundlagen der christlichen Heilsgewißheit wie folgt auf die prägnante Formel bringen: „sola scriptura, sola gratia, sola fide" („Allein die Schrift, allein die Gnade, allein der Glaube").

Überdeutlich wurde angesichts dieser Kritik der innere Widerspruch, in den die Kirche immer tiefer geraten war. Sie forderte

> „zwar von dem Menschen Vertrauen auf die Vorbedingungen, die sie als christliche Autorität für das jenseitige Heil formulierte; trotzdem konnte sie ihre Grenze nicht überschreiten, daß im jenseitigen Bereich Gott und nicht die Kirche das endgültige Urteil über des Menschen Leistungen fällen wird. Der Mensch war also auf sich selbst zurückgeworfen".[12]

So betonten die Reformatoren gegenüber der Kirche die Anerkennung der individuellen Verantwortung des Einzelnen vor dem Schöpfer. In ihren Augen konnte nur er selbst ein Urteil über den Menschen fällen, nicht die Kirche. Daher sollte sich ihre Aufgabe in der Gesellschaft allein auf die Verkündigung des Wortes und die Seelsorge beschränken.

Dieses neue Verständnis der Funktion der Kirche, hob die Autorität der alten Kirche faktisch auf. Der Preis für diese „Freiheit eines Christenmenschen"[13] ist die Verantwortlichkeit des Einzelnen für sein Handeln dem Schöpfer gegenüber.

Grundlegende Bedeutung für das Verständnis von Erziehung, Schule und Bildung nach den Grundsätzen der reformatorischen Lehre gewinnt die Zwei-Regimente-Lehre Luthers.[14] Diese zielt auf eine Unterscheidung zweier Handlungsweisen Gottes, in der Kirche durch das Wort Christi und den Heiligen Geist, in der Welt durch Recht und öffentliche Ordnung einschließlich Strafgewalt und Militär. Beide „Regimente" dienen aber dazu, das Gute zu fördern und das Böse abzuwenden. Der weltliche Bereich unterliegt unausweichlichen Sachzwängen, und der Christ, der als Staatsmann, Soldat oder in einem anderen öffentlichen Amt tätig ist, verpflichtet sich, sich den Erfordernissen seiner Funktion anzupassen, auch wenn er dadurch in Widerspruch zu den religiösen Geboten gerät. Letztlich verfügt er über ein von Gott verliehenes Amt und ist allein diesem gegenüber verantwortlich.

So sind auch Luthers Stellungnahmen zu den Komplexen Schule, Erziehung und Bildung zu verstehen, die für ihn grundsätzlich dem weltlichen Regiment Gottes zuzuordnen sind. Erziehung ist für Luther ein *weltlich Ding*, das in das

---

[12] Mühlenberg, Ekkehard: Epochen der Kirchengeschichte. Heidelberg 1980, S. 187.
[13] Luther, Martin (1957a): Von der Freiheit eines Christenmenschen (1520); in: Lorenzen, Hermann (Hrsg.), Martin Luther: Pädagogische Schriften. Paderborn 1957, S. 15-32.
[14] Vgl. Härle, Wilfried: Luthers Zwei-Regimente-Lehre als Lehre vom Handeln Gottes; in: Härle, Wilfried / Luhrmann, Dieter (Hg.): Marburger Jahrbuch I Theologie. Marburg 1987, S. 12-32. (Anm.: Statt des traditionellen Terminus Zwei-Reiche-Lehre verwendet Luther auch wechselweise Zwei-Regimente-Lehre.)

regnum rationis gehöre.[15] Die menschliche Vernunft, die er auch im Sinne der Tradition mit dem Naturrecht identifiziert, bedeutete für ihn

> „Quelle und Ursprung aller Regeln und Gesetze, welche für Haus oder Gesellschaft Gültigkeit haben".[16]

Luther spricht sich gegen das alleinige Recht des Klerus zur Erziehung aus und betont die Eigenständigkeit der Bildung: Das Evangelium belehre nicht über Fragen der Erziehung. Mehrfach hebt er sogar vorbildliche Erziehungseinrichtungen der „Heiden" hervor.

Da die Verbindung zu Gott individuell von jedem einzelnen Gläubigen erfahrbar ist und somit die Vermittlerfunktion der Kirche an Einfluß verliert, wird die selbsttätige Auseinandersetzung mit der Heiligen Schrift unvermeidlich. Dafür war die Fähigkeit des Lesens eine unabdingbare Voraussetzung. Luther schuf mit seiner Bibelübersetzung die Grundlage dafür, daß sich weite Teile der deutschen Bevölkerung mit der Heiligen Schrift in ihrer Muttersprache auseinandersetzen konnten, die des Lesens fähig waren oder durch Unterrichtung befähigt wurden. Die Vormachtstellung der lateinischen Sprache in der Kirche wurde dadurch eingeschränkt. Diese Entwicklung wirkte sich langfristig auch auf die Sprache im Rechtswesen und in der Politik aus.

In verschiedenen Schriften griff Luther immer wieder in die theologische und politische, namentlich auch schulpolitische Diskussion ein, so auch im Jahr 1524 mit der Epistel *An die Ratsherrn aller Städte deutschen Landes, daß sie christliche Schulen aufrichten und halten sollten.*[17]

Mit seiner Forderung nach der Einrichtung von *Küster- und Sonntagsschulen*, die den Kindern der mittleren und unteren sozialen Schicht offen stehen sollten und in denen außer religiöser Unterweisung Leseunterricht, vor allem im Dienste muttersprachlicher Katechismus-Lektüre, erteilt werden sollte, ist Luther zu einem Vorläufer der Volksschulentwicklung geworden.

Seit der zweiten Hälfte des 16. Jahrhunderts trieben Landesfürsten und Städte protestantischer Territorien zunehmend die Volksschulbildung voran. Besondere Bedeutung sprachen Luther und sein Mitstreiter Philipp Melanchthon der Entwicklung des „gelehrten Schulwesens" zu, das in protestantischen Gebieten an die Stelle der katholischen Klosterschulen treten sollte. Luthers zentrale Frage in diesem Zusammenhang lautete:

> „Wo will man Pfarrherr, Prediger und andere Personen zum Worte Gottes, zur Seelsorge und Gottesdienst nehmen? Wo wollen Könige, Fürsten, Herren, Städte und Länder nehmen Kanzler, Räte, Schreiber, Amtsleute (...)?"[18]

---

[15] Vgl. Asheim, Ivar: Glaube und Erziehung bei Luther. Ein Beitrag zur Geschichte des Verhältnisses von Theologie und Pädagogik, Heidelberg 1961, S. 29.

[16] Ebda., S. 28.

[17] Luther, Martin (1888a): An die Ratsherren aller Städte deutschen Landes, daß sie christliche Schulen aufrichten und halten sollen (1524); in: Keserstein, Dr. H. (Hg.): Dr. Martin Luthers pädagogische Schriften und Äußerungen. Langensalza 1888, S. 31- 49.

[18] Luther, Martin (1888b): An Hans Metch (Brief von 1529); in: Keserstein 1888, S. 75.

In der Verantwortung der Landesherren oder der Städte sollte die neue Schulform nicht nur der Heranbildung des Nachwuchses für den „geistlichen Stand" im Sinne einer Grundbildung dienen, sondern auch für die „weltlichen Ämter" qualifizieren. So stellte Dilthey fest

> „Luther legt die Hand an eine neue Organisation des gelehrten Schulwesens in den protestantischen Ländern. Er geht davon aus, daß die Humanisten da sind und einen Knaben jetzt bis zu seinem 15. Jahr mehr lehren können, als bisher alle hohen Schulen und Klöster gekonnt haben. Sie zu nutzen ist notwendig, damit für das weltliche Regiment geeignete Personen da seien sowie für das Predigtamt".[19]

Für Luther war es ein Gebot Gottes, den Jugendlichen eine fundierte Erziehung zu ermöglichen. Für ihn war Erziehung aber vor allem eine Gemeinschaftsaufgabe, und daher wandte er sich mit seinen Forderungen an die staatliche Obrigkeit und nicht an die Kirche.[20] Luthers Betonung des eigenverantwortlichen, individuellen Handelns und der Bildung weist neuzeitliche Züge und somit eine deutliche Tendenz zu einer Trennung von Staat und Kirche auf.

Dennoch wird anhand seiner staatstheoretischen Schrift *Von weltlicher Obrigkeit*[21] (1523), in der Luther den Staat als eines der Wunder Gottes bezeichnete – mit denen dieser die am Abgrund stehende Welt noch aufrecht halte und vor dem Chaos bewahre – erkennbar, daß auch er ein Kind seiner Zeit war und die hierarchische, mittelalterliche Ordnung auf Erden als gottgegeben betrachtete. Das mittelalterliche Weltbild deutete den Staat noch nicht als ein System von Institutionen, sondern sah ihn verkörpert und erfahrbar in den Kaisern, Königen, Fürsten und weiteren Landesherren, die nach der Auffassung der Kirche ihrer Autorität ebenso unterstanden wie das gemeine Volk. Allerdings erkannten die weltlichen Herrscher diesen Anspruch oft nicht an. Daher entfachten sich seit dem 9. Jahrhundert immer wieder unübersehbare Auseinandersetzungen zwischen der Kirche oder den sie repräsentierenden Päpsten und weltlichen Herrschern, die nicht selten in Kriegen gipfelten, wobei sich die Päpste häufig die Rivalitäten zwischen den weltlichen Herrschern zunutze machten.

Im Gegensatz zu diesem Anspruch auf das Primat der Kirche auch in weltlichen Fragen war Luther der Auffassung, daß der weltliche und der geistliche Bereich prinzipiell unterschieden werden müßten. Die Notwendigkeit und Eigenständigkeit der staatlichen Ordnung sei zwar von Gott gesetzt, allerdings soll sie unabhängig von kirchlicher Bevormundung als ein „weltlich Ding" wahrgenommen werden.

Die Reformatoren bestritten also den politischen Autoritätsanspruch der Kirche als eines vorgeblich göttlichen Auftrags und eines entsprechenden, der Kirche zugeordneten Rechts. Dieses Recht kommt nach protestantischem Verständnis weltlichen Instanzen, in der damaligen Zeit den Territorialstaaten zu. Luther

---

[19] Dilthey 1960, S. 140f.
[20] Vgl. Brecht, Martin: Martin Luther. Bd. 2: Ordnung und Abgrenzung der Reformation 1521-1532. Stuttgart 1986, S. 140-143.
[21] Luther, Martin (1957b): Von weltlicher Obrigkeit, wie weit man ihr Gehorsam schuldig sei (1523); in: Lorenzen 1957, S. 33- 63.

lehnt eine kritische Bewertung des weltlichen Herrschaftssystems unter Berufung auf folgendes Zitat von Paulus ab:

> „Jeder leiste den Trägern der staatlichen Gewalt den schuldigen Gehorsam. Denn es gibt keine staatliche Gewalt, die nicht von Gott stammt; jede ist von Gott eingesetzt. Wer sich daher der staatlichen Gewalt widersetzt, stellt sich gegen die Ordnung Gottes, und wer sich ihm entgegenstellt, wird dem Gericht verfallen."[22]

Für protestantische Territorien galt folglich einerseits:

> „Geistliche Autorität besitzt die Obrigkeit nicht, sondern sie ist in ihren Aufgaben als Obrigkeit durch das staatliche Eigeninteresse von Frieden und Ordnung begründet (...)".[23]

Andererseits bedeutete das aber auch

> „Der konfessionelle Glaube hat seine Eigenrechtlichkeit aufgegeben; die Obrigkeit entscheidet als Staat über die äußerliche Wohlfahrt der Untertanen".[24]

Diese Unterscheidung zwischen Staat und Kirche (Vernunft und Glauben) setzt damit gewissermaßen den emanzipatorischen Entwicklungsprozeß der Individualisierung in Renaissance und Humanismus fort. Die Autonomiebestrebungen in Denken, Wollen und Handeln hinsichtlich der weltlichen Fragen können sich nun von der Kirche und der Theologie loslösen. Vergleichbare Auffassungen vom Verhältnis zwischen Kirche und Staat, wie sie zunächst in protestantischen Ländern wirksam wurden, setzten sich im weiteren neuzeitlichen Säkularisierungsprozeß allmählich auch in deutschen und außerdeutschen Staaten mit katholischen Herrscherhäusern und überwiegend katholischer Bevölkerung durch.

2.3. Bildungs- und Erziehungsvorstellungen im Spannungsfeld zwischen Ansätzen zu säkularer Rationalität und religiösen Kontexten im Zeitalter des Absolutismus

Bedingt durch Renaissance, Humanismus und Reformation wurde einerseits das Individuum in den Mittelpunkt des gesellschaftlichen und religiösen Lebens gestellt, und andererseits lösten sich Bildung und Erziehung zunehmend von dem Einfluß der Kirche. Damit wurden die Grundlagen für die Anfänge eines staatlich gelenkten Schulwesens im 16. und 17. Jahrhundert gelegt. In dieser Zeit übernimmt der Staat immer mehr Kontrollfunktionen über die Organisation des Schulwesens. Religiöse Einflüsse bestimmen aber weiterhin maßgeblich die theoretischen und praktischen Ideen zur Erziehung. Beinahe alle Bildungskonzepte im Zeitalter des Absolutismus vom 17. bis über die Mitte des 18. Jahrhunderts hinaus sind noch tief von religiösem Geist und klerikalen Gedanken geprägt. Das gilt etwa für die Ideen von Ratke und Comenius, die andere Ziele als die des humanistischen Bildungsideals vertreten, oder auch für die Ideen von

---

[22] Römer 13,1f. (Einheitsübersetzung, zitiert nach der „Neuen Jerusalemer Bibel").
[23] Mühlenberg 1980, S. 249.
[24] Ebda.

Vertretern des Pietismus, in Deutschland insbesondere von August Hermann Francke, die an erster Stelle der Erziehungsziele die Religiosität und die Verinnerlichung des Glaubens setzen. Im Gegensatz zu den „Humanisten", die zwar die Bedeutung des freien Individuums betonen, aber ebenso großen Wert auf Buchgelehrsamkeit und die Beherrschung der alten Sprachen – Latein ist Wissenschafts- und Lernsprache – legen, fordern namhafte Pädagogen dieses Zeitalters nun, Anschauung und Erfahrung zum Ausgangspunkt ertragreicher Lernprozesse zu erheben. Allmählich gewann die Muttersprache Vorrang bei der Vermittlung von Bildungsinhalten. Wieweit diese Bildungstheoretiker allerdings mit ihren Schriften das Bildungs- und besonders das sich entwickelnde Volksschulwesen, das die jeweiligen Fürsten unter ihre Aufsicht stellten, beeinflußten, ist eine immer noch nicht hinreichend geklärte Frage der Schulforschung.

In den entstehenden, straff geleiteten Territorialstaaten im 17. Jahrhundert mit zentraler Verwaltung und Ansätzen zentral geleiteter Volkswirtschaften (Merkantilismus) treten zunehmend die Interessen der Obrigkeit an Erziehungs- und Schulfragen hervor. Der Absolutismus, gekennzeichnet durch monarchisches Gottesgnadentum, Expansionsdrang und Repräsentationsbedürfnis, erforderte aufgrund seiner straffen Staats-, Finanz-, Steuer- und Heeresverwaltung eine wachsende Zahl gut ausgebildeter Untertanen. Neben die bereits im 16. Jahrhundert besonders geförderten Gelehrtenschulen traten nun auch intensive Bemühungen um ein vom Staat gelenktes Volksschulwesen hinzu. Der wachsende Erziehungsanspruch der Landesherren, an deren Höfen sich die politische Macht und das kulturelle Leben zentrierte, führte zu einer neuen Art des „Feudalismus". Das im 16. Jahrhundert zum Selbstbewußtsein gelangte Bürgertum verlor seinen Einfluß, und der Erziehungsstil einer höfischen Lebensart trat in den Vordergrund. Dieser legte besonderen Wert auf naturwissenschaftliche Fächer, das Erlernen neuer Fremdsprachen, vor allem des Französischen, und neu zu entwickelnde Methoden.

Als ein weiterer Aspekt gegenüber dem humanistischen Gelehrten rückte das Bildungsideal eines weltoffenen, erfahrenen Hofmannes mit feinen Sitten in den Vordergrund. Nicht durch Buchgelehrsamkeit, sondern durch aktives Erleben solle die Welt erkannt werden. Nicht die alten, verstaubten Sprachen, sondern der lebendige Umgang mit den modernen Sprachen vermittele das praktische Leben. Es kam weniger auf wissenschaftliche Kenntnisse als auf Lebenskunst durch Praxis wie etwa Reiten, Fechten und Reisen an. Dieses höfische Bildungsideal ist ebenso wie die politischen und sozialen Verhältnisse in Deutschland durch Frankreich beeinflußt. Die in Frankreich im 16. Jahrhundert entwickelten Bildungsgedanken verbreiteten sich in Deutschland erst im 17. Jahrhundert. Eine Hinwendung zu weltlicher Bildung fand statt, da für die Regierungsgeschäfte des Hofes Kenntnisse in Rechts- und Staatswissenschaften, Französisch, Geschichte, Mathematik oder Festungsbau bedeutender waren als Theologie und alte Sprachen. Über all dem Wissen stand die höfische Lebenskunst. Es entstanden Ritterakademien zur standesgemäßen Erziehung der höfischen Jugend, und allmählich wurden auch die Universitäten von diesem höfischen Geist beeinflußt.

Die Epoche des Absolutismus ist durch das Bestreben gekennzeichnet, alle Bereiche des Lebens systematisch, methodisch und planvoll zu lenken. Dies wirkt sich auch auf die Erziehung aus. Die Methode des systematischen Ansatzes wird zielgerichtet auf sie betreffende Fragen angewendet. Sie bezieht sich sowohl auf Unterrichtsverfahren als auch auf die Suche nach einer allgemeinverbindlichen Didaktik; die Erziehungsziele sind sowohl rational-naturalistisch als auch weitestgehend theologisch bestimmt.

Hinsichtlich des „gelehrten Schulwesens" wird der Humanismus mit seiner Buchgelehrsamkeit zunehmend Angriffsziel des neuen Denkens: Besonders das Lehren der „toten" Sprachen etwa Latein, Griechisch oder Hebräisch wird zunehmend begrenzt, die Pflege des Deutschen gefördert. Im Zuge der wachsenden Selbständigkeit der verschiedenen Völker bilden sich auch in Deutschland Ansätze eines Nationalgefühls heraus. Im Verlauf dieses Prozesses entstehen zahlreiche deutsche Sprachgesellschaften, und auch Dichtung wird zunehmend in deutscher Sprache verfaßt. Im allgemeinen Bildungswesen, aber auch für die Gelehrtenschulen wird deutscher Sprachunterricht gefordert und als Folge werden deutsche Lehrbücher verfaßt.

Unter diesen Bedingungen ergeben sich neue pädagogische Bewegungen auf programmatischer Ebene, die für die Epoche kennzeichnend sind. Geprägt werden sie in besonderem Maße von Ratke, Comenius und Francke. Diese Pädagogen sowie andere Erziehungstheoretiker und Philosophen (etwa John Locke (1632-1704) oder Leibniz (1646-1716), auf deren Ideen hier nicht näher eingegangen werden kann) sind Wegbereiter der Aufklärung, die die herausragende Bedeutung der Erziehung für das kommende Zeitalter erkennen.[25] Ihre neuartigen erziehungstheoretischen Schriften, die sich dadurch auszeichnen, daß sie theoretisch-pädagogische Grundlagen und praktische Erziehungsmethoden in einen Zusammenhang stellen, wirken sich besonders auf das Schulwesen und die Schulordnungen der voraufklärerischen Epoche (aber auch darüber hinaus) aus.

Einzelne Landesfürsten erlassen Schulordnungen, die zu einem allgemeinen Schulzwang und einem einheitlichen Volksschulwesen tendieren, oft aber in der Praxis nur begrenzt durchgeführt wurden. Eine der Ausnahmen in Deutschland war die Schulordnung von Gotha aus dem Jahre 1642 unter Herzog Ernst dem Frommen. Zu den bedeutendsten Bestimmungen zählte der zügige Aufbau eines zentral organisierten Volksschulwesens, dessen Aufbau und Ausführung in zahlreichen Paragraphen festgelegt wurde. Unter anderem sollte die Schulpflicht mit Abschluß des 5. Lebensjahres einsetzen. Die Schüler verfügten lediglich über vier Wochen schulfreie Tage innerhalb eines Jahres. Schulversäumnisse wurden mit Geldstrafen belegt. Bezeichnend für diese Neuerungen war ferner die Einführung eines Lese- und Rechenbuches.

Außerdem prägt besonders der Pietismus, stellvertretend durch August Hermann Francke repräsentiert, die Erziehungspraxis. An dieser Stelle soll nun auf

---

[25] Vgl. Tenorth, Heinz-Elmar: Geschichte der Erziehung. Einführung in die Grundzüge ihrer neuzeitlichen Entwicklung. Weinheim/München 1988, S. 77ff.

die genannten Pädagogen und ihre Denkansätze in einer knappen Skizze eingegangen werden.

Wolfgang **Ratke** (latinisiert Ratichius, 1571-1635) propagiert eine allgemeine Volksschule, deren Besuch für alle Kinder verbindlich ist. Dabei dient die deutsche Sprache der Vermittlung der Lehrinhalte. In seinem Erziehungskonzept kommt der beruflichen Ausbildung eine besondere Bedeutung zu. Die methodischen Unterrichtsgrundsätze sind nicht geprägt durch hohe Stundenzahl und Stofffülle – wieder entgegen den Vorstellungen des Humanismus –, sondern zielen darauf ab, den Stoff konzentriert und im Wechsel mit Erholungsstunden und eher spielerischen Aktivitäten nahezubringen.

Häufiges Wiederholen des Gelernten und Üben erachtet er als geeigneter als Auswendiglernen, häufige Hausarbeiten oder harte Zucht. Das Kind soll alles aus praktischer Erfahrung lernen und dies zuerst in der Muttersprache.

„Nun ist der rechte Gebrauch und Lauf der Natur, daß die liebe Jugend zum ersten ihre angeborene Muttersprache, welche bei uns die deutsche, recht und fertig lesen, schreiben und sprechen lerne, damit sie ihre Lehrer in anderen Sprachen künftig desto besser verstehen und begreifen können, dazu die deutsche Bibel mit sonderlichem Nutz kann gebraucht werden."[26]

Allerdings schloß Ratke sämtliche Selbsttätigkeit des Kindes aus. Es sollte im Unterricht nicht geredet oder gefragt werden, sondern der Schüler sollte lernen, dem Lehrenden zuzuhören, was der damaligen Auffassung des reglementierenden Absolutismus entsprach.[27] In der Praxis gelang es Ratke nicht, seine umfassenden Erziehungsprogramme zu realisieren, jedoch seine pädagogischen Ideen prägten nachhaltig die kommende Reformierung und Intensivierung des Erziehungs- und Schulwesens. Diese Ideen konnten

„gleichzeitig (...) als ein Instrument gedeutet werden (...), das es den Erziehern und Lehrern erlaubt, mit ihren genuinen Mitteln genau das zu erreichen, was sie theoretisch-pädagogisch konzipiert und im jeweiligen Erziehungsprozeß antizipiert hatten: die nach präzisen Regeln arbeitende, pädagogische Konstruktion des Individuums".[28]

Die pädagogischen und methodischen Gedanken Johann Amos **Comenius'** (1592-1670) stimmen weitgehend mit denen Ratkes überein. Jedoch sind seine Denkansätze deutlicher durch eine tiefe protestantische Religiosität im Sinne der böhmisch-mährischen Brüdergemeinde und ihres Tat-Christentums geprägt. In den Wirren des Dreißigjährigen Krieges mußte Comenius, der Bischof der Brüdergemeinde war, oft aus religiösen Gründen das Land verlassen, in dem er sich gerade aufhielt. Dennoch war er ein angesehener Gelehrter, der mit vielen anderen Intellektuellen seiner Zeit im Austausch stand. Er verfaßte zahlreiche Schriften, die ihn bereits zu Lebzeiten berühmt machten, und erhielt Beratungsaufträge aus ganz Europa. Zu seinen herausragenden Werken zählen das Lehr-

---

[26] Ratke: Memorial; in: Reble, Albert, Geschichte der Pädagogik. Dokumentations-Band, Stuttgart 1992, S. 110.
[27] Vgl. Reble 1992, S. 112f.
[28] Tenorth 1988, S. 78.

buch *Orbis sensualium pictus* (Die gemalte Welt, erschienen 1658), welches ein einfaches, aber vielfältiges und gründliches sowie mit Bildern versehenes Unterrichtsbuch war, und die *Didactica magna*[29] (Große Unterrichtslehre, lat. 1657 veröffentlicht, verfaßt 1628/32), sein wohl bekanntestes pädagogisches Werk. Dessen Stellenwert wird allerdings erst im Rahmen der umfassenderen Schrift *Pampaedia* (Allerziehung) deutlich, die ihrerseits das Kernstück eines mehrteiligen Werkes, der *Pansophia*, bildet. Dabei handelt es sich um eine Universaltheorie, mit der Comenius den Anspruch erhebt, den Zusammenhang zwischen der *Ideenwelt Gottes*, der Welt der (von Gott geschaffenen) sichtbaren Natur und der von Menschen (dank der ihnen von Gott gegebenen Fähigkeiten und ihres in der Bibel offenbarten Auftrags) gestalteten und zu gestaltenden Welt darzustellen. Die Schrift *Informatorium der Mutterschule* (1628/31, dt. 1633) war Erziehungsfragen in der frühen Kindheit gewidmet.

Sein pädagogisches Denken ist von dem Ziel geprägt, die Mitmenschen auf das himmlische Jenseits vorzubereiten, allerdings dadurch, daß sie im irdischen Leben ihre von Gott gesetzte Aufgabe erfüllen.

Sie sollen die Verwirrungen der Welt durch die Verwirklichung der „ursprünglichen", von Gott gewollten Ordnung überwinden. Dies erforderte eine Vorbereitung durch Erziehung und Unterricht in einem gestuften Bildungsgang. In dieser Schule, die vom Kindesalter bis ins frühe Erwachsenenalter reichte, sollen *alle* (lat.: omnes) *alles* (omnia, das heißt. nicht riesige Stoffmassen, sondern Fundamentales, Grundlagen, Ursachen und Zwecke) und zwar *omnino*, das heißt gründlich, von Grund auf, methodisch angeleitet, mit Verständnis lernen.

> „Zu diesem Zweck sollen im Zusammenhange, aber nacheinander, vier Einrichtungen geschaffen werden: 1. universale Lehrbücher, Kompendien, Enzyklopädien (Comenius nennt sie ‚Fackel' des Lichtes), 2. universale Schulen (als ‚Leuchter' des Lichtes), 3. ein universales Kollegium von Gelehrten und Seelsorgern, d.h. eine weltweite Gelehrtenakademie (als ‚Diener' des Lichtes), 4. eine universale, einheitliche Sprache (als das ‚Öl' des Lichtes)."[30]

Comenius legt den Schwerpunkt seines pädagogischen Denkens in der *Didactica magna* auf die Schule. Kein Pädagoge zuvor maß ihr eine solche Bedeutung bei – für Comenius hat sie Anteil an dem Weg zur Erlösung der Menschheit. Er legt großen Wert auf die rechte Methode der Erziehung, denn aufgrund der generellen Bildsamkeit des Menschen kann sie ihn vor dem Verderben bewahren. Die wichtigsten Erziehungsgebiete sind für ihn: Bildung im Sinne von Welt- und Selbsterkenntnis, Tugend, Sittlichkeit und Gottesfurcht. Comenius' an diesen grundlegenden Prinzipien orientiertes Konzept der Erziehung faßt den Begriff der Bildung mehrperspektivisch auf. Er will

---

[29] Vgl. Schaller, Klaus: Die Pädagogik des Johann Amos Comenius und die Anfänge des pädagogischen Realismus im 17. Jahrhundert. Heidelberg 1962, S. 278 f.
[30] Reble 1992, S. 116.

„sowohl die gesellschaftlichen Ansprüche auf die Bildung 'Aller' wie die im Lehrplan zu fixierenden Ideen der Ausbildung, 'in Allem' erstmals nach ihren pädagogisch-didaktischen Voraussetzungen und in ihren politischen Konsequenzen entwickel(n)".[31]

Seine Ideen sind von einem Prinzip der Ordnung geprägt, welches seine Entsprechung in der Natur hat. Der Unterricht soll auf der Erfahrung des Kindes basieren.

„Der Weg der Erkenntnis führt von den möglichst ausgiebig zu beteiligenden Sinnen (1) über das Gedächtnis (2) und das klare, zum Allgemeinen aufsteigende Verstehen (3) schließlich zum selbständigen Urteil (4)."[32]

- Einige seiner praktischen Vorschläge für eine effektive Unterrichtsmethode lassen sich wie folgt wiedergebenMorgenstunden sind am besten zum Lernen geeignet,

- Anstrengung und Erholung sollen sich abwechseln,

- alles soll nach der Fassungskraft des Alters unterrichtet werden,

- der Lernort soll angenehm gestaltet und ruhig sein,

- es soll ein Vertrauensverhältnis zwischen Lehrern und Schülern bestehen,

- gute Lehrbücher sind von besonderer Bedeutung.[33]

An dieser Stelle scheint es angebracht, die Begriffe „Bildung" und „Schule" bei Comenius skizzenhaft zu erläutern: „Bildung" im Sinne von „Aneignung von Selbst- und Welterkenntnis" ist im Konzept des Bischofs der Brüdergemeinde in den Zusammenhang von Sittlichkeit und Frömmigkeit eingeordnet. Sittlichkeit muß sich letztlich im sittlichen Tun erweisen, und Frömmigkeit bedarf über unterrichtliches Lehren und Lernen hinaus der Erfahrung und des Mitvollzugs christlichen Lebens in Familie und Kirche oder Gemeinde.

Wenn Comenius oft generell von „Schule" oder einer Folge von „Schulen" spricht, die der junge Mensch durchlaufen soll, so haben diese Begriffe einen erweiterten Sinn: Sie umfassen die Erziehung im Elternhaus („Mutter-Schule") ebenso wie etwa das Studium an einer Universität oder eine berufliche Bildung.

Er entwirft ein Stufenmodell, welches die Zeitspanne bis zum 24. Lebensjahr umfaßt. Das erste bis sechste Lebensjahr (Kindheit) ordnete er der *Mutterschule* zu, das siebte bis zwölfte Lebensjahr (Knabenzeit) der *Muttersprachschule*, das 13. - 18. Lebensjahr (Jugendzeit) der *Lateinschule* und das 19. - 24. Lebensjahr (Jünglingszeit) der *Hochschule*.[34]

Um die Zielsetzungen August Hermann **Franckes** (1663-1727) nachvollziehen zu können, ist es erforderlich, auf die beiden Geistesströmungen, die sich seit dem Ende des 17. Jahrhunderts entwickelten und deren Einfluß in der dar-

---

[31] Tenorth 1988, S. 78.
[32] Reble 1992, S. 118.
[33] Vgl. Reble 1992, S. 117f.
[34] Ebda., S. 120f.

auffolgenden Zeit gerade im pädagogischen Bereich sehr weitreichend war, einzugehen: Die Anfänge der Aufklärung und des Pietismus (spätes 17. bis Ende 18. Jh.). Beide Strömungen repräsentieren eher eine lebenspraktische und realistische Sicht der pädagogischen Probleme und der Gestaltung des Bildungswesens und wenden sich gegen theologische und humanistische Buchgelehrsamkeit.

Während die Aufklärung mit ihrer weltlichen Grundeinstellung die menschliche Natur – von Ausnahmen vor allem in ihrer französischen Ausprägung einmal abgesehen – optimistisch sieht, ohne damit a-religiös oder gar anti-religiös zu sein, betrachtet der Pietismus den *natürlichen* Menschen im Sinne der Erbsündenlehre eher mit Mißtrauen.

Der Pietismus, der sich in Deutschland und in den anglikanischen Ländern entwickelte, fordert einen in jedem einzelnen Individuum verinnerlichten Glauben. Er begreift die strenge, nach protestantischer Deutung verstandene Religiosität aber im Sinne eines Tat-Christentums: Er will soziale Nöte beheben, pädagogische Arbeit leisten und die staatlich-kirchliche Ordnung verbessern. Der Pietismus stellt den Glauben als eine persönliche, religiöse Bewegung des Gemüts dar, die den Mittelpunkt eines christlichen Lebens bildet und sich vor allem im praktischen Handeln „praxis pietatis" bewährt. Außerdem wendet er sich gegen den kirchlichen Dogmatismus.

Philipp Jakob Spener (1635-1705) gilt als maßgeblicher Begründer des Pietismus in Deutschland; für den Bereich der Pädagogik ist jedoch August Hermann Francke entscheidend. Die Ausprägung und Entwicklung des Bildungswesens in den protestantischen deutschen Ländern, vor allem in Preußen, stützt sich weitgehend auf seine Gedanken. Seine Schrift aus dem Jahre 1702, *Kurzer und einfältiger Unterricht, wie die Kinder zur wahren Gottseligkeit und christlicher Klugheit anzuführen sind,* bildet den zentralen pädagogischen Text des Pietismus und weist auf das Erziehungsziel hin: den Menschen zum wahren christlichen Lebenswandel zu führen. Liebe (zur göttlichen Wahrheit), Gehorsam (gegenüber Gott und dem Nächsten) und Fleiß (nützlicher Umgang mit der Zeit und Sorgfalt in jeder Arbeit) sind die drei Grundtugenden, zu denen das Kind erzogen werden muß. Weltliches Leben wie Theater, Spiel oder Dichtung gelten als Müßiggang; das *wahre* Leben soll von Frömmigkeit und tätiger Liebe geprägt sein.[35]

Der Schwerpunkt der Erziehung liegt folglich auf dem religiösen Unterricht, während Bildung und Wissen der religiösen Erkenntnis untergeordnet sind. Letztere soll der Gottseligkeit dienen.

„Die Ehre Gottes muß in allen Dingen, aber absonderlich in Auferziehung und Unterweisung der Kinder als der Hauptzweck immer vor Augen sein (...)."[36]

---

[35] Vgl. Reble 1992, S. 131.
[36] Francke, August Hermann: Kurzer und einfältiger Unterricht, wie die Kinder zur wahren Gottseligkeit und christlicher Klugheit anzuführen sind (1702); in: Reble 1992, S. 139.

Dieses Ziel kann nur mit straffer Zucht durchgesetzt werden, da allein auf diese Weise der verderbliche Eigenwille des Menschen zu brechen sei.

Francke richtete erhebliche Teile des Unterrichts in seinen Stiftungen praktisch aus: er hob das Prinzip der Erfahrung hervor. Nach pädagogischen Grundsätzen gründete er ein Waisenhaus in Halle (1698). Diese Anstalt umfaßte Schulen, Heime und Wirtschaftseinrichtungen. Den Kern bildeten die Internate. Besucht wurde die Stiftung sowohl von Waisen, als auch von Kindern aus adligen und bürgerlichen Familien. Die seelsorgerische Betreuung verband er mit sehr strenger moralischer Zucht. Die Tatsache, daß es auch Waisenkindern bei entsprechend positiver Einschätzung ihrer Lernfähigkeit und -bereitschaft durch ihre Lehrer möglich war, Lateinschulen zu besuchen und ein Studium aufzunehmen, zeugt davon, daß Francke die Standeserziehung teilweise überwand. Er richtete überdies eine Lehrerbildungsanstalt ein, in der Lehrer und Erzieher herangezogen wurden, die dazu beitrugen, daß seine religiös-pädagogischen Ideen in den meisten protestantischen Territorien Deutschlands Verbreitung fanden.

Er erweiterte den Unterricht in für diese Zeit revolutionärer Weise um viele Realien (etwa Mineralogie, Landwirtschaft, Anatomie, Drechseln, Glasschleifen, Gartenarbeit oder Stricken) und praktischen Anschauungsunterricht (Naturkundestunden wurden im Garten gehalten, Handwerker wurden bei ihrer Arbeit besucht). Zum Teil konnten die Schüler die Fächer frei wählen; und manche Fächer wurden sogar nach unterschiedlichen Niveaustufen gegliedert.

Der Pietismus prägte entscheidend die Organisation des Volksschulwesens unter Friedrich Wilhelm I. von Preußen. Mit der Einführung der Konfirmation durch den Pietismus erhielt der Volksschulunterricht einen inneren und äußeren Abschluß.

Resümierend kommt man zu dem Ergebnis, daß die Volksschule zum festen Bestandteil des Bildungswesens wurde und der Staat das Recht auf christliche Erziehung und allgemeinen Unterricht für den einzelnen – zumindest programmatisch – übernahm. Mit Blick auf die Konzeptionen Comenius', Ratkes und Franckes forcierten religiös, politisch und pädagogisch engagierte Fürsten wie etwa Herzog August der Fromme im Fürstentum Gotha die Intensivierung des Aufbaus von Schulsystemen in ihren Territorien.

2.4. Die Zeit der Aufklärung

Vor allem das 18. Jahrhundert, auch das „pädagogische Jahrhundert" genannt, ist – ideengeschichtlich betrachtet – vom Gedanken der Aufklärung und dem Vertrauen in die Kraft der Vernunft beherrscht. Begriffe wie Individualität, Autonomie, Freiheit, Selbsttätigkeit und Emanzipation erhalten – seit Mitte des 18. Jahrhunderts – nun eine signifikante Bedeutung. Da der Mensch in seiner Bildbarkeit und als Subjekt der Erziehung erkannt wird – jedem Einzelnen sei die Fähigkeit zum vernünftigen Denken gegeben, welche der Ausbildung bedarf –, entstehen vermehrt Theorien über geeignete Lehr- und Lernformen. Der Leitgedanke ist, daß das Subjekt in den Mittelpunkt der Erziehung gestellt wird. Die Aufklärung kann somit als Ausgangspunkt zum modernen Zeitalter gesehen werden. Tenorth hebt die Bedeutung dieser einschneidenden Epoche folgendermaßen hervor

> „Pädagogik und Erziehungsdenken der Aufklärung legen die ideellen Wurzeln für die Gestalt, zu der sich Anspruch und Problem moderner Erziehung bis in die Gegenwart in Theorie und Praxis entwickeln werden. In dieser Zeit wird das Erbe der vormodernen Welt im neuzeitlichen Geiste umgeformt, der Idee der Bildung eine säkularisierte Gestalt gegeben und die Definition des Wissens und des Wissenswerten endgültig unter den Gesichtspunkt des Erkenntniswandels und des Fortschritts gestellt. Mit der Aufklärung wird auch dem Begriff von Kultur und Zivilisation ein neuer, universaler Ausdruck verliehen, mit dem die Epoche den Anspruch moderner Erziehung im Geiste westlicher Zivilisation erstmals programmatisch deutlich formuliert und auch ganz konkret zu realisieren sucht."[37]

2.4.1. Das Eigenrecht des Kindes und der Emanzipationsgedanke im philosophisch-pädagogischen Denken der Zeit: Rousseau und Kant

An zwei Denkern, Rousseau und Kant, sollen nun exemplarisch Ausprägungsformen aufklärerischen Bewußtseins, die für die anthropologische und pädagogische Denkentwicklung ihrer und der darauf folgenden Zeit prägend waren, skizziert werden.

Jean Jacques **Rousseau** (1712-1778) gilt als der erste Theoretiker, der das einzelne Kind in den Mittelpunkt der Erziehung stellt. Seine Idee vom *Wachsenlassen* und dem Recht der Kinder und Jugendlichen beeinflußt die Pädagogik von der Aufklärung bis zur Gegenwart gleichermaßen wie sein Konzept antiautoritärer Erziehung unter der Berücksichtigung von Kindheit und Jugend als entscheidende Phasen der menschlichen Entwicklung.

Rousseaus Erziehungsvorstellungen treten in seinem pädagogischen Hauptwerk *Emile* (1762) offen zutage: Er hält es – mindestens im Sinne eines Gedankenexperiments – für möglich, die natürliche, ursprüngliche Güte des Menschen durch eine neuartige Bildung vor den Einflüssen der entarteten Gesellschaft zu schützen. Da ihm zufolge das Kind von Natur aus gut ist und erst unter dem Einfluß der Gesellschaft „entartet", gilt es, den Menschen so früh wie möglich vor schädlichen Einflüssen der Umwelt und der Gesellschaft zu bewahren. Mit dieser Argumentation widersprach er freilich der kirchlichen Lehre von der Erbsünde.

> „Alles, was aus den Händen des Schöpfers kommt, ist gut; alles entartet unter den Händen des Menschen."[38]

In dieser Zeit tritt endgültig ein selbstbewußter Humanismus den bisherigen, christlichen Selbstverständlichkeiten kritisch und eigenständig gegenüber. Säkularisierung, Emanzipation der Bildung und Befreiung von der religiösen Bevormundung werden zum Postulat der Moderne.

---

[37] Tenorth 1988, S. 73.
[38] Rousseau, Jean-Jacques in: Rang, Martin (Hg.), Emile oder Über die Erziehung. Stuttgart 1978, S. 107.

Auch wenn sich hier die große und auch für kommende Generationen und pädagogische Konzeptionen wegweisende „Idee und Vision des ‚Emile'"[39] formiert, so dürfen die entscheidenden Differenzen nicht übersehen werden. Jenseits dieser Vision rücken künftige Erzieher eher die „fachlich verengte, professionelle Erziehungsreflexion und –praxis"[40] ins Zentrum ihres Denkens und Handelns.

Nach Rousseaus Vorstellungen soll das Kind im freien Erfahren und Erkunden seiner Umwelt und im Spiel lernen, seine Kräfte und Fähigkeiten zu entwickeln und zu erkennen. Außerdem soll es in seinen Freiheiten nicht unnötig eingeschränkt werden durch Einübung von Pflichten, Normen und Handlungsweisen der Erwachsenen und durch Druck der Erziehenden. Somit gewinnt die kindliche Autonomie bei Rousseau an Bedeutung. Der Erwachsene ist angehalten, diese zu schützen, aber auch klug zu ihr anzuleiten, da das Kind sich noch nicht im Alter des vernünftigen Wollens befindet[41].

> „Der vernünftige Mensch weiß an seinem Platz zu bleiben: aber das Kind kennt den seinen nicht und kann sich also auch nicht auf ihm behaupten. (...) Es soll seine Schwäche spüren, aber nicht darunter leiden; es soll abhängen, aber nicht gehorchen; es soll bitten, aber nicht befehlen."[42]

Im Verlauf der Erziehung soll die kindgemäße natürliche Reihenfolge der Entfaltung der menschlichen Fähigkeiten beachtet werden, so daß im Kindesalter die Sinne und der Körper, im Jugendalter Vernunft, Geist und Mitgefühl gefördert werden. Rousseau stellt in seinem Werk besonders den Gedanken der Trennung von Theologie und Pädagogik heraus. Nach Interpretation Ruhloffs sind also

> „(...) Bildung und Erziehung unabhängig von konfessionellen Glaubensbildungen und ohne Berufung auf die Mitwirkung einer höheren Macht zu verstehen".[43]

Diese aufklärerischen Gedanken, die Rousseau im wesentlichen für den pädagogisch-erzieherischen Bereich entwickelte, übertrug Immanuel **Kant** (1724-1804) grundsätzlich auf die Philosophie. Er formulierte wohl die bis heute prägnanteste Antwort auf die Frage *Was ist Aufklärung?* in seinem Aufsatz aus dem Jahre 1784

> „Aufklärung ist der Ausgang des Menschen aus seiner selbstverschuldeten Unmündigkeit. Unmündigkeit ist das Unvermögen, sich seines Verstandes ohne Leitung eines anderen zu bedienen. Selbstverschuldet ist diese Unmündigkeit, wenn die Ursache derselben nicht am Mangel des Verstandes, sondern der Entschließung und des Muthes liegt, sich seiner ohne Leitung eines anderen zu bedienen. Sapere aude! Habe Mut, dich deines Verstandes zu bedienen! ist also der Wahlspruch der Aufklärung. Faulheit und

---

[39] Tenorth 1988, S. 79.
[40] Ebda.
[41] Vgl. Ruhloff, Jörg: Jean-Jacques Rousseau. In: Fischer, Wolfgang/Löwisch, Dietrich-Jürgen (Hg.): Pädagogisches Denken von den Anfängen bis zur Gegenwart. Darmstadt 1989, S. 3-109, hier S. 100ff.
[42] Rousseau 1978, S. 196.
[43] Ruhloff 1989, S. 108.

Feigheit sind Ursachen, warum ein so großer Teil der Menschen, nachdem sie die Natur längst von fremder Leitung freigesprochen (naturaliter maiorennes), dennoch gerne zeitlebens unmündig bleiben; und warum es Anderen so leicht wird, sich zu deren Vormündern aufzuwerfen. Es ist so bequem, unmündig zu sein."[44]

Den Vorgang der Befreiung aus selbstverschuldeten oder auferlegten Zwängen lässt sich gleichermaßen als Emanzipation bezeichnen. Der Loslösungsprozeß kann für alle Bereiche des menschlichen Lebens gelten, etwa für Religion, Politik oder die Arbeitswelt. Demnach bedeutet Emanzipation eine kritische Auseinandersetzung mit der eigenen Person und der Gesellschaft und das Erkennen von Bedingungen, die Unmündigkeit, Widersprüche, Vorurteile und Fesseln hervorrufen, und um deren Abschaffung oder Überwindung man sich bemüht.

„‚Emanzipation' heißt die Befreiung der Subjekte – in unserem Fall des Heranwachsenden in dieser Gesellschaft – aus Bedingungen, die ihre Rationalität und das mit ihr verbundene gesellschaftliche Handeln beschränken."[45]

Damit wird der zentrale Problemkomplex der neuzeitlichen Erziehungstheorie angesprochen

„Wie ist dem einzelnen und der Gattung selbstbestimmtes Handeln möglich? Wie kann die Vernunft, das Ideal der Aufklärung, wirklich werden? [Neben (d. Verf.)] Kritik und Veränderung von Machtverhältnissen und sozialen Strukturen (...) bedarf die Aufklärung im Verständnis der neuen Zeit auch der Erziehung, damit der Mensch, der Einzelne wie der Gattung, zu seiner genuinen Bestimmung, d.h. zu seiner vernünftigen ‚Natur' komme."[46]

1. Blankertz faßt die durch die Aufklärung auf diese Fragestellung hin formulierten emanzipativen Erkenntnisse in folgenden pädagogischen Grundthesen zusammenDa die Erziehung zum wirklichen Leben hinführen soll und das wirkliche Leben eine umfassende Erziehung erfordert, kann sie sich nicht auf die Vermittlung beziehungsweise Aneignung von Wissen beschränken, sondern muß die Ausbildung aller Vermögen (Kräfte) des Menschen und damit auch die moralische, die Charaktererziehung, umfassen.
2. Es gilt als möglich, eine richtige Methode der Erziehung zu finden, sie zu beschreiben, sie seitens der Erzieher zu erlernen und dann ihr gemäß zu lehren und zu erziehen.
3. Das Kind wird als Subjekt mit Eigenrechten entdeckt, es wird nicht mehr als unvollkommener Erwachsener betrachtet.
4. Die Erziehungsbedürftigkeit des einzelnen begründet die Forderung nach einer allgemeinen Schulpflicht; der absolutistische oder aufgeklärt-absolutistische Verwaltungsstaat soll das Schulsystem in seine Regie nehmen.

---

[44] Kant, Immanuel: Beantwortung der Frage: Was ist Aufklärung ? (1784); in: Königlich Preußische Akademie der Wissenschaften (Hg.): Kant's gesammelte Schriften. Berlin/Leipzig 1923, Bd. 8, S. 35-42, hier S. 35.
[45] Mollenhauer, Klaus: Erziehung und Emanzipation. München 1977, S. 11.
[46] Tenorth 1988, S. 74.

5. Die Schule soll sich aus der Bevormundung der Kirche lösen; sie erhebt Anspruch auf eine relative Autonomie.[47]

Diesen Aspekten kommt nach wie vor grundlegende Bedeutung zu - sie dienen bis heute als Leitgedanken schulischer Erziehung.

2.4.2. „Klassische" Bildungs- und Erziehungstheorien: Volksbildungskonzeption (Pestalozzi) und Neuhumanismus (Humboldt)

Johann Heinrich **Pestalozzi** (1746-1827) gilt im Allgemeinen nicht als "Rousseauist" obwohl er durch ihn entscheidende Anregungen erhielt. Er machte sich einige seiner Impulse in einem langen, nicht abgeschlossenen Erfahrungs- und Denkprozeß zunutze und integrierte sie in seine eigenen Ansätze zu einer Erziehungs- und Bildungskonzeption, die auf eine umfassende *Menschenbildung* abzielt. Sein Verständnis der Bildung des jungen Menschen zur Entwicklung und zum Gebrauch der Vernunft verfolgte einen ganzheitlichen Lernprozeß, der „Kopf, Herz und Hand" einschloß. Diese drei Dimensionen umfassen den moralischen Aspekt (*Herz*) als die Erweckung von Verantwortlichkeit und moralischer Handlungsfähigkeit, den kognitiven Aspekt als die Bildung des Erkenntnisvermögens (*Kopf*) einschließlich der Reflexion auf dessen humanen Sinn sowie den praktisch-handwerklich-beruflichen Aspekt (*Hand*) als die Ausbildung der praktischen Fähigkeiten des Menschen. Die Arbeit sollte eine grundlegende Rolle im Leben spielen und die spätere berufliche Tätigkeit in Ansätzen bereits frühzeitig in die Erziehung integriert werden.[48] Vor dem Hintergrund dieser ganzheitlichen Erziehungskonzeption hebt Pestalozzi besonders den anthropologischen Gedanken hervor, daß die Erziehung des Menschen immer auch

„das Werk seiner Natur, seines Geschlechts und seiner selbst"[49]

beinhaltet. Damit betont er ausdrücklich den Gedanken des autonomen Subjekts.

Pestalozzi hat seine Einsichten und Vorschläge teils aus eigener pädagogisch-praktischer Erfahrung heraus entwickelt, teils in solcher Praxis zu erproben versucht. So hat er sich unter anderem im schweizerischen Stans bemüht, verwaiste und verwahrloste Kinder durch sein Vorbild, durch intensive Zuwendung und durch die Anregung zu wechselseitiger Selbsterziehung im Heimleben des Waisenhauses sittlich zu erziehen, Anfänge eines elementaren Unterrichts zu entwickeln und den Kindern erste Schritte praktisch-werktätiger Bildung zu ermöglichen. Seine Überlegung zu Bildung und Erziehung gipfelt in den

„wichtige(n) Prinzipien - der Entwicklung, der Altersgemäßheit, der Elementarisierung, des Primats der erzieherischen Haltung, der Gleichgewichtung der Bildung von ‚Kopf, Herz und Hand' (und) der Bedeutung der Anschauung".[50]

---

[47] Vgl. Blankertz, Herwig: Geschichte der Pädagogik. Von der Aufklärung bis zur Gegenwart, Wetzlar 1982, S. 28-30.
[48] Vgl. Klafki 1996, S. 30f.
[49] Tenorth 1988, S. 90.
[50] Ebda., S. 91.

Die Orientierung an den genannten Prinzipien bei der Heranbildung des Kindes im erzieherischen Prozeß soll aber stets von dem Leitgedanken „Hilfe zur Selbsthilfe" geprägt sein und die Bedürfnisse des Kindes im Blick haben. Der Erzieher soll vermeiden, aus Eigennutz zu handeln; seine Bemühungen sollen primär dem Wohl des Kindes dienen. Folgendes Zitat veranschaulicht deutlich dieses erzieherische Leitprinzip

> „Hierauf baute ich. Daß mein Herz an meinen Kindern hange, daß ihr Glück mein Glück, ihre Freude meine Freude sey, das sollten meine Kinder vom frühen Morgen bis an den späten Abend auf meiner Stirne sehen, und auf meinen Lippen ahnden.
> Der Mensch will so gerne das Gute, das Kind hat so gerne ein offenes Ohr dafür; aber es will es nicht für dich, Lehrer, es will es nicht für dich, Erzieher, es will es für sich selber. Das Gute, zu dem du es hinführen sollst, darf kein Einzelfall deiner Laune und deiner Leidenschaft, es muß der Natur der Sache nach an sich gut seyn und dem Kind als gut in die Augen fallen. Es muß die Nothwendigkeit deines Willens nach seiner Lage und seinen Bedürfnissen fühlen, ehe es dasselbe will.
> Alles, was es lieb macht, das will es. Alles, was ihm Ehre bringt, das will es. Alles, was große Erwartungen in ihm rege macht, das will es. Alles, was in ihm Kräfte erzeugt, was es aussprechen macht, ich kann es, das will es."[51]

Damit hat Pestalozzi durchaus einen bedeutenden Aspekt im pädagogischen Prozeß markiert und sich somit als Vorbild der nachkommenden Generation der Erzieher als höchst wirksam erwiesen.

Wilhelm von **Humboldt** (1767-1835) lebte in einer historischen und geistigen Umbruchsphase zwischen der Spätaufklärung und der Romantik, zwischen der Französischen Revolution und dem Zeitalter der Restauration. Diese politischen, gesellschaftlichen und wirtschaftlichen Hintergründe müssen in Betracht gezogen werden, um seine Bedeutung als Theoretiker und Organisator des preußischen Schulwesens hinreichend würdigen zu können.

Er vertritt in seinen fragmentarischen Schriften (unter anderem über die *Theorie der Bildung des Menschen*) im Rahmen der „klassischen" Bildungstheorien eine eigene Position. Als entscheidend für die Entfaltung des Individuums sieht er die Erziehung zur geistigen Freiheit an. Der Mensch solle in der Aneignung und der Auseinandersetzung mit der „Welt" die ihm von Natur gegebenen Kräfte entdecken und sich selbst als Subjekt seines Denkens und Handelns erfahren. Dabei betont Humboldt das Einmalige, das Besondere des Einzelnen. Diese Akzentuierung des jeweils Besonderen und Einmaligen des Individuums legt Humboldt dahingehend aus, daß es bei der

> „Bildung zur Humanität auf die Entfaltung der zugrunde liegenden Kräfte ankomme".[52]

Humboldt strebte eine Allgemeinbildung an und forderte zugleich den umfassenden Aufbau eines differenzierten beruflichen Schulwesens. Jedoch sollten berufliche und berufsorientierte Bildung, zeitlich deutlich von der Allgemeinbil-

---

[51] Pestalozzi, Johann Heinrich: Pestalozzi über seine Anstalt in Stans. Mit einer Interpretation von Wolfgang Klafki, Weinheim/Basel 1971, S. 12.
[52] Meyer, Adolf: Wilhelm von Humboldt (1767-1835); in: Scheuerl, Hans (Hg.): Klassiker der Pädagogik. München 1979, S. 198-216, hier S. 203.

dung unterschieden, ihr nachfolgen und keinesfalls mit ihr vermischt werden. Daher lehnte er auch die damaligen Real- beziehungsweise Mittelschulen ab, da sich ihre Lehrgegenstände weitgehend auf die Berufs- und Wirtschaftswelt bezogen. Er konzipierte ein einheitliches, gestuftes, allgemeinbildendes Schulsystem, welches drei aufeinander aufbauende Bildungsstufen enthalten sollte: die Elementarschule (generell für alle Kinder), deren Dauer er nicht exakt festlegte, das Gymnasium und die Universität. Dieser Stufengang sollte im Prinzip allen jungen Menschen, ungeachtet ihrer sozialen Herkunft, gemäß ihren Fähigkeiten und Interessen, die sich im Bildungsgang herausstellen, offenstehen.

> „Jeder, auch der Ärmste, erhielte eine vollständige Menschenbildung, jeder überhaupt eine vollständige, nur da, wo sie noch zu weiterer Menschenbildung fortschreiten könnte, verschieden begrenzte Bildung, jede intellektuelle Individualität fände ihr Recht und ihren Platz, keiner brauchte seine Bestimmung früher als in seiner allmählichen Entwicklung selbst zu suchen."[53]

Der Elementarschule sprach Humboldt die Aufgabe zu, Kindern aller Stände eine allgemeine, menschliche Grundbildung zu ermöglichen. Diese legte er allerdings in problematischer Weise im Sinne „formaler Bildung" aus, nicht, wie es sein Grundgedanke vom wechselseitigen „Mensch-Welt-Verhältnis" nahegelegt hätte, als Förderung der kindlichen „Kräfte" in der Auseinandersetzung mit ihrer Erfahrungswelt.

Die auf die Elementarschule aufbauende zweite Stufe des Bildungswesens, das Gymnasium, entwarf Humboldt als Schule, die – inhaltlich gesehen – drei Hauptdimensionen umfaßte: erstens den „linguistischen" Unterricht, (das heißt den Sprachunterricht mit dem Schwerpunkt alte Sprachen und Deutsch), zweitens den „historischen" Unterricht in den Realfächern, also in der Naturkunde (mit physikalischen, chemischen und biologischen Anteilen), der Geographie und der Geschichte und drittens mathematischen Unterricht. Im Zuge des gymnasialen Unterrichtsgangs sollten die Schüler die Möglichkeit erhalten, je nach Interesse und Fähigkeit einen Schwerpunkt auf einen der drei genannten Bereiche zu legen, ohne die anderen abwählen zu können.

Auch die dritte Stufe, das Universitätsstudium, sollte im Sinne Humboldts, unbeschadet weitgehender Schwerpunktbildungen, als Bildungsstufe gestaltet und verstanden werden: Die Spezialisierungen sollten im Horizont allgemeiner Menschenbildung erfolgen. Die Wissenschaften sollten also immer wieder – und dies mit universalem Horizont – auf ihre Bedeutung im Zusammenhang der individuellen und der generellen menschlichen Entwicklung befragt werden, also auch auf ihre Bedeutung für die Entwicklung der Kultur und des politischen Gemeinwesens.

Humboldt sieht den menschliche Entwicklungsprozeß maßgeblich beeinflußt von den Inhalten und Wertvorstellungen der „objektiven", historisch-kulturellen Wirklichkeit ohne dabei die Bedeutung der Antriebe, Bedürfnisse und Wünsche des Subjekts aus dem Auge zu verlieren. In diese Richtung weisen Begriffe wie

---

[53] Humboldt: Königsberger Schulplan, zitiert nach: Reble 1992, S. 303.

„Humanität", „Menschlichkeit", „Welt" und „Objektivität". Mit den damit angedeuteten Dimensionen muß der sich bildende Mensch in einen jeweils individuellen Austausch treten, in einen Aneignungs- und Wechselwirkungsprozeß.

Dieser Prozeß der individuellen, aktiven Rezeptivität in der Auseinandersetzung mit der naturhaften und der historisch-kulturellen Wirklichkeit muß als unabschließbare, von jedem einzelnen zu vollziehende Vermittlungsbewegung verstanden werden. So ist

> „Bildsamkeit (...) auch die Empfänglichkeit, die sich öffnet. Denn nur die Welt umfaßt alle nur denkbare Mannigfaltigkeit und nur sie besitzt eine so unabhängige Selbständigkeit, daß sie dem Eigensinn unseres Willens die Gesetze der Natur und die Beschlüsse des Schicksals entgegenstellt".[54]

Der Bildungsbegriff nimmt in zunehmendem Maße eine Schlüsselrolle im Verständnis des menschlichen Wesens ein, so daß sein Geltungsanspruch nur in unbegrenzter Universalität zu fassen ist.

> „Von entscheidender Bedeutung ist nun, daß die in solchen Aneignungs- und Auseinandersetzungsprozessen zu gewinnende Bildung als Möglichkeit und Anspruch nicht nur einer begrenzten Gruppe, einer bestimmten Klasse oder geistigen Elite zugeschrieben, sondern im Prinzip für alle Menschen gültig erklärt wird. Im Verständnis der klassischen Bildungstheorie ist Bildung insofern Allgemeinbildung, als sie Bildung für alle sein soll."[55]

Im Hinblick auf moderne Tendenzen der Individualisierung und damit auch der Entfremdung der Menschen voneinander erscheint es nicht marginal, mit Meyer noch einmal den Humboldtschen Gedankengang aufzugreifen, der besagt, daß

> „die von ihm geforderte Bildung (...) auf die mitmenschliche Begegnung und gemeinsame Tätigkeit angewiesen (sei)".[56]

So begriffene „Geselligkeit" muß natürlich von der Freiheit des Willens der einzelnen Individuen getragen sein.

Realgeschichtlich gesehen ergibt sich zugleich die besondere Bedeutung Humboldts aus der Tatsache, daß er im Zuge der preußischen Reformbewegung nach der Niederlage Preußens gegen Napoleon (1807) die Berufung zum Leiter der Sektion des Kultus und des Unterrichts in Preußen, der Vorläuferin eines später selbständigen Kultusministeriums, erhielt und annahm. Er wird im Kreise gleichgesinnter Mitarbeiter zum führenden Kopf der Reform des Bildungswesens in Preußen. Allerdings nahm er diese Funktion lediglich für einen kurzen Zeitraum wahr (1809-1810); und seine weitreichenden Ideen sind in der Folgezeit nur in Ansätzen und verkürzt realisiert, teilweise sogar verfälscht worden.

Im Unterschied zu seinen frühen staats- und bildungstheoretischen Schriften betrachtet Humboldt in seinen programmatischen Texten zur Bildungsreform den Staat nun, mindestens für eine erste, langjährige Reformphase, als den Initiator der für notwendig gehaltenen Reformen, allerdings im Sinne eines liberalen, progressiven Verfassungsstaats, der die persönliche und politische Selbst-

---

[54] Meyer 1979, S. 207.
[55] Klafki 1985, S. 21.
[56] Meyer 1979, S. 208.

bestimmungsfähigkeit seiner Bürger fördern will. Er müsse die institutionellen Rahmenbedingungen für den Reformprozeß schaffen.

Diese revolutionäre Zukunftsvorstellung mußte Humboldt allerdings angesichts der ökonomischen, gesellschaftlichen und politischen Ausgangsbedingungen im damaligen preußischen Staat, der überdies unter französischer Vormundschaft stand, wesentlich einschränken. Nicht zuletzt symbolisiert die von Humboldt im Jahre 1810 als Friedrich-Wilhelm-Universität konzipierte Hochschule in Berlin das Bemühen, seine emanzipatorischen Gedanken in die Tat umzusetzen.[57]

Resümierend bleibt festzuhalten, daß eine zunehmende Zahl von Philosophen und Bildungstheoretikern der frühen Neuzeit und der Aufklärung – wenn auch mit unterschiedlicher Akzentuierung – in deutlicher Opposition zum althumanistischen Bildungsideal eine durch keinerlei Standesschranken oder soziale Diskriminierungen begründete, unbegrenzte, also allgemeine Erziehung und Bildung für „jedermann" fordern. Dominiert bei Ratke und Comenius noch deutlich erkennbar der Einfluß autoritativer und dogmatischer religiöser Erziehungsprinzipien, so postulieren sie dennoch bereits frühe Vorformen eines aktiven, erfahrungsorientierten und auch auf weltliche Realien ausgerichteten Lern- und Unterrichtsprozesses. Analog zum bereits während der Renaissance formulierten und von Kant noch einmal zugespitzten Ideal des autonomen und emanzipierten Subjekts rücken die neuzeitlich-reformerischen Pädagogen das Kind und den jungen Menschen mit seinen Bedürfnissen, Neigungen und Fähigkeiten immer wieder in den Mittelpunkt ihrer Betrachtungen. Das Rousseausche Postulat einer Erziehung *vom Kinde her* ist sicher als Vorwegnahme schülerzentrierter Lehr- und Lernmodelle zu bezeichnen, die erst sehr viel später in die Praxis umgesetzt wurden.

Zugleich etabliert sich unter staatlicher, nicht mehr ausschließlich klerikaler Aufsicht eine durch Schulordnungen und entsprechende Erlasse geregelte Volksschule mit einer geplanten, wenn auch vielfach nur sehr begrenzt verwirklichten, systematischen, methodisch aufbereiteten und planvoll organisierten Unterrichtsstruktur. Beide Momente, das selbstbestimmte, erfahrungsgeleitete und dogmenfreie Wahrnehmen von Weltzusammenhängen wie nicht minder die zum Allgemeingut erklärten Bildungsgehalte bereiten den Boden für das, wenn auch in den folgenden zwei Jahrhunderten noch häufig unterlaufene, Konzept eines emanzipativen und an Chancengleichheit orientierten Bildungswesens. Diese beiden zentralen Aspekte, zum einen das selbstbestimmte und auf Erfahrung abzielende Erlernen von Welt, und zum anderen die weitgehende Zurückdrängung der Kirchen in ihrem bisher dominierenden Einfluß auf das Bildungswesen, bewirkten einen deutlichen Schub der Modernisierungsprozesse in politischer, ökonomischer, sozialer und kultureller Hinsicht.

---

[57] Ebda., S. 198-216.

2.5. Dimensionen der Modernisierung

2.5.1. Politische Modernisierung und erste Demokratisierungsansätze[58]

Im ausgehenden 18. und 19. Jahrhundert entfalteten sich politische, wirtschaftliche und bewußtseinsgeschichtliche Veränderungen, die bis in die Gegenwart fortwirken. Die aus der Aufklärung stammende neue Staatsidee eines säkularisierten, demokratischen Verfassungsstaats, dem die Maximen der persönlichen Freiheit, der Rechtsgleichheit und Volkssouveränität zugrundeliegen, gipfelte in der ersten Verfassung der Vereinigten Staaten (1787)[59] und der Französischen Revolution (1789-1792)[60] und setzte sich seit dieser Zeit in langwierigen Auseinandersetzungen gegen den feudalen Ständestaat im gesamten Europa durch.

Partieller Vorläufer dieser Entwicklung war die Magna Charta[61] (Magna Charta libertatum = die große Urkunde der Freiheiten) aus dem Jahre 1215. Für die britischen Feudalherren galt seitdem eine Art Widerstandsrecht gegen den Mißbrauch der königlichen Justiz, und ein erster Schritt zum Parlamentarismus zeichnete sich ab. Etwa 600 Jahre später dokumentierte der Code Napoleon (Code Civil)[62] von 1804 einen weiteren wichtigen Schritt auf dem Weg zu einer demokratischen Geisteshaltung, welche die Grundgedanken der Französischen Revolution wie etwa die Gleichheit vor dem Gesetz, die Anerkennung des Individuums und des Eigentums sowie die Trennung von Staat und Kirche aufnimmt. Dieses französische Zivilgesetzbuch ist aufgrund seiner prägnanten Sprache und ungeachtet zahlreicher Änderungen auch in unserer Zeit in wesentlichen Zügen gültig und hat die Rechtsprechung anderer europäischer Länder entscheidend geprägt. In Deutschland sind vor allem die preußischen Reformen seit 1806/1807 unter dem Reichsfreiherrn vom und zum Stein und dem Fürsten von Hardenberg[63] für eine politische, gesellschaftliche und militärische Modernisierung maßgeblich gewesen. Die wichtigsten Neuerungen betrafen die Landreform (Bauernbefreiung durch Beseitigung der bäuerlichen Erbuntertänigkeit und der Schollenbindung), die Städtereform (Selbstverwaltung), die Einführung der Gewerbefreiheit anstelle der frühen Zunftordnungen, die Bildungsreform unter Humboldt und die Reform des Militärwesens (allgemeine Wehrpflicht) durch Scharnhorst und Gneisenau.

Die Gewaltenteilung in Exekutive, Legislative und Judikative und deren Zuordnung an unterschiedliche Staatsorgane wurde von dem französischen Schrift-

---

[58] Maßgebliche Anregungen für die Entstehung dieses Kapitels verdanke ich Prof. Dr. jur. Dieter Werkmüller, der in der Germanistischen Abteilung des Instituts für Rechtsgeschichte und Papyrusforschung in Marburg Rechtsgeschichte und Bürgerliches Recht lehrt.

[59] Vgl. Frotscher, Werner/Pieroth, Bodo: Verfassungsgeschichte der Neuzeit. München 1997, S. 15-22.

[60] Ebda., S. 28-37.

[61] Vgl. Menger, Christian-Friedrich: Deutsche Verfassungsgeschichte der Neuzeit. Heidelberg, 4. Aufl., 1984, S. 74.

[62] Vgl. Frotscher/Pieroth 1997, S. 75f.

[63] Vgl. Ebda., S. 99-116.

steller und Staatstheoretiker Montesquieu (1689-1755)[64] gefordert und begründet und ist bis heute eine demokratische Bestimmung im deutschen Grundgesetz, welche nicht verändert werden kann, damit die Macht nicht in den Händen von einzelnen Interessengemeinschaften oder Personen angehäuft und mißbraucht werden kann.

Die Menschenrechte gelten als unveräußerliche Rechte, die aus den Grundgesetzen moderner Staaten nicht mehr wegzudenken sind. Die Grundfreiheiten, etwa der Anspruch auf Gleichheit vor dem Gesetz, auf Unversehrtheit, Eigentum, Meinungs- und Glaubensfreiheit und Widerstand gegen Unterdrückung werden allen Menschen zugesprochen. Sie haben Vorläufer im antiken philosophischen Denken (wie etwa bei den Stoikern) und in der christlichen Naturrechtslehre. Ihre Ausformulierung innerhalb der europäischen Aufklärung des ausgehenden 17. und vor allem des 18. Jahrhunderts erfolgt in einem weitgehend säkularisierten Sinn. Diese Grundrechte wurden gegenüber feudalistischen und absolutistischen Herrschaftsformen und den sie ausübenden und stützenden Personen, Gruppen und Institutionen eingefordert sowie in langen Kämpfen schrittweise durchgesetzt. Die Realisierung der Menschenrechte war also zunächst nur eine Forderung an einzelne Regierungen. Sie wurden aber im Laufe der Zeit von einer wachsenden Zahl von Staaten formell in ihre Verfassungen übernommen und innerhalb ihrer Hoheitsgebiete mehr oder minder konsequent verwirklicht. Nach dem Ende des Ersten Weltkriegs sollte durch die Gründung des Völkerbundes und nach dem Zweiten Weltkrieg durch die Gründung der UNO die universelle Durchsetzung der Menschenrechte gewährleistet werden. Indem die UNO-Generalversammlung im Jahr 1948 die *Allgemeine Erklärung der Menschenrechte* verabschiedete, erhob sie die Verwirklichung der Menschenrechte zum Hauptziel der internationalen Staatengemeinschaft.
In dieser Erklärung verpflichten sich die Mitgliedsstaaten

„auf Gewaltanwendung und Gewaltandrohung als Mittel der Politik zu verzichten und sich nicht in die inneren Angelegenheiten eines Staates einzumischen".[65]

Mit der Formulierung dieser Menschenrechte beabsichtigen die proklamierenden Gremien die Unveräußerlichkeit solcher Rechte; sie sind „unverlierbar und unantastbar" und sollen

„Übergriffe des Staates verhindern und die Würde des Menschen schützen".[66]

Neben den liberalen Verteidigungsrechten, wie etwa dem Recht auf Leben und der Unverletzlichkeit der Person, fanden insbesondere politische und soziale Rechte – zu nennen sind das Recht auf Wahlen, die Versammlungsfreiheit, die Pressefreiheit und das Recht auf Arbeit – Eingang in nationale Verfassungen.[67]

---

[64] Vgl. Menger 1984, S. 76-81.
[65] Drechsler, Hanno u.a.: Gesellschaft und Staat. Lexikon der Politik, Baden-Baden 1970, S. 375f., hier S. 375.
[66] Ebda., S. 254.
[67] Ebda.

2.5.2. Säkularisierung

Säkularisierungstendenzen, wie etwa die Kritik an den Göttermythen im antiken Griechenland oder eine sukzessive Entheiligung der Natur im Christentum, lassen sich weit in die Geschichte zurück verfolgen. Der für den okzidentalen westeuropäischen Raum bestimmende Konflikt zwischen Staat und christlicher Kirche beginnt in seiner vollen Dimension aber erst im vierten Jahrhundert, nachdem sich die Kirche unter Kaiser Konstantin als Institution voll etabliert hatte.[68] So wechselten im Mittelalter und der Frühen Neuzeit die politischen Machtverhältnisse in Teilen Europas, wenn zeitweilig die eine, zeitweilig die andere Partei siegte oder unterlag.

Die Relevanz und die Entwicklung der christlichen Religion und ihrer kirchlichen Institutionalisierung im europäischen Raum ist durch zwei Faktoren bedingt. Der iranische Autor Taghawi-Moghadam hebt einerseits die wachsende Zahl der Christen im römischen Imperium hervor. Andererseits verweist er darauf, daß der römische Staat am Machtzuwachs des Christentums maßgeblich beteiligt war.

Kaiser Konstantin proklamierte im Jahre 313 diese Religion als offiziell zugelassene Glaubensgemeinschaft. Damit hoffte er, das Römische Reich vor dem Zerfall zu bewahren. Achtzig Jahre später wurde das Christentum sogar alleinige Staatsreligion.[69] Aber statt der erhofften Erhaltung des Römischen Reiches zerfiel es knapp siebenundzwanzig Jahre später.

Dieses rasche Ende nach der Anerkennung des Christentums als Staatsreligion führte, so Taghawi-Moghadam, nach Meinung mancher Autoren dazu, daß das Imperium nicht nur vor seiner Auflösung nicht mehr bewahrt werden konnte, sondern der Untergang sogar beschleunigt wurde. Durch die neue Religion sei ein Wandel des gesellschaftlichen Wertesystems mit neuer Prioritätensetzung etwa für Tugenden wie Pazifismus, Gleichberechtigung und Bescheidenheit eingetreten, und der Gedanke der wehrhaften Vaterlandsliebe sei damit bei den Menschen zunehmend in den Hintergrund gerückt. In diesem Zusammenhang zitiert Taghawi-Moghadam den englischen Autor Edward Gibbon, der für den Zerfall des römischen Imperiums die Barbaren und die Bischöfe als maßgebliche Gruppen verantwortlich macht.[70]

Aus der Tatsache des sich etablierenden Christentums resultierte zum einen die erkennbare Stärkung und Verbreitung der christlichen Religion und zum anderen der historische Beginn eines sich zwischen Staat und Kirche entwickelnden Konflikts, der durch den Machtzuwachs der Kirche bedingt war.

Seit dem Spätmittelalter und der Reformation mit ihren Folgen setzt in Europa ein grundlegender gesellschaftlich-struktureller Wandel in Politik, Wirtschaft, Philosophie und Kultur ein. Das Bürgertum avancierte zur staatstragenden und

---

[68] Vgl. Taghawi-Moghadam: Modernism wa dindari dar Iran (Modernität und Religiosität im Iran). Dissertation. Teheran 1374 (1995), S. 10.
[69] Vgl. ebda., S. 11.
[70] Ebda., S. 12ff.

innovativen Schicht, der Adel und die Kirchen traten in den Hintergrund. Die feudale Verachtung der Arbeit besaß keine Geltung mehr. Die protestantische Vorstellung, daß Arbeit den Menschen adle und den eigentlich gottwohlgefälligen Lebensinhalt bilde, förderte die neuen Ideen. Diese neue Wertschätzung der Arbeit als „Beruf" begünstigte eine zunehmende Diesseitsorientierung, die ihrerseits einer wachsenden Säkularisierung Vorschub leistete. Das menschliche Subjekt trat dadurch immer stärker in den Vordergrund.

> „Jedenfalls wäre die Entfaltung der klassischen Bildungsidee nicht denkbar ohne die Freisetzung der im Säkularisierungsprozeß eröffneten Möglichkeit, daß Menschen sich als zu vernünftiger Selbstbestimmung fähige Subjekte begriffen, genauer: als Subjekte, die im Prinzip in der Lage sind, sich zu vernünftiger Selbstbestimmung heranzubilden."[71]

Der voranschreitende Säkularisierungsprozeß nahm dann auch im 18. und 19. Jahrhundert im Kampf zwischen Kirche und Staat seinen Fortgang. Er wurde etwa besonders deutlich am konkreten Fall der Auseinandersetzung um die Zuständigkeit für das Schulwesen, aus dem der Staat letztlich als Sieger hervorging. Als Konsequenz der neuen Entwicklung erhob der Staat Anspruch auf die Gestaltung und Kontrolle des Schulwesens. Systematischer Unterricht, bislang weitgehend Privileg der Kinder wohlhabender Schichten der Gesellschaft, wurde nun schrittweise für alle zugänglich und verbindlich.

Erst mit der humanistischen Philosophie und dem grundlegenden Wertewandel seit Beginn der Neuzeit breitete sich aufgrund des veränderten Menschenbildes der Gedanke aus, daß der Mensch auch als Glied der politischen Gesellschaft wie des Staates und bezüglich seiner Bereitschaft, die gesellschaftlichen Verhältnisse und die Obrigkeit anzuerkennen und seine Aufgaben in der Arbeitswelt und der Familie zu erfüllen, geformt und gebildet werden könne und müsse. Dieser Anspruch galt bei seinen Verfechtern seit Mitte des 18. Jahrhunderts in zunehmendem Maße für alle Menschen.

Der Gedanke der Bildbarkeit des Menschen in politisch-gesellschaftlicher Hinsicht schloß aber auch die Möglichkeit neuer Formen gesellschaftlicher Strukturen ein. Bis zu diesem Zeitpunkt konnten Menschen allzu leicht Objekt struktureller Gewalt werden: Der Staat und gesellschaftlich mächtige Gruppen fanden wenig Widerstand, die formell freigesetzten Individuen zu reglementieren und zu beherrschen, gegebenenfalls sogar auszubeuten.

Wie angespannt sich die Beziehung zwischen Staat und der katholischen Kirche im Prozeß der zunehmenden Säkularisierung zeitweilig darstellte, zeigt sich an dem im Deutschen Reich im Jahre 1870 ausbrechenden „Kulturkampf", der nach der Erklärung der päpstlichen Unfehlbarkeit in zentralen Glaubensfragen einsetzte. Er ist neben diversen anderen gesellschaftlichen Auseinandersetzungen ein exemplarischer Konfliktherd dieser Zeit. Er verdeutlicht, wie mühsam der Prozeß der Säkularisierung in Deutschland verlief. Bismarck und erhebliche Teile der nicht katholisch orientierten Öffentlichkeit befürchteten Übergriffe der

---

[71] Klafki 1985, S. 18.

katholischen Kirche auf die staatliche Sphäre. Den modernen geistigen und politischen Mächten und Tendenzen stellte sich Papst Pius IV. 1864 mit einem Teil der Enzyklika *Quanta cura*, dem *Syllabus errorum*, entgegen. Dieser faßt in 80 Sätzen alle nicht mit der Lehre des Glaubens zu vereinbarenden Hauptirrtümer des Jahrhunderts zusammen.

Philosophischen, literarischen und politischen Strömungen wie dem Naturalismus, Liberalismus, Rationalismus, Sozialismus und Kommunismus trat die katholische Kirche nun verschärft entgegen, um ihre Ansprüche in einer Gesellschaft, deren liberale, sozialistische oder republikanische Gruppen über die Religionsfreiheit hinaus auch Meinungs- und Wissenschaftsfreiheit forderten, zu festigen und zu sichern. Der Kulturkampf, ausgetragen zwischen Bismarck – stellvertretend für das Reich – und der Zentrumspartei – dem politischen Sprachrohr der katholischen Kirche in Deutschland – und verursacht durch weitere Faktoren, gipfelte in den Kulturkampfgesetzgebungen von 1872 und 1873, mit denen die katholische Kirche in verschiedenen Bereichen der gesetzlichen Aufsicht des Staates unterworfen werden sollte.

Der „Kanzelparagraph" etwa untersagte den Geistlichen, über Angelegenheiten des Staates zu predigen, die den öffentlichen Frieden gefährden könnten. Auch die Einführung der Zivilehe sowie die Beurkundung des Personenstandes (Geburten, Eheschließungen oder Todesfälle) durch Standesämter seit 1874/75 verdeutlichen die Verlagerung bestimmter Einflußbereiche von der Kirche hin zum Staat; diese Änderungen blieben auch nach dem Ende des Kulturkampfes bestehen.[72]

Schließlich endete er mit einem erheblichen Machtverlust der kirchlichen Instanzen.

2.5.3. Industrialisierung

Neben den bereits in Kapitel 2.2.1. und 2.2.2. dargestellten Vorläufern der Modernisierung in Renaissance, Humanismus und Reformation stellt das Zeitalter der Industrialisierung vor allem unter den ökonomischen und politischen Aspekten den Wendepunkt zur Moderne dar. Sie brachte zeitgleich mit der Aufklärung einen zunehmend größeren Freiraum für die Entfaltung des Individuums mit sich. Im Rechtswesen fand ein Wandel vom Statusrecht zum Kontrollrecht statt. Die formale Rechtsgleichheit wurde für Männer eingeführt und der Einzelne konnte selbstverantwortlich Verträge aushandeln. Hieran und an den Entwicklungen im Bildungssektor wird der Übergang von einer traditionellen zu einer modernen Gesellschaft im 19. Jahrhundert besonders deutlich.[73]

---

[72] Vgl. Huber, Ernst Rudolf: Deutsche Verfassungsgeschichte seit 1789. Bd. IV: Struktur und Krise des Kaiserreichs, Stuttgart, Berlin, Köln, Mainz 1969; zum Kulturkampf s. bes. S. 645-831.

[73] Vgl. Herrlitz, Hans-Georg u.a.: Deutsche Schulgeschichte von 1800 bis zur Gegenwart. Eine Einführung, München ²1993, S. 26.

Mit der Industrialisierung und Verstädterung lösten sich im Laufe der Zeit breitere Bevölkerungsschichten aus der unmittelbaren Einwirkungssphäre der Kirche sowie von traditionellen und religiösen Normen und Werten. Die modernen Naturwissenschaften trugen zur Verwissenschaftlichung des gesellschaftlichen und kulturellen Lebens bei. In der Arbeitswelt herrschten Zweckrationalität und sachliche Organisation vor, so daß die Religion im täglichen Leben eine immer geringere Rolle spielte. Der Mensch verließ sich auf die eigenen geistigen und körperlichen Kräfte, um sich den veränderten Anforderungen der technischen Welt zu stellen.

Die von Großbritannien seit Mitte des 18. Jahrhunderts ausgehenden technologischen, ökonomischen und gesellschaftlichen Veränderungen führten nach und nach auch in Deutschland zu einer Schwerpunktverlagerung von agrarischer und handwerklicher Produktion und entsprechenden Handels- und Vertriebsstrukturen zur Entwicklung industrieller Formen der Massenproduktion mit immer stärkerer Technisierung der Produktionsmittel und schließlich zu deren eindeutiger Dominanz.

„Die sichtbare Dominanz der Industrie (seit den letzten Jahrzehnten des 19. Jahrhunderts in Deutschland, d. Verf.) innerhalb der Volkswirtschaft läßt sich etwa daran erkennen, daß im Jahre 1890 der Wert der Industrieerzeugung (ohne Handwerk) 6,9, der Landwirtschaft 5,1 Milliarden Mark betrug."[74]

Diese Prozesse bewirkten tiefgreifende Veränderungen und Umbrüche in der Lebenswelt der Menschen. Technisierung, Rationalisierung, Bürokratisierung, Funktionsteilung, Hierarchisierung und Anonymität in der Arbeitswelt, die zunehmend ihre Bezüge zum privaten Leben der Arbeiter verlor, charakterisieren die industrielle Revolution.

Insbesondere in der zweiten Hälfte des 19. Jahrhunderts sorgte in Deutschland der bedeutende wirtschaftliche Aufschwung für die Entwicklung neuer Lebensbedingungen. Die Industrialisierung, maßgeblich durch technische Erfindungen, Gewerbefreiheit und Agrarreform bedingt, führte zur Landflucht vieler Menschen hin zu den Industriestandorten. Eine erhöhte regionale und soziale Mobilität setzte ein, da in den Industriegebieten das Arbeitsplatzangebot größer war als in ländlichen Bereichen. So entstanden Ballungsräume und ein Aufschwung der Urbanisierung setzte ein. Traditionelle familiäre und dörfliche Strukturen und Wertesysteme begannen sich aufzulösen, und die Fabrikarbeiter bildeten in den Städten eine neue soziale Schicht.

„Die Land-Stadt-Wanderung ist ein durchgehender Zug der Industrialisierung, solange die soziale, ökonomische und kulturelle Ausstrahlung großer Städte anhielt. In den Städten mit ihrer oft hohen Konzentration an Industriebetrieben gab es in Hochkonjunkturen (...) gute Verdienstmöglichkeiten (...). Die Industriestädte erschienen den Landbewohnern als ein Markt des Reichtums, in dem man sich bedienen konnte. Und in wirtschaftlichen Blütezeiten war diese Vorstellung nicht einmal falsch; starke Nachfrage nach Arbeitskräften und höhere Löhne zogen Hunderttausende vom Land in die

---

[74] Kiesewetter, Hubert: Industrielle Revolution in Deutschland (1815-1914). Frankfurt a.M. 1989, S. 99.

Städte. Die Schattenseiten waren allerdings wenig vermarktbar: Schlafgängertum bzw. kleine und teure Wohnungen, lange Wege zur Fabrik, Anonymität in den sozialen Beziehungen waren die Regel."[75]

Darüber hinaus war der Prozeß der Industrialisierung durch hohes Bevölkerungswachstum aufgrund verbesserter hygienischer und medizinischer Versorgung gekennzeichnet. Weiterhin charakterisierte ihn eine zunehmende Spezialisierung und Arbeitsteilung in vielen Berufssektoren, eine verbesserte Infrastruktur und eine teilweise Beseitigung der Massenarmut; allerdings entstanden auch neue, verarmte Bevölkerungsgruppen.[76]

Ungeachtet des wirtschaftlichen Fortschritts kam es häufig zu großen konjunkturbedingten Schwankungen mit regionalen und sektoralen Unterschieden. Daraus resultierten gravierende soziale Mißstände: Arbeitslosigkeit, Preisverfall, Börsenkrach und Pleiten. Als politische Folge dieser ökonomischen Katastrophen konstituierten sich zunehmend kollektive Interessenvertretungen, insbesondere politische Parteien und Gewerkschaften.[77] Erstmalig fanden so die Arbeiter neben ihrem Engagement in sozialdemokratischen Parteien die Möglichkeit, ihre sozialpolitischen Interessen in Gewerkschaften zu artikulieren.

Darüber hinaus schuf die Sozialgesetzgebung in den 90er Jahren des 18. Jahrhunderts mit ihren Gesetzen zur Regelung der Krankenversicherung, der Unfallversicherung und der Alters- und Invalidenversicherung für den Arbeiter ein soziale Härten abfederndes Netz. Die staatliche Sozialfürsorge verfolgte damit freilich auch das Ziel, soziale Konflikte einzudämmen und die Arbeiter immer mehr in die Gesellschaft zu integrieren.

„Wie unvollständig uns diese gesetzlichen Maßnahmen aus heutiger Sicht auch erscheinen mögen – z.B. gab es keinen Urlaubsanspruch –, für die Arbeiterschaft waren diese Regelungen ein erheblicher Fortschritt gegenüber der Situation vor der Reichsgründung."[78]

Mit der zunehmenden Bedeutung von Gewerbe, Manufaktur und Handel, der beginnenden Industrialisierung und dem daraus folgenden steigenden Arbeitskräftebedarf geriet das Problem der Rekrutierung und Ausbildung von Menschen für dieses veränderte Produktionssystem in den Blick.

In der traditionellen, vorindustriellen, ständischen Lebenswelt wurden die meisten Menschen lebenslang durch ihren Geburtsstatus in der Gesellschaft bestimmt. Ihre Entfaltungschancen hingen wesentlich von ihrem sozialen Stand und dessen Rechten ab.[79] Im Laufe des 19. und 20. Jahrhunderts wurde nun die Bildung für eine zunehmende Zahl von Menschen zu einem Kriterium des so-

---

[75] Ebda., S. 132f.
[76] Vgl. Tilly, Richard H.: Vom Zollverein zum Industriestaat. Die wirtschaftlich-soziale Entwicklung Deutschlands 1834 bis 1914, München 1990, S. 130ff.
[77] Vgl. Berg, Christa (Hg.): Handbuch der deutschen Bildungsgeschichte. Bd. 4 (1870-1918): Von der Reichsgründung bis zum Ende des Ersten Weltkrigs, München 1991, S. 4.
[78] Kiesewetter 1989, S. 93.
[79] Vgl. Herrlitz u.a. 1993, S. 26.

zialen, wirtschaftlichen und politischen Aufstiegs. Eine so gestaltete Bildung löste die ständische Gesellschaft mit deren Zugehörigkeitsprinzipien ab.

> „Auf das ‚pädagogische' 18. Jahrhundert folgte – so lautet die einprägsame Formel – das 19. Jahrhundert als das Jahrhundert der ‚Bildung'; denn der ‚Besitz' von Bildung, der fehlendes Vermögen ersetzen konnte, und die Zugehörigkeit zum Stand der ‚Gebildeten' markierten kulturelle und soziale Schicht-, Klassen-, Status- und Prestigegrenzen."[80]

Die überkommene gegliederte Gesellschaft und ihre Zugehörigkeitskriterien, die die Stände in hohem Maße voneinander abschotteten, wurden langsam flexibler, durchlässiger für soziale Auf- und Abstiegsprozesse. Ungeachtet dieser Flexibilisierung und Dynamisierung der gesellschaftlichen Verhältnisse sind aber soziale Schichtungen älterer und jüngerer Herkunft bis heute ein wesentliches Merkmal auch der „modernen" Gesellschaften. Sie werden in den Unterschieden des materiellen Besitzes, des Einkommens, der gesellschaftlichen und politischen Einflußmöglichkeiten, der erworbenen Bildung wie der Bildungschancen und des sozialen Ansehens deutlich und bestimmen maßgeblich das Bewußtsein des größten Teils der Menschen.

Zugleich läßt sich aber auch die Entwicklung eines neuen Beschäftigungs- und Sozialsystems beobachten, welches dadurch gekennzeichnet ist, daß in zunehmendem Maße die Kontinuität der Ausübung einer Berufstätigkeit in der Abfolge der Generationen abnimmt. Die junge Generation muß nicht mehr unweigerlich die gleichen Berufe oder Arbeiten erlernen wie ihre Eltern. Sie gewinnt dadurch mehr Freiheit in der Wahl ihrer Erwerbstätigkeit und zum Teil (und wiederum im Laufe der gesellschaftlichen Entwicklung in wachsendem Ausmaß) erstmals neue berufliche und soziale Aufstiegsmöglichkeiten.

So erhält die Idee des Grundrechts auf Bildung und Freizügigkeit eine reale gesellschaftliche Basis. Zur Verwirklichung dieser Chancen bedürfen die Jugendlichen eines breiteren Grundlagenwissens, um hinsichtlich der künftigen Arbeitsmöglichkeiten flexibler zu werden als ihre Eltern. Dies erfordert eine Änderung der Bildungsinhalte, einen Beitrag, den die Schulen für die Entwicklung der persönlichen Voraussetzungen zu leisten haben; jedoch muß eine zunehmende Anzahl von Menschen von der Notwendigkeit immer neuer und höherer Anforderungen im Bildungs- und Berufswesen überzeugt werden.

> Zwar ist die Tatsache, daß die aufgeklärt-absolutistischen Staaten in Europa seit dem ausgehenden 18. Jahrhundert mindestens formell die Entscheidungsbefugnis und die Verantwortung für das Schulwesen übernehmen, nicht allein auf die vorher skizzierten ökonomischen Entwicklungen oder gar auf die Industrialisierung zurückzuführen, die ja erst in den Anfängen stand und in Deutschland überdies mit deutlicher Verspätung im Vergleich zu England und Frankreich wirksam wurde. Aber die sich abzeichnenden wirtschaftlichen und gesellschaftlichen Veränderungen sind im Gefüge der zugrundeliegenden Motive für die Entwicklung des Schulwesens zweifelsfrei ein mitwirkender Faktor gewesen. In der deutschen Geschichte war Preußen der erste Staat, der in seinem 1794 veröffentlichten „Allgemeinen Landrecht" das Entscheidungs- und Gestaltungs-

---

[80] Berg 1991, S. 15.

recht für das Schulwesen zur Staatsangelegenheit erklärte.[81] Den Schulartikeln hierzu ist zu entnehmen „§1. Schulen und Universitäten sind Veranstaltungen des Staates, welche den Unterricht der Jugend in nützlichen Kenntnissen und Wissenschaften zur Absicht haben.

§2. Dergleichen Anstalten sollen nur mit Vorwissen und Genehmigung des Staates errichtet werden."[82]

2.6. Bildung und Erziehungsvorstellungen in der wilhelminischen Zeit

2.6.1. Neue kulturelle Strömungen und Bildungsinnovationen im sozioökonomischen Rahmen der wilhelminischen Zeit

Die Epoche von 1870-1914 ist durch große wirtschaftliche und soziale Umwälzungen gekennzeichnet, mit denen aber die Demokratisierungsprozesse von Politik und Gesellschaft nicht Schritt hielten. Die mit der Industrialisierung, dem Bevölkerungswachstum, der autoritären Klassengesellschaft und der neuen Arbeitswelt verbundenen Probleme beeinflußten anfangs kaum den vorherrschenden Fortschrittsglauben. Erst um die Wende zum 20. Jahrhundert äußerte sich Zivilisations- und Kulturkritik in den neuen Bewegungen, so etwa im Jugendstil, der Wandervogelbewegung oder in der Siedlungsbewegung, auch in manchen nationalistischen Strömungen und innerhalb des Expressionismus. Da diese Bewegungen diverse Elemente in sich vereinten, ist eine feste Zuordnung zu kulturpessimistischen Gedanken, die oft auf Nietzsche rekurrieren, nicht ohne weiteres möglich. Sørensen weist auf diesen vielfach wiederholten Irrtum hin und entwirft ein differenziertes Bild über Nietzsche, den herausragenden Denker dieser Epoche.

> „Das philosophische Werk Nietzsches, das zahllose widersprechende Aussagen und Perspektiven enthält, ist wie kaum ein anderes in der deutschen Geistesgeschichte manipulierbar. Nur teilweise lösen sich die Widersprüche, wenn sein Werk wie im folgenden in drei Phasen gegliedert wird. Denn in allen seinen Schriften suchte er ein einheitliches Ganzes, einen alles Seiende bedingenden Grund, den er mit dem unbestimmten Begriff "Leben" bezeichnete. Nicht von ungefähr faßt eine Dichtung (*Also sprach Zarathustra*) seine eigentliche neue Lehre von der Umwertung aller Werte, dem Übermenschen und der "Ewigen Wiederkunft des Gleichen" am prägnantesten zusammen."[83]

In der Tat stehen sich in der Zeit um die Jahrhundertwende kulturpessimistische und solche Bewegungen, die kultur- und lebensbejahend angelegt sind, gegenüber. Als gemeinsames Merkmal kennzeichnet sie eine Abwendung von der

---

[81] Vgl. Kemper, Herwart: Schule und bürgerliche Gesellschaft. Zur Theorie und Geschichte der Schulreform von der Aufklärung bis zur Gegenwart. Teil 1: Bürgerliche Öffentlichkeit und öffentliche Schulen: Aufklärung und Neuhumanismus, Weinheim 1991, S. 63ff.

[82] Schulartikel des preußischen Allgemeinen Landrechts von 1794 §§ 1 und 2. Vgl. Reble 1992, S. 247.

[83] Sørensen, Bengt Algot: Geschichte der deutschen Literatur II. Vom 19. Jahrhundert bis zur Gegenwart, München 1997, S. 169.

Technik, dem Urbanen, der Rationalität und der Industrie und eine oft schwärmerische Hinwendung zum Natürlichen, Utopischen und Unverstellten.[84]
Wie aber läßt sich die Richtung, in die das deutsche Schulsystem sich entwickelte, charakterisieren? Herrlitz, Hopf und Titze konstatieren einen

> „Kampf um die Liberalisierung und Demokratisierung von Bildungschancen im öffentlichen Schulsystem".[85]

Diese Tendenz soll hier an speziellen Schwerpunkten verdeutlicht werden. Die Kürze der Darstellung erfordert allerdings die Beschränkung auf einen exemplarischen Abriß einiger Aspekte im Hinblick auf eine Modernisierung im Schulsystem unter der Perspektive eines später zu ziehenden Vergleichs mit iranischen Verhältnissen.

Chancengleichheit und Durchlässigkeit im Bildungswesen sowie Berufsbildung, Mädchenbildung und die Entwicklung der Grundschule sollen, soweit hier möglich, in ihrem historischen, politischen und ökonomischen Rahmen behandelt werden. Dagegen finden schulpolitische Aspekte sowie Gehalt und Zielsetzungen der unterschiedlichsten Reformbewegungen nur am Rande Erwähnung.

Die geistigen Grundlagen intentionaler Erziehung waren – wie bereits gezeigt – im 18. Jahrhundert gelegt worden. Im napoleonischen Zeitalter setzte ein Umwandlungsprozeß des gesamten Unterrichtswesens ein, mittels dessen die im 18. Jahrhundert geforderte staatliche Schulhoheit realisiert werden sollte. Während dieses Prozesses

> „schob sich die Welle der Industrialisierung, der Ausweitung des Handels und Verkehrs, der Ausbau des Kommunikationsnetzes für Gedanken und Waren (unaufhaltsam nach vorn, d. Verf.). Das steigerte und änderte die Anforderungen an die Qualifikationen und wandelte die Formen, in denen sie erworben wurden".[86]

Das 19. Jahrhundert ist gekennzeichnet durch einen enormen Bildungsschub, den langsamen Abbau des Analphabetentums und eine Steigerung von Bücher- und Zeitschriftenpublikationen. Die neue Bildung führte zu einem Informationszuwachs und einer Erweiterung des Horizonts. Vor allem in Deutschland gewann der Bildungsfaktor eine überragende Bedeutung für die gesellschaftliche Entwicklung.

> „Daß in Deutschland die "moderne Bildungsrevolution" vor der industriellen und politischen Revolutionierung und Modernisierung lag, geradezu eine ihrer Bedingungen wurde, unterscheidet den Gang der deutschen Geschichte von dem anderer westlicher Industrienationen. Daß die Bildungsinnovation im wesentlichen eine Sache des Staates war, gibt dieser Unterscheidung eine besondere Bedeutung für die Entwicklung der sozialen Strukturen und der politischen Kultur in Deutschland."[87]

---

[84] Vgl. Berg 1991, S. 3.
[85] Herrlitz u.a. 1993, S. 9.
[86] Jeismann, Karl-Ernst/ Lundgren, Peter (Hg.): Handbuch der deutschen Bildungsgeschichte. Bd. 3 (1800-1870): Von der Neuordnung Deutschlands bis zur Gründung des Deutschen Reiches, München 1987, S. 1.
[87] Berg 1991, S. 4.

Im Zuge dieser Entwicklungen schufen die sozialpolitischen Veränderungen (Verbot von Kinderarbeit, Gründung der Sozialversicherungen oder der mühsam erkämpfte Zugang der Frauen zur höheren Bildung) Voraussetzungen für die Bildung der Massen.

Eine veränderte Arbeits- und Lebenswelt bot den Familien – wenn auch schichtenspezifisch in sehr unterschiedlichem Ausmaß – Möglichkeiten zur Gestaltung ihrer Freizeit. Die Beteiligung am Vereinsleben, an der Sport- und Wanderbewegung, an der Entwicklung in der Laubenkolonie-Bewegung und vergleichbaren Strömungen markieren neue Möglichkeiten, freie Zeit zu nutzen. Außerdem rückten die modernen Verkehrsbedingungen und – im 20. Jahrhundert – die modernen Kommunikationsmöglichkeiten (Telegrafie, Fernsprechstellen) Orte und Menschen einander näher.

Darüber hinaus verbesserte sich die medizinische Versorgung der Bevölkerung erheblich. Infektions- und Kinderkrankheiten nahmen ab, die Säuglingssterblichkeit ging zurück und die allgemeine Lebenserwartung stieg an. Verbesserte Nahrungsmittelversorgung und Hygienemaßnahmen förderten eine gesündere Lebensweise. Der Staat erweiterte die soziale Fürsorge auch auf Kinder und Jugendliche: Fürsorgeerziehung, Kinderschutz, Unehelichenschutz und Beratungsstellen werden nun gesetzlich geregelt, wenn auch nur langsam und oft unzureichend verwirklicht. Die Durchführung solcher Maßnahmen bedeutete zugleich immer auch eine Steigerung der staatlichen Kontrolle der Heranwachsenden. Förderung und Kontrolle zeigen sich besonders deutlich im Schulwesen.[88]

2.6.2. Grundzüge der Bildungspolitik in der wilhelminischen Ära

- Der wilhelminische Militär- und Beamtenstaat begann, die Bildungseinrichtungen unter seine Kontrolle zu bringen. Er bestimmte Umfang und Tendenz der politischen, moralischen und fachlichen Inhalte des Schulwesens und baute es administrativ und pädagogisch zu einem System allgemeiner und berufsbildender Schulen aus. Inwieweit die Entwicklung der „Großindustrie" bereits im Kaiserreich Veränderungen des Bildungswesens im allgemeinen und der einzelnen Schulformen im besonderen beeinflußte, ist eine in der deutschen Schulgeschichtsforschung noch nicht hinreichend geklärte Frage. Am deutlichsten wird der – zunächst noch begrenzte – Einfluß ökonomischer Interessen und divergierender Interessengruppen in der Entwicklung folgender Schulformen sichtbarRealschulwesens,
- Bereich der beruflichen Bildung,
- Technische - sowie Handelshochschulen

In diesem Zusammenhang stehen auch die Auseinandersetzungen zwischen den Verfechtern des humanistischen (altsprachlichen) Gymnasiums und des Realgymnasiums (mit stärkerer Betonung des mathematischen und naturwissenschaftlichen Unterrichts und der neuen Fremdsprachen unter Beibehaltung des Lateinischen als Pflichtsprache) sowie der Oberrealschulen, die die Orientierung

---

[88] Vgl. Ebda., S. 6f.

an der „modernen Welt" und dem Fächerkanon Deutsch/Geschichte/Erdkunde noch stärker als die Realgymnasien betonten und daher auf Latein verzichteten. Die Anerkennung der „Gleichwertigkeit" der drei konkurrierenden Typen des höheren Schulwesens wird erst 1900 durch ein kaiserliches Dekret festgelegt. Die Abiture aller drei Schultypen berechtigen nun im Prinzip zum Studium an Universitäten oder Technischen Hochschulen. Jedoch bleibt im Rahmen der höheren Schule das altsprachliche Gymnasium noch bis weit in die Zeit der Weimarer Republik hinein der quantitativ überwiegende und im öffentlichen Ansehen dominierende Schultyp.

Neben der wechselseitigen Beeinflußung der Politik, Wirtschaft und Bildung dominierte vor allem ein autoritärer Zugriff der Politik auf das Bildungswesen. Seit der Reichsgründung gewinnt eine Bildungspolitik die Oberhand, die den von den deutschen Bildungstheoretikern und Bildungsreformern des ausgehenden 18. und der ersten Jahrzehnte des 19. Jahrhunderts (Kant, Herder, Pestalozzi, Schiller, Humboldt, Fröbel oder Diesterweg) verfochtenen Ideen und Konzepte einer humanistischen, allgemeinen Menschenbildung eine die Ungleichheit betonende Standeserziehung entgegensetzte. Der Unterricht intendierte die herrschaftskonforme Glaubenserziehung christlicher Untertanen und die Sicherung des allgemeinen politischen Systems.[89]

Der nationalistisch eingestellt Ernst Linde bringt die Erziehungsgrundsätze der Wilhelminischen Zeit in der Monatszeitschrift *Die deutsche Schule* 1912 deutlich zum Ausdruck

> „Vor allem verlangen wir Gehorsam vom Kinde, blinden Gehorsam sogar (...); für uns gibt es keine Erziehung ohne Disziplin. Nur der Mensch, der durch die Schule der Disziplin hindurchgegangen ist, verbürgt uns den Grad von Selbstbeherrschung und Selbstverleugnung, welchen die Pflicht in allen Lebenslagen von uns fordert. Das ist wenigstens die deutsche Auffassung von der Sache! Mögen andere Nationen andere Wege mit ihrer Kinderzucht einschlagen: Wir wissen, daß es die Disziplin, die freiwillige Subordination, der strenge Begriff der Dienstpflicht gewesen sind, welche Preußen-Deutschland groß gemacht haben; ohne solche militärischen Tugenden wird es nimmer auf der Höhe bleiben!"[90]

Staatstreue, autoritäre und paternalistische Untertanengesinnung und Hohenzollernkult boten sich an als politische Maximen zur Regelung des Verhaltens der unmündigen Massen. Gemeinwohlideologien und harmonisierende Gesellschaftsmodelle ohne Klassenkonflikte sollten den Krisen ihre bedrohende Wirkung nehmen und die schwindenden Traditionen und Werte in der Gesellschaft neu etablieren.

Dadurch daß der Staat über Prüfungsordnungen und Zulassungsberechtigungen bestimmte, dekretierte er nun, was Bildung ist und wie sie zu erfolgen hat. De jure räumte dieses Berechtigungswesen jedem einzelnen die Chance einer

---

[89] Vgl. Herrlitz u.a. 1993, S. 63.
[90] Linde, Ernst: Deutsche Erziehung; in: Die Deutsche Schule. Monatszeitschrift 16. Weinheim 1912, S. 475-494, hier S. 486.

höheren wirtschaftlichen und sozialen Stellung ein. In der Realität aber begrenzten strenge materielle und intellektuelle Hürden einen Aufstieg.

Die deutliche Abgrenzung des höheren Schulwesens von der Elementarschule, also der Volksschule, machte die großen sozialen Diskrepanzen zwischen der Elite und der Masse mit Blick auf deren Bildungsstand deutlich. Die Realisierung möglicher Bildungs- und Chancengleichheit sowie die Verbesserung und Aufwertung einer erfahrungsorientierten, realistischen und technischen Bildung im Zuge der Industrialisierung stießen bei den traditionellen Eliten auf Ablehnung, da sie gesellschaftsverändernde Konsequenzen und einen Machtverlust fürchteten.[91]

Der Staat entließ die Kirche aus ihrer Schulaufsicht, zunächst im Bereich des höheren Schulwesens. Er verweltlichte und verfachlichte die Inhalte der Bildung, wiederum vor allem im höheren und im sich entwickelnden mittleren Schulwesen. Obwohl die Kirche formell die Schulaufsicht verlor, spielte sie auch weiterhin eine bedeutsame Rolle in der Erziehung. Der Religionsunterricht blieb faktisch weitgehend unter kirchlicher Kontrolle; die Volksschulen galten nach wie vor als streng religiös und konservativ. Ungeachtet dieser Entwicklungen waren in den Städten und Industriezentren auch manche Trends zur Entkirchlichung unverkennbar. Einem Teil der proletarischen Bevölkerung, soweit sie politisch-weltanschaulich sozialistischen Ideen nahestand, und Teilen der liberalen Intelligenz bot der christliche Glaube keinen Halt und die Kirche keine Bindung mehr. Die Erziehung zur Nation avancierte nun zum neuen Fundament von Staat und Gesellschaft. „Nationalerziehung" bildete die Maxime für die Verbreitung eines entsprechenden Nationalbewußtseins:

> „Blieb die Kirche die universale Macht im alltäglichen wie im institutionalisierten Bildungsprozeß, so brachten Schule und Militär eine stärker staatlich und national betonte Linie in das weite Feld der spontanen Volksbildungsaktivitäten. Sie verstärkten den Prozeß des kulturellen Zusammenwachsens der Nation, entwickelten Selbstbewußtsein und Lebenstüchtigkeit ihrer Mitglieder, suchten andererseits diese Bewegung im Rahmen der eigenen institutionellen Ordnungen und der übergreifenden Normen der staatlichen Ordnung zu regulieren."[92]

Neben der Nationalerziehung wirkte das Militär als Mittel zur Herrschaftssicherung und Sozialdisziplinierung; seine Sonderstellung und sozialisierende Macht dürfen nicht unbeachtet bleiben.

> „(...) die Verherrlichung alles Militärischen, die in den Schulen und halbstaatlichen bzw. staatlich unterstützten 'Jugendpflege'-organisationen ebenso gang und gäbe war wie im Vereinsleben, ja im Alltagsleben schlechthin [sorgte für soziale Disziplinierung, d. Verf.] Militärische Umgangsformen wie Befehl und Gehorsam, Disziplin, Schneidigkeit und ein (zackiger) Sprachgestus erfreuten sich trotz gelegentlicher Karikierung allgemeiner Wertschätzung." [93]

---

[91] Vgl. Herrlitz u.a., 1993, S. 84.
[92] Berg 1991, S. 16.
[93] Vgl. Ebda., S. 13.

Der militärische Geist durchzog alle Bereiche des Lebens und prägte zunehmend den Alltag. Die Kinder wuchsen nach den genannnten Leitprinzipien auf; Spielzeug und Kleidung imitierten die schmucken Uniformen der schneidigen Soldaten. Bereits der Nachwuchs lernte, daß Tapferkeit und Gehorsam die wahren Tugenden des Mannes und erst recht des Kriegers seien. Kriegervereine und Militär förderten nationale Gesinnung, Feindstereotypen, rassistische, antisozialdemokratische und antisemitische Meinungsmache.

2.6.3. Exkurs: Anfänge einer ökonomischen und bildungsorientierten Emanzipation der Frau

Nach anfänglichen, eher noch vereinzelten und besonders literarisch motivierten Autonomiebestrebungen von Frauen zur Zeit der Romantik zeigten sich in den letzten Jahrzehnten des ausgehenden 19. Jahrhunderts weitergehende Emanzipations-bestrebungen des vermeintlich schwachen Geschlechts: Verstärkter Zugang zur Bildung und Bemühungen um ökonomische Unabhängigkeit lauteten die Zielsetzungen.

Bereits früh plädierten Frauen für eine wissenschaftliche Ausbildung von Mädchen und Frauen. Die Aufnahme zum Studium, so argumentierten sie, erfolge nicht nur aus eigenem Interesse, sondern diene der Allgemeinheit. Jedoch bis zum Beginn des 20. Jahrhunderts überwog im gesellschaftlichen Bewußtsein die weitverbreitete Ansicht, daß Frauen allein für „Küche, Kirche und Kinder" zuständig seien.[94]

Die höhere Mädchenbildung war in Preußen nicht in das Gymnasium – die Berechtigungsanstalt für akademische Studien – eingebettet, sondern das ganze 19. Jahrhundert hindurch blieben sogenannte private und kommunale „höhere Mädchenschulen" davon getrennt. Erst ab 1908 durften auch diese Schulen die allgemeine Hochschulreife erteilen. Aufgrund des Lehrermangels erhielten Mädchen die Erlaubnis, ein zweijähriges Lehrerinnenseminar zu besuchen. Die dafür zuständigen „Studienanstalten" durften aber nur dort eingerichtet werden, wo es Frauenschulen und Höhere Lehrerinnenseminare gab, so daß die Bedingungen erschwert waren.[95]

Nach der Jahrhundertwende also, teilweise erst nach dem Ersten Weltkrieg, erfolgte eine vollständige Integration der höheren Mädchenschulen in das allgemeine öffentliche Schulwesen. Die wachsende Frauenerwerbsarbeit als Reaktion auf die zunehmende Industrialisierung der Gesellschaft und in Folge des Männermangels während des Ersten Weltkrieges, veränderte das Rollenbild der Frau und führte allmählich zu einer Neubestimmung der Geschlechterverhältnisse.

Das Bild der berufstätigen, politischen und gebildeten Frau ergänzte zusehends das bis dato gängige der (Nur-) Hausfrau und Mutter. Rechtlich gesehen blieben den Frauen allerdings weiterhin wesentliche Bürgerrechte vorenthalten:

---

[94] Vgl. Herrlitz u.a. 1993, S. 104.
[95] Vgl. Ebda., S. 105.

Sie durften nicht wählen oder gewählt werden und nicht jeden Beruf ergreifen. Dies änderte sich erst nach dem Ersten Weltkrieg.

2.6.4. Die wilhelminische Zeit als Epoche sozialer Umbrüche und geistiger Gegensätze

Bildung verbürgte in der ersten Hälfte des 19. Jahrhunderts und Jahrzente darüber hinaus einerseits Exklusivität und hohen gesellschaftlichen Status mit entsprechendem Prestige; andererseits erreichte sie immer mehr gesellschaftliche Gruppen. Aus der Sicht einiger Zeitgenossen setzte damit eine Popularisierung und Trivialisierung der Bildung ein, die in „Halbbildung zur Dekoration" kulminierte. Das Bildungsbürgertum als Träger der „Bildung" formulierte Ideen für eine neue politische, soziale, ökonomische und privat-rechtliche Ordnung der Gesellschaft und trieb somit den Wandlungsprozeß weg von der ständischen Gesellschaftsordnung hin zu einer „modernen" Gesellschaftsstruktur, die allerdings in neuer Weise hinsichtlich Einkommen, Besitz, Einflußmöglichkeiten und sozialem Prestige hierarchisch gegliedert war. Diese Struktur war durchaus ambivalent: Freie Märkte bedeuten nämlich mehr Konkurrenz und größere Risiken. Die Öffnung von Aufstiegschancen für Menschen aus sozial schwächeren Bevölkerungsgruppen schmälerte die bisherige Position des Bildungsbürgertums. Die Ausweitung der Bildungsmöglichkeiten verringerte seine bis dahin privilegierten Karrierechancen. Der bisherigen Sonderstellung des Bildungsbürgertums folgte im Zuge wachsender ökonomischer und sozialer Widersprüche sein allmählicher Zerfall in verschiedene bürgerliche „Fraktionen" mit unterschiedlichen sozialen, wirtschaftlichen, kulturellen und politischen Auffassungen und Interessen.

> „Zwischen Kapitalismus und Antikapitalismus, zwischen Demokratie und autoritärer Elitenherrschaft, zwischen individueller Freiheit und staatlich garantierter Statussicherung, zwischen Anspruch auf geistige Führung und Universalisierung der Bildungsgüter und Kulturtechniken zerfällt das Bürgertum in zahlreiche Fraktionen. Im Zuge der Durchsetzung und Weiterentwicklung der Ideen der Bürgerlichen Gesellschaft wird die bürgerliche Gesellschaft ‚entbürgerlicht'."[96]

Unter den neu entstandenen Bedingung bildeten sich Berufsgruppen, Verbände und andere Institutionen heraus. Pluralisierung und Nivellierung ergriffen das einst klar abgegrenzte Bildungsbürgertum: Es entstand ein Mittelstand.

Während das Bürgertum der ersten Jahrzehnte des 19. Jahrhunderts in hohem Maße durch politischen Liberalismus und patriotische Einstellung gekennzeichnet war, übernahmen nach der gescheiterten bürgerlich-liberalen Revolution des Jahres 1848 wieder konservative Mehrheiten des Bürgertums die gesellschaftliche Meinungsführerschaft. Sie befürworteten den monarchischen Staat und wurden nach der Reichsgründung 1871, zusammen mit dem Militär, den leitenden Gruppen der Industrie und des Handels, zu den wichtigsten Stützen der wilhelminischen Epoche und ihrer anti-sozialistischen, anti-liberalen und anti-demo-

---

[96] Berg 1991, S. 18.

kratischen Politik, die zunehmend nationalistische Tendenzen hervorbrachte. Große Teile des Bildungsbürgertums aber zogen sich in ihre als unpolitisch verstandene Berufstätigkeit und ins Private zurück.

Aufgrund wachsender wirtschaftlicher Probleme gegen Ende des 19. Jahrhunderts verschlechterten sich die beruflichen Möglichkeiten oder gar der Einstieg in höhere Positionen. Infolge der erweiterten Bildungsmöglichkeiten für wachsende Personengruppen büßten Bildungszeugnisse für den Nachwuchs aus den bisherigen bürgerlichen Oberschichten an Wert ein. Um einen höheren Status zu erreichen, wurde nun als ein neuer sich öffnender Weg vielfach auch die Laufbahn im Militärdienst angesehen. Naturwissenschaften und Technik gewannen an Einfluß und prägten immer mehr den Alltag.

Von solchen Tendenzen einer sich abzeichnenden Moderne distanzierten sich allerdings große Teile des Bildungsbürgertums. Ein Großteil derjenigen, die nicht selbst Träger oder Nutznießer der neuen wirtschaftlichen, technischen und wissenschaftlichen Prozesse und Errungenschaften war, ging auf Distanz zu Wirtschaft, Technik und Zivilisation und betonte demgegenüber Bildung und Entfaltung der geistigen Fähigkeiten als höchste Werte der Kultur. Der Aufklärung, dem Materialismus, dem Utilitarismus oder Rationalismus wurden Werte wie Innerlichkeit, Seele, Gefühl und Romantik gegenübergestellt. Im Politischen war man für Gehorsam, Harmonie und Gemeinschaft, aber gegen die Austragung von Interessenkonflikten. Die Abkehr vieler Gebildeter von der Moderne verschärfte sich teilweise zu harscher Kulturkritik, und es wurden Mittel zur „Genesung" in Volkstum, Kulturimperialismus und den Vorbildern der nationalen, gar als „germanisch" gedeuteten Kunst gesucht.

Wie die vorangehende Entwicklungsskizze zeigt, war bereits die Wilhelminische Ära durch schroffe Gegensätze und unüberwindliche Widersprüche geprägt. Extreme Positionen und unterschiedliche Weltanschauungen gab es auf beinahe allen Gebieten. Offenkundige Dichotomien wie Antimodernismus und Hinwendung zur Moderne, Technikbegeisterung und Wissenschaftskritik, Autoritätsfixierung und Anarchismus, Faszination der Großstadt und Sehnsucht nach der Natur charakterisierten diesen Zwiespalt der Haltungen.

Die originellste Strömung in der Pädagogik der Zeit, die Reformpädagogik, propagierte an der Wende vom 19. zum 20. Jahrhundert eine Erziehung vom Kinde aus. Sie rückte das Individuum Kind ins Zentrum ihres Interesses. Gemeinschaft, Erlebnis und Selbsttätigkeit standen gegen rigide und autoritäre Erziehungsprinzipien der wilhelminischen Ära. Resümiert man mit der von Flitner und Kudritzki publizierten und kommentierten Dokumentation *Die deutsche Reformpädagogik*, so kommt man auf zentrale gegen die wilhelminischen Erziehungsprinzipien gerichtete Aspekte, die nicht zuletzt an das Gedankengut Pestalozzis anknüpften.

> „Auf dem ganzen Felde pädagogischer Arbeitsstätten regte sich der Geist des Versuchens, des psychologischen Einbringens in das Wesen von Kindheit und Jugend, in die Probleme des Erwachsenwerdens, der Personfestigung und der Gründung des gemeinschaftlichen Lebens. Deutschland hatte dergleichen bislang nur einmal, in der Epoche

der Philantropen, des Pestalozzianismus, seiner klassischen Literatur und Philosophie erlebt."[97]

Als repräsentatives Beispiel eines Reformpädagogen zitieren die beiden Autoren den Arbeitsschultheoretiker Georg Kerschensteiner, der

„(...) erfüllt (war) von der Erfahrung, daß in den Kindern die Kräfte in Fülle schlummern, die geweckt und betätigt werden wollen, und daß es Inhalte gibt, die auch den einfachsten Gemütern zugänglich sind und die in der Richtung jener drei Aufgaben der Berufsbildung, der staatsbürgerlichen Charaktererziehung und der geistigen Allgemeinbildung genutzt werden können".[98]

Gleichzeitig propagierten teilweise auch konservative Eliten einen neuen Jugendmythos und damit Jugendlichkeit als tragende Kraft für die Vision einer besseren Zukunft. In der Wandervogelbewegung, dem Auftakt zu einer vielfach romantisierenden Jugendbewegung im ersten Drittel des 20. Jahrhunderts, schließen sich die Jugendlichen – auch in kritischer Absicht – zusammen, um in der Gemeinschaft Gleichaltriger dem „langweiligen" Elternhaus zu entfliehen.

„Die ethische Kraft dieser Bünde (und Wandervogelgruppen, d. Verf.) war ungewöhnlich; es trat ein Geschlecht auf, das für alle Naturschönheit erschlossen war, sich mit Liebe dem vorindustriellen Deutschland zugewandt fühlte, das die Musik, den Gesang und Volkstanz, das Wandern und eine eigene Jugendgesellichkeit wiedergewann, das zum erstenmal die Aufgabe der Selbsterziehung ernstlich aufgriff und in der modernen Naturentfremdung der industriellen Gesellschaft eine Gefahr sah. Sie lehnte die Lebensweise des durchschnittlichen jugendlichen Typus dieser Gesellschaft ab, verneinte überhaupt das Vorbild der gewöhnlichen Erwachsenen mit ihrer Überschätzung von Leistung und materiellem Gewinn."[99]

Nach 1918 verstärkte sich anstelle der bisherigen Wertschätzung des Alters dieser Jugendkult, der der Gesellschaft Hoffnung auf die Zukunft und einen Neubeginn bringen sollte. Mit betont politischen Akzenten hoben später auch die Nationalsozialisten einige dieser Gemeinschafts- und Zukunftsvorstellungen („Volksgemeinschaft") hervor und gewannen bereits vor ihrer Machtübernahme, vor allem in den Krisenjahren der Weimarer Republik seit 1929/30, unter Jugendlichen und jungen Erwachsenen zunehmend mehr Anhänger.

2.7. Pädagogische Reformansätze in der Weimarer Republik

Betrachtet man die Entwicklung des Bildungssystems und die Pädagogik nach dem Ersten Weltkrieg, wird ein Zwiespalt deutlich: Einerseits fallen viele Anregungen der Reformpädagogik in diese Zeit, andererseits ist nicht zu übersehen, wie sehr die gesellschaftspolitischen Wandlungen und Krisen Einfluß auf die Erziehung nehmen und einer Demokratisierung auch hier entgegenstehen. Der

---

[97] Flitner, Wilhelm / Kudritzki, Gerhard (Hg.): Die deutsche Reformpädagogik. Bd. 1: Die Pioniere der pädagogischen Bewegung, Düsseldorf/München 1961, S. 23.
[98] Ebda., S. 27.
[99] Flitner / Kudritzki 1961, S. 32; vgl. auch Laqueur, Walther: Die deutsche Jugendbewegung. Eine historische Studie, Köln 1983, S. 17.

Rahmen, in dem sich die Bildungsvorstellungen entfalten, soll nun dargestellt werden.

Die Anfänge der Weimarer Republik waren massiv durch die Folgen des Ersten Weltkriegs belastet. Die Niederlage Deutschlands, der Versailler Vertrag und die Reparationen wurden von den Deutschen als nationale Demütigung begriffen. Die Verantwortung für die Niederlage wurde verschiedenen Gruppierungen zugeschoben. Die Dolchstoßlegende der konservativen Kräfte propagierte eine antisozialistische, antidemokratische Haltung, indem sie das deutsche Militär als vom Feinde unbesiegt darstellten und die Revolution im Inneren für die Niederlage und die Kapitulation verantwortlich machten. Die „westlichen Demokratien", der „imperialistische Kapitalismus", die „Marxisten" und die „jüdische Internationale" wurden als Sündenböcke abgestempelt und boten somit Feindbilder, denen die Schuld zugeschoben werden konnte.

Die Verunsicherung weiter Teile der deutschen Bevölkerung durch die Niederlage im Ersten Weltkrieg und die Folgen des Versailler Vertrags wurden durch weitere Faktoren verstärkt: durch den steigenden Wohlstand begrenzter Teile der alten Eliten und erfolgreicher Aufsteiger, durch den gleichzeitigen sozialen Abstieg großer Bevölkerungsgruppen, durch den Rückgang der Geburtenrate und der Kindersterblichkeit, durch die Zunahme der Ehescheidungen, durch das selbstbewußtere Auftreten der Frauen sowie durch mehr Schwangerschaftsabbrüche und die Einrichtung von Sexualberatungsstellen. Nicht nur die militärische Niederlage, sondern vor allem die demographischen Veränderungen boten den konservativen Kräften die Möglichkeit, das Bild eines untergehenden, deutschen Volkes darzustellen. In ihren Augen ging durch den Versailler Vertrag nicht nur die geographische Größe Deutschlands an andere Staaten verloren, sondern das sinkende Bevölkerungswachstum schien auch die Regeneration des Reiches zu gefährden.

Eine weitere bedeutende Veränderung läßt sich auch im städtischen Leben beobachten. Besonders in den Großstädten entstanden Kunst- und Kulturzentren, deren künstlerische Avantgarde aber nicht die Masse repräsentierte. Die neuen Medien wie Rundfunk und Film und die neuen Möglichkeiten in künstlerischen Bereichen etwa dem Theater, der Literatur und der Musik präsentierten ein vielfältiges, neuartiges, nicht selten auch schockierendes Angebot. Diese „schillernde" kulturelle Vielfalt spiegelte sich auch auf der politischen und sozialen Ebene wieder. Dies wurde von vielen Zeitgenossen als verwirrend empfunden, da die Mannigfaltigkeit die Entwicklung oder aber die Bewahrung eines eindeutigen Identitätsgefühls erschwerte und die nationale Einheit zu gefährden schien.

Neben den sozialen, demographischen, politischen und ökonomischen Veränderungen in der Republik ist es erforderlich, den Wandel von Erziehung und Bildung in Betracht zu ziehen. Nach 1945 ist die Frage aufgeworfen worden, inwieweit Erziehung und Kultur während der Weimarer Zeit den Nationalsozialismus ermöglicht oder zumindest begünstigt haben. Der Position einer „Kriegspädagogik", des „Wehrwillens" und der Untertanengesinnung, welche viele Pädagogen im Ersten Weltkrieg vertraten, wurde nach 1918 keine entschiedene, erfolgreiche Friedenspädagogik entgegengesetzt. Eine Verarbeitung und die Absage an obrigkeitsstaatliche Mentalität fand ungeachtet etlicher Gegenstimmen kaum statt. Pädagogen und Politiker übernahmen vielfach die vorherrschende Einheitssehnsucht, die im Zusammenhalt der Nation eine ihrer dringlichsten Aufgaben sah. Daher spielte auch in der Weimarer Republik die nationale Erziehung eine große Rolle.[100] Der Hauptgrund für das Desinteresse der Eliten an moderner Pädagogik lag vorwiegend in ihrer wilhelminischen Sozialisation und der dort gewonnenen gedanklichen Verankerung.

Trotzdem weist die Weimarer Republik nicht nur in Gestalt zahlreicher reformpädagogischer Initiativen „an der pädagogischen Basis", sondern auch innerhalb der staatlichen Bildungspolitik, die weitgehend in den Händen der einzelnen deutschen Länder lag, wichtige Neuerungen auf. Solche Reformen waren vor allem sozialdemokratisch und liberal-demokratisch initiiert, partiell auch von den durch die katholische Zentrumspartei regierten Ländern und bis 1920 auch von der ersten deutschen Nachkriegsregierung vorangetrieben. Diese Reformen lassen sich als Schritte zu einer gesellschaftlichen Demokratisierung einstufen. Sie umfaßten vor allem die Einführung der obligatorischen vierjährigen Grundschule, die Verbesserung der Volksschullehrerbildung und der Ausbau der Mädchenbildung und des Frauenstudiums. Neben weiteren Reformen zählte der Ausbau des Berufsbildungswesens und in diesem Zusammenhang der „Fortbildungsschule" als obligatorische Berufsschule, die alle Volksschulabgänger an einem Wochentag neben ihrer Erwerbsarbeit oder Lehrlingsausbildung besuchen sollten, zu den wesentlichen Errungenschaften des Weimarer Erziehungssystems.[101]

> „Die Weimarer Verfassung, gegründet auf die Menschenrechte, förderte die Gleichberechtigung von Frauen und Männern und erzwang die Öffnung der regulären höheren Schulbildung für die Mädchen, nicht aber die Koedukation. Also wurde die Trennung der Geschlechter im Schulwesen ausgebaut wie die nach der Konfession."[102]

In der Bildungspolitik konnte jedoch ungeachtet der ursprünglich geplanten weiteren grundlegenden Veränderungen kein Konsens gefunden werden.[103] So blieben Konfessionsschulen unangetastet, und Religion als Unterrichtsfach befand sich weiterhin in hohem Maße in der Obhut der Kirchen. Althergebrachte Privilegien des Bildungsbürgertums wurden über die Grundschulpflicht hinaus nicht gebrochen, und die Länder konnten die Rahmengesetzgebung der Republik weitestgehend autonom auslegen.

Nach 1918 kam es in der Berufs- und Erwachsenenbildung und im Bereich der Kindergarten-, Sozial- und Heilpädagogik zu einer verstärkten Ausbildung für außerschulische pädagogische Berufe. Viele Menschen, die in diesen weitgehend neuen pädagogischen Feldern tätig wurden, entwickelten hier ein hohes kinder- und jugendfreundliches wie auch erwachsenenpädagogisches Engage-

---

[100] Vgl. Friedeburg, Ludwig von: Bildungsreform in Deutschland. Geschichte und gesellschaftlicher Anspruch, Frankfurt a.M. 1992, S. 232ff.
[101] Vgl. Herrlitz u.a. 1993, S. 141.
[102] Friedeburg 1992, S. 237.
[103] Vgl. Ebda., S. 213ff.

ment. Aber es existierte bei einem erheblichen Teil (aufgrund der Intensivierung der pädagogischen Arbeit und ihrer beginnenden „Verwissenschaftlichung") eine Selbsteinschätzung, die eine Distanz zu den Problemen der Republik hervorrief.

> „Einerseits gab es unzweifelhaft eine Intensivierung der pädagogischen Arbeit und die Tendenz zur Verwissenschaftlichung, daneben aber auch – bei den Pädagogen wie bei den anderen Professionen gerade 1933 – ein großes Maß an fachspezifischer Blindheit und politischer Borniertheit. Letztlich erlagen (auch viele dieser, d.Verf.) Pädagogen gerade der Verführung durch solche politischen Versprechen, in denen die als Belastung empfundenen Auswirkungen des Parteienstaates zugunsten der Einheit eines nationalen Erziehungswillens dem professionellen Anspruch gemäß aufgehoben zu sein schienen."[104]

Den Pädagogen war nicht bewußt, daß sie ihre berufliche Autonomie gerade dieser Republik zu verdanken hatten. Der Staat aber mußte sich mit den Erziehungsansprüchen der Pädagogen, der Eltern und der Kirchen sowie dem dominierenden Patriarchalismus auseinandersetzen.

An dieser Stelle soll noch eine systematische Bemerkung erfolgen: Pädagogik muß sowohl ihre Autonomie bewahren wie auch politisch-gesellschaftliche Umstände im Auge behalten. In ähnlichem Sinne kann man – auf die Fehlentwicklungen in der Bildungs- und Erziehungspolitik der Weimarer Republik bezogen – im Handbuch der deutschen Bildungsgeschichte folgende kritische Bemerkung lesen

> „Über die eine Lektion, daß die politisch-gesellschaftliche Funktionalisierung von Bildungs- und Erziehungsprozessen sich nicht wiederholen darf, ist deshalb nach 1945 auch rasch Konsens erzielt worden. Für die Pädagogik ist es dagegen bis heute schwierig geblieben, sich der gesellschafts- und erziehungstheoretischen Prämissen zu vergewissern, die ihre Autonomie möglich machen, ohne der Illusion Vorschub zu leisten, Erziehung und Bildung seien allein in einer pädagogischen Provinz in legitimer Weise realisierbar. Im Blick auf die Republik von Weimar und ihr erziehungspolitisches Scheitern wird die Lösung dieses Problems dadurch erschwert, daß die Pädagogen und die staatliche Bildungspolitik, aber auch die gesellschaftlichen Gruppen zugleich klären müssen, wieviel Einheit öffentliche Erziehung verlangt und wie groß das Maß an Pluralität und Heterogenität sein darf, das sie zugestehen kann."[105]

Die unter anderem auch von der Arbeiterbewegung 1918/1919 erstrittene Weimarer Verfassung wurde in ihren zukunftsorientierten Intentionen, mindestens in ihren Möglichkeiten von den traditionellen Eliten gehemmt und fand dort nicht die notwendige Unterstützung.

Die republikanisch-progressiven bürgerlichen Gruppen und die aus der Arbeiter- und Angestelltenschaft stammenden politischen Kräfte, die zu Beginn der Weimarer Republik erheblichen Einfluß gewannen, wurden zurückgedrängt. Die

---

[104] Langewiesche, Dieter/ Tenorth, Heinz-Elmar (Hg.): Handbuch der deutschen Bildungsgeschichte. Bd. 5 (1918-1945): Die Weimarer Republik und die nationalsozialistische Diktatur, München 1989, S. 15.
[105] Berg 1991, S. 22.

offene oder faktische Distanzierung einflußreicher Gruppen von der neuen Staatsverfassung, die Finanzknappheit des Staates, die hoffnungslose wirtschaftliche Lage und die Enttäuschung der Erwartungen begünstigten eine negative Einstellung zur Republik und förderten die spätere nationalsozialistische Machtergreifung.

1929 kam es infolge der schweren Weltwirtschaftskrise zu gravierenden ökonomischen Problemen. Diese riefen eine hohe Arbeitslosigkeit hervor, die zwischen 1929 und 1933 ihren Höhepunkt erreichte. Sie löste einen anhaltenden Schock für viele Menschen aus und bedeutete eine neue soziale Erfahrung, da für sie keine Gegenmaßnahmen bekannt waren und die Situation in diesem Ausmaß ohne Beispiel war. So mündete die Wirtschaftskrise[106] letztlich in eine Staatskrise.

Erst unter der nationalsozialistischen Diktatur erfolgte eine Rückkehr zur Vollbeschäftigung aufgrund einer Wirtschaftspolitik, die die Militarisierung der Produktion vorantrieb. So wurde mittels des Baus von Autobahnen und einer forcierten Waffen- und Munitionsproduktion der Krieg ökonomisch vorbereitet. Der Nationalsozialismus schaltete bei gleichzeitiger Zerschlagung aller nicht konformen Interessensorganisationen die gesamte Wirtschaft gleich. Viele Besitzer von Industriebetrieben, Konzernen und Banken vollzogen diese „Gleichschaltung" aber im Sinne ihrer Gewinninteressen bereitwillig mit.

Politisch scheiterte die Weimarer Republik am Widerstand der konservativen Kräfte. Es kam zu einem Kompromiß zwischen den alten traditionellen Eliten (Militär und Wirtschaft) und Teilen der Bildungsschicht. Die Elite wurde zwar erweitert, aber nicht substantiell ausgewechselt. Zugleich waren die Parteien wie ihre Wähler nach Monarchie, Krieg und militärischer Niederlage kaum auf eine parlamentarische Demokratie vorbereitet, vor allem nicht auf eine schwere Krise dieses für Deutschland völlig neuartigen politischen Systems.

Die Krisen schufen eine Basis dafür, daß die Ideologie einer deutschen Volksgemeinschaft jenseits von Klassen und Ständen Nährboden fand. Ihre Einheitlichkeit sicherte sie damit ab, daß sie Oppositionelle und sogenannte Volksschädlinge aus der Gemeinschaft ausstieß. Gemeinsame Feindbilder (besonders Juden, Sozialisten und Kommunisten) wurden von der nationalsozialistischen Propaganda gezielt zur Erzeugung eines starken Zusammengehörigkeits- und zugleich eines kollektiven Bedrohungsgefühls eingesetzt. Die Volksgemeinschaftsideologie bot der NSDAP ein Mittel, um eine Einheit zu stiften, die die Parteien den unterschiedlichen sozialen Milieus nicht vermitteln konnten. Die Idee der Volksgemeinschaft, die Sehnsucht nach Einheit und Konsens sowie eine Erziehung zum Untertanen boten der Erziehung Leitbilder, die antidemokratisch waren.

---

[106] Vgl. Friedeburg 1992, S. 263ff.

2.8. Gleichschaltung der Bildungsinstitutionen während der Zeit des Nationalsozialismus

Der Thematisierung nationalsozialistischer Bildungs- und Erziehungsvorstellungen gebührt nicht nur aus Gründen eines bisher ohne Beispiel dastehenden, fundamentalen antidemokratischen Einschnitts, sondern auch mit Blick auf Nachwirkungen in der restaurativen bundesrepublikanischen Nachkriegsära eine detailliertere Analyse. Wenige Anmerkungen müssen hier jedoch genügen.

Für die Entstehung der nationalsozialistischen Diktatur kann man einerseits das Fehlen einer kritischen gesellschaftlichen Gegenöffentlichkeit verantwortlich machen. Es fehlten ökonomisch und sozial hinreichend stabile Mehrheiten, die die junge Republik auch in wirtschaftlichen und politischen Krisenzeiten erfolgreich hätten verteidigen können. Zugleich sind mentale Strömungen, nämlich der vorherrschende Geist der zwanziger und der beginnenden dreißiger Jahre, als Ursache anzuführen.

> „Denn nicht nur im antidemokratischen Denken, auch in der Rassenlehre und Eugenik, Modernitätskritik und Gemeinschaftsideologie, in Germanenkult und gesellschaftlicher Militanz, in Geschlechtermythen sowie in Intellektuellen- und Wissenschaftsfeindlichkeit konnte die nationalsozialistische Usurpation der Macht auf Voraussetzungen aufbauen, die bereits vor 1914 gelegt und während der Republik bekräftigt und erweitert worden waren."[107]

Unter dem Nationalsozialismus erfolgte 1933/34 ein Prozeß der sogenannten Gleichschaltung. Traditionelle Partei-, Verbands- und Vereinsstrukturen wurden aufgelöst oder, soweit die neuen Machthaber sie als integrierbar oder *umschulbar* betrachteten, in Parteiorganisationen überführt. Juden, Kommunisten, Sozialisten und „Feinde der Bewegung" wurden aus ihren Berufen verdrängt, verfolgt oder ermordet. Mit subtilen Mitteln wie Propaganda, öffentliche Masseninszenierungen, staatliche Verplanung von Freizeit und Arbeit bis hin zu offener Gewalt als Garant der Kontrolle versuchte der nationalsozialistische Staat, Mechanismen zur Erzeugung von Zustimmung ins Spiel zu bringen und ihre Wirkungen zu überwachen.

Als äußeres Zeichen der Zusammengehörigkeit wurde in der NS-Zeit eine Militarisierung und Uniformierung des Alltags durchgeführt (die sogenannte *braune Revolution*), die in erheblichem Maße zu einer äußerlichen Nivellierung der Gesellschaft führte. Die *Volksgemeinschaft* betrieb auch eine ideologische Aufwertung der Arbeiter, so daß Klassenlinien verwischt wurden und sich unbeabsichtigt ein neuer, moderner Mittelstand herausbildete.

Die Bildungspolitik während der Zeit des Nationalsozialismus war autoritär, ideologisch und hierarchisch ausgerichtet. Kognitive Bildung spielte für das Ideal der Hitlerjugend zunächst, jedenfalls programmatisch, nur eine untergeordnete Rolle. Sie gewann aber bald wieder an Bedeutung, als die Nationalsozialisten erkannten, daß die Verwirklichung ihrer politischen Ziele, also nicht zuletzt die Wiederaufrüstung und Kriegsvorbereitung, neben der ideologischen Formie-

---

[107] Berg 1991, S.20.

rung auch eine Steigerung der wirtschaftlich-technischen und wissenschaftlichen Leistungsfähigkeit erforderlich machte.[108] In der nationalsozialistisch umfunktionierten Jugendbewegung wurden Arbeit und Lager zu Orten stilisiert, in denen der Charakter des „neuen Menschen" geformt werden sollte.[109]

2.9. Restauration des Schulwesens in der Bundesrepublik 1945-1965

Nach dem Zweiten Weltkrieg bekamen die Themen Schule und Bildung allein bedingt durch die Präsenz der Alliierten in Deutschland einen hohen Stellenwert.

> „Weil (...) die Amerikaner (wie auch die Engländer und Franzosen; d. Verf.) der Schule eine so große Bedeutung für die faschistische Entwicklung in Deutschland beimaßen, konzentrierten sie ihr Programm zur Demokratisierung Deutschlands von vornherein auf die schulische Erziehung zu demokratischer Gesinnung und staatlicher Mitverantwortung."[110]

Neben den Alliierten waren nach 1945 vorher unterdrückte politische Organisationen und Einzelpersonen Träger der Reforminitiativen. Als wichtigste Ziele für den Schulbereich galten: ein demokratischer Aufbau der Verwaltung, die Entlassung aller Personen, die in der NS-Zeit im Schul- und Schulverwaltungsdienst als entschiedene Nationalsozialisten gewirkt hatten, die Veränderung der Schulstruktur hin zu mehr Chancengleichheit, die Revision der Lehrinhalte und der Austausch der Schulbücher.

Das Umerziehungsprogramm der Besatzungsmächte England, USA und Frankreich (*re-education*) befürwortete sowohl die Prinzipien einer demokratischen Bildungsreform (gleiche Chancen für alle, unentgeltlicher Unterricht) als auch ein integriertes, gestuftes Bildungswesen sowie ein eigenes Schulfach für staatsbürgerliche Erziehung (Gemeinschaftskunde) und eine demokratische Gestaltung des Schulalltags.

> „Grundlegende Richtlinien für die Demokratisierung des Bildungswesens in Deutschland. Direktive Nr. 54 des Alliierten Kontrollrats vom 25. Juni 1947 (...)
>
> 1. Es sollen gleiche Bildungsmöglichkeiten für alle geschaffen werden.
>
> 2. Unterricht, Lehrbücher und sonstige notwendige Schulmaterialien sollen (...) kostenlos gestellt werden (...).
>
> 3. Für alle Schüler vom 6. bis zum 15. Lebensjahr soll vollzeitlicher Schulbesuch Pflicht sein (...).
>
> 4. Die Pflichtschulen sollen ein zusammenhängendes (comprehensive) Schulsystem bilden. Die Begriffe ‚Grundschule' (elementary education) und ‚Höhere Schule' (secondary education) sollen zwei aufeinanderfolgende Stufen der Ausbildung dar-

---

[108] Vgl. Lingelbach, Karl-Christoph: Erziehung und Erziehungstheorien im nationalsozialistischen Deutschland. Frankfurt a. M. 1987, S. 291ff.; vgl. auch Herrlitz u.a. 1993, S. 156.
[109] Näheres zur nationalsozialistischen Bildungspolitik vgl. auch Friedeburg 1992, S. 268ff. und Kemper 1991, S. 216ff.
[110] Kemper 1991, S. 233.

stellen, nicht zwei sich überschneidende Ebenen verschiedenen Typs oder verschiedener Qualität.

5. Es sollen alle Schulen größtes Gewicht auf die Erziehung zu staatsbürgerlicher Verantwortung und demokratischer Lebensweise legen, und zwar mittels des Lehrplans, der Lehr- und Lernmittel und durch die Organisation der Schule selbst.

6. Die Lehrpläne sollen darauf abzielen, das Verständnis für andere Nationen und die Achtung vor ihnen zu fördern."[111]

Hintergrund für die schulorganisatorischen Vorschläge war die grundsätzliche Kritik an der Trennung zwischen höherer Schule und Volksschule sowie an weiteren Abtrennungen innerhalb der höheren Schule.

Allerdings scheiterten diese Reformansätze in einigen wieder oder neu errichteten deutschen Ländern bereits zwischen 1946 und 1948; in anderen wurden sie in den folgenden Jahren unter konservativen Landesregierungen weitgehend zurückgenommen und selbst in den damals relativ „progressiven" Ländern (wie Berlin, Schleswig-Holstein, Hamburg und Bremen) während der 50er Jahre erheblich reduziert.[112] Deshalb erfolgte eine äußerst rasche Wiederherstellung des alten Schulsystems und seiner traditionellen Formen. Die als unbelastet geltenden und von den Alliierten in der Kultusverwaltung eingesetzten, aus der Weimarer Reformpädagogik übriggebliebenen Reformer fanden kaum Rückhalt im Verwaltungsapparat sowie bei Lehrern und Eltern. Dies war unter anderem dadurch bedingt, daß ein Entnazifizierungsprogramm zwar auf höchster gesellschaftlicher Ebene relativ wirksam war, auf der mittleren und unteren aber eher scheiterte.

Die Besatzungpolitik der Alliierten und das re-education-Programm stärkten zunächst die Reformkräfte, führten aber auch dazu, daß durch die energische, aktive, aber taktisch bisweilen unflexible Umerziehungspolitik der Widerstand vor allem konservativer Strömungen im westlichen Deutschland hervorgerufen wurde.

Da die USA überdies auf eine ökonomische und bündnispolitische Integration der Bundesrepublik in die Westsphäre abzielten, förderten sie eher privatkapitalistische Machtinteressen und behinderten damit, möglicherweise unbeabsichtigt, demokratische oder sozialdemokratische Bestrebungen gerade auch in der Bildungspolitik. Der konservative Block gewann in Fragen der Bildungspolitik schließlich die Oberhand. Eine Entkonfessionalisierung der Schulen traf auf den Widerstand der Kirchen, die solche Tendenzen vielfach mit den unchristlichen Maßnahmen der NS-Zeit verglichen.

Die Zeit nach dem 2. Weltkrieg bis 1965 ist durch eine zunehmende bildungspolitische und organisatorische Stagnation gekennzeichnet. Es fand eine Verlagerung der Finanzierung zugunsten der Hochschulen und der wissenschaftlichen

---

[111] Basic Principles for Democratization of Education in Germany: Control Council Directive No. 54, June 25, 1947; in: Anweiler, Oskar u.a.: Bildungspolitik in Deutschland 1945-1990. Ein historisch-vergleichender Quellen-Band, Opladen 1992, S. 74.

[112] Herrlitz u.a., 1993, S. 143ff.

Forschung statt, dies geschah zum Nachteil des materiellen Ausbaus des Schulwesens.[113]

Gleichwohl bot die den jeweiligen Bundesländern vom Grundgesetz 1949 zugebilligte Kulturhoheit zumindest in den sozialdemokratisch regierten Ländern die Chance, vor dem Hintergrund eines demokratischen Ansatzes bildungspolitische Freiräume und in ihren Augen konstruktive Perspektiven für eine Bildungs- und Erziehungspolitik zu formulieren.[114] Obwohl die Achtung dieser Kulturhoheit der Länder als ein durchaus wichtiges Gut anzusehen war, bedurfte sie dennoch eines Gremiums als Korrektiv, das die Vergleichbarkeit und Einheitlichkeit bildungspolitischer Beschlüsse gewährleisten sollte. Als solches wurde 1949 die Kultusministerkonferenz (KMK) konstituiert.[115] Die Errichtung der Kulturhoheit einerseits und der gemeinsamen Kultusministerkonferenz aller Länder andererseits muß als Reaktion auf die bitteren und leidvollen Erfahrungen eines zentralistisch strukturierten, faschistischen Staats angesehen werden, der keinen Raum für oppositionelles Denken zuließ. So ist der *Entschließung der Kultusministerkonferenz vom 18. Oktober 1949* zu entnehmen:

„Die Ständige Konferenz der Kultusminister ist davon überzeugt, daß die totalitäre und zentralistische Kulturpolitik der jüngsten Vergangenheit die verhängnisvolle Verwirrung und Knechtung des Geistes und die Anfälligkeit vieler Deutscher gegenüber dem Ungeist mitverschuldet hat."[116]

1953 wurde in Absprache zwischen dem Bundesinnenministerium und den Länder-Kultusministerien der *Deutsche Ausschuß für das Erziehungs- und Bildungswesen* gegründet, ein Gremium unabhängiger Experten, das aktuelle Diagnosen der Entwicklung des Bildungssystems erarbeiten und Reformvorschläge vorlegen sollte. Der Ausschuß amtierte bis 1965.

1959 legte dieses Gremium den *Rahmenplan zur Umgestaltung und Vereinheitlichung des allgemeinbildenden Schulwesens* vor. Der Ausschuß konzipierte – aus heutiger Sicht – größtenteils vorsichtige und begrenzte Maßnahmen, nämlich für den überwiegenden Teil der 11- bis 12-jährigen eine zweijährige *Förderstufe* mit begrenzter Niveaukursbildung in Mathematik, der ersten Fremdsprache (gewöhnlich Englisch) und eventuell im Deutschunterricht, erst danach die äußere Differenzierung in eine dreijährige *Hauptschule* für den größten Teil aller 13- bis 15-jährigen, eine vierjährige *Realschule* und eine siebenjährige *Höhere Schule* mit begrenzten Zweig- oder Schwerpunktbildungen.

Für eine kleine, schätzungsweise 5 % aller 10-jährigen umfassende Gruppe, den sogenannten „Hochbegabten", sah der Plan im Anschluß an die Grundschule die Einrichtung einer 9-jährigen *Studienschule* vor, gleichsam ein modernisiertes *humanistisches Gymnasium* mit einem erheblichen Anteil altsprachlichen Unterrichts.

---

[113] Vgl. ebda., S. 146.
[114] Vgl. Anweiler, Oskar u.a.: Bildungssysteme in Europa. Entwicklung und Struktur des Bildungswesens in zehn Ländern, Weinheim/Basel (4. Aufl.) 1996, S. 34.
[115] Vgl. Ebda., S. 35.
[116] Ebda., S. 86.

Dieser insgesamt moderate Reformplan, vor allem die Förderstufenkonzeption und die Verkürzung der „normalen" Höheren Schulen (außer den *Studienschulen*) auf sieben Jahre, löste an der Wende der 50er zu den 60er Jahren den entschiedenen Widerspruch insbesondere der konservativen Bevölkerungsteile, Verbände und Parteien aus. Von den genannten Zielen wurden lediglich die Erweiterung der Volksschuloberstufe zur Hauptschule verwirklicht und in einigen sozialdemokratisch geführten Bundesländern die Förderstufe eingeführt.

> „Zwar rechtfertigte und bekräftigte der ‚Rahmenplan' im wesentlichen noch einmal die Restauration des dreigliedrigen Schulsystems, eröffnete jedoch zugleich mit seinen bescheidenen Reformvorschlägen eine für die 60er Jahre politisch folgenreiche Bildungsreformdiskussion."[117]

In dieser Zeit förderten die günstigen wirtschaftlichen Bedingungen das Wirtschaftswachstum. Herrlitz und andere führen als primäre Ursachen an

> „ein niedriges Lohnniveau als Folge der Schwächung der Arbeiterbewegung durch den Faschismus und als Ergebnis der Nachkriegsarbeitslosigkeit; reichliches Angebot an qualifizierten Arbeitskräften, unter anderem durch den Zustrom von Flüchtlingen aus den Ostgebieten und später aus der DDR; hohe Produktivitätsfortschritte der Industrie während der Kriegsjahre; relativ intakt gebliebene Produktionskapazitäten".[118]

Eine weiterführende Qualifizierung für Arbeitskräfte im Berufsbildungswesen war deshalb vorerst nicht nötig. Statt dessen erfolgte ein innerer Ausbau der Schulen, der sich nicht nur in Korrekturen im Aufnahmeverfahren und diversen Versuchen mit Förderstufen äußerte, sondern ebenso Übergänge zwischen Schulformen und -stufen schuf sowie stoffliche Anforderungen zugunsten von begrenzten Schwerpunktwahlen deutlich reduzierte. Kaum zu unterschätzen dürfte die sozialpolitische Komponente der Einführung der Schulgeldfreiheit gewesen sein.[119]

2.10. Schulreform und Bildungsexpansion in der Bundesrepublik seit 1965

2.10.1. Zum allgemeinbildenden Schulwesen

Seit Anfang der 60er Jahre beginnt in der Bundesrepublik eine sowohl in qualitativer als auch quantitativer Hinsicht beispiellose Expansion der Sekundarschulen und der Hochschulen. Die Diskussion um Bildungsinhalte, -beteiligung, und -reformen sowie deren Verwirklichung gehen seitdem ineinander über und bedingen sich wechselseitig.[120]

Für die Modernisierung des Bildungswesens in dieser Zeit waren zunächst wirtschaftliche Motive ausschlaggebend. Das sinkende Wirtschaftswachstum

---

[117] Herrlitz u.a. 1981, S. 153.
[118] Ebda., S. 147.
[119] Vgl. Ebda., S. 147-149.
[120] Vgl. Ebda., S. 203.

schien lediglich durch eine Intensivierung der Investitionen in Technik, Wissenschaft und Forschung aufhaltbar zu sein. Es gewannen Überlegungen Raum, die eine enge Verknüpfung der Investitionen in Ausbildung und dem Wirtschaftswachstum nahelegten. Aufgrund der technologischen Durchbrüche in anderen Ländern (Raumfahrt, Kernenergie) tauchte die Frage auf, ob die Bundesrepublik genug qualifizierte Arbeitskräfte besitze, um international konkurrenzfähig bleiben zu können. Georg Picht und andere Bildungsexperten propagierten das Schlagwort von der deutschen *Bildungskatastrophe*.

> „Bildungsnotstand heißt wirtschaftlicher Notstand. Der bisherige wirtschaftliche Aufschwung wird ein rasches Ende nehmen, wenn uns die qualifizierten Nachwuchskräfte fehlen, ohne die im technischen Zeitalter kein Produktionssystem etwas leisten kann. (...) Während in den anderen hochentwickelten Ländern die Kulturpolitik in den Mittelpunkt des staatlichen und politischen Interesses gerückt ist und keine Investition als zu hoch gilt, wenn es um den Ausbau der wissenschaftlichen Institutionen und des Bildungswesens geht, ist in der Bundesrepublik der Anteil der Ausgaben für Schulen und Hochschulen am Sozialprodukt zwar bis 1958 allmählich gestiegen, seither aber nach den Angaben des Kultusministers ständig gesunken."[121]

In Reaktion auf solche Überlegungen sollte einerseits die Zahl der Abiturienten durch größere Schuldurchlässigkeit erhöht werden, andererseits sollte durch entsprechende Organisation der gesetzliche Rahmen für neue Bildungsaktivitäten und -reformen erweitert werden.[122]

1965 wurde der Deutsche Bildungsrat (1965-1975) gegründet, der es sich zur Aufgabe machte, Gutachten, Studien und Empfehlungen zur Entwicklung der deutschen Bildungslandschaft zu liefern. Seine Studien wiesen neben anderen Erkenntnissen die Benachteiligung bestimmter Gruppen der Bevölkerung nach.

Diese umfaßten Mädchen, Bewohner ländlicher Gebiete, Katholiken und Arbeiterkinder. Die Wurzeln der sozialen Benachteiligung schienen tiefer zu liegen als in der zumindest rechtlich freien Wahl von Bildung und Beruf. Der Sozialstaat mußte auf die diskriminierende Lebenslage von Teilen der Bevölkerung einwirken, um deren Chancen zu erhöhen. Man hatte erkannt, daß zur Überwindung des „Bildungsnotstands" und im Sinne des Grundrechts auf Bildungsmöglichkeiten materielle Chancengleichheit und die Veränderung der Einstellungen zu Mobilität, Wandlungsbereitschaft und Neugierverhalten in den benachteiligten Gruppen erreicht werden müsse. Hierbei sollte die Schule eine Schlüsselfunktion übernehmen und zur Chancengleichheit bei sozial unterprivilegierten Kinder führen.

So betonte der Deutsche Bildungsrat die *Gleichheit der Bildungschancen*[123] und empfahl die Schaffung von Voraussetzungen zur Durchsetzung dieser Ziele. Eine weitere Forderung lautete, daß den veränderten Lebensverhältnissen und

---

[121] Picht, Georg: Die deutsche Bildungskatastrophe. Freiburg 1964, S. 17.
[122] Vgl. Herrlitz u.a. 1993, S. 204-205.
[123] „Strukturplan für das Bildungswesen des Deutschen Bildungsrates vom 13. Februar 1970"; in: Anweiler u.a. 1992, S. 103.

den neuentstandenen Ungleichheiten durch Bildung entgegengewirkt werden sollte.

> „Wenn höhere berufliche Stellungen durch höhere Ausbildung zu erreichen waren, dann erschien die Kombination zwischen der Kompensation sozial bedingter Defizite in der Schule und der Expansion der weiterführenden Bildungsgänge als eine sinnvolle Strategie, um langfristig soziale Ungleichheiten abzubauen."[124]

Zur Neuorganisation der Schule kamen unterschiedliche Ansätze in Betracht. So empfahl der Deutsche Bildungsrat ein Stufenschulsystems, das mit der vorschulischen Elementarerziehung auf den Ausgleich von Lerndefiziten abzielte. Darauf sollten der Primarbereich (Grundschule), die Klassenstufen 5 und 6 in der Sekundarstufe I als Orientierungsstufe und die Sekundarstufe II, deren Aufgabe darin bestand, stärker Neigungen, Fähigkeiten und berufliche Bildung zu integrieren, aufbauen.[125] In diesem Zusammenhang wurde die Idee der integrierten Gesamtschule von Sozialdemokraten, der Gewerkschaft für Erziehung und Wissenschaft, dem Deutschen Gewerkschaftsbund und insbesondere einer wachsenden Zahl von Erziehungs- und Sozialwissenschaftlern als ein Lösungsmodell angesehen.

Ein weiteres Maßnahmenbündel sollte die Chancengleichheit erhöhen. Die Auflösung der bisherigen separierten, elitär ausgerichteten Bildungsgänge zugunsten eines integrierten Systems sollte verhindern, daß es zu frühzeitigen Festlegungen oder zu unerwünschter Auslese kam. Das Problem einer horizontalen Differenzierung mußte zugunsten von Fächerschwerpunkten gelöst werden. Ferner bestand das Problem der vertikalen Differenzierung, dem eine Kombination von Lerneinheiten entgegengesetzt wurde. Man erhob den Anspruch eine Balance zwischen einer für alle Schüler und Schülerinnen gleichen oder doch ähnlichen Basis an Lernbereichen und Lernzielen und einer gleichzeitigen Differenzierung nach individueller Leistung und Neigung herzustellen.

Ging es im Elementar- und Primarbereich noch um die Entwicklung und Förderung grundlegender sprachlicher, sozialer, intellektueller und emotionaler Fähigkeiten ohne äußere Differenzierungen, so sollte nach der Orientierungsstufe ein Prozeß einsetzen, der auf Abschlüsse der Sekundarstufe I ausgerichtet war und daher in einem Teil der Fächer und Lernbereiche auf unterschiedlichen Niveaustufen erfolgen mußte. Didaktisch-curricular sollten möglichst große Anteile schulischer Inhalte jedoch für alle Schüler und Schülerinnen verbindlich sein, um ein hohes Maß an Gemeinsamkeit und Zugangsmöglichkeiten zu weiterführenden Bildungswegen offenzuhalten.

Gegenüber einseitiger Orientierung des Unterrichts an der Stoffvermittlung betonte der Bildungsrat

> „die Entwicklung des Verstehens und des Gebrauchs der Sprache; der Mut und die Fähigkeit, Fragen zu stellen, um so viele Informationen wie möglich einzuholen; die Entwicklung von Verhaltens- und Handlungsweisen, um mit unbekannten und schwierigen

---

[124] Ebda., S. 207.
[125] Vgl. Herrlitz u.a. 1993, S. 208.

Situationen selbständig fertig zu werden, also die Entwicklung problemlösenden und nicht zurückweichenden Verhaltens".[126]

Versuche, Empfehlungen des Bildungsrats zur Integration von allgemeiner und beruflicher Bildung in die Tat umzusetzen, scheiterten am Widerstand einflußreicher Gruppen insbesondere im Unternehmerlager. Weitere Probleme bei der Realisierung solcher Reformvorhaben waren finanzieller Art, denn diese Projekte erforderten einen höheren Bildungsetat. Ferner drängten zu dieser Zeit andere Fragen wie Arbeitslosigkeit, Gesundheitspolitik, Energie- und Umweltprobleme die Bildungspolitik in den Hintergrund. Nicht zuletzt scheiterte die länderübergreifende Reformierung der Schule Anfang der 70er Jahre an der fehlenden Zustimmung der konservativ regierten Länder Baden-Württemberg und Bayern.

- Auch wenn der Bildungsrat nicht in allen Bereichen seine Empfehlungen in die Praxis umsetzen konnte, lassen sich folgende Veränderungen festhalten, die in einigen Bundesländern in Ansätzen bereits vor 1970, bald nach der Veröffentlichung des *Strukturplans*, oder in der Folgezeit realisiert wurden[127] Der Übergang von der Grundschule zur Sekundarstufe I erfolgte von diesem Zeitpunkt an in vielen Bundesländern in Form einer zweijährigen Orientierungs- oder Förderstufe.
- Neben die herkömmlichen Schultypen (Sonderschule, Hauptschule, Realschule, Gymnasium) trat die integrierte sowie „additive" oder „kooperative" Gesamtschule.
- Im gymnasialen Bereich erfolgte die Einführung eines Kurs- und Wahlsystems, vor allem in der Sekundarstufe II.
- An die Realschule schloß sich nun unmitelbar die Fachoberschule an, auf der man die Voraussetzung zum Besuch einer Fachhochschule erwerben konnte.
- Fachlich und organisatorisch wurden die Schultypen angeglichen, so daß nach dem Haupt- und Realschulabschluß mit qualifiziertem Ergebnis dem Besuch der jeweils nächsthöheren Schule keine Barrieren im Weg standen.

Seit den 70er Jahren ist sowohl in qualitativer als auch quantitativer Hinsicht eine Bildungsexpansion zu verzeichnen. Diese Bildungsexpansion macht sich auch in einem ständigen Wachstum der Schülerzahlen in den Sekundarstufen und den Hochschulen bemerkbar. Der mittlere Abschluß, also Realschulabschluß und anschließende Fachoberschulreife, stellte sich für große Teile der Jugendlichen als neuer Bildungsstandard heraus. Dabei wird diese Bildungsexpansion durch geänderte Bildungserwartungen der Eltern und Schüler maßgeblich bestimmt. Nach wie vor besteht ein enger Zusammenhang zwischen dem Bildungsgrad der Eltern und dem für ihre Kinder erwünschten Abschluß.

---

[126] Deutscher Bildungsrat: Empfehlungen der Bildungskommission. Strukturplan für das Bildungswesen. Bonn 1970, S. 42.
[127] Vgl. Herrlitz u.a. 1993, S. 211-213.

„Jedes ‚upgrading' der Abschlüsse im Zuge der Bildungsexpansion bedeutet damit für die nächste Generation mindestens einen Erhalt, wenn nicht einen Anstieg der Bildungswünsche."[128]

In besonderem Maße trug die wachsende Teilhabe der Mädchen am Bildungsprozeß zur Ausweitung der weiterführenden Bildung bei, und unter den neu entstandenen wirtschaftlichen und industriellen Bedingungen wuchs zunehmend der Bedarf an qualifizierten Fachkräften, was seinerseits eine fundierte Ausbildung der Jugendlichen erforderte. Wohlstand und Verringerung der Familiengröße bewirkten, daß der Druck auf die Jugendlichen, frühzeitig ein Arbeitsverhältnis einzugehen oder eine Familie zu gründen, abgeschwächt wurde.

Aufgrund der ausgeweiteten Studien- und Bildungszeiten erleben Heranwachsende in unserer Zeit eine neue Form von Postadoleszenz, welche sich nicht selten auf die Zeitspanne zwischen dem 25 und dem 30 Lebensjahr erstreckt. Dieser Zeitraum bietet immer größere Freiräume für die Reflexion individueller wie auch die Gesellschaft betreffende Fragen, was sich besonders in persönlicher Selbstentfaltung, politischem Bewußtsein oder engagiertem Umweltbewußtsein äußert.

Die Bildung garantiert in zunehmenderem Maße bessere Voraussetzungen für die individuelle „Realisierung der Lebens- und Berufswünsche" und zum anderen eine günstige Ausgangsbasis für ein qualifizierteres Beschäftigungssystem, um international Schritt halten zu können.[129]

Nachweislich ist die absolute Zahl von Arbeiterkindern, die einen Abiturabschluß erlangen und ein Studium absolvieren, in den letzten drei Jahrzehnten deutlich gestiegen, das Entsprechende gilt auch für junge Menschen aus anderen sozialen Schichten. Ungeachtet dieser positiven Entwicklung ist der *relative* Anteil von Arbeiterkindern an den Abiturienten sowie an den Studierenden indessen allenfalls geringfügig gestiegen; nach einigen neueren Untersuchungen ist er gleich geblieben oder sogar leicht gesunken. So besuchte 1995 nur jeder fünfte Jugendliche aus Arbeiterfamilien eine gymnasiale Oberstufe, eine Universität oder Hochschule, während dies bei Beamtenkindern etwa 60% betraf.

Die Bildungsexpansion war von Anfang an von Befürchtungen begleitet, daß das Niveau des Unterrichts am Gymnasium und an der Hochschule zurückgehen könnte. Demgegenüber aber ergaben zwei Studien aus den Jahren 1986 und 1994/95, daß zumindest im gymnasialen Bereich kein Zusammenhang zwischen relativem Schulbesuch und der Schulleistung nachzuweisen ist.[130]

Über die tatsächlichen Erfolge der Bildungsreformen kommt die Literatur zu unterschiedlichen Einschätzungen. Von den vier im Bildungsbereich klassisch diskriminierten Gruppen scheint die Benachteiligung aufgrund der Geschlechts-

---

[128] Ebda., S. 220.
[129] Vgl. Anweiler, u.a. 1992, S. 107.
[130] Vgl. Klemm, Klaus / Weegen, Michael: Wie gewonnen, so zerronnen. Einige Anmerkungen zum Zusammenhang von Bildungsexpansion und Akademikerangebot; in: Rolff, Hans-Günter u.a. (Hg.), Jahrbuch der Schulentwicklung. Daten, Beispiele und Perspektiven. Band 11, Weinheim/München 2000, S. 142f.

oder Religionszugehörigkeit aufgehoben zu sein, während dies für die schichtspezifischen und regionalen Benachteiligungen weit weniger zutrifft.[131] Während Herrlitz und andere Autoren den Abbau von Benachteiligungen durch das Bildungssystem zum Teil positiv einschätzen, findet man im Schlußbericht der Enquête-Komission des Deutschen Bundestages vom September 1990 eine eher skeptische Einschätzung des Sachverhaltes.

> „Bilanziert man den Ertrag des langen Weges zu mehr Chancengleichheit, so muß man feststellen, daß sich Gleichheit nicht in dem angestrebten und demokratisch gebotenen Maße ergeben hat, nicht die Gleichheit der Geschlechter, nicht die der sozialen Schichten und bereits gar nicht die zwischen den Ethnien. (...) .Die Kinder der einzelnen sozialen Schichten sind immer noch auf allen Stufen des Bildungssystems unterschiedlich vertreten. Besonders Arbeiterkinder sind vom Kindergarten über die allgemeinbildenden Schulen, über die berufliche Ausbildung bis hin zur Weiterbildung benachteiligt. Ausländische Kinder, neuerdings auch die Kinder von Aussiedlerfamilien verbleiben in ihrer überwiegenden Zahl auf den untersten Sprossen des Bildungs- und dann auch des Beschäftigungssystems."[132]

Während bei den genannten Sachverhalten kein Konsens über das Ausmaß der erzielten Ergebnisse herrscht, kommen folgende Grundtendenzen deutlich zum Vorschein:

Bildungsinhalte erfahren eine zunehmende Verwissenschaftlichung oder Wissenschaftsorientierung.[133]

Erstmalig zeichnen sich die ehemalig strikt separierten Schulformen durch einen höheren Grad an Integration aus. Dies fördert zugleich soziales Lernen in Gruppen sowie die individuelle Verantwortung für die eigene Bildungslaufbahn.[134]

Da Bildungswandel entscheidend von gesellschaftlichem Wertewandel geprägt wird, nehmen neue Probleme wie Umwelterhaltung, Friedenssicherung und Bürgerrechte einen hohen Stellenwert ein. Etwa seit der zweiten Hälfte der 80er Jahre sind allerdings Tendenzen der Abwendung von solchen kritisch-emanzipativen Forderungen, die von fortschrittlichen Kräften und Parteien nach wie vor vertreten werden, zu beobachten.

2.10.2. Exkurs: Berufliche Ausbildung

Auch wenn in diesem Zusammenhang eher Aspekte des allgemeinbildenden Schulsystems in Deutschland erörtert werden, soll hier skizzenhaft auf das berufliche Schulwesen eingegangen werden, da es im internationalen Vergleich eine Besonderheit darstellt.

---

[131] Vgl. Herrlitz u.a. 1993, S. 223-227. Vgl. auch Block, Rainer / Klemm, Klaus: Lohnt sich die Schule? Reinbek 1997, S. 112-124.
[132] Zukünftige Bildungspolitik-Bildung 2000; in: Anweiler u.a. 1992, S. 107-110, hier S. 108.
[133] Vgl. Schmitz, Klaus: Geschichte der Schule. Ein Grundriß ihrer historischen Entwicklung und ihrer künftigen Perspektiven, Stuttgart u.a. 1986, S. 91ff.
[134] Vgl. Herrlitz u.a. 1993, S. 227-228.

Eine wichtige Errungenschaft stellt seit den ersten Jahrzehnten des 20. Jahrhunderts die Verbindung beruflicher Ausbildung mit theoretischem Unterricht dar, so daß in dieser Schulform auch Fächer mit berufsfeldübergreifendem Anspruch wie etwa Mathematik, Deutsch und Staatsbürgerkunde (bis 1933) und nach 1945 Sozialkunde oder Politik vertreten sind. Vergleichbar mit dem allgemeinbildenden Schulwesen zielt die berufsspezifische Ausbildung – jedenfalls der Forderung neuerer Berufsbildungskonzeptionen entsprechend – ab auf eine umfassendere Befähigung der Auszubildenden durch

> „Ablösung der auf die isolierte Vermittlung fachspezifischer Fertigkeiten und Kenntnisse begrenzten Ausbildungsmethoden (...) durch auf die Entwicklung ganzheitliche(r) Fähigkeiten ausgerichteten Methoden".[135]

Diese Zielsetzung schlägt sich etwa in einer Ausbildungsverordnung nieder, in der es heißt, daß

> „die Fertigkeiten und Kenntnisse so vermittelt werden (sollen), daß der Auszubildende (...) zur Ausübung einer qualifizierten beruflichen Tätigkeit befähigt wird, die insbesondere selbständiges Planen, Durchführen und Kontrollieren einschließt (und die traditionelle berufliche Bildung) ersetzt (wird) durch das Übertragen der selbständigen Durchführung (...) eines ‚vollständigen Handlungsbogens' an die Auszubildenden".[136]

So ist in der Regel jedem Lehrberuf eine Berufsschule der Industrie- und Handelskammer angegliedert, deren Besuch verpflichtend ist. Die verschiedensten beruflichen Fachschulen befinden sich sowohl in staatlicher Trägerschaft als auch in der Hand von privaten Großunternehmen. Auch das praxisbezogene Studium an einer Fachhochschule ist ein spezifisch deutsches Konzept. Diese Handhabung ermöglicht dem Schüler und der Schülerin sowie den Auszubildenden sowohl berufsspezifische theoretische und praktische Kenntnisse als auch eine erweiterte Allgemeinbildung, wodurch ihnen künftig die oftmals erforderlichen Berufswechsel oder der Erwerb der Hochschulreife über den zweiten Bildungsweg erleichtert wird. Hierbei nehmen die Arbeitsämter durch ihre Umschulungen und Weiterbildungskurse eine Schlüsselfunktion ein. Wie bereits im Zusammenhang mit den weiterführenden Schulen dargestellt, zeigt sich auch hier im Vergleich mit anderen Ländern eine relativ hohe Transparenz des deutschen Bildungswesens.[137]

Allerdings besteht gegenwärtig die Gefahr, daß in Phasen finanzieller Engpässe aufgrund kurzfristiger Kosten-Nutzen-Abwägungen das Programm breit gefächerter Ausbildung zur Schmalspurausbildung verkommt.

Gerade in unserer Zeit ist eine multiperspektivische berufliche Ausbildung unabdingbar. Im Zuge der Globalisierung und der immer komplexer werdenden

---

[135] Arnold, Rolf / Müller, Hans-Joachim: Berufsbildung: Betriebliche Berufsausbildung, berufliche Schulen, Weiterbildung; in: Krüger, Heinz-Hermann / Rauschenbach, Thomas (Hg.): Einführung in die Arbeitsfelder der Erziehungswissenschaft. Opladen 1995, S.61-88, hier S.66.
[136] Ebda.
[137] Vgl. ebda., S. 61-88.

Welt bedarf auch ein Facharbeiter der Befähigung, seine gesellschaftliche Situation in einem Kontext zu sehen, der es ihm ermöglicht, auf veränderte Lebensverhältnisse angemessen zu reagieren. Dies trifft vorrangig dann zu, wenn Lebenskrisen, wie etwa der Verlust eines Angehörigen, Ehe- oder Wohnungsprobleme sowie Arbeitslosigkeit und daraus resultierende finanzielle Probleme (etwa Verschuldung) auftreten.

Resümierend bleibt festzuhalten, daß das Bildungssystem in Deutschland seit der Aufklärung ungeachtet mancher Epochen der Stagnation und undemokratischer Verhältnisse wie etwa in der nationalsozialistischen Zeit einen umfassenden Modernisierungsprozeß durchlaufen hat. Die wesentlichen Etappen auf dem Weg des Bildungssystems vom traditionalistisch geprägten Schulwesen des Mittelalters in die Moderne werden hier durch die Begriffe Renaissance, Humanismus, Reformation und vor allem Aufklärung umschrieben. Im Laufe dieses jahrhundertelangen Prozesses trat immer mehr das Individuum in den Vordergrund und wurde zum Gegenstand pädagogischen Denkens und Handelns.

Zu den frühesten Theoretikern der Pädagogik in Deutschland gehören Ratke, Comenius und Francke. Bei ihnen ist bereits die Theoriebildung als solche als fortschrittlich zu bezeichnen und da es ihnen gelang, erstmalig das Individuum in den Mittelpunkt ihrer erzieherischen Bemühungen zu stellen, sind sie zweifelsfrei in die Frühmoderne einzustufen. Freilich ist es noch ein weiter Weg bis zu modernen Erziehungsauffassungen aus heutiger Sicht; auffallend ist unter anderem bei ihnen, daß sie Bildung und Erziehung als Aufgabe innerhalb eines religiösen Kontextes begriffen, während im gegenwärtigen Europa zunehmend säkulare Erziehungskonzepte selbstverständlich werden.

Wesentliche Grundsätze der modernen europäischen Pädagogik wurden auch durch Rousseau, Kant, Pestalozzi und Humboldt formuliert. Hierbei handelt es sich um die Orientierung am Begriff des Individuums. Rousseau wies erstmalig auf das Eigenrecht des Kindes hin und richtete die Erziehung an seinen Bedürfnissen aus. Kant sah in der Befähigung jedes Einzelnen zum rechten Gebrauch der Vernunft die Leitidee der Erziehung, was zugleich die Befreiung von der religiösen Bevormundung bedeutete. Pestalozzi formulierte ein ganzheitliches Erziehungskonzept, das zugleich den Verstand, handwerkliche Fähigkeiten und den Bereich von Gefühl und Ästhetik umfaßte. Humboldt bemühte sich als preußischer Minister um die Organisation eines staatlichen Bildungssystems, an dem alle Schichten der Bevölkerung teilhaben sollten, und versuchte somit erstmalig die Idee der Volksbildung in die Tat umzusetzen.

In der westlichen Debatte ist man sich über den Grundsatz einig, daß das Bildungssystem ständiger Reformen bedarf und die kritische Begleitung der erzieherischen Praxis durch die pädagogische Theorie unabdingbar ist. Auch wenn keiner von der Erziehungswissenschaft entwickelten Modernisierungsansätze im 20. Jahrhundert als bündiges, alle Teilelemente umfassendes Programm realisiert wurde, sind dennoch folgende markante Entwicklungen nachzuzeichnenDie Einführung der 4-jährigen Grundschule 1920, die Verbesserung der Volksschullehrerbildung durch die Gründung Pädagogischer Akademien ab 1926 und die Wiederaufnahme und Fortsetzung ihres Ansatzes in der Bundesrepublik bis hin zur Integration der Volksschullehrerbildung in die Universitäten, der Ausbau der Mädchenbildung in der Weimarer Republik und die seit den 70er Jahren zügig voranschreitende Weiterführung solcher Bemühungen. Zugleich wurde durch die Begründung des dualen Systems, in dem die Berufsschule einen eigenen Zweig des Schulsystems bildet, den angehenden Facharbeitern neben ihrem berufsbezogenen Unterricht die Möglichkeit zu breiterer Allgemeinbildung eröffnet. Bei realistischer Einschätzung wird man nach den Erfahrungen mit pädagogischen Reformansätzen des letzten Jahrhunderts wohl auch in Zukunft damit rechnen müssen, daß Veränderungen im Bildungswesen wohl nur in Form von Stückwerk-Innovationen durchsetzbar sein werden, und daß das Ausmaß an erstrebenswerten Auswirkungen begrenzter Reformprojekte auf jeweils andere Bereiche der Bildung nur sehr schwer abschätzbar ist. Dennoch sind solche Bemühungen nicht als gering zu erachten und machen zweifelsfrei konzeptionelle Gesamtentwürfe erforderlicher denn je. Nur wird sich jeder, der an der Entwicklung pädagogischer Theorie beteiligt ist, hinsichtlich der Bereitschaft der politischen Entscheidungsträger, solch umfassende Reformvorschläge in die bildungspolitische Realität umzusetzen, vor euphorischen Hoffnungen hüten müssen.

Aus der Geschichte der europäischen Pädagogik, die hier durch einige ihrer herausragendsten Vertreter skizziert wurde, ergibt sich die unabdingbare Forderung nach Chancengleichheit, die die Aufhebung jeglicher Benachteiligungen auf Grund der Religions- oder Geschlechtszugehörigkeit sowie sozialer oder regionaler Herkunft voraussetzt.

Diese Benachteiligungen sind zu Beginn des 21. Jahrhunderts in der Tat weitestgehend beseitigt oder eingedämmt worden. Die konfessionelle Zugehörigkeit stellt heute kein Hindernis mehr für den Zugang zu einer schulischen oder universitären Ausbildung dar. Die bis ins erste Drittel des 20. Jahrhunderts anhaltende Benachteiligung der Frauen ist de jure aufgehoben und führte in der Praxis zu einem höheren Maß an Gleichberechtigung der Geschlechter. Durch die Ermöglichung eines unentgeltlichen Schulbesuchs beziehungsweise Studiums kamen auch Kinder aus weniger bemittelten Familien in den Genuß höherer Bildung. Allerdings existieren bezüglich der Chancengleichheit von Frauen und Kindern aus sozial benachteiligten Familien nach wie vor vielfältige gesellschaftliche, politische und psychologische Barrieren, die einer vollständigen Gleichstellung dieser Gruppen im Wege stehen.

Die Benachteiligung von Kindern und Jugendlichen aus ländlichen Regionen gegenüber solchen, die in Städten aufwachsen, ist durch die Gründung vieler Schulen außerhalb der Ballungszentren gemildert worden. Verkehrstechnische Gründe dürften in Deutschland gegenwärtig kein Hindernis mehr für den Besuch eines Gymnasiums darstellen. Freilich ist nicht davon auszugehen, daß die bildungsbezogene Benachteiligung ländlicher Gebiete jemals gänzlich aufgehoben werden kann, da dort Bildungseinrichtungen wie Volkshochschulen, Museen oder Bibliotheken nicht in dem erforderlichen Maße vorhanden und bereits für Jugendliche nutzbar sind wie in Städten.

Der differenziert ausgebaute und für den einzelnen – ungeachtet der Konfession, sozialer und regionaler Herkunft sowie Geschlecht – nutzbare Stand des Bildungswesens in Deutschland ist als Ergebnis eines jahrhundertelangen geistesgeschichtlichen Prozesses anzusehen und somit eine nicht zu unterschätzende Errungenschaft, die es zu erhalten gilt. Somit sind alle gegenwärtigen Entwicklungen (wie etwa die Diskussion um Studiengebühren) hinsichtlich der Chancengleichheit kritisch zu überprüfen.

3. Der zukunftsorientierte Ansatz von Modernisierung und seine Begründung

3.1. Gesellschaftliche und bildungsspezifische Hauptcharakteristika der Moderne

Im vorliegenden Kapitel wird zunächst der Leitgesichtspunkt dieser Analyse, der Begriff „Modernisierung", auf dem jüngeren Stand seiner methodologischen Entfaltung angesichts nationenübergreifender gesellschaftlich-politisch-kultureller Entwicklungen der letzten Jahrzehnte erörtert. In den Kapiteln 4-7 wendet sich der Verfasser dann den Reformbestrebungen im Iran des 19. und 20. Jahrhunderts zu, mit dem Ziel, den Modernisierungsaspekt auf der Ebene genereller politischer und kultureller (und nicht zuletzt religiöser) Prozesse im Hinblick auf die Entwicklung des Bildungswesens zu verfolgen.

Wie bereits in Kapitel 2 gezeigt befinden sich seit dem ausgehenden Mittelalter alle gesellschaftlichen Strukturen in einem stetigen Wandel, der für die Gesellschaft und die Individuen weitreichende Umbrüche mit sich brachte.

Die wichtigsten Veränderungen waren die „Freilassung" des Menschen sowie die Entdeckung des Individuums, der forcierte Prozeß der Säkularisierung und eine unaufhaltsam voranschreitende Industrialisierung (vgl. insbesondere Kapitel 2.5.). So läßt sich mit Beck und Beck-Gernsheim angesichts der Gewinner wie der Verlierer dieser gravierenden Veränderungen durchaus ambivalent feststellen,

> „Die Moderne (...), die mit dem Anspruch der Selbstermächtigung des Subjekts angetreten ist, löst ihr Versprechen ein", indem sie „in kleinen und großen Schritten an die Stelle von Gott, Natur, System das auf sich selbstgestellte Individuum setzt".[1]

An dieser Formulierung läßt sich erkennen, daß Beck und Beck-Gernsheim wie auch manche ihrer Diskussionspartner oft zu prononcierten Äußerungen neigen, indem sie von ihnen genannte und empirisch belegbare Tendenzen der „modernen Welt" „idealtypisch" (im methodologisch-interpretativen, nicht normativen Sinn des Wortes) so beschreiben, als ob sie bereits in ihrer Extremform realisiert seien. Dennoch lassen sich mit diesen begrifflichen Annäherungen die Folgen der Modernisierung in ihrer ganzen Tragweite pointiert verdeutlichen. Das oben angeführte Zitat weist darauf hin, daß in weit stärkerem Maße als zu Zeiten traditioneller und damit relativ sicher eingebundener Lebensentwürfe nun jedes Individuum sein Leben und Handeln zwischen den Extremen vormaliger institutioneller Eingebundenheit und der neuen, unter Umständen ähnlich grundsätzlichen Losgelöstheit von allen stabilisierenden Gruppen oder Zwängen

> „gewissermaßen selbst herstellen muß, in eigenem Handeln in die Biographie hereinholen muß".[2]

---

[1] Beck, Ulrich / Beck-Gernsheim, Elisabeth: Individualisierung in modernen Gesellschaften; in: Beck, Ulrich (Hg.): Riskante Freiheiten. Frankfurt a.M. 1994, S. 10-39, hier S. 20.
[2] Ebda., S. 12.

Neben den politisch verankerten Demokratisierungsbestrebungen setzten sich auch die modernen Naturwissenschaften mit ihren besonderen Spezialisierungen und Differenzierungen durch. Diese Entwicklungen wurden einerseits oft erst nach Überwindung großer Anfangsprobleme von bestimmten Gruppen als positiv, als Fortschritt erfahren und beurteilt, andererseits von denen, deren ökonomische Situation und gesellschaftliche Stellung durch solche Entwicklungen gefährdet wurden oder sich spürbar verschlechterten, bekämpft. Es soll nun gezeigt werden, welche Folgen daraus für den gegenwärtigen Stand der Modernisierung resultieren. Zunächst sollen Entwicklungen genannt werden, die zwar nicht von allen Zeitgenossen, aber im Bewußtsein der Mehrheit lange Zeit bis heute positiv bewertet werden.

Wachsende Teile der Menschen erreichen in den modernen Industriegesellschaften einen höheren Lebensstandard und unter staatlicher Fürsorge eine größere soziale Sicherheit. Die Flexibilisierung von Arbeitszeiten, Teilzeitarbeit, die Vielfalt von Beschäftigungsformen schaffen die Möglichkeit eines größeren persönlichen Freiraums.

In materieller Hinsicht ist der Mensch relativ ungebunden und muß in der Regel nicht täglich die Armut bekämpfen. Dieser – vermeintliche oder wirkliche – größere Freiraum birgt aber auch mannigfaltige Konflikte persönlicher und gesellschaftlicher Natur in sich, so daß die

> „Individuen (...), um nicht zu scheitern, langfristig planen (...), organisieren und improvisieren, Ziele entwerfen, Hindernisse erkennen, Niederlagen einstecken und neue Anfänge versuchen (müssen)".[3]

Dazu benötigt der moderne Mensch bei aller Ausweitung seiner persönlichen und ökonomischen Möglichkeiten auch Initiative, Zähigkeit, Flexibilität und ein großes Maß an Frustrationstoleranz.[4]

Beck und Beck-Gernsheim greifen zur Charakterisierung dieses Zustands den gleichermaßen heiter-verspielten wie auch den Ernst der Lage ausdrückenden Begriff Ronald Hitzlers von der sogenannten „Bastelbiographie"[5] auf, um das permanente Bemühen des Individuums um individuelle und soziale Identität, gleichzeitig aber auch den schmalen Grat zwischen geglücktem Entwurf und eklatantem Scheitern zu markieren. Sucht man diesen ambivalenten Prozeß vor dem Hintergrund der Genese der modernen Gesellschaft annähernd treffend zu umschreiben, so könnte man – abermals mit einem Begriff von Beck und Beck-Gernsheim, die diesen Widerspruch zwischen subjektiven Freiheiten und gesellschaftlichen Abhängigkeiten deutlich kennzeichneten – die Situation der Menschen in der modernen Welt als die einer „institutionalisierten Individualisierung"[6] umschreiben.

---

[3] Beck / Beck-Gernsheim 1994, S. 15.
[4] Vgl. ebda.
[5] Ebda., S. 13.
[6] Ebda., S. 21.

Dies versucht Beck am Beispiel der Institution der Ehe zu verdeutlichen: Die Aufhebung eines veralteten Moralkodexes und der überkommenen (frauenfeindlichen) Geschlechterrollen, der Tabus von Ehe, Elternschaft und Sexualität schreitet voran. Im 17. und 18. Jahrhundert galt die Institution der Ehe noch als gleichsam göttlich legitimierter

> „direkter Bestandteil der Gesellschaftsordnung (und dem) (...) individuellen Zugriff weitgehend verschlossene, sozial verbindliche Lebens- und Arbeitsform, in der Männern und Frauen bis in die Einzelheiten des Alltags, der Arbeit, der Wirtschaft, der Sexualität vorgegeben ist, was sie zu tun und zu lassen haben".[7]

Selbst im 19. und und beginnenden 20. Jahrhundert orientierte sich die gesetzliche Kodifizierung der Ehe am bürgerlich-christlichen Selbstverständnis. Erst die voranschreitende Moderne stellt dann metaphysisch oder staatlich normierte Zwecke und Sinninhalte vollständig zur Disposition.

> „Ehe wird zur Leerformel, die die Partner, die sich in ihr zusammenschließen, selbsttätig füllen müssen. Was Ehe, Liebe, Partnerschaft heißt, wird zur Entscheidungssache, muß angesichts der Belagerung durch Alternativen immer wieder bekräftigt und erneuert werden."[8]
> „Die rasche Entwicklung unserer modernen Industriegesellschaften (...) zwingen (...) zu unvoreingenommener Aufgeschlossenheit gegenüber neuen Lebensformen in Ehe und Familie."[9]

Ein weiterer Aspekt der Individualisierung in der Moderne zeichnet sich dadurch aus, daß sich bereits vorhandene geschlechtsspezifische Rollen zunehmend aufzulösen beginnen. Die neue Rolle der Frau, die Anerkennung ihrer Rechte und der Kampf gegen ihre Benachteiligung sollen nach dem Willen ihrer Befürworterinnen und Befürworter ihre Emanzipation und den Wandel des Rollenverständnisses zwischen Männern und Frauen bewirken. Menschen beiderlei Geschlechts sollen in jeglicher Hinsicht Chancen zur Selbstverwirklichung erhalten.

Gleichzeitig entstehen diverse neue, außerparlamentarische Gruppenaktivitäten: Menschen mit gemeinsamen Sorgen, Interessen und Zielsetzungen bilden Gruppierungen außerhalb oder quer zu bereits etablierten gesellschaftlichen und politischen Institutionen und Verbänden; sie nehmen auf gesellschaftlich-politische Prozesse in partiell neuartigen Aktionsformen Einfluß. Beispiele dafür sind die Frauen-, die Umwelt- oder die Friedensbewegung. Durch diese Bewegungen kann jeder Einzelne versuchen, unabhängig von der Wahrnehmung eines politischen Amtes oder einer gesellschaftlich relevanten Stellung, Einfluß auf die gesamtgesellschaftliche Orientierung zu gewinnen.

Mit etwas anderer Akzentsetzung kennzeichnet Habermas den gegenwärtig erreichten Stand der Moderne. Für ihn stellt die Bildungsrevolution, also die

---

[7] Beck, Ulrich u.a.: Eigenes Leben. Ausflüge in die unbekannte Gesellschaft, in der wir leben. München 1995, S. 72.
[8] Ebda., S. 72.
[9] Ebda., S. 71.

Möglichkeit der Aneignung von Wissen für breitere Schichten durch vielseitigen Einsatz von Medien das Hauptcharakteristikum der Moderne dar.

> „Eine Bildungsexpansion hat stattgefunden. Bildung ist, wenn auch auf unterschiedlichen Niveaus, Allgemeingut geworden und wird nun zum Mittel gegen den beruflichen Abstieg. Durch vermehrte Entwicklung und Produktion moderner Kommunikations- und Massenmedien wird immer breiteren Schichten der Bevölkerung deren Benutzung und damit die Aneignung von Wissen und Information ermöglicht. Die Technisierung der Lebenswelt und besonders die Kommunikationstechnologie schaffen ein breites Netz von mediengesteuerten Informations- und Kommunikationsmöglichkeiten: Schrift, Druckpresse und elektronische Medien kennzeichnen die evolutionär bedeutsamen Innovationen auf diesem Gebiet, Techniken, mit deren Hilfe Sprechhandlungen aus raumzeitlichen Kontextbeschränkungen gelöst und für vervielfachte Kontexte verfügbar gemacht werden."[10]

Die Erfassung der Moderne als Zeitalter mannigfaltiger Kommunikations- und Bildungsmöglichkeiten ist für Habermas außerordentlich bedeutsam. Doch kann an dieser Stelle auf seine Beschreibung der Moderne über diese knappe Skizze hinaus nicht weiter eingegangen werden.

3.2. Negative Auswirkungen und notwendige Neuorientierungen in der Moderne: Der Ansatz von Ulrich Beck

Modernisierungstendenzen brachten aber immer auch ungewollte Nebenwirkungen und neuartige Krisen mit sich. Sie gaben Veranlassung, die negativen Folgewirkungen ins Blickfeld und ins Zentrum der Modernisierungskritik zu rücken sowie Leitvorstellungen für kritisch revidierte, zum Teil tiefgreifende Kurskorrekturen zu begründen.

Diese Neuorientierung wird von Beck und anderen Autoren als „reflexive Modernisierung" bezeichnet. Sie müsse durch eine immer wieder neu zu durchdenkende „Selbstbeherrschung" und durch praktische Selbstzähmung gekennzeichnet sein.[11] Ein wichtiger Impuls für die Entwicklung dieser kritischen Haltung gegenüber einer Reduzierung der Moderne auf die Freisetzung des Individuums von den Fesseln der Tradition und Autorität ging bereits von der Schrift *Dialektik der Aufklärung* von Horkheimer und Adorno unmittelbar nach dem Zweiten Weltkrieg aus.[12]

Die Fragestellung dieser beiden Autoren richtete sich auf die Möglichkeit der Entstehung des Faschismus trotz oder vielleicht gerade wegen der Moderne. Als Befürworter der Moderne und der Aufklärung waren sie dennoch um eine differenzierte Sicht ihrer Folgen bemüht. Die Befreiung des Individuums, welche die Aufklärung mit sich brachte, war in Orientierungslosigkeit umgeschlagen, die die Menschen für Massenbewegungen wie den Faschismus anfällig werden ließen. Es sei notwendig, von seiten der Befürworter ebenfalls Defizite dieser Ent-

---

[10] Habermas 1988, S. 173-293, hier S. 274.
[11] Vgl. Beck 1986, S. 299.
[12] Horkheimer, Max / Adorno, Theodor W.: Dialektik der Aufklärung. Philosophische Fragmente. Frankfurt a.M. 1994.

wicklungen zu thematisieren, um nicht totalitären Strukturen Raum zu geben, die die Beseitigung dieser Mängel vorgaukeln und zugleich die positiven Errungenschaften von Aufklärung und Moderne zunichte machen.

Neben der Kritik an gesellschaftlich-politischen Folgewirkungen der Moderne entstand erneut ein Bewußtsein für die Umwelt. Die immer neuen ökologischen Krisen gaben Anlaß, sich mit den negativen Auswirkungen der Industrialisierung und des Wohlstands auseinanderzusetzen. Es gab bereits in der früheren Geschichte Umweltschäden – etwa die Entwaldung und Verkarstung in der Antike oder die Verschmutzung in den mittelalterlichen Städten – und das Problem der ökologischen Gefährdung rief auch im 19. Jahrhundert kritische Stimmen hervor, jedoch sind für die jüngere Beschäftigung mit Umweltproblemen im Rahmen der reflexiven Modernisierung zunehmende globale Krisen in der Ökologie, wie etwa die Luftverschmutzung, drohende Erschöpfung der Rohstoffressourcen, Verschmutzung der Weltmeere, Abholzung der Wälder, Vernichtung der Artenvielfalt, atomare Bedrohung und radioaktive Verseuchung, Entstehung des Ozonlochs durch Einsatz von Treibgas oder der Treibhauseffekt durch Aufwärmung der Erdatmosphäre ausschlaggebend.[13]

Eine Gefährdung der natürlichen Lebensgrundlagen in bisher unvorstellbarem Ausmaße ist zu konstatieren

> „Zum ersten Mal in der Geschichte der Menschheit ist die Zukunft des menschlichen Lebens und die Bewohnbarkeit unseres Planeten in Frage gestellt, denn zum ersten Mal in unserer Geschichte sind wir in der Lage, unsere Lebensgrundlagen nicht nur regional oder teilweise, sondern global und endgültig zu zerstören. Die Schädigung der Umwelt ähnelt hierbei einem sich allmählich und scheinbar unaufhaltsam auf der Erde ausbreitenden Krebsgeschwür, dem wir noch nicht angemessen zu begegnen wissen."[14]

Die Produktion und die Eigennützigkeit der Industrieländer wirken sich zunehmend nachteilig auf die Entwicklungsländer aus, und es entstehen noch größere nationale und internationale Ungleichheiten als bisher. Da jedoch die Zivilisationsrisiken globalen Charakter annehmen, schlagen Konflikte, Gefahren und Umweltprobleme der Entwicklungsländer im Bumerangeffekt auf die (Mit-)Verursacher zurück.[15]

Doch erst seit etwa zwei Jahrzehnten wird aufgrund der Auswirkungen, die jedermann betreffen, die globale Umweltzerstörung auch in der Weltpolitik zu einem zentralen Thema. Dieses Problems nahm sich in Deutschland die Ende der siebziger Jahre als Linksabspaltung von der Sozialdemokratie konstituierte Partei der GRÜNEN an, deren politische Zielsetzungen primär an einer ökologisch und sozial geformten Gesellschaft orientiert sind. Sie selbst charakterisieren den ökologischen Kernpunkt ihrer politischen Identität wie folgt:

---

[13] Vgl. Peukert 1992, S. 124.
[14] Ims, Alfons L.: Umwelt-Krise in der Dritten Welt oder Die ökologische Bedrohung der Einen Welt. Friedrich-Ebert-Stiftung, Abteilung Akademie der Politischen Bildung (Hg.), Bonn 1990, S. 6.
[15] Vgl. Beck 1986, S. 48-58.

„Ausgehend von der Erkenntnis, daß in einem begrenzten System kein unbegrenztes Wachstum möglich ist, heißt ökologische Politik, uns selbst und unsere Umwelt als Teil der Natur zu begreifen."[16]

Zuvor hatte bereits das Buch „Ein Planet wird geplündert" des konservativen Politikers Herbert Gruhl für Aufsehen gesorgt.[17]

Als eine weitere, ungewollte Folgewirkung der Moderne führt die zunehmende Individualisierung zu einer Loslösung aus den traditionellen Sozialformen wie etwa der Familie, die nicht durch neue Stabilisierungsformen ersetzt werden.

„Damit greift die Individualisierungsspirale auch innerhalb der Familie: Arbeitsmarkt, Bildung, Mobilität – alles jetzt doppelt und dreifach. Familie wird zu einem dauernden Jonglieren mit auseinanderstrebenden Mehrfachambitionen zwischen Berufserfordernissen, Bildungszwängen, Kinderverpflichtungen und dem hausarbeitlichen Einerlei."[18]

Beck zieht in seiner Studie daraus den prinzipiellen Schluß, daß es eher

„wahrscheinlich ist, daß nicht ein Typus von Familie einen anderen verdrängt, sondern eine große Variationsbreite von familialen und außerfamilialen Formen (...) des Zusammenlebens nebeneinander entstehen und bestehen. (...) Was sich allerdings fast durchgängig dabei zeigt, ist der Zwang und Wunsch, ein eigenes Leben zu führen, innerhalb und außerhalb von Ehe, Nichtehe, Nochehe, Neuehe".[19]

Die Familie kann daher häufig nicht mehr Schutz und Geborgenheit in angemessenem Maße vermitteln; erhöhte Belastungen und berufliche Spannungen bedrohen zunehmend die Familienbasis und die zwischenmenschlichen Kontakte zwischen Mann und Frau, Eltern und Kindern. Was früher den Kern der Familie ausmachte – das langfristige Zusammenleben von Mutter, Vater und Kindern – ist nicht mehr als selbstverständlich vorauszusetzen, weil immer häufiger auch Alleinerziehende für ihre Kinder sorgen.

Unter diesen Bedingungen ist die zunehmende Verunsicherung des Individuums zu beobachten, da durch die Veränderung vieler sozialer Normen die Gesellschaft den gewohnten Halt nicht mehr bietet. Dies läßt sich an verschiedenen Aspekten verdeutlichen. Der vermehrte Einsatz von Technik führt nicht selten unter dem Gesichtspunkt der Verminderung von Personalkosten, gleichzeitiger Gewinnsteigerung und unveränderten Arbeitszeiten der abhängig Beschäftigten zum Verlust von Arbeitsplätzen. Das Problem der erfahrenen oder drohenden Arbeitslosigkeit und ihrer Bewältigung wird unüberschaubarer und mit entsolidarisierendem Effekt individualisierter.

Dies hat eine wachsende Erschütterung des Selbstwertgefühls immer größerer Menschengruppen in einer Gesellschaft, in der nach wie vor Arbeit und Leistung

---

[16] Die Grünen: Das Bundesprogramm, 1980, Teil 1, zitiert in: Mintzel, Alf /Oberreuter, Heinrich (Hg.): Parteien in der Bundesrepublik Deutschland. Opladen 1992, S. 333.
[17] Gruhl, Herbert: Ein Planet wird geplündert. Die Schreckensbilanz unserer Politik, Frankfurt/Main 1975.
[18] Beck 1995, S. 118.
[19] Ebda. S. 78

für die weit überwiegende Mehrheit als zentrale Elemente ihres Selbstwertgefühls gelten zur Folge. Überdies bringt die Herauslösung aus Religion, Glauben und leitenden Normen für eine zunehmende Zahl von Menschen Orientierungslosigkeit, Identitätsverlust und Unsicherheit mit sich.

Krisenhafte Folgen der eben skizzierten Art zeigen, daß eine einseitig praktizierte Modernisierung in zunehmendem Maße – neben ihren an früherer Stelle genannten positiven Errungenschaften – selbstzerstörerische Tendenzen hervorbringt. Ökonomische Systeme, die die eigenen Lebensgrundlagen gefährden, politisch-administrative Systeme, die die Machtsteigerungstendenzen einzelner Personen oder Personengruppen nicht mehr kontrollieren können, soziokulturelle Systeme, die ungeachtet der Ausweitung der Kommunikation vielfach zum unsolidarischen Individualismus führen; all dies läßt moderne Gesellschaften – wie Beck es als erster formulierte – zu „Risikogesellschaften" verkommen.

Diese Probleme wachsen in globalen Dimensionen und wirken sich besonders auf die Länder mit weniger entwickelten industriellen Strukturen aus. Eine der fragwürdigsten Reaktionsformen in der Moderne besteht darin, daß Menschen aus Angst vor den komplexen und als bedrohlich empfundenen Strukturen des modernen Lebens dazu neigen, in Partikularismus, Regionalismus und religiösen Fundamentalismus zu flüchten. Vielfach sind solche Verhaltensmuster mit der Suche nach Sündenböcken verbunden.[20]

All das sind jedoch letztlich aussichtslose Versuche, der Realität auszuweichen, um so mehr, als Regierungen und bestimmte Interessengruppen die angesprochenen Gefahren leugnen, verharmlosen oder für partikulare politische oder ökonomische Ziele instrumentalisieren.

Entgegen solcher verfehlten Tendenzen zielt die Forderung nach reflexiver Modernisierung auf eine neue, kritische Aufklärung. Demnach sollen die Menschen befähigt werden, die Ursachen und Zusammenhänge ihrer Situation zu erkennen, ihre bisherigen Denk- und Handlungsweisen zu reflektieren und im Sinne veränderter oder neubegründeter Zielsetzungen zu handeln.

3.3. Die Neubestimmung pädagogischer Aufgaben vor dem Hintergrund der reflexiven Modernisierung

Seit ihren Anfängen ist die Pädagogik mit gesellschaftlichen Krisen konfrontiert. Vielfach als Mittel zur Überwindung von Krisen verstanden, muß sie ihre Fragestellungen und Konzepte aber oft erst aus deren Analyse entwickeln. Da die Erziehungswissenschaft immer auch an den Modernisierungsprozessen partizipiert, kann sie sich selbst von einer reflexiven Kritik nicht ausschließen. Seit den 60er Jahren begann, wie in vorangegangenen Abschnitten gezeigt, eine Bildungsreformphase, die bis heute keineswegs als abgeschlossen betrachtet werden kann. Für sie spielt ganz besonders das Verhältnis von Modernisierung, Modernitäts-

---

[20] Vgl. Beck 1986, S. 100f.

krise und Modernitätskritik sowie ein reflexiver Umgang der Pädagogik mit diesen Faktoren eine entscheidende Rolle.[21]

Daher empfiehlt es sich, in diesem Abschnitt Grundlinien zu formulieren, nach denen die Pädagogik den Schülern Einsicht in die Probleme der Moderne vermitteln kann, um sie so zum reflexiven Umgang mit diesen Herausforderungen anzuleiten.

In der heutigen Gesellschaft breiteten sich größtenteils Resignation und Fatalismus angesichts der negativen Folgen der Moderne aus. Daher fordert Beck in seinem Buch *Risikogesellschaft* ein neues Verhältnis von Praxis und Theorie der Wissenschaften. Er plädiert für eine Lerntheorie wissenschaftlicher Rationalität, die das Herstellen von Sachzwängen und unabsehbaren Folgewirkungen in das Zentrum ihres wissenschaftlich-technischen Handelns rückt, sie immer wieder hinterfragt und Auswege aus diesen sucht. Demzufolge erfordert die Bewältigung von bereits vorhandenen Problemen eine multidisziplinäre Betrachtungsweise, um Vor- und Nachteile der jeweiligen Lösungsvariante von Anfang an mitzubedenken. Daß dies möglich ist, versucht er an praktischen Beispielen zu erläutern. Er nennt die Erkenntnis dieser Abläufe „Problem-Lösungs-Problem-Erzeugungs-Ketten" und fordert ein ganzheitliches Denken, das zum Durchschauen solch komplexer Zusammenhänge notwendig ist.[22]

In Anlehnung an Beck soll ein Beispiel die umwelt- und gesundheitsschädlichen Folgen eines unreflektierten Produktionsverfahrens veranschaulichen.

Bei der Herstellung der Waren in der Chemieindustrie werden Verfahren zur Entsorgung angewendet, die nicht unerheblich zur Verschmutzung der Flüsse und des Grundwassers beitragen. Die Verunreinigung des Wassers kann gesundheitliche Schäden bei Mensch und Tier sowie das Absterben von Pflanzenarten verursachen. Würde man in der Chemieproduktion umweltfreundliche Methoden entwickeln, wäre das Trinkwasser den Belastungen nicht ausgesetzt und bliebe rein, so daß Krankheiten vermieden werden könnten.

Das hieße aber auch, daß es weniger Krankheitsfälle gäbe und weniger Medikamente erforderlich wären, deren Tauglichkeit und Wirkung bislang vorwiegend durch Tierversuche überprüft werden. Weniger Medikamente zu benötigen, bedeutet aber auch, eine geringere Anzahl chemischer Experimente; die Medikamentenproduktion und die umstrittenen Tierversuche auf diesem Sektor könnten also verringert werden. In wirtschaftlicher Hinsicht wäre dies ebenfalls sinnvoll, da man so erhebliche Unkosten vermeiden könnte.[23]

An diesem Beispiel lassen sich eindeutig die negativen Folgen veranschaulichen, die durch gängige Praktiken isolierter chemischer, biologischer und medizinischer Forschung und der Anwendung ihrer Ergebnisse in einseitigen Techniken und einer dominant gewinnorientierten Produktion entstehen. Diese Zusammenhänge werden zumeist ignoriert und ihre Folgen verleugnet, verdrängt

---

[21] Vgl. Benner, Dietrich / Lenzen, Dieter / Otto, Hans-Uwe (Hg.): Erziehungswissenschaften zwischen Modernisierung und Modernitätskrise. Weinheim/Basel 1992, S. 32-44.
[22] Vgl. Beck 1986, S. 284-299.
[23] Ebda., S. 295f.

oder rücksichtslos in bewußter Fahrlässigkeit gegenüber den Mitmenschen und nachfolgenden Generationen um letztlich kurzfristiger Vorteile willen in Kauf genommen.

In diesem Zusammenhang sehen auch der Soziologe Luhmann und manche seiner Fachkollegen das Problem, daß die Gesellschaft gar nicht in der Lage ist, angemessen auf die ökologischen Gefährdungen zu reagieren, weil keine übergeordnete, mit Entscheidungsbefugnissen ausgestattete Instanz existiert. Die funktionale Differenzierung führt dazu, daß die einzelnen Systeme, wie Rechts-, Wirtschafts-, Politik-, Wissenschafts-, Erziehungs- und Religionssystem, separat handeln und daher auf die Umweltgefährdung allenfalls in ihrem Teilgebiet in der ihnen eigenen „Sprache" reagieren können.[24]

Vielfältige Forderungen zur Korrektur der Erziehungsstrukturen wie auch bereits durchgeführte Reformen sind heute Antworten auf Modernisierungstendenzen, so etwa auf den Wandel von Technik, Wirtschaftsformen, Medieneinflüssen oder den zerstörerischen Umgang mit der Umwelt. Pädagogik kann sich nicht als Widerpart zur Moderne sehen, sondern muß sich mit den Entwicklungen und den Krisen der Moderne durch produktive Kritik wie praktische Verbesserungsvorschläge und -versuche auseinandersetzen.[25]

Im Transfer auf gesellschaftliche Bereiche, wie etwa Politik, Pädagogik und Psychologie, resultieren aus diesem reflexiven Handlungsansatz angesichts der rasanten Umweltveränderungen wesentliche Erfordernisse. Die Fähigkeiten, Gefahren zu ertragen, zu antizipieren und mit ihnen politisch und biographisch umgehen zu können, sind zivilisatorische Schlüsselqualifikationen; das heißt, der Mensch muß den Umgang mit Unsicherheiten in der heutigen Welt erlernen.[26]

Die Heranwachsenden sollen einerseits universalistische Strukturen begreifen und auszuhalten lernen und sich an offene Gesellschaftssysteme geistig flexibel anpassen können. Jedoch sollen sie, so Flitner[27], nicht menschenunwürdigen Verhältnissen ausgesetzt sein, sondern in der Spannung zwischen „System" – das immer komplexer wird und durch Hierarchisierung und Differenzierung gekennzeichnet ist, und „Lebenswelt", die allerdings gleichermaßen zunehmend rationalisiert wird[28] – Schutz vor Überforderung und Entfremdung erfahren. Sie sollen lernen, gefordert zu werden, aber sich auch behaupten zu können, um mit ihrer Umgebung reflexiv umzugehen. Damit der Einzelne seine Rolle in der modernen Zeit bestimmen kann, bedarf es eines Mittelweges zwischen Allgemein-

---

[24] Vgl. Kim, Djongkil: Ökologische Herausforderung an die moderne "Weltgesellschaft" und die Notwendigkeit einer internationalen ökologisch-ökonomischen Kommunikation; in: Gosalia, Sushila / Heise, Karl Fritz: Ökologieverständnis der Völker Afrikas und Asiens. Ansätze zu neuen Paradigmen des Wirtschafts- und Erziehungsdenkens. Beiträge zu einem interkulturellen Wissenschaftsverständnis und zum internationalen Dialog, Frankfurt a.M. 1993, S. 1-23, hier S. 4ff.
[25] Vgl. Klafki 1996, S. 43-81.
[26] Vgl. Beck 1986, S. 101f.
[27] Vgl. Flitner, Andreas: Reform der Erziehung. Impulse des 20. Jahrhunderts, München 1992, S. 232-236.
[28] Vgl. Habermas 1988, S. 230.

heitsidentität, das heißt, zwischen der Einordnung der Ich-Identität in eine kollektive und universalistische Identität und der Besonderheitsidentität, das heißt, der Herausbildung der Individualität im historischen Prozeß,

> „[...] weil die Menschen – jetzt erst recht – Allgemeinheitsidentität und Besonderheitsidentität verbinden müssen zum Versuch, irgendwie ‚zugehörig' und irgendwie unverwechselbar' zu sein".[29]

Im Zentrum der erzieherischen Anforderungen für den heutigen Menschen als „Kulturwesen" steht also die Balance zwischen Anpassung an die Moderne und Selbstentfaltung der Persönlichkeit.[30] Notwendige Bedingungen für die Entwicklung und den Bestand einer so strukturierten, zukunftsoffenen und zugleich hinreichend stabilen Gesellschaft sind die Fähigkeiten zu Kommunikation und Solidarität, die in Anbetracht der zunehmenden Anonymität und Vielschichtigkeit der Probleme immer mehr an Bedeutung gewinnen.

Der Kommunikationsfaktor spielt folglich eine große Rolle, um den Zusammenhang und die Zusammenarbeit der relativ autonomen Individuen und der Teilbereiche des gesellschaftlichen Systems zu gewährleisten. Ebenso aber ist die Einsicht notwendig, daß nicht nur Harmonie und Konsens, sondern auch die viel häufigeren Dissense Formen des Dialogs eröffnen, die keinen Stillstand bedeuten müssen, sondern zu erneuter Auseinandersetzung und zur Ideenvielfalt führen können.[31]

Die Schaffung eines neuen moralischen Bewußtseins, die Bekämpfung von Gleichgültigkeit und die Erweckung von Verantwortung und Solidarität den Mitmenschen gegenüber müssen angesichts der Globalität der Probleme zu elementaren Zielen der Erziehung werden. Die Integrität des Einzelnen ist nämlich nur dann gewahrt, wenn universale Gerechtigkeit und Solidarität deren Leitprinzipien sind.

> „Gerechtigkeit bezieht sich auf die gleichen Freiheiten unvertretbarer und sich selbst bestimmender Individuen, während sich Solidarität auf das Wohl der in einer intersubjektiv geteilten Lebensform verschwisterten Genossen bezieht – und damit auch auf die Erhaltung der Integrität dieser Lebensform selbst. Moralische Normen können nicht eins ohne das andere schützen: die gleichen Rechte und Freiheiten des Individuums nicht ohne das Wohl des Nächsten und der Gemeinschaft, der sie angehören."[32]

In diesem Zusammenhang soll noch einmal die individuelle Rolle und die Verantwortung des Einzelnen hervorgehoben werden. Er soll als Mit-Souverän bei Einsicht in das Problem und die Verletzbarkeit der Menschen und ihrer Kommunikation autonom Verantwortung für Humanität und eine humane Zukunft übernehmen. Dies bedeutet zugleich eine aktive Teilhabe an politischer Mitgestaltung, das heißt also,

---

[29] Marquard, Odo: Identität: Schwundtelos und Mini-Essenz. Bemerkungen zur Genealogie einer aktuellen Diskussion; in: Marquard, Odo/Stierle, Karlheinz: Identität (Politik und Hermeneutik VIII). München 1979, S. 347-369, hier S. 362.
[30] Vgl. Titze 1992, S. 114f.
[31] Vgl. ebda., S. 111.
[32] Habermas 1991, S. 70.

„eine Ahnung davon zu haben, was es bedeutet, verletzbarer Mensch zu sein und in verletzbaren kommunikativen Strukturen Mensch zu werden, und zwar in einer Gesellschaft, in der es Tendenzen gibt, solche Strukturen zu stören und zu zerstören; und es hieße bereit sein, für solch bedrohtes Werden in der eigenen, ständig selbstkritisch auf Tendenzen zur Machtausübung reflektierenden Praxis auch öffentlich Verantwortung zu übernehmen".[33]

Bei der Betrachtung des Bildungsprozesses wird deutlich, daß der Bildungsbegriff immer einem Wandel im Zusammenhang mit historisch-gesellschaftlich-politischen Prozessen unterworfen ist. Während der Bildungsbegriff in den Anfängen weitestgehend von theologisch-religiösen Sinngehalten geprägt war, kamen in der Aufklärung neue säkulare Dimensionen hinzu.

Im Mittelpunkt steht der Mensch als Vernunftwesen, das zur kritischen Auseinandersetzung mit den Bedingungen seiner Existenz aufgefordert ist. Aufgrund der immer wieder veränderten realen Umstände müssen sich auch die Schwerpunkte von Bildung wandeln. Orientierungskrisen, Angst vor Fremdem, vor dem Unbekannten, das Ertragen von Spannungen und der Versuch, Gegensätze zu verstehen, sie auszuhalten, zu diskutieren und soweit wie möglich konsensual zu überwinden oder mindestens zu tolerieren, werden zu zentralen Problemen und Aufgaben der Auseinandersetzung mit der Gegenwart.

Hierbei muß man sich aber immer wieder bewußt machen, daß eindeutige oder endgültige Lösungen von der Pädagogik nicht zu erwarten sind. Mit der Entwicklung der Gesellschaft und neu entstehenden Fragestellungen rücken immer mehr Theorie und Praxis der Erziehung im modernen Zeitalter in den Mittelpunkt der Betrachtungen. Dabei bleiben zwei Säulen der Bildung bestehen, deren Gültigkeit seit der Aufklärung verfochten wird: Humanität als Anerkennung gleicher Rechte aller Menschen und die Selbstbestimmung der Person.

Klafki, der die Anforderungen an Bildung für die Gegenwart und die voraussehbare Zukunft darstellt, kommt zu dem folgenden Ergebnis

„[...], deshalb muß die Folgerung für unsere Zeit heißen:
Allgemeinbildung

- als Bildung für alle zur Selbstbestimmungs-, Mitbestimmungs- und Solidaritätsfähigkeit,
- als kritische Auseinandersetzung mit einem neu zu durchdenkenden Gefüge des Allgemeinen als des uns alle Angehenden und
- als Bildung aller uns heute erkennbaren humanen Fähigkeitsdimensionen des Menschen.

Allgemeinbildung muß gerade heute, neu aufkommenden Entpolitisierungsbestrebungen entgegen, auch als politische Bildung zur aktiven Mitgestaltung eines weiter voranzutreibenden Demokratisierungsprozesses verstanden werden".[34]

---

[33] Peukert 1992, S. 122f.
[34] Klafki 1996, S. 40.

Aufgabe im Bildungsprozess bleibt, im Rahmen einer humanen Pädagogik Grundlinien zu vermitteln, nach denen die Schüler Einsicht in die Probleme der Moderne gewinnen können. Die Lehrer sollen vorrangig solche Beispiele als Unterrichtseinheit konzipieren, die einen reflexiven Umgang mit Konflikten veranschaulichen. Angesichts wachsender globaler Konflikte gerade zwischen Ländern der sogenannten ersten und dritten Welt gewinnt die Schule zur Vermittlung eines ökologischen Bewußtseins an zusätzlicher Bedeutung. Einem vereinfachten Fortschrittsglauben muß im schulischen Zusammenhang nachdrücklich entgegengewirkt werden. Im Sinne universell verstandener Identität müssen Schüler lernen, sich als Teil der gesamten Menschheit zu begreifen, so daß globales Denken und lokales Handeln zugleich als Leitgedanke das Bewußtsein und die Handlungen künftiger Generationen prägt.

4. Islamisch-iranische Erneuerungsbestrebungen als Gegenbewegung zu staatsreligiös-autoritären Strukturen

Kapitel 2 thematisierte den Modernisierungsprozeß in Europa in seinen vielfältigen Dimensionen. Dabei standen Aspekte der zunehmenden Individualisierung sowie der Konstituierung autonomer politischer Beteiligungsinstanzen ebenso im Vordergrund wie der Gedanke der Säkularisierung und der rasanten Industrialisierung. Diese Entwicklungen kulminierten in der Herausbildung demokratischer, in ein pluralistisches System eingebetteter, Strukturen. Außerdem wurde in Kapitel 3 in Anlehnung an Beck und andere auf die Gefahren aufmerksam gemacht, die sich aus unreflektierter Modernisierung und Fortschrittsgläubigkeit ergeben, und auf der Grundlage des Konzepts der reflexiven Modernisierung wurden neue Kriterien für pädagogisches Handeln aufgestellt.

Versucht man, den dargestellten historischen Entwicklungsprozeß, der ja primär für das westliche Europa gilt, auf die Strukturen der iranischen Gesellschaft zu übertragen, so lassen sich am Beispiel der Säkularisierung der Modernisierungsprozeß und die damit einhergehenden Probleme am deutlichsten nachzeichnen. In diesem Kapitel wird also der Frage nachgegangen, aus welchen Gründen derartige Versuche im Iran bisher wenig fruchteten und welche Folgen für die kulturelle, wissenschaftliche und ökonomische Entwicklung des Landes daraus resultierten.

4.1. Darstellung eines zeitgemäßen Islambildes: Der Ansatz von Bassam Tibi

Der Islam ist nicht als einheitlicher Block zu verstehen, sondern vereint in sich durchaus unterschiedliche Strömungen. Tibi vermittelt ein differenziertes Bild, indem er drei Varianten unterscheidet: die fundamentalistische, die reformerisch-konformistische und die moderne Variante des Islam.

Nach fundamentalistischer Deutung sind im

„Koran sämtliches Wissen (...) einschließlich der Wissenschaft und der Technologie sowie politische Verfassungsanschauungen"[1]

verankert, so daß ihr Bildungsverständnis „auch eine politische Erziehung" mit einbezieht.

Der reformerisch-konformistische Islam dagegen

„definiert den Koran (...) als ein ‚kitab hidaya' (Buch der Anleitung), d.h. als eine Quelle moralisch-ethischer Lebensführung (...) und beschränkt die religiöse Erziehung auf die Unterweisung in den ethischen Quellen des Islam".[2]

Die moderne Variante wird im folgenden ausführlich dargestellt. Hierbei soll der Frage nachgegangen werden, weshalb sich die moderne Variante des Islam bis

---

[1] Tibi 1995, S. 249-260, hier S. 252.
[2] Ebda., S. 251f.

in unsere Gegenwart hinein nicht in der iranischen Gesellschaft durchsetzen konnte.

Ausgehend von Tibis Kategorisierung soll gezeigt werden, daß die Vertreter der modernen Variante des Islam in technisch-wissenschaftlicher Hinsicht Modernisierungsformen des Westens durchaus aufgreifen. Jedoch gelang es ihnen nicht, abgesehen von bestimmten Epochen der iranischen Geschichte, diese wissenschaftlich-rationalistischen Erkenntnisse auch auf den gesellschaftspolitischen Bereich zu übertragen. Diese islamischen Modernisten thematisieren demnach jene emanzipatorischen Inhalte, die eine Modernisierung mit sich bringt, nur höchst vorsichtig und eher am Rande.

Der Begriff für *Moderne* oder *Modernität* lautet in der persischen Literatur *Tadjadod*. Er wird je nach gesellschaftspolitischer Einstellung inhaltlich unterschiedlich gefüllt. Die einen verstehen darunter die von ihnen als notwendig erachtete Säkularisierung, während die anderen damit den von ihnen abgelehnten Prozeß der Verwestlichung bezeichnen.

Während Fundamentalisten damit atheistische Bestrebungen charakterisieren, stellt dieser Begriff bei islamischen Modernisten sowohl die Hinwendung zu Industrialisierung und Technologisierung als auch die Differenzierung der Forschung in einen breiteren Kanon von Fachwissenschaften dar. Während in der iranischen wissenschaftlichen Diskussion der Begriff der *reflexiven Modernisierung* gänzlich unvertraut zu sein scheint, ist ihr der Terminus *Postmoderne* geläufig.[3]

Die islamischen Modernisten sehen im Islam keinen Widerspruch zur Moderne des christlichen Abendlandes und zu vergleichbaren Entwicklungen in anderen Weltreligionen. So resümiert etwa einer ihrer bedeutenden Vertreter, Ali Schariati, auf den später noch zurückzukommen sein wird, daß sich der Islam im Verlauf seiner Geschichte immer wieder fremden Kulturen öffnete, von ihnen übernahm, was ihm nützlich erschien, und ablehnte, was ihm schadete. Gerade durch diese Weltoffenheit sei der Islam besonders schöpferisch gewesen, von Nachteil sei es daher, dem Denken der westlichen Zivilisation grundsätzlich den Rücken zu kehren.

Die Modernisten haben also den Anspruch, den Islam gleichsam aus den orthodoxen Deutungen seiner konservativen Interpreten zu befreien und die innovative Kraft dieser Religion zur Geltung zu bringen.

Der zögernde Verlauf der Wissenschaften in den islamischen Gesellschaften im Vergleich mit westlichen Ländern wird von den Vertretern moderner Deutungen des Islam primär auf religiöse Faktoren zurückgeführt. Man konstatiert also einen unverkennbaren Zusammenhang zwischen einer konservativen Deutung des Islam, dem Stillstand der Wissenschaften und dem Umgang mit der modernen Welt. Diese bislang dominierenden konservativen Tendenzen stehen, wie aus Tibis Analyse hervorgeht, in:

---

[3] Vgl. Taghawi-Moghadam 1995, S. 17ff. und S. 23 [Übersetzung des Verfassers].

„Konfrontation mit der westlich-europäischen Kultur, die als eine Manifestation des modernen technisch-wissenschaftlichen Zeitalters zu deuten ist".[4]

Die Muslime gerieten angesichts einer empfundenen Prädominanz des Westens zunehmend in die Defensive, in der sie auf die Überwältigung durch die moderne Welt nur noch hilflos reagieren.[5] Das im europäischen Raum weit verbreitete Vorurteil, wonach der Islam fortschritts- und wissenschaftsfeindlich sei, resultiert daraus, daß Europäer bis in unsere Zeit vielfach mit der konservativen Deutung des Islam und deren Vertretern konfrontiert werden. Diese wissenschaftsfeindliche Haltung läßt sich jedoch nicht aus dem Koran und anderen heiligen Schriften des Islam ableiten.

Dort findet man vielmehr zahlreiche Textstellen, welche die Bedeutung von Bildung, Lehren und Lernen hervorheben (Vergleiche dazu die Ausführungen in Kapitel 1.2.2). Sogar für den Islam maßgebende Vorbilder waren als Gelehrte tätig und trugen somit zur Verbreitung der Wissenschaften bei.

„Ein gutes Beispiel für das Verhältnis von Meister und Schüler findet man beim fünften und sechsten Imam, von denen berichtet wird, daß die beiden Meister (Mohama Bagher und Djafar Sadegh) Wissenschaftler in den verschiedensten Disziplinen ausbildeten. Djabir Ibn Haian, der in der arabischen Welt als Vater der Chemiewissenschaften in die Geschichte eingegangen ist, soll von Djafar Sadegh unterrichtet worden sein."[6]

Ferner stößt man im Koran auf weitere religiöse Lehrtexte, die sich über Glaubensfragen hinaus zu Wirtschaft, Handel, Recht und Familienleben äußern.

Vor diesem Hintergrund wird verständlich, daß der Islam als Religion stets bemüht war, auf sämtliche Lebensbereiche – auch die Politik – Einfluß zu nehmen. Eine elementare Voraussetzung für die Modernisierung im europäischen Raum bestand, wie bereits dargestellt, in einer Trennung zwischen Staat und Religion. Auch modernistisch eingestellte Soziologen aus dem islamischen Raum heben diesen Aspekt in besonderem Maße hervor.

Die charakteristischen Hauptphasen der Genese der westlichen modernen Gesellschaft sind Reformation – Aufklärung und Säkularisierung – industrielle und politische Revolutionen.

„Die europäische Kultur (...) ist nur deshalb überlegen, weil sie aus einer industriellen Revolution hervorgegangen ist und dieser in Europa (...) eine Reformation des Christentums voraus (ging). (...) Die protestantische Ethik (...) leitete eine substantielle, das religiöse Dogma sprengende Veränderung, eine neue Tradition im Christentum ein."[7]

Jedoch waren vergleichbare historische Prozesse in den islamischen Länder nicht so tiefgreifend wie die genannten Prozesse im Abendland. Somit blieb die Verquickung der politischen und religiösen Macht bestehen. Dies zeitigt weit-

---

[4] Tibi, Bassam: Der Islam als eine Defensivkultur im technisch-wissenschaftlichen Zeitalter; in: Frankfurter Hefte, Heft 4, Jg. 35. Frankfurt a. M. 1980, S. 13-21, hier S. 13.
[5] Vgl. Tibi 1980, S. 17.
[6] Ghafari, Hossein: Awal Moalem Chodast (Gott ist der erste Lehrer); in: *Roschd Moallem* (Entwicklung), Azar 1370. Teheran, Dezember 1991. S. 10 [Übersetzung des Verfassers].
[7] Tibi 1980, S. 16.

reichende Folgen bis auf den heutigen Tag. In der Berufung auf den Propheten, der zu Entstehungszeiten des Islam geistliche und politische Führung in seiner Person vereinte, beanspruchten die islamischen Führer diese uneingeschränkte Macht. Somit verhinderten sie die Entstehung einer Gewaltenteilung und schlossen die Masse der Bevölkerung von der Partizipation an der politischen Macht aus. Die Herrscher galten als legitim, solange sie die Anwendung der *schari'a* garantierten.

Jedoch gab es bereits in der frühesten islamischen Epoche im Iran, als das Land zum theokratischen Abbasidenreich gehörte (749-1258), eine gegenläufige Bewegung zu diesen theokratischen Verquickungen. Zu dieser Zeit bildeten sich lokale Herrschergeschlechter heraus, die sich auf nationale Autonomie gründeten. Sie wurden bald zur bestimmenden Kraft und unterstanden somit nur noch nominell den Abbasiden.

Die Abbasiden-Herrschaft wurde endgültig beendet, als die Mongolen 1258 Bagdad stürmten und den letzten Abbasiden-Kalifen absetzten. Somit konnten sich nach dem Untergang des Abbasiden-Reiches allmählich Ansätze von säkularen Strukturen im Iran herausbilden. Die Mongolen gehörten nicht dem islamischen Glauben an. Ihre Herrschaft wurde im 16. Jahrhundert von den Safawiden abgelöst. Ungeachtet der besonderen Stellung der schiitischen Geistlichkeit während der Safawiden und der darauffolgenden Dynastien, wurden seit dieser Zeit die weltlichen und religiösen Sphären voneinander unterschieden. Zwar bekannten sich die Könige zum schiitischen Islam – beispielsweise war der Begründer der Safawiden-Dynastie Schah Ismail ein großer Verfechter dieser Religion – jedoch beanspruchten sie nicht für sich neben der weltlichen Führung auch die religiöse. Dennoch waren sie darauf angewiesen, bei der Bewältigung politischer Belange des Landes die Interessen der Geistlichkeit stets im Blick zu haben, was von dem großen Einfluß dieses Standes zeugte.

> „Die überragende Stellung und der Einfluß, die den einzelnen schiitischen Theologen durch die safawidischen Herrscher eingeräumt wurden, gilt (...) den Verfechtern des politischen Machtanspruchs der ‚Ulama' in der Gegenwart als Beweis, daß die Safawiden sich ihrer ‚geborgten' Macht bewußt gewesen seien."[8]

Die Unterstützung durch die religiösen Führer hatte zur Folge, daß autoritäre Systeme stabilisiert wurden. Die konservative Geistlichkeit legte den Koran dahingehend aus, daß die weltliche Führung durch Allah legitimiert sei. Sie verhielten sich somit nicht anders als die christliche Geistlichkeit Europas, die bis in das 20. Jahrhundert hinein das Theorem vom Gottesgnadentum der Dynastien unterstützte. Die säkulare Herrschaftsform erreicht ihren Höhepunkt am Ende des 19. und zu Beginn des 20. Jahrhunderts, als eine Schwerpunktverlagerung bezüglich der Identität vom Religiösen hin zum Nationalen (vgl. dazu 5.4.1.) erfolgte. Jedoch etablierte sich nach über 50jähriger Regierungszeit der Pahlawi-Dynastie (1925-1979) im Iran nach der Islamischen Revolution erneut die theo-

---

[8] Ende 1980, S. 25.

kratische Herrschaftsform. Damit wurde den Säkularisierungsbemühungen ein Ende gesetzt.

Wenden wir uns nun den Auswirkungen der konservativen Deutung des Korans auf den Bereich der Wissenschaften zu. Nach orthodox-islamischer Auffassung beantwortet bereits der Koran alle aktuellen wie künftigen Fragen. Manche Korangelehrte konstatierten gar,

> „daß Wissenschaft und Technologie als moderne Inhalte der Bildung insgesamt aus dem Koran abgeleitet seien und daß Europäer diese Inhalte aus dem Koran selbst übernommen hätten".[9]

Dieser Anspruch transzendiert damit deutlich Fragen der ethischen Lebensführung des Einzelnen. Der Koran und die Ordnungen der Gemeinde Mohammads enthalten nach der konservativen Deutung der Ulama sogar die Basis für Überlegungen zur Struktur der politischen Verfassung einer Gesellschaft.[10]

Dieser Tatbestand wurde zu Beginn der islamischen Ära nicht als Problem empfunden. Die Auslegungen aus der Zeit Mohammads galten zwar als richtungsweisend und vorbildlich, aber die Akzeptanz der Überlieferungen über das Vorbild Mohammads und seiner Gemeinde, die Legenden, die *hadith*-Erfindungen (überlieferte Aussprüche) und Präzidenzfälle deuten darauf hin, daß vielfältige Interpretationen des Koran zugelassen waren.

Anfangs konnte jeder Muslim die Quellen eigenständig interpretieren. In diesem Zusammenhang übernahm die Sprache eine bedeutende Rolle.

> „Auf jenem Höhepunkt der islamischen Zivilisation, dem Hochislam (...), waren die Muslime in der Lage, durch Reflexion Bildungsinhalte zu entwickeln, die nicht direkt im Koran-Text enthalten waren und dies hängt mit der islamischen Tradition des Idjtihad, der freien und reflexiven Anstrengung des Begriffs (...) zusammen." [11]

Dies veranschaulicht im Rahmen der „modernen" Variante des Islam den hohen Stellenwert und die zentrale Bedeutung der Sprache sowie die Wichtigkeit, daß die Vertiefung der Sprachkenntnisse den elementarsten Platz in der islamischen Bildung einnimmt, um so die Fähigkeit zu erlangen, durch innovative Interpretationsversuche eine sprachkritische Funktion für die Deutung des Koran-Textes und damit für die Führung des eigenen Lebens zu gewinnen.[12]

Seit dem 10. Jahrhundert begann der Kanonisierungsprozeß des Koran. Die bis dahin vorwiegend mündlich oder in verschiedenen Schriftvarianten überlieferten religiösen Texte wurden nun gesammelt, von den Autoritäten in eine bestimmte Reihenfolge gebracht und damit definitiv und unabänderlich festgelegt. Die Aufgabe der Korangelehrten und Lehrer bestand von nun an wie in jeder orthodoxen Schriftreligion darin, die Unabänderlichkeit der Texte zu garantieren, welche als einzige, vollständige Autorität in allen Lehr- und Lebensfragen galten.

---

[9] Tibi 1995, S. 254.
[10] Vgl. Tibi 1995, S. 252.
[11] Tibi 1995, S. 253.
[12] Vgl. Ebda. S. 252f.

Somit ergab sich für die Koranexegeten die Aufgabe, die aus dem Koran deduzierten Richtlinien immer wieder neu auf die einem permanenten Wandlungsprozeß unterliegenden gesellschaftlichen Herausforderungen zu beziehen.

Daraus resultierte im Laufe der Zeit eine nicht zu überschätzende Machtstellung der islamischen Orthodoxie. Die Ulama formulierten *schari'a* (den wahren Weg), der unabänderlich war. Für den Gläubigen blieb die *taqlid* (die fromme Nachahmung), die Glück im Diesseits und Jenseits versprach. Im 11. Jahrhundert untersagte der Geistliche dem einzelnen Gläubigen offiziell *ijtihad* (die selbständige Suche). In diesem Zusammenhang führt Nagel die orthodoxe Auffassung des Koran und das Lehrmonopol der Geistlichkeit, die über die Einhaltung der koranischen Regeln wacht, als Ursache für den Niedergang der Kultur und dem erstarrten politischen System in den islamischen Ländern an.[13] Nagel wendet sich hauptsächlich dem Werk des Imam al Dschuvaini zu, der den Islam zu einem abgeschlossenen, in sich stimmigen Lehrgebäude erklärte. Die Macht der Geistlichkeit erstreckte sich nicht nur auf religiöse Bereiche des Einzelnen, sondern auch auf das gesellschaftliche und kulturelle Leben. Daß sich eine gewisse Starrheit ergibt, wenn man den Fragen der Gegenwart an den Maßstäben einer dem Zeitalter Mohammads zugehörigen, also längst vergangenen Epoche begegnet, erscheint evident. Neue, von außen wirkende kulturelle Impulse können kaum aufgegriffen werden.

Im Bereich der Wissenschaften zeitigte die dogmatisch-konservative Haltung der Ulama verheerende Konsequenzen.

Es blieben nur wenig Freiräume zur Rezeption moderner wissenschaftlicher Erkenntnisse, und die zunehmende Macht der Geistlichkeit unterband sukzessive die freie Forschung, so daß die Gesellschaft schließlich nur noch religionskonforme Auseinandersetzung mit den Wissenschaften im Sinne der Ulama zuließ.

4.2. Mu'taziliten und Mystiker:
Ihr Verständnis des Islam als eine Religion der Selbstbestimmung und Eigenverantwortlichkeit des Einzelnen

Gegen die aufkommende Starrheit des Denkens, die schließlich in den islamischen Ländern einen fundamentalistischen Grundzug hervorbrachte, wandte sich bereits eine im 8. Jahrhundert entstandene Bewegung, welche von der konservativen Geistlichkeit den Namen „Mu'taziliten" („die, die sich absondern", „Abtrünnige") erhielt. Als Fundamente der mu'tazilitischen Lehre gelten:

> „die Freiheit des Menschen, die Selbständigkeit der Vernunft (als von Gott geschaffene leitende Kraft im Menschen) und das Prinzip der Gerechtigkeit innerhalb der göttlichen wie menschlichen Sphäre".[14]

---

[13] Nagel, Tilmann: Die Festung des Glaubens. Triumph und Scheitern des islamischen Rationalismus im 11. Jahrhundert. München 1988. Vgl. auch Büttner, Friedemann: Islamische Reform; in: Büttner, Friedemann (Hg.): Reform und Revolution in der islamischen Welt. Von der osmanischen Imperialdoktrin zum arabischen Sozialismus. München 1971, S. 49-85, besonders S. 55ff.

[14] Schimmel, Annemarie: Die Zeichen Gottes. Die religiöse Welt des Islam. München 1995b, S. 203.

Somit hob der islamische Rationalismus bereits zwischen dem 8. und dem 11. Jahrhundert die Vernunft des Menschen als eine Gabe Gottes hervor und versuchte unter dem Einfluß der griechischen Philosophie in der islamischen Welt eine den europäischen Entwicklungen vergleichbare Aufklärung in Gang zu setzen.

Die Überzeugung der Mu'taziliten von der Erkenntnisfähigkeit der menschlichen Vernunft provozierte einen krassen Gegensatz zu den orthodoxen Geistlichen. Sie erachteten den Koran keineswegs als ewig, unwandelbar und als Maßstab aller menschlichen Erkenntnis und Wissenschaft. In der orthodoxen Koranauslegung, wonach Gott den ewigen, im Himmel präexistenten Koran wortwörtlich Mohammad offenbarte, sahen die Mu'taziliten gleichermaßen eine Verletzung der Einzigartigkeit Gottes – denn Gott allein ist ewig und unwandelbar[15] – wie auch eine Verkennung der menschlichen Vernunft. Der Koran als Wort Gottes galt freilich auch ihnen als „ungeschaffen"[16], der in menschlicher Sprache gekleidete Text hingegen galt als „geschaffen". In ihrer eigenen Koranauffassung zählen sie geradezu zu den Vorläufern moderner, kritischer Theologie

„Nicht Gott habe den Koran verfaßt, so erklärten sie, sondern Mohammed. Von Gott stamme zwar die ‚Erleuchtung', aber Mohammed, der Mensch, habe die göttliche Botschaft mit seinem eigenen Fassungsvermögen in Worte gekleidet – mit der Kraft seiner Vernunft. Menschliches Denken jedoch sei nicht unfehlbar, und so habe es nicht ausbleiben können, daß selbst der Prophet manches widersprüchlich formuliert habe. Spätere Generationen seien aufgerufen, mit Hilfe ihrer eigenen Vernunft diese Widersprüche zu klären."[17]

Die Mu'taziliten intendierten somit die Aufhebung der Einschränkung der Wissenschaftsfreiheit, die die orthodoxe Korangläubigkeit implizierte, und suchten im Gegensatz dazu auch die Koranexegese in eine philosophische Weltanschauung einzubinden.

Indem die Mu'taziliten der menschlichen Vernunft erste Priorität einräumten, öffneten sie sich den Ideen anderer Kulturen. Sie übernahmen indisches, christliches, jüdisches, byzantinisches, persisches und ägyptisches Gedankengut und gelangten so zu einer philosophischen Vielfalt innerhalb der islamischen Welt.

„(Aus dieser) Zusammenarbeit mit den Vertretern anderer Kulturen (wurde) in Gestalt islamischer Denkweise eine Weltkultur mit allen wissenschaftlichen Fachrichtungen (aufgebaut), von der die abendländische Kultur bis heute Zeugnisse aufweist."[18]

Es sei noch hervorzuheben, daß die Mu'taziliten auch dem orthodoxen, dem Koran entnommenen Glauben an die Determiniertheit menschlichen Handelns ablehnend gegenüber standen. Solch eine Haltung wie auch der korangläubige Dogmatismus der Wissenschaft führten zwangsläufig zu einer Erstarrung der

---

[15] Vgl. ebda.
[16] Vgl. Becker, Hildegard: Diesseits von Eden. Islam und Demokratie – Trennung von Religion und Staat? Sendung vom 6.1.2002, WDR 5.
[17] Schweizer 1991, S. 131.
[18] Falaturi 1980a, S. 58.

islamischen Welt, da sie die auf gesellschaftliche Veränderungen drängenden Kräfte hemmten.

Die Mu'taziliten standen also in sehr grundlegenden Fragen konträr zu den von der orthodoxen Geistlichkeit im wesentlichen bis heute vertretenen Glaubens-positionen. Immer wieder ereilte sie der Vorwurf der Ketzerei. Große Anerkennung fanden sie in der islamischen Welt während der Abbasidenzeit, in der ihre Lehre etwa 200 Jahre als Staatsideologie fungierte.[19] Insbesondere förderte von 813 bis 833 der Sohn des Kalifen Harun al-Rashid die mu'tazilitische Schule.

> „Er ließ sie als Hofphilosophen wirken und ihre Lehre von dem Geschaffensein des Koran verbreiten. Der Kalif-Imam hat diese Lehre der Mu'taziliten auch persönlich übernommen."[20]

Als auch in Europa zu Berühmtheiten avancierte Mu'taziliten galten der Arzt Abu Ali Sina (980-1037) – unter dem lateinischen Namen bekannt als Avicenna[21] – sowie der Philosoph und Rechtsgelehrte Ibn Ruschd (1126-1198), der im Abendland unter dem Namen Averroes vertraut ist.[22]

Beide rezipierten wesentliche Aspekte der aristotelischen Philosophie für die islamische Welt. Beide suchten Kraft der Vernunft Widersprüche in Glaubensfragen zu klären. Sie vertraten die Auffassung, daß grundsätzlich die Versöhnung zwischen der Vernunft und der Offenbarung möglich sei, da sowohl die Vernunft des Philosophen als auch die an den Propheten ergangene Offenbarung gottgegeben seien. Freilich seien die genannten Bereiche einzeln betrachtet unvollkommen und nicht in der Lage, die Fülle der Wahrheit zu erfassen.

So ist es erforderlich, beide in Ergänzung zueinander zu sehen

> „Propheten und Philosophen verkündeten keine einander widersprechenden Wahrheiten, beide enthüllten nur verschiedene Offenbarungsformen der einen Weltvernunft, jeder spiegelte eine andere Facette aus der Vielfalt von ‚Wahrheit' wider".[23]

Auch wenn somit kein innerer Widerspruch zwischen philosophischer und prophetischer Erkenntnis existiert, unterscheiden sie sich in ihrer Ausdrucksform. Diesen Tatbestand stellt Ibn Ruschd alias Averroes in seiner Lehre von der „doppelten Wahrheit" dar: Was die dem Menschen von Gott gegebene Vernunft in Form rationaler Erkenntnis ausdrücke, spreche Religion in Form bildlicher Darstellung aus.[24]

Mit der Differenzierung zwischen religiöser und rationaler Wahrheit war das Tor zu freier, säkularer und wissenschaftlicher Erkenntnis weit geöffnet worden.

---

[19] Vgl. Schimmel 1995b, S. 203.
[20] Tibi, Bassam. Der wahre Imam. Der Islam von Mohammed bis zur Gegenwart. München 1996, S. 156.
[21] Zu Leben und Werk von Abu Ali Sina vgl. Eliade 1983 (3/1). S. 134f.
[22] Vgl. Ebda., S. 137.
[23] Schweizer 1991, S. 151.
[24] Vgl. ebda., S. 151f.

Ganz besonders trat die Trennung des weltlichen und religiösen Bereiches bei dem Philosophen Al-Farabi offen zu Tage, der im 9. bis 10. Jahrhundert wirkte.

„Der Mensch – weil von Gott mit Vernunft ausgestattet – kann selbst über die Fragen der Politik entscheiden und in Selbstverantwortung über sich bestimmen."[25]

Das mu'tazilitische Glaubenssystem forderte nicht nur die Möglichkeit einer freien, säkularen und wissenschaftlichen Erkenntnis, sondern bot darüber hinaus Ansätze zur Demokratisierung des Wissens. Das Vertrauen in die menschliche Vernunft bildete dabei nicht nur eine bedeutende Grundlage, den einzelnen Gläubigen von der Vormundschaft der islamischen Orthodoxie zu befreien, sondern entbehrte zugleich der orthodoxen Koranauffassung, welche auf dem wortwörtlichen Diktat der Offenbarung in der arabischen Sprache beharrte. Damit war der Weg frei für die Übersetzung des Korans in die Muttersprache der nichtarabischen islamischen Völker, etwa ins Persische, und somit wurde auch dem des Arabischen Unkundigen ein selbständiger Zugang zum heiligen Buch ihrer Religion eröffnet. Ein prägnantes Beispiel für Versuche solcher Art gab es bereits im 11. Jahrhundert, als die Rechtsschule der Hanafiten eine Übersetzung ins Persische heraus gab.[26] Inwieweit darin mu'tazilitische Anregungen wirkten, bedarf einer genaueren Untersuchung. Jedoch konnten solche Zielsetzungen aufgrund der repressiven Strukturen nicht konsequent in die Tat umgesetzt werden. Die islamische Orthodoxie schloß erneut das geöffnete Tor, so daß sich der fundamentalistische Islam mit seinen fortschrittshemmenden Tendenzen zunehmend ausbreitete.[27] Die Gesellschaft brandmarkte die an unvoreingenommener Vernunfterkenntnis orientierten Denker als Ketzer. Die geistliche Staatsmacht verurteilte Averroes, der vorwiegend in den damaligen arabischen Zentren Sevilla und Cordoba wirkte, im Jahre 1187 auf das Härteste und verbannte ihn nach Marokko. Aus der Verfolgung der Mu'taziliten und der Bekämpfung ihrer Lehre resultierten schwerwiegende Folgen für die gesamte islamische Welt. So konstatiert Schweizer

„Indem die kritische Dialektik aus der Philosophie gewichen war, drohte der Islam als Kultur zu erstarren, ist er zunehmend schwerfälliger geworden und kann immer weniger auf die Herausforderungen einer sich stets wandelnden Welt reagieren".[28]

Auch auf dem theologischen Gebiet macht sich diese Haltung bemerkbar. Noch heute richtet die islamische Orthodoxie weltweit ihren erbitterten Widerstand gegen Koranübersetzungen, die ihrer Meinung nach das ewige und unwandelbare Original verfälschen. Keine Übersetzung sei in der Lage, die Bedeutungsfülle, die jedes Wort in der arabischen Sprache transportiere, in ihrem ganzen Umfang wiederzugeben.

---

[25] Davidson, Herbert A.. Alfarabi, Avicenna and Averroes on Intellect. In: Tibi. Der wahre Imam. New York, 1992, S. 44 ff.
[26] Vgl. Spuler 1952, S. 235.
[27] Vgl. Heller, Erdmute / Moshahi, Hassouna: Islam. Demokratie. Moderne. Aktuelle Antworten arabischer Denker, München 1995, S. 22.
[28] Schweizer 1991, S. 153.

Auch wenn die fruchtbaren Anregungen der mu'tazilitischen Lehre aufgrund der Verurteilung ihrer Anhänger durch die islamische Orthodoxie keine weitreichende Wirkung mehr im Orient erzielen konnten, kamen diese im Abendland zu ihrer höchsten Entfaltung. Dazu bemerkt Gabrieli,

> „daß gerade diese beiden Philosophen [Avicenna und Averroes; d. Verf.] der islamischen Philosophie in Europa zum Durchbruch verhalfen (...). Gerade, als al-Ghazali mit seinem Werk der Theologie zum Triumph über die Philosophie verhalf, setzte im Abendland eine entgegengesetzte Richtung ein; hier geriet die Theologie unter den Einfluß griechisch-muslimischer Philosophie".[29]

Avicenna und Averroes trugen dazu bei, daß Gelehrte wie Albertus Magnus, Thomas von Aquin, Johannes von Toledo, Roger Bacon und Johannes Duns Scotus in Berührung mit der aristotelischen Philosophie kamen und sich seine spezifische Methode aneigneten.[30] So avancierten die Mu'taziliten zu wichtigen Wegbereitern der europäischen Scholastik, die ihrerseits wiederum in Europa das vernunftbezogene Hinterfragen der vorhandenen autoritären Strukturen begründete. Damit bahnte sich im Bereich des westlichen, lateinischen Europas eine Entwicklung an, die im Humanismus und letztlich in der Aufklärung gipfelte.

Anders als in der islamischen Welt gelang es in Europa, die erstarrte Orthodoxie zu überwinden und die ehemaligen von der Staatsmacht verfolgten kritischen Geister wie Giordano Bruno, Kopernikus oder Galilei später zu rehabilitieren. Dies erreichte der islamische Kulturkreis bis heute nicht.

Eine andere Gruppe eines nicht-orthodoxen Islam bilden die Mystiker. Die allgemein akzeptierten Ausdrücke für islamische Mystik und ihre Vertreter sind „Sufismus" und „Sufis".[31] Dieser Ausdruck bedeutet „die Wollenen" und spielt auf die übliche Bekleidung der Mystiker mit einem Wollmantel an.[32]

Der Begriff „Mystik" ist polyvalent. Schimmel bemerkt dazu

> „Im weitesten Sinne kann Mystik als das Bewußtsein der Einen Wirklichkeit definiert werden, ganz gleich, ob man diese nun als ‚Weisheit', ‚Licht', ‚Liebe' oder ‚Nichts' benennt".[33]

Das Bewußtsein dieser „Einen Wirklichkeit", erreicht der Mystiker weder mit den äußeren Sinnen noch durch intellektuelles Bemühen.

> „Weder Philosophie noch Intellekt können sie enthüllen; lediglich die Weisheit des Herzens, die gnosis, könnte dem Menschen Einblick in einige ihrer Aspekte ermöglichen. Es bedarf einer geistigen Erfahrung, die weder von sinnlichen noch rationalen Methoden abhängt. Hat der Sucher sich einmal auf den Weg zu dieser letzten Wirklichkeit begeben, so wird er durch ein inneres Licht geleitet werden. Dieses Licht wird stär-

---

[29] Gabrieli 1983, S.171.
[30] Vgl. Ebda., S. 168ff.
[31] Vgl. Schimmel, Annemarie: Mystische Dimensionen des Islam. Aalen 1979, S. 3.
[32] Vgl. Eliade 1983 (3/1), S.123.
[33] Schimmel 1979, S. 3f.

ker, je mehr er sich von den Bezügen zu dieser Welt befreit, je mehr er, wie die Sufis sagen würden, den Spiegel seines Herzens poliert."[34]

Die höchste und nur selten erreichte Form mystischer Erfahrung besteht darin, daß der Mystiker im Moment der Ekstase seinen Geist mit dem göttlichen als vereint erlebt.[35]

Religionsphänomenologisch läßt sich zwischen „Unendlichkeitsmystik" und „Persönlichkeitsmystik" unterscheiden, wobei diese beiden Varianten kaum je in Reinform existieren. Bei der ersten Form erlebt der Mystiker Gott als unendliches Sein, in welchem er selbst aufgeht wie das Sandkorn in der Düne oder der Wassertropfen im Ozean. Die zweite Form charakterisiert sein Verhältnis zu Gott als persönliche Beziehung eines Knechts zum Herrn oder aber als Geliebte zum Bräutigam.[36]

Grundsätzlich jedoch bedeutet die Mystik in allen ihren Varianten und durch alle Religionen hindurch die persönliche, intensiv erlebte Erfahrung Gottes. Da diese Erfahrung nur jeder einzelne für sich in unmittelbarer Beziehung zu seinem Schöpfer erleben kann, stellt die Mystik eine im strengen Sinne individuelle Frömmigkeit dar, die sich dem Führungsanspruch der Ulama entzieht, welche die Gottesbeziehung des Menschen allein über das Mittel der koranischen Offenbarung und ihrer rechtmäßigen Auslegung regeln will. Das führte immer wieder zum unausweichlichen Konflikt zwischen Mystikern und orthodoxer Geistlichkeit.

> „Jedenfalls waren die mystischen Erfahrungen und die theosophische Gnosis äußerst schwierig in den orthodoxen Islam einzufügen. Der Muslim wagte nicht, sich eine enge Beziehung in geistiger Liebe zu Allah vorzustellen. Ihm genügte es, sich Gott ganz hinzugeben, dem Gesetz zu gehorchen und die Unterweisung des Koran in der Tradition zu vervollständigen. Die *ulama* waren durch ihre theologische Bildung und ihre Beherrschung der Rechtsprechung in einer starken Stellung und hielten sich für die einzigen religiösen Leiter der Gemeinschaft. Demgegenüber waren die Sufis entschiedenste Gegner der Ratio: für sie war die einzige religiöse Erkenntnis Gottes in einer persönlichen Erfahrung, die zu einer momentanen Einheit mit Gott führte, möglich. In den Augen der *ulama* bedrohten die sufitischen Interpretationen die ureigensten Grundlagen der orthodoxen Theologie."[37]

Indem es den Mystikern anders als der großen Mehrheit der Muslime nicht genügte, sich Gott allein in der Erfüllung des Gesetzes hinzugeben, ohne ihn wirklich zu kennen, relativierten sie auch die Bedeutung der Scharia, des islamischen religiösen Rechts. Dennoch stellen auch die Mystiker nicht die Bedeutung der Scharia in Frage – vielmehr entsteht wahre mystische Erfahrung nur dort, wo das Gesetz gilt –, jedoch beanspruchen sie, den Pfad der Erkenntnis Gottes zu beschreiten, der im Bilde gesprochen von der breiten Hauptstraße der Scharia,

---

[34] Ebda., S. 4.
[35] Vgl. Schimmel 1995a, S. 24.
[36] Vgl. Schimmel 1979, S. 5f.
[37] Eliade 1983 (3/1), S. 124.

auf der alle Muslime unterwegs sind, abzweigt.[38] Die *tariqa*, der schmale Pfad, führt den Mystiker auf mehreren Stationen letztlich sogar zur Einheit mit Gott. Freilich gelingt das nicht jedem, der sich auf diesen Weg begibt. Auf diesem Pfad ist der Sufi ein einsamer Wanderer. Dabei helfen ihm die orthodoxe Geistlichkeit und ihre Rechtsgelehrsamkeit ebensowenig wie die kollektiven Riten und Frömmigkeitsformen der Gemeinde weiter. So sehr die bedeutenden Sufis auch eine Gruppe von Schülern und Anhängern um sich sammelten, letztlich bedeutet Mystik doch eine private Form der Religion.

Die mystische Bewegung im Iran erreichte ihren Höhepunkt am Ende des 13. und zu Beginn des 14. Jahrhunderts,[39] in jener Phase, in der sich in Europa die Anfänge der Moderne und damit die Gedanken der Ausbildung des eigenständigen Individuums herauskristallisierten. Vergleichbar den europäischen Entwicklungen[40] erlebte im Iran die Volkssprache als Glaubenssprache einen Aufschwung. In dieser Zeit entstand das „Leben der Heiligen", eines der wichtigsten Werke des Sufismus, das erstmalig die bis dahin nur in der arabischen Sprache zugänglichen Inhalte der islamischen Religion in Persisch vermittelte.

Ein spezifisches Charakteristikum der Mystik bildet die individuelle Gotteserfahrung, die unter Einbeziehung zweier herausragender Vertreter aus dem iranischen Raum erläutert wird.

Die Bedeutung individueller Gotteserfahrung läßt sich exemplarisch anhand eines Gedichtes von Mohammad Djalal od-Din Rumi (1207-1273) veranschaulichen, der über die Grenzen des Iran hinaus in der gesamten islamischen Welt und in Europa Berühmtheit erlangte. Dieser herausragende Theologe und Rechtsgelehrte avancierte im Alter von etwa 40 Jahren zur bedeutenden Figur der Mystik. Über seine Wandlung liegen mehrere dramatische Berichte vor.[41] Zu seinen wichtigsten Werken zählt ein etwa 45.000 Verse umfassendes Epos, das nach der literarischen Form den Titel *Mathnawi* (Doppelzeiler) trägt. Darin findet sich eine Parabel, in der der Prophet Moses beobachtet, wie ein Hirte Gott anruft. Der Hirte bietet Gott in einer sehr menschlich-persönlichen Art seine Dienste an.

> „O Gott, der Du auserwählst, wo verbirgst Du Dich? – daß ich Dir diene, Dir die Schuhe anzieh', Dir die Haare kämme, Dir die Kleider wasche, Deine Läuse töte, Milch zu Dir bringe, o Erhabener, Deine zarten Hände küsse, Deine kleinen Füsse reibe und zur Schlafenszeit Deine Kammer fege."[42]

---

[38] Vgl. Schimmel 1979, S.110.
[39] Vgl. Milani, Abbas. Mabahesi dar Babe Tadjadod dar Iran "Taskerad al Ulia"; (Einige Beiträge zur Modernität im Iran) Saarbrücken 1994, S. 33f.
[40] Zur Bedeutung der deutschen Sprache für die Vermittlung der Inhalte des Christentums vgl. 2.2.2.
[41] Zu Rumis Leben und Werk vgl. Eliade 1983 (3/1), S. 143ff.
[42] Dschalaluddin, Rumi: Die Flucht nach Hindustan und andere Geschichten aus dem Mathnawi. Aus dem Persischen übertragen von Gisela Wendt. Amsterdam 1989, S. 39.

Hierauf reagiert Moses mit einer ausnehmend heftigen Erwiderung, in der er den Hirten mit Vorwürfen und Zurechtweisungen dafür tadelt, daß er Gott in naiver Weise Hilfe anbietet, derer Gott doch nach Moses' Verständnis nicht bedarf.

> „O, du bist ganz und gar verdorben, (...) bist nicht gläubig geworden, sondern ein Ketzer. Was ist das für ein Geschwätz, für eine Gotteslästerung und Prahlerei! Verstopfe dir den Mund! Deine Gotteslästerung hat die Welt verpestet, hat das kostbare Gewand der Religion zerfetzt. *Du brauchst Schuhe und Socken* – wie passte derartiges denn zu einer Sonne? Wenn du dich dieser Worte nicht enthältst, wird ein Feuer um sich greifen und das Volk vernichten. Wenn kein Feuer ausgebrochen ist – was bedeutet dieser Rauch, diese schwarz gewordene Seele, dieser verstoßene Geist? Wenn du weißt, daß Gott der Richter ist, wie kannst du auf Geschwätz und Dreistigkeit dein Vertrauen setzen? Ein törichter Freund ist im Grunde ein Feind. Gott, der Hocherhabene, bedarf derartiger Dienste nicht. Zu wem sagst du das, zu deinem Onkel? Gehören Körperlichkeit und Bedürftigkeit zu den Kennzeichen der höchsten Majestät? Milch trinkt nur, wer wächst und gedeiht; in die Schuhe schlüpft, wer Füsse braucht. Sollten deine Worte dem Gottesdiener gelten, über den Gott sagte: 'Er ist Ich, und Ich bin er', und auf den sich Gottes Wort bezieht: 'Wahrlich, Ich war krank – du hast Mich nicht besucht. Ich selbst war krank, er war es nicht allein, er, der durch Mich nur hört, durch Mich nur sieht' – bezüglich dieses Dieners wäre deine Rede ebenfalls unsinnig. Zu dem, den Gott erwählt hat, ehrfurchtslos zu sprechen, tötet das Herz und verdirbt die Lage."[43]

Gott jedoch kritisiert Moses, weil er dem Hirten verbieten will, nach seinem individuellen Verständnis zu ihm zu sprechen.

> „Du hast Meinen Diener von Mir getrennt. Bist du gekommen zu binden oder zu lösen? Verhindere Trennung, wo immer du kannst! 'Das Meistgehasste ist für Mich die Scheidung.' Jedem schenkte Ich ein eigenes Verhalten, jedem gab Ich seine Ausdrucksweise. Der Hirte ist zu loben, du aber bist zu tadeln; bei ihm geht es um Honig, bei dir geht es um Gift."[44]

Dieses Gedicht verdeutlicht, daß nach dem Verständnis der Mystiker die Art und Weise der individuellen Gotteserfahrung jedem selbst überlassen bleibt. Keine weltliche Instanz ist dazu berechtigt, die persönliche Beziehung zwischen dem Menschen und dem Schöpfer zu reglementieren.

Die Mystik betont allerdings, daß nicht jeder den gleichen Grad an Gotteserkenntnis erreichen kann. Die Erfahrungen der Mystiker bilden vielmehr

> „eine Kette (...), einen Weg der nach oben steigt, eine *scala mystica*".[45]

Der ägyptische Mystiker Dhu'n-Nun (gest. 859)[46] unterscheidet acht Stufen der *scala mystica* und benennt sie folgendermaßen

> „Glaube – Furcht – Ehrfurcht – Gehorsam – Hoffnung – Liebe – Leiden – Vertrautheit mit Gott".[47]

---

[43] Ebda., S. 39f.
[44] Ebda., S. 40.
[45] Andrae, Tor. Islamische Mystiker (1947). Neudruck Stuttgart 1960, S. 98.
[46] Zu Dhu'n-Nuns Leben und Werk vgl. Eliade 1983 (3/1), S. 126.
[47] Andrae 1960, S. 99.

Obwohl Übungen oder Stimulierungen zur Erlangung des mystischen Zustands nicht zwingenderweise eine Rolle spielen, haben die Mystiker doch eine Reihe von Praktiken entwickelt, die von Meditation, Gebet oder bestimmten Körperbewegungen und -haltungen bis hin zu Gesang und Tanz reichen. Von Rumi sagte sein Sohn, daß er

> „niemals einen Augenblick lang aufhörte, Musik zu hören oder zu tanzen".[48]

In der Musik sah er ein Mittel, welches den menschlichen Geist an seine ursprüngliche, paradiesische Heimat erinnert. So avancierte er zum Begründer des Ordens der "Tanzenden Derwische", die sich durch immer schnelleres Kreisen in Ekstase versetzen.[49] Von welcher Brisanz diese mystischen Praktiken für die traditionelle orthodoxe Geistlichkeit waren, zeigt sich nicht zuletzt darin, daß deren Vertreter zu Beginn der Etablierung mystischer Glaubensformen stark befremdet reagierten und den Neuerern vorwarfen, daß Gesang Heuchelei im Herzen großzöge.[50]

Außerdem bedienten sich die Mystiker, um den Vorgang der Ekstase zu veranschaulichen, des Bildes der Trunkenheit, also eines im islamischen Recht verbotenen Lasters. Freilich legt Rumis Sohn Wert darauf, daß sein Vater

> „nicht durch Traubenwein (berauscht gewesen sei, denn) die erleuchtete Seele trinkt nur den Wein des Lichts".[51]

Immerhin beschrieb der Gläubige die mystische Gotteserfahrung mit diesem sehr weltlichen und in orthodoxer Sicht unislamischen Bild.

Der individualistische Charakterzug des Sufismus läßt sich vielleicht am deutlichsten am Schicksal des Märtyrers Husayn-ibn Mansur al-Halladsch, geboren 857 im Südwesten des Iran und 922 hingerichtet in Bagdad, nachzeichnen. Er formulierte den für seine Verurteilung entscheidenden gotteslästerlichen Satz *Ana 'l-ḥaqq*, den man in Deutsche übersetzt mit folgenden Worten wiedergeben kann „Ich bin die Wahrheit" oder auch „Ich bin Gott". Dieser Spruch des Al-Halladschs symbolisiert die Erfahrung der Einung mit Gott, die jeder Mystiker als sein höchstes Ziel anstrebt und die Al-Halladsch auch erreichte. Seiner Prägnanz wegen gilt der Satz wohl als der berühmteste aller Sufi-Aussprüche.[52]

Er zog damit den Zorn der orthodoxen Geistlichkeit Bagdads auf sich, die ihn des Pantheismus' beschuldigte.

Der Individualismus des Mystikers, der aufgrund seiner Annäherung an Gott bis hin zur Einswerdung sowohl die Geistlichkeit und ihre gelehrte Koraninterpretation als auch die Glaubensgemeinschaft der Muslime als religiöse Instanzen überwand, zeigt sich nun darin, daß Al-Halladsch seinen Ausschluß aus der muslimischen Glaubensgemeinschaft geradezu herausforderte, um somit das

---

[48] Eliade 1983 (3/1), S. 144.
[49] Vgl. Eliade 1983 (3/1), S. 144f.
[50] Vgl. Andrae 1960, S. 102f.
[51] Eliade 1983 (3/1), S. 144.
[52] Vgl. Schimmel 1979, S. 73.

Martyrium ganz bewußt zu erleiden. So rief er in einer Moschee mit bitterem Spott den Gläubigen zu:

> „Gott hat euch zulässigerweise mein Blut gegeben: tötet mich! [...] Für die Muslime gibt es auf der ganzen Welt keine dringlichere Aufgabe, als mich umzubringen."[53]

Zu Al-Halladsch bleibt außerdem anzumerken, daß er stets bemüht war, den mystischen Weg allen Gläubigen zu eröffnen. Dies brachte ihn bereits früh in Konflikt mit den anderen Mystikern Bagdads, die ihm vorwarfen, er wolle Geheimnisse an Nichteingeweihte verraten. Bei seinem Prozeß spielte auch dieser Gesichtspunkt seines Wirkens insofern eine Rolle, als man ihm von politischer Seite vorwarf, ein Aufwiegler der Massen zu sein.[54]

Generell betrachtet fallen bei den Sufis deutliche Parallelen zu den christlichen Mystikern auf, deren bedeutendste Vertreter wohl der Dominikanermönch Meister Eckhart (etwa 1260-1328) und seine Schüler Heinrich Seuse (etwa 1295-1366) und Johannes Tauler (etwa 1300-1361) sind. Für die nachreformatorische Zeit sei hier noch der protestantische Mystiker Jacob Böhme (1575-1624) zu nennen.

Auch sie strebten eine persönliche Gotteserfahrung an und suchten, sich so von Glaubensautoritäten und oktroyierten Formen der Frömmigkeit abzusetzen. Sie gerieten daher in Konflikt mit den etablierten geistlichen Autoritäten. So mußte sich etwa Meister Eckart einem Ketzerprozeß unterziehen, nachdem sich die orthodoxe Geistlichkeit bereits seit langem daran gestoßen hatte, daß er die Einheit der Seele mit Gott sowie das Einswerden des Gläubigen mit Christus lehrte und sich vom sakramentalen Leben der Kirche zurückzog.[55] Das Anliegen des Mystikers und seine Konsequenzen sind also bei Eckhart und Al-Halladsch von Grund auf identisch.

Allerdings gewann der mystische Individualismus im christlichen Bereich einen bemerkenswerten Einfluß auf die Geistesgeschichte. Wie in Kapitel 2.2.2. bereits erwähnt, hob die Reformation die Bedeutung der individuellen Gottesbeziehung hervor. Dies geschah vor dem Hintergrund der Abgrenzung von der institutionell vermittelten Gottesbeziehung, mit der sich die vorreformatorische Kirche vor allem für die Laien begnügte. Damit machte sich die Reformation zur Wegbereiterin der Moderne in Europa. Zugleich nahm die Reformation ihrerseits Anregungen aus der Glaubenswelt der mittelalterlichen Mystik auf. Dieser Einfluß läßt sich unter anderem daran erkennen, daß Luther die Schriften des Mystikers Tauler kannte und besonders schätzte. Ob Luther darüber hinaus auch Einflüsse von Eckhart als dem bedeutendsten Vertreter der Mystik – etwa im Verständnis der Innerlichkeit – erfuhr, läßt sich nicht in der Forschung eindeutig belegen; dennoch deuten einige Thesen durchaus auf diesen Aspekt hin.[56]

---

[53] Eliade 1983 (3/1), S. 129.
[54] Vgl. Eliade 1983 (3/1), S. 128f.
[55] Zu Lehre und Leben Eckarts vgl. Eliade 1983 (3/1), S. 190-195.
[56] Vgl. die Anregung von Mieth, Dietmar: Meister Eckart; in: Greschat, Martin (Hg.): Gestalten der Kirchengeschichte Band 4 (Mittelalter II). Stuttgart/Berlin/Köln 1984 (Nachdruck 1993), S. 151.

Resümierend läßt sich konstatieren, daß wichtige Impulse der christlichen Mystik dem modernen Europa Vorschub leisteten. Durch diese Einflüsse ist die christliche Mystik ein Meilenstein auf dem Weg Europas zur Moderne geworden. Diese Wirkung blieb jedoch der islamischen Mystik versagt.

4.3. Die islamischen Modernisten

4.3.1. Politische Erneuerungsansätze und Säkularisierungsbestrebungen im Iran des 19. und 20. Jahrhunderts

Eine weitere nennenswerte reformatorische Bewegung innerhalb des Islam in Persien gab es erst wieder mit dem beginnenden 19. Jahrhundert, als das Land vermehrt mit europäischen Einflüssen in Berührung kam.

Die reformerischen Strömungen des 19. und 20. Jahrhunderts, deren Träger hier als islamische Modernisten bezeichnet werden, suchten wie einst die Mu'taziliten und Mystiker einen Ausweg aus der erstarrten Haltung der islamischen Religion und dem damit einhergehenden kulturellen, ökonomischen und politischen Stillstand aufzuzeigen. Der Hintergrund dafür lag in dem eindeutigen Vorsprung des Abendlandes gegenüber dem Morgenland auf technischem, wissenschaftlichem, ökonomischem sowie militärischem Gebiet. Vor allem militärische Niederlagen gegen die modern ausgerüsteten Kolonialmächte trugen zum Erwachen von Teilen der islamischen Welt bei und führten bei einigen der islamischen Intellektuellen zum Umdenken.

Es entstand eine Kluft zwischen dem Anspruch, das nach dem Koran auserwählte Volk zu sein, und der Realität des wirtschaftlichen Rückstands der islamischen Länder gegenüber den westlichen Nationen.[57] Die Folge davon war ein ausgeprägtes Minderwertigkeitsgefühl.

Man versuchte, die unterentwickelten Strukturen der orientalisch-islamischen Welt auf verschiedene Art zu deuten. Wie einst Avicenna zu seiner Zeit sahen einige in der konservativen Deutung des Korans sowie darin, daß der Koran als einzige Quelle der Wahrheit betrachtet wird, die Ursachen für den zögerlichen Verlauf der Wissenschaften in der orientalischen Welt begründet. Andere Denker, etwa der Perser Jamal ad-Din al-Afghani (1839-1897), einer der wichtigsten Vertreter der islamischen Erneuerungsbewegung im 19. Jahrhundert, sahen die Ursache jener Defizite in der mangelnden Verwurzelung des Islam im gesellschaftlichen Leben. Diese sei die Folge der Abkehr der Muslime vom wahren Islam.[58] Daraus ergab sich für sie die Forderung einer Rückbesinnung auf die Anfänge ihrer Religion im 7. Jahrhundert und die Tradition des Propheten Mohammad.

Afghanis Kritik betraf sowohl die Passivität und Gleichgültigkeit als auch die innere Spaltung der Muslime, wie der folgende Satz belegt:

---

[57] Vgl. Falaturi 1980a, S. 64ff.
[58] Vgl. Büttner 1971, S. 50.

„Statt ihre Pflichten vor Gott zu erfüllen und wie die frühen Muslime ihren Machtbereich zu schützen und keinen Frieden mit ihren Feinden zu schließen, zeigen die Muslime von heute selbst angesichts der europäischen Eindringlinge Gleichgültigkeit und Passivität."[59]

Daher verfaßte er mehrere Schriften, in denen er vehement gegen die britische Kolonialpolitik, welche im 19. Jahrhundert verheerende Konsequenzen mit sich brachte, kritisch Stellung bezog und für eine Einheit der islamischen Länder plädierte. Besonders bekannt wurde er durch die 1884 nur wenige Monate in Paris erscheinende arabische Zeitschrift *al-'Urwa al-wuthqa* (Das unauflösliche Band), die er zusammen mit seinem aus Ägypten stammenden Schüler Muhammad Abduh (1849-1905) herausgab. Der Titel der Zeitschrift symbolisiert die Gemeinschaft der Muslime in der ganzen Welt, die Afghani wachrütteln wollte.

Zweifelsfrei verlief Afghanis Kampf um die Modernisierung keineswegs ohne Probleme, da ihm die herrschende Geistlichkeit und die im Dienste der Kolonialmächte arbeitenden Dynastien entgegenstanden. So war er genötigt, in jedem islamischen Land unter einem anderen Namen zu agieren, um seine wahre Identität nicht preiszugeben.

„Schon der Name, unter dem er bekannt geworden ist, zeugt von dem Bemühen, seine Spuren immer wieder zu verwischen. In Kairo und den europäischen Ländern nannte er sich Afghani (Afghane), in Indien dagegen Ägypter, in Afghanistan wiederum wurde er Istanbuli (Istanbuler) genannt und im Iran, wo er geboren und aufgewachsen ist, hieß er Assad Abadi Hosseini Hamedani."[60]

Afghanis Kritik richtete sich auch gegen die orthodoxe islamische Geistlichkeit, die mit den Kolonialmächten zusammenarbeitete und die Gläubigen in ihren Freiheitsbestrebungen zu unterdrücken suchte und sie auf das Glück im Jenseits vertröstete. Afghani hält jedoch *Maslaha* (Wohl und Glück in dieser Welt) für gleichermaßen bedeutsam wie das jenseitige Glück. *Jabr* (Prädestination) und *taqlid* (die fromme Nachahmung, die ständige Wiederholung des Gleichen) sind seiner Auffassung nach wesentliche Faktoren für die mangelnde Bereitschaft den Erneuerungen gegenüber und den wirtschaftlichen Niedergang der islamischen Welt. Er plädiert, solche Momente des Fatalismus streng zurückweisend, für eine Repolitisierung des Islam und fordert eine aktive Auseinandersetzung mit den repressiven Strukturen in den Ländern, die in den Interessenbereichen der Kolonialmächte liegen. Außerdem forderte er generell eine Reflexion im Denken der Bevölkerung sowie die Veränderung des eigenen Verhaltens. Dies untermauert er sogar mit einem Koranzitat.

„Wahrlich, Gott ändert die Lage eines Volkes nicht, ehe es sich selbst nicht ändert."[61]

---

[59] Ebda., S. 61.
[60] Tabatabai, Mohamed Mohiet: Naghsch-e Seyed Jamal aldin Assadabadi Dar Bidari-e Maschregh Zamin (Die Bedeutung von Seyyed Jamal aldin Assad Abadi für das Erwachen des Orients), 1. Aufl., Qom, o.J., S. 24f. [Übersetzung des Verfassers].
[61] Koran, Übersetzung von Paret, Sure 13, Vers 12/11.

Dennoch war seine Position den Ulama gegenüber von einer ambivalenten Haltung geprägt. Einerseits machte er die *Ulama* (die orthodoxen Gelehrten) für die dogmatische Erstarrung des Islam verantwortlich, aber nicht den Islam als solchen. Andererseits war für ihn eine grundlegende Reform ohne ihre Mitwirkung undenkbar. Nicht der Koran, sondern die Macht der Ulama war für Afghani einer der Gründe für den langsamen und inkonsistenten Verlauf der Modernisierung. Sein Ziel und das seiner Nachfolger war es nun, diese erstarrte Haltung der islamischen Gelehrten aufzubrechen. In seinem Anliegen, die Voraussetzung für das Gelingen der konstitutionellen Monarchie von 1906 zu schaffen, knüpfte er einen Bund mit Teilen der Geistlichkeit und machte hierbei gewisse Zugeständnisse. Die Stellung, die die Ulama als selbsternannte religiöse Wegweiser für sich beanspruchten, war aber derart etabliert, daß ihre Macht und ihr Einfluß auf die Politik und das gesellschaftliche Leben unangetastet blieb. Zwar entstand eine neue Regierungsform, die der konstitutionellen Monarchie, dennoch scheiterte Afghani, da er selbst der religiösen Instanz der Ulama ungeachtet seines fortschrittlichen und freigeistigen Denkens verhaftet blieb.

In den Bereichen der Wissenschaften und der Erziehung, die in Afghanis Schriften einen breiten Raum einnehmen, läßt sich ein vergleichbares Phänomen beobachten. Darin kommt seine Abhängigkeit von den Ulama unverkennbar zum Ausdruck. Hier akzeptiert er die Ulama als pädagogische Berater. In seinem Artikel „Unterricht und Erziehung" charakterisiert er in einer sehr anschaulichen Weise die strenge Abhängigkeit von den Ulama. Das Kind ist, wenn es auf die Welt kommt, ein unbeschriebenes, ungeformtes und unerzogenes Wesen. Die Eltern formen es nach ihrem Wissen und ihren Traditionen, die maßgeblich von den Ulama bestimmt sind. Handelt es sich um gute, fromme und gerechte Ulama, wird das Volk glücklich, zufrieden und aufgeschlossen gegenüber den Wissenschaften sein. Sind die Ulama jedoch wissenschaftsfeindlich, ignorant und unaufgeschlossen, sind sie dafür verantwortlich, daß das Volk unglücklich, unwissend und passiv bleibt. [62]

Afghani setzte sich auch ausführlich mit europäischen Entwicklungen und Ursachen der Moderne auseinander. Er sah in Europa nicht bloß ein feindliches Gegenüber, sondern war im Interesse der islamischen Welt bereit, aus der europäischen Kulturgeschichte zu lernen. Islam und Wissenschaften schließen sich seiner Meinung nach keineswegs aus, und westliche Errungenschaften sollten nicht allein deshalb abgelehnt werden, weil sie von Ungläubigen erfunden sind. Für ihn stellte sich damit die Frage, inwieweit einem westlich geprägten, technischen, wirtschaftlichen und politischen Wandel Folge geleistet werden kann, ohne dabei vom Koran abtrünnig zu werden.

„Vater und Mutter der Wissenschaft sind Beweise und Argumente, und Beweis und Argument heißen weder Aristoteles noch Galilei. Die Wahrheit ist dort, wo der Beweis ist; und diejenigen, die bestimmte Wissenschaften in dem Glauben verbieten, sie würden damit die islamische Religion schützen, sind in Wirklichkeit Feinde der Religion."[63]

---

[62] Vgl. Büttner 1971, S.66f.
[63] Ebda.

Afghanis zitierte Äußerung, wonach Vater und Mutter der Wissenschaft Beweise und Argumente sind, deutet die Möglichkeit, ja sogar den Wunsch an, daß bestimmte Lebensbereiche – etwa die Wissenschaft – von der Bevormundung durch eine fundamentalistisch verstandene Religion befreit werden sollen. Seine These, daß Autoritätsgläubigkeit mit Unwissenheit gleichzusetzen ist, läßt sich vor dem Hintergrund seiner Auslegung des Koran verstehen.

> So würdigte er – wie auch die nachfolgenden Modernisten – die Errungenschaften der Reformation sowie der Aufklärung mit ihrer Entdeckung der Vernunft des Individuums und strebte eine ähnliche Entwicklung im Islam an, „(...) wenn wir über die Ursache des revolutionären Übergangs Europas von der Barbarei zur Zivilisation nachdenken, dann erkennen wir, daß dieser Wandel nur durch die religiöse Bewegung, die Luther initiierte und auch durchführte, möglich war. Dieser große Mann sah, wie die Europäer in ihrem Ehrgeiz gelähmt waren und wie sie von der Geistlichkeit beherrscht wurden; er sah auch, daß Traditionen dominierten, die sich nicht aus der Vernunft ableiten ließen und führte daher die religiöse Bewegung an; er rief die Nationen Europas unermüdlich zum Erwachen auf. Es gelang ihm, die Europäer zu einer reformierten Wertorientierung zu bewegen; er erklärte ihnen, daß sie frei geboren sind und dennoch in Fesseln liegen."[64]

Nun konnten die Modernisten im Iran aber keine der Reformation in Europa vergleichbare, die gesamte Kultur betreffende umfassende Umwälzung erreichen, die einerseits eine individuelle Gottesbeziehung ermöglicht, andererseits die politische Freiheit des Einzelnen zur Konsequenz gehabt hätte. Denn eine erfolgreiche Forcierung des Modernisierungsprozesses erforderte die Beteiligung des geistlichen Standes, also jener Kräfte, die gerade diese Entwicklungen aufgrund ihrer eigenen Interessen zu unterbinden gewillt waren.

Auch wenn an dieser Stelle die religiös motivierte Modernisierung im Iran im Vordergrund steht, wird dennoch skizzenhaft auf den bereits erwähnten ägyptischen Modernisten Mohammad Abduh, einen Schüler Afghanis, eingegangen, da seine Interpretation des Islam Afghanis Ansatz entscheidend erweitert. An Abduh zeigt sich, wie die iranischen Modernisierungsbestrebungen über die Grenzen des Iran hinaus wirksam waren.

> Abduhs zentraler Angriffspunkt ist der *taqlid*, die blinde Nachahmung der Tradition durch den einzelnen Gläubigen, „(...) der Koran verbiete den taqlid und berichte warnend vom Schicksal solcher Völker, die selbstzufrieden dem Vorbild ihrer Väter gefolgt waren, bis schließlich ihre Glaubensüberzeugungen zusammenbrachen und sie als Gemeinschaft ausgelöscht wurden. Nachahmung ist 'eine trügerische Angelegenheit, die beim Tier verziehen werden kann, sich aber beim Menschen nicht ziemt'."[65]

Er fordert aus aufklärerischer Sicht den kritischen Gebrauch der Vernunft als bestimmende Kraft und als Maßstab des menschliche Handelns. Seiner Ansicht nach verficht der Koran im Denken und Handeln die Unabhängigkeit und den freien Willen des einzelnen Menschen.

Auch hätte die von ihm und Afghani propagierte Wiedereinführung des *Ijtihad* (die individuelle Interpretation der Quellen), die er als Grundvoraussetzung

---

[64] Afghani zitiert nach Tibi 1980, S. 15.
[65] Abduh zitiert nach Büttner 1971, S. 79.

für die freie Entscheidung bezeichnete, die Offenheit für veränderte Fragestellungen fördern können. Für ihn stellt *Ijthad* im Gegensatz zu *Ijma* (Konsens der Ulama), der lediglich unter bestimmten historischen Bedingungen seiner Formulierung gelten kann, eine eindeutige Priorität dar. Das „Tor der Interpretation" dürfe niemals durch den *Ijma* ersetzt werden, *Ijtihad* müsse sich aber immer am *Maslaha* (Gemeinwohl) orientieren.[66]

Jedoch bestimmt auch nach den modernistischen Auslegungen Afghanis und Abduhs der Islam weiterhin sowohl die geistliche als auch die weltliche Ordnung. Indem die islamischen Modernisten einerseits an der gesellschaftlichen Stellung der Ulama und andererseits an der Gestaltung des gesamten gesellschaftlichen Lebens durch den Koran festhielten, waren sie nicht in der Lage, diesen Weg konsequent zu Ende zu gehen. So resümiert Tibi zutreffend kritisch, daß die Muslime des 19. und 20. Jahrhunderts im Vergleich zu Avicenna, Averroes und Al-Farabi, einem weiteren bedeutenden mu'tazilitischen Philosophen, in ihrer religiösen Haltung eher konservativ argumentierten. Dies markiert einen deutlichen Rückfall hinter den hohen Erkenntnisstand, den die islamische Kultur schon einmal selbständig – nicht etwa durch europäischen Einflüsse – erreicht hatte.[67] Deshalb können alle anfallenden Probleme bis in unsere Zeit hinein nur in diesem Rahmen gelöst werden. Eine Lösung außerhalb dieses Glaubenssystems ist für sie unvorstellbar.

Afghani und Abduh erkannten beide die Spannung zwischen dem Islam, wie er ihrer Meinung nach sein sollte, und dem, den sie in der Realität vorfanden. Und obwohl sie dem offiziellen Islam dogmatische Einseitigkeit vorwarfen, wagten sie beide in ihrer Zeit gegen Ende des 19. Jahrhunderts nicht, der Tradition der Orthodoxie vehement neue Ideen entgegenzusetzen. Somit blieb eine grundlegende Erneuerung des Islam aus. Insofern ging es Afghani ähnlich wie den in seiner Nachfolge agierenden islamischen Modernisten. Zwar trugen gegen Ende der 70er Jahre modernistische Kreise dazu bei, die Pahlawi-Dynastie zu Fall zu bringen, welche eine diktatorische Herrschaftsform errichtet hatte, jedoch gelang es ihnen nicht, die Macht der Geistlichkeit nachhaltig einzudämmen und den Einfluß der Religion auf Politik und Wissenschaft zurückzudrängen.

Auch scheiterte ihr Reformvorhaben daran, daß sie in ihren Interpretationen das islamische Glaubenssystem in hohem Maße idealisierten. Sie gingen zweifellos davon aus, daß der islamische Glaubenskodex – wie auch der Koran im engeren Sinne – ein umfassendes, gesellschaftliches Modernisierungspotential in sich berge. Sie sprachen damit also diesem Glaubenssystem auch die Möglichkeit zu, in einer grundlegenden Weise weltliche Lebensbereiche verändern zu können.

Afghani und seine Schüler blieben ungeachtet der Berufung auf die europäische Aufklärung an der Untrennbarkeit der religiösen und weltlichen Sphäre

---

[66] Vgl. Ebda., S. 80.
[67] Vgl. Tibi, Bassam: Krieg der Zivilisationen. Politik und Religion zwischen Vernunft und Fundamentalismus. Hamburg 1995, S. 258.

haften. Demzufolge konnte niemals die Modernisierung das Ausmaß der Veränderungen im Sinne der europäischen Aufklärung bewirken. Innovationen im gesellschaftlichen und kulturellen Leben konnten sich, wenn überhaupt, nur in sehr begrenzter Weise vollziehen. Ungeachtet dessen handelte es sich hierbei um kritische Denkansätze, die auch im 20. Jahrhundert bis über die Revolution von 1979 hinaus, eine Fortführung fanden. Maßgebliche, nachfolgende Repräsentanten im Iran waren Mehdi Bazargan, Ali Schariati und Abdul-Karim Sorusch.

Bazargan gehörte einer der ersten iranischen Studentengruppen an, die Reza Schah 1928 mit dem Ziel der Erneuerung des Verwaltungsapparates und der gesellschaftlichen Infrastruktur zum Studium ins Ausland sandte. Nach dem Sturz des Schah im Februar 1979 leitete Bazargan bis November 1979 als Premierminister die provisorische Übergangsregierung.

Mehdi Bazargan repräsentierte als Naturwissenschaftler jene kritischen Intellektuellen des 20. Jahrhunderts, die, orientiert an Afghanis zukunftsweisenden Forderungen, prinzipielle Kurskorrekturen des islamischen Gesellschaftssystems voranzutreiben gewillt waren. Er galt als liberaler Vertreter und weltzugewandter Denker der islamischen Religion. Er zeigte sich nicht nur mit den Errungenschaften der technischen Moderne, sondern darüber hinaus auch mit Schriften der modernen Literatur vertraut. Algar, ein renommierter Kenner des Islam, bezeichnete ihn als einen der

> „...effektivsten und produktivsten Schriftsteller der modernen Literatur im heutigen Iran".[68]

Bazargan trat vehement für eine Öffnung der islamischen Länder gegenüber den modernen wissenschaftlichen, technischen und sozialen Entwicklungen ein und forderte insbesondere von den islamischen Geistlichen, daß sie sich den Herausforderungen der Moderne stellen sollten, da die Muslime in einer Welt lebten, die sich weiterentwickele. Moderne Wissenschaften müßten bei der Beurteilung der Gegenwart zur Kenntnis genommen werden, denn sie stünden keineswegs als solche im Widerspruch zur Religion.[69] Die religiösen Führer müßten zwar Verantwortung für die sozialen Fragen der Gegenwart, aber keine politischen Funktionen im engeren tagespolitischen Sinne übernehmen. Dabei solle die gesellschaftliche Rolle der Ulama auf die Beteiligung an sozialen Aufgaben, wie etwa den Bau von Krankenhäusern oder Schulen, beschränkt bleiben.

> „Wenn unsere religiösen Führer von Anfang an solche Pläne gehabt und so gehandelt hätten, hätten wir schon lange einen echten islamischen Staat, der sowohl national und demokratisch als auch göttlich wäre. So könnte man ohne Revolution und Blutvergießen Recht schaffen und Unrecht, Korruption und Sünde aus dem Land verbannen."[70]

---

[68] Algar, Hamid: The Encyclopedia of Islam. New Edition Volume IV. Leiden 1973, S. 141-171, hier S. 134.
[69] Vgl. Bazargan zitiert nach Norouzi, David/Itscherenska, Ilse: Zur Entwicklung der religiösen Bewegung im Iran: von Ansätzen eines liberalen Islamverständnisses zur Entstehung des Fundamentalismus; in: Asien, Afrika, Lateinamerika, Band 10, Berlin 1982, S. 1031-1046, hier S. 1037.
[70] Ebda.

Mit dieser Forderung ging Bazargan nicht nur über die früheren Modernisierer wie Afghani hinaus, sondern widersprach massiv Khomeinis Vorstellung von der Herrschaft des Rechtsgelehrten und der schiitischen Auslegung des Islam überhaupt, nach der die Ulama auch die politische Macht übernehmen sollten. Er kritisierte mit Nachdruck die fundamentalistischen Geistlichen, ihre Unbeweglichkeit und ihre vielfachen Berührungsängste gegenüber den Erfordernissen der Moderne. In diesem Zusammenhang warf er rhetorisch die folgende Frage auf:

> „Ist es möglich, die Probleme der Menschen von heute auf der Grundlage der alten Wissenschaften und Erkenntnisse und dreihundert Jahre alter Denkmodelle zu verstehen?"[71]

So rechtfertige und verlange gerade die Nähe der religiösen zu den übrigen Wissenschaften auch eine den weltlichen Wissenschaften adäquate Methode der Deutung. Gerade deshalb bedarf der individuelle Interpretationen ermöglichende *Ijtihad* als zentraler Bestandteil der schiitischen Lehre des Islam, so Bazargan, der nachdrücklichen Unterstützung. Dies wird angesichts der starren Auslegung der Theologen, die sich allein an jahrhundertealten Traditionen orientieren, um so nötiger denn je.

Ali Schariati (1933-1977) kann ohne Zweifel der wirkmächtigste unter den islamischen Reformern im Iran genannt werden. Von seinen über zweihundert Büchern, Aufsätzen und Reden gingen zahlreiche Impulse in fortschrittlich denkende Kreise aus.

Er war der Sohn eines Gelehrten, der bereits ein „Islamisches Revolutionszentrum" initiierte. Bereits als Student plädierte Schariati für das von Mossadegh favorisierte Konzept nationaler Autonomie und schloß sich daher in der Folgezeit der Nationalen Front gegen den Schah an, die von Mossadegh ins Leben gerufen worden war. Er studierte von 1960 bis 1965 Soziologie und Religionswissenschaften in Paris. Dort erlangte er darüber hinaus einen Doktorgrad in islamischer Philologie. Während seiner Pariser Zeit sympathisierte er mit den Anliegen der algerischen Befreiungsbewegung.

Er setzte sich nicht nur mit den Schriften Afghanis auseinander, sondern machte sich darüber hinaus mit dem philosophischen und sozialpolitischen Gedankengut bedeutender europäischer Philosophen wie etwa Karl Marx oder Herbert Marcuse sowie mit den Ideen des französischen Revolutionstheoretikers Frantz Fanon (1925-1961) vertraut, der seit 1952 als Arzt in Algerien wirkte und eine wichtige Rolle in der algerischen *Front de Libération Nationale* spielte. Besonders sein 1961 veröffentlichtes Buch *Les damnés de la terre* (dt. Titel: Die Verdammten dieser Erde) galt den Befreiungsbewegungen als eine Art „Bibel" der Revolution, was Schariati aufs Nachhaltigste prägte. Fanons *Antikapitalistisches Manifest* begründet im Anschluß an Marx, Freud und Lenin die Notwendigkeit einer bewaffneten Revolution in den von Europäern beherrschten afrikanischen und asiatischen Ländern. Darin vertrat er die These, daß sich die bevormundeten, unterdrückten Kolonien nur dann von den imperialistischen Mächten

---

[71] Ebda.

befreien könnten, wenn sie sich auf die dynamische Kraft ihrer eigenen Kultur besännen und nicht auf die in der Nachfolgezeit entstandenen Traditionen, wie etwa das dogmatische Denken der Korangelehrten oder die Unterdrückung der Frau. Der Philosoph und Gesellschaftskritiker Jean-Paul Sartre verfaßte das Vorwort zu diesem Buch, welches Schariati ins Persische übertrug.

Bei seiner Rückkehr in den Iran nahmen ihn die Sicherheitskräfte an der Grenze fest und inhaftierten ihn für einige Monate. Nach seiner Entlassung war er zunächst als Sprachlehrer, dann als Dozent im Fach Soziologie an der Universität der heiligen Stadt Maschhad tätig. Schariati avancierte aufgrund seines Einflusses, den er während dieser Zeit auf seine Studenten ausübte, zum

„ (...) Vorbild der kritischen jungen Generation und zum Idol oppositionellen Denkens im Iran".[72]

Angesichts seines nachhaltigen Wirkens besonders auf die religiösen Kreise der Stadt, relegierte ihn die Hochschule und „belohnte" ihn mit einer Dozentenstelle an der Teheraner Universität, die er von 1969 bis 1973 wahrnahm. Auf Grund seiner regimekritischen Äußerungen folgte – diesmal für 18 Monate – erneut Haft, Folter und Redeverbot. 1977 floh er nach England, wo er einen Monat später im Alter von 43 Jahren unter ungeklärten Umständen umkam. Man mutmaßt die Liquidierung durch den SAVAK, den iranischen Geheimdienst.[73]

An der Teheraner Universität vermittelte Schariati einer großen Zahl seiner Studenten ein neues Verständnis des schiitischen Islam. Die Bestimmungen des Klerus und die traditionellen Riten hinderten seiner Meinung nach die Gläubigen an einer gegenwartsbezogenen Einstellung zu Welt und Religion. Vor allem sah er in der die schiitische Religion prägenden Märtyrertheologie und -frömmigkeit[74] ein großes Hindernis für die Modernisierung. Daher trat er besonders für ein neues Verständnis des Martyriums Hussains ein.

Die etablierte Geschichtsauffassung sah und sieht bis heute darin vor allem ein leidvolles Ereignis und feiert Hussain als großen Märtyrer. Dies prägt den Charakter des gesamten Schiismus, der auf Ertragen gegenwärtiger Verhältnisse und nicht auf Veränderung aus ist.

„Die Schia (die Partei Alis) ist nicht revolutionär. Jahrhundertelang hat sie ein Ideal des Leidens und Erduldens gepflegt; der Prototyp des Schiiten war schahid (der still duldende Märtyrer), nicht der aufbegehrende Rebell."[75]

Schariati hingegen deutete das Martyrium Hussains im Sinne eines kämpferischen, revolutionären Islamverständnisses. Er sieht in Hussain einen Kämpfer

---

[72] Schreiner, Hans Peter / Becker, Kurt / Freund, Wolfgang: Der Imam: islamische Staatsidee und revolutionäre Wirklichkeit. St. Michael 1982, S. 56.
[73] Zu Schariatis Leben vgl. Richard, Yann: Die Geschichte der Scharia in Iran. Grundlagen einer Religion. Berlin 1983, S. 126-139.
[74] Zur Märtyrertheologie und –frömmigkeit sowie deren Auswirkungen vgl. die entsprechenden Abschnitte in Kapitel 1.2.6.
[75] Halm, Heinz. Der schiitische Islam. Von der Religion zur Revolution. München 1994, S. 146.

für die Freiheit, der sich für die Aufhebung der Tyrannei und die Schaffung der Gerechtigkeit eingesetzt habe.

Die traditionelle Auffassung des Martyriums – von den Gläubigen durch Zeremonien begleitet – findet ihren Ausdruck in Muharram-Prozessionen und Ta'ziye-Aufführungen, in denen sie das Martyrium Hussains am eigenen Leibe nachempfinden wollen. Diese Rituale rufen nach Schariati in der Bevölkerung ein verzerrtes Bild des Islam hervor, das den eigentlichen Gehalt der schiitischen Bewegung, die auf Befreiung der Menschen abziele, verdecke.

Seine tiefe Verwurzelung im schiitischen Islam unterstreicht die Maxime, daß jeder Boden Kerbela, jeder Monat Muharram, jeder Tag Aschura[76] sein soll. Diese Parole weist explizit daraufhin, daß Schariati von einem treuen Muslim erwartet, daß er stets zum Kampf und Märtyrertum bereit ist.

Das Sterben Hussains – nun aber nicht als Dulden eines ungerechten Schicksals, sondern als Impetus zu befreiender, verändernder Kraft verstanden – soll das Leben des Gläubigen also überall und jederzeit bestimmen. Dieses Motto fand man später oft auf den Transparenten der Demonstrationszüge wieder, die die Massen während der Revolution durch die Straßen Teherans trugen.[77]

Schariati forderte ein kritisches Verhältnis zum etablierten Islam, ohne daß er die Religion als solche ablehnte; ebenso blieb sein Verhältnis zu den modernen westlichen Gesellschaften kritisch, ohne daß er ihre Leistungen insgesamt verurteilte. Er fand gar Bewunderung für ihre Errungenschaften, wies jedoch zugleich darauf hin, daß in den afrikanischen und asiatischen Ländern bei einer Modernisierung ohne Form und Ziel Identität und Selbstbewußtsein der Menschen verloren gehen könnten. Die angestrebte Aufgeschlossenheit für die gegenwärtigen politisch-sozialen Belange dürfe also nicht zu dem Extrem führen, vor lauter Euphorie und unreflektiertem Aktionismus die moderne westliche Kultur blind nachzuahmen. Er sieht durch die unreflektierte Übernahme westlicher Kulturgüter die Identität der islamischen Völker massiv gefährdet und hält den mit äußerlicher Gewalt betriebenen Kolonialismus – die Propagierung der Errungenschaften der europäischen Moderne – sogar für einen neuen, noch subtileren Ausbeutungsmechanismus der Europäer. Zwar seien

> „(...) politischer Despotismus, soziale Diskriminierung und barbarische Ausbeutungsmethoden der früheren Zeiten (...) im Westen verschwunden, aber um so wirksamer unter der Maske des Liberalismus und der Demokratie als Kapitalismus heimlich zurückgekehrt. (...) Die militärischen Henker und die professionellen Mörder, die im Solde des alten Kolonialismus standen, sind in der dritten Welt verschwunden und als Neo-Kolonialisten zurückgekehrt, und mit ihnen Parolen wie Wirtschaftsordnung, politisches Regime, Gesellschaftsverhältnisse, Bildungs- und Kulturpolitik, Kunst, Moral, sexuelle Freizügigkeit, Ideologie der Absurdität und Sinnlosigkeit, Zauber der Werbung, Beeinflussung durch Presse, Einflüsterung durch Literatur, Kunst und Mode, Lockerung der durch Verantwortung und Glau-

---

[76] Die genannten Begriffe Kerbela, Muharram und Aschura bezeichnen jeweils den Ort, den Monat und den Tag des für die schiitische Konfession bedeutsamen Ereignisses von Hussains Tod als Märtyrer.
[77] Vgl. Halm 1994, S. 150f.

ben zusammengehaltenen traditionellen Bindungen, Nihilismus, Kulturbesessenheit, Konsumstreben, Sexualisierung und Verwestlichung der Gesellschaft".[78]

Neben der Kritik an den Ausbeutungsmechanismen der westlichen Welt richtet Schariati sein Augenmerk auf eine Spielart des Modernismus im eigenen Land, dessen Vertreter seiner Meinung nach die sozialen und kulturellen Wertvorstellungen ihrer eigenen Kultur und damit ihre Identität überhaupt aufgaben. Er sieht in solchen Modernisten „Pseudo-Intellektuelle" und „Pseudo-Denker", die nichts anderes zustande brachten als eine Nachahmung der Europäer.

„Modernist werden bedeutete, den Europäern ähnlich zu werden. Der Modernist ist modern im Verbrauch, er kauft moderne Waren, er lebt in modernen Verhältnissen, die Waren, die er verbraucht, die Art wie er lebt, haben mit seiner echten nationalen und sozialen Tradition nichts zu tun, sondern mit den Lebensformen, die aus Europa eingeführt worden sind."[79]

Somit geht von dem genannten Nacheifern, so Schariati, eine Bedrohung für das eigene Volk aus, da diese zur Festigung der kolonialistischen Strukturen entscheidend beitragen.[80]

Daß die Europäer in den islamischen Ländern Fuß faßten, führt er ferner darauf zurück, daß die amtierende Geistlichkeit vor allem ein fundamentalistisches und dogmatisches Verständnis der Religion vertrat und somit die auf Veränderung und Befreiung drängenden Züge des schiitischen Islam durch die Schicksalsfrömmigkeit in den Hintergrund rückte. Daher seien diejenigen Kräfte, die im Lande auf Modernisierung bedacht waren, ihrer Religion und dadurch ihrer Kultur entfremdet. Schariati sieht in einer Anpassung des Islam an die Gegenwart, wodurch den Jugendlichen ein neues Verständnis des Islam vermittelt werden soll, ein dringendes Erfordernis.[81] Jedoch gelte es, diese Erneuerung nicht um den Preis der Veränderung der Grundprinzipien des Islam voranzutreiben, sondern im Rahmen einer vorwärtsgewandten und wiederbelebten Glaubensgemeinschaft durch die Revision rassischer, religiöser, traditioneller und kultureller Vorurteile.[82]

Schariati läßt sich als Vertreter eines dritten Weges zwischen überkommener, etablierter Religion und kritikloser Übernahme westlicher Werte einordnen. Seine Leistung liegt vorrangig in der gelungenen Synthese zwischen den westlichen Ideen und den iranisch-schiitischen Traditionen.[83]

---

[78] Schariati, Ali: Zivilisation und Modernismus. Botschaft der Islamischen Republik Iran (Hg.), aus der Reihe: Islamische Renaissance Nr. 1. Bonn 1980, S. 5.
[79] Schariati, Ali: Hadsch. Botschaft der Islamischen Republik Iran (Hg.), aus der Reihe: Islamische Renaissance Nr. 9. Bonn 1983, S. 25.
[80] Vgl. Schariati 1980, S. 31.
[81] Vgl. Schariati, Ali: Schahadat. Union der islamischen Studentenvereine in Europa, USA und Kanada (Hg.). o. O. 1977, S. 40ff.
[82] Vgl. Ameri-Mohabadian, Bijan. Fundamentalistische Bewegungen im Islam am Beispiel des Iran. Dissertation Marburg 1992, S. 215f.
[83] Vgl. Halm 1994, S. 149.

Er präferierte eine solche Form der Modernisierung, die die eigene Identität nicht preisgibt.

Die auch für die islamische Welt fällige Erneuerung und Modernisierung muß nach Schariati aus den Quellen heraus erfolgen, die der Islam selbst dafür bereitstellt. So plädiert er für einen Einstellungswandel innerhalb des schiitischen Islam, der wegführen soll von der passiven Mentalität zu einer aktiven, auf Verbesserung abzielenden Auseinandersetzung mit den gesellschaftlichen und kulturellen Fragen.

Das Konzept Schariatis scheiterte jedoch an seiner Umsetzung in die Praxis. Er unterschätzte sowohl die Rolle der einheimischen, westlich orientierten iranischen Intelligenz als auch die der mit Kapital und Einfluß ausgestatteten politischen Führungselite des Landes, als er den Identitätsverlust primär auf einen neuen, subtileren Imperialismus der Europäer zurückführte. Vor allem verfügte ihrerseits die politische Oberschicht über Freiheitsrechte, die ihr erlaubten über die wirtschaftliche Entwicklung des Landes und die Aufnahme westlicher Kulturgüter autonom zu entscheiden.

Aus der Haltung Schariatis resultierte das Aufkommen von Feindbildern gegenüber dem Westen, somit lieferte er einen Nährboden für einen noch heute, wenn auch von völlig anderen Kreisen propagierten Mythos, der von den inneren wirtschaftlichen und politischen Problemen ablenken soll.

4.3.2. Postrevolutionäre Modernisierungsansätze: das Beispiel von Abdul-Karim Sorusch

Auch nach der Revolution von 1979 läßt sich ungeachtet des weitreichenden Einflusses der konservativen Geistlichkeit und der damit verbundenen Ausbreitung eines fundamentalistischen Islamverständnisses beobachten, daß sich Intellektuelle bis heute für eine Modernisierung der islamischen Gesellschaft des Iran einsetzen. Eine zeitlang durften sie an den Universitäten auch ihre Auffassung vertreten, bekamen jedoch angesichts ihrer Forderung nach Säkularisierung den Widerstand der fundamentalistischen Geistlichkeit zu spüren. Einer jener Kritiker ist Abdul-Karim Sorusch, der 1979 maßgeblich an der Kulturrevolution (vgl. Kapitel 6.2.) beteiligt war, unlängst aber seiner Professur enthoben wurde. Die Befreiung der Gesellschaft aus unzeitgemäßen Traditionen, Ritualen und Denkmustern bildet für ihn einen notwendigen Schritt hin zu einer Trennung von religiösen und staatlichen Belangen, die seiner Auffassung nach einer authentischen, also einer eigenständig persischen gesellschaftlichen Modernisierung im Iran vorausgehen müßte.

> „Keine Reform ist möglich, ohne die traditionellen Voraussetzungen neu zu ordnen; keine Neuordnung ist möglich, ohne eine meisterhafte Beherrschung der Offenbarung und der Ideen, die außerhalb der Sphäre der Offenbarung entwickelt wurden."[84]

---

[84] Sorusch, Abdul-Karim: Im Meer der Deutungen. In: Die Zeit, Nr. 52. Hamburg, 22.12.1995, S. 28.

So resümiert der Philosoph, Theologe, Chemiker und Wissenschaftstheoretiker Sorusch zwei zentrale Aspekte seines Modernisierungsansatzes. Die Interpretation der überkommenen heiligen Texte bedürfe permanenter Weiterentwicklung in Form eines kritischen Denk- und Deutungsprozesses. Eben dieser basiere auf der Selbstvergewisserung des Interpreten anhand der Methoden und Gehalte der profanen, also nicht religiösen Auslegungen. Er gelangt bei seinem Versuch, seinen methodischen an philosophisch-erkenntnistheoretischen Einsichten orientierten Ansatz zusammenfassend zu kennzeichnen, zu dem grundlegenden Begriffspaar „Evolution gegen Devolution".[85] Dabei drückt der Begriff „Evolution" eine stetige an konkreten Erfahrungen des Wissens ausgerichtete Entwicklung der Deutungsmuster aus, wie sie in den Wissenschaften erfolgt, während der Begriff „Devolution" eine Haltung des Stillstands und der Starre, des dogmatisch-gebetsmühlenhaft sich wiederholenden Zustands charakterisiert. Nur eine Orientierung, so Sorusch in seinem kurzen Essay, die sich immer wieder an konkreten historischen Erfahrungen bewährt, garantiere eine lebendige und vorwärtsweisende Weltdeutung. Diese müsse aber zugleich an einer

„durch und durch menschlichen Produktion und Konstruktion (der) Religionswissenschaft"[86]

orientiert, also auch dem Islam mit Blick auf seine Zukunft adäquat sein.

Ausführlich untersucht er den Zusammenhang zwischen der Religion und bestimmten gesellschaftlichen Grundwerten wie etwa Demokratie, Vernunft und Freiheit. Die Relevanz der Religion wird von ihm für die Bereiche Glaube, Weltanschauung, Geistlichkeit, Entwicklung und Verstädterung diskutiert und gewürdigt.

„Die Versöhnung zwischen Religion und Vernunft bildet die Grundlage für ein freiheitliches Denken. Freiheitliches Denken in der Religion ist einerseits die Bedingung für die Begegnung der Religion mit den Herausforderungen der Moderne, andererseits führt es dazu, daß die Religion aus der Monopolinterpretation einer bestimmten Gruppe oder einer bestimmten philosophischen Richtung befreit wird."[87]

Er hält Religion für einen unverzichtbaren Bestandteil menschlichen Lebens, was er mit folgender Allegorie verdeutlicht: Jemand, der eine Reise unternehmen will, muß verschiedene Vorbedingungen erfüllen. Er benötigt erstens Willenskraft, um sich zu der Reise zu entschließen, muß sich zweitens seine Ziele setzen und drittens überlegen, wie er seine Reise am effektivsten gestalten kann. Dabei wäre es völlig verfehlt, vor Antritt der Reise permanent alle diese relevanten Aspekte gegeneinander abzuwägen, da er dann seine Reise voraussichtlich nie beginnen würde.[88]

---

[85] Ebda., S. 28.
[86] Lüders, Michael: Mit dem Koran in die Moderne: in: Die Zeit, Nr. 52. Hamburg, 22.12.1995, S. 25
[87] Sorusch: Farbehtar as ideology (Gewichtiger als Ideologie). Teheran 1372 (1993), S. 27 [Übersetzung des Verfassers].
[88] Vgl. Sorusch in: Taghawi-Moghadam 1995, S. 30f. [Übersetzung des Verfassers]

Sorusch setzt also die genannten Vorbedingungen einer Reise – Entschluß, Wahl des Ziels und Reiseplanung im engeren Sinne – den wissenschaftlichen Disziplinen Philosophie, Theologie und Naturwissenschaften gleich, allerdings erfolgt bei ihm keine präzise Zuordnung dieser Vorbedingungen zu den genannten Disziplinen. In unserem Zusammenhang ist von Bedeutung, daß Sorusch mit dem Aspekt „besonnene Zielbestimmung" auf die Unverzichtbarkeit der Religion auch in der Moderne hinweisen will.

Bei einer umfassenden Erkenntnisbildung darf keine der drei genannten wissenschaftlichen Disziplinen fehlen, denn sie stellen für den menschlichen Erkenntnisgewinn Teile eines Ganzen dar.

Soruschs Kritik richtet sich nicht nur gegen dogmatische Verengungen im religiösen Bereich, sondern auch in den profanen Wissenschaften. Auch in diesem Bereich fordert er die fortwährende Korrektur solcher

> „Irrtümer, Mißverständnisse, zweifelhafter Hypothesen, Argumente und Gegenargumente".[89]

Sein und der übrigen Modernisten primäres Ziel bleibt es, Kraft der kritischen und wissenschaftlichen Kenntnisse und Errungenschaften die dogmatischen und verkrusteten Strukturen des Islam aufzubrechen, um ihm so einen gebührenden Raum unter den modernen, auf neue historische Bedingungen hin ausgelegten Religionen zuzuweisen. Trotz alledem hält sich Sorusch nicht für einen „Bilderstürmer, der die Islamische Revolution in Bausch und Bogen verdammt".[90]

Fassen wir nun die wichtigsten Ergebnisse dieses Kapitels zusammen: Die Kritik an den fundamentalistischen Strukturen und orthodoxen Glaubenssätzen des überlieferten Islam galt allen hier behandelten Modernisierern als vorrangiges Ziel. Gerade in solchen überkommenen Charakteristika wie einer eher passiven Grundhaltung, einer offensichtlichen Gleichgültigkeit dem diesseitigen Leben gegenüber, dem ausgeprägten Nachahmungsprinzip und einem unverkennbaren Hang zu Fatalismus und Dogmatismus diagnostizierten sie zutreffend die Verkrustungen des ihrer Auffassung nach anachronistisch gewordenen Glaubenssystems in der iranischen Gesellschaft.

Ihre kritische Grundhaltung und teilweise revolutionäre Rhetorik vermag aber nicht darüber hinwegzutäuschen, daß sie die eingeforderten Korrekturen der weltlichen und geistlichen Gesellschaftsverfassung letztlich systemimmanent, das heißt in einem islamisch orientierten Bezugsrahmen anstrebten.

Ihr Vorhaben scheiterte daran, daß sie nicht wie die Vorläuferbewegung der Moderne im Iran, Mu'taziliten und Mystiker, so weit gingen, Religion als individuelles Phänomen – mithin als „Privatsache" – aufzufassen. So fühlten sie sich an die staatstragende Bedeutung der Geistlichkeit gebunden und erlagen der großen Fehleinschätzung, zu glauben, daß sie die Geistlichen, die von dogmatisch verfestigten, jahrhundertealten Glaubenssätzen geprägt waren, für eine umfassende Modernisierung gewinnen könnten. Selbst Afghani, dem Begründer der

---

[89] Ebda.
[90] Sorusch 1995, S. 28.

Moderne im 19. Jahrhundert, gelang es nicht, sich von der Vorstellung zu befreien, die orthodoxen Geistlichen als pädagogische Berater oder Erzieher im Rahmen seines Reformvorhabens anzusehen. Auch Bazargan, der im Gegensatz zu den übrigen Modernisten so weit ging, sogar die Aufgaben der Ulama auf soziale Funktionen reduzieren zu wollen, wagte es nicht, den Islam auf ein dem Protestantismus vergleichbares individuelles Glaubensverständnis hin zu reformieren.

Zwar plädierten sie für die Einführung modernen wissenschaftlich-technischen Wissens aus den westlichen Ländern, taten jedoch nicht den konsequenten Schritt, auch die in diesen Ländern selbstverständlichen Freiheitsrechte wie etwa die Religionsfreiheit einzufordern.

Die westeuropäisch-amerikanische Moderne postuliert den selbstbewußten, emanzipierten, autonomen und daher den staatlichen Institutionen gegenüber kritisch eingestellten Menschen. Eine vergleichbare Forderung läßt sich auch beim überwiegenden Teil der islamisch orientierten Erneuerer wiederfinden. Gerade angesichts der verfestigten gesellschaftlichen Strukturen, bei denen die Rolle der Religion unverkennbar ist, muß aber diese kritische Einstellung auch auf den religiösen Bereich ausgeweitet werden, um den Islam von Traditionen, die der Moderne zuwiderlaufen, zu befreien. Ferner scheint in diesem Zusammenhang eine Forcierung der Säkularisierung erforderlich, um einen Modernisierungsprozeß einzuleiten, in dessen Rahmen eine Erziehung zu mündigen, selbständigen Bürgern gewährleistet ist.

Eine solcherart vollzogene Modernisierung könnte durchaus mit den Interessen einer reflektierenden Geistlichkeit konform gehen. Ihre Aufgabe bestünde darin, jeden gläubigen Muslim zu ermutigen und anzuleiten, sich individuell mit dem Koran auseinanderzusetzen und zu versuchen, in der Auseinandersetzung mit den heiligen Texten diese reflexiv auf sein eigenes Leben anzuwenden. Unter dieser Prämisse kann der Islam kritisch gegenwarts- und zukunftsorientiert interpretiert werden und einen gewichtigen Beitrag zur gesellschaftlichen Modernisierung leisten. Betrachtet man allerdings die Kluft zwischen dem westlichen Anspruch auf Erfüllung, Glück und Wohlstand einerseits und dem erkennbaren Werteverfall, der voranschreitenden Entfremdung und Vereinzelung, den subtil wirkenden Ausbeutungsmechanismen und den oft allzu billigen Ersatzbefriedigungen für die Mehrzahl der Menschen im Westen andererseits, läßt sich die Reserviertheit der islamischen Modernisten gegenüber westlicher Kultur nachvollziehen. Vor diesem Hintergrund erscheint es als plausibel, daß die Mehrheit von ihnen der Religion und den traditionellen Werten auf längere Sicht für das Zusammengehörigkeitsgefühl und die Identitätsbildung eine hohe Bedeutung beimißt.

5. Die Bedeutung westlich geprägter Bildungsideale für die Modernisierung des iranischen Bildungssystems.

Galt das Ziel dieser Untersuchung im vierten Kapitel programmatischen Vorstellungen bedeutender Verfechter einer islamisch-iranischen Erneuerung, so wird in diesem Kapitel auf die historischen Hintergründe für den zunehmenden Einfluß westlicher Wertvorstellungen auf das iranische Bildungssystem eingegangen. Die Entwicklung des iranischen Bildungswesens ist im Rahmen übergreifender religiöser, politischer, ökonomischer, sozialer und kultureller Programmatiken und realer Entwicklungen zu interpretieren.

Die Beziehung zwischen dem Iran und europäischen Staaten beruht auf einer langen Tradition. Bereits während der Safawiden-Zeit (1501-1722 n. Chr.) gab es wirtschaftliche Beziehungen zwischen dem Iran und Europa. Schah Abbas der Große (1587-1629) brachte britische Militärberater, so etwa die beiden Brüder Anthony und Robert Sherley, zur Modernisierung des Militärwesens in den Iran. Dies hatte eine solide Ausbildung der Armee zur Folge, so daß Aggressionen der Nachbarstaaten abgewehrt werden konnten und der Iran in dieser Zeit als sicheres Land galt.

> „Der bedeutendste Safawide war Ismails Urenkel, Schah Abbas der Große, dessen vierzigjährige Herrschaft einen Höhepunkt der politischen Machtentfaltung und zugleich der kulturellen Entwicklung Irans bedeutet. Durch seine erfolgreichen Kriege gegen die Osmanen wurde Abbas zum dankbar willkommen geheißenem Verbündeten des Kaisers Rudolf II. von Habsburg. Unter Abbas dem Großen brach für Iran eine nie gekannte wirtschaftliche Blütezeit an."[1]

Sowohl unter Nadir Schah – Begründer der turkmenischen Afscharendynastie (1736-1747) – als auch unter Karim Khan – Begründer der Zandijehdynastie (1747-1779) – die auf die Safawiden folgten, war der Iran noch ein politisch mächtiger Staat. Nach der Ermordung des letzteren fiel das Land in einen Bürgerkrieg, aus dem die Ghadjaren-Dynastie (1794-1925) als Sieger hervorging. Mit ihrer Etablierung wurde eine Entwicklung eingeleitet, welche politische Instabilität mit sich brachte, so daß in dieser Zeit der Iran nicht mehr in der Lage war, sich in den kriegerischen Auseinandersetzungen mit den damaligen, militärisch deutlich überlegenen Großmächten zu behaupten.

> „Als aber unter dem Nachfolger Agha Muhammed Khans Fath Ali Schah (gest. 1834) der Iran in die Auseinandersetzungen zwischen den europäischen Großmächten England, Frankreich und Rußland hineingezogen wurde, zeigte es sich, daß seine vielgerühmte Militärmacht, auf der seine Stellung im 18. Jahrhundert basierte, sich in einem Krieg mit einer modernen Armee nicht mehr zu behaupten vermochte."[2]

Die militärischen Niederlagen des Iran zu Beginn des 19. Jahrhunderts vor allem gegen Rußland führten bei der politischen Führung zu der Erkenntnis, daß Ar-

---

[1] Hinz, Walther: Aus der Geschichte Irans; in: Mitteilungen (Hg. Institut für Auslandsbeziehungen). Stuttgart 1960, S. 190.
[2] Nayyeri 1960, S. 37.

mee, Verwaltung und Infrastruktur des Landes hoffnungslos veraltet und den Ansprüchen der damaligen Zeit nicht gewachsen waren.

Vor diesem Hintergrund wandte sich der Iran an diejenigen europäische Mächte, die keine eigenen Interessen in der Region verfolgten, um mit einem importierten Ausbildungsprogramm von deren Kenntnissen in Militärfragen profitieren zu können. Die europäischen Einflüsse blieben im folgenden jedoch nicht auf die Modernisierung des Militärwesens beschränkt, sondern weiteten sich auch auf den kulturellen und politischen sowie auf den Bereich der Bildung und Erziehung aus.

Infolge dieser Berührung mit neuartigen kulturellen Entwicklungen wuchs seit der Mitte des 19. Jahrhunderts das Interesse der iranischen Elite an Erkenntnissen aus dem europäischen Raum. Auch im archäologischen Bereich sowie bei Vermessungstechniken und Städteplanung konnte der Iran moderne europäische Impulse aufgreifen. Da diese Entwicklungen sich besonders auf das Bildungssystem auswirkten, werden sie nun im Mittelpunkt der Betrachtung stehen.

Im folgenden werden einige Aspekte erläutert, an denen sich der Prozeß der Verwestlichung des iranischen Bildungswesens seit der zweiten Hälfte des 19. Jahrhunderts darstellen läßt.

Man empfand den enormen industriellen und technischen Vorsprung des Westens als Bedrohung der eigenen Existenz und folgerte aus dieser Einschätzung, daß nur eine Modernisierung auf ebendiesen Gebieten der Armee, der Verwaltung sowie der Infrastruktur die Souveränität des Landes wahren könnte. Kronprinz Abbas Mirza (1789-1833) erkannte schon früh die Notwendigkeit der Modernisierung seines Landes. Er zeigte sich von den Errungenschaften der westlichen Zivilisation beeindruckt und war einer der ersten, die den Ursachen der vielfältigen Differenzen in der unterschiedlichen Entwicklung des iranischen und europäischen Gesellschaftssystems nachgingen. So konstatierte er bei einem Gespräch mit Monsieur Jubert, einem Gesandten Napoleons,

> „Ich weiß nicht, welche Macht euch Europäer uns beherrschen läßt. Was führte zu unserem Niedergang und was trug zu eurer Entwicklung bei? Ihr seid in der Lage, eure Vernunft sinnvoll einzusetzen; wir sind in Unwissenheit gefangen. In seltenen Fällen sind wir zukunftsorientiert. Sprich Fremder, wie sollen wir künftig handeln? Wie kann ich die Iraner wachrütteln?"[3]

Daher verpflichtete er, wie einst Schah Abbas, westliche Ausbilder, die die Armee des Landes reorganisieren und auf ein effizientes Niveau bringen sollten. Zudem ließ er die Verwaltung und das Verkehrswesen ausbauen. Hierfür sandte er Studenten und Praktikanten in das westliche Ausland, um sie dort zu Fachkräften ausbilden zu lassen.

Zur Reformierung des Bildungswesens trugen die anfangs aus den Vereinten Staaten, später auch aus England, Frankreich und Deutschland einreisenden Missionare mit den von ihnen gegründeten Schulen und sonderschulischen Ein-

---

[3] Hairi, Abdul Hadi: Nachostin Ruiayie Andischgeran-e Iran ba Doreh-e Tamadon-e Bourgeoisie Gharb (Die erste Begegnung der iranischen Denker mit der westlich bürgerlichen Bourgeoisie). Teheran 1367 (1988), S. 308 [Übersetzung des Verfassers].

richtungen bei. Diese Gründungen bildeten schließlich den Grundstein für den Aufbau eines an europäische Vorstellungen angelehnten Schulsystems.

Diese Maßnahmen führten zur Entstehung eines modernen Informations- und Nachrichtensystems, das von den zurückkehrenden, europäisch geprägten iranischen Absolventen unterstützt und weiter ausgebaut wurde.

In der Folgezeit wurde es üblich, daß die persische Elite ihre Söhne zum Studium oder zur Berufsausbildung in das europäische Ausland sandte. Die Summe der zurückflutenden Erfahrungen, Kompetenzen und Initiativen prägte in den folgenden Jahrzehnten entscheidend die wirtschaftliche und soziale Entwicklung des Landes.

5.1. Die Gründung des Dar-al-Fonun (Haus der Künste) als Ausdruck der Wertschätzung westlich orientierter Bildungs- und Ausbildungsvorstellungen

Manche Autoren, so etwa Moschtaghi, der sich mit Problemen des iranischen Bildungswesens unter dem Titel ‚Erziehungswesen im Iran zwischen Tradition und Modernität' auseinandersetzte, datieren den Beginn eines westlich orientierten Bildungswesens im Iran auf den Zeitpunkt der Gründung der Pahlawi-Dynastie im Jahre 1925.[4]

Jedoch deuten die historischen Befunde darauf hin, daß die Anfänge einer westlichen Orientierung des iranischen Bildungssystems wesentlich früher liegen. Sie setzen mit der Gründung des Dar-al-Fonun im Jahre 1851 durch den Großwesir Mirza Taqi Khan Amir Kabir unter der Regierungszeit von Nassir-Edin-Schah ein.

Amir Kabir verkörperte den Typus eines freigeistigen und weltoffenen Menschen. Er setzte auf die Autonomie des Iran und propagierte eine antikolonialistische Haltung. Trotzdem oder gerade deshalb stand er wirtschaftlichen, technischen und kulturellen Neuerungen Europas in dem Sinne aufgeschlossen gegenüber, daß er darin Möglichkeiten sah, punktuelle Anregungen und Innovationen für den iranischen Staat zum eigenen Vorteil zu nutzen. Außerdem vertrat er die Auffassung, daß die Modernisierung des Iran das Zurückdrängen des Einflusses der Geistlichkeit erforderte, da ihre Kompetenzen gerade nicht in den Bereichen der Wirtschaft und der Technik lagen.[5] Amir Kabir war sich der Notwendigkeit bewußt, daß der Iran zuerst seinen Bildungsrückstand aufholen müsse, wenn er sich zwischen den Interessen der europäischen Großmächte behaupten und sich ihnen gar militärisch gleichstellen wollte.[6] Die traditionellen Schulen des Iran (Maktab und Madraseh) orientierten sich zu jener Zeit weitestgehend an Religionsphilosophie und Literatur.

---

[4] Vgl. Moschtaghi 1969, S. 46.
[5] Vgl. Ebda., S. 37.
[6] Vgl. Nayyeri 1960, S. 43.

"Daher vermittelte die gesamte Schulbildung der Gesellschaft des Iran keine technisch-ökonomische Leistungsfähigkeit, und die Bildungseinrichtungen konnten nicht als Instrument der Bewältigung des sozio-kulturellen Wandels betrachtet werden."[7]

Auf seiner Rußlandreise im Jahr 1829, die er als Mitglied einer Delegation unter der Leitung von Khosso-Mirza unternahm, lernte er moderne Universitäten, Krankenhäuser, Militärakademien und Industriezentren kennen. Dort sammelte er Anregungen für die Gründung einer modernen, polytechnischen Ausbildungsstätte im Iran.[8] Eine solche Gründung bedeutete für ihn eine unverzichtbare Voraussetzung für die Ausbildung in naturwissenschaftlichen Fächern. Auf diese Weise konnten begabte und kreative Studenten nach einer theoretischen Grundausbildung und entsprechenden Praktika zu Technikern und Ingenieuren ausgebildet werden. Somit war der Weg frei für eine weitere Spezialisierung. Zu Recht gilt Amir Kabir, so auch die Einschätzung Nayyeris, als „pädagogischer Erneuerer" seines Landes.[9]

Das Polytechnikum zeichnete sich dadurch aus, daß dort im Gegensatz zu den bisherigen traditionellen Schulen die naturwissenschaftliche, technische und handwerkliche Ausbildung im Vordergrund stand, während die religiöse Erziehung ganz ausgeklammert und den Madrasehs überlassen wurde.[10] Daher stieß diese Konzeption vielfach auf den erbitterten Widerstand der Geistlichen. Das Dar-al-Fonun setzte sich aus Gymnasium und Fachhochschule mit integrierter militärischer Ausbildung zusammen. Den Fächerkanon bildeten Medizin, Pharmazie, Naturwissenschaften, Mathematik, Geschichte, Geographie, Französisch, Technik und Mineralogie. In der Folgezeit kamen Englisch, Russisch, Zeichnen und Musik hinzu. Die militärische Ausbildung bestand aus kavalleristischen, infanteristischen und artilleristischen Übungen.[11]

Innerhalb von 40 Jahren absolvierten über 1100 Schüler das Polytechnikum. Sie stammten aus Familien der gesellschaftlichen Elite und nahmen später häufig Schlüsselpositionen bei der Modernisierung der iranischen Gesellschaft ein. Sie stellten die Gruppe der oberen persischen Staatsbeamten. Für ihre Ausbildung wurde eine Vielzahl von europäischen Lehrern eingesetzt; zunächst Österreicher, später auch Italiener, Deutsche und Franzosen.[12]

„Bei der Auswahl der Lehrer der künftigen Schule wandte er [Amir Kabir, d. Verf.] sich nicht an die Mächte, die in Persien politischen Einfluß zu gewinnen versuchten, sondern ließ die Lehrer in der Hauptsache aus Österreich kommen, einem für den Iran politisch indifferenten Land."[13]

---

[7] Djawid, Syrus: Die Alphabetisierung im Iran vor ihrem sozialökonomischen Hintergrund. Dissertation. Köln 1969, S. 9f.
[8] Vgl. Rahimzadeh-Oskui 1981, S. 141.
[9] Vgl. Nayyeri 1960, S. 45.
[10] Vgl. Ebda., S. 61.
[11] Vgl. Ebda.
[12] Vgl. Moschtaghi 1969, S. 38f..
[13] Nayyeri 1960, S. 46.

Um einen plastischen Eindruck von den anfänglich oft schwierigen Unterrichtsbedingungen am Dar-al-Fonun zu vermitteln, soll ein Zeitzeuge zu Wort kommen. Der Österreicher Polak, zuständig für die medizinische Ausbildung, beschreibt zunächst die herrschenden politischen Umstände im Lande, die die Arbeit behinderten.

„Der Empfang war kalt; niemand kam uns zur Begrüßung entgegen, und bald erfuhren wir, daß die Szene sich inzwischen sehr zu unserem Nachteil verändert hatte. Einige Tage vor unserer Ankunft war nämlich der Emir [Kabir] infolge von Palastintrigen, besonders von seiten der Königin-Mutter, einer erbitterten Gegnerin seines energischen Strebens nach Fortschritt, in Ungnade gefallen."[14]

So ließ bereits dreizehn Tage nach der Gründung von Dar-al-Fonun König Nasser-al-Din Schah, der unter englischem Einfluß stand und sich gegen die Interessen des eigenen Landes stellte, den auf Autonomie des Iran bedachten Amir Kabir wegen seiner freiheitlichen, antikolonialistischen und antienglischen Einstellung ermorden.[15]

Die österreichischen Gelehrten – sie gehörten zum überwiegenden Teil der österreichischen Armee an – sahen sich diesen politischen Intrigen schutzlos ausgeliefert, obgleich sie für die Zeit ihres Aufenthalts in Persien vom Dienst suspendiert waren. So fühlte sich ihr Heimatland nicht mehr zuständig für sie, und ihre Arbeit fand keine diplomatische Unterstützung. Die grundsätzlichen Barrieren bei der Unterrichtung, die Polak beschreibt, bestanden einerseits in der mangelnden Elementarbildung der Schüler, andererseits gab es nicht zu unterschätzende Hindernisse auf der Ebene der Kommunikation. Der Unterricht war zu Beginn nur mittels eines Dolmetschers möglich

„Ich verstand kein Wort Persisch, meine Schüler ebensowenig Französisch. Anfangs versuchte ich, mich den Vorträgen eines Dolmetschers zu bedienen; es schien zu gelingen, denn er übersetzte, obwohl der französischen Sprache nur unvollkommen mächtig, stets sehr geläufig; nur befremdete mich, daß er oft, wenn ich einen kurzen Satz gesagt, ziemlich lange sprach. Bald jedoch kam ich dahinter, daß er mich gar nicht verstand, sondern den Schülern die falschen Lehren der persischen Bücher beibrachte, die ich später die größte Mühe hatte, wieder auszurotten."[16]

Ein weiteres Problem, das sich vor allem auf die medizinische Ausbildung auswirkte, lag in den religiösen Vorstellungen des Islam begründet. Hier ist beispielsweise das Verbot der Sezierung von menschlichen Leichen zu erwähnen, so daß Polak sich mit Zeichnungen, Sezierung von Tierkörpern und Präparaten behelfen mußte.

Dennoch resümiert Polak als Ergebnis seiner Lehrtätigkeit:

„Und so bleibt mir stets das frohe Bewußtsein, wenigstens einige Keime zur Fortbildung in der Medizin, Naturwissenschaften und freien Forschung bei den Persern gelegt zu haben, welche mit der Zeit gute Früchte tragen werden."[17]

---

[14] Polak, Jakob Eduard: Persien. Das Land und seine Bewohner. Ethnografische Schilderungen, Leipzig 1865, S. 300.
[15] Vgl. Rahimzadeh-Oskui 1981, S. 98.
[16] Polak 1865, S. 303f.
[17] Ebda., S. 311.

Nach ihrem Studium am Dar-al-Fonun gingen auch einige Schüler Polaks nach Frankreich, um ihre Kenntnisse weiter zu vertiefen.

Infolge der Gründung des Dar-al-Fonuns sind zahlreiche andere moderne Schulen nach europäischem Vorbild errichtet worden, wie etwa die von Hagg Mirza Hassan Roschdiyeh konstituierten Roschdiyeh-Schulen in Täbriz, Teheran und anderen Städten. Roschdiyeh stand während seines Studiums in Beirut unter französischem Einfluß und profitierte davon. So beschloß er, Schulen nach französischem Konzept auch im Iran zu errichten.[18] Sie sollten vergleichbar dem Dar-al-Fonun die Grundlage und Voraussetzung für den Besuch der Hochschulen bilden. In ihnen wurden insbesondere Persisch, Arabisch und weitere Fremdsprachen wie etwa Französisch unterrichtet.

Außerdem wurden weitere Schulen gegründet, die eher den Charakter von Fachschulen aufweisen und der Ausbildung von Beamten und Offizieren dienten, etwa *Madraseh-i Siyassi* (Schule für Staatswesen), *Madraseh-i Falahat* (Landwirtschaftsschule), *Madraseh-i Moschiriyeh* (Sprachschule) und zwei Militärakademien.

Zweifelsfrei hätte man bei der Modernisierung des Bildungswesens zunächst an der Basis, also mit der Gründung von Volksschulen, beginnen müssen. Auch wenn die notwendigen Voraussetzungen – eine allgemeine Elementarbildung – noch fehlten, stellt das Dar-al-Fonun dennoch einen wertvollen und bedeutenden Meilenstein in der iranischen Schulentwicklung dar. Die Gründung der Volksschulen in der Nachfolge des Dar-al-Fonun zeigt, daß das Bewußtsein für die Notwendigkeit einer elementaren Bildung für den Besuch weiterführender Schulen entstanden war und ungeachtet der anfänglichen Schwierigkeiten Dar-al-Fonun einen wichtigen Ausgangspunkt für den Aufbau höherer Bildungsinstitutionen darstellte. Und damit wurde der kulturelle Austausch zwischen Iran und Europa entscheidend gefördert.

5.2. Christliche Missionare und die Anfänge des Sonderschulwesens im Iran unter besonderer Berücksichtigung des Blindenbildungswesens

Im Zusammenhang mit der Behandlung europäischer Einflüsse auf das iranische Bildungssystem ist es unabdingbar, auch auf das Sonderschulwesen einzugehen, da in diesem Bereich die europäischen Einflüsse initiierende Wirkung hatten. Die Konstituierung des Behindertenbildungswesens ging im Zuge der pädagogischen Wirksamkeit europäischer und amerikanischer Missionare im Land vor sich.

Bereits 1832 wurden in den Städten Teheran, Tabriz, Hamadan und Rascht amerikanische Missionsschulen eingerichtet. Die nächste Gründung dieser Schulen erfolgte 1836 in Orumiyeh durch die amerikanischen *Board Missionare* mit der Aufnahme von 7 Schülern. Diese Schule entwickelte sich in den näch-

---

[18] Vgl. Jeddi, Farideh: Politische und kulturelle Auswirkungen des Auslandsstudiums auf die iranische Gesellschaft im 19. Jahrhundert. Unter Berücksichtigung der iranischen Stipendiaten in Westeuropa (1812-1857), Frankfurt a.M. u.a. 1992, S. 157ff.

sten Jahren zu einem College.[19] 1859 und 1864 folgten französische Missionsschulen in Teheran, Tabriz, Orumiyeh, Salmas und Isfahan. Durch die Gründung dieser Privatschulen trugen die Missionare zur Verbreitung europäischer Ideen und Wertvorstellungen im Iran bei.[20]

Sie boten neben den bisher bestehenden *Mudjtahid*-Schulen, die von islamischen Geistlichen geführt wurden, vielfältigere Möglichkeiten der Ausbildung. Die langjährige Tätigkeit der europäischen Missionare rief nicht selten Ablehnung hervor, da deren primäres Ziel nicht der Ausbildung, sondern der Christianisierung der iranischen Bevölkerung galt. Die Ablehnung bezog sich hauptsächlich auf die Christianisierungsversuche, wohingegen das rein schulische Engagement der Missionare jedoch großen Anklang fand.

Im Rahmen ihrer Tätigkeit fiel den europäischen Missionaren die menschenunwürdige Situation der Behinderten im vorderasiatischen Raum besonders ins Auge, so daß sie im Aufbau von Behindertenarbeit ein neues Aufgabenfeld sahen. In diesem Bereich genoß ihre pädagogische Tätigkeit bis 1979 im Land besonders hohes Ansehen, da sie im Bereich der Behindertenpädagogik im Iran Neuland betraten. Es gab vorher keine behindertenpädagogischen Einrichtungen.

Als Beispiel für die Behindertenarbeit europäischer Missionare seien Initiierung und Aufbau des Blindenbildungswesens durch die deutsche Christoffel-Blindenmission genannt. Auch wenn es vor Gründung der Einrichtung der Sonderschulen durch europäische Missionare Blinde gab, die sich durch besondere Leistungen als Dichter und Gelehrte hervortaten und gesellschaftliche Anerkennung erlangten – etwa die beiden in der Kindheit erblindeten, berühmten Dichter Rudaki und Schurideh-e Schirazi –, handelte es sich hierbei lediglich um einzelne Persönlichkeiten. Insgesamt war der Bildung der Blinden keinerlei Aufmerksamkeit geschenkt worden.

Pastor Ernst Christoffel (1876-1955), der eine theologische Ausbildung am Evangelischen Predigerseminar in Basel absolviert hatte, gründete 1926 in Täbriz und 1929 in Isfahan die ersten Blindenschulen, in denen – erstmalig im Iran – die Grundlagen der Blindenbildung vermittelt wurden.[21] Diese zunächst als Heime konzipierten Institutionen gewährten anfangs auch Straßenkindern, Krüppeln und Taubstummen Zuflucht. Man orientierte sich an dem deutschen Lehrplan für Blindenunterricht und lehrte unter anderem die Braille-Schrift, die Christoffel als erster in die armenische und persische Sprache übertragen hatte, sowie Botanik, Musik, Körperübungen, handwerkliche Fertigkeiten und christli-

---

[19] Vgl. Fereshteh, M. Hussein: A brief history of the influences of western culture on education in Persia; in: International education, 24, No. 1. New York 1994. S. 60-72, hier S. 65f. Der Autor stellt in seinem Aufsatz von 1994 den Einfluß der amerikanischen Missionare in den Mittelpunkt seiner Betrachtungen.
[20] Vgl. Rahimzadeh-Oskui 1981, S. 141 f.
[21] Vgl. Schmidt-König, Fritz: Ernst J. Christoffel. Vater der Blinden im Orient, Gießen 1969.

che Religion.[22] Über die Motive und Perspektiven seiner Arbeit schreibt er rückblickend

> „Als wir uns vor 50 Jahren in den Dienst der Blindenwelt des Nahen Ostens stellten, da wollten wir zunächst den Blinden selbst dienen, und zwar nicht aus allgemeiner Menschenliebe, sondern mit dem Ziel, die Blinden zu Jesus zu führen. Das ist aber ein missionarisches Ziel. Die ursprüngliche Absicht mancher, durch Belebung der alten orientalischen Kirchen einen missionarischen Einfluß auf den Islam auszuüben, hatte sich als unausführbar erwiesen. Da glaubten wir in der Arbeit, die der Herr uns zugewiesen hatte, einen Weg zum Herzen der Mohammedaner gefunden zu haben."[23]

Neben den knappen finanziellen Mitteln[24] stellten religiöse Vorbehalte gegenüber den Missionaren und die herrschende gesellschaftliche Haltung gegenüber Blinden bedeutende Hindernisse für diese Arbeit dar. Christoffel verdeutlicht die Ablehnung und das Unverständnis der Muslime gegenüber der christlichen Arbeit an einem drastischen Beispiel:

> „Einer sagte einer Mutter, daß es besser wäre, ihr blindes Kind verhungere vor einer Moschee, als daß es zu uns käme".[25]

Außerdem wurde im Iran Blindheit weithin als eine Strafe Gottes angesehen und die Bildungsfähigkeit der Blinden angezweifelt.[26] Folgendes Zitat vermag zur Genüge die Situation der Blinden während der damaligen Zeit aus der Sicht Christoffels veranschaulichen

> „Das ist eine Klasse von Menschen, die in doppelter Hinsicht im Dunkel leben, im Dunkel des Islam und im Dunkel ihrer leiblichen Blindheit".[27]

Es scheint, daß bei Christoffels Nachfolge für die Internatsleitung eine Predigerausbildung Vorrang vor einer pädagogischen Ausbildung hatte. Denn der überwiegende Teil seiner Nachfolger verfügte über eine Ausbildung zum Prediger, nicht aber über eine pädagogische Qualifikation.

1979 mußte infolge der Islamischen Revolution das deutsche, christlich geprägte Lehrpersonal den Iran verlassen. Das Internat wurde in *Schule der Märtyrer der Revolution* umbenannt und setzte die Blindenbildungsarbeit mit einheimischen Lehrkräften fort.

- Resümmierend bleibt festzuhalten, dass die Christoffel-Blindenmission einen nachhaltigen Einfluß auf die pädagogische Ausbildung der Blinden nahm die Übertragung der Braille-Schrift in die persische Sprache. Die persische Blindenschrift wurde phonetisch dem lateinischen Alphabet angepaßt. Daher entwickeln blinde Iraner einen leichteren Zugang zu Sprachen, die auf dem lateinischen Alphabet beruhen, und haben gute Ausgangsbedingungen für die

---

[22] Vgl. Christoffel, Ernst J.: Aus der Werkstatt eines Missionars. Bensheim-Schönberg 1971, S. 105ff.
[23] Ebda., S. 25.
[24] Vgl. Ebda., S. 211-216.
[25] Ebda., S. 22.
[26] Vgl. Ebda., S. 30.
[27] Ebda., S. 48.

Nutzung der meisten im westlichen Ausland entwickelten Medien für Blinde. Die Ziffern in der Blindenschrift sind in der persischen und in den europäischen Sprachen identisch.
- den nachfolgenden Aufbau und Ausbau von eigenen Schulen mit einheimischem Personal. Viele der in den Christoffelheimen ausgebildeten Schüler wurden in der Folgezeit Gründer und Leiter neuer Einrichtungen.

An dieser Stelle ist es nicht möglich, auf die inhaltliche Konzeption der Unterrichtsmethoden der Christoffel-Blindenschulen bis 1979 einzugehen. Dennoch möchte der Verfasser vorliegender Arbeit, der selbst bis ins Jahr 1979 eine Ausbildung in diesem Internat genoß und die Entwicklungen aus der Nähe mitverfolgen konnte, hier einen Gesichtspunkt besonders hervorheben, der für europäische Verhältnisse modern klingt, im Iran jedoch bereits längst in die Praxis umgesetzt worden ist. Da anfangs keine Lehrer für diesen Sonderschulbereich ausgebildet waren, sah sich Christoffel veranlaßt, Blinde als Blindenlehrer auszubilden. Das Ziel bestand darin, die separate Ausbildung zügig zu absolvieren, damit die Blinden so früh wie möglich in die Regelschule integriert werden konnten. Nach dem Besuch der Grundschule im Internat ging jeder Blinde in eine internatsnahe Regelschule.

Dabei kam dem Internat auch die Aufgabe zu, kompensatorische Hilfen in Form von Nachhilfeunterricht in solchen Fächern zu erteilen, bei denen visuelle Fähigkeiten unentbehrlich sind (wie etwa Geographie, Geometrie und Werken). Der Erwerb der Hochschulreife war für Blinde durch den nun ermöglichten Besuch einer weiterführenden Regelschule in ihrer Nähe nicht mehr ausgeschlossen. In Deutschland hingegen ist es bisher für Blinde kaum möglich, in Regelschulen die Hochschulreife zu erlangen. Es gibt nur wenige Gymnasien, die entweder als Modellversuche oder als Sonderschule – etwa die Carl-Strehl-Schule in Marburg – den Blinden und Sehbehinderten diese Ausbildung ermöglichen.

Gesamtgesellschaftlich betrachtet lässt sich die Leistung der Missionare dahingehend charakterisieren, daß von ihren Schulen, auch wenn sie mit der Christianisierung des schiitischen Iran kaum Erfolg hatten, dennoch weitreichende Impulse ausgingen und sie das erste Bindeglied zwischen der iranischen und europäischen Kulturwelt waren.[28]

5.3. Die Entstehung emanzipativer Ansätze als Folge europäischer Einflüsse

Infolge der Tätigkeiten der europäischen Gastgelehrten, der Ausbildung der iranischen Elite an europäischen Hochschulen sowie der Gründung von Privatschulen durch christliche Missionare drang europäisches Gedankengut in das Land ein.

Diese Einflüsse machten sich auf verschiedenen Gebieten besonders bemerkbar; etwa auf die Entstehung eines neuen, kritischen Zeitungswesens nach west-

---

[28] Vgl. Tehrani, Alexander Sebastian: Iran. Berlin 1943, S. 51.

lichem Muster und die Verbreitung europäisch geprägter Literatur. Somit wuchs ein neues, westlich orientiertes, politisches Bewußtsein bei der Bildungselite.[29]

> „Die Iraner im Ausland versuchten in diesem Zeitraum (1850-1920) ihre gesellschaftliche Basis dadurch zu vergrößern, daß sie kritische europäische Literatur ins Persische übersetzten und selbst europäisches Gedankengut in persischer Sprache verfaßten und sie auf Umwegen unter die Leser verteilten."[30]

Diese in das Persische übertragenen Schriften waren besonders für diejenigen Iraner von Bedeutung, denen die europäische Literatur aufgrund mangelnder Fremdsprachenkenntnisse nicht zugänglich war. Beispielsweise erschienen die folgenden in der Regel im Ausland verlegten Zeitungen (Ruznamehha): *Ruznameh-e-Akhtar* (Der Stern), 1875 erstmals in Istanbul publiziert, und *Ruznahmeh-e-Ghanun* (Das Gesetz), die seit 1890 in London herausgegeben und als oppositionelle Zeitung im Iran verboten war. Zu erwähnen sind ferner *Hub-ol-Matin* (Der feste Strick), 1898 in Kairo erschienen, und *Parwaresch* (Erziehung), die ab 1900 in *Soraya* (Die Plejaden) umbenannt wurde.[31]

> „In den darauffolgenden Jahren schlossen sich die iranischen Progressiven, Nationalisten und Republikaner immer mehr zu einer gesellschaftlichen Kraft zusammen. Sie beabsichtigten, die Monopolstellung der Ulama in den Erziehungseinrichtungen und pädagogischen Vorstellungen zu durchbrechen. (...) Die Westernisierer versuchten auch, in die Mudjtahid-Institution einzudringen und sie in ihrem Sinne zu verändern."[32]

Durch diese Entwicklung sah die konservative Geistlichkeit ihre gesellschaftliche Stellung gefährdet. Auf Flugblättern beschwerten sie sich, daß die iranischen Bürger nun Tag und Nacht anstelle des Koran Zeitungen läsen, den Ungläubigen nachfolgten, Schulen errichteten, damit die unreifen Kinder Naturalisten würden, und in jeder Versammlung die Freiheit, Brüderlichkeit und Gleichheit proklamierten.[33]

Durch die Einführung einer konstitutionellen Monarchie im Iran ergab sich die Möglichkeit, in die nach belgischem Vorbild 1906 entstandene neue Verfassung bildungspolitische Forderungen einzubringen. Eine bedeutende Forderung bildete hierbei die Einführung der allgemeinen Schulpflicht.

> „Durch die monarchistisch-konstitutionelle Bewegung (1906-1911) (...) bekam Persien am 6. August 1906 eigene Verfassungsgesetze (...). Im Artikel 19 des Grundgesetzes heißt es: 'Das Ministerium der Wissenschaft und Künste regelt die Gründung von Schulen auf Kosten der Regierung und des Volkes (...). Im Jahr (...) 1911 wurde die allgemeine Schulpflicht offiziell eingeführt."[34]

---

[29] Vgl. Jeddi 1992, S. 155ff.
[30] Rahimzadeh-Oskui 1981, S. 143.
[31] Vgl. ebda.
[32] Ebda., S. 144.
[33] Vgl. Kasrawi, Ahmad: Tarikh-e Maschrutiat-e Iran (Geschichte des iranischen Konstitutionalismus). 6. Auflage, Teheran 1344 (1965), S. 435ff [Übersetzung des Verfassers].
[34] Rahimzadeh-Oskui 1981, S. 110.

Das entsprechende Gesetz zur Umsetzung dieser Bestimmung wurde jedoch erst 1943 inkraftgesetzt. Demnach sollte in einem Zeitraum von zehn Jahren für alle Schulpflichtigen der Schulbesuch ermöglicht werden. Dies erforderte die Gründung weiterer Schulen und die Forcierung der Reform der bestehenden Strukturen.[35]

Mit der Einführung der allgemeinen Schulpflicht und der Errichtung eines Unterrichtsministeriums im Jahre 1910 zielten die Bildungspolitiker darauf ab, dem hohen Analphabetentum – weniger als ein Tausendstel der Bevölkerung konnte damals lesen und schreiben – entgegenzuwirken.[36] Daß der Staat nun zum erstenmal die Aufsicht über das Schulwesen übernahm, hatte ferner zur Folge, daß im Laufe des 20. Jahrhunderts immer mehr staatliche Schulen eingerichtet wurden und sich die Zahl der Schüler erhöhte.[37] Durch die Sensibilisierung der Bevölkerung für Bildung kamen für die Privatinitiativen zur Gründung moderner Schulen neue Impulse auf.

> „Die große Zeit der Schulgründungen begann mit der Gründung der Volksversammlung, dem Ergebnis der persischen Revolution von 1906. Jede Stadt hatte nun einen oder mehrere Klubs, von denen wieder jeder seine Schule und seine Zeitung haben wollte. Auch viele Privatpersonen begegnen uns als Schulgründer. Charakteristisch für diese Zeit sind ferner die zahlreichen Bibliotheken und Lesesäle, welche neben Schulen und Zeitungen der Allgemeinbildung des Volkes dienen sollten."[38]

5.4. Ansätze von Bildungsreformen nach der Konstitution der Pahlawi-Dynastie

5.4.1. Reza Schah: Das neu erwachende Nationalgefühl Persiens und die Folgen für das Bildungssystem

Betrachtet man die wirtschaftliche und politische Lage des Landes zu Beginn des 20. Jahrhunderts, so stellte sich diese keineswegs als befriedigend dar. Da der Iran keinen Anschluß an die Industrielle Revolution fand, geriet das Land zunehmend in eine immense wirtschaftliche und politisch-militärische Abhängigkeit von den europäischen Ländern. Wie bereits dargestellt, war der iranische Staat während der Ghadjaren-Dynastie (1794-1925) nicht in der Lage, die politische Souveränität des Landes zu wahren. Dies hatte zur Folge, daß sich Rußland im Jahre 1826 durch einen oktroyierten Vertrag die wertvollen Provinzen des iranischen Kaukasus aneignete. Wenige Jahre später (1857) folgte Großbritannien diesem Beispiel und trennte Afghanistan von Persien.

---

[35] Vgl. Djawid 1969, S. 11.
[36] Vgl. Huober, Hans-Günther: Reform des Bildungswesens im Iran; in: Bildung und Erziehung, 22. Düsseldorf 1969, S. 296-303, hier S. 297.
[37] Vgl. Djawid 1969, S.16f., Tabelle 3 und 4.
[38] Nayyeri 1960, S. 69.

„Diese Entwicklung erreichte ihren Gipfelpunkt im September des Jahres 1907, als die Regierungen Großbritanniens und Rußlands Iran in zwei 'Interessensphären' aufteilten, wobei ein kleines Stück um Schiraz großmütig den Persern überlassen blieb."[39]

Seit Mitte des 19. Jahrhunderts beherrschte der Nationalgedanke die europäischen Staaten. Dies führte in zahlreichen abhängigen Ländern zu Unabhängigkeitsbestrebungen und betraf etwa die unter osmanischer Herrschaft stehenden Balkanländer, von denen sich als erstes Griechenland in den 20er Jahren des 19. Jahrhunderts die Unabhängigkeit erkämpfte. Der Freiheitsgedanke forcierte im Laufe des 19. Jahrhunderts solche Bestrebungen auch unter den verschiedenen Nationalitäten des Habsburgerreiches, am prägnantesten wohl in Ungarn, wo sich 1866 die Gleichberechtigung zu den österreichischen Reichsgebieten durchsetzte. Ferner existierten Unabhängigkeitsbestrebungen in dem zwischen Rußland, Deutschland und Österreich aufgeteilten Polen sowie in Irland, das zu jener Zeit noch unter britischer Herrschaft stand.

Doch auch die unabhängigen europäischen Mächte entwickelten dezidert national eingefärbtes Gedankengut. So bildeten die größten europäischen Staaten ein auf Imperialismus und Kolonialismus zielendes Sendungsbewußtsein aus.

Von Europa gelangte der Nationalgedanke auch in den Orient. In der arabischen Welt formierten sich Kräfte, die nach Einheit und Unabhängigkeit strebten. Nach dem Untergang des Osmanischen Reichs formierte Kemal Atatürk die moderne Türkei bewußt als Nationalstaat.

Im Iran ist diese Entwicklung mit dem Namen Reza Schah Pahlawi verbunden, der die nationale Einheit des Landes erneut herstellte. Er wurde am 16. März 1878 als Sohn eines Offiziers in Sawadkuh, einem Teilgebiet der Provinz Mazan-Daran, geboren und schlug eine militärische Laufbahn ein. Nach einem Militärputsch im Jahre 1921, bei dem er die Regierung in Teheran absetzte, wurde er zum Kriegsminister und Oberbefehlshaber der Armee ernannt.[40] Vier Jahre später setzte die Nationalversammlung die Ghadjaren-Dynastie ab und wählte Reza Pahlawi zum Nachfolger des damaligen Königs Ahmad Schah, womit die Pahlawi-Dynastie begann.

Die Politik Reza Pahlawis stand im Zeichen des Nationalismus und der Angleichung des Iran an das damalige Europa. Entsprechend seiner nationalen Gesinnung war er stets bemüht, das islamisch-arabische Erbe zurückzudrängen und dem Land eine neue, national begründete Identität aus seiner vorislamischen Geschichte zu vermitteln.[41] Seine Sorge galt der persischen Sprache, die er von fremden, vor allem arabischen Einflüssen reinigen wollte. Fremdwörter sollten nur noch als Fachbegriffe im technisch-wissenschaftlichen Bereich benutzt werden.

Zu diesem Zweck gründete er im Jahr 1935 *Farhangastan (*Sprachakademie). Nach siebenjähriger Tätigkeit und darauf folgendem siebenundzwanzigjährigem

---

[39] Hinz 1938, S. 110.
[40] Vgl. ebda., S. 113f.
[41] Vgl. Bakthiar, Mansour: Das Schamgefühl der persisch-iranischen Kultur. Eine ethnopsycho-analytische Untersuchung, Berlin 1984, S. 80.

Ausstand wurde sie 1969 von seinem Sohn Mohammad Reza Schah mit Aufgabenbereichen im Sinne einer nationalen Sprachidentität beauftragt: Reinigung der persischen Sprache von fremden Bestandteilen, Herausgabe alter Manuskripte und eines etymologischen Wörterbuchs oder Fachwörterbücher zu verschiedenen wissenschaftlichen Disziplinen.[42] Außerdem galten unter der Regierung Reza Schahs arabische Namen als verpönt, während altpersische eine Renaissance erlebten.

Im folgenden werden die für das Land bedeutsamen Maßnahmen erörtert. Nach westlichen Vorbildern reformierte er zunächst das Heer und führte die allgemeine Wehrpflicht ein. Auf gesellschaftspolitischer Ebene setzte er die Einführung eines Personalausweises und die landesweite Vereinheitlichung der Kleidung für Männer nach europäischem Muster anstelle der üblichen Stammestrachten durch.[43] Eine bedeutende finanzpolitische Maßnahme bildete die Gründung einer Nationalbank. Darüber hinaus verbesserte er die Infrastruktur des Landes durch den Ausbau des Eisenbahn- und Straßennetzes. Weitere Reformen fanden im Bereich des Justizwesens statt. Er hob die Sondergerichtsbarkeit für die im Iran lebenden Europäer (Kapitulationsrecht) auf. Das Mindestheiratsalter wurde für Frauen auf 16, für Männer auf 18 Jahre heraufgesetzt und zugleich die Situation der Frauen im Scheidungsrecht verbessert. Seine breit angelegten Reformen betrafen insbesondere den Bereich der Bildung. Reza Schah verfolgte das Ziel, die Alphabetisierung des Landes voranzutreiben. Diesem Zweck diente die Einführung der Volksschulpflicht für alle Kinder zwischen dem 7. und 13. Lebensjahr.

> „Es wurde im März 1933 ein Gesetz verabschiedet, das den kostenlosen Schulbesuch ermöglichen sollte. (...) Außerdem übernahm das Kultusministerium selbst die Herausgabe von Lehrbüchern für die Volksschule."[44]

In diesem Zeitraum spielte in den Unterrichtsplänen und Schulbüchern die nationale Erziehung eine besondere Rolle, denn dadurch suchte Reza Pahlawi die ihm eigene patriotische Gesinnung durch die Schule zu verbreiten. In diesem Zusammenhang erlangte beispielsweise die kritische Auseinandersetzung mit dem iranischen Nationalepos Schahnameh eine besondere Bedeutung.

Von 1922 bis 1934/35 stieg die Zahl der iranischen Schulen von 612 auf 5339.[45]

Als eine besondere bildungsspezifische Maßnahme eröffnete Reza Pahlawi 1924 die erste Schule für Mädchen.[46] 1933 wurde die Schulgeldfreiheit und im darauffolgenden Jahr die Koedukation bis zum 10. Lebensjahr eingeführt. Seit diesem Jahr durften auch Frauen erstmals in der Geschichte Irans eine Lehrerbildungsanstalt besuchen, die ursprünglich nur für Männer eingerichtet war.[47]

---

[42] Vgl. Huober 1969, S. 302.
[43] Vgl. Hinz 1938, S. 118-125.
[44] Rahimzadeh-Oskui 1981, S. 101.
[45] Vgl. Hinz 1938, S. 134f.
[46] Vgl. Huober 1969, S. 297.
[47] Vgl. Sa'diq 1960, S. 354ff.

Diese Neuerungen und die Abschaffung des Schleiers unterstützten die beginnende Emanzipation der Frau im Iran. Die Einführung der Koedukation, die zeitgleich mit der Zwangsentschleierung der Frauen erfolgte, machte wie keine andere Maßnahme den Bruch mit dem traditionell-islamischen Erziehungssystem deutlich und rief vor allem bei den Geistlichen heftige Proteste hervor.

Rasech-Afschar, der Gründer mehrerer islamischer Schulen in Teheran und ein Zeitzeuge, berichtet, wie er die "Zwangsentschleierung" und die darauf folgenden Reaktionen unter dem Pahlawi-Regime erlebte

> „Infolge des Gesetzes über das Ablegen des Schleiers im Jahr 1314 (1935, d. Verf.) weigerten sich manche Bus- und Droschkenfahrer, die verschleierten Frauen zu befördern. Die Regierungsbeamten nahmen den Frauen unter Androhung von Zwang die Schleier fort. Daraufhin zog mein Vater, ein Geistlicher, (aus Protest, d. Verf.) nach Kerbela um."[48]

Ungeachtet dieser Proteste seitens der Geistlichkeit hielt Reza Pahlawi an seinen Modernisierungsvorhaben der Gesellschaftsstruktur fest. Durch Reformen im Schulwesen und Einführung moderner Schulen mit Unterrichtsfächern nach europäischem Vorbild lag der Schwerpunkt des Unterrichts nicht mehr auf islamischer Theologie. Da die Geistlichen in den neu eingeführten Fächern selbst nicht ausgebildet waren, konnte man sie als Lehrer nicht mehr einsetzen. Ihr Einfluß auf den Bildungszweig ging deutlich zurück und schwächte ihre Macht, während die Bildungsreform die Stellung der westlich orientierten Modernisierer erheblich festigte. Die unabhängige gesellschaftliche Stellung der Ulama blieb jedoch erhalten.[49]

Die Sorge um eine Erneuerung des Bildungswesens im europäischen Sinn zeigt sich auch in der Gründung von Lehrerbildungsanstalten und Universitäten. Die erste Universität des Iran wurde 1935 in Teheran gegründet. Sie erhielt neben den fünf klassischen Fakultäten (Jura, Medizin, Theologie, Philosophie und Naturwissenschaften) auch eine Technische Fakultät. Ebenso verknüpfte der Staat die Ausbildung der Lehrer mit dem Besuch der Universität. Reza Pahlawi gliederte ihr eine Hochschule für Lehrerbildung an, deren Lehrkörper im wesentlichen mit dem der Philosophischen und Naturwissenschaftlichen Fakultät übereinstimmte. Außerdem förderte er nicht unerheblich den kulturellen Austausch mit dem europäischen Ausland, indem er zunehmend iranische Studenten ins Ausland sandte und dieses Auslandsstudium auch finanziell unterstützte. Dabei konnte er sich auf ein Gesetz berufen, das bereits 1928 vom iranischen Parlament verabschiedet worden war, in dem die Bereitstellung finanzieller Mittel für Auslandsstudien geregelt wurde.[50]

---

[48] Interview mit Rasech-Afschar, Achmad; in: Roschd Moallem (Entwicklung). Teheran Mehr 1370 (Oktober 1991), S. 6-18, hier S. 6 [Übersetzung des Verfassers].
[49] Vgl. Rahimzadeh-Oskui 1981, S. 144.
[50] Vgl. Ebda. S. 145.

5.4.2. Mohammad Reza Schah und das Programm der "Weißen Revolution"

Bis in die sechziger Jahre hinein herrschte im Iran im ländlichen Bereich eine feudale Gesellschaftsstruktur. Großgrundbesitzer übten einen enormen Einfluß auf die wirtschaftliche und soziale Struktur in den Dörfern und Provinzen aus. Die Bauern befanden sich in einer Art Leibeigenschaft und mußten beträchtliche Teile ihrer Erträge in Form von Erzeugnissen oder eigener Arbeitskraft den Feudalherren zur Verfügung stellen. Da die Großgrundbesitzer zahlreich im Parlament vertreten waren und auf diese Weise ihre Privilegien absicherten, behinderten sie bis dahin jegliche Reformbestrebungen zur Verbesserung der gesellschaftlichen Lage der Landbevölkerung.[51]

Die ersten Reformen, die auf eine Strukturveränderung der Besitz- und Machtverhältnisse abzielten, waren bereits zu Beginn der fünfziger Jahre zu beobachten. Bei diesen Innovationen spielte das Konzept Doktor Mohammad Mossadeghs eine bedeutende Rolle.

Er war von 1951-1953 Premierminister und galt als liberal eingestellter Politiker. Er vertrat die Ansicht, daß die Großgrundbesitzer 20% ihres Einkommens für Projekte zur Verbesserung der Lage auf dem Land zur Verfügung stellen sollten. Die beabsichtigten Ziele konnten aber aufgrund seines, durch den CIA herbeigeführten, politischen Sturzes nicht verwirklicht werden.[52]

Erst zwischen 1961 und 1963 plädierten der Premierminister Amini und der Landwirtschaftsminister Arzanjani – letzterer genoß durch die beabsichtigte Gründung einer Bauernpartei breite Sympathie unter der Landbevölkerung – für einen weiteren Reformversuch von Verwaltung und Landwirtschaft. Amini löste sogar das amtierende Parlament auf. Jedoch veranlaßte der Schah beide Reformer zum Rücktritt, um sich als alleiniger Initiator von Veränderungen in der Öffentlichkeit zu präsentieren.

Unterstützt durch amerikanische Dorfentwicklungsprojekte konzipierte er das Programm der sogenannten *weißen Revolution*. Die weitreichenden Ziele umfaßten sowohl die Verstaatlichung von Wäldern und Weiden, die Umwandlung staatlicher Unternehmen in Genossenschaften, die Einführung des Frauenwahlrechts als auch die Beteiligung der Arbeiter am Gewinn ihrer Fabriken.[53] Insbesondere intendierte das Programm sowohl eine Alphabetisierung der ländlichen Bevölkerung als auch eine Bodenreform. Im allgemeinen konstatierte jedoch eine Reihe von Kritikern, daß anderweitige Interessen hierbei maßgeblich waren und die Reformen zu deren Realisierung genutzt wurden. Diese These läßt sich besonders an den Ausführungen von Jacobs verdeutlichen:

---

[51] Vgl. Aschoff-Ghyczy, Christiane: Ländliche Bildungspolitik und Dorfentwicklungshilfe im Iran. Untersuchungen über die "Armee des Wissens" und ihren Stellenwert für die bäuerliche Bevölkerung im Iran, Hannover 1982, S. 55.
[52] Vgl. Ebda., S. 56.
[53] Vgl. Küppers, Steffen: Die islamische Republik Iran oder kulturgebundene Aktionsmuster für die Bewältigung der Probleme eines Staates im 20. Jahrhundert. Frankfurt a. M./Bern/New York/Paris 1991, S. 11f.

"Gleichgültigkeit gegenüber den Massen wird abgelöst von Sorge für die Massen, aber nur soweit man durch diese Maßnahmen die Massen auch kontrollieren kann".[54]

Demnach zielte Mohammad Reza Schahs Programm einerseits darauf ab die Landbevölkerung zu politisch linientreuen Untertanen zu erziehen, andererseits die Macht der Großgrundbesitzer als auch die der Geistlichkeit einzudämmen.[55] Beispielsweise lernten die Kinder Lesen und Schreiben anhand von Sätzen wie

"Der Schah ist der Oberste des Volkes, dem man dienen und gehorsam sein soll."

Die kaiserliche Familie wurde durch Bilder in allen Schule repräsentiert.[56] Djawid wertet die Entwicklungen dahingehend, daß der Schah durch die Alphabetisierung einzig und allein das Ziel verfolgte, die Massen unter die Kontrolle zentraler Ministerien zu bringen.[57] Diese Darstellung ist meines Erachtens sehr einseitig, da gerade ein alphabetisiertes Volk in der Lage wäre, aus der Unmündigkeit auszubrechen und sich der Kontrolle unterdrückerischer Strukturen zu entziehen.

Der Schah hatte sich zum Ziel gesetzt, in wenigen Jahren den

"[...] Iran in ein modernes Land zu verwandeln, [dem] Volk zu materiellem Wohlstand zu verhelfen, auf den es hienieden Anspruch hat, und zugleich seine echten geistigen und moralischen Ideale zu schützen und zu schirmen."[58]

Sein Modernisierungskonzept ist vor dem Hintergrund einer breit angelegten gesellschaftlichen Umwälzung zu betrachten. Dazu waren zunächst Maßnahmen zur Alphabetisierung und Verbesserung der Allgemeinbildung der Gesamtbevölkerung erforderlich.

Im folgenden soll auf die Bekämpfung des Analphabetentums in den ländlichen Gebieten als maßgebliches Ziel der *weißen Revolution* näher eingegangen werden. Dieses war verknüpft mit breit angelegten Maßnahmen etwa die Verbesserung der Infrastruktur und der hygienischen, medizinischen und rechtlichen Lage in den ländlichen Gebieten.

Zur Umsetzung dieses Vorhabens sollten wehrpflichtige Soldaten mit Abiturabschluß herangezogen werden. Sie standen vor der Wahl, entweder wie bisher einen vollständigen zweijährigen Militärdienst abzuleisten oder statt dessen nach einem reduzierten Militärdienst und einer viermonatigen pädagogischen Ausbildung als Lehrkraft auf dem Land eingesetzt zu werden. Ihre Aufgaben erstreckten sich auf die Errichtung einer Schule, die Unterrichtung der schulpflichtigen Kinder sowie auf die Planung von Abendkursen für die Erwachsenen.[59]

---

[54] Jacobs, Norman: The Sociology of Development. Iran as an Asian Case Study. New York 1966, S. 421.
[55] Vgl. Aschoff-Ghyczy 1982, S. 55-57.
[56] Vgl. Ebda., S. 57.
[57] Vgl. Djawid 1969, S. 90.
[58] Pahlawi, Mohammed Reza Schah: Antwort an die Geschichte. Die Schah-Memoiren, München 1979, S. 105.
[59] Vgl. Huober 1969, S. 298.

Zur Durchsetzung der genannten Ziele wurde am 13. Oktober 1962 die *Armee des Wissens* von Mohammad Reza Schah ins Leben gerufen. Der Einsatz von wehrpflichtigen Soldaten für diese Aufgaben hatte zum einen die Senkung des finanziellen Aufwands für die Einstellung zusätzlicher Lehrkräfte und zum anderen die Reduzierung der Arbeitslosigkeit unter den Abiturienten zur Folge.[60] Außerdem integrierte der Schah im Zuge der Emanzipation der Frau, Frauen in die *Armee des Wissens*. Ihnen stand zum ersten Mal die Möglichkeit offen, nach ihrer Ausbildung einen zivilen Aufgabenbereich innerhalb der Armee zu übernehmen.

1. Der Einsatz der *Armee des Wissens* konnte anfangs einige Erfolge verbuchen. 1956, also sechs Jahre vor dem Beginn der Revolution, lag die Analphabetenquote bei 85%. Im Vergleich dazu betrug sie 1964, also zwei Jahre nach der Begründung der *Armee des Wissens*, nach Angaben der UNESCO circa 75%.[61] Letztlich führte das Programm jedoch nicht zu dem einschneidenden Erfolg. Untersucht man die Ursachen hierfür, lassen sich folgende gravierende Mängel erkennen. Sie waren insbesondere in der Konzeption des Programms begründet. Die gesetzten Ziele waren zu umfassend, als daß sie innerhalb dieser Reform hätten verwirklicht werden können. Die pädagogische Ausbildung umfaßte im wesentlichen folgende Fächer: Persische Sprache, Religion, Sozialwissenschaft, Rechnen und Geometrie, Leibeserziehung, Hygiene und Erste Hilfe, Landwirtschaft, Menschenführung und Organisation, Pädagogik und Psychologie, Soziologie, Genossenschaftswesen, die Aufgaben des Dorfrats und nicht zuletzt das Programm der Weißen Revolution.[62] Diese umfangreiche Liste veranschaulicht, daß die Lehrer ein breites Spektrum von Inhalten abdecken mußten. Außerdem sollten sie sich auf Aufgaben konzentrieren, die außerhalb ihrer ursprünglichen Ausbildung lagen, etwa auf den Beistand in familiären Konflikten und die Suche nach hierfür erforderlichen Lösungen.[63] Daß dieses System die ursprünglich gesetzten Ziele nur teilweise erreichen konnte, ist in folgenden Faktoren begründet. Die Lehrer waren sehr jung und oft unerfahren. Dies hatte vielfach zur Folge, daß sie bei den Erwachsenen nur geringe Anerkennung fanden. Zudem wurden sie nur mangelhaft auf diese Aufgaben vorbereitet, da die pädagogische Ausbildungszeit lediglich vier Monate betrug. Ferner mußten sich die Wehrpflichtigen einer militärischen Grundausbildung unterziehen, welches für die Ausübung des Lehrerberufs keineswegs von Vorteil war.
2. Die Soldaten konnten vielfach nach dem abzuleistenden Dienst nicht durch neue Lehrkräfte ersetzt werden. Obwohl beim Vorhandensein der notwendigen Bereitschaft ihnen die Möglichkeit offen stand nach Beendigung ihres

---

[60] Vgl. Nawab, Mohammad Ali: Keyfiat-e amusesch wa parwaresch dar darun-e madares ta sal-e 1357 (Die Qualität der Bildung und Erziehung in den iranischen Schulen bis 1978). Teheran 1357 (1978), S. 80 [Übersetzung des Verfassers].
[61] Vgl. Küppers 1991, S. 12f.
[62] Vgl. Djawid 1969, S. 54.
[63] Vgl. Nawab 1978, S. 81.

Wehrdienstes in den jeweiligen Dörfern ihre Tätigkeit fortzusetzen, machten nur wenige davon Gebrauch. Dies war zum einen durch die äußerst schlechte Vergütung bedingt, zum anderen erwies sich die Diskrepanz zwischen Stadt und Land als nicht gerade unerheblich. Ferner waren ihnen für den Zeitraum ihres Dienstes jegliche Möglichkeiten verwehrt, welche das städtische Leben in sich birgt, und der Kontakt zu Verwandten und Freunden war aufgrund der nur gering ausgebauten Infrastruktur und der mangelhaften Verkehrsverbindungen nahezu unmöglich. Unter diesen Bedingungen setzte die Ausübung des Lehrerberufes ein hohes Maß an persönlichem Engagement und die Orientierung an ideellen Werten voraus. Diese Umstände verhinderten eine kontinuierliche Betreuung der Schüler.
3. Die Ausgaben für das Schul- und Erziehungswesen konnten nicht mit dem anhaltenden Bevölkerungswachstum Schritt halten. Diese ohnehin gering verfügbaren Mittel wurden durch Korruption zusätzlich gemindert. Allgemein ist in diesem Kontext anzumerken, daß zwischen dem wirtschaftlichen Wachstum, den Investitionen in das Ausbildungssystem und dem Ausbildungsstand ein enger Zusammenhang besteht.

„Solange das Volkseinkommen nicht kräftiger wächst, läßt sich die Höhe der Bildungsausgaben nicht mehr wesentlich steigern. Das Wirtschaftswachstum wird aber umgekehrt durch das Analphabetentum und den Mangel an Fachkräften gehemmt."[64]

4. Ein großer Teil der islamischen Geistlichen nahm das Programm mit Mißbehagen auf. Ihr Einfluß auf die Dorfbevölkerung war so weitreichend, dass sie vielfach die Eltern veranlaßten, ihre Kinder vom Unterricht fernzuhalten.
5. Die Bildungsinhalte – etwa die auf den städtischen Adressatenkreis zugeschnittenen Schulbücher – erwiesen sich bezüglich der Bedürfnisse der Landbevölkerung als wenig hilfreich. Somit konnten die Lehrbücher nur teilweise für den Unterricht eingesetzt werden.

Jedoch fanden die bereits genannten Probleme bei den Verantwortlichen nicht die erforderliche Aufmerksamkeit.

Zur Konzipierung von erforderlichen Bildungsreformen bediente sich das Pahlawi-Regime nordamerikanischer Berater. Sie sollten bei der Bewältigung der Probleme in den Schulen und bei der Modernisierung der Lehrpläne behilflich sein. Allerdings erwies sich dies aufgrund der Tatsache, daß die Amerikaner weder mit der persischen Sprache vertraut waren noch sich im kulturellen, pädagogischen oder philosophischen Erbe des Landes auskannten, als undurchführbar.[65] Vergleichbar der Reduzierung des Analphabetentums konnten auch die Ziele der Bodenreform nicht verwirklicht werden. Entgegen der eigentlichen Intention – Verringerung der Landflucht – kam es infolge der Bodenreform zu Migration in erheblichem Ausmaß. Die Bauern waren nicht in der Lage ausreichend Erträge zu erzielen. Dies war zum einen dadurch bedingt, daß die Nutz-

---

[64] Daha, Reza: Bildungs- und Ausbildungsprobleme bei der iranischen Landbevölkerung; in: Pädagogische Rundschau, 33, Heft 2. Ratingen 1979, S. 110-122, hier S. 117.
[65] Vgl. Ferescheteh 1994, S. 68.

flächen, die jeder Bauernfamilie zugeteilt wurde, zu gering war. Zum anderen führten mangelnde Kenntnisse über moderne Landwirtschaft sowie fehlende eigene Mittel für die Investition in diesen Bereich zu niedriger Produktivität.[66]

Die vom Staat gewährten Darlehen waren mit äußerst unbefriedigenden Konditionen verknüpft, und die Preispolitik für Agrarerzeugnisse wirkte sich nachteilig auf die Situation der Bauern aus. Infolge dessen kam es zu ihrer mehrfachen Überschuldung. Ferner stellte sich ein generelles Problem der Entwicklungsländer mehr als deutlich heraus: Infolge mangelhaft ausgebauter Infrastruktur sowie der unsachgemäßen Lagerung und erschwerten Transportbedingungen verdarb ein hoher Anteil der Gesamtproduktion.[67]

Die Analyse der vorangegangenen Abschnitte konnte zu genüge verdeutlichen, daß sich die autoritären Strukturen nachteilig auf den gesellschaftlichen Wandel auswirken. Besonders die Lösung von Bildungsfragen kann nicht allein durch hoheitliche Instanzen oktroyiert werden. Gerade ein derart komplexes Thema wie Alphabetisierung ländlicher Gebiete erfordert ein stringent durchdachtes Konzept. Ferner bleibt aufgrund der religiös veralteten Strukturen in den dörflichen Gegenden die Bekämpfung des Analphabetentums insbesondere unter den Frauen eine schwer zu realisierende Aufgabe, denn ihre Bildung wird von konservativen Muslimen nach wie vor als eine Bedrohung der männlichen Autorität betrachtet.

Eine auf die Zukunft ausgerichtete Bildungspolitik soll stets bemüht sein Freiräume zu schaffen, die es erlauben, daß sich die am Bildungsprozeß Beteiligten mit ihren Anregungen einbringen. Hierbei soll das Land vermeiden sich unkritisch Konzepte anzueigenen, die vor einem anderen kulturellen und traditionellen Hintergrund aufkamen. Eine Aussicht auf Erfolg besteht lediglich dann, wenn der Iran bei gleichzeitigem kulturellem Austausch mit anderen Nationen, seine eigenen Ressourcen und geistige Potenzen im Blick behält.

5.5. Soziokulturelle, ökonomische und religiöse Hintergründe der Islamischen Revolution von 1979

5.5.1. Die Ausgangsbedingungen der Islamischen, der Französischen und der Russischen Revolution im Vergleich

Die Auseinandersetzung mit den Ursachen und Hintergründen der Islamischen Revolution ist dringend erforderlich, weil diese eine umfassende Veränderung aller gesellschaftlichen Bereiche mit sich brachte, deren Folgen sich bis heute maßgeblich auf das Bildungswesen auswirken. Bei ihrer Analyse fallen folgende Gesichtspunkte ins Gewicht: Die iranische Revolution ist zugleich durch traditionelle und moderne Strukturen gekennzeichnet. Von den bedeutenden europäischen Revolutionen, also der Französischen und der Russischen, unterscheidet sie sich darin, daß sie sich nicht in einer Gesellschaft mit überwiegend agrari-

---

[66] Vgl. Küppers 1991, S. 12f.
[67] Vgl. Aschoff-Ghyczy 1982, S. 59f.

schen Strukturen, sondern in einem Schwellenland, das sich auf dem Weg der Industrialisierung und Modernisierung befand, ereignete. Daher neigt der britische Politologe Halliday dazu, sie als „moderne Revolution" einzustufen.

„Dies ist die Tatsache, daß die iranische Revolution in vielerlei Hinsicht eine 'moderne' Revolution war, in der Tat die erste überhaupt moderne Revolution. Die Gesellschaft, in der sie stattfand, war bei weitem stärker urbanisiert und genoß einen höheren Lebensstandard als Rußland 1917, China 1949 oder die meisten der anderen Gesellschaften der Dritten Welt, in denen sich die darauffolgenden Revolutionen ereignet haben."[68]

Verglichen mit den westlichen Revolutionen und ihren Wertvorstellungen lagen jedoch der Islamischen Revolution keine neuzeitlichen Ideen zugrunde, sondern sie orientierte sich an den ursprünglichen islamischen Traditionen.

Beide Revolutionen, sowohl die Französische als auch die Russische beruhten auf neuzeitlichen Ideen, die traditionelle gesellschaftliche Zustände und identitätsstiftende Grundlagen, die vor allem in der überkommenen Religion verankert waren, erschütterten. Das „Alte" sollte von etwas völlig Neuem und Modernem abgelöst werden. Den Ausgangspunkt der beiden europäischen Revolutionen markierten also moderne Ideen, die in bestimmten Kreisen vertreten wurden. Diese progressiven Kreise gerieten mit dem jeweils herrschenden System, welches jeglichen Veränderungen der Gesellschaft im Wege stand, in Konflikt. Die genannten Revolutionen erlangten einen Wirkungsradius, der weit über das jeweilige Land hinausreichte, da sie von progressiven Ideen und sozialen Problemen ausgingen, die weite Teile der damaligen Welt bewegten.

So stand die Französische Revolution unter dem Vorzeichen der Aufklärung, die sich damals in nahezu ganz Europa ausbreitete. Die Oktoberrevolution beruhte auf der marxistischen Theorie, die sowohl in weiten Kreisen der europäischen Arbeiterschaft als auch unter den Intellektuellen zahlreiche Sympathisanten gewonnen hatte. Außerdem wurde sie im Rahmen der das gesamte Europa umgreifenden Veränderungen vollzogen, die mit dem Ende des Ersten Weltkriegs einhergingen. In vielen europäischen Staaten, so auch in Deutschland, war die sozialpolitische Struktur in grundlegenden Veränderungen inbegriffen, und politisch bewußte Bürger diskutierten mögliche Veränderungsstrategien der Gesellschaft.

Wenn auch die Reformen, die die Iranische Revolution hervorrief, in keinem Verhältnis zu den Veränderungen der genannten europäischen Revolutionen stehen, lassen sich auch hier weltweite Auswirkungen beobachten. Sie nahmen auf radikal-islamische Gruppen in anderen Ländern Einfluß und förderten Zustände politischer Instabilität.

Der wesentlichste Charakterzug der bereits dargestellten Revolutionen liegt in der Säkularisierung. Dagegen zeichnet sich die Islamische Revolution gerade durch religiöse Leitideen aus. Daraus resultiert, daß Säkularisierung oder der Nationalgedanke, welche für die vorrevolutionäre Zeit im Iran prägend waren, in den Hintergrund gerieten.

---

[68] Halliday 1981, S. 57.

„Weil diese Revolution im Namen einer universalen Religion gemacht wird, wird sie von ihren Protagonisten als Ablehnung einer nationalen iranischen Identität hingestellt, als ein Bekenntnis zu einem Universalismus, das weitaus stärker ist als in früheren Revolutionen. Das nationale Element, das uns so häufig in anderen Revolutionen der Dritten Welt begegnet, scheint hier abwesend."[69]

Im vorrevolutionären Frankreich bestimmten altüberkommene Strukturen die Stellung des Einzelnen. Die Gesellschaft gliederte sich in drei Stände: Klerus, Adel und den sogenannten Dritten Stand, in dem sich Bürger und Bauern vereinigt fanden. Der Einzelne spielte politisch nur als Angehöriger seines Standes eine Rolle. Man konnte als Bürger aus dem dritten Stand kaum aufsteigen und in den Genuß der Privilegien von Klerus und Adel kommen. Dies untermauerte die traditionelle katholische Religion, deren Repräsentanten, wie bereits betont, den ersten Stand bildeten. Demgegenüber strebten die Revolutionäre die Stiftung einer neuen Identität durch aufklärerisches Gedankengut an.

„Tatsächlich und bewußtseinsmäßig ist also die Französische Revolution eine große Epoche, etwas außerordentlich Neues in der europäischen Geschichte. Man kann sie nur vergleichen mit dem Übergang vom Mittelalter zur Neuzeit durch die Reformation, aber viele Historiker halten den Einschnitt der Französischen Revolution für weit tiefer, weil es ein geistiger, politischer und sozialer Umbruch war."[70]

Die politischen, sozialen und geistigen Leitideen der Französischen Revolution kulminierten in den Begriffen: Liberté, Égalité, Fraternité (Freiheit, Gleichheit, Brüderlichkeit). Die Unterteilung der Gesellschaft in unterschiedlich privilegierte Stände wurde aufgehoben und die Freiheit des Einzelnen in den Vordergrund gerückt. Die eine Nation, als in sich solidarische Gemeinschaft aller Bürger Frankreichs, beruhte auf den genannten drei Prinzipien. Die katholische Kirche spielte bei dieser neuen französischen Identität keine Rolle mehr. Sie wurde in ihren Rechten und in ihrem im vorrevolutionären Frankreich beachtlichen materiellen Besitzstand deutlich beschnitten.

Wie in Frankreich war die Sozialstruktur auch im vorrevolutionären Rußland sehr traditionell. Dort wurde vor 1917 liberales und aufklärerisches Gedankengut in bürgerlichen, westlich orientierten Kreisen vertreten. Den traditionellen Eliten – dem Zaren und seinen treuen Anhängern, dem Adel und der russisch-orthodoxen Kirche – gelang es jedoch, den Einfluß dieser bürgerlichen Kreise auf die Politik gering zu halten und die zaristische Autokratie bis 1917 aufrechtzuerhalten. Die Einführung einer Verfassung und eines Parlaments, der Duma, im Jahre 1906 blieb daher weitestgehend bedeutungslos. Vergleichbar der Verhältnisse im Frankreich des *ancien régime* unterstützte die Kirche, an deren Spitze der Zar selbst stand, auch das zaristische Russland ideologisch. Das Gottesgnadentum begründete die Autokratie des Zaren. Ungeachtet dieser Entwicklungen brachten sowohl bürgerliche Kreise als auch Arbeiter revolutionäre Kräfte hervor. Die Bolschewisten, die sich schließlich durchsetzten, bildeten anfangs dabei nur eine kleine Minderheit. Sie konnten aber bald nach dem Sturz

---

[69] Ebda., S. 56.
[70] Schulin, Ernst. Die französische Revolution. München 1988, S. 20f.

der Monarchie, der bereits im Februar 1917 erfolgte, im Oktober desselben Jahres die Macht an sich reißen, da sie als einzige politische Kraft dem kriegsmüden Volk den Ausstieg Rußlands aus den Kämpfen des Ersten Weltkrieges in Aussicht stellten und diesen auch realisierten, obwohl sie dafür äußerst unbefriedigende Friedensbedingungen in Kauf nehmen mußten. Der Oktoberrevolution folgten Veränderungen des Landes von unschätzbarer Tragweite. Die gesellschaftlichen Klassen wurden aufgelöst in die eine Arbeiterklasse, in die sowohl die Bauern als auch die höheren Stände integriert waren. Adel, Klerus sowie das während der Zeit des Zarenregime oppositionell agierende Bürgertum mußten bittere Verfolgungen erleiden.

Die marxistische Idee des Klassenkampfes, der schließlich zu einer Aufhebung der Klassen überhaupt führte, wurde hier zur ideologischen Grundlage einer Revolution, die diesen Prozeß mit Gewalt forcierte, obwohl Rußland nach ursprünglicher marxistischer Theorie aufgrund des niedrigen industriellen Entwicklungsstands noch nicht reif für die Revolution war. Trotzki, einer der Mitinitiatoren der Revolution, hebt die Bedeutung der marxistischen Ideologie wie folgt hervor.

> „Die Revolution in Rußland kam allen unerwartet, außer der Sozialdemokratie. Der Marxismus hat die Unvermeidlichkeit der Russischen Revolution längst vorausgesagt, die als Folge des Zusammenstoßes der Kräfte der kapitalistischen Entwicklung mit den Kräften des starren Absolutismus kommen mußte. Indem er sie als eine bürgerliche bezeichnete, zeigte er damit, daß die unmittelbaren objektiven Aufgaben der Revolution in der Schaffung 'normaler' Bedingungen für die Entwicklung der bürgerlichen Gesellschaft in ihrer Gesamtheit bestanden. Der Marxismus hatte recht."[71]

Das vorher konservativste Land Europas sollte durch diese Revolution im Sinne des Marxismus eine Vorreiterrolle einnehmen.

Der vergleichende Blick auf die Französische, Russische und Iranische Revolution verdeutlicht die besondere Ausgangslage der letztgenannten. Das Pahlawi-Regime war zwar kein liberales Regime, strebte aber in vielen Bereichen eine Modernisierung der Gesellschaft an: westliche Technik und Kultur wurden im Lande eingeführt und gefördert. Der Einfluß der traditionellen Geistlichkeit aber sah sich, anders als unter dem französischen *ancien régime* und im zaristischen Rußland, zurückgedrängt, gewann aber gegen Ende der Herrschaft der Pahlawi-Dynastie erneut an Macht und avancierte so zur tragenden Kraft der Revolution. Somit stellten sich die überkommenen, jahrhundertealten Vorstellungen des schiitischen Islam als Leitidee der revolutionären Veränderungen heraus.

Anders als in Frankreich und in Russland, die aus traditionellen Strukturen ausbrachen, zielte die Islamische Revolution darauf ab, eine traditionelle, von überkommener Religion geprägte Struktur wiederherzustellen, welche sich bis in die Anfangszeit des Islam, bis in das 7. Jahrhundert hinein, zurückverfolgen läßt. Zwar betonen die Führer der Islamischen Revolution Grundbegriffe wie

---

[71] Trotzki, Leo: Die permanente Revolution; in: Pfemfert, Franz (Hg.) Kommunistische Aktionsbibliothek. Berlin-Wilmersdorf 1930, S. 61f.

„Freiheit" und „Unabhängigkeit", die aufklärerisch und modern wirken sollen, gesellschaftlich aber kaum umgesetzt werden. Ebensowenig wie das Pahlawi-Regime orientieren sich die geistlichen Führer an den Prinzipien dieser freiheitlichen Begriffe.

Dabei fällt jedoch auf, daß die Islamische Revolution die Umsetzung solcher Grundwerte stets im Zusammenhang mit dem traditionellen Islamverständnis ansieht. So beruft sich die Verfassung der Islamischen Republik Iran von 1979 im ersten Grundsatz nach der Präambel darauf, daß die Verfassung vom Volk selbst durch eine Volksabstimmung angenommen worden sei. Sie bestimmt darin das Wesen des Staats als

> „Kristallisationskern des politischen Ideals eines in Religion und Denkweise gleichgesinnten Volkes, das sich organisiert, um bei dem geistigen und ideologischen Entwicklungsprozeß den Weg zu seinem letztendlichen Ziel – den Weg zu Gott hin – zu ebnen".[72]

Die Freiheit des Einzelnen und seines Gewissens sowie der daraus für den Aufbau eines demokratischen Systems resultierende Pluralismus werden also ignoriert. Modernes Gedankengut, welches für die europäischen Revolutionen prägend war, ist damit zugunsten der religiösen Überzeugung unterdrückt.

> „Zum ersten Mal in der modernen Geschichte wurde eine Revolution unter der Führung von Geistlichen gemacht, die danach trachten, eine theologisch begründete Gesellschaft auf Erden zu erstellen. (...) Sie wird gedeutet und gerechtfertigt als ein Versuch, ein Herrschaftssystem wiederherzustellen, das im siebten Jahrhundert nach Christus begründet worden ist."[73]

Beurteilt man die Iranische Revolution an europäischen Maßstäben, scheint es angebracht, sie als „Restauration" zu bezeichnen. Damit stößt sie aber gerade in der islamischen Welt vor allem bei den Fundamentalisten auf breite Zustimmung. In der Türkei, in Ägypten, im Libanon und in Algerien sind Kräfte am Werk, welche sich an den Leitsätzen der Islamischen Revolution orientieren.

Dieser für die Iranische Revolution kennzeichnende restaurative Charakterzug resultiert daraus, daß sich die Modernisierung in den islamischen Staaten in der Regel nicht aus der Geschichte oder Geistesgeschichte des jeweiligen Landes ergab. Sie orientierte sich viel mehr in hohem Maße an europäischen Vorbildern, die der jeweiligen Bevölkerung oktroyiert wurden. Das gilt in derselben Weise für die dargestellten Reformen Reza Schahs wie die des Atatürks und gleichermaßen die von Nasser initiierten Reformen in Ägypten. Als vergleichbar gelagerter Versuch, ist die Errichtung sozialistischer Staaten in Algerien und Afghanistan zu nennen. Die erneute Hinwendung zum Islam bedeutet für die Fundamentalisten im Iran und anderswo in der islamischen Welt eine Rückbesinnung auf ihre eigene Tradition und wird von ihnen als Befreiung von europäisch-amerikanischer Bevormundung aufgefaßt.

---

[72] Verfassung der Islamischen Republik Iran 1980, S.12.
[73] Halliday 1981, S. 56.

5.5.2. Die säkulare Politik der Pahlawi-Dynastie und die schiitische Geistlichkeit

Obwohl Modernisierung und Säkularisierung bereits Mitte des 19. Jahrhunderts einsetzten und moderne Schulen eingerichtet wurden, so waren doch *Makatib* (Koranschulen, sing. *Maktab*) während der Pahlawi-Zeit noch weit verbreitet. Die schiitische Geistlichkeit hatte weitreichenden Einfluß auf diese traditionellen Bildungsinstitutionen und stellte weitestgehend das Lehrpersonal in diesen Schulen. Außerdem war die islamische Rechtsprechung zu jener Zeit vorherrschend, so daß auch im Justizwesen die Geistlichkeit die meisten juristischen Ämter innehatte. Die beiden Herrscher der Pahlawi-Dynastie trieben zwar die Modernisierung des Iran voran, doch aus den vorher genannten Gründen war die altüberkommene Stellung der Geistlichen nicht ohne weiteres zu brechen.

Ihre Macht enthält ein populistisches Potential. Der schiitische Klerus ist mit Moscheen und Heiligtümern landesweit vertreten und kann stets an eine breite Masse von Gläubigen appellieren. Dies erfolgt vor dem Hintergrund einer Machtstellung, die aus der mangelnden Mündigkeit der Masse der Gläubigen resultiert. Dieser für den Pahlawi-Staat so schwer zu brechende Einfluß der Geistlichen wird jenseits der im engeren Sinne religiösen Gründe noch durch die bereits erwähnte finanzielle Unabhängigkeit untermauert.[74]

Bereits bei der Gründung der konstitutionellen Monarchie läßt sich der Einfluß der Geistlichen eindeutig nachweisen. Die Verfassung von 1906 schrieb den schiitischen Islam, der bereits seit dem 16. Jahrhundert de facto Staatsreligion war, nun auch als solche fest. Ein Jahr später erhielt sie ein Zusatzgesetz, in dessen Artikel 2 verankert wurde, daß alle Gesetzesvorlagen des Parlaments mit den Grundsätzen des schiitischen Islam übereinzustimmen hätten.[75] Die Geistlichkeit erhielt so ein Vetorecht für alle Gesetze, die nicht mit *schariat* (dem islamischen Gesetz) übereinstimmten. Einem Gremium von mindestens fünf Theologen, welches das Recht völliger oder partieller Zurückweisung besaß, mußten ferner alle Gesetzesentwürfe zur Prüfung vorgelegt werden.

Ihr Einfluß blieb auch noch zu Beginn der Pahlawi-Dynastie bestehen. So scheiterte etwa der Plan Reza Pahlawis, eine Republik ins Leben zu rufen, an ihrem Widerstand. Sie befürchteten unter dem Eindruck der Entwicklung in der Türkei, wo 1923 die Republik ausgerufen worden war, einen säkularen und antiklerikalen Charakter des künftigen Staates. Nach Gesprächen Reza Pahlawis mit den drei führenden Mujtahids verkündeten diese

„There have been expressed certain ideas concerning a republican form of government that do not please the public and do not suit this country. We, therefore, asked the Prime Minister to put an end to this issue (...). He accepted our request. All the people should be grateful and should appreciate this solicitude".[76]

---

[74] Vgl. Ebda., S. 61.
[75] Vgl. Ende 1980, S. 27.
[76] Hairi, Abdul-Hadi: Shi'ism and Constitutionalism in Iran. Leiden 1977, S. 142f.

Und Reza Pahlawi äußerte dazu

„The will of the people, public opinion, and respect for religion and the religious feelings of my fellow-citizens are of primary importance for me in running the government. To these ends I have given a favourable response to the request of the religious leaders (...). From now on, accordingly, the abandonment of the idea of a republic is highly recommended".[77]

Jedoch kam es nach der Thronbesteigung Reza Pahlawis häufig zur Ignorierung des erwähnten Artikels 2 der iranischen Verfassung. Beispiele dafür sind die von ihm initiierten Gesetze über die Kleiderordnung und das Verbot des Frauenschleiers sowie einschränkende Verordnungen zu den öffentlichen Muharam-Prozessionen, womit er heftige Proteste der Geistlichen auf sich zog.

Ayatollah Khomeini kommentierte diesen grundlegenden Wandel nachträglich als einen der dunkelsten Augenblicke in der Geschichte des Islam.[78]

Eine weitere Differenz zwischen den beiden Konfliktparteien war in dem psychologisch unsensiblen Umgang Reza Schahs mit den religiösen Normen begründet. Als ein erhellendes Beispiel dafür mag folgende Begebenheit aus dem Jahre 1927 angeführt werden, bei der er die Würde der Geistlichkeit vehement verletzte. Als er die Rechtsprechung nach europäischem Muster zu korrigieren beabsichtigte und eine strikte Trennung religiöser Einrichtungen vom Staat plante, setzte ein von den Ayatollahs ausgerufener Generalstreik ein. Der Schah mußte zwangsweise mit den Schiitenführern, die sich in ihren Rechten beeinträchtigt sahen, verhandeln. Als Ausdruck seines Widerwillens kam er aber nicht persönlich, sondern sandte eine seiner Frauen. Nicht nur, daß eine weibliche Abgesandte vor den Religionsführern stand, sondern auch noch, daß sie ihren Schleier in der Moschee abnahm, erregte die heftigste Kritik. Ein Ayatollah bedrohte sie sogar. Als der Schah über die Vorgänge benachrichtigt wurde, fuhr er nach Ghom, betrat die Moschee mit Stiefeln und schlug auf den Religionsgelehrten ein, welcher seine Frau aus der Moschee gewiesen hatte. Dieses Ereignis hinterließ unvergeßliche Wunden. Die Geistlichen und ihre Anhänger werteten es als unerhörte Demütigung des geistlichen Standes.[79]

Die gegen den immensen Einfluß der Geistlichkeit gerichtete Politik setzte auch sein Nachfolger Mohammad Reza Schah Pahlawi (1941-1979) fort. Seine Betonung des nationalen Erbes äußerte sich in der Nachbildung der Sassaniden-Krone, der Einführung einer neuen kaiserlichen Zeitrechnung statt der bisherigen Hidschras-Ära und der mit großem Pomp und internationalem Publikum begangenen *2500-Jahrfeier* des iranischen Kaiserreichs. Damit weiteten sich die Konflikte zwischen Regierung und den islamischen Geistlichen aus. Zusätzlich rief das bereits erwähnte Programm der *Weißen Revolution* Widerstand und Protest der Ulama hervor, da es – vergleichbar den Maßnahmen unter der Regie-

---

[77] Ebda., S. 143.
[78] Vgl. Ayatollah Khomeini, Ruhollah: Kaschf Al-asrar (Schlüssel zu den Geheimnissen), Teheran 1359 (1980), S. 71 [Übersetzung des Verfassers].
[79] Vgl. Schweizer 1991, S. 271f.

rung Reza Schahs – emanzipative Elemente enthielt. Vor allem folgende Punkte dieses Programms waren dabei maßgeblich.

Die Landreform, die das Land unter den Bauern aufteilen sollte, betraf die eigenen Interessen der Geistlichen, da sie zu den Großgrundbesitzern zählten und ihren Besitz in Gefahr sahen. Ebenso konnte der Einsatz der Frauen in der *"Armee des Wissens"* von den Mullahs nicht toleriert werden. Und vor allem die nicht minder bahnbrechende Einführung des Wahlrechts der Frauen widersprach dem traditionellen Rollenverständnis der islamischen Frau, welches sich nach Auslegung der schiitischen Geistlichen aus dem Koran ableiten läßt.

Khomeini, der diese Punkte des Programms selbstverständlich für mit dem Koran nicht vereinbar hielt, nahm sie zum Ausgangspunkt einer Hetzkampagne gegen den Schah. Im Vorfeld der Revolution von 1979 wandte er sich aus dem Exil an die schiitische Geistlichkeit mit der Kritik, sie hätten bei den Vergehen des Schahs nur zugeschaut und diese Umstände dadurch maßgeblich mitzuverantworten. Damit löste er immense Schuldgefühle bei ihnen aus, die in Haß gegen den Schah umschlugen.[80] Zwar versprach Khomeini selbst unmittelbar vor seiner Machtübernahme aus opportunistischen Gründen,

> „daß in der künftigen islamischen Republik Frauen sogar die höchsten Regierungsämter übernehmen könnten, ja noch mehr: er versicherte, alle bestehenden Ungleichheiten zwischen Frauen und Männern beseitigen zu wollen. ‚Wir versichern, daß in unserer künftigen Republik alle Frauen in der Wahl ihres Berufes, ihrem Verhalten und selbstverständlich auch in der Wahl ihrer Kleidung, unter Berücksichtigung gewisser Bestimmungen, völlig frei sein werden'".[81]

Von den angekündigten Maßnahmen blieb allein das Wahlrecht bestehen, das die neuentstandene Islamische Republik den Frauen nicht nahm. Die weitgehenden Einschränkungen der Rechte der Frau nach Gründung der Republik zeigen deutlich, daß Khomeini ungeachtet dieser Äußerungen vor seiner Machtübernahme weiter ein Verfechter der konservativen Interpretation des Koran blieb, von der er nur aus Gründen der Machtgewinnung und des Machterhalts partiell abwich.

Im Ganzen vermochten die Reformen der Pahlawi-Dynastie es nicht, die Macht der Geistlichkeit nachhaltig einzudämmen, da diese aufgrund des bereits erwähnten hierarchischen Verhältnisses und der engen Bindung zwischen Geistlichkeit und Gläubigen zu tief verankert war.

Der Schah war wohl im Laufe der Zeit zu der Einsicht gelangt, daß er sich nicht auf Dauer gegen die Interessen der Geistlichkeit stellen konnte. So kam er ihr entgegen, indem er im Jahre 1977 in Maschhad, einer der heiligsten Stätten des schiitischen Islam, eine moderne islamische Universität gründen ließ.[82] Doch auch dies konnte an der ablehnenden Haltung der schiitischen Geistlichkeit gegenüber dem Pahlawi-Regime keine Veränderung bewirken. Das Projekt wurde

---

[80] Vgl. Bakthiar 1984, S. 83ff.
[81] Daddjou, Keywan/Nirumand, Bahman: Mit Gott für die Macht. Eine politische Biographie des Ayatollah Chomeini, Hamburg 1987, S. 191.
[82] Vgl. Ende 1980, S. 29.

vielmehr mit Mißtrauen aufgenommen, da man es als Versuch des Schahs wertete, seinen Einfluß auf die Ausbildung der Geistlichen auszudehnen und westlich geprägtes Gedankengut in das religiöse Leben hineinzutragen.

5.5.3. Die Wirtschaftspolitik seit der Verstaatlichung der Ölfelder und die Entstehung einer breiten gesellschaftlichen Opposition gegen das Pahlawi-Regime

Für die wirtschaftliche Entwicklung des Iran im 20. Jahrhundert stellte besonders die Entdeckung von Ölfeldern ab 1908 einen Wendepunkt dar. Bis dahin lag die Bedeutung des Iran für die westlichen Mächte eher auf geopolitischem und strategischem Gebiet. England bemühte sich, einen Weg nach Indien durch den Iran zu sichern, und Rußlands Politik zielte darauf ab, Zugang zum Indischen Ozean zu gewinnen. Darüber hinaus weckte die Entdeckung der Ölfelder ein verstärktes Interesse der westlichen Welt an diesem Land.

Nach dieser für die wirtschaftliche Situation des Landes bedeutenden Entdeckung durch den Neuseeländer *William Knox d'Arcy* wurde ein Vertrag zwischen dem Iran und der 1909 gegründeten „Anglo-Persian-Oil-Company" abgeschlossen. Dieser sah eine Laufzeit von sechzig Jahren vor, sicherte aber dem Iran lediglich sechzehn Prozent der Einnahmen aus der Ölförderung.[83]

1951 wurde *Mossadegh* iranischer Premierminister. Er suchte erklärtermaßen die politische und wirtschaftliche Unabhängigkeit des Landes von westlichen Mächten.[84] Insoweit war er auch ein Gegner des Schah, den er als Vertreter westlicher Interessen, ja sogar als Marionette westlicher Politik betrachtete. Daher bemühte er sich, den Einfluß des Monarchen auf allen Gebieten zurückzudrängen. Als er im August 1953 das Parlament auflöste und sich selbst unumschränkte Machtbefugnisse zuschrieb, sah sich der Schah genötigt, den Iran zu verlassen, kehrte aber noch im selben Jahr zurück, nachdem Mossadegh seinerseits gestürzt worden war. Dieser Premier, dessen Programm es gewesen war, sein Land von westlicher Bevormundung zu befreien, wurde unter maßgeblichem Einfluß des amerikanischen Geheimdienstes CIA und dessen Nahostagenten Kim Roosevelt gestürzt. Durch CIA-Gelder wurden Demonstrationen gegen Mossadegh organisiert, das Übrige regelten ebenfalls vom amerikanischen Geheimdienst bezahlte Generäle der Armee des Schah.

Mossadegh stützte sich bei seiner Politik auf ein breites Bündnis, das sowohl westlich orientierte liberal eingestellte Kräfte bis hin zur kommunistischen *Tudeh*-Partei als anfangs auch Teile der schiitischen Geistlichkeit wie den Ayatollah *Kashani* umfaßte. Im Zusammenhang dieser Bemühungen um die Unabhängigkeit seines Landes von westlicher Politik und Wirtschaft erklärte Mossadegh im Jahre 1953 den Vertrag mit der Anglo-Persian-Oil-Company aufgrund der

---

[83] Vgl. Romein, Jan: Das Jahrhundert Asiens. Geschichte des modernen asiatischen Nationalismus, Bern 1958, S. 83.
[84] Zu den Ereignissen der Regierungszeit Mossadeghs vgl. Küppers 1991, S. 11f.; vgl. auch Durschmied, Erik: Der Untergang großer Dynastien. Wien u.a. 2000, S. 271-273.

ausbeuterischen Bedingungen, welche dieser Vertrag enthielt, für ungültig und verstaatlichte die Ölfelder.[85]

Als Reaktion darauf boykottierten die USA und Großbritannien den Kauf iranischen Öls. Der Iran geriet daraufhin an den Rand des wirtschaftlichen Ruins, da der Ölverkauf die einzig bedeutsame Einnahmequelle in dieser Zeit bildete. Mossadeghs Regierung mußte zurücktreten, da das eher brisante Bündnis zwischen linksintellektuellem Bürgertum und Geistlichkeit zerbrach. Mit der Rückkehr des Schahs konnten die Beziehungen aus westlicher Sicht wieder normalisiert werden. Der Schah machte die Maßnahmen Mossadeghs teilweise wieder rückgängig.

Es folgte in den sechziger und siebziger Jahren eine beschleunigte ökonomische Entwicklung, die auf den durch Mossadegh erreichten verbesserten Konditionen im Ölhandel sowie einer effizienteren Ölförderung beruhte. Einnahmen aus dem Ölhandel wurden jedoch in zu geringem Maße zur Förderung anderer Wirtschaftszweige investiert; hohe Investitionen flossen etwa stattdessen in die Rüstung des Landes und stabilisierten die Position des Iran als verläßlicher Garant westlicher Interessen am Golf.

Außerdem ließ sich der Iran zur Realisierung überflüssiger Großprojekte hinreißen. So entstanden Kernkraftwerke in erdbebengefährdeten Gebieten oder eine chemische Fabrik in der Wüste ohne jegliche Infrastruktur.[86] Diese industriellen Fehlinvestitionen neben der einseitigen Ausrichtung der Wirtschaft auf Ölexport machte die wirtschaftliche Lage des Landes in hohem Maße von den Schwankungen des Ölpreises abhängig, wie er auf dem Weltmarkt festgelegt wurde.

Ungeachtet dieses Dilemmas förderte das Land andere Industriezweige wie etwa den Bereich der Stahl-, Elektro- und Autoindustrie in einer so rasanten Weise, daß die Ausbildung iranischer Fachkräfte damit nicht Schritt halten konnte. Auch dies wiederum bedeutete eine maßgebliche Abhängigkeit vom Ausland, indem man zunehmend europäische Spezialisten ins Land holte. Für die meisten Iraner bestand lediglich die Möglichkeit einer nichtqualifizierten Beschäftigung, während die Europäer und Amerikaner die gehobenen und besser dotierten Posten wahrnahmen.[87]

Grundsätzlich war die Wirtschaftspolitik während dieser Zeit an den Interessen der Pahlawi-Dynastie und einer kleinen Oberschicht orientiert. In der Folge dieser einseitigen Wirtschaftspolitik geriet der Iran hinsichtlich seiner Importe in eine immense Abhängigkeit vom Ausland. Die Importgüter waren gegenüber den im Inland erzeugten Waren erheblich preiswerter. Unter diesen Bedingungen litt in ganz besonderer Weise die Schicht der *Bazaaris* (Händler). Dadurch geriet sie aus ihrem eigensten ökonomischen Interesse heraus in Opposition zu dem Pahlawi-Regime.

---

[85] Vgl. Küppers 1991, S. 11.
[86] Vgl. Mahrad, Ahmad: Iran nach dem Sturz des Schahs. Die provisorische Revolutionsregierung Bazargans, Frankfurt a.M./New York 1984, S. 29-38, hier S. 36.
[87] Vgl Ebda., S. 33 ff.

Ihr politischer Einfluß beruhte darauf, daß sie traditionellerweise auch als Geldverleiher agierte. Trotz ihrer Einbußen kontrollierte sie weiterhin zwei Drittel des Einzelhandels. So konnte sie es sich leisten, die Geistlichen weiterhin finanziell zu unterstützen, denen der Staat die Subventionen entzogen hatte, was den revolutionären Prozeß beschleunigte.[88]

Ein weiterer Mißstand war die ungleiche Verteilung der Öleinnahmen, von denen nur eine kleine Schicht profitierte. Dadurch wuchs der Gegensatz zwischen arm und reich, den die bereits erwähnte *Weiße Revolution* hervorgerufen hatte.

Diese innerhalb der Gesellschaft durch die unangebrachte Wirtschaftspolitik hervorgerufenen vielschichtigen Spannungsfelder waren Mitverursacher der Revolution von 1979 und beschleunigten die Entwicklung. Die beiden letzten Jahre vor der Revolution kennzeichnete wirtschaftliche Stagnation. Während die Entwicklung des Bruttosozialprodukts einen eher dynamischen Verlauf nahm, kam es zu Inflationen, Schwierigkeiten bei der Lebensmittelversorgung, Stromausfällen und Preiskontrollen.

1. Neben der Masse der aus diesen Gründen verelendenden Bevölkerung – Bauern und städtisches Proletariat – gab es aber auch andere sozialpolitische Gruppierungen, die mit dem Pahlawi-Regime in Konflikt gerieten national-liberal orientierte Kräfte, die den Kurs *Mossadeghs* befürworteten.
2. Anhänger der linksorientierten *Tudeh*-Partei sowie der Volks-*Fedain* und verschiedene Kräfte der Mittelklasse unterstützten bei dieser Revolution die Geistlichkeit in der Erwartung, nach dem Sturz des Schahs deren Macht zurückzudrängen und selbst die Macht an sich zu reißen. Sie unterschätzten jedoch die Verwurzelung der islamischen Religion in der iranischen Bevölkerung und die gesellschaftliche Rolle der Geistlichen, welche eine immense gesellschaftliche Kraft in sich barg.
3. Die islamischen Modernisten: Sie empfanden den Islam nicht als Widerspruch zu einem modernen Staat und konnten daher nicht nachvollziehen, daß der Schah ihrer Religion nicht den ihr gebührenden Platz in Gesellschaft und Politik einräumte. Da der maßgebliche Theoretiker dieser Richtung, Ali Schariati, in seinem Londoner Exil mutmaßlich vom Geheimdienst des Schah ermordet worden war, brachen auch sie mit dem Schah-Regime. Dabei übersahen sie die Tragweite der konservativ-reaktionären Auffassungen Khomeinis und seiner Gefolgsleute.

Neben den bereits genannten Ursachen lassen sich noch weitere für die Breitenwirkung revolutionärer Bestrebungen namhaft machen. Einer der nicht zu unterschätzenden Gründe lag in der Schwäche der Monarchie selbst, dem persönlichen Charakter des Schahs und seinem distanzierten Verhältnis zu der Nation. Seine Unentschlossenheit und die Ignoranz gravierender sozialer Mißstände im Land schwächten ihn als Herrscher. Er wurde als illegitim angesehen, da – wie

---

[88] Vgl. Halliday 1981, S. 58f.

bereits erwähnt – er die Macht durch einen Militärputsch erlangt hatte und auf ausländische Hilfe angewiesen war. Somit fand seine Politik bei einem Großteil der Bevölkerung keinen Rückhalt.

Unter diesen Umständen bot das Militär, das aus einem korrupten Offizierskorps und einer Masse an Wehrpflichtigen bestand, dem ‚Usurpator' keinen Rückhalt mehr. Die Flucht des Schahs im Januar 1979 ließ eine demoralisierte Armee zurück, die der Bewegung Khomeinis keinen Widerstand mehr leistete.[89]

Nicht zuletzt ist das Pahlawi-Regime im Jahre 1979 deshalb gescheitert, weil es versuchte, eine seit langem gewachsene Gesellschaft per Dekret zu modernisieren, was zwangsläufig nur oberflächlich wirkte. So hatte sich in den letzten Jahren dieser Dynastie immer deutlicher gezeigt, daß die auferlegte Modernisierung in der Bevölkerung, die in ihre vorgegebenen traditionellen Strukturen eingebunden war, immer weniger Rückhalt fand. So entstand ein Terrain, das die fundamentalistisch orientierten Mullahs für ihre Zwecke nutzen konnten.

5.5.4. Der Verlust der kulturellen Identität als eine Vorbedingung der Islamischen Revolution

Sucht man weiter nach den Ursachen der iranischen Revolution, so darf ein kulturpsychologischer Erklärungsansatz nicht unberücksichtigt bleiben, nach welchem die Revolution als Reaktion auf den immensen westlichen Einfluß des Landes zu betrachten ist, der sich aus der Kolonialpolitik des Westens ergab.

Bereits vor der Revolution erkannten die Intellektuellen, daß die immensen westlichen Einflüsse das iranische Volk in seiner Identität und seinem Selbstbewußtsein beeinträchtigten, mindestens aber entscheidend gefährdeten.

Ein prominenter Vertreter dieser Richtung war der Lehrer, Volkskundler und Schriftsteller Djalal Al-i Ahmad (1923-1969). Sein aufsehenerregendes Buch trägt den Titel *gharb-zadagi*, welches soviel bedeutet wie „Infiziert vom Westen" oder „Verwestlichungsseuche". Die Einflüsse aus dem Westen hätten demnach die Iraner wie eine lähmende Krankheit befallen. Er umschreibt den Sachverhalt folgendermaßen

> „Wir erziehen Menschen, die europäische Sitten nachahmen, wir ahmen europäisches Denken nach, und wir suchen die Lösung jedes Problems in einer Europa nachahmenden Weise".[90]

Seiner Auffassung nach ist der einzige Bereich im geistigen Leben des Volkes, der von der Verwestlichung freigeblieben ist, die islamische Religion. In ihr sah Al-i Ahmad folglich die Quelle für die Wiedergeburt einer selbstbewußten Identität der Iraner.

Er war freilich nicht durchgehend ein Verfechter der Religion gewesen. Entgegen seiner anfangs ausführlichen Auseinandersetzung mit theologischen Fragen während seines Studiums in der heiligen Stadt Qom oder gerade deswegen

---

[89] Vgl. ebda., S. 59f.
[90] Djalal Ali-Ahmad, zitiert nach Antes, Peter. Der Islam als politische Kraft. Hannover 1991, S. 11f.

wandte er sich später dem Kommunismus zu. Schließlich fand er zu einem glühenden Nationalismus und über diesen zurück zu der Tradition der Religion. Darin sah er die einzig wirksame Waffe zur Bekämpfung der kolonialistischen Bevormundung, um somit die Massen zu mobilisieren.[91]

Die Gestalt Djalal Al-i Ahmads bleibt jedoch in gewisser Weise schillernd. Ungeachtet seiner Rückkehr zur Religion heiratete er die links einzuordnende Autorin Simin Daneschwar. Er ist nicht als purer Reaktionär zu begreifen, da er etwa in der Pädagogik sehr eigene, aber auf Modernisierung ausgerichtete Wege einschlug. So kritisierte er in seinem Roman *modir-e madrese* (Der Schulleiter) die hemmende Bürokratie und Autorität des zentralistisch ausgerichteten iranischen Schulwesens.

Galt Ali Ahmads Kritik vor der Revolution den uneingeschränkten westlichen Einflüssen auf die iranische Kultur, so wird dieser Gedanke in der nachrevolutionären Zeit erneut von Abdul Djawad Falaturi aufgegriffen. Die Revolution sei die letzte Gegenwehr gegen die wirtschaftliche und politische Herrschaft des Abendlandes über die in der kulturellen Begegnung unterlegenen islamischen Staaten.[92]

In Europa bemühten sich Beobachter, das Phänomen der Islamischen Revolution von seinen Ursachen her zu deuten. Falaturi führt die im Westen geläufigen Begründungen für die Islamische Revolution folgendermaßen an

„Blinder Fanatismus; unbewußter Nativismus; bedrückender Minderwertigkeitskomplex; Angst, von der abendländischen Kultur überrannt zu werden; abwehrender Revancheakt; haßerfüllte Rachsucht; von Eifersucht beladener Fremdenhaß; antichristliche Agitation; Rückständigkeit und Widerspenstigkeit des Volkes; strenger Dogmatismus und Traditionalismus; Rückkehr in die Zeit vor 1400 Jahren; chauvinistischer Nationalismus; unvermeidbare Entfremdung; zugrunderichtende Identitätsverluste; ausweglose Reislamisierung (...)".[93]

Er setzt sich jedoch von den meisten der hier genannten Begründungen ab und hebt ausschließlich das Moment des Verlustes kultureller Identität, infolge der Verwestlichung, als Ursache der Islamischen Revolution hervor.

Eine tiefgehende Auseinandersetzung mit den diesbezüglich von europäischen Autoren vertretenen Auffassungen findet dabei allerdings nicht statt.

Seinen Ausführungen zufolge führten nicht die Übernahme westlicher Technik und Wissenschaft zu den auslösenden Momenten der islamischen Revolution. Als wesentlichen Faktor benennt er dagegen den entstandenen Verlust islamischer Wertvorstellungen. Dieser sei dem gesamten kulturorientierten Identitätsverlust des iranischen Volkes gleichzusetzen und als Ausdruck der Verwest-

---

[91] Vgl. Halm 1994, S. 147f.
[92] Vgl. Falaturi, Abdoljawad (1980b): Die iranische Gesellschaft unter dem Einfluß der westlichen Kultur - Untersucht im Hinblick auf die islamische Revolution im Iran; in: Iran in der Krise – Weichenstellungen für die Zukunft. Beiträge zur Diskussion der Zukunftsfragen der Islamischen Republik im Iran. Forschungsinstitut der Friedrich-Ebert-Stiftung (Hg.), Bonn 1980, S. 51-75, hier S. 52.
[93] Ebda., S. 51f.

lichung zu interpretieren. Das einzige Mittel gegen diese zerstörerischen Tendenzen sei die Wiederbelebung des traditionellen schiitischen Islam.

> „Darum konnte er, und nur er (der schiitische Islam, d. Verf.), sich als eine Kraft hervortun, um das Zerstörte zu restaurieren und den Weg für ein neues, adäquates Leben und das Retten der zerstörten Identität zu ebnen."[94]

Mit der Betonung der identitätsstiftenden Funktion des schiitischen Islam greifen die Befürworter der Islamischen Revolution auf einen Faktor zurück, der in weit früheren Epochen der Geschichte Irans eine Rolle spielte. Bereits einige der während der Regierungszeit des Abbasidenkalifats entstandenen Lokaldynastien wandten sich dem Schiismus zu, um sich von ihren offiziellen arabischen Oberherren abzugrenzen, die der sunnitischen Richtung angehörten. Gleichermaßen führten im 16. Jahrhundert, wie bereits aufgezeigt, die Safawiden den Schiismus als Staatsreligion im gesamten Iran ein, um sich von den sunnitischen Turkvölkern ihrer Umgebung abzugrenzen.

Die islamische Revolution hat also ungeachtet der Orientierung an islamischen Werten und der Betonung des nationalübergreifenden Charakters dieser Religion, welche die gesamte islamische Umma einschließt, nationalistische Züge. Sie richtet sich einerseits gegen die Einflüsse des christlich-säkularen Abendlandes. Andererseits wirkt sie aber auch deutlich in der Tradition der schiitischen Religion, in der Hervorhebung des Gegensatzes zu den sunnitisch geprägten Nachbarländern, die nach wie vor unter politischem und ökonomischem Einfluß des Westens stehen.

Der Gegensatz zu den sunnitischen Nachbarn wird beispielsweise in der Legitimation des Krieges gegen den Irak deutlich, der als ‚Heiliger Krieg' proklamiert wurde. Der irakische Präsident Saddam Hussein als Repräsentant der von westlichem Gedankengut geprägten Baath-Partei stellt in den Augen der schiitischen Führer einen Ungläubigen dar. Weiterhin zeigt sich diese Tendenz in hegemonialen Ansprüchen gegenüber Saudi-Arabien, dessen Rolle die iranische schiitische Geistlichkeit weder hinsichtlich des Wächteramts über die heiligen Stätten in Mekka und Medina noch mit Blick auf die Position der Saudis als hegemoniale Macht am Persischen Golf zu akzeptieren gewillt ist.

Wenn Falaturi die Anstöße Al-i Ahmads und gleichgesinnter Intellektueller zumindest dem Grundgedanken nach aufnimmt und den Verlust kultureller Identität als eine wesentliche Triebkraft für die Islamische Revolution anführt, hat er durchaus einen wichtigen Aspekt markiert. In der nachkolonialen Ära ereignete sich in vielen nichteuropäischen Ländern ein Auflösungs- und Transformationsprozeß, der alle gesellschaftlichen Bereiche betraf. Das Problem, vor das diese Länder dadurch gestellt wurden, war, ob sich aus der Synthese von adaptiertem westlichem Gedankengut, Bildung und Technik mit überkommenen kulturellen Grundlagen eine neue nationale Identität begründen ließe.

Der Iran durchlief in der Zeit der Pahlawi-Dynastie diesen Auflösungs- und Transformationsprozeß. Unter dieser Dynastie entwickelte sich das Land erneut

---

[94] Ebda., S. 74.

zu einem politisch einheitlichen Nationalstaat, der aus der unmittelbaren Bevormundung seitens ausländischer Mächte befreit war. Jedoch verlief der Prozeß des kulturellen Wandels nicht ohne Probleme, so daß ein Identitätsverlust am Ende der Pahlawi-Ära deutlich zu beobachten war.

Der Fehler Falaturis, aber auch zuvor Al-i Ahmads, liegt jedoch darin, daß sie glaubten, die kulturelle Identität ihres Volkes allein auf ihren religiösen Anteil reduzieren zu können. Identität wird aber nicht nur durch die religiöse Komponente bestimmt, sondern hierbei spielen vielmehr andere Bereiche wie etwa Sprache, geschichtlicher Hintergrund, Musik und Kunst eine bedeutende Rolle. Diese Zusammenhänge erkannte das Schah-Regime und bemühte sich, die iranische Identität durch Erhaltung und Förderung der letztgenannten Bereiche zu sichern, wobei diese freilich zum Nachteil der Religion überbetont wurden, weshalb der genannte Identitätsverlust entstand, dem die Revolutionäre entgegentreten wollten. Nach der Revolution erfolgte dagegen – wie bei Falaturi zu beobachten – eine Schwerpunktverlagerung. Die persische Sprache, die bildenden Künste und die vorislamische Geschichte des Landes werden als identitätsstiftende Faktoren entscheidend vernachlässigt oder sind sogar verpönt, während man eine Identitätsfindung allein in der Religion sucht.

Eine zukunftsweisende Ausgangsbedingung für die Herausbildung der kulturellen Identität besteht lediglich darin, daß die oben genannten Faktoren gleichermaßen ihre Berücksichtigung finden.

5.5.5. Die Unzulänglichkeiten der Bildungspolitik während der Pahlawi-Ära und ihre Bedeutung für die Islamische Revolution

Blickt man auf die Bildungspolitik während dieser Zeit zurück, lassen sich ungeachtet der erzielten Ergebnisse gravierende Mängel aufweisen, die im folgenden erläutert werden sollen.

Das problematischste Versäumnis bestand darin, daß – anders als in allen modernen Erziehungskonzepten – Selbstbestimmung, Emanzipation oder Kritikbereitschaft nicht als schulisches Erziehungsziel galten. Somit wurde die Ausbildung eigenständiger, kritisch denkender Persönlichkeiten deutlich vernachlässigt.

Elementare Grundlagen eines modernen gesellschaftlichen Systems wie Pluralismus, Mehrparteiensystem, Wahlrecht oder Meinungs- und Pressefreiheit wurden im Unterricht nie thematisiert. Die Ausbildung im technisch-naturwissenschaftlichen Bereich spielte dagegen in den Konzepten der damaligen Bildungspolitik eine bedeutende Rolle, da das Pahlawi-Regime primär an der technischen Modernisierung des Landes interessiert war. Dabei fand jedoch – wie damals noch weltweit – keine kritische Hinterfragung der negativen Folgen des technischen Fortschritts wie etwa Umweltverschmutzung oder Lärmemission statt. Eine solche Problematisierung galt vielmehr als Widerstand gegen das Regime und war somit in der Schule tabuisiert.

Diese Bedingungen, die für die Bildungspolitik im engeren Sinne galten, trafen gleichermaßen für die Kulturpolitik des Pahlawi-Regimes zu. Eine allgegenwärtige Zensur überschattete das Gesellschaftssystem bis in seine feinsten

Verästelungen. Modjabi führt in seinem Buch *Beiträge zu den Dokumenten über die Zensur in der iranischen Presse* die Formen und vielfältigen Dimensionen der Zensurpraxis aus. Im vierten Artikel dieses Buches, das er mit *Kulturpolitik: Zerstörung der Kultur* überschreibt, bemerkt er folgendes:

> „Statt der Förderung einer Kultur, die ihren Schwerpunkt in der Propagierung ideeller Werte und Realisierung der elementaren kulturellen Bedürfnisse sieht, planten die Kulturträger genau das Gegenteilige. Dies führte zu einer Entfremdung der Menschen von ihrer eigenen Kultur."[95]

Solch eine Form von Kulturpolitik mußte verständlicherweise alle Möglichkeiten aufklärerischer Bemühungen unterlaufen.

Unter diesen Bedingungen sah sich der Großteil der Bevölkerung außerstande, die gesellschaftlich notwendigen Veränderungen zu erkennen und an ihrer Realisierung zu partizipieren. Einseitige wie unreflektierte Bildung führte zu einem mangelhaften, eher die reaktionären Kräfte des Landes stützenden politischen Bewußtsein. Ein undifferenziertes Bild des westlichen Kulturkreises durch die Schulen sowie einseitige Berichterstattung der Medien verstellte den Jugendlichen den Blick auf die realen Verhältnisse im Westen wie im eigenen Land.

Khomeini konnte so die durch die Zensur verursachte Unwissenheit und die Unzufriedenheit ausnutzen und bei der Bevölkerung falsche Erwartungen wecken. Der breiten Masse waren Khomeinis Schriften in der Regel keineswegs vertraut, da solche Literatur verboten war und nur illegal im Lande kursierte. So gelang es ihm, einen bedeutenden Teil der unterschiedlichsten oppositionellen Gruppen mindestens für eine Übergangszeit hinter sich zu bringen. Diese Allianz, welche auf unterschiedlich motivierten Interessen basierte, hielt freilich lange genug an, die Herrschaft der Geistlichen auf längere Sicht zu festigen.

Zusammenfassend läßt sich festhalten, daß es eine Vielzahl von gesellschaftlichen Gruppen im Iran gab, die infolge ihrer resignierenden wirtschaftlichen und sozialen Lage oder ihrer politischen Grundüberzeugung zunehmend dem Schah-Regime und dem Einfluß des Westens kritisch gegenüberstanden. Die ungeprüfte Übernahme westlichen Gedankenguts seitens der Oberschicht führte zunehmend zu einer Schwächung angestammter kultureller Identität. Diese schlug aber schließlich in eine extreme Gegenposition um, die sich in der Begeisterung für die von den Mullahs propagierten islamistischen Vorstellungen entlud.

Die bruchstückhafte Modernisierung, welche das Schahregime betrieben hatte, ließ keinen Raum für eine notwendige Umsetzung emanzipatorischer Werte. Abgesehen von minimalen Erfolgen bei der Ausstattung der Bildungseinrichtungen litt das Land gegen Ende der Pahlawi-Dynastie nach wie vor unter einer erheblichen Zahl von Analphabeten. Dies betraf vor allem Frauen in den ländli-

---

[95] Modjabi, Djawad. Sochan dar halghe zandjir asnadi az sansur dar matbuate Iran (Beiträge zu den Dokumenten über die Zensur in der iranischen Presse). Teheran 1357 (1978), S. 42-48, hier S. 42. [Übersetzung des Verfassers].

chen Gebieten. Die Tatsache der mangelhaften und unreflektierten Bildung bedingte wiederum, daß ein selbständiges, kritisches und politisches Bewußtsein bei der iranischen Bevölkerung nur rudimentär vorhanden war, was als signifikante Ursache dazu beitrug, daß das Land von der autoritären Pahlawi-Diktatur in die totalitäre Diktatur der Islamischen Republik fiel.

6. Das Bildungswesen nach der islamischen Revolution von 1979 – die inhaltliche Neuorientierung als Ausdruck der politischen Umwälzungen

Wie bereits im fünften Kapitel dargestellt, forcierten politische Kräfte in der zweiten Hälfte des 19. Jahrhunderts unter den Ghadjaren und in der Folgezeit unter der Pahlawi-Dynastie – trotz einiger konzeptueller Schwächen – entscheidende Entwicklungsschritte im Hinblick auf Modernisierung. Wie besonders die Gründung des *Dar-al-Fonun* (Haus der Künste, vgl. Kap. 5.1) verdeutlichte, waren diese Modernisierungsversuche primär bedingt durch militärische, technische und ökonomische Interessen. Zu Beginn des 20. Jahrhunderts führte der Staat die Grundschulpflicht ein und baute seither kontinuierlich den Primar-, Sekundar- und Hochschulbereich aus.

Die Modernisierungstendenzen im Iran standen sowohl im politischen als auch im Bereich der Bildung in enger Beziehung zu europäischen Einflüssen. Einen wichtigen Abschnitt auf dem Weg zur politischen Modernisierung und Säkularisierung des Gesellschaftssystems bedeutete die Revolution von 1906, die als Zeichen wachsenden politischen Bewußtseins und kritisch-emanzipativen Denkens zu bewerten ist (vgl. Kapitel 5.3.). Diese Revolution führte zu einer konstitutionellen Monarchie. Als Ergebnis entstand jedenfalls formal eine demokratische Verfassung nach belgischem Vorbild mit Gewaltenteilung und Parlamentarismus.

Im Zuge der allgemeinen Veränderungen schufen die politisch Verantwortlichen auch die Voraussetzungen für eine Emanzipation der iranischen Frauen. Daraus resultierten wichtige rechtliche Verbesserungen, etwa im Bereich des Erb-, Ehe- und Scheidungsrechts. Insbesondere wurde die Verschleierungspflicht aufgehoben. Weitere entscheidende Impulse für die wachsende gesellschaftlichen Stellung der Frau gingen von dem Programm der *Weißen Revolution* aus, wie etwa die politisch bedeutsame Einführung des Wahlrechts und die Einbeziehung der Frau in den Bildungsprozeß durch ihre zunehmende Ausbildung für den Beruf des Lehrers.

Diese Errungenschaften galten als fundamentale Einschnitte in ein überkommenes religiös-konservatives System. Sie drängten den Machteinfluß der Geistlichen zunehmend zurück, so daß der säkulare Ansatz im Unterricht immer mehr Eingang fand.

Dieses Kapitel referiert den gegenwärtigen Stand des Bildungswesens im Iran nach der Revolution von 1979 und untersucht detailliert Hindernisse und Möglichkeiten der Modernisierung der Islamischen Republik in diesem Bereich. Von besonderem Interesse ist dabei die rückläufige Säkularisierung sowie die Einschränkung der Bildungsmöglichkeiten für das weibliche Geschlecht.

Nach wie vor gilt der iranische Staat nicht als föderales System: Er wird zentralistisch geführt. Als wohl wichtigste Veränderung ersetzte die Islamische Revolution das auf Säkularisierung bedachte Staatssystem durch ein theokratisches. Zum ersten Mal in der iranischen Geschichte übernimmt die Geistlichkeit neben der religiösen auch die politische Führung des Landes. Der iranischen

Verfassung zufolge untersteht nunmehr sogar der gegenwärtige Staatspräsident Seyed Mohammed Khatami (Amtsantritt 1997) dem geistlichen Oberhaupt Ayatholla Khamenei. Dieser Anspruch leitet sich unmittelbar aus Grundsatz 5 der Iranischen Verfassung ab

> „In der Islamischen Republik Iran steht während der Abwesenheit des entrückten 12. Imam – möge Gott, daß er baldigst kommt – der Führungsauftrag (Imamat) und die Führungsbefugnis (welayat-e-amr) in den Angelegenheiten der islamischen Gemeinschaft dem gerechten, gottesfürchtigen, über die Erfordernisse der Zeit informierten, tapferen, zur Führung bestimmten Rechtsgelehrten zu, der von der Mehrheit der Bevölkerung als islamischer Führer anerkannt und bestätigt wurde."[1]

So gewinnt die schiitische Religion erneut weitreichenden Einfluß auf die Werte und Normen der iranischen Gesellschaft. Das von der Pahlawi-Dynastie etablierte Gesellschaftssystem erfuhr vor allem aufgrund seiner vorbehaltlosen Ausrichtung an westlichen Wertvorstellungen vehemente Kritik. Diese Orientierung sollte nun durch ein von islamischen Prinzipien geprägtes Staats- und Wertesystem ersetzt werden. Die religiöse Beeinflussung erfolgt durch Nutzung der Massenmedien, der Moscheen und primär durch die eigens für diesen Zweck instrumentalisierte Institution Schule.

Um die bildungsspezifischen Veränderungen im post-revolutionären Iran umfassend einordnen zu können, skizziert der Verfasser im folgenden die durch die Islamische Revolution gewandelten wirtschaftlichen, gesellschaftlichen, politischen und kulturellen Rahmenbedingungen.

6.1. Interdependenzen der wirtschaftlichen, gesellschaftlichen, politischen und kulturellen Situation mit dem Bildungssystem im Iran der Gegenwart

Eine Reihe von Aspekten charakterisiert die negativen Auswirkungen des ökonomischen Wandels. Dazu trugen folgende Faktoren beiDer Iran ist ein bedeutendes Mitglied in der OPEC (Organization of Petroleum Exporting Countries = Organisation Erdölexportierender Länder). Die OPEC organisiert ein Preiskartell, d.h. eine Preisabsprache für Rohöl auf dem Weltmarkt. Während seit den 70er Jahren bis in die 80er Jahre hinein der Preis für ein Barrel Rohöl steigende Tendenz aufwies- 1972: $2,64; 1974: $11,17; 1981: $35,10[2] - sank der Preis für Rohöl infolge des Ausstiegs einiger Mitgliedsstaaten aus der OPEC und der enormen Steigerung der Fördermenge im Jahr 1986 erneut auf $12,52.[3] Dieser allgemeine Preisverfall betraf alle OPEC-Länder. Dies wirkte sich jedoch auf die Wirtschaft des Landes schwerwiegender aus als auf die der anderen OPEC-Staaten, da große Teile der iranischen Erdölförderanlagen im irakisch-iranischen Krieg (1980-1988) zerstört worden waren.[4]

---

[1] Verfassung der Islamischen Republik Iran, 1980, Grundsatz 5, S. 27.
[2] Vgl. Mankiw, N.Gregory: Principles of Economics. Fort Worth (u.a.) 1997, S.344.
[3] Vgl. ebda.
[4] Vgl. Munzinger Archiv (Hg.): Iran – Politik – Wirtschaft – Soziales und Kultur; in: Munzinger Länderhefte Nr 5. Ravensburg 1998, S. 1-12, hier S. 10.

Bedingt durch den Krieg verwandelte der Staat eine große Anzahl von Industriestandorten in Produktionsstätten für Kriegswaffen und tätigte hohe Rüstungsausgaben in diesem Bereich, wodurch auf längere Sicht der Wirtschaft Irans nachhaltigen Schaden zugefügt wurde.

„Auch das gesamtwirtschaftliche Wachstum in der ersten Hälfte der neunziger Jahre hat diese Rückschläge nur z.T. wieder wettmachen können."[5]

Eine weitere schwerwiegende Folge des Krieges stellt der Verlust an Humankapital dar, da weit mehr als eine Million Menschen in den etwa acht Jahre anhaltenden Auseinandersetzungen umgekommen waren.[6]

Unsachgemäße Akzentsetzungen im Bereich der Innen- wie Außenpolitik, etwa der Abbruch der diplomatischen sowie der Handelsbeziehungen lösten schwerwiegende Probleme aus. Streng dogmatische innenpolitische Entscheidungen, desolate wirtschaftliche und politische Bedingungen für Investitionen, etwa der fehlende Schutz des Eigentums und die inkonvertible Währung, die unproduktive und ineffektive Nutzung der industriellen Kapazitäten sowie die permanente Repression regimekritischer Bürger führten zu Auswanderungswellen vieler qualifizierter Fachkräfte und Unternehmer, deren Know-how für die Modernisierung der Bildung sowie für die Prosperität der iranischen Volkswirtschaft erforderlich gewesen wäre. Daneben wirkten sich ferner die nicht minder hohen Aufwendungen für die Überwachung und Verfolgung Oppositioneller im In- und Ausland negativ auf die anhaltend hohe Staatsverschuldung aus. Die Mittel für Innovationen in Industrie und Bildung sind daher sehr knapp bemessen.

Die permanent monostrukturellen ökonomischen Bedingungen, sowie die einseitige Ausrichtung des Exports auf Erdöl, Erdölprodukte und Textilerzeugnisse kennzeichneten das Bild der iranischen Wirtschaftsstrukturen der 90er Jahre. In dieser Zeit stammen etwa 90% der Deviseneinnahmen aus dem Erdölexport, traditionelle Handwerksarbeiten dagegen nahmen lediglich 2% des Exportvolumens ein.[7]

Infolge der wirtschaftlichen Rezession unterliegt die Währungseinheit des Landes, der Rial, anhaltenden Schwankungen und Abwertungen. Die Rezession und die hohe Staatsverschuldung führten zu einer hohen Inflation (35-40% im Jahr 1991). Es gab sieben verschiedene Devisenkurse, deren Vereinheitlichung im März 1993 eine 95%ige Abwertung des Rial dem US-Dollar gegenüber mit sich brachte.[8] Diese Abwertung hatte eine enormen Verteuerung der Importe zur Folge.

Ungeachtet des dringenden Bedarfs an qualifizierten Fachkräften markiert hohe Arbeitslosigkeit deutlich die wirtschaftliche Lage des Landes. Vorsichtige

---

[5] Ebda., S. 1.
[6] Vgl. Ebda., S. 10f.
[7] Vgl. Munzinger-Archiv 1998, S. 10ff.
[8] Vgl. Ebda., S. 3.

Schätzungen ergaben für 1990 etwa 3,8 Millionen Erwerbslose.[9] Diese Verhältnisse haben bis heute keine wesentliche Veränderung erfahren.

Die Hinwendung der neuen Regierung zum islamischen Fundamentalismus führte ferner zu schwerwiegenden Folgen im Bereich der Außenpolitik. So brachen die meisten westlichen Länder aufgrund der Menschenrechtsverletzungen der iranischen Regierung weitestgehend ihre Beziehungen zu diesem Land ab. Insbesondere beeinträchtigten die Besetzung der US-Botschaft und die Geiselnahme ihrer Angestellten (November 1979 bis Januar 1981)[10] das Verhältnis zwischen den USA und dem Iran aufs nachhaltigste. Zudem schottete sich aber auch der Iran westlichen Staaten gegenüber ab. Hierbei bildet die Bundesrepublik Deutschland eine Ausnahme. Sie stellt damit eine Brücke zur westlichen Welt dar und pflegt mit dem Iran die intensivsten Beziehungen.

> „An den traditionell guten Beziehungen des Iran zur Bundesrepublik Deutschland dagegen änderte sich auch nach der islamischen Revolution von 1979 wenig; das beiderseitige Verhältnis blieb weitgehend spannungsfrei, und die diplomatischen Beziehungen funktionieren weiterhin gut."[11]

Während seit 1979 die Beziehungen zu den westlichen Ländern auf ein Minimum reduziert sind, nimmt der Iran im Nahen Osten eine Sonderstellung ein und hat für eine große Zahl islamisch-politischer Bewegungen Vorbildfunktion. So stehen religiös-revolutionäre Bestrebungen in islamischen Ländern, die gegen westlich geprägte Herrschaftssysteme aufbegehren – wie etwa die algerischen Islamisten oder die libanesische Hisbollah – unter dem Einfluß der Revolution im Iran.

Die demographische Struktur im Iran stellt sich wie folgt dar: Zunächst war seit 1979 jegliche Geburtenkontrolle oder Familienplanung aus religiös motivierten Gründen verpönt. Mit 3,9% (1980-1988)[12] hatte das Land weltweit betrachtet eine der höchsten Wachstumsraten. Diesbezüglich forderte die wirtschaftlich schwierige Lage mit schwindenden Ressourcen und hoher Inflation nach dem irakisch-iranischen Krieg eine Revidierung der staatlichen Position. So erklärte der Gesundheitsminister im Jahr der Einführung der Geburtenkontrolle 1989/1990, daß Khomeini vor seinem Tod Empfängnisverhütung mit einigen Ausnahmen befürwortet habe, und umging so die Opposition der streng

---

[9] Vgl. Looney, Robert E.: War, revolution and the maintenance of human capital: An analysis of iranian budgetary priorities; in: Journal of South Asian and Middle Eastern Studies 15/1991, No. 1, S. 1-17, hier S. 2.

[10] Eine nähere Darstellung der vierhundertvierzigtägigen Geiselnahme der US-Diplomaten befindet sich in: Sick, Gary, October Surprise: Americans Hostages in Iran and the Election of Ronald Reagan. New York ²1992.

[11] Tinaye-Tehrani, Ali: Der irakisch-iranische Krieg vom September 1980 bis zum August 1988: Zur Möglichkeit einer Einflußnahme der Bundesrepublik Deutschland auf die Außenpolitik Irans während des Krieges sowie eine Untersuchung der Darstellung des Krieges in der bundesrepublikanischen Presse. Dissertation. Marburg 1994, S. 2.

[12] Vgl. Mirlohi 1989, S. 113.

konservativen Geistlichen.[13] Trotz eines zu verzeichnenden Rückgangs des Bevölkerungswachstums auf 3,6 % (1991-1997) betrug die Einwohnerzahl im Jahre 1996 etwa 60 Millionen[14], für das Jahr 2000 wurde ein Zuwachs auf 70 Millionen prognostiziert.[15] Das Bevölkerunswachstum ist unter anderem auch in der mangelnden Altersversorgung begründet. Daraus resultieren gravierende Probleme im Bereich des Bildungssystems, auf die der Staat nur unzureichend reagieren kann. Dies betrifft besonders den Neu- und Ausbau von Schulen und die Bereitstellung von Lehrkräften.

Die hohe Zahl der Kinder wirkt sich grundlegend auf die finanziellen Verhältnisse wie den Lebensstandard der Familien der Unter- und Mittelschicht aus. Sie sind weitestgehend außerstande, ihren Kindern eine angemessene Ausbildung zu ermöglichen. Die Verjüngung der Gesellschaft hat weiterhin zur Folge, daß die Zahl der Erwerbstätigen in ein Mißverhältnis zu den noch nicht im Arbeitsleben stehenden Personen gerät. Dies bewirkt nicht nur ein niedrigeres Pro-Kopf-Einkommen, sondern darüber hinaus im Bereich nichtregistrierter Arbeitsverhältnisse eine deutliche Zunahme der Kinderarbeit. Dieser Tatbestand gewinnt nicht zuletzt deshalb an Bedeutung, da im Iran im Unterschied zu Deutschland jegliche Unterstützung für kinderreiche Familien fehlt. Daraus folgt die erschwerte Beteiligung der Kinder und Jugendlichen am Bildungsprozeß. Dies wirkt sich in Form fehlender Qualifikation nachteilig auf ihre späteren Berufsmöglichkeiten aus, was eine weitere Verschlechterung der wirtschaftlichen Entwicklung zur Folge hat.

Strenge Zensur und eingeschränkte Meinungsfreiheit prägen das Bild der staatlich zugelassenen Kultur. Kunst, Literatur und Medien dienen der Stabilisierung des Systems und sollen die Bevölkerung im „wahren" Islam unterweisen. Künstler und Autoren, deren Werken säkulare Tendenzen attestiert werden, erfahren keinerlei staatliche Förderung und müssen oft mit Sanktionen, etwa dem Entzug des Lehrauftrags oder mit Publikations-, Ausstellungs- und Aufführungsverboten rechnen.

Diese unerwartete Entwicklung, die einen deutlichen Kontrast zu den anfangs angestrebten Zielen der islamischen Revolution wie *esteghlal* (Unabhängigkeit) und *azadi* (Freiheit) darstellt, ruft immer wieder oppositionelles Verhalten hervor, gegen das die staatlichen Sicherheitsorgane massiv vorgehen. Sogar solche, die sich gegen das alte System auflehnten und an der Etablierung des neuen maßgeblichen Anteil hatten, sehen sich aufgrund ihrer liberalen Einstellung permanenten Verfolgungen und Repressionen ausgesetzt.

Besonders ins Gewicht fällt die veränderte gesellschaftliche Stellung der Frau und die massive Beschneidung ihrer Rechte. Dies verwundert umso mehr, da die Frauen neben ihren männlichen Mitbürgern am Sturz der Pahlawi-Dynastie

---

[13] Vgl. Sanasarian, Eliz: The politics of gender and development in the Islamic Republic of Iran; in: Gabbia, Joseph G. / Gabbia, Nancy W.: Women and development in the middle east and north Africa, Leiden/New York/Kopenhagen/Köln 1992, S. 56-68, hier S. 61f.
[14] Vgl. Munzinger Archiv (Hg.): IH-Länder aktuell, CD-ROM Ausgabe, Stand 9/1999.
[15] Vgl. ebda., 1998, S. 1.

maßgeblich beteiligt waren. Außerdem ist ohne die Partizipation des weiblichen Bevölkerungsanteils an allgemeinen politischen Entscheidungen eine weitreichende Veränderung des politischen Systems kaum vorstellbar. Dies zeigte sich besonders bei der Wahl des als liberal geltenden Präsidenten Chatami in den Jahren 1997 und 2000. Die Verfassung der Islamischen Republik betont ausdrücklich die Gleichberechtigung aller Bürger Irans, ungeachtet ihrer Geschlechtszugehörigkeit.

> „Jedes Mitglied des Volkes, ungeachtet ob Frau oder Mann, genießt gleichermaßen den Schutz des Gesetzes und (...) alle menschlichen, politischen, wirtschaftlichen, sozialen und kulturellen Rechte."[16]

In krassem Gegensatz zu diesem normativen Anspruch wirkt jedoch de facto die politische und gesellschaftliche Diskriminierung der Frau als Folge der anhaltenden islamisch-konservativen Tradition fort. Die wichtigsten restriktiven Anordnungen zur Einschränkung der Freiräume von Frauen trafen die staatlichen Organe in den ersten drei Jahren nach der Revolution: Infolge der Reform des Justizwesens im Allgemeinen und des Familiengesetzes im Besonderen ergaben sich nicht unerhebliche Benachteiligungen für das weibliche Geschlecht. Bezeichnend ist in diesem Zusammenhang die erneute Einführung des Schleierzwanges sowie die drastische Einschränkung der Berufswahlfreiheit für die Frauen. Außerdem gestalten sich die Scheidungsbedingungen weit schwieriger als vor der Revolution.

Als Begründung für die ungleiche Behandlung von Mann und Frau mit Blick auf ihre Rechte und Pflichten zieht die fundamentalistisch eingestellte Geistlichkeit die unterschiedlichen biologisch und psychisch bedingten Eigenschaften der Geschlechter heran, so etwa die Größe des Gehirns oder emotionale Unterschiede.[17] Solche pseudowissenschaftliche Erklärungsversuche weisen Mann und Frau jeweils unterschiedliche Positionen und Verantwortlichkeiten in Familie und Gesellschaft zu und reduzieren die Aktivitäten der Frauen lediglich auf eine begrenzte Anzahl von Beschäftigungsfeldern, wie etwa die Familie oder den Bereich pädagogischer Berufe.

Die Tatsache, daß der Staat seit der Revolution den Frauen die Ausübung des Richteramtes verwehrt, ist ein prägnantes Beispiel für die ungleiche Behandlung der Geschlechter in der Islamischen Republik.

> „In accordance with the Islamic belief that women are not fit to judge due to their sentimentality and emotions that make them act according to the dictates of their ‚heart' rather than ruling of their ‚head', in June 1979 all women judges were dismissed and female law students can no longer aspire to become jugdes."[18]

---

[16] Verfassung der Islamischen Republik Iran, 1980, Grundsatz 20, S. 34.
[17] Vgl. Mehran, Golnar: The creation of the new muslim woman: Female education in the Islamic Republic of Iran; in: Convergence 24 (1991) Nr. 4, S. 42-51, hier S. 43; vgl. auch Sanasarian 1992, S. 64.
[18] Mehran 1991, S. 46.

Nach neueren Erkenntnissen der feministischen Geschichtsforschung stellen solche Pseudo-Argumente lediglich einen Vorwand dar, um die bestehende soziale Ordnung und die patriarchalischen Strukturen aufrechtzuerhalten, indem die Frauen bewußt daran gehindert werden, an der politischen Macht zu partizipieren.[19]

Außerdem definiert die regierende Geistlichkeit, wie bereits dargestellt, die gesellschaftlichen Aufgaben der Frauen lediglich in Abhängigkeit vom Mann. In diesem Sinne muß auch die Formulierung in der oben angeführten Präambel der gegenwärtig geltenden iranischen Verfassung verstanden werden, wonach die Frau vorrangig Mitkämpferin des Mannes sei und primär die Aufgabe der Mutterschaft zu übernehmen habe.[20]

Bezeichnend in diesem Zusammenhang ist, daß der Staat anfangs verheirateten Frauen den Besuch einer Universität strikt verbot.[21] Die genannten Diskriminierungsformeln Frauen gegenüber führen zu Einschränkungen in Berufsleben, Familie, Kultur und Bildung. Der Zugang zu gesellschaftlich angesehenen Berufen, welche eine hohe Qualifikation erfordern, bleibt allein dem männlichen Teil der Gesellschaft vorbehalten. Der akademische Bereich versucht, das weibliche Geschlecht auf bestimmte Fachgebiete festzulegen, etwa Medizin, Ernährungswissenschaften, Biologie und Studienbereiche für das Lehramt. Der Staat intendiert, daß Frauen vorwiegend Aufgaben im privaten anstatt in öffentlicher Verantwortung wahrnehmen. Die Gesellschaft verweigert den Frauen zugleich die Teilnahme an internationalen Sportwettkämpfen wie Auftritte im kulturellen Bereich, sei es als Solistin im Orchester, als Schauspielerin oder als Sängerin.

Entgegen der zu verzeichnenden negativen Trendwende seit der Etablierung der islamischen Republik auf den Bildungssektor im allgemeinen und bezüglich der Bildungssituation des weiblichen Geschlechts insbesondere, läßt sich beobachten, dass der Staat aus anders motivierten Interessen die Bildung der Frau vor allem im geisteswissenschaftlichen Bereich fördert. Für diese Handhabung werden in der Literatur folgende zwei Thesen vertreten, die nahe beieinander liegen: die Islamische Republik sieht in der Bildung ein effektives Werkzeug für die Politisierung und Islamisierung ihrer weiblichen Untertanen. Zum einen sollen die Pädagoginnen künftig in die Lage versetzt werden, die Kinder bezüglich der herrschenden politischen und religiösen Ideologie heranzubilden; zum anderen betrachtet der Staat die tragende Rolle der Mütter bei der Sozialisation der Kinder im Sinne dieser Ideologie als unerläßlich.[22]

Aufgrund der genannten Fakten läßt sich resümieren, daß die Frauenbildung ungeachtet statistisch erwiesener deutlicher Zunahme des weiblichen Anteils bei Einschulungen und Immatrikulationen seit 1979, welche in erster Linie auf die

---

[19] Vgl. Sanasarian 1992, S. 58.
[20] Vgl. Verfassung der Islamischen Republik Iran, 1980, S. 17 und Mehran 1991, S. 44.
[21] Vgl. Mehran 1991, S. 44.
[22] Vgl. Ebda., S. 50.

hohe Zuwachsrate der iranischen Bevölkerung zurückzuführen ist, einen unaufholsamen Rückschritt erlebt.[23]

6.2. Die Kulturrevolution und ihre Zielsetzungen

Nach 1979 waren die Bildungspolitiker der Auffassung, daß die europäischen Einflüsse im Bereich des Bildungssystems nicht mehr tragbar seien, da sie das Bildungssystem während der Pahlawi-Dynastie als Kopie des westlichen betrachteten.

> „The whole system of education is made in Western laboratories, not in Iranian culture and Islamic society. It must be replaced entirely. (...) In connection with education we are (now) going to educate human beings with the exalted values of Islam."[24]

Daher zielte die Kulturrevolution auf eine Abgrenzung von westlich-europäischen Wertvorstellungen und die Betonung der Eigenständigkeit der islamischen Kultur. So wurde im Juni 1980 ein aus sieben Mitgliedern bestehendes Gremium ins Leben gerufen, das sich dieser Aufgabe widmen sollte.[25]

> „In order to be an agent of change in Iran, religious-political leadership groups must develop an ideology whereby modernization and scientific inquiry will no longer be regarded as foreign to Iranian culture. The need is for a truly indigenous approach to education that is no longer simply a patchwork of borrowed ideas and methods from other nations."[26]

Die iranischen Bildungspolitiker nahmen sich zur Realisierung dieses Vorhabens die chinesische Kulturrevolution von 1966-1976 als Vorbild, jedoch nicht bezüglich der dort propagierten Inhalte, sondern im Hinblick auf die politisch-taktische Stoßrichtung.[27] Darin kommt auch die betonte Hinwendung des Iran zu anderen, blockfreien und nicht westlich-orientierten Staaten zum Ausdruck. Während die marxistische Ideologie die angestrebten Ziele in China prägte, richtete sich die Kulturrevolution im Iran an den fundamentalistisch-islamischen Grundsätzen aus. Vergleichbar den chinesischen Verhältnissen zuvor wurden 1980 im Iran die Universitäten geschlossen, von Oppositionellen gesäubert und erst 1982 wieder eröffnet, als gesichert war, daß systemtreue Lehrkräfte für die Leitung der Bildungseinrichtungen genügend vorbereitet waren. Politisch-religiöse Motive scheinen für diese Handhabung ausschlaggebend gewesen zu sein, wie aus dem folgenden Zitat hervorgeht

> „Diese Institution [die Universität, d. Verf.] ist zur Zentrale der politischen Gruppierungen geworden. Alle Räumlichkeiten werden von politischen Gruppen kontrolliert, und diese nutzen Papier und Druckmöglichkeiten der Universität. Die Universität ist in einen politischen Markt ohne Unterricht verwandelt worden. Der bewaffnete Widerstand wird von hier aus geführt. Sie sind Rekrutierungsfeld für die Opposition. An den Uni-

---

[23] Vgl. Mehran 1991, S. 46ff. Vgl. auch Sanasarian 1992, S. 63.
[24] Fereshte 1994, S. 71.
[25] Vgl. Sobhe 1982, S. 275.
[26] Fereshteh, 1994 , S. 72.
[27] Vgl. Sobhe, 1982, S. 271.

versitäten gibt es drei Gruppen von Dozenten. 10% sind maktabi (Anhänger des Islam), weitere 10% zedd-e enqelabi (Konterrevolutionäre) und die verbleibenden 80% sind bi nazar (Mitläufer). Man muß die Universität von den Konterrevolutionären säubern und dann mit den restlichen 90% die Universität wieder öffnen. Weder Lehrbücher noch Lehrmethoden sind geeignet, Fachkräfte auszubilden. Die Universität produziert Menschen, die die Gesellschaft belasten."[28]

Eine Politik der Relegation regimekritischer Personen beherrschte zunehmend alle bildungsrelevanten Institutionen. Die Säuberungswelle betraf vor allem Professoren und Studenten, die die Revolution mit anderen gesellschaftlichen Kräften initiierten und sich zugleich für die demokratische Gestaltung der Universitäten – etwa gerechtere Studienbedingungen – einsetzten. Bereits im September 1979 äußerte sich Khomeini dazu wie folgt

> „Eine der wichtigsten Reformen ist die Säuberung aller Institutionen, insbesondere der kulturellen und wissenschaftlichen. Dies kann durch Räte, gebildet von Personen, die wissenschaftlich, pflichtbewußt und religionsgläubig sind, sowie mit der Unterstützung von Direktoren, Dozenten, Lehrern und Studenten geschehen und so sollen die wissenschaftlich-erzieherischen Institutionen von verdorbenen Elementen, Dienern und Ergebenen des alten Regimes gesäubert werden."[29]

Nach chinesischem Vorbild leiten gegenwärtig solche Komitees die Universitäten, deren Mitglieder der Staat primär aufgrund ihrer religiösen Überzeugung und ihrer „praktischen Lebenserfahrung" und nicht etwa hinsichtlich ihrer nachprüfbaren akademischen Qualifikationen rekrutiert. Dieses Auswahlverfahren ergibt sich aus ihrer Aufgabe, die ideologischen Prinzipien an den Universitäten zu überwachen.

Vor der Revolution qualifizierte nicht der islamische Glaube, sondern berechtigten maßgeblich gute Noten und hohe akademische Abschlüsse die Bewerbung um eine Professur an den Hochschulen.[30] Daraus resultiert jedoch nicht, daß die amtierenden Bildungspolitiker wissenschaftlichen Leistungen im allgemeinen ablehnend gegenüberstehen. Allerdings werden die Kandidaten auf die Standhaftigkeit ihres islamischen Glaubens geprüft. Diese Haltung hat zur Folge, daß Bereiche der Wissenschaft, die mit dem Glauben als nicht vereinbar gelten, keine Förderung erfahren.

Der Zugang zum Universitätsstudium setzt seither voraus, daß sich die Studierenden einer Überprüfung ihrer religiösen und politischen Gesinnung unterziehen. Darüber hinaus sind sie, ungeachtet ihrer Studienfächer, dazu verpflichtet, während des Studiums Kurse in islamischer Werteordnung zu belegen.

Um das Herrschaftssystem auf längere Sicht zu festigen, bezog die Kulturrevolution auch das schulische Bildungswesen in die Reform ein. Vergleichbar

---

[28] Banisadr, Abol-Hassan: Khiyanat beh omid (Verrat an der Hoffnung). O.O./o.J., S. 129 (Übersetzung des Verfassers).
[29] Khomeini, Ruh-Allah: Payam-e Emam Khomeini be Monasebat-e Aqaz-e Sal-e Tahsili (Botschaft Imam Khomeinis zum Schuljahresanfang vom 23. 9.1979); in: Etelaat Nr. 15960, 2.8.1358 (24.9.1979), S. 10 (Übersetzung des Verfassers).
[30] Vgl. Sobhe 1982, S. 279 (Übersetzung des Verfassers).

den Universitäten richtete der Staat Gremien an den Schulen ein, um den Schulbetrieb ideologisch zu überwachen.[31] Insbesondere nach der Amtsentlassung von Banisadr 1981 – selbst Opfer seiner Reformbemühungen – ließ der Staat auch die Schulen personell säubern, so daß nur wenige oppositionelle Lehrer ihren Dienst fortsetzen konnten. Die von dem neu etablierten Regime betriebenen Repressalien nahmen solche Ausmaße an, daß oppositionell eingestellte Lehrer keine offene Kritik mehr wagten. Darüber hinaus fielen Schulbücher, die nach europäischen Vorbildern entstanden waren und in denen westliche Moralvorstellungen dominierten, der Zensur zum Opfer. Andere Schulbücher erfuhren gravierende Korrekturen im Sinne der neuen Regierung. Etwa 10% der Lehrbücher konzipierte die Kultusbürokratie völlig neu; den überwiegenden Teil ließ sie zumindest überarbeiten.[32] Bereits nach zwei Jahren – Khomeini forderte gleich nach seinem Amtsantritt im Jahr 1979 die Umgestaltung – lagen die zensierten Schulbücher vor.

Angesichts der über eineinhalb Jahrhunderte anhaltenden westlichen Einflüsse ließen sich die Ziele der Kulturrevolution, der Aufbau eines Bildungssystems, das ausschließlich an islamischen Werten orientiert ist, jedoch nicht kurzfristig realisieren. Daher stellt sich die Kulturrevolution weiterhin als ein nicht abgeschlossener Prozeß dar.

Ein Indiz dafür, daß die Regierung noch heute die Einflüsse des Westens gesamtgesellschaftlich zu unterbinden gewillt ist, stellt das vom Parlament im Jahre 1994 erlassene Gesetz dar, demzufolge der Besitz von Satellitenantennen verboten ist und streng geahndet wird.[33]

6.3 Die organisatorische Struktur des iranischen Bildungssystems

Seit dem 7. Jahrhundert prägten im Iran die islamische Kultur und ihre religiösen Vorstellungen das Bildungswesen und seine Entwicklungen; ergänzend floß seit Mitte des 19. Jahrhunderts europäisches Gedankengut ein und veränderte das kulturelle Leben und die Bildungsideale. Struktur und Organisation des Schulwesens basieren seit diesem Zeitpunkt auf westlich geprägten Modellen, wie der Verfasser am Beispiel der Gründung des *Dar-al-fonun* (Haus der Künste), in Kapitel 5.1 aufzeigte. Daher läßt sich das iranische Bildungswesen als ein Konglomerat aus verschiedenen westlichen Systemen betrachten.[34]

Bereits seit 1855 existieren staatliche Behörden für das Schulwesen. Das *Vizaratu 'l-ùlum* (Kultusministerium) verwaltete anfangs nur das *Dar-al-fonun*. Die Schulreform von 1911 intendierte die Zentralisierung des gesamten iranischen Schulwesens und die staatliche Kontrolle über die privaten Schulen.[35] Der Name des Ministeriums erfuhr nach französischem Vorbild des „Ministère de

---

[31] Vgl. Samadzadeh-Darinsoo 1986a, S. 460f.
[32] Vgl. Ebda., S. 453ff; vgl. auch Marzolph, Ulrich. Die Revolution im Schulbuch. Die Grundschulbücher "Persisch" vor und nach 1979; in: Spektrum Iran 7. Bonn 1994, S. 36ff.
[33] Vgl. Munzinger Archiv 1998, S. 9f.
[34] Vgl. Rahimzadeh-Oskui 1981, S. 118f.
[35] Vgl. Mirlohi 1989, S. 90.

l'éducation et de l'instruction publique" 1925 eine Veränderung in *Vizarati ta`lim va-tarbiyat* (Ministerium für Bildung und Erziehung). 1939 erhielt das Ministerium statt der arabischen die persische Bezeichnung *Vizarati amuzisch waparwaresch.*

Auch *andjuman-i ma`arif,* eine private „Vereinigung für die Verbreitung von Kenntnissen", entstand schon 1897 mit der Aufgabe, neue Schulen zu gründen. Der Staat unterstellte sie 1902 dem Kultusministerium und benannte sie in *Schurrayi `aliyi doulati ma`arif* um, was so viel bedeutet wie „Hoher Rat für das Gedeihen der Kenntnisse". Seit den frühen 20er Jahren übte dieses mit zusätzlichen Kompetenzen versehene Gremium deutlichen und nachhaltigen Einfluß auf das Schulwesen aus.

Am nachhaltigsten beeinflußte Frankreich das iranische Bildungswesen. Dies schlug sich in dem Parlamentsbeschluss von 1911 nieder, als die Bildungspolitiker für das erste Bildungsgesetz zur Regelung der staatlichen Organisation des Schulwesens das französische Drei-Phasen-Modell[36] zum Vorbild nahmen, welches eine Differenzierung in Grundschule, Sekundarstufe I und Sekundarstufe II vorsah.

Daran orientierte sich der Aufbau des Schulwesens im Iran etwa bis zum Zweiten Weltkrieg. Noch heute spiegelt sich der französische Einfluß etwa im Benotungssystem oder in bestimmten schulspezifischen Begriffen wie etwa den Wörtern *Diplôme* und *Concours* wieder.

Nach dem Zweiten Weltkrieg machten sich zunehmend englische und US-amerikanische Einflüsse auf das iranische Bildungswesen bemerkbar; dies zeigte sich seit den 50er Jahren insbesondere aufgrund der Vormachtstellung und der beachtlichen Entwicklungshilfe durch die USA. So beteiligte die Schulbürokratie etwa 1957 amerikanische, pädagogische Berater unmittelbar an der Lehrplanreform der Oberschulen. Als Ergebnis entstand eine dreigliedrige Oberstufe mit literarischem, mathematischem und naturwissenschaftlichem Zweig.[37]

Nach 1979 fand keine grundlegende Neuorganisation des Bildungswesens statt. Jedoch wandte man sich von den inhaltlichen Aspekten des europäischen Bildungswesens ab. Nach wie vor kennzeichnet eine zentralistische Struktur das gesamte iranische Schulwesen. Organisatorisch werden die Bereiche der allgemeinen und der beruflichen Bildung von der höheren Bildung unterschieden. Sie unterstehen unterschiedlichen Ministerien. Das „Ministerium für Bildung und Erziehung" übernimmt die Aufsicht über das allgemeinbildende Schulwesen und die berufsbezogene Bildung; für die höhere Bildung ist das „Ministerium für Wissenschaften" verantwortlich.

6.3.1. Amuzesch-e qabl az dabestan, die Vorschulerziehung

Die institutionalisierte Vorschulerziehung hat im Iran noch keine lange Tradition. Diese Aufgabe wird von den wenigen vorhandenen Kindergärten (pers. *Ku-*

---

[36] Vgl. Nayyeri 1960, S.78.
[37] Vgl. Rahimzadeh-Oskui 1981, S. 118f.

dakestan) wahrgenommen. Da in der Verfassung die Vorschulerziehung nicht als obligatorisch verankert ist, befinden sich nur wenige Kindergärten in staatlicher Trägerschaft. In der Regel handelt es sich hierbei um privat geführte Einrichtungen, die kaum finanzielle Unterstützung seitens des Staates erhalten. Infolgedessen bleibt die Vorschule Kindern wohlhabender Eltern vorbehalten. Auf Grund der mangelnden staatlichen Förderung sind die vorhandenen Kindergärten überwiegend in Großstädten angesiedelt. Dennoch übt der Staat durch das Bildungs- und Erziehungsministerium die Aufsicht über diese Einrichtungen aus und bietet eine Ausbildung zur qualifizierten Erzieherin an.

Der Kindergarten gliedert sich in zwei Bereiche: Der *Mahd-e Kudak* nimmt Kinder unter fünf Jahren auf. Daran anschließend besuchen sie das sogenannte *Amadegi* (Vorschule) zur Vorbereitung auf die Grundschule.[38]

Die Ausstattung dieser Einrichtungen erweist sich oft als in jeglicher Hinsicht unzureichend. Eine Untersuchung aus dem Jahre 1984 ergab, daß beispielsweise etwa ein Drittel keinen Spielplatz besitzt. Von den restlichen zwei Dritteln verfügen 50% nicht einmal über Spielgeräte wie Rutschbahn, Wippe, Schaukel oder Leiter. Als gleichermaßen mangelhaft zeigt sich die Ausstattung mit audiovisuellen Medien und Bastelmaterialien. Nur etwa 20% der Einrichtungen verfügen über Materialien wie etwa Knetmasse, Malstifte, Buntpapier oder Kartonpappe.[39] Diesbezüglich sind bis in der jüngsten Zeit keine wesentlichen Änderungen zu verzeichnen. Der Mangel an institutionalisierter Kinderbetreuung hat sich in der iranischen Gesellschaft bisher noch nicht allzu sehr bemerkbar gemacht. Dazu gab die weitgehend vorherrschende Struktur der Großfamilie wenig Anlaß. Allerdings befindet sich das Land in einem Industrialisierungsprozeß, der zur Folge hat, daß sich die festen Familienstrukturen zumindest in den Städten allmählich aufzulösen beginnen. Daher wird auf längere Sicht die Förderung der institutionalisierten Kinderbetreuung größere Beachtung finden müssen.

Zudem kann es sich ein Land auf dem Weg zur modernen Industriegesellschaft nicht leisten, im Erziehungsprozeß die Förderung der Begabung eines jeden Einzelnen zu vernachlässigen. Gerade eine fundierte Vorschulerziehung bietet aber den bestmöglichen Ansatzpunkt dazu, die Kinder in einer besonders bildsamen Altersphase aufzufangen. Des weiteren besteht die Notwendigkeit intensiver staatlicher Einbindung auch aus Erfordernissen der Chancengleichheit und Ausgleich schichtspezifischer Benachteiligungen. Denn die gegenwärtige gesellschaftliche Situation enthält unübersehbar ein soziales Ungleichgewicht, so daß die Kinder weniger begüterter Eltern nicht oder nur unter besonderen Anstrengungen in den Genuß der Vorschulerziehung kommen.

---

[38] Vgl. Mirlohi 1989, S. 101.
[39] Vgl. Büro für Forschung und Curriculumentwicklung (Hg.): Cholaseh-ye gozaresch-e Baresi-ye waz' Amuzesch-e qabl az Dabestan. (Zusammenfassender Untersuchungsbericht über die Lage der vorschulischen Bildung); in: Arbeitsgruppe für vorschulische Bildung beim Büro für Forschung und Curriculumentwicklung. Veröffentlichung Nr. 133-1, Teheran 1363 (1984), S. 10ff. [Übersetzung des Verfassers].

6.3.2. muzesch-e ´ebtedā´i, der Primarbereich

Der Primarbereich umfaßt im Iran einen fünfjährigen Zeitraum, und dessen Besuch gilt für alle Kinder des Landes als obligatorisch, wenn sie bereits das sechste Lebensjahr vollendet haben. An dieser Stelle soll jedoch nicht näher auf seine Organisation eingegangen werden. Aufgrund der besonderen Stellung dieses Bereiches wird sich das siebte Kapitel mit seiner inhaltlichen Ausgestaltung und seiner spezifischen Probleme ausführlich auseinandersetzen.

6.3.3. Tahsilāt-e rāhnamā´i, die Sekundarstufe I, bzw. Orientierungsschule

Die iranische Sekundarstufe I umfaßte bis 1971 die Klassenstufen 7-9 im Anschluß an die sechsjährige Grundschule. Ab 1971 wurde die Grundschule auf fünf Schuljahre reduziert und die Sekundarstufe I in Orientierungsschule umbenannt. Sie umfaßt nun die Klassenstufen 6-8.
  Der Besuch der Orientierungsschule sieht keine besonderen Aufnahmeverfahren vor. Als Zugangsvoraussetzung gilt das Abschlußzeugnis des Primarbereiches. Sie endet mit einer für den gesamten Jahrgang einer Provinz einheitlichen schriftlichen Prüfung, deren Fragen das Bildungsministerium konzipiert.
  Die Funktion der Orientierungsschule besteht darin, die Schüler und Schülerinnen auf die verschiedenen nachfolgenden Schulzweige vorzubereiten und sie zu befähigen, gemäß ihren Interessen und Talenten einen angemessenen Bildungsweg zu wählen.
  Der Fächerkanon der Klassen 6 bis 8 ist im Vergleich zur Primarstufe erweitert und umfaßt nun Koranunterricht, Religion und Ethik, Arabisch, Sozialkunde, Geschichte, Geographie, Persische Literatur, Fremdsprachen, Mathematik, Naturwissenschaften, Sport und Einführung in Gewerbe und Beruf. Der wöchentliche Unterricht findet an sechs Tagen mit je sechs Stunden statt. Betrachtet man die Stundenübersicht, so fällt ein Stundenschwerpunkt bei den Fächern Koranunterricht, Religion und Ethik sowie arabische Sprache auf. Daran läßt sich die Bedeutung der religiösen Wertvorstellungen in der Schule deutlich erkennen. In den europäischen Fremdsprachen steht es den Schülern frei, zwischen Englisch, Deutsch oder Französisch zu wählen. Freilich gibt es in der Praxis nur wenige Schulen, die Deutsch oder Französisch anbieten. Die Sekundarstufe I enthält außer in den Fremdsprachen weder eine Wahlpflicht, noch eine Niveau- oder Leistungsdifferenzierung. Zumindest sind dem mir zugänglichen Quellenmaterial keine diesbezüglichen Informationen zu entnehmen.
  Der Abschluß der Sekundarstufe I beendet auch die Schulpflicht. Das Abschlußzeugnis, das vergleichbar der Grundschule eine einheitliche Abschlußprüfung erfordert, ist maßgeblich dafür, welche weiterführenden Schulzweige die Schüler besuchen oder welchen beruflichen Weg sie einschlagen.

6.3.4. Tahsilāt-e motawaseteh, die Sekundarstufe II

Die iranische Oberstufe umfaßt die Klassen 9 bis 12. Erhalten bis zur Beendigung der Sekundarstufe I alle Schüler einheitlichen Unterricht, so bietet die

Oberstufe Schwerpunkte in verschiedenen Fachrichtungen an. Sie besteht aus zwei Hauptzweigen: der erste, *Motewast-e Nazari*, bildet den allgemeinen theoretischen Zweig, der zur Hochschulreife führt; der zweite *Motewast-e Fanni wa Herfeh-i* repräsentiert den technisch-beruflichen Zweig, der den höheren gewerblichen Ausbildungsweg darstellt und den Erwerb von *Diplom-e Fanni* ermöglicht, welches einer Art Fachabitur gleichzusetzen ist. Auf die verschiedenen gewerblichen Ausbildungswege geht der Verfasser im Kapitel 6.3.4. ausführlich ein.

Der erste Zweig gliedert sich in die beiden Bereiche Naturwissenschaften und Geisteswissenschaften. Nach Beendigung des ersten Oberstufenjahres erfolgt eine weitere Differenzierung. Die Schüler des naturwissenschaftlichen Zweigs können dann zwischen Naturwissenschaft oder Mathematik und Physik wählen, die Schüler des geisteswissenschaftlichen Zweigs zwischen den Fachrichtungen Literatur und Kultur oder Sozialökonomie. Der Unterricht verläuft nicht mehr in Klassenverbänden, sondern in einer Art Kurssystem.[40]

Die Benotung erfolgt nach einer 20-Punkte-Skala, wobei die höchste Punktzahl der besten Leistung entspricht. Der Schüler hat bei einer Mindestdurchschnittsnote von 10 Punkten bestanden. Am Ende jedes Schuljahres und jedes Kurses sind sowohl schriftliche als auch mündliche Abschlußprüfungen vorgesehen, wobei die Möglichkeit besteht eine nichtbestandene Prüfung zu wiederholen. Die Fächer gehen je nach Zweig mit unterschiedlicher Gewichtung in die Benotung ein.

Die Abiturienten können anders als in Deutschland, wo die allgemeine Hochschulreife eine Zulassung zu allen universitären Bereichen gewährt, nur bestimmte Studienzweige an der Universität belegen.[41] Die Abiturienten der Fachrichtung Mathematik und Physik wählen beispielsweise zwischen Elektro- und Bautechnik, Physik, Chemie, Mineralogie oder Informatik; die der Fachrichtung Naturwissenschaften zwischen Pharmazie, Medizin, Chemie oder Geologie; die der Fachrichtung Literatur und Kultur zwischen Literatur, Fremdsprachen, Theologie oder Philosophie und die der Fachrichtung Sozialökonomie zwischen Buchführung, Sport, Verwaltung und Psychologie. An dieser Stelle erfolgen keine weitere Differenzierungen in den beiden Hauptzweigen innerhalb der Sekundarstufe II, weil sie den Rahmen dieser Darstellungen sprengen würden.

1. In jüngster Zeit weist das iranische Bildungssystem in allen Zweigen, so auch im Bereich der Oberstufe, diverse Veränderungen auf. Zwei interessante Versuchsprojekte verdeutlichen exemplarisch, daß das Revolutionsregime ungeachtet seiner orthodox-islamisch-konservativen, religiös-weltanschaulichen Dogmatik gewillt ist, manchen ökonomisch-technischen Erfordernissen nachzukommenMit dem schon 1982 vom

---

[40] Vgl. Mirlohi 1989, S. 135.
[41] Vgl. Büro für Forschung und Curriculumentwicklung (Hg.): Rahnama-ye entechab-e reschteh Tahsili ba'ad az Payan-e doreh-ye Rahnama-ye Tahsili (Orientierung zur Wahl der Schulfachrichtung nach Beendigung der Sekundarstufe I). Veröffentlichung Nr. 129, Teheran 1363 (1984), S. 133.

Kabinett eingeführten *Tarh-e Kad* (Kad-Projekt) realisierte der Staat eine wesentliche Änderung in den allgemeinen Lehrplänen der Oberstufe.[42] „Kad" bezeichnet als Abkürzung die persischen Begriffe *Kar wa Danesch* (Arbeit und Wissen). Es sieht eine verstärkte Integration von wirtschaftlichen, handwerklichen, technischen und industriellen Aspekten in der Oberschulbildung vor. Die Schüler besuchen nun fünf Tage in der Woche den geregelten Unterricht und nehmen einmal wöchentlich an einem Betriebspraktikum teil.

Bei einer Studie, die das Büro für Kad-Projekt-Angelegenheiten in Teheran 1983 unter 109.000 Schülern durchführte, hielten es immerhin 54,89 % der Befragten für „sehr wahrscheinlich", ihren zukünftigen Beruf in Verbindung mit ihrem Praktikum im Rahmen des Kad-Projekts zu wählen, weitere 23,16 % konnten den Bezug nur „teilweise" und 22,06 % „keinen" herstellen.[43]

Ungeachtet der Verbesserungen durch Maßnahmen wie das Kad-Projekt stellt sich für die Absolventen der Oberstufe ein generelles Problem. Nur wenige erlangen nach Beendigung der Ausbildung die Zulassung zur Universität. So konnten sich im Jahre 1986 nur 30% der Absolventen der Oberstufe an der Universität immatrikulieren.[44] Daher sollte der Staat die Oberstufe flexibler und praxisbezogener gestalten, um einerseits mit ihrem Lehrangebot den Weg zur Universität zu ebnen, andererseits aber die Möglichkeit zur Ausübung einer Verwaltungstätigkeit zu eröffnen.

Heute endet die Oberschule mit dem Abitur, das durch das Ablegen einer zentralen staatlichen Prüfung erreicht wird. Wie bereits erwähnt, eröffnet das iranische Abitur im Gegensatz zum deutschen Hochschulreifezeugnis nicht den unmittelbaren Hochschulzugang. Dies dürfte Mirlohi bei der Analyse der Darstellung des iranischen Bildungssystems entgangen sein.[45] Zusätzlich absolviert der Kandidat den *Concours*, eine Prüfung durch die Landeszentrale, die das gesamte Wissen der Oberstufe als bekannt voraussetzt. Die Aufnahmeprüfung erfolgt anders als bei den vorausgegangenen Abschlußprüfungen in einem multiple-choice-Test. Zu diesem Erbe der Schahzeit kam nach 1979 als weiteres Kriterium auch noch die informelle, ideologische Überprüfung hinzu.

---

[42] Vgl. Nasri-ye Kad (Zeitschrift Kad), Jg. 1, Nr. 1, Teheran 1362 (1983).

[43] Vgl.: Büro für Kad-Projekt-Angelegenheiten (Hg.): Natayeg-e Nazarchahi-ye Daneschamuzan-e Tarh-e Kad (Ergebnisse der Befragung von Kad-Projekt-Schülern). Teheran 1362 (1983), S. 11. [Übersetzung des Verfassers].

[44] Vgl. Akrami, Seyed Kazem (iranischer Bildungs- und Erziehungsminister): Vortrag auf der "International Conference on Education", 40th Session, in Genf vom 2. bis 11. Dezember 1986; in: Quarterly Journal of Education, Bd. 2, Nr. 1, 1987, S. 122.

[45] Vgl. Mirlohi 1989, S. 136.

2. Das zweite Projekt ermöglicht es den Schülern, schon nach drei Oberstufenjahren das *diplom kutschak* (kleines Abitur) abzulegen und dann direkt in das Arbeitsleben oder eine Berufsausbildung einzutreten. Denjenigen Schülern, die weiterhin die Oberschule besuchen, dient das vierte Jahr der gezielten Vorbereitung auf das Universitätsstudium. Es trägt jetzt die iranische Bezeichnung *Pisch-Daneschgahi*. Die staatliche Unterrichtsbehörde führt diese Änderung allerdings bisher noch im Rahmen eines Projekts durch. Sie will damit klären, ob die Absolventen somit tatsächlich bessere Ausgangsvoraussetzungen für die Universität erlangen. Da noch keine detaillierten empirischen Auswertungen dieses Projekts vorliegen, lassen sich gegenwärtig noch keine präzisen Schlüsse ziehen.

6.3.5. Amuzesch-e fanni wa herfe'i, die Berufsausbildung

Die traditionelle Berufsausbildung bestand bis weit in das 20. Jahrhundert hinein darin, daß der Sohn den Beruf des Vaters übernahm und diesen in der Regel während des gesamten Lebens ausübte. Arbeit und privates Leben galten als eng miteinander verbunden, und Werkstatt und Wohnung waren in der Regel unter einem Dach. Außerdem befand sich ein Produkt von seinen Anfängen bis zur Fertigstellung in den Händen eines Herstellers. Die Ausbildung erfolgte im Betrieb eines Meisters, wobei das Verhältnis zwischen ihm und seinem Lehrling über den Beruf hinausging. Es äußerte sich in einer engen persönlichen Beziehung, die den Lehrer nicht nur als einen Berufs-, sondern auch eine Art Lebensberater für den Lernenden darstellte.

Auf die erste, aus militärischen Erwägungen entstandene berufliche Ausbildungs-anstalt *Dar-al-Fonun* (1851), an deren Entwicklung sich auch deutsche Lehrer maßgeblich beteiligten, wurde in dieser Arbeit schon mehrfach hingewiesen. Gerade bei der berufsbezogenen Bildung spielten deutsche Einflüsse eine nicht unerhebliche Rolle. Eine ausführliche Darstellung verschiedener Beispiele an dieser Stelle würde den Rahmen der Ausführungen sprengen; es sei hier auf die einschlägige Studie von Mirlohi verwiesen.[46] Seit Beginn des 20. Jahrhunderts initiierte der Staat einzelne gewerbliche, technische, kaufmännische und landwirtschaftliche Berufsschulen, die vielfach durch ausländische Investoren Unterstützung fanden.

Die Entdeckung der Ölfelder zu Beginn des 20. Jahrhunderts und die damit einhergehende zunehmende Ölförderung, die in der Regel in den Händen westlicher Ölgesellschaften lag, forcierte den Wandel einer agrarisch geprägten Gesellschaft hin zu einer industriellen, die verstärkt Arbeitskräfte benötigte. Mit der Verstaatlichung der Ölförderung in den 50er Jahren wuchsen die Einnahmen des Landes, und es entstanden große Fabrikkomplexe. Aufgrund des Ausbildungsrückstandes vor Ort benötigte das Land in hohem Maße ausländische

---

[46] Vgl. Mirlohi 1989, S. 202ff. und 211.

Fachkräfte, welche im Laufe der Zeit durch einheimische ersetzt werden sollten. Trotz gewisser Verbesserungen des Ausbildungsstandes hatte der Iran in dieser Zeit weiterhin mit großen wirtschaftlichen Problemen auf dem Industrie-, Handels- und Landwirtschaftssektor zu kämpfen und blieb agrarischen Strukturen verhaftet.[47]

Nach Gründung der Islamischen Republik folgten den Änderungen des allgemeinbildenden Schulwesens auch bald die der Berufsausbildung. Dabei galt als erstrebenswertes Hauptziel, die schulischen und außerschulischen Berufsbildungsmöglichkeiten verschiedener Organisationen mit denen der Industrie zu koordinieren und die Ausbildung von Fachkräften für die einheimische Industrie voranzutreiben.[48] Zu diesem Zweck berief der Staat den *Schoraye A'li Hamahangi Amuzesch-e Fanni wa Herfeh-i Keschwar* (Höherer Rat für die Koordinierung der technisch-beruflichen Ausbildung des Landes).

Die Berufsschulen des Landes lassen sich in drei Kategorien wie folgt einteilen: die Technisch-Gewerbliche Oberschule, die Oberschule für Handel und Beruf und die Landwirtschaftliche Oberschule. Nach dem Besuch der Sekundarstufe I steht den Schülern die Möglichkeit offen, sich sowohl für die Oberschule mit theoretischer Ausrichtung (vgl. Kapitel 6.3.3.), als auch für einen Ausbildungsweg an einer der drei berufsbezogenen Schulen zu entscheiden. Allerdings erfolgt hierbei die Aufnahmeprüfung an den entsprechenden Berufsschulen. Die Fächer Naturwissenschaften, Mathematik, Einführung in Gewerbe und Beruf oder Fremdsprachen erfahren in den einzelnen Schultypen eine unterschiedliche Gewichtung.

Die Ausbildung an der *Honarestan-e Fanni* (Technisch-Gewerbliche Oberschule) dauert in der Form eines Vollzeit-Unterrichts vier Jahre: an sechs Unterrichtstagen pro Woche. Nach einer allgemeinberuflichen Unterrichtskonzeption während der ersten zwei Jahre erfolgt in den beiden letzten Jahren eine Spezialisierung. Neben den berufsbezogenen Fächern wie Elektrotechnik, technisches Zeichnen, Bauwesen, Elektronik, Färberei, Holzverarbeitung, Keramik, Maschinenbau, Drucktechnik und Mechanik sieht der Lehrplan auch fachübergreifenden Unterricht vor, wodurch sich die Wochenstundenzahl im theoretischen Unterricht auf 48 Stunden erhöht. Die Absolventen haben zugleich die Möglichkeit eine Doppelqualifikation zu erwerben, also sowohl einen Berufsabschluß als auch die Hochschulreife.[49]

Auffallend hierbei ist, daß es einem beträchtlichen Teil der Schüler dieser Fachrichtung nicht gelingt, die berufliche Ausbildung erfolgreich zum Abschluß zu bringen. Im Jahr 1985 lag die Durchfallquote an den Technisch-Gewerblichen Schulen bei mehr als 20 Prozent, an den anderen Berufsschulen et-

---

[47] Vgl. Naini, Ahmad: Entwicklungsplanung im Iran unter besonderer Berücksichtigung der landwirtschaftlichen und industriellen Entwicklung. Hamburg 1975, S. 85f.
[48] Vgl. Verfassung der islamischen Republik Iran, 1980, Gundsatz 42, Absatz 7.
[49] Nähere Erläuterungen dazu vgl. Mirlohi 1989, S. 221-229.

was niedriger.[50] Die Ursache dafür liegt vor allem in der unzureichenden Beratung in der Sekundarstufe I sowie in den unpräzisen Vorstellungen der Schüler über den Schwierigkeitsgrad und die Inhalte der speziellen Bereiche. In diesem Zusammenhang bleibt anzumerken, daß im Iran, im Unterschied zu Deutschland, kein Berufsinformationszentrum (BIZ) als ständige Institution in den Arbeitsämtern existiert. Die Curricula sind weder ausreichend formuliert noch die Berufe hinreichend definiert.

Dabirestan-e Bazargani Wa Herfeh-I (Berufsschule für Handel und Beruf) bildet in vier Jahren mit Vollzeit-Unterricht ihre Schüler zu "Technischen Assistenten" aus. Diesen Schultyp besuchen verhältnismäßig viele Mädchen, im allgemeinen fällt jedoch der Anteil der weiblichen Jugendlichen im Berufsbildungswesen eher gering aus.[51] Die Fächer lassen sich in folgende vier Kategorien einteilen: die Fächergruppe Handel und Verwaltung mit einem kaufmännischen Berufszweig und einem für Buchführung, die Fächergruppe Gesundheitswesen mit den Zweigen Umwelthygiene und Kinderpflege, die in Bauzeichnen und Graphik gegliederte Fächergruppe Kunst sowie den Bereich Textilarbeit. Auch die Schüler der Handels- und Berufsoberschulen erhalten Unterricht in allgemeinen Fächern, außerdem ist für sie ein zweimonatiges Praktikum vorgesehen. Ihr Abschluß berechtigt sie zu einem fachbezogenen Hochschulstudium.

Honarestan-e Keschawarzi (Landwirtschafts-Oberschule) ist gleichermaßen von vierjähriger Dauer. Sie läßt nur männliche Bewerber zu, die die folgenden Voraussetzungen erbringen: die erfolgreich abgeschlossene Sekundarstufe I, eine bestandene Aufnahmeprüfung und einen Gesundheitsnachweis. Eine grundlegende Bedingung hierbei besteht darin, daß sie aus ländlichen Gegenden stammen müssen. Die Unterrichtsdauer beträgt jährlich elf Monate – davon neun Monate als theoretischer Unterricht –, bevor ein zweimonatiges Blockpraktikum folgt. Die Zahl der Ausbildungsstätten – meist kostenlose Internate auf dem Land – fällt im Vergleich zur Bedeutung des Agrarsektors eher gering aus, und dementsprechend ist die Anzahl der Auszubildenden niedrig.

Mit dem Abschluß des einzigen wahlfreien Schwerpunkts „Allgemeine Landwirtschaft" erwerben die Absolventen auch hier eine Doppelqualifikation, die sie lediglich zu einem landwirtschaftlichen Studiengang an der Universität berechtigt.[52]

Aufgrund der konzeptuellen Schwächen auf diesem Gebiet weist die Doppelqualifikation folgende Probleme auf. Einerseits entspricht die theoretische Ausbildung der beruflichen Zweige nicht dem Niveau des theoretischen Zweigs der Oberstufe, so daß die Absolventen der Berufsschulen bei einem Eintritt in die

---

[50] Vgl. Raisdana, Farrochlaqa: Tschegunegi-e darsad-e qabuli wa Mardudi doreha-ye Tahsiliye Ebtedaii, Rahnamaii wa Motawaseteh dar Sath-e Keschwar dar Sal-e Tahsili-ye 1363/64 (Prozentuale Verteilung der erfolgreichen und der durchgefallenen Schüler in den Schulstufen Grundschule, Sekundarstufe I und Sekundarstufe II des Landes im Schuljahr 1984/85); in: Quarterly Journal of Education, Bd. 2, Nr. 3 und 4, 1986, S. 58.
[51] Vgl. Mirlohi 1989, S. 230ff.
[52] Vgl. Ebda., S. 233ff.

Hochschule nicht dieselben Voraussetzungen mitbringen wie die Schüler allgemeinbildender Oberschulen. Andererseits ist die Berufsvorbereitung kurz und nicht effizient genug, um den Anforderungen des Arbeitsmarktes zu genügen. Bei der Wahl ihrer Fachrichtung innerhalb des beruflichen Bildungsbereichs entscheiden sich die Schüler zumeist einseitig. Dies hat eine unterschiedliche Auslastung der Ausbildungszweige zur Folge.

Insgesamt läßt sich für alle Zweige resümieren, daß ein hoher Bedarf nach Gründung von Berufsschulen besteht, zumal diese Schulen geographisch ungleichmäßig verteilt sind. Obwohl sich die Bildungspolitiker bemühen, die berufliche Ausbildung vermehrt in das allgemeinbildende Schulwesen zu integrieren und organisatorische Mängel in Bezug auf die Effektivität zu beheben, bleibt die Berufsausbildung dennoch gegenwärtig ineffizient. Aufgrund der genannten Mängel sieht sich der Staat nicht in der Lage, auf die industriellen und gesellschaftlichen Anforderungen angemessen zu reagieren. Daher ist eine effiziente Koordination zwischen Industrie und Berufsausbildung dringend geboten. Die Kritik seitens der Industrie, des Handwerks und des Handels setzt zum einen beim mangelnden Praxisbezug der beruflichen Schulen an und beklagt zum anderen erhebliche Mängel im Bereich der Kenntnisse und Fähigkeiten bei einem großen Teil der Auszubildenden. Die iranische Regierung plant auf längere Sicht die Ausbildung in Form eines dualen Systems durchzuführen, vergleichbar den Bedingungen in Deutschland.[53] Zugleich plädieren kritische Theoretiker für eine quantitativ und qualitativ stringent organisierte Berufsausbildung. Darüber hinaus wird die Forderung nach Trainingsprogrammen, Weiter- und Fortbildungskursen und einer dem Arbeitsamt in Deutschland vergleichbaren Errichtung eines staatlichen Berufsinformationszentrums laut. Solche Bildungsangebote sollten jedoch nicht allein arbeitsbezogene Themen behandeln, sondern gleichermaßen Selbstrespekt, Teamarbeit und Arbeitsmotivation vermitteln.[54]

6.3.6. Tahsilāt-e āli, die universitäre Ausbildung

Die universitäre Ausbildung im westlich modernen Sinn besitzt im Iran keine lange Tradition. 1934 gründete der Staat die erste Universität in Teheran. Nach dem Zweiten Weltkrieg folgten weitere Universitätsgründungen, unter anderem in Tabriz (1948), Isfahan, Maschhad, Schiraz (1950), Ahwaz (1954), Kandy Schapur (1957) und eine Technische Hochschule in Abadan.[55] Dieser Trend setzte sich auch nach der Revolution fort. Die Organisation dieser neugegründeten Hochschulen sowie ihre Lehrpläne orientieren sich – wenn auch in zentralistischer Ausprägung – in hohem Maße am nordamerikanischen System.[56] Al-

---

[53] Vgl. Mirlohi 1989, S. 248.
[54] Vgl. Soltany, Khalifeh M.: Education and shortage of skilled manpower in Iran; in: Indian Journal of Asian Affairs, No. 7, 1994, S. 35-52, bes. S. 39f.
[55] Vgl. Rahimzadeh-Oskui 1981, S. 113f.
[56] Vgl. Ebda., S. 121.

lerdings spiegeln sich in ihren Themen und Forschungsgegenständen kaum die gesellschaftlichen und kulturellen Bedürfnisse des Landes wider.

Im folgenden legt der Verfasser die grundlegenden organisatorischen Änderungen an den Hochschulen nach der islamischen Revolution dar. Zur Illustration wird auf eine neuere Studie über die Bildungssituation in verschiedenen Ländern, etwa in Nicaragua, Algerien und dem Iran, vor und nach einer Revolution zurückgegriffen.

Durch diesen Vergleich lassen sich die folgenden allgemeinen Merkmale konstatieren: Eine zentrale Leitung bestimmt nach wie vor in diesen Staaten den Erziehungsbereich, und das ausländische Personal wird weitestgehend vom akademischen Feld verdrängt. Einer Erleichterung des Zugangs zu den Universitäten stehen die Hindernisse einer Studienaufnahme im Ausland entgegen.

Eine Ausnahme bildet der Iran im Hinblick auf die Zugangsvoraussetzungen, da religiöse Eignungstests sie sichtlich erschweren.[57]

Betrachtet man die Zugangsvoraussetzungen für den Besuch der iranischen Hochschulen, stellen sich folgende Probleme dar. Zunächst hat der Kandidat eine Aufnahmeprüfung zu absolvieren, deren Niveau der Staat angesichts geringer Studienplatzkapazitäten bewußt hoch ansetzt. Wenn auch diese *Concours* genannte Zulassungsprüfung sich an wissenschaftlichen Kriterien orientiert, erweisen sich für die Aufnahme die religiöse und politische Grundhaltung als gleichermaßen entscheidend. Neben den fachspezifischen Fragen bedeuten weltanschauliche und politische Gesinnung des Bewerbers eine unabdingbare Voraussetzung für eine mögliche Zulassung. Eine neu in Kraft getretene Klausel bestimmt, daß 30% der Erstsemesterplätze Behinderten aus den Familien der *djanbasan* oder der *schohada* vorbehalten bleiben; das sind Familien, deren Kinder im irakisch-iranischen Krieg verwundet wurden oder ums Leben kamen.[58]

Diese ungerechte Studienplatzvergabe führte zu allgemeiner Unzufriedenheit unter den Studenten und rief Demonstrationen hervor. Sie propagierten Forderungen nach mehr Demokratie, gerechten Studienbedingungen und Aufhebung der Pressezensur. Der Staat ließ die Demonstrationen durch seine Polizeikräfte gewaltsam auflösen.[59] Diese Verhältnisse haben bis heute keine Veränderung erfahren.

Neben den genannten Problemen sind die Studienangebote der Universitäten oft nicht ausreichend differenziert und bleiben somit weit hinter den spezifischen Wünschen und Interessen der Studierenden zurück. Außerdem entspricht die Weiterbildung der Lehrer und Beamten des tertiären Bereichs nicht den nötigen qualitativen Anforderungen für diesen Beruf. Ferner teilt der Staat den Hochschulen ein viel zu geringes Erziehungsbudget zu. Daran wird deutlich, daß

---

[57] Vgl. La Belle, Thomas J./ Ward, Christopher R.: Education reform when nations undergo radical political and social transformation; in: Comparative Education 26, No. 1. London u. a. 1990. S. 95-106, hier S. 102f.
[58] Vgl. Samadzadeh-Darinsoo 1986a, S. 640f.
[59] Vgl. Dreger. T. in: TAZ Nr. 5583, S.1.

der Bereich der höheren Bildung keineswegs effizient strukturiert ist, und bezüglich der Gerechtigkeit der Zugangsbedingungen Nachholbedarf besteht.

Der Mangel an Studienplätzen stellte sich schon immer als ein Problem im Iran dar. Aus diesem Grund bemühten sich immer mehr Studenten aus wohlhabenden Familien, einen Studienplatz im Ausland zu erhalten. Einer Untersuchung zufolge studierten vor der Revolution in den sechziger Jahren circa 50.000 iranische Studenten an einheimischen Universitäten und technischen Hochschulen, während sich über 10.000 Iraner für ein Studium im Ausland entschieden.[60] Bis zum Jahr 1973 stieg die Zahl der im Inland studierenden Iraner etwa um das Zweieinhalbfache auf 123.114 an, während sich die Zahl der Auslandsstudierenden um das Dreifache auf 30.000 erhöhte. Im ersten Jahrzehnt nach der Revolution hat sich die Anzahl der Studenten an iranischen Universitäten mit 250.709 auf das Zweifache erhöht. Allein im akademischen Jahr 1988/89 kamen weitere 50.000 Studenten hinzu, als nach Beendigung des irakisch-iranischen Krieges der Staat in der Lage war, mehr in die höhere Bildung zu investieren.[61] Doch alle staatlichen Maßnahmen konnten den Mangel an Studienplätzen nicht wirklich beseitigen. So erhielten im Jahre 1989/1990 von 800.000 jungen Bewerbern lediglich 67.000, also nicht einmal ein Zehntel, die Erlaubnis zum Besuch der Universität.[62] Es ist aufgrund dieser Mängel also anzunehmen, daß der Trend zum Auslandsstudium weiter anhält – Tendenz steigend; zumal im Ausland auch nicht die strengen, weltanschaulichen Reglementierungen vorherrschen.

Seit der Revolution gibt es für Abiturienten mit ausreichend finanzieller Absicherung, die den staatlichen *Concours* nicht bestehen, noch die Möglichkeit, sich bei den zahlreichen neu entstandenen *daneschgah-haye azad* (Privatuniversitäten) zu bewerben. Der dortige Besuch erfordert allerdings außerordentlich hohe Studiengelder.[63] In der Zulassung von Neugründungen privater Universitäten sieht der Staat die Möglichkeit, mehr Studierwilligen eine höhere Bildung zu ermöglichen. Allerdings relativiert der Staat die Privatisierung der Hochschulen dadurch, daß er die Gründung solcher Institutionen nur loyalen Personen gewährt und die inhaltliche Ausrichtung dieser Bildungsanstalten regierungskonform sein muß. Die Entwicklung eines eigenen Profils bleibt damit auf der Strecke. Die weltanschauliche Anbindung zeigt sich bereits dadurch, daß diese neugegründeten Universitäten die Namen bekannter, regimetreuer, islamischer Politiker und Persönlichkeiten wie beispielsweise Schahid Beheschti tragen.

---

[60] Vgl. World University Service (WUS) (Hg.): Ausländerstudium und Reintegration. Bericht einer Studienreise in die Türkei und den Iran im Auftrag der Kommission zur Reform des Ausländerstudiums des World University Service. Bonn 1979, S. 19f.
[61] Vgl. Soltany 1994, S. 49.
[62] Vgl. Ebda., S. 47.
[63] Nähere Angaben zu den "Open Islamic Universities" vgl. Soltany 1994, S. 49.

6.3.7. Amuzesch-e estesnā'i, die Sonderschulerziehung

Der Iran verwendet diesen Begriff für zwei unterschiedliche Schultypen: zum einen für die Schulen der hochbegabten Kinder, zum anderen, wie im europäischen Sinne, für die Schulen der lern- und körperbehinderten Schüler. Eine solche Bezeichnung ist darauf zurückzuführen, daß es sich hierbei um Kinder handelt, die entweder vehement in ihren Bildungsmöglichkeiten beeinträchtigt sind oder in den Regelschulen keine ihrem hohen Intelligenzquotienten entsprechende Förderung erfahren können.[64]

Grundsätzlich erfolgt in Deutschland die Förderung der hochbegabten Schüler in den Regelschulen. Sie nehmen gleichermaßen wie ihre Mitschüler an dem dargebotenen Unterricht teil. Allerdings steht ihnen die Möglichkeit offen durch Maßnahmen wie das Überspringen einer Klasse, den Besuch zusätzlicher Kurse an den Gymnasien, die Teilnahme an Wettbewerben oder durch herausragende Abiturleistungen ihre mannigfaltigen Talente und Fähigkeiten unter Beweis zu stellen. Die in verschiedenen Bereichen zusätzlich erworbenen Qualifikationen vermerken die Lehrer im Normalfall gesondert im Abschlußzeugnis. In Einzelfällen gibt es auch staatliche und private Schulen, die speziell auf die Unterstützung hochbegabter Schüler ausgerichtet sind.[65] Jedoch wird in der Gegenwart vermehrt darauf hingewiesen, daß auch in Deutschland bezüglich der Hochbegabtenförderung noch Nachholbedarf besteht, da sich diese bisher in erster Linie auf die höheren Jahrgangsstufen und Schüler mit herausragend positiven Zensuren beschränkt.[66]

Anders als in Deutschland fördert der Iran *Tizhuschan* (besonders begabte Schüler) in den wenigen staatlichen Eliteschulen des Landes mit einem speziellen Schulprogramm und durch Lehrer mit hohen Qualifikationen.

> „Das Hauptziel der Erziehung der besonders begabten Schüler besteht darin, die Talente dieser Schüler so zu fördern, daß sie eine ihrer Begabung entsprechende Bildung erhalten, und sie zugleich so auszubilden, daß sie später den gesellschaftlichen Bedarf an Führungskräften (vor allem in den Bereichen Industrie, Verwaltung und Kultur) decken können und nach ihrer Ausbildung ihren Beitrag dazu zu leisten imstande sind, daß das Land zu Selbständigkeit und wirklicher Unabhängigkeit geführt werden kann."[67]

Sonderschulen für Kinder mit Behinderungen (vgl. auch Kapitel 5.2.) existieren erst, seitdem der Iran mit dem westlichen Bildungssystem in Berührung kam, also etwa seit der Mitte des 19. Jahrhunderts. Bis dahin erkannte der Staat nicht

---

[64] Vgl. Akhlaghi-Kohpai, Hossein: Die sonderschulische Förderung im Iran. Eine kritische Analyse und der Versuch eines Entwicklungskonzepts. Dissertation. Marburg/Lahn 1989, S. 51f.

[65] Oehler, Elisabeth: Hochbegabtenförderung in Deutschland. URL: www.goethe.de/kug/-buw/sub/thm/de27082.htm (11.02.2003)

[66] Vgl. Spahn, Christine: Wenn die Schule versagt. Vom Leidensweg hochbegabter Kinder, Asendorf 1997, S. 259ff.

[67] Büro zur Erforschung der internationalen Bildungssysteme in der Organisation für Forschung und Bildungsplanung (Hg.): Das Schulwesen in der Islamischen Republik Iran. Teheran 1986, S. 11.

die Notwendigkeit einer speziellen Förderung dieser Kinder. Sie lebten eingebettet in Familienstrukturen ohne pädagogische Betreuung.

Im Iran gibt es heute je nach Art der Behinderung für taube und schwerhörige, blinde und sehbehinderte, körper- und geistigbehinderte sowie verhaltensauffällige Kinder gesonderte Fördereinrichtungen. Trotz dieser Verbesserung besteht immer noch ein erheblicher Mangel an Sonderschulen. Nicht nur hinsichtlich der Anzahl und der ungleichen geographischen Verteilung der Schulen, sondern auch bezüglich ihrer Ausstattung, Betreuung und Fördermöglichkeiten gibt es Nachholbedarf.

Für die Generation der während des irakisch-iranischen Krieges (1980-1988) aufgewachsenen Kinder läßt sich eine deutliche Zunahme von geistigen und körperlichen Schäden sowie Verhaltensstörungen nachweisen. Infolge der Luftangriffe auf die zivile Bevölkerung und des Einsatzes chemischer Waffen nahm die Anzahl von Kindern mit traumatischen Kriegserlebnissen und dauerhaften körperlichen und seelischen Schäden zu.[68]

In der Regel sind den Eltern dieser Kinder die Institutionen und ihre Fördermöglichkeiten gänzlich unvertraut, so daß sie ihnen keine adäquate Bildung ermöglichen können. Die Gründe hierfür könnten einerseits darin liegen, daß der Staat die höheren Kosten für die Sonderschulen nicht aufbringen kann, obwohl die Unterhaltung solcher Schulen selbstverständlich ebenfalls zum Postulat eines religiösen und modernisierungsbewußten Staates gehören sollte. Andererseits stellt die Versorgung der behinderten Schüler aber auch ein politisches Problem dar. Denn die Existenz so zahlreicher, durch den Krieg geschädigter und behinderter Kinder hinterfragt den in der offiziellen Politik ideologisch verbrämten Sieg über den Irak. Indem der Staat eine unzureichende Informationspolitik betreibt, hält er den Bedarf an Betreuungsplätzen künstlich niedrig. Diese Vernachlässigung tritt in der Versorgungsfrage für Kinder mit Behinderungen immer wieder schmerzlich ins Bewußtsein. Ein weiterer Grund für die mangelnde Einrichtung von Sonderausbildungsstätten liegt in einer Kombination finanzieller und politisch-religiöser Sachverhalte.

Vor der Islamischen Revolution leisteten vielfach die von ausländischen Missionaren gegründeten Einrichtungen die Behindertenarbeit, wie beispielsweise die deutsche Christoffel-Blindenmission. Nach der Revolution schloß man die ausländischen Schulen, da sie nach Ansicht der Träger der Revolution Bestandteile eines Programms zur subtilen Unterwerfung des Iran durch westliche Mächte waren. Nach Khomeini bedeuteten ihre Gründungen einen ersten Schritt in einer langen Reihe von westlichen Maßnahmen zur Unterdrückung und Ausbeutung des Landes.

> „Zunächst gründete man eine Schule. Wir sagten nichts. Wir waren nachlässig. Auch Männer unseresgleichen zeigten sich nachlässig; sie versäumten es, die Gründung von Schulen überhaupt zu verhindern. Und deren Zahl wuchs allmählich. Schaut euch um! Ihre Propagandisten [gemeint sind u.a. die christlichen Missionare, die als Propagandisten des Westens galten; das arabische Wort mobalegh kann im Persischen sowohl den

---

[68] Vgl. Akhlaghi-Kohpai 1989, S. 36.

Propagandisten als auch den Missionar bezeichnen; d. Verf.] sind jetzt in alle Dörfer und Ortschaften eingedrungen und machen unsere Kinder zu Nazarenern [=Christen] oder gar zu Ungläubigen. Man beabsichtigt, uns in Rückständigkeit zu halten (....), um so unser Kapital, unsere Bodenschätze, unsere Ressourcen, unseren Boden und unsere Arbeitskraft ausbeuten zu können."[69]

Außerdem sollte die Schließung der in westlicher Trägerschaft stehenden Schulen die Eigenständigkeit des islamischen Staates auch im Bildungsbereich betonen. So entfällt seit diesem Wendepunkt die Finanzierung und Organisation dieser Einrichtungen durch das Ausland, ohne daß es der Iran vermag, diesen Ausfall mit eigenen Mitteln aufzufangen. Die im Gegensatz zur heutigen von modernen pädagogischen und didaktischen Ansätzen geprägte frühe Behindertenarbeit durch ausländische Einrichtungen markiert zudem ein weiteres Bildungsdefizit in diesem Bereich.

Diese Darstellung dürfte deutlich gemacht haben, daß in der Bildungspolitik seit der islamischen Revolution im Gegensatz zur Herrschaftszeit der Pahlawi-Dynastie eine Abwendung den europäischen Wertvorstellungen gegenüber zu beobachten ist. Die konkrete Hinwendung zu einer islamischen Werteordnung skizziert der Verfasser ausführlich anhand der Lehrinhalte des Primarbereichs in Kapitel 7.3.

---

[69] Khomeini, Ruh-Allah: Der islamische Staat. Übersetzung von Nader Hassan und Ilse Itscherenska; in: Islamkundliche Mitteilungen. Schwarz, Klaus (Hg.) Band 9. Berlin 1983, S.24.

7. Einblicke in die Besonderheiten des iranischen Bildungswesens, dargestellt am Beispiel des Primarbereichs

Die Analyse, die der Verfasser in den vorangegangenen Kapiteln 5 und 6 vornahm, konnte zeigen, daß die *Weiße Revolution* während der Pahlawi-Dynastie, die der Staat als bildungspolitische Maßnahme für eine Modernisierung des Landes konzipierte, ihr Ziel nicht erreichte. Diese Initiative kann allenfalls als bruchstückhafte Reform an der Oberfläche betrachtet werden, die den eigentlichen Problemen nicht gewachsen war. Daß die *Kulturrevolution* nach der Islamischen Revolution geradezu eine antimodernistische Maßnahme war, wurde zur Genüge erläutert.

Im folgenden Kapitel thematisiert der Verfasser solche Probleme, die im gegenwärtigen von der Kulturrevolution geprägten iranischen Bildungswesen einer Modernisierung entgegenstehen. Die dazu erforderlichen Analysen wurden im Primarschulbereich vorgenommen.

Da der in Deutschland und im angelsächsischen Raum vorhandenen Literatur keine hinreichenden Aussagen zur aktuellen Lage der Grundschule im Iran zu entnehmen sind, untersuchte der Verfasser eine Auswahl an Persisch-Lesebüchern, die im Primarbereich Verwendung finden. Diese Lesebücher erschienen besonders geeignet, da sie über die Vermittlung von Lesefähigkeit und muttersprachlicher Kompetenz hinaus darauf abzielen, den Kindern ein bestimmtes Verständnis ihrer Kultur einzuprägen. Insofern ist davon auszugehen, daß sie von der staatlichen Propaganda als Medium eingesetzt werden. Außerdem erhob der Verfasser im Rahmen einer Umfrage unter Grundschullehrerinnen in der Provinz Isfahan pädagogisch und sozialwissenschaftlich relevante Daten und recherchierte in der im Iran erscheinenden pädagogischen Zeitschrift *Roschd Moallem* (Entwicklung), die die Auffassungen der vor Ort arbeitenden pädagogischen Fachkräfte wiedergibt.

Insgesamt soll das Problem der pädagogischen Entwicklung im Hinblick auf vorhandene Defizite hinsichtlich einer möglichst vielfältigen und breit angelegten Modernisierung erörtert werden.

Modernisierung im Sinne dieser Arbeit erfolgt vor dem Hintergrund der *reflexiven Modernisierung*, wie sie bereits in Kapitel 3 definiert wurde. Dieser Begriff erscheint deshalb sinnvoll, weil er alle anderen Modernisierungsbegriffe einschließt. Orientiert an diesem Konzept, das bereits für das Lehren und Lernen an deutschen Schulen in zunehmendem Maße Anwendung findet, sollen also Bedingungen und Möglichkeiten für eine Modernisierung des Grundschulwesens im Iran formuliert werden.

Die Voraussetzungen für eine multiperspektivische Betrachtungsweise liegen in der Vermittlung sogenannten vernetzten Denkens, einer Methode der Erkenntnisgewinnung, die bereits in der Grundschule den Schülern nahegebracht werden sollte. Ihr Erfolg beruht nicht zuletzt auf der Aneignung bestimmter Basisfähigkeiten. Hierzu zählen etwa die Fähigkeit zur Formulierung rationaler Begründungen als Maßstab eigenen Handelns, der Aufbau kritischer wie selbstkritischer Entscheidungs- und Urteilsfähigkeit sowie die Förderung der Selbstwahrnehmung und die damit verbundene Erkenntnis der jeweiligen individuellen Interessen.

Die tragende Rolle dieser Fähigkeiten zur Forcierung der Modernisierungsprozesse erkannte und würdigte bereits die Aufklärung (vgl. hierzu Kapitel 2.4.1 und 2.4.2). Von den durch die Aufklärung gewonnenen Erkenntnissen gingen auch Impulse für die Entwicklung pädagogischen Denkens aus, welche die Formulierung reflexiver Erziehungskonzepte erst möglich machten.

Neben einer fundierten und breit angelegten Wissensvermittlung, der primären Aufgabe der Schule, sollten die nachfolgend genannten Gesichtspunkte oder gesellschaftlichen Fragen im Lehrplan besonders berücksichtigt werden.

Angesichts der Probleme des 21. Jahrhunderts ist es notwendig, internationale Fragestellungen wie Hungersnot und Krieg, Bevölkerungswachstum und die zunehmende Kluft zwischen Arm und Reich zu thematisieren. Der Unterricht soll die Schüler für die Wahrnehmung von Umweltproblemen im Zusammenhang mit der voranschreitenden Technisierung und Industrialisierung sensibilisieren. Bereits beim „Umweltgipfel" in Rio de Janeiro 1992 stand die zentrale Frage einer umweltverträglichen und sozial gerechteren Entwicklung der Weltbevölkerung im Mittelpunkt der Diskussionen. Hieraus resultierte die Forderung an alle Bürger, in ihren Kommunen ein Leitbild für eine zukunftsfähige und nachhaltige Entwicklung zu formulieren. Die Konferenz erarbeitete einen umfangreichen Ziel- und Kriterienkatalog (Agenda 21),[1] den die einzelnen Länder gerade auch auf lokaler Ebene umsetzen sollten.[2] Bei der Realisierung dieser Maßnahmen können die Schulen einen bedeutenden Beitrag durch Erzeugung eines problemorientierten Umweltbewußtseins der Schüler leisten. Eine vergleichbare Priorität kommt angesichts begrenzter Ressourcen und der damit verbundenen weltweiten Verteilungsprobleme der Bereitschaft zu Solidarität und Gerechtigkeit zu.

Im Rahmen eines reflexiv verstandenen Erziehungskonzepts muß der Staat bildungspolitische Voraussetzungen zur Wahrnehmung gesellschaftlicher Probleme und ihrer angemessenen Begegnung schaffen. Ein weiteres wichtiges Erziehungsziel besteht in der Neudefinition der Geschlechterrollen besonders im Hinblick auf die Gleichberechtigung der Frau, die vor allem in der iranischen Gesellschaft bisher nicht einmal in Ansätzen realisiert ist. Weiterhin ist die Sensibilisierung für die Integration und Achtung der Rechte gesellschaftlicher Randgruppen von immenser Bedeutung. Zu nennen sind etwa ethnische und religiöse Minderheiten sowie sozial benachteiligte Gruppen wie etwa ältere Menschen, Personen mit Behinderungen, Arbeits- oder Obdachlose.

---

[1] Die Agenda 21 liegt übersetzt vor in: Bundesministerium für Umwelt, Naturschutz und Reaktorsicherheit (Hg.): Umweltpolitik. Konferenz der Vereinten Nationen für Umwelt und Entwicklung im Juni 1992 in Rio de Janeiro – Dokumente, Bonn o. J.
[2] Zur Verantwortung der einzelnen Nationen in diesem sogenannten „Rio-Folgeprozeß" vgl. das Vorwort; in: Ebda.

7.1. Die organisatorischen Rahmenbedingungen

An dieser Stelle soll ausführlich auf das Grundschulwesen eingegangen werden, da an diesem Bereich die Probleme des gesamten Bildungswesens exemplarisch aufgezeigt werden können.

Für diese Vorgehensweise sprechen folgende Überlegungen: Gerade eine angemessene Förderung der Kinder im Grundschulalter prägt entscheidend ihren weiteren persönlichen Werdegang. Des weiteren bildet eine fundierte Allgemeinbildung in der Grundschule die Basis für den Besuch weiterführender Schulen. Zudem legt die demographische Struktur des Landes eine intensive Beschäftigung mit dem Grundschulwesen nahe. So waren 1998 mehr als 54% der Einwohner jünger als 20 Jahre.[3]

Auf Grund eines hohen Bevölkerungswachstums – 1997 lag es bei 3,6%[4] – handelt es sich im Iran um eine durchschnittlich sehr junge Bevölkerung mit einer hohen Anzahl schulpflichtiger Kinder und Jugendlicher. Daher ist es verständlich, daß selbst der Neu- und Ausbau der Grundschulen die steigende Schülerzahl nicht mehr auffangen kann. Zudem stellt der lang anhaltende Bedarf an ausgebildeten Lehrern ein Hauptproblem des iranischen Erziehungswesens dar. Gemeinsam wirken sich die genannten Aspekte negativ auf die Lehrer-Schüler-Relation aus, was sich in einer enormen Ausweitung der Klassenstärken äußert.[5]

Der Bedeutung der Grundschule und ihrer Stellung als Fundament für das gesamte Bildungswesen sind sich die zuständigen Behörden des Landes bewußt. Dies läßt sich etwa daran erkennen, daß der Primarbereich als erstes Glied des iranischen Schulsystems die intensivste Förderung durch den Staat erfährt. Der Bildungs- und Erziehungsetat Irans sieht den größten Teil des Budgets für die Grundschule vor. Folglich kommt im Vergleich mit anderen Schulzweigen der Primarstufe die größte materielle Unterstützung zu.[6]

Wie im Schulwesen allgemein lassen sich die Probleme beim Aufbau eines modernen Bildungswesens im Iran innerhalb des Grundschulbereichs in zwei Kategorien einteilen: Während die erste Kategorie der Barrieren quantitativer oder organisatorischer Natur ist – sie betrifft etwa Schulgröße, Klassenstärke, Lehrermangel, Entfernung vieler Schulen vom Wohnort der jeweiligen Schüler –, enthält der zweite Themenkomplex eher qualitative Elemente. Dazu zählen Lehrer-Schüler-Verhältnis, Unterrichtsgestaltung, das Verhältnis der Geschlechter an den Schulen, Religionsunterricht oder Schulbuchkonzeption. Dieser Bereich weist weitaus gravierendere Konflikte auf und läßt sich nur durch eine revidierte Geisteshaltung auf den verschiedensten Ebenen der Gesellschaft bewältigen. Der Prozeß der Bewußtseinsbildung spielt somit auch unter der Prämisse

---

[3] Vgl. Munzinger-Archiv 1998b, S. 1.
[4] Vgl. Munzinger Archiv (Hg.), IH-Länder aktuell, CD-ROM Ausgabe, Stand 9/1999.
[5] Vgl. Mirlohi 1989, S. 114 und S. 116ff.
[6] Vgl. Ebda., S. 115.

einer demokratischen Entwicklung und der Förderung reflexiven Denkens die größte Rolle bei der Modernisierung des gesamten Gemeinwesens.

Im folgenden werden einige Informationen zu Aufbau und Struktur des Schulwesens im Iran aufgeführt. Die Schulpflicht beträgt 9 Jahre, wobei die Einschulung – wie in Deutschland – mit der Vollendung des 6. Lebensjahres erfolgt.

Laut iranischer Verfassung verpflichtet sich die Islamische Republik Iran, eine unentgeltliche Erziehung für alle Staatsbürger bis zum *diplôme* – dies entspricht in etwa der deutschen Hochschulreife – zu gewährleisten.

> „Die Regierung der Islamischen Republik Iran (ist) verpflichtet, alles einzusetzen, um (...) unentgeltliche Bildung, Erziehung und Leibeserziehung für alle auf allen Gebieten zu gewähren sowie die höhere Bildung zu fördern und der Allgemeinheit zugänglich zu machen."[7]

Und weiterhin:

> „Der Staat ist verpflichtet, unentgeltliche Bildungs- und Erziehungsmittel für die ganze Nation bis zum Oberschulabschluß bereitzustellen und die Mittel zur Hochschulbildung, soweit es die Selbstversorgung des Landes erfordert, unentgeltlich zu fördern."[8]

In der Praxis folgt man diesem Prinzip aber meist nicht, sondern erhebt in den Schulen ein informelles Schulgeld in unterschiedlicher Höhe zur Deckung der Kosten. Dies stellte sich im Rahmen der Erhebung bei der Befragung von Grundschullehrerinnen heraus, die berichteten, daß die Schule die Eltern bittet, entsprechend ihrer finanziellen Lage freiwillig Schulgeld zu entrichten. Darüber hinaus werden die Eltern mit der Begründung, das Volk habe sich an staatlichen Bildungsprojekten zu beteiligen, sogar für anfallende Reparatur- und Renovierungskosten, wie etwa das Streichen des Klassenzimmers und die Instandsetzung von Heizung und Klimaanlagen, herangezogen.

Ein ähnliches Phänomen läßt sich auch in Westeuropa im Bereich des Bildungswesens beobachten. Im Zuge einer neoliberalen, eher wirtschaftlich als sozial ausgerichteten Einstellung hinsichtlich der Bildungsfinanzierung tritt für die Grundschule (aber auch für Kindergärten und weiterführende Institutionen) immer mehr der private Nutzen und das elterliche Engagement in den Vordergrund. Diese Tendenz wird auch in der westlichen Welt von manchen gesellschaftlichen Gruppen beziehungsweise politischen Parteien und zum Teil von staatlicher Seite als Form der Anteilnahme des Volks am Gemeinwesen wahrgenommen.

Die Halbtagsschule gehört zur gängigen Praxis. Raum- und Lehrermangel erfordern den schichtweisen Unterricht in verschiedenen Tagesabschnitten, so daß eine größere Anzahl Schüler die Möglichkeit hat, die Schule zu besuchen. Die Klassenstärke soll dabei 30 Personen nicht übersteigen und nicht unter 15 Personen zurückgehen. In der Praxis weichen die Zahlen aber in hohem Maße vom Sollwert ab. In der Regel erfolgt der Unterricht im Iran in nicht koedukativ geführten Schulen, so daß Jungen und Mädchen jeweils getrennt unterrichtet wer-

---

[7] Verfassung der Islamischen Republik Iran, 1980, Grundsatz 3, Nr. 3, S. 24-25.
[8] Ebda., Grundsatz 30, S. 37.

den. Eine Ausnahme bilden in diesem Zusammenhang die ländlichen Regionen, in denen die geschlechterspezifische Aufteilung des Unterrichts vielfach auf Grund des Mangels an Lehrkräften nicht stringent eingehalten werden kann.

Die Grundschulen bilden größtenteils eigenständige Einheiten ohne organisatorische Anbindung an andere Schulstufen oder Schulformen. Dies hat den Nachteil, daß die Leistungskriterien der verschiedenen Schulformen deutlich divergieren und dadurch nach Beendigung der fünfjährigen Grundschulzeit das Hineinwachsen in die weiterführende Schule nur ungenügend vorbereitet ist. Anders als in deutschen Schulen, wo die Entscheidung über den weiterführenden Schulbesuch in einigen Bundesländern spätestens nach Abschluß der Orientierungsstufe im 6. Schuljahr erfolgt, stellt sich die Frage der Einteilung der Kinder nach verschiedenen Schultypen frühestens nach dem Abschluß des 8. Schuljahres. Während die meisten Bundesländer dafür den Elternwillen maßgebend berücksichtigen, hängt diese im Iran ausschließlich von den jeweils erzielten Noten und damit vom Urteil der Lehrer ab. In der Grundschule erfolgt jeweils zum Schuljahresende eine Versetzungsprüfung, die die Schüler bei Nichtbestehen maximal zweimal zu Beginn des folgenden Schuljahres wiederholen können. Diese Regelung gilt bereits vom 1. Schuljahr an.

Die Grundschule sieht für das gesamte Land eine einheitliche Vermittlung des Lernstoffs in den Fächern Koran- und Religionslehre, Persische Sprache, Sozialkunde, Sachkunde, Hygiene, Mathematik, Geometrie, Kunst, Schönschrift und Leibeserziehung vor, wobei Persisch, Mathematik, Geometrie, Koran- und Religionslehre die größte Stundenzahl einnehmen. Im ersten und zweiten Grundschuljahr beträgt die Gesamtstundenzahl 24 Wochenstunden, im dritten, vierten und fünften Jahr 28 Wochenstunden. Davon entfallen auf die letztgenannten Fächer in unterschiedlicher Verteilung 17 in der ersten und zweiten Klasse, in der dritten Klasse 19 und in der vierten und fünften Klasse je 18 Wochenstunden.[9]

Bereits die vorrevolutionären staatlichen Erziehungseinrichtungen boten in großem Umfang Halbtagsunterricht an. Allerdings existierten auch Ganztagsschulen, die in der Regel private Träger organisierten. Diese vor allem von ausländischem Personal geleiteten Einrichtungen wurden aber nach 1979 verboten.

Nach der Islamischen Revolution nahm im Iran das Bevölkerungswachstum derart zu, daß die Neugründungen von Schulen und die Ausbildung qualifizierter Lehrkräfte diese Entwicklung bei weitem nicht auffangen konnten. Infolgedessen reduzierte sich letztlich die Zahl der Halbtagsschulen im Verhältnis zu den Schulpflichtigen gravierend.

Um dem Schülerandrang zu begegnen, sind in den letzten Jahren durch einheimische Initiativen zahlreiche private oder halbstaatliche Schulen gegründet worden. Dazu zählen unter anderem die *Madarese ghire entefaii* (Gemeinnützige Schulen) oder *Madarese nemuneh mardomi* (Vorbildliche Volksschulen). Darüber hinaus richtete das Regime elitäre staatliche Schulen namens *Madarese schahed* (Schule der Märtyrer der Revolution) ein. Diese sind in der Regel besser ausgestattet als die halbstaatlichen und die übrigen staatlichen Schulen und

---

[9] Vgl. Mirlohi 1989, S. 111.

dürfen nur von Familienangehörigen der „Märtyrer der Revolution" besucht werden, die der Staat privilegiert behandelt.

Die halbstaatlichen Einrichtungen unterscheiden sich von den normalen staatlichen Schulen dadurch, daß die Kinder bei der Aufnahmeprüfung höhere Qualifikationen nachweisen müssen. Daneben erheben die Schulen eine hohe Einschreibegebühr, so daß in der Regel nur Kinder aus mittleren und oberen Schichten diese Institutionen besuchen können. Auf Grund dieser Entwicklung läßt sich das Schulsystem im Iran durchaus als „ständisches Erziehungssystem" bezeichnen, das Kindern wohlhabender Familien höhere Bildungschancen einräumt. Bei den Präsidentschaftswahlen 1997 kündigte bereits der iranische Staatspräsident Chatami in seinem Wahlprogramm an, daß er diese ungleichen Verhältnisse im Bildungssektor zugunsten einer chancengleichen Schulbildung für alle Iraner verändern wolle.

7.2. Ziele, Inhalte und Methoden des Unterrichts

Bezüglich der pädagogischen Ausgestaltung des Schulsystems sind nach der Islamischen Revolution keine wesentlichen Veränderungen im Vergleich zur vorrevolutionären Zeit zu verzeichnen. Der Unterrichtsstil bleibt weitestgehend unverändert und nach wie vor autoritär strukturiert. Während der Sichtung der Literatur kristallisierte sich für den persischen Raum ein bestimmter Bildungs- und Erziehungsbegriff heraus, der für traditionelle Gesellschaften charakteristisch ist. So veranschaulicht ein bedeutender, in der vom Kultusministerium herausgegebenen pädagogischen Zeitschrift *Roschd Moallem* (Entwicklung) aus dem Jahr 1992 erschienener Aufsatz die noch heute dominierende Vorstellung über den bildbaren Menschen. Motahari, der herausragendste Schüler Khomeneis, der den Titel ‚Lehrer der Revolution' trägt, wird dort folgendermaßen zitiert

> „Erziehung und Bildung bedeuten, jemandem etwas beizubringen, wobei der Schüler Wissen aufnimmt. Sein Gehirn gleicht einem Lager, in dem Wissen und Informationen aufbewahrt werden".[10]

Dabei dominiert ein im wesentlichen vom Zögling aus gesehenes passives Moment von Erziehung und Bildung. Bei genauerer Betrachtung fällt auf, daß der von Motahari formulierte und in der iranischen Praxis vorherrschende Erziehungsstil letztendlich im Widerspruch zu den allgemeinen Erziehungsgrundsätzen des Primarbereichs steht, welcher durch folgende Gesichtspunkte gekennzeichnet ist:

- Schaffung einer geeigneten Atmosphäre für die Schüler, die eine moralische Weiterentwicklung ermöglicht
- Förderung der Talente der Schüler und Entwicklung ihrer kreativen Anlagen
- Entwicklung der körperlichen Leistungskraft der Schüler

---

[10] Motahari, Morteza, zitiert in: Ghafari, Hossein: Awal Moalem Chodast (Gott ist der erste Lehrer); in: Roschd Moallem (Entwicklung), Teheran Azar, 1370 (Dezember 1992), S. 84-87, hier S. 85 [Übersetzung des Verfassers].

- Lese-, Schreib- und Rechenunterricht und Einübung sozialer Verhaltensweisen
- Unterweisung zur Körperhygiene, so daß dieses Gebiet sowohl in der Familie wie auch in der Öffentlichkeit Beachtung findet.[11]

Anders als in Deutschland sind den Schülern neben den offiziell festgelegten Quellen keine weiteren Bücher zugänglich, so daß es an Vergleichsmaterial fehlt. Dies erschwert die multiperspektivische Betrachtungsweise eines bestimmten Lehrinhaltes und hat eine einseitige, propagandistische Wissensvermittlung zur Folge.

Anhand eines Beispiels aus dem Bereich des Geschichtsunterrichts wird versucht, dieses Problem zu erläutern: Während man in den vorrevolutionären Schulbüchern die Verstaatlichung der iranischen Ölindustrie als Verdienst der Person Mohammad Reza Schah Pahlawi darstellte, gilt dieses historische Ereignis heute als Verdienst des Geistlichen Ayatollah Kaschani. Die Rolle Mossadeghs – der eigentliche Urheber dieser wirtschaftlich und politisch bedeutenden Wende – erwähnen die Verfasser in beiden Versionen nur am Rande. Dies begünstigt eine falsche Darstellung, die dem jeweils herrschenden Regime den Erfolg bescheinigt. Ein kritisches Korrektiv, wie es sich ergäbe, zögen Lehrer und Schüler unterschiedliche Bücher zum Thema heran, fehlt jedoch gänzlich.

Insbesondere die Entfaltung individueller Talente und vielseitiger Kreativität erfordert einen Freiraum für persönliche Lernentwicklung und ein demokratisch gestaltetes Lehrer-Schüler-Verhältnis, das auf Dialog setzt. Jedoch ignoriert das Schulsystem den Aspekt, daß ein gewisser Nonkonformismus erst die Voraussetzung für schöpferische Ideen darstellt, und läßt somit keinen Raum für individuelle Meinungsbildung.[12]

Auf der Basis gegenwärtiger Konzepte ergeben sich kaum Freiräume für einen gleichberechtigten Dialog zwischen Lehrern und Schülern. Sie sind genötigt, Wissen anzuhäufen, um vor dem Lehrer oder in einer Prüfungssituation, die ausschließlich Informationen abfragt, zu bestehen. Diese Handhabung aber widerspricht eklatant einer aufgeklärten und am Ideal der Entfaltung einer freien Persönlichkeit orientierten Bildungs- und Erziehungsvorstellung.

Folgende Merkmale kennzeichnen nach wie vor die Unterrichtspraxis im Iran: die absolute Dominanz des Lehrers, die Methode des Auswendiglernens und die unzulängliche Art der Leistungsbeurteilung.

Während moderne pädagogische Ansätze Selbständigkeit und Mitbestimmung der Schüler in den Vordergrund des erzieherischen Lernprozesses stellen, bestimmt im Iran ausschließlich der Lehrer Konzeption und Verlauf des Unterrichts. Die Schüler nehmen vielfach unreflektiert die Inhalte des Unterrichts und die politisch und religiös motivierten Auffassungen des Lehrers auf. Methodisch

---

[11] Vgl. Büro zur Erforschung der internationalen Bildungssysteme in der Organisation für Forschung und Bildungsplanung 1986, S. 7; in: Mirlohi 1989, S. 110f.
[12] Vgl. Meyer, Lutz: Islamische Ideologie und Schule. Die Lehrinhalte von sozialkundlichen Unterrichtsbüchern der Grundschule der islamischen Republik im Vergleich zu denen der Schahzeit; in: Angewandte Sozialforschung, 12. Wien 1984, S. 265-274, hier S. 272.

ist dabei das enge Frage-Antwort-Schema charakteristisch, das letztlich nur eine bestimmte Antwort als die jeweils richtige anerkennt. Eine Anleitung der Schüler zur Selbstkontrolle, gegenseitiger Beurteilung und Kritikfähigkeit findet kaum statt. Da die Person des Lehrers stets im Mittelpunkt des Unterrichts steht und die Schüler nur Aufgaben, die der Lehrer konzipiert, erarbeiten und ausführen, handelt es sich hier um eine dezidiert einseitige Kommunikation.

Die dem Verfasser aus seiner eigenen Schullaufbahn während der Schahzeit im Gedächtnis haftenden Musterbeispiele für die Methode des Auswendiglernens lassen sich auch nach wie vor noch in ähnlicher Form wiederfinden. Exemplarisch wird ein Frage- und Antwortschema aus dem Geschichts- sowie ein anderes aus dem persischen Literaturunterricht angeführt. Die Frage- und Antwortvorgaben lagen den Lehrern als Bewertungsorientierung im Unterricht vor.

Der Geschichtslehrer stellte etwa die Frage, wie oft *Nadir Schah* (1720-1780) – der Begründer der *Afsharen-Dynastie* – in Indien intervenierte und was er dort erbeutete. Die Schüler sollten lediglich antworten, daß er dreimal mit Truppen in Indien einfiel und zwei berühmte Diamanten und den Pfauenthron von dort mitbrachte. Diese Unterrichtseinheit thematisierte jedoch weder Hintergründe noch Folgen jenes politischen Konflikts.

Auf die Frage im Literaturunterricht, wie viele Verse das *Schahnameh* von Firdausi besitze[13], mußten wir Kinder die genaue Anzahl nennen, nämlich 60.000 Verse. Allerdings lernten wir in keiner Weise etwas über den Inhalt, die Entstehungszeit, die Umstände und die Bedeutung dieses Epos.

In der islamischen Republik lassen sich die Spuren dieser unkritischen Methode des Frage- und Antwort-Stils über den Primarbereich hinaus gleichermaßen bis hin in die Sekundarstufe II hinein verfolgen. So wird in der in London erscheinenden persischsprachigen Wochenzeitung *Keyhan-e Landan* ein Vater zitiert, dessen Kritik sich gegen den Mathematikunterricht seiner Tochter richtet, die selbst im 10. Schuljahr keinen anderen Zugang zur Mathematik als den des Auswendiglernens vermittelt bekam. Mathematik sei doch ein naturwissenschaftliches Fach, das man verstehen und nachvollziehen müsse. Reines Memorieren provoziere nur Schwierigkeiten und Mißverständnisse, was den Lernprozeß, so der Vater, unverhältnismäßig schwierig und uninteressant gestalte.[14] Der besorgte Vater, selbst Lehrer, kritisiert damit eine falsche Akzentsetzung in der iranischen Bildungspolitik.

---

[13] Das Schahnameh ist das berühmte von Firdausi (934-1020) in persischer Sprache verfaßte "Königsbuch" (vgl. auch Kapitel 1.2.3). Es wurde um 1000 n. Chr. verfaßt und beschreibt die Heldentaten der Könige, von den ersten mythischen Königen bis zum Untergang der Sassaniden. Es hat im Iran in etwa die literarische Bedeutung wie das Nibelungenlied für den deutschsprachigen Raum.

[14] Vgl. o. V., Moschkelat-e edjtemai-ye Iran natije-ye sistem-e amuzeschi-ye chaschen wa nezami ast (Die gesellschaftlichen Probleme im Iran als Konsequenz eines starren, militaristischen Bildungswesens); in: Keyhan-e Landan, Nr. 689, London 1997 [Übersetzung des Verfassers].

Neben der Unterrichtsmethode stellt sich die erbrachte Leistungsbeurteilung und ihre Bewertung als gravierendes Problem dar. Hauptkriterium bei der Notenvergabe bleibt die möglichst wortgetreue Wiedergabe des Gehörten oder Gelesenen. Das schriftliche Abfragen genießt hierbei die deutliche Priorität gegenüber der mündlichen Mitarbeit der Schüler. So bleibt ihnen keine Möglichkeit, negative schriftliche Noten durch mündliche Beteiligung auszugleichen, wie dies deutsche Schulen handhaben.

Unter diesen Bedingungen wird verständlich, daß die Lernfreude und Leistungsmotivation bei den Kindern gering ausfällt.

Die hohe Durchfallquote bei der Abschlußprüfung des Primarbereichs – 1984 betrug sie etwa 13% aller Schüler[15] – ist in diesem Zusammenhang sehr aussagekräftig und verweist auf die Reformbedürftigkeit der Bildungspolitik. Diese Entwicklungen geben uns Anlaß, den potentiellen Ursachen nachzugehen. So etwa ist zu fragen nach dem unzeitgemäßen Verständnis von Bildung und Erziehung, nach der unproduktiven Unterrichtsmethode, nach dem fehlenden Bezug der Lehrinhalte zum Alltagsleben und zu den Interessen der Schüler und nicht zuletzt nach den Mängeln in der Lehrerausbildung, auf die im Laufe dieser Arbeit ausführlicher eingegangen wird. Ein Unterricht, der auf reiner Reproduktion von angelerntem Wissen basiert, enthält den Schülern die Aneignung selbständigen Lernens und problemlösenden Denkens vor. Die fehlende Erziehung zur kritischen Reflexion, die in unserer Zeit eine Schlüsselqualifikation in der Pädagogik darstellt, ist nicht mit dem angestrebten Ziel der Teilhabe an internationalen, wissenschaftlichen und technischen Modernisierungsprozessen zu vereinbaren.

Im letzten Jahrzehnt zeichneten sich allerdings nach Einschätzung verschiedener Autoren gewisse Verbesserungen – Lockerungen und Modernisierungsansätze – ab. So äußert sich *Afschar-Rasech*, Absolvent der theologischen Fakultät in Quom und Gründer einiger islamischer Schulen in Teheran – etwa 1951 die religiöse Grundschule *Islami Hosseini* – zur aktuellen Lage der Schulen in einem Interview mit der pädagogischen Zeitschrift *Roschd Moallem* folgendermaßen

„Die Lehrer können heute [gemeint ist nach der Revolution, d. Verf.] ihre Klassen besser leiten als früher. Ferner hat sich die Ausstattung mit Lehr- und Lernmaterial verbessert. Hin und wieder können sogar die Schüler zu intensiverer Mitarbeit im Unterricht ermutigt werden."[16]

---

[15] Vgl. Raisdana, Farrochlaqa / Zandparsa, Ali Hasan: Barresi–ye darsad–e qabuli wa Mardudi dar doreha-ye Tahsili–ye Ebtedaie, Rahnamaii wa Motewasteh dar Sath-e Keschwar dar Sal-e Tahsili–ye 1362/63 (Untersuchung über erfolgreiche und erfolglose Prüflinge in Grundschule, Orientierungsschule und Oberschule im Schuljahr 1983/1984). Büro für Forschung und Curriculum–Entwicklung (Hg.), Veröffentlichung Nr. 158, Teheran 1364 (1985), S. 7.

[16] Interview mit Rasech-Afschar, Achmad; in: Roschd Moallem (Entwicklung). Teheran Mehr 1370 (Oktober 1991), S. 6-18, hier S. 10 [Übersetzung des Verfassers].

7.3. Zur Situation der Lehrerausbildung

An dieser Stelle thematisiert der Verfasser die Ausbildung der Grundschullehrer, weil ihre Qualität die späteren Lernerfolge der Schüler maßgeblich beeinflußt. Ebenso wird die Aneignung der erforderlichen Kompetenzen für einen fruchtbaren Lernprozeß im Unterricht entscheidend vom Niveau der eigenen Ausbildung geprägt. Dazu zählen etwa Entwicklung eines demokratischen Unterrichtsstils, Freiräume zur kritischen Auseinandersetzung über die dargebotenen Curricula, Förderung von Kreativität und Einfühlungsvermögen, sowie die Erstellung von Unterrichtskonzepten zur Integration der leistungsschwachen Schüler. Sind im Rahmen der Ausbildung die genannten Gesichtspunkte hinreichend berücksichtigt, werden die Lehrer befähigt, künftig ihre Schüler zu motivieren und zur Kritikfähigkeit zu erziehen.

Da dem von mir untersuchten Quellenmaterial keine Aussagen bezüglich der inhaltlichen Fragen der Lehrerausbildung zu entnehmen sind, wird hier lediglich versucht, in einer knappen Skizze einige organisatorische Aspekte in diesem Bereich zu beleuchten und markante Charakteristika herauszuarbeiten. Über die inhaltliche Ausgestaltung der Lehrerausbildung vermittelt der Verfasser unter dem Unterpunkt 7.8. einige Informationen, welche sich im Rahmen einer Untersuchung vor Ort ergaben. Zunächst muß festgehalten werden, daß im Unterschied zum Ausbildungssystem in der Bundesrepublik Deutschland für die iranischen Lehramtskandidaten weder eine Referendariatszeit noch ein zweites Staatsexamen vorgesehen sind.[17] Darüber hinaus ist die Ausübung des Lehrerberufes für den Primarbereich wie auch für den Bereich der Sekundarstufe I nicht an eine universitäre Ausbildung gebunden.

In der Regel unterrichten Lehrer im Primarbereich in jeder Jahrgangsstufe alle Fächer. Der Lehramtsstudiengang enthält daher einen umfangreichen Fächerkanon: allgemeine Psychologie, pädagogische Psychologie, allgemeine Didaktik, islamische Weltanschauung, persische Literatur, Hygiene und Umwelt, Sport, Koran, islamisches Recht, islamische Bildung und Erziehung, Anwendung von Bildungspädagogik (Medienpädagogik) und Regeln der Textabfassung und Bildungsverwaltung.[18] Dieses breite Fächerspektrum soll dem Auszubildenden fachübergreifendes Wissen im Sinne des iranisch-islamischen Bildungssystems vermitteln. Die immense Stoffülle läßt jedoch keinen Raum zur grundlegenden Einarbeitung in ein Fach. Daher besteht die Gefahr, daß ein Großteil der Grundschullehrer nur über ein oberflächlich angeeignetes Wissen verfügt. Da die Lehramtsanwärter die Schwerpunktfächer frei wählen dürfen, entsteht in einigen Fächern ein Lehrerüberhang, in anderen hingegen ein Lehrermangel. Um letzteren zu beheben, bietet die iranische Regierung Weiterbildungskurse für solche Schulabgänger an, die nach Intensivkursen zu einer Lehrtätigkeit herangezogen werden sollen. Ein weiteres Problem stellt der mangelnde Praxisbezug der Ausbildung dar. Im zweiten Ausbildungsjahr, also im vorangeschrittenen Teil der

---

[17] Vgl. Mirlohi 1989, S. 165.
[18] Vgl. Mirlohi 1989, S. 162f.

Ausbildung, finden zwar Hospitationen und eigene Unterrichtsversuche statt, diese sind jedoch auf lediglich sechs Stunden pro Woche beschränkt. Diese Tatsache erweist sich als erheblicher Nachteil sowohl für den Lehrer als auch für die zu betreuenden Schüler.

Bei der Ausbildung der Lehrer für den Primarbereich und die Sekundarstufe I tendierte der iranische Staat je nach städtischem oder ländlichem Einsatzgebiet bereits seit langem zu unterschiedlichen Konzeptionen. So verlief bis Ende der siebziger Jahre die Ausbildung städtischer Lehrer grundlegend anders als die der ländlichen Unterrichtskräfte. Damals bildete die Absolvierung des zweiten Jahres der Sekundarstufe II (10. Schuljahr) die Voraussetzung für die Aufnahme von Lehramtskandidaten in die Ausbildungsstätten städtischer Gebiete. Nach einer zweijährigen Ausbildung wurde ihnen ein dem Abiturzeugnis äquivalentes Zeugnis ausgehändigt. Damit war die Voraussetzung für das Unterrichten an den Grundschulen der Städte gegeben. Die Lehrer, die für den Unterricht an der Sekundarstufe I eingesetzt werden sollten, mußten zunächst einen Nachweis über das erfolgreich abgeschlossene Abitur erbringen. Die Kandidaten erwarben nach einer zweijährigen Ausbildung ein *Fogh-e diplom* genanntes Zeugnis, das einem zweijährigen Hochschulstudium gleichgestellt war.

Anders verlief die Lehrerausbildung im Bereich der ländlichen Gebiete. Hierbei bildet die begrenzte Infrastruktur und der geringere Lebensstandard ein elementares Problem. Dies ist ein ausschlaggebender Grund, daß nur wenige Lehramtskandidaten sich zum Dienst auf dem Lande bereit erklären, eine Situation, die dadurch verschärft wird, daß generell noch ein hoher Bedarf an Lehrern vorhanden ist. Daher sah sich der Staat seit langem genötigt, für die Arbeit in den ländlichen Gebieten einen Anreiz zu schaffen, indem er bei der Ausbildung von Dorfschullehrern sowie von Lehrern für die Unterrichtung der Nomadenkinder geringere Anforderungen stellte. Bis Anfang der achtziger Jahre bestand die Möglichkeit, nach einer erfolgreich abgeschlossenen fünfjährigen Primarschule in die Lehrerausbildung einzutreten. Die Ausbildungsdauer variierte jedoch entsprechend dem Schulabschluß der Kandidaten. Für Absolventen der Sekundarstufe I betrug sie zwei Jahre, während sie bei Lehramtskandidaten mit Primarschulabschluß von fünfjähriger Dauer war.[19] Seit den frühen achtziger Jahren zeichnet sich eine tendenziell neue Entwicklung in der Organisation der Lehrerausbildung ab. Der Staat ist bemüht, immer mehr Ausbildungszentren einzurichten, um den vom Land stammenden Interessenten, die bereits die Sekundarstufe I (6.-8. Klasse) absolviert haben, die Lehrerausbildung überhaupt zu ermöglichen.

Nach der neuen Konzeption existieren zwei unterschiedliche Einrichtungen für die Ausbildung von Lehrern, die beide dem Ministerium für Bildung und Erziehung unterstehen. Je nach Intention der Ausbildung werden die Lehrerbildungszentren räumlich voneinander unterschieden. Zum einen existieren Ausbildungszentren für Abiturienten, die das Ziel verfolgen, den Abschluß eines *Fogh-e diplom* zu erwerben. Diese Einrichtungen sind primär für die Ausbil-

---

[19] Vgl. Mirlohi 1989, S. 160.

dung der Lehrer für den Primarbereich und die Sekundarstufe I sowie Sonderschulen in den städtischen Gebieten bestimmt. Die Bewerber für diese Bildungszentren erhalten eine zweijährige kostenlose Ausbildung in einem Internat. Als Gegenleistung sind sie verpflichtet, nach Beendigung ihrer Ausbildung für einen Zeitraum von fünf Jahren ihren Dienst außerhalb der Städte abzuleisten. Danach besteht die Möglichkeit, in eine Stadt versetzt zu werden. Zum anderen existieren, Ausbildungszentren für diejenigen Bewerber, die bereits den Abschluß der Sekundarstufe I erhielten. Für diese Kandidaten gibt es besondere Bildungseinrichtungen. Um ihnen lange Anfahrtswege und teure Wohnungen zu ersparen, erhalten sie nach einer vierjährigen, kostenlosen Internatsausbildung das Abiturzeugnis, das sie zum Unterricht speziell in ländlichen Gebieten berechtigt. Auf diese Weise ist die Möglichkeit gegeben, durch einen erweiterten Bildungsweg den Beruf des Grundschullehrers in den ländlichen Gebieten zu ergreifen.

7.4. Charakterisierung der Lehrinhalte am Beispiel von Grundschulbüchern

Der Verfasser analysiert und veranschaulicht im folgenden anhand einiger Passagen aus Lehrbüchern des Primarbereichs sowie der pädagogischen Fachzeitschrift *Roschd Moallem* (Entwicklung) die inhaltliche Ausrichtung der Erziehung in den Schulbüchern. Diese Auszüge ergänzt er um einige kritische Anmerkungen sowohl ausländischer als auch einheimischer Fachkreise vor deren jeweils unterschiedlichem ideologischen Hintergrund. Die Untersuchung zielt darauf ab, typische Merkmale und erzieherische Zielvorstellungen gemäß den veränderten politischen und gesellschaftlichen Rahmenbedingungen nach der Islamischen Revolution herauszuarbeiten.

7.4.1. Manipulation und Personenkult als Begleitphänomene in der Pädagogik des Primarschulbereichs

An dieser Stelle soll zunächst ein grundsätzliches gemeinsames Problem des Pahlawi-Regimes und der islamischen Republik beleuchtet werden: die Gefahr der Manipulation der Kinder durch Funktionalisierung des Bildungswesens in beiden Herrschaftssystemen.

Solche Tendenz erfährt durch einen demographischen Faktor besondere Begünstigung. Ungeachtet des in jüngster Zeit zu verzeichnenden Rückgangs des Bevölkerungswachstums, der als Folge der Abwendung von der seit Beginn der islamischen Republik herrschenden Bevölkerungspolitik hin zu einer geregelten Familienpolitik anzusehen ist, umfaßt die iranische Bevölkerung nach wie vor einen sehr großen Anteil junger Menschen. Dies bedeutet, daß viele die Revolution und die vorrevolutionäre Zeit nicht miterlebt haben und sich daher selbst kein vergleichendes Bild machen können. Da anders als in westlichen Kulturen ein Monopol des Staates für die Konzeption und Herausgabe der Schulbücher besteht, sind die Kinder leicht zu manipulieren. Ihnen wird somit ein einseitiges

Bild der iranischen Geschichte vermittelt. Außerdem, wie bereits erwähnt, wurden die Unterrichtsbücher im Sinne der Zielsetzungen der Kulturrevolution[20] überarbeitet; und im Zuge der Säuberungspolitik sind die Zeitzeugen der Pahlawi-Ära weitesgehend aus ihren Ämtern verdrängt worden. Eine gegensätzliche oder ergänzende Stellungnahme des Personals in den hiesigen Bildungsinstitutionen ist von daher kaum zu erwarten. Solche falschen Geschichtsdarstellungen provozieren nicht unerhebliche problematische „Langzeitwirkungen".

Khomeini war sich von Anfang an bewußt, daß die Kinder diejenigen sind,

> „die in der Zukunft die gesellschaftliche und politische Macht im Staat ausüben werden und dabei zwangsläufig die verinnerlichten Wertevorstellungen zur Geltung bringen".[21]

Dieses Bewußtsein kommt auch prägnant in der Grußbotschaft, die, wie Khomeinis Porträt, heute jedes Schulbuch „ziert", zum Ausdruck.

> „Meine Hoffnung liegt bei euch Grundschülern. Meine Hoffnung liegt bei euch, in deren Händen – so Gott will – später die Zukunft unseres Landes liegt und die ihr Erben dieses Landes seid."[22]

Ein gravierendes Defizit zeichnet sich dadurch aus, daß die nachrevolutionären Schulbücher tendenziell ein ahistorisches Gesellschaftsbild darstellen.

> „War zur Schahzeit in den Sozialkundebüchern für die Grundschule der Versuch unternommen worden, die Geschichte der Zivilisation exemplarisch zu entwickeln (Leben der ersten Menschen, Geschichte des Feuers oder Geschichte des Ackerbaus), so werden in den Büchern der Islamischen Republik die kulturellen und sozialen Verhältnisse ohne ihre historische Entstehung und Entwicklung dargestellt."[23]

Ungeachtet der genannten Mängel erkennt Meyer, ein Autor aus der ehemaligen Deutschen Demokratischen Republik, auf Grund seiner sozialistisch geprägten Lebensanschauung in vielfacher Hinsicht eine erhebliche Verbesserung gegenüber den Büchern der Pahlawi-Dynastie.[24]

Für seine Analyse zog er jeweils zwei Bücher der vierten und fünften Klasse des Primarbereichs mit Lehrinhalten für Geschichte und Sozialkunde aus der vor- und nachrevolutionären Zeit heran. Er äußert sich in prononciert kritischer Haltung gegenüber dem Schahregime, wenn er ausführt:

> „Die Lobhudelei und untertänige Verehrung, die dem Schah in den Schulbüchern galten, sind nur zu bekannt. Er wurde als gottbegnadeter, erleuchteter Führer geschildert, der weise und verständig ‚sein' Land in eine glückliche Zukunft führe."[25]

Das Propagieren blinden Gehorsams und dezidierten Personenkults sowie ein ausgeprägter persisch-arischer Kulturdünkel zeichnen seiner Meinung nach die damaligen Schulbücher aus. Die persische Geschichte werde nun wahrheitsge-

---

[20] Vgl. dazu Kapitel 6.2.
[21] Marzolph 1994, S. 36.
[22] Vorwort der Schulbücher des Primarbereiches. Teheran 1373 (1994) [Übersetzung des Verfassers].
[23] Samadzadeh-Darinsoo 1986, Bd. 4, S. 630.
[24] Vgl. Meyer 1984, S. 266.
[25] Ebda., S. 270.

treuer beschrieben: Könige würden als Ausbeuter und Unterdrücker entlarvt.[26] Dieses Meyersche Fazit hindert jedoch den kritischen Betrachter auch und gerade mit Blick auf die Regierungszeit Khomeinis keinesfalls, eine analoge Kritik an der Schulbuchgestaltung während der postrevolutionären Zeit, die noch anhält, zu formulieren. Denn dort zelebriert das System einen ganz ähnlichen Verherrlichungsprozeß. Findet man vor 1979 in den Klassenzimmern ein Porträt des Schahs, so hängt über der Tafel nun oft ein Bild Khomeinis, die persische Fassung der *Besmala* (Im Namen Gottes) und eine Karte des Iran.[27]

Meyer kritisiert innerhalb seiner durchaus positiven Analyse die fehlende Darstellung realer Lebenswelten der Kinder in den heutigen Schul- und Lehrbüchern. Allerdings könne ihm zufolge der auf die Selbstverwirklichung des einzelnen Individuums ausgerichtete Westen sogar in mancherlei Hinsicht von den heutigen Grundschulbüchern lernen, da sie nämlich kollektive Werte wie etwa Solidarität und gemeinschaftliches Arbeiten entgegen der Betonung des Individualismus in den Mittelpunkt stellen.[28] Nach wie vor nimmt die Vermittlung von sozialen Werten wie etwa Gemeinschafts- und Solidaritätsgefühl in der iranischen Gesellschaft eine besondere Stellung ein. Dadurch jedoch, daß ausschließlich kollektives Verhalten in den Vordergrund gestellt wird, bietet sich kein Freiraum für eine individuelle, kritische Einstellung dem politischen System gegenüber oder gar die Möglichkeit der Ablehnung zentralistischer Bestimmungen. Lediglich unter dem massiv wachsenden Leistungsdruck entwickeln sich gewisse Tendenzen zu einer problematischen Form von Individualisierung und Egoismus. Diese zeichnen sich primär durch fragwürdiges Konkurrenzverhalten aus, das letztlich nur um den Zugang zu den begehrten Plätzen der staatlichen Eliteschulen wetteifert.

7.4.2. Religion als Leitmotiv der Wissensvermittlung

In der islamischen Welt leitet sich die Notwendigkeit der Vermittlung von Wissen und Erkenntnis aus dem Koran ab. Er enthält mehrere Suren, welche die Bedeutung von Wissen besonders hervorheben.

> „Die erste geoffenbarte Sure des Koran trägt den Namen Alagh. Sie handelt vom Lernen und dem Gebrauch des Stifts. Dies weist auf den unverkennbaren Stellenwert der Wissenschaft hin."[29]

Zur weiteren Verdeutlichung dieses Sachverhalts läßt sich eine Äußerung Ayatollah Khomeinis heranziehen:

> „Sehen, Hören, Reden, Lesen, Lernen und das wissenschaftliche Arbeiten haben im Namen Gottes begonnen".[30]

---

[26] Vgl. Ebda.
[27] Vgl. Marzolph 1994, S. 41 u. 44.
[28] Vgl. Meyer 1984, S. 273.
[29] Ghafari, Hossein: Awal Moalem Chodast (Gott ist der erste Lehrer); in: Roschd Moallem (Entwicklung). Teheran Azar 1370 (Dezember 1992), S. 84 [Übersetzung des Verfassers].
[30] Ayatollah Khomeini: Sahifheie Nur; in: Roschd Moallem (Entwicklung). 10. Jahrgang, Teheran Azar 1370 (Dezember 1992), S. 74 [Übersetzung des Verfassers].

Demnach gilt für jeden Akt der Wissensaneignung die implizite Anwesenheit Gottes. Im folgenden demonstriert der Verfasser anhand des vorliegenden Materials die Herleitung moralischer und religiös-ethischer Erziehungsprinzipien aus der Lehre des Koran. Die Ausführungen des Autors Rezaii sind in diesem Zusammenhang bezeichnend

> „1. Reinigung des Geistes und Erziehung des Menschen.
> 2. Nähe zu Gott und die Führung eines gottgefälligen Lebens.
> 3. Erstreben des moralisch und sittlich Guten im Menschen."[31]

Daran wird deutlich, daß die Lernziele theokratischer, also religiös legitimierter Natur sind und sich kaum andere Bildungswerte eruieren lassen.[32]

Die religiöse Ausrichtung inerhalb des iranischen Schulsystems läßt sich gleichermaßen bei der Untersuchung des Lehrmaterials und der Lehrinhalte deutlich erkennen. Die Ausübung des Lehrerberufs sowie die inhaltliche Ausgestaltung der Schulbücher erfolgen nach den oben genannten Kriterien. Primäres Erziehungsideal bleibt, die Kinder als religiöse Menschen im Sinne der "Partei Gottes" zu sozialisieren.[33] Mehran faßt die bedeutendsten Zielsetzungen wie folgt zusammen

> „True Islamic education, therefore, is stated to be at the service of the society and the world. The task of Iranian education, therefore, is to produce committed individuals who recognize their responsibilities and obligations, struggle to overcome injustice and inequality and seek to construct a better society."[34]

Weitere Aspekte bilden in diesem Zusammenhang zum einen der besondere Stellenwert der Familie[35] und zum anderen die Betonung des Panislamismus. Zudem verfolgt man das Ziel, insoweit auf die Kinder einzuwirken, als daß sie einerseits moralische Werte wie Sparsamkeit und Mäßigung internalisieren und andererseits Ehrfurcht vor der ruhmvollen islamischen Kultur entwickeln.

---

[31] Rezaii, Ali Reza: Simai an sani tarbiat jafteh (Das Bild eines frommen Menschen); in: Roschd Moallem (Entwicklung). Theheran Azar 1370 (Dezember 1992), S. 68-75, hier S. 68 [Übersetzung des Verfassers].

[32] Vgl. auch Kurian 1988, S. 608.

[33] Samadzadeh-Darinsoo 1986, Bd. 4, S. 633. Vgl. auch Mohsenpour, Bahram: Philosophy of education in postrevolutionary Iran; in: Comparative Education Review 32/1988, No. 1, S. 76-86, hier S. 84. Mohsenpour, der damalige Direktor des Forschungsbüros für internationale Bildung des Bildungs- und Erziehungsministeriums, äußert sich in seinem Artikel von 1988 äußerst positiv zu den Entwicklungen in diesem Bereich nach 1979. An dem genannten Aufsatz wird im Gegensatz zur kritischen Betrachtung Samadzadeh-Darinsoos deutlich, wie ein Autor die vorrevolutionäre Zeit als durchweg negativ charakterisiert und die postrevolutionäre Phase mit ihrer religiösen Ausrichtung besonders positiv hervorhebt. Mohsenpours Aufsatz steht hier exemplarisch für andere dogmatische und regimetreue Beiträge, die ein undifferenziertes Bild über die Entwicklung im iranischen Bildungswesen nach 1979 darstellen.

[34] Mehran 1990, S. 55f.

[35] Vgl. Ebda., S. 60ff.

„It is directed at creating the New Islamic Person who is morally pure, socially committed, politically involved, and most importantly, loyal to the government."[36]

Daher propagiert die Schule solch religiöses Verhalten als oberstes Erziehungsziel und begünstigt die Erziehung linientreuer Staatsbürger.

Zu diesem Zweck korrigierte die Kultusverwaltung die inhaltliche Gestaltung der Schulbücher nach der Revolution von 1979 dahingehend, daß islamische und revolutionäre Themen seit diesem Zeitpunkt einen breiten Raum einnehmen.[37] Der Inhalt der neuen Schulbücher stützt sich vorwiegend auf Schriften und Reden iranischer Revolutionsführer und bedeutender Symbolfiguren der islamischen Welt. Das Lehrmaterial erhielt allerdings aus organisatorischen Gründen erst ab 1980/81 neue Schwerpunkte.

„Während die Veränderungen im Gebiet der Naturwissenschaften sich kaum von denen der ersten beiden Jahre nach der Revolution unterschieden, wird seit 1980/81 im gesellschaftswissenschaftlichen Bereich eine neue Grundorientierung erkennbar, die weit über eine oberflächliche Islamisierung hinausgeht, wofür das Ersetzen iranischer durch islamische Namen typisch war. Mit den für den Geschichts-, Geographie-, Literatur- oder Sozialkundeunterricht neu herausgegebenen Büchern soll mehr als ein antimonarchistisches Bewußtsein geschaffen werden."[38]

Bereits an der Art und Weise, wie sich die Lehrbücher mit ihren Umschlägen präsentieren, läßt sich diese neue Ausrichtung erkennen: Die Außenillustration stellt meist in roter, weißer und grüner Farbe – die Farben der iranischen Nationalflagge – stilisierte Symbole wie die „blutrote Blume" – das Symbol der Revolution und des Gedenkens der Märtyrer – oder den „Schreibstift" – Symbol des Lernens und der Macht des Wortes – dar.

Der Wahlspruch des zuständigen Ministeriums lautet nicht mehr wie vor 1979: „*Tawana buwad har ke dana buwad; z^{e}danes del-e pir burna buwad*", was mit den Worten „Mächtig ist jeder, der wissend ist; durch Wissen bleibt das alte Herz jung" zu übersetzen ist – ein Vers aus dem iranischen Nationalepos *Schahnameh* – sondern „*Ta'allim va ta'allom ebadat ast*", das soviel bedeutet wie: „Lehren und Lernen ist ein Gottesdienst". Dieser Spruch befindet sich auf der ersten Seite eines jeden Schulbuchs.[39]

Die folgenden speziellen Themen nehmen auf dem religiösen Feld einen hohen Stellenwert ein: Allah etwa 24%, Märtyrerschaft 10% und der Islam über 40%.[40]

---

[36] Mehran 1990, S. 57
[37] Vgl. Samadzadeh-Darinsoo 1986, Bd. 3, S. 453f.
[38] Ebda., Bd. 4, S. 629.
[39] Wezarat-e Amuzesch Wa Parwaresch (Hg.): Farsi-e kelas-e awal-e dabestan (Bildungs- und Erziehungsministerium (Hg.). Persisch-Lesebuch des ersten Schuljahres). Teheran 1373 (1994), S. 1 [Übersetzung des Verfassers].
[40] Vgl. Nafisi, Rasool: Education and the culture of politics in the Islamic Republic of Iran; in: Samih, K. Farsoun / Mashayekhi, Mehrdad (Hg.): Political culture in the Islamic Republic, London/New York 1992, S. 160-177, hier S. 168.

Mit der Betonung der religiösen Themen zielt die Bildungspolitik darauf ab, sich von westlichen, „materialistisch-dekadenten" Vorstellungen abzusetzen. Allerdings ließ es sich nicht vermeiden, daß gleichzeitig gestalterische Ideen aus der europäischen Literatur in die Schulbücher Eingang fanden. Neben zahlreichen im Unterricht behandelten Themen, die auf westliche Ursprünge zurückgehen, – hier sei nur als Beispiel die Erfindung von Telefon und Flugzeug genannt – stieß Marzolph in seiner Untersuchung aus dem Jahr 1995 im Bereich der Vermittlung literarischer Grundlagen auch auf zwei äsopische Fabeln, die er anführt, jedoch nicht näher erläutert.[41]

Es handelt sich hierbei um die folgenden Fabeln: *Rubah wa kalagh* (Fuchs und Rabe) und *Schupan-e Dorughgu* (Der lügende Hirte), deren Inhalte an dieser Stelle kurz wiedergegeben werden.

Die Fabel „Fuchs und Rabe"[42] handelt von einem Raben, der ein Stück Käse findet, damit zu einem Baum fliegt und sich dort auf einem Ast niederläßt. In dem Moment kommt ein Fuchs an dem Baum vorbei und sieht den Raben mit dem Stück Käse im Schnabel. Der Fuchs, listig wie er ist, umschmeichelt den Raben mit vielen schönen Komplimenten: Er lobt seine Gestalt, sein Federkleid und seine gesamte Erscheinung. „Du wärst der schönste Vogel überhaupt unter allen Vögeln, wenn Du auch noch singen könntest", sagt der Fuchs. Natürlich will der eitle Rabe dies sogleich unter Beweis stellen und muß zu diesem Zweck den Schnabel öffnen. Dabei fällt ihm das Stück Käse heraus, das der listige Fuchs schnappt und davoneilt. Moral: Wer immer nur den anderen gefallen möchte, dabei sein eitles Wesen besonders hervorkehrt, muß sich nicht wundern, wenn er eines Tages einmal alles das, was er sicher zu besitzen glaubt, an die anderen verliert.

Die Geschichte „Der lügende Hirte"[43] handelt von einem Hirten, der andere zu Hilfe ruft, weil ein Wolf angeblich seine Schafherde bedroht. Den Hilferufen des Hirten folgen verschiedene Personen, ohne daß der Wolf kommt. Dies wiederholt sich des öfteren, bis der Wolf eines Tages tatsächlich die Herde angreift. So sehr der Hirte aber auch ruft und um Hilfe bittet, diesmal eilt niemand herbei, so daß der Wolf viele Schafe aus der Herde reißt. Die Moral: Einem Menschen, der mehrfach gelogen hat, wird auch dann nicht geglaubt, wenn er einmal die Wahrheit spricht.

Diese Beispiele verdeutlichen die Möglichkeit, Lebensweisheiten und Wertvorstellungen relativ kulturunabhängig vermitteln zu können. Gerade deshalb verwenden die iranischen Lehrbücher weiterhin die äsopischen Fabeln, da sie nicht zwangsläufig fremde Werte vermitteln, die dem Islam entgegen gesetzt

---

[41] Marzolph, Ulrich (1995): Interkulturelles Erzählen. Der Transfer von Erzählgut in iranischen Grundschulbüchern; in: Lipp, Carola (Hg.): Medien populärer Kultur. Erzählung, Bild und Objekt in der volkskundlichen Forschung, Frankfurt/New York 1995, S. 193.

[42] Vgl. Wezarat-e Amuzesch Wa Parwaresch (Hg.): Farsi-e kelas-e dovom-e dabestan (Bildungs- und Erziehungsministerium (Hg.). Persisch-Lesebuch des zweiten Schuljahres). Teheran 1373 (1994), S. 108.

[43] Vgl. ebda., S. 148.

sind. Dennoch versucht man, auch bei der Übernahme pädagogischer Ideen aus dem europäischen Raum einen unmittelbaren religiösen Bezug bei der Vermittlung der Lehrinhalte herzustellen. So wird abschließend explizit betont, daß Menschen, die die *Unwahrheit* sprechen, *Feinde Gottes* seien. Der Leser kann gravierende ideologische Färbungen sowohl in den vorrevolutionären als auch in den postrevolutionären Ausgaben eruieren. Auffallend in den neuen Büchern bleibt jedoch eine Schwerpunktverlagerung vom Nationalen hin zum Religiösen. Galt während der Schahzeit die Eroberung Persiens durch die Araber und die damit verbundene Zwangsislamisierung des Landes als Demütigung, was entsprechenden Niederschlag in den Schulbüchern fand, so enthalten die neuen Geschichtsbücher genau gegenteilige Bemerkungen und Bewertungen. Diesen Ausführungen zufolge hat der Islam den Iran gerettet.[44] Die vorislamische Zeit ist bewußt vollständig aus den Schulbüchern getilgt worden. Die iranische Geschichte beginnt erst mit der Islamisierung im 7. Jahrhundert. Die Betonung der religiösen Identität wird auch daran deutlich, daß in den Lehrbüchern der nachrevolutionären Phase altiranische durch arabisch-islamische Namen ersetzt werden. Zugleich dominieren islamische Persönlichkeiten bei den Handlungsträgern.[45]

Folglich definiert sich die Identität der Iraner nicht wie bisher über ihren Nationalstaat oder ihre Abstammung in Abgrenzung von den arabischen Völkern, sondern basiert auf der Religion, dem Islam, der die gemeinsame Identität aller muslimischen Völker bildet. Einem Geographiebuch ist zu entnehmen, die Islamische Revolution habe die „Befreiung vom Nationalismus"[46] gebracht.

Dieser Aspekt wird auch von Marzolph aufgegriffen. Er bemerkt dazu

„Während die vorrevolutionäre Geschichtsschreibung Iran als Wiege der Kultur und zivilisatorischen Ursprung behandelte, wird das Land jetzt als Ausgangspunkt der reinen Verwirklichung der islamischen Lehre betrachtet".[47]

Es entspricht auch den neuen religiösen Vorstellungen, daß in den gegenwärtigen Büchern die auf Fotografien oder Zeichnungen dargestellten Personen grundsätzlich islamische Kleidung tragen und in der Regel nur in gleichgeschlechtlichen Gruppen abgebildet sind. Diese Art der Darstellung führt mitunter zu Absonderlichkeiten, wie etwa die Abbildung eines schlafenden Mädchens mit Kopftuch.[48]

Um den Kindern die strikten geschlechterspezifischen Vorstellungen zu vermitteln, wird dem Vater stets der außerhäusliche, der Mutter aber der familiäre Bereich zugeordnet.[49] Dies entspricht jedoch nicht der Realität des täglichen Le-

---

[44] Vgl. Samadzadeh-Darinsoo 1986, Bd. 4, S. 629f.
[45] Vgl. Nafisi 1992, S. 168f.
[46] Samadzadeh-Darinsoo 1986, Bd. 4, S. 630.
[47] Marzolph 1994, S. 53.
[48] Vgl. Wezarat-e Amuzesch Wa Parwaresch (Hg.): Farsi-e kelas-e awal-e dabestan (Bildungs- und Erziehungsministerium (Hg.): Persisch-Lesebuch des ersten Schuljahres). Teheran 1373 (1994), S. 78.
[49] Vgl. Mehran 1991, S. 45.

bens oder den Vorstellungen junger iranischer Frauen, so daß hier Spannungen zwischen Norm und Wirklichkeit entstehen, wie noch in anderen Zusammenhängen aufzuzeigen sein wird (vgl. auch Kapitel 7.7.).

Die religiöse Ausrichtung des Unterrichts wirkt sich besonders auf die Situation der Mädchen aus. Seit der Islamischen Revolution sollen diese frühzeitig, also bereits in der Primarstufe, in ihre religiösen Pflichten eingeweiht werden. Bezeichnend hiefür ist eine Lektion eines Persisch-Lesebuchs für das dritte Schuljahr, die von der *djaschne ibadat* (Einweihung in religiöse Pflichten) der Mädchen handelt.[50] Diese Lektion vermittelt den Schülerinnen, daß sie nun im Alter von 9 Jahren im religiösen Sinn volljährig geworden seien. Die Jungen erlangen dagegen erst mit 15 Jahren die religiöse Reife und müssen erst dann den religiösen Pflichten nachkommen.

Daraus folgen bestimmte religiöse Pflichten, wie etwa das dreimalige tägliche Gebet und das Fasten während des Monats Ramadan. Das Fest der „Einweihung" der Mädchen wurde nach der Islamischen Revolution neu eingeführt. Es findet an dem historischen Feiertag *edae mabas* statt. Das ist nach der Überlieferung der Tag, an dem Mohammad von Gott zum Propheten auserwählt wurde. Die in die religiöse Mündigkeit entlassenen Mädchen tragen zur Feier des Tages eine besonders festliche Kleidung. Sie erhalten zumeist in Schönschrift abgefaßte Koranverse als Geschenk.

Während der Umfrage unter Lehrerinnen der Grundschule (vgl. dazu Punkt 7.8.; Ergebnisse einer statistisch nicht repräsentativen Umfrage in Isfahan zur Situation der Grundschullehrer) ging aus informellen Gesprächen hervor, daß diese Feier jährlich in der Schule stattfindet. Die Schülerinnen nehmen an *namaz djamat*, einer gemeinsamen religiösen Zeremonie teil, die mit *doai wahdat*, einem besonderen Gebet für die Einheit der Muslime endet. Das Fest erreicht seinen Höhepunkt in einer gemeinsam mit Eltern, Lehrern und Freunden veranstalteten Mahlzeit.

Die häufige Verwendung politisch-religiöser Texte, die Orientierung am religiösen Kanon, der den Gehorsam in den Mittelpunkt stellt, sowie die Ausrichtung an Khomeinis Reden und Unterweisungen im Unterricht sollen die Herrschaft der religiösen Führung auf Erden festigen.[51] Das Lehrbuch für den Religionsunterricht der vierten Grundschulklasse lehrt Folgendes

„Der Imam ist ein vertrauenswürdiger und zuverlässiger Mensch, den Gott für die religiöse Führung und die Vormundschaft der Bevölkerung auswählt. Der Prophet stellt ihn auf Gottes Befehl vor, damit er mit seinen Worten und seinem Verhalten die Bevölkerung zu Gott hinführt und leitet. Und die Bevölkerung soll sich für die Art und Weise des Lebens an ihm ein Vorbild nehmen und seine Anhängerschaft bilden."[52]

---

[50] Vgl. Wezarat-e Amuzesch Wa Parwaresch (Hg.): Farsi-e kelas-e sevom-e dabestan (Bildungs- und Erziehungsministerium (Hg.): Persisch-Lesebuch des dritten Schuljahres). Teheran 1373 (1994), S. 196-202.
[51] Vgl. Samadzadeh-Darinsoo 1986, Bd. 3, S. 631.
[52] Ebda.

Die Behandlung des Themas der Nachfolge des Propheten und die Funktion des Imams sind zweifelsfrei dem Bereich des Religionsunterricht einzuordnen. Allerdings ergeben sich aus der schiitischen Interpretation, wonach der 12. Imam entrückt sei, er nun im Verborgenen lebe und eines Tages wiederkomme (vgl. dazu Kapitel 1.2.6.), in der Tat fragwürdige Auffassungen. Einige religiöse Kreise betrachten Ayatollah Khomeini als 12. Imam und damit auch als unantastbare Autorität. Der Religionsunterricht ermuntert die Schüler keineswegs zu kritischem Umgang mit solchen Auffassungen.

Im folgenden soll nun exemplarisch auf einige Lektionen zurückgegriffen werden, welche besonders die Dimension der religiösen Interpretation von Sachverhalten verdeutlichen. So etwa thematisiert die Lektion *Kutsch-e parastuha* (Der Zug der Schwalben) das Leben der Schwalben, den Nestbau, die Brutzeit, die Nahrungssuche, ihre ausgeprägte und aufopferungsvolle Liebe bei der Rettung ihrer Jungen und die von Raubvögeln ausgehenden Gefahren bei ihrem Zug in den Süden.

> „Diese Vögel finden nach so langer Zeit und nach so einer weiten Strecke, ohne dabei vom Weg abzukommen, wieder zu ihren Nestern. Wer hat sie mit diesen Fähigkeiten ausgestattet, solche Entfernungen zu überstehen und mit Genauigkeit wieder zu ihrem Nest zurückzufinden, wenn nicht Gott?"[53]

Ein weiteres Beispiel stellt eine Lektion, in der die Fähigkeit eines Kamels, tagelang in der Wüste ohne Wasseraufnahme zu überleben erläutert wird, dar. Nachdem zunächst die Voraussetzungen für diese Fähigkeit des Kamels aus biologischer Sicht erläutert werden, vermittelt das Ende des Abschnitts eine religiöse Botschaft

> „Jetzt habt ihr verstanden, wie der mächtige Gott mich erschaffen hat".[54]

Der zitierte Satz suggeriert, daß eine Auseinandersetzung mit den naturwissenschaftlichen Sachverhalten ohne religiösen Hintergrund eine unvollständige Sicht von den Erscheinungen in der Welt darstellt. Eine solche Einengung der Erklärungsmuster steht in krassem Widerspruch zu modernen Erziehungskonzepten des entdeckenden Lernens und der auf Erfahrung basierenden Wissensaneignung.

Die Lektion *Gorg wa gaw* (Der Wolf und die Kuh) des Persisch-Lesebuchs für das zweite Schuljahr lautet folgendermaßen

> „Onkel Hussein besitzt eine Kuh mit sehr langen Hörnern. Mehrfach hat er überlegt, diese allzu langen Hörner zu kürzen, sie eventuell sogar um die Hälfte abzuschneiden. Aber immer ist ihm etwas dazwischengekommen. Eines Tages, als seine Tochter Mariam die Kuh auf die Weide führt, wird sie von einem Wolf angegriffen. Da kommt ihr allerdings die Kuh zu Hilfe und verjagt mit ihren langen Hörnern den Angreifer. Onkel Hussein dankt Gott dafür, daß er nicht, wie eigentlich beabsichtigt, die Hörner der Kuh

---

[53] "Zug der Schwalben" Wezarat-e Amuzesch Wa Parwaresch (Hg.): Farsi-e kelas-e tschaharom-e dabestan (Bildungs- und Erziehungsministerium (Hg.), Persisch-Lesebuch des vierten Schuljahres). Teheran 1371 (1992), hier S. 41 [Übersetzung des Verfassers].
[54] Samadzadeh-Darinsoo 1986, Bd. 4, S. 631.

gekürzt hat. Er erkennt daran, daß Gott offenbar nichts ohne Sinn und Nutzen erschaffen hat."[55]

Die Geschichte verdeutlicht, daß alle natürlichen und sozialen Phänomene in den Schulbüchern auf den Willen Allahs zurückgeführt werden und als Manifestation der Macht des Allmächtigen gelten.[56]

Im Anschluß an alle Lektionen sind zum Textverständnis einige Fragen formuliert, die sich an die Schüler richten. Die zweite Frage zu dieser Lektion ist die folgende: „Welche vermeintliche Behinderung hat diese Kuh?"[57] Die erwartete Antwort lautet: „Die Kuh hat zu lange Hörner." Die implizierte Unterstellung, daß die langen Hörner für diese Kuh eine Behinderung darstellen könnten, ist fragwürdig. Zumindest legt die Geschichte einen nicht zu vernachlässigenden Vorteil dieser „Behinderung" dar.

In einem Leserbrief äußert sich eine Lehrerin eines 2. Schuljahres zu dieser Passage folgendermaßen: Diese Lektion erwecke den Eindruck, daß der Protagonist nicht gewußt haben soll, daß Gott nichts ohne Nutzen schaffe. Also stellt sich hier die Frage, ob wir den Nutzen bestimmter Dinge immer erst nach dem praktischen Gebrauch erkennen oder ob wir uns nicht frühzeitig mit dem Nutzen von Gegenständen kognitiv auseinandersetzen sollten. Die Grundschullehrerin ist der Überzeugung, daß alles, was in der Welt existiert, grundsätzlich von Nutzen sei, weil Gott es erschuf. Sie vertritt außerdem die Auffassung, daß die Kinder ohnehin viel mehr verständen, als man ihnen zutraue. In einem agrarisch geprägten Land wie dem Iran sollten sich Kinder in den Schulen nicht mit diesen elementaren Kenntnissen auseinandersetzen. Da sie in ländlicher Umgebung aufwüchsen, seien ihnen die Eigenschaften von Nutztieren von früher Kindheit an ohnehin vertraut.[58]

Aus diesem Leserbrief geht hervor, daß sowohl unter Lehrkräften als auch in der pädagogischen Literatur durchaus Ansätze zur Kritik bezüglich pädagogischer Fragen vorhanden sind.

7.4.3. Die Bedeutung von politisch-militärischer Agitation

Im folgenden sollen Persisch-Lesebücher für den Primarbereich im Hinblick auf Anzeichen untersucht werden, die auf politisch-militärische Einflußnahme des Staates im Bereich des Bildungssystems hindeuten. Dabei ist vorab anzumerken, daß in diesem Kontext auch immer religiöse Aspekte mit einfließen. Die ausge-

---

[55] Wezarat-e Amuzesch Wa Parwaresch (Hg.): Farsi-e kelas-e dovom-e dabestan (Bildungs- und Erziehungsministerium (Hg.): Persisch-Lesebuch des zweiten Schuljahres). Teheran 1373 (1994), S. 248 [Übersetzung des Verfassers].
[56] Vgl. Nafisi 1992, S. 169.
[57] Vgl. Wezarat-e Amuzesch Wa Parwaresch (Hg.): Farsi-e kelas-e dovom-e dabestan (Bildungs- und Erziehungsministerium (Hg.): Persisch-Lesebuch des zweiten Schuljahres). Teheran 1373 (1994), S. 248 [Übersetzung des Verfassers].
[58] M.N. (Lehrerin einer zweiten Klasse): Leserbrief zur Kritik und Analyse eines Persisch-Lesebuchs des zweiten Schuljahres; in: Roschd Moallem (Entwicklung). Teheran Mehr 1370 (Oktober 1991), S. 32-36, hier S. 34 [Übersetzung des Verfassers].

wählten Beispiele dienen dazu, die thematische Ausrichtung von Schulbüchern, welche entscheidend von dem Phänomen des Kriegsgeistes geprägt sind, aufzuzeigen. Dies bleibt nicht ausschließlich auf den Primarbereich beschränkt, sondern umfaßt das gesamte Bildungssystem.

> „Waren die Auseinandersetzungen im Hochschul- sowie Bildungs- und Erziehungsbereich nach dem Sturz des Schahs hauptsächlich an den aktuellen politischen Machtkämpfen orientiert, so fließen seit Anfang 1983 immer stärker Fragestellungen wie Selbstversorgung des Landes (...) ein. (...) Erziehung und Ausbildung werden aber nicht nur auf die industrielle, gewerbliche und landwirtschaftliche Produktion, sondern auch auf den Krieg ausgerichtet."[59]

Diese Lehrinhalte, in denen einerseits die bereits erwähnte Indoktrination der Kinder, andererseits die Heroisierung des Krieges offen zu Tage treten, dienen den politischen Interessen des religiösen Staates. Bereits im Grundschulalter wird ein festgelegtes Feindbild aufgebaut, was auch die gängige Praxis der iranischen Außenpolitik widerspiegelt. Diese Haltung korrespondiert in manchen ihrer Grundzüge durchaus mit dem betont autoritären Denken während der Zeit des Nationalsozialismus in Deutschland.

Die Verfasser der iranischen Schulbücher stellen die in der Tat diskussionswürdige Einmischung westlicher Staaten in iranische Angelegenheiten lediglich einseitig und überzeichnet dar. So werden der Westen und seine Verbündeten in den persischen Grundschulbüchern durchgängig in negativem Licht dargestellt.[60] Dies führt zu einer prinzipiellen und die Interessen des iranischen Volkes schädigenden Fremdenfeindlichkeit unter der jüngeren Bevölkerung.[61]

Aus dieser Einstellung heraus ergibt sich, daß die Kinder frühzeitig auf den Krieg gegen diese vermeintlichen Gegner vorbereitet werden. Besonders deutlich wird dieser Sachverhalt seit 1980. Zeitgleich mit dem Ausbruch des irakisch-iranischen Krieges setzte eine aggressive Kriegsmobilisierung auch an den Schulen ein. Seit Oktober 1982 benötigten Jugendliche für den Kriegseinsatz nicht einmal die Zustimmung ihrer Eltern.[62] Infolgedessen leisteten organisierte iranische Kindersoldaten-Verbände im zermürbenden, etwa 8 Jahre anhaltenden Stellungskrieg einen hohen Blutzoll.[63]

Ein erster Abschnitt aus einem Persisch-Lesebuch für das dritte Schuljahr veranschaulicht zu Genüge die Militarisierung der Erziehung. Die Lektion mit dem Titel *Nodjawani az felestin* (Der Jugendliche aus Palästina) thematisiert den Befreiungskampf der Palästinenser gegen die Israelis. Sie stellt die Palästinenser als ein bereits seit langen Jahren durch Israel unterdrücktes Volk dar. Der Text appelliert also an die Solidarität mit dem palästinensischen Volk und ruft zur Einheit der Muslime auf. Die Schüler erhalten bei dieser Lektion die Aufgabe, einen Aufsatz über diesen Befreiungskampf zu verfassen, bei dem sie folgende

---

[59] Samadzadeh-Darinsoo 1986, Bd. 4, S. 633.
[60] Vgl. Meyer 1984, S. 267f.
[61] Vgl. Ebda., S. 273.
[62] Vgl. Samadzadeh-Darinsoo 1986, Bd. 4, S. 636f.
[63] Vgl. Munzinger-Archiv: Iran - Soziales und Kultur, S. 10.

Wörter verwenden sollen: Palästinenser, Mitkämpfer, Vertriebene, Schüsse, Mörder, Muslim, Einheit, Angst, Feind und Aggressor.[64]

Eine weitere aufschlußreiche Textstelle ist die Lektion mit dem Titel *Nodjawan-e basidji* (Der sich freiwillig zum Krieg meldende Jugendliche). Dieser Text handelt von der realen Biographie eines 13jährigen Jugendlichen namens Hossein Fahmideh, der sich ungeachtet seines verhältnismäßig niedrigen Alters bemühte, die Befehlshaber zu überzeugen, seinem Einsatz an die Front zuzustimmen. Er zeichnete sich durch Tapferkeit im Sinne des islamischen Staates aus. Im irakisch-iranischen Krieg opferte er sein Leben und erreichte somit das höchste Ideal, nämlich als Märtyrer zu sterben. Zu seinem Andenken benannte der Staat in Teheran ein großes Sportstadion. Khomeini äußert sich anlässlich des Todes dieses Jugendlichen wie folgt:

„Unser Führer ist dieses 13-jährige Kind, das sich mit Handgranaten umwickelt und sich unter einen Panzer wirft, um diesen so zur Explosion zu bringen".[65]

Dem genannten Schulbuch ist folgende Bemerkung zu entnehmen:

„Nun ist die Sehnsucht von Hossein Fahmideh erfüllt."

In den Schulen der islamischen Republik sind die Kinder von Stolz erfüllt, wenn dieser Name in ihrer Gegenwart fällt.[66] Die sechste Frage zu dieser Lektion lautet: Welche Beweggründe haben die Kinder der islamischen Republik Iran, auf Hossein Fahmideh stolz zu sein? Abschließend werden sie aufgefordert, als Hausaufgabe ein paar Zeilen über die Biographie eines Märtyrers zu Papier zu bringen, der ihnen persönlich vertraut ist oder über den sie etwas gehört oder gelesen haben.

Die Glorifizierung des Verhaltens dieses dreizehnjährigen Jugendlichen durch Khomeinis Äußerungen belegt die bereits erwähnte These, daß von den Machthabern des Regimes die Minderjährigen zur Durchsetzung von politischmilitärischen Zielen manipuliert werden, um unter Einsatz ihres Lebens für den Staat einzutreten. Ohne Zweifel sollte die Entwicklung von Tugenden wie etwa Solidarität und Opferbereitschaft im Rahmen des erzieherischen Prozesses gefördert werden, jedoch muß sich die konkrete Umsetzung dieser Werte unbedingt im Rahmen der kindlichen Erfahrungswelt bewegen und darf bei der

---

[64] Vgl. Wezarat-e Amuzesch Wa Parwaresch (Hg.): Farsi-e kelas-e sevom-e dabestan (Bildungs- und Erziehungsministerium (Hg.): Persisch-Lesebuch des dritten Schuljahres). Teheran 1373 (1994), S. 134 [Übersetzung des Verfassers].

[65] Khomeini, Ayatollah, in: Wezarat-e Amuzesch Wa Parwaresch (Hg.): Farsi-e kelas-e tschaharom-e dabestan (Bildungs- und Erziehungsministerium (Hg.): Persisch-Lesebuch des vierten Schuljahres). Teheran 1371 (1992), S. 28 [Übersetzung des Verfassers]. Dieser Lesetext weist bemerkenswerte Übereinstimmungen zu der anläßlich des Internationalen Tages des Kindes 1986 im Iran erschienenen Doppelbriefmarke auf, welche sich im Anhang 2 befindet.

[66] Vgl. Wezarat-e Amuzesch Wa Parwaresch (Hg.): Farsi-e kelas-e sevom-e dabestan (Bildungs- und Erziehungsministerium (Hg.): Persisch-Lesebuch des dritten Schuljahres). Teheran 1373 (1994), S. 138 [Übersetzung des Verfassers].

Durchsetzung politischer Interessen nicht zum Mißbrauch kindlicher Emotionen führen.

Die 17. Lektion aus dem Persisch-Lesebuch für das zweite Schuljahr mit der Überschrift *Rah-e Piruzi* (Der Weg des Sieges) thematisiert eher indirekt Strategien der Konfliktbewältigung. Die Geschichte beginnt mit dem folgenden Satz: „Eine Gruppe von Spatzen lebte in der Wüste." Wie aus Text und Illustration hervorgeht, zertrampelt ein Elefant Spatzennester. Als Reaktion darauf greifen die Spatzen den Elefanten an und picken ihm die Augen aus.[67]

Daß diese Geschichte einer viel älteren Vorlage folgt, die der bekannte persische Dichter *Gala od Din Rumi* im dreizehnten Jahrhundert verfaßte, erwähnt das Schulbuch mit keinem Wort. Die ursprüngliche Erzählung handelt davon, daß ein Ameisenvolk, das sich von einem Elefanten bedroht fühlt, ihn sticht und dadurch in die Flucht jagt. Die Originalfassung enthält also eine vergleichsweise mildere Botschaft als die Version, die sich in dem genannten Lesebuch befindet. Dieses Beispiel verdeutlicht, daß die Verfasser der gegenwärtigen Lehrbücher die traditionsreichen bekannten Geschichten manipulieren und diese im Sinne der herrschenden Ideologie uminterpretieren.

Wenn die Intention der Erzählung sein sollte, den Kindern die Einsicht zu vermitteln, daß die Einheit und die Geschlossenheit der Unterdrückten die Voraussetzung für einen Sieg gegenüber einem mächtigeren Gegner bedeutet, so hätte die alte Vorlage diesem Zweck vollkommen genüge getan. Die neue Fassung dagegen ist inhuman und vermittelt den Kindern eine Haltung, die zu Brutalität und Racheakten führen kann.

Die 29. Lektion des gleichen Lehrbuchs thematisiert *ejd-e nuruz* (das Noruz-Fest)[68], das bedeutendste traditionelle, iranische Fest aus vorislamischer Zeit zum Frühlingsbeginn. Es entspricht in seiner Bedeutung etwa dem Weihnachtsfest im christlichen Abendland. Bei diesem mehr als zweitausend Jahre alten Brauch wird für die zwölf Tage des Neujahrsfestes ein Tischtuch auf dem Boden ausgebreitet und mit sieben Gegenständen verziert, die alle mit dem Buchstaben „S" beginnen. Diese sogenannte *Sofrehe Haftsin* (Tafel der sieben „S"-Gegenstände) verkörpert symbolisch die Frische, die Fruchtbarkeit, die Liebe und den Reichtum des Frühlings.[69] Während dieser Tage besuchen sich die Iraner gegenseitig und die Kinder erhalten Geschenke von ihren Eltern.

Seit der Revolution von 1979 interpretiert die iranische Führung dieses Fest bewußt als Glorifizierung der Islamischen Republik, daher mangelt es dieser Lektion an einer Erklärung über den mythischen und historischen Hintergrund dieses Festes. So ist dem Dialog in diesem Buch keine Bemerkung bezüglich des

---

[67] Vgl. Wezarat-e Amuzesch Wa Parwaresch (Hg.): Farsi-e kelas-e dovom-e dabestan (Bildungs- und Erziehungsministerium (Hg.): Persisch-Lesebuch des zweiten Schuljahres). Teheran 1373 (1994), S. 132-139 [Übersetzung des Verfassers].

[68] Vgl. ebda., S. 230-237.

[69] Vgl. Moin, Mohammad: Persisches Lexikon. Bd. 4, Teheran 1362 (1983), S. 5155 [Übersetzung des Verfassers].

Sofrehe Haftsins, das ursprünglich einen typischen Bestandteil dieses Festes ausmachte, zu entnehmen.

> „Was habt ihr am Noruzfest gemacht?" – „In unserer Nähe wohnen einige Familien der Märtyrer der Revolution, die bei der Bevölkerung sehr beliebt sind. Wir haben sie besucht, zum Neujahrsfest haben wir ihnen gratuliert und für den Sieg und Erfolg aller Muslime der Welt gebetet".[70]

Mit der offenkundigen Ignoranz der kulturellen Traditionen aus der zoroastrischen Epoche sowie der Umfunktionierung solcher Feste zu einem Gedenktag an die Märtyrer, zielt der Staat darauf ab, die Identität des iranischen Volkes durch die islamische Religion besonders hervorzuheben.

Die bereits erwähnte Leserbriefschreiberin M.N. bemerkte kritisch in ihrem Brief zu eben dieser Lektion, ob es nicht sinnvoller wäre, die kürzlich erfolgte Befreiung der Gefangenen aus dem irakisch-iranischen Krieg zu thematisieren, anstatt die nun 12 Jahre zurückliegende und bereits mehrfach abgehaltene Revolutionsfeier erneut zu behandeln. M.N. vertritt die Auffassung, die Schulbuchverfasser müßten zur Kenntnis nehmen, daß die Inhalte der Schulbücher in regelmäßigen Abständen revidiert werden sollten. Sie kritisiert somit die ihrer Auffassung nach veralteten Inhalte dieser Bücher.

Jedoch erscheint der Vorschlag der Grundschullehrerin, eine Lektion über die Heimkehr der Soldaten zu gestalten, nicht unproblematisch, da dies abermals eine Verherrlichung militärischer Macht darstellt.

Anhand einer im Iran regelmäßig erscheinenden pädagogischen Zeitschrift lassen sich ferner weitere Anhaltspunkte für eine Militarisierung im schulischen Erziehungsbereich finden. Diese werden in ein festgelegtes und indiskutables Rollenverständnis eingebunden. Die Zeitschrift *Roschd Moallem* (Entwicklung) richtete sich im Jahre 1994 im Rahmen eines Schreibwettbewerbs mit der Aufforderung an Lehrer, ihre schönsten Erinnerungen in Form einer Geschichte wiederzugeben.

Eine Lehrerin aus Isfahan, die den 1. Preis gewann, schrieb eine Geschichte unter dem Titel *Schagerd-e Choschbacht-e Man* (Meine glückliche Schülerin) nieder. Diese Geschichte handelt von einem verwaisten Mädchen – es verlor die Mutter bereits bei ihrer Geburt -, das mit erheblichen Schwierigkeiten in der Schule zu kämpfen hat. Als Schülerin leidet sie später unter einer solch großen finanziellen Not, daß sie sich nicht einmal feste Schuhe leisten kann. Eines Tages kommt sie mit einem familiären Problem zu ihrer Lehrerin und bittet sie um Rat. Sie berichtet ihr, daß ihr Bruder rauche und Frauen auf der Straße belästige, und dies sei doch eine große Sünde. Daraufhin formulieren sie gemeinsam einen Brief an den Bruder und versuchen ihn auf einen anderen Weg zu bringen. Nach einiger Zeit kommt die Schülerin erneut zu ihr und teilt ihr mit, daß ihr Bruder sich zum Positiven hin geändert habe: Er rauche nicht mehr, zumindest nicht in

---

[70] Wezarat-e Amuzesch Wa Parwaresch (Hg.): Farsi-e kelas-e dovom-e dabestan (Bildungs- und Erziehungsministerium (Hg.): Persisch-Lesebuch des zweiten Schuljahres). Teheran 1373 (1994), S. 235 [Übersetzung des Verfassers].

ihrer Gegenwart, und er würde auf der Straße keine Frauen mehr belästigen. Darüber hinaus habe er sogar den Entschluß gefaßt, seinen religiösen Pflichten nachzugehen und Soldat zu werden. Für mehrere Jahre ist der Kontakt zwischen den beiden unterbrochen, bis die Schülerin ihre ehemalige Lehrerin zur Trauerfeier ihres Bruders einlädt, der als Märtyrer im Krieg gefallen war. Danach vergeht wieder eine geraume Zeit und die Lehrerin erhält erneut Nachricht von der ehemaligen Schülerin. Der Grund ist dieses Mal ganz anderer Art. Sie überbringt ihr unter Freudentränen die glückliche Nachricht, daß sie inzwischen verheiratet sei.[71]

Die Tatsache, daß dieser Wettbewerb ausgerechnet einen Erinnerungsbericht prämiert, der Kinder und Jugendliche zum freiwilligen Einsatz an der Front ermutigt, untermauert die These, daß unter den Schülern und Schülerinnen der kämpferische und aufopferungsvolle Geist gefördert werden soll. Dieser Erinnerungsbericht sugeriert, daß nicht Bildung das eigentliche Gut ist, das an der Schule vermittelt wird, sondern daß ein Leben im Einklang mit den religiösen islamischen-iranischen Werten das vorrangige Lernziel bildet. Für Männer bedeutet dies den körperlichen und geistigen Einsatz für den Islam bis hin zum Tod und für Frauen die Ehe als sinngebenden Lebensabschnitt.

Die Analyse des vorliegenden Lehrmaterials verdeutlicht, daß bei auftretenden gegensätzlichen Interessen eine Konfliktlösungsstrategie propagiert wird, die lediglich auf Gewalt als einzig legitimem Mittel beruht. Eine Erziehung zum Frieden, zur Toleranz und der Suche nach alternativen Lösungsmöglichkeiten von Konflikten wie Kompromißbereitschaft und der Dialog werden deutlich vernachlässigt. Bereits in der Grundschule findet eine als Indoktrination zu bezeichnende politische Mobilisierung statt. Sie verherrlicht eine bedingungslose, das eigene Leben nicht schonende Opferbereitschaft zur Realisierung politischer Ziele. Die Texte appellieren in bemerkenswert emotionaler Weise an die Hilfsbereitschaft und die Gefühle der Kinder, erreichen dies lediglich durch eine hohe Glorifizierung des Märtyrertums. Diese Erziehung vertritt zudem eine unübersehbar enge Vorstellung über die jeweiligen Geschlechterrollen. Sie weist den Mädchen primär ihre künftige Rolle als Mutter und den Jungen als Kämpfer für die Islamische Republik zu.

Die genannten Aspekte bilden einen deutlichen Kontrast zu den angestrebten Zielen einer modernen Pädagogik, wonach der Einzelne – ungeachtet seines Geschlechts – zur individuellen Entfaltung der Persönlichkeit ermutigt werden und darüber hinaus die Schule den Kindern genügend Freiräume für eigenständige Erfahrungen bieten sollte. Die Kindheit repräsentiert hierbei einen sinnerfüllten Lebensabschnitt, der nicht ausschließlich auf gesellschaftliche Aufgaben vorbereitet. Folgte man den genannten pädagogischen Prinzipien, müßte dementsprechend im Iran das Kind vor einer politischen Vereinnahmung geschützt werden. Die Schule sollte anhand spezifisch konzipierter Curricula Konfliktlösungsstrategien anbieten, die auf Friedenserziehung bedacht sind. Sie sollte den kulturel-

---

[71] Vgl. Moini, Zohreh: Meine glückliche Schülerin; in: Roschd Moallem (Entwicklung). Teheran Azar 1371 (Dezember 1992), S. 76-78 [Übersetzung des Verfassers].

len Austausch mit anderen Nationen gezielt fördern und bei dem Abbau von Feindbildern entscheidend mitwirken.

7.4.4. Zur Relevanz von didaktisch-pädagogisch begründeten Kriterien für die Auswahl der Lehrinhalte

Im Mittelpunkt der vorangegangenen Abschnitte stand die Untersuchung der Lehrinhalte anhand ausgewählter Primarschulbücher bezüglich des Personenkultes und der Manipulation sowie der Ideologisierung und politisch-militärischen Agitation. Im folgenden werden grundsätzliche, konzeptuelle Schwächen im pädagogischen Bereich theamtisiert. Bis heute fehlen dem Lehrpersonal sowohl fundierte curriculare Leitfäden oder Lehrpläne als auch Lehrerhandbücher über die zu vermittelnden Lehrinhalte im Unterricht. Da der Staat ihnen keine Orientierungshilfe für die konkrete Unterrichtsplanung anbietet, verwundert die aus pädagogischer Sicht wenig fruchtbare Gestaltung des Unterrichts nicht. Darüber hinaus sind die Schulbücher, wie auch die Lehrpläne, oft nicht dazu geeignet, den individuellen Interessen und Neigungen der Schüler Rechnung zu tragen, sie zu motivieren und das eigenständige Denken als wichtigstes Erziehungsziel bei ihnen zu fördern. Die Curriculumentwicklung im Primarbereich folgt nach wie vor den traditionellen Prinzipien.

Wirft man nun einen Blick auf die publizierten Schulbücher und die Fachliteratur, so fällt auf, daß sich diese häufig nicht an begründeten didaktischen Kriterien orientieren und die spezifischen gesellschaftlichen Bedürfnisse vielfach ignorieren. Das gilt im übrigen sowohl für die vorrevolutionäre als auch für die nachrevolutionäre Zeit. Exemplarisch wird nun die Auffassung der pädagogischen Fachkräfte vor Ort sowie die staatlich vertretene Position zu den iranischen Lehrbüchern im Primarbereich referiert.

Iranische Pädagogen, die infolge ihrer Auslandsaufenthalte mit anderen Schulsystemen und Schulbuchkonzepten in Berührung kamen, kritisieren insofern die Konzeption der Lehrbuchtexte, als sie im Prinzip zwei maßgebliche Argumente anführen. Sie nennen den Glauben der Dichter und Schriftsteller an die Revolution und die Orientierung an islamischen Werten. Pädagogische Hintergründe seien jedoch bei der Gestaltung der Lehrbücher nicht ausschlaggebend.[72]

Marzolph, der Märchen in iranischen Schulbüchern analysiert, weist in seinem Artikel *Interkulturelles Erzählen* auf einen weiteren Aspekt hin, daß nämlich die neuen Bücher nur geringen Raum für eine freie Entfaltung der Kinder in Form von spielerischem Lernen bieten.[73] Die Einbeziehung des Spiels in den Lernprozeß in der Grundschule lehnt die iranische Führung grundsätzlich ab, da ihrer Meinung nach das Spiel in der Schule ohne konkretes Lernziel nur zum Verfall der moralischen Werte geführt habe. Diese Einschätzung ignoriert jedoch die Möglichkeiten mannigfaltiger Spielansätze mit durchaus konkretem Lernziel. Die Bildungspolitiker scheinen dabei jedoch in das gegenteile Ex-

---

[72] Vgl. Samadzadeh-Darinsoo 1986, Bd. 4, S. 632.
[73] Vgl. Marzolph 1995, S. 192.

trem zu verfallen, wenn sie die Vermittlung aller Lehrinhalte mit einer politischen, religiösen oder moralischen Zielsetzung verbinden. Dies widerspricht einer kindgemäßen Vermittlung von Lehrinhalten und einem positiven Lerngefühl.

Bei der Betrachtung einzelner Lektionen in den Schulbüchern fällt den pädagogischen Fachkräften vor Ort auf, daß oftmals die Intention der Texte nicht erkennbar sei. So weist M. N. darauf hin, Gespräche mit ihren Kolleginnen hätten ergeben, daß diese oft nicht in der Lage seien, die spezifischen Zielsetzungen der Lektionen zu präzisieren.[74] Als Beleg für ihre Aussage stützt sie sich dabei auf eine Befragung, die sie unter ihren Kolleginnen zu dem Persisch-Lesebuch für das zweite Schuljahr durchführte. Auf die Frage nach den Intentionen, die die Lektion unter dem Titel *Kokab chanum* (Die Frau Kokab)[75] verfolge, äußerten sich die Befragten, daß die Geschichte „vermutlich" mit Fragen der Hygiene, des guten Geschmacks und der Gastfreundschaft verbunden sein könnte.

Die Verfasserin dieses Leserbriefes führt ein weiteres Beispiel an, nämlich die 4. Lektion des gleichen Schulbuchs mit dem Titel *Tasmim-e Kobra* (Kobras Entscheidung),[76] auf deren Inhalt sie nicht näher eingeht. Nach Meinung der Befragten ließe sich diesen Lektionen lediglich entnehmen, von welcher Bedeutung der Schutz privaten oder fremden Eigentums sei. Insbesondere ziele diese Lektion darauf ab, den Schülern zu vermitteln, auf die Schulbücher achtzugeben, die Eigentum der Schule seien. Allerdings seien darüber hinaus keine weiteren erzieherischen Ziele zu erkennen[77].

Weitere aufschlußreiche Aussagen über die Probleme im Schulbuchsektor bietet ein Interview von *Mosadeghi* mit dem stellvertretenden Minister für Bildungs- und Erziehungsangelegenheiten. Er widmet sich hierbei der thematischen und der inhaltlichen Ausgestaltung der Schulbücher. Auf die Frage nach der Begründung für den Ersatz einer Lektion über den Propheten Mohammad, die das freundliche Verhalten gegenüber Kindern thematisiert, durch das Gedicht *Choda* (Gott),[78] eine Lektion über die Erkenntnis Gottes, antwortete der Minister

> „Ich muß dazu anmerken, daß in jüngster Zeit erhebliche Ähnlichkeiten in den Lektionen der Lehrbücher des Persisch- und des Religionsunterrichtes bestanden haben. Beispielsweise wurde eine Lektion, in der eine Gedichtinterpretation erfolgte, im Religionsunterricht der dritten Klasse, zugleich im Persischunterricht der vierten Klasse und ein wenig modifiziert im Religionsunterricht der fünften Klasse gehalten. Wir sind be-

---

[74] Vgl. M.N.; in: Roschd Moallem (Entwicklung), 1991, S. 33. [Übersetzung des Verfassers].
[75] Vgl. Wezarat-e Amuzesch Wa Parwaresch (Hg.): Farsi-e kelas-e dovom-e dabestan (Bildungs- und Erziehungsministerium (Hg.): Persisch-Lesebuch des zweiten Schuljahres). Teheran 1373 (1994), S. 65-73.
[76] Vgl. Ebda., S. 24-31.
[77] Vgl. M.N.; in: Roschd Moallem (Entwicklung), 1991, S. 35. [Übersetzung des Verfassers].
[78] Vgl. Wezarat-e Amuzesch Wa Parwaresch (Hg.): Farsi-e kelas-e dovom-e dabestan (Bildungs- und Erziehungsministerium (Hg.): Persisch-Lesebuch des zweiten Schuljahres). Teheran 1373 (1994), S. 257.

müht, solche Wiederholungen zu vermeiden: Dies gilt gleichermaßen für die Lektion zum Thema Gott."[79]

Diese Äußerungen verdeutlichen, daß in vielen Fächern religiöse Texte im Mittelpunkt des Unterrichts stehen und Wiederholungen von Texten ein generelles Problem darstellen. Inhalt des Gedichts ist zu Beginn die Verleugnung Gottes durch den Autor. Im weiteren Verlauf des Gedichts aber erkennt er, daß Duft und Farben der Blumen sowie das Licht ein Zeichen Gottes seien. *Mosadeghi* stellte dem Minister zu diesem Gedicht noch weitere Fragen, etwa, ob der Minister denn glaube, daß eine solche doch recht abstrakte Interpretation eines Gedichts in der zweiten Grundschulklasse überhaupt angebracht sei. Darauf antwortete dieser

„Die Frage nach Gott ist etwas Selbstverständliches für ein Kind in diesem Alter. Kinder fragen oft: Wo ist Gott? Warum wohnt er nicht in unserem Haus? Wenn er nicht in unserem Haus wohnt, wo lebt er dann? Hören die Kinder von der Pilgerfahrt nach Mekka, so glauben sie, daß Gott wirklich und wahrhaftig dort in Mekka wohne. Der Vorzug nun bei der Interpretation dieses Gedichts liegt eben gerade darin, daß es in einer kindgemäßen Sprache verfaßt ist. Den Lehrern empfehle ich, die Kinder dieses Gedicht auswendig lernen zu lassen, damit der Geist dieses Gedichts die gesamte Existenz des Kindes durchdringt. Dabei genügt es nicht, sich nur argumentativ und in kognitiver Weise mit diesem Thema auseinanderzusetzen."[80]

Die Antwort des Ministers dokumentiert immerhin, daß es im Iran Ansätze zu einer öffentlichen Debatte über Schulbücher und Lehrinhalte gibt, zu der auch Fachkreise Stellung nehmen. Dies sind mitunter auch Belege für die Forderung nach kindgerechtem Grundschulunterricht, und von offizieller Seite ist man geneigt, den Unzulänglichkeiten auf diesem Gebiet mit entsprechenden Maßnahmen zu begegnen.

Zweifelsfrei ist es sinnvoll, daß Kinder unter anderem auch Gedichte in ihr Gedächtnis einprägen, um diese sinnlich-ganzheitlich zu erleben und somit ihre Phantasie anzuregen. Über eine reine Memorierung des Inhalts hinaus sollte jedoch in der Primarstufe eine kognitive Auseinandersetzung mit dem Text stattfinden, etwa die lautmalerische Struktur zu erfassen, das Gedicht kreativ malerisch umzusetzen oder musikalisch-rhythmisch darzustellen. Als weiteres Lernziel sollte der Unterricht bereits darauf ausgerichtet sein, daß die Kinder künftig zur Interpretation und Diskussion eines Textes und gegebenenfalls auch durch Kritik ein erweitertes Verständnis desselben erlangen.

Die eben skizzierten Ausführungen lassen auf folgende markante Schwachpunkte bei der pädagogischen Konzeption und Zielsetzung schließen. Sowohl die rigorose Beibehaltung des bereits vielfach erwähnten Auswendiglernens als auch fehlende altersgemäße und kindgerechte Begriffe in den Texten erscheinen

---

[79] Mosadeghi, Modjtaba: Ein Interview zu einer Lektion über Gott in der zweiten Klasse im Persischunterricht. Analyse und Kritik der Grundschullehrbücher. 2. Auseinandersetzung; in: Roschd Moallem (Entwicklung). Teheran Aban 1370 (November 1991), S. 26 [Übersetzung des Verfassers].

[80] Mosadeghi 1991, S.27 [Übersetzung des Verfassers].

pädagogisch wenig konstruktiv. Ferner sind die Lehr- und Lerninhalte bezüglich der ihnen zugrunde liegenden Fragestellungen nicht auf dem neuesten Stand; gesellschaftlich relevante Themen werden kaum aufgegriffen. Die genannten Gesichtspunkte, welche der Verfasser exemplarisch analysierte, deuten auf die Nichtbeachtung pädagogischer Kriterien, die unsere moderne Zeit erfordern, sowie mangelnde Flexibilität und Innovation des iranischen Schulsystems hin. Die beiden letztgenannten Aspekte gewinnen aber in unserer Zeit in einem zunehmenden Ausmaß an Bedeutung.

7.5 Auswirkungen des zentral gestalteten Bildungssystems bezüglich der Chancengleichheit der Landbevölkerung, der ethnischen und religiösen Minderheiten sowie der Nomaden

Bereits bei der Grundschulthematik läßt sich deutlich erkennen, daß das Bildungssystem der Islamischen Republik undynamisch verfaßt und daher nicht in der Lage ist, auf die vielfältigen bildungsspezifischen Besonderheiten einzugehen. Diese umfassen etwa das extreme Stadt-Land-Gefälle, ferner die unterschiedlich weit fortgeschrittene Integration ethnischer und religiöser Minderheiten und nicht zuletzt die bildungsspezifischen Bedürfnisse der nomadischen Stämme.

Das Bildungsministerium in der Hauptstadt Teheran trifft alle wesentlichen bildungspolitischen Entscheidungen für das gesamte Land. Seine Verwaltung ist strikt hierarchisch gegliedert. Dem Bildungsminister unterstehen die provinziellen Bildungsleiter und diesen wiederum die Distriktleiter, die über den Unterdistriktleitern und den Schuldirektoren stehen. Das Bildungsministerium gliedert sich in sechs Sekretariate für verschiedene Aufgabenbereiche: 1. Archäologie, Veröffentlichungen und Bibliotheken, 2. Verwaltung und Finanzen, 3. Kunst, 4. Jugendanleitung und Sport, 5. Berufsausbildung und 6. das Sekretariat für Lehrerausbildung, Erwachsenenbildung, Ausbildung der Stämme sowie Forschung und Prüfungen.[81]

Als besonderer Nachteil der Zentralisierung läßt sich konstatieren, daß das Kultusministerium – im Gegensatz zur Handhabung im föderativen System der Bundesrepublik – ein landesweites Schulkonzept und Lehrbücher konzipiert. So ignorieren die Behörden oft das strukturelle Stadt-Land-Gefälle und die unterschiedlichen Bedürfnisse vor Ort. Diese Handhabung widerspricht dem Prinzip der Chancengleichheit.

Daraus folgt, daß bei der Zuteilung von Geldern weiter entfernte Städte und Dörfer oft Benachteiligungen erfahren. Unter diesen Bedingungen können weder die klimatischen Gegebenheiten noch der örtliche Lebensrhytmus die erforderliche Beachtung finden. So wirken sich in manchen Gegenden die extrem hohen Temperaturen im Sommer ungünstig auf die Konzentration der Schüler aus. Da in den ländlichen Gebieten insbesondere während der Erntezeit noch ein hoher

---

[81] Zur Organisation des iranischen Bildungssystems vgl. Kurian, George: Iran; in: World education Encyclopedia USA. New York 1988, S. 602-609, hier S. 603.

Bedarf an Kinderarbeit vorhanden ist, besuchen viele von ihnen die Schule häufig gar nicht oder nur unregelmäßig. Eine weitere Benachteiligung dieser Gebiete zeigt sich darin, daß oftmals nur eine Schule für mehrere Dörfer vorhanden ist, so daß Primarstufenschüler weite Schulwege zu bewältigen haben. Der Besuch einer weiterführenden Schule ist auf Grund noch größerer räumlicher Distanz meist völlig ausgeschlossen.

Die personelle und materielle Ausstattung der Schulen auf dem Land entspricht einem besonders niedrigem Niveau, was sich primär im Mangel an qualifizierten Lehrern und geringeren Sachmitteln ausdrückt. Aus den genannten Gründen ist in weiten Teilen des Landes – vor allem in den Dörfern – der gesetzlich vorgesehene Schulbesuch weiterhin nicht realisiert. Auf solche Benachteiligungen reagierten die Bildungspolitiker zwar mit vermehrten Investitionen, doch sind diese Bemühungen nicht intensiv genug, um die vorhandenen Bedürfnisse ausreichend abzudecken.

Obwohl der Staat die Investitionen in das Bildungswesen seit 1979 wesentlich steigerte, belegen statistische Untersuchungen, daß in den Jahren 1982 bis 1987 immerhin etwa 20% aller sechsjährigen Kinder – auf dem Land sogar 40% – keine Primarschulbildung erhielten.[82]

Die mir zugänglichen Daten für die neunziger Jahre belegen zwar, daß im Jahre 1996 von den 60,05 Millionen Einwohnern des Landes 60% in Städten und 40% in ländlichen Gebieten wohnten. Zahlen, die die Analphabetenrate nach Stadt und Land getrennt aufführen, liegen mir allerdings nicht vor. Es erfolgte lediglich eine Differenzierung nach der Geschlechtszugehörigkeit.[83] Wenn auch die neueren Angaben keine Aufschlüsse hinsichtlich einer Differenzierung nach ländlichen und städtischen Gebieten erlauben, so ist doch auf Grund der bereits skizzierten Benachteiligung der ländlichen Gebiete, wie sie sich aus der zentral verwalteten Struktur des Iran ergibt, davon auszugehen, daß bezüglich dieses Problemfeldes keine substantiellen Änderungen eingetreten sind. Somit ist davon auszugehen, daß die Diskrepanz zwischen Stadt und Land weiter existiert und gegenwärtig noch ein hoher Bedarf an einer langfristigen, effizienten Bildungsplanung für die ländlichen Gebiete unabdingbar ist.

Der Abbau ökonomischer und sozialer Benachteiligungen sowie des Bildungsdefizits der Eltern soll im Vordergrund dieser Bemühungen stehen. Das Analphabetentum hatte bisher zur Folge, daß vor allem in den ländlichen Regionen die Gesellschaft die Bedeutung der Bildung für nachwachsende Generationen nicht hinreichend erkannte.

Innerhalb dieser Thematik nimmt einer der am meisten vernachlässigten Bereiche in Entwicklungsländern – nämlich die Erwachsenenbildung – einen nicht zu unterschätzenden Stellenwert ein. 1986 galten etwa über 69% der iranischen Bevölkerung zwischen 30 und 65 Jahren als Analphabeten, dies betraf vor allem ältere Menschen in ländlichen Gebieten. Die mangelnde Bildung der Eltern

---

[82] Vgl. Soltany 1994, S. 38.
[83] Bei den Männern beträgt sie 18% und bei den Frauen 33%. Vgl. Munzinger-Archiv: Iran - Soziales und Kultur; in: Munzinger Länderhefte, Nr. 5, 1998, S. 1-12, hier S. 3.

wirkt sich negativ auf die soziale Erziehung und das Bildungsbewußtsein der Kinder aus. So sind die schulischen Erwartungen von Eltern mit geringem Bildungsgrad an ihre Kinder entsprechend niedrig, was sich sowohl in der mangelnden Förderung ihrerseits als auch in der desinteressierten Einstellung des Kindes zu Schule und Unterricht niederschlägt. Erwachsene, die jedoch neben einer kulturtechnischen zugleich eine grundlegende wissenschaftliche, wirtschaftliche und politische Bildung erfahren, gewinnen dadurch einen erweiterten Horizont. Sie sind eher in der Lage, auf veränderte Situationen sowohl im sozialen Bereich als auch auf dem Arbeitsmarkt flexibel zu reagieren, öffentliche Weiterbildungsangebote effektiv und selbstbewußt zu nutzen und den Lernprozess ihrer Kinder nachhaltiger zu fördern.[84]

Ein weiteres, im Rahmen dieses Abschnitts zu behandelndes Problemfeld betrifft die bildungspolitische Lage der ethnischen Minderheiten. Nimmt man eine Tabelle der unterschiedlichen Sprachgruppen innerhalb der iranischen Gesellschaft von 1995 zur Hand, so fällt auf, daß lediglich 57% der Iraner dem Persischen oder den dem Persischen verwandten Dialekten wie Gilani oder Luri-Bakhtiari zuzuordnen sind. Der übrige Teil entfällt auf ethnische Minderheiten wie etwa Kurden, Araber, Turkmenen, Armenier und Assyrer.[85] De jure schließt die Verfassung der Islamischen Republik eine Benachteiligung dieser Minderheiten aus

> „Iranische Bürger genießen unabhängig von ihrem Volksstamm und ihrer Sippe gleiche Rechte. Niemand soll wegen seiner Hautfarbe, Sprache und ähnlicher Merkmale bevorzugt werden."[86]

Die Realität weicht jedoch gänzlich von diesem Verfassungsgrundsatz ab. Der Staat erkennt nicht-persischsprachige ethnische Minderheiten offiziell nicht an. Im zentral gesteuerten Bildungssystem wirkt sich dies dahingehend aus, daß die jeweils eigene Kultur und Sprache dieser Minderheiten zugunsten des Persischen deutlich vernachlässigt werden. Zwar gestattet der Staat entsprechend der Verfassung denjenigen ethnischen Minderheiten, die zugleich religiöse Minoritäten darstellen – auch wenn sie lediglich 0,7% der Gesamtbevölkerung ausmachen wie etwa die christlichen Armenier und Assyrer – den Unterhalt eigener Schulen, in denen entgegen des offiziellen Lehrplans, der den Islamunterricht verankert, Unterricht in der jeweiligen Religion erteilt wird.[87] Allerdings erfolgt der Unterricht nach wie vor ausschließlich in persischer Sprache. Den rein ethnischen Minderheiten bleibt das Recht auf eigene Schulen gänzlich versagt, ob-

---

[84] Vgl. Soltany 1994, S. 42ff.
[85] Zur differenzierten Einteilung der Ethnien vgl. Munzinger-Archiv: Iran - Soziales und Kultur, 1998b, S. 1.
[86] Verfassung der Islamischen Republik Iran, Grundsatz 19, S. 34.
[87] Die Verfassung der Islamischen Republik legt in Grundsatz 13 fest: „Iranische Bürger des zoroastrischen, jüdischen und christlichen Glaubens sind als offizielle religiöse Minderheiten anerkannt, die vollständig frei ihre religiösen Pflichten im Rahmen des Gesetzes ausüben können. Die Personenstandsangelegenheiten und die religiöse Erziehung erfolgen nach der entsprechenden Religion." Verfassung der Islamischen Republik Iran, S. 30.

wohl sie einen nicht unerheblichen Anteil an der iranischen Gesamtbevölkerung darstellen. Hierbei sind die türkischsprachigen Aserbaidschaner zu nennen, die etwa 24% der Gesamtbevölkerung beziffern.[88] In der Provinz Aserbaidschan führten die staatlichen Schulbehörden unter der türkischen Minorität anhand persischer Grundschullehrbücher eine Untersuchung des Lesevermögens der Kinder in der vierten Grundschulklasse durch. Ihre Muttersprache Türkisch divergiert ganz wesentlich von dem aus dem Indogermanischen erwachsenen Persischen. Die Untersuchung erbrachte folgende Ergebnisse: Die Frustration beim Lesen und Schreiben der persischen Sprache stellt sich bei vielen Kindern derart früh ein, daß sich diese Defizite nachteilig auf das gesamte Lernverhalten auswirken. Die schulischen Barrieren der Schüler nehmen drastisch zu. Sie besuchen die Schule nur ungern, verlieren die Lernfreude und geraten in Gefahr, die Schuljahresabschlußprüfung nicht zu bestehen.[89]

Unter den bereits genannten Sprachen der Ethnien nimmt das Arabische in der Schule eine Sonderstellung ein. Der Koran vermittelt – primär durch das Memorieren von Suren – den islamischen Schülern bereits mit dem Beginn der Grundschule Kenntnisse der arabischen Sprache. Kurdisch, Türkisch und andere im Land geläufigen Minderheitensprachen sind im Lehrplan nicht enthalten.

Ein Hinderungsgrund für eine eventuelle schulische Verwendung und Pflege der genannten Sprachen ergibt sich allerdings daraus, daß einige von ihnen – wie etwa das Kurdische –, bisher keine eigene Schrifttradition hervorbrachten, sondern sich lediglich auf mündliche Überlieferung stützen. Dies hat zur Folge, daß die Konzeption der Schulbücher und Arbeitsmaterialien für diese Sprachgruppen mit erheblichem Aufwand verbunden ist.

An dieser Stelle soll nun in gebotener Kürze das Augenmerk auf die Probleme der Nomaden gelegt werden. Sie stellen neben den ethnisch-religiösen Minderheiten einen Sonderfall dar. Nach einer Volkszählung im Jahre 1976 lebten im Iran etwa 33,5 Millionen Bürger. Zur gleichen Zeit betrug die Anzahl der Nomaden 2 Millionen, das entsprach einem Anteil von 6% an der Gesamtbevölkerung.[90] Betrachtet man die weitere demographische Entwicklung, ist allerdings ein rapider Rückgang des Nomadenanteils an der Gesamtbevölkerung zu verzeichnen. Laut einer Erhebung im Jahre 1994, also etwa zwei Jahrzehnte danach, ist die Zahl der Gesamtbevölkerung auf 59,78 Millionen gestiegen, während die Anteil der Nomaden von 6% auf 1% sank.[91] Obwohl mir keine aktuellen Angaben bezüglich der Nomaden-Politik im gegenwärtigen Iran vorliegen, legen diese Zahlen die These nahe, daß die Islamische Republik die auf Ansiedlung der Nomaden bedachte Politik fortsetzte, die bereits unter Reza Schah in den dreißi-

---

[88] Zum Anteil der Aserbaidschaner vgl. Munzinger-Archiv: Iran - Soziales und Kultur 1998b, S. 1ff.
[89] Vgl. Fathi-Azar, Eskandar: An Investigation of Reading Level of the Fourth Grade Persian Textbook in the East Azerbaijan Province of Iran; in: Compare 25. Köln 1995, S. 179-185.
[90] Vgl. Halliday 1979, S. 3.
[91] Vgl. Brockhaus - Die Enzyklopädie, 20. Aufl. 1997, Bd. 10 , s.v. Iran. Landesnatur/Bevölkerung.

ger Jahren begonnen und in der darauf folgenden Zeit unter Mohammad Reza Schah in den fünfziger und sechziger Jahren forciert fortgesetzt worden war.[92] Dieser Tatbestand erhärtet sich zudem dadurch, daß die Nomaden im allgemeinen als schwer integrierbare und kaum zu kontrollierende Bevölkerungsgruppe gelten[93], während ein totalitäres Regime wie die Islamische Republik vehement die Kontrolle und Überwachung der iranischen Staatsbürger verfolgt.

Es handelt sich bei den Nomaden nicht um eine einheitliche Gruppe; vielmehr gliedern sie sich in Vollnomaden, die ständig nomadisieren, und in Halbnomaden, die zwischen zwei konstanten Sommer- und Winterlagern wechseln. Die Unterrichtung der Nomadenkinder stellt ein besonderes organisatorisches Problem dar, da sie auf Grund ihrer Nichtseßhaftigkeit am Unterricht in den regulären Schulen kaum partizipieren können. Daher ist es für den Staat eine besondere Herausforderung, ihnen eine adäquate Schulbildung zu ermöglichen. Stellt man perspektivisch die Situation der Nomaden in den Mittelpunkt der Betrachtungen, so ist festzuhalten, daß der Erhalt ihrer Kultur nicht nur im Hinblick auf die Wahrnehmung und die Beachtung ihrer Rechte, sondern auch unter ökonomisch-ökologischen Gesichtspunkten eine sinnvolle Maßnahme darstellt.

> „Es kann heute als gesichert gelten, daß für viele extensive Weidegebiete die Nutzung durch Wanderhirten die optimale Anpassung an die natürliche Umwelt darstellt. Der Nomade hat durch die ihm eigene mobile Tierhaltung die kargen Weiten der Hochgebirge genutzt und sie ‚volkswirtschaftlich' überhaupt erst verwertet".[94]

Daraus resultiert als Grundforderung an den Staat, die ureigenen Traditionen und kulturellen Verhaltensmuster der Nomaden zu erhalten, zu fördern und in den Unterricht einzubinden. Die in städtischen Regionen vermittelten Unterrichtsinhalte lassen sich nicht uneingeschränkt auf die Verhältnisse der Nichtseßhaften übertragen. So erfordert bei gleichzeitiger Vermittlung von Kulturtechniken – Lesen, Schreiben und Rechnen – entsprechend der Lebensbedingungen und der Bedürfnisse die Modernisierung im nomadischen Kontext, jene Kompetenzen bei ihnen auszubilden, die ihre spezifische Lebensweise erleichtern und effektiver gestalten. Konkrete Vorschläge dazu sind etwa Lehrinhalte über effektive Viehzucht, Hygiene bei der Herstellung von Milchprodukten oder tiermedizinische und wirtschaftliche Grundkenntnisse. Dem organisatorischen Grundproblem, der begrenzten Teilnahmemöglichkeit der Nomadenkinder am Unterricht in den Regelschulen, läßt sich lediglich dadurch begegnen, daß Leh-

---

[92] Zur Ansiedlungspolitik in der Zeit der Pahlawi-Dynastie vgl. Hedjazian, Razi: Die Rolle der Nomadenstämme in der Politik Irans und die Nomaden-Politik des iranischen Staates, Diss. [*microfiche*] Berlin 1999, S. 211-217. Hedjazians Arbeit ist ein prägnantes Beispiel für eine Selbstzensur, welche sich iranische Autoren nach wie vor auferlegen. Obwohl er seine Arbeit im Jahre 1999, also immerhin zwanzig Jahre nach der iranischen Revolution, anfertigte, setzt er sich nicht einmal in Ansätzen mit der Nomaden-Politik der Islamischen Republik auseinander.
[93] Vgl. ebda., S. 117 (unter Berufung auf Rolf Herzog).
[94] Hedjazian 1999, S. 235.

rer sich den Herausforderungen dieser Arbeit stellen und der nomadischen Lebensweise anpassen.[95]

Die Bildungspolitiker der Islamischen Republik haben bisher geringe Anstrengungen unternommen, die ethnischen Minderheiten hinreichend in den Bildungsprozeß einzubeziehen. Dabei stellt die Herausforderung des Umgangs mit ihnen nicht nur ein Problem der Bildungspolitik dar. Dies betrifft vielmehr den gesamtpolitischen Charakter des Landes. Eine elementare Voraussetzung, um den Herausforderungen im Rahmen der global und international orientierten Weltpolitik und Wirtschaft adäquat begegnen zu können, ist zweifelsohne die Fähigkeit, die kulturspezifischen Bedürfnisse des eigenen Landes wahrzunehmen, seine ethnische Vielfalt anzuerkennen und angemessen darauf zu reagieren. Das Einüben eines respektvollen und toleranten Umgangs mit den Minderheitenkulturen hieße für den Iran, einen wichtigen Schritt in Richtung auf einen modernen Staat zu vollziehen, der sich auf internationaler Ebene behaupten kann.

In diesem Rahmen sind zeitgleich für Kinder ethnischer Herkunft spezielle Förderprogramme dringend erforderlich, so daß ihre durch sprachliche Herkunft bedingten Benachteiligungen zu Schulbeginn weitestgehend aufgehoben werden können. Neben der persischen Sprache, die als kommunikatives Bindeglied unter den verschiedenen Bevölkerungsgruppen fungiert, sollte den Minderheiten die Möglichkeit eingeräumt werden, ihre Muttersprache lesen und schreiben zu lernen. Gesamtgesellschaftlich betrachtet könnten neben der Schule auch die Massenmedien hierbei einen wichtigen Beitrag leisten, indem sie durch spezielle Angebote die Erhaltung der Minderheitenkulturen gezielt fördern und bei der Bevölkerung das Interesse für die Kultur der Minderheiten wecken. Wird die in der Verfassung verankerte Gleichberechtigung ernsthaft angestrebt, bestünde in dieser bildungspolitischen Neuorientierung eine erste grundlegende Maßnahme zur Schaffung eines modernen Vielvölkerstaates, der den spezifischen historischen und soziokulturellen Bedingungen des Landes gerecht wird. Damit wird einer Isolierung oder Abspaltung der Ethnien vom Staatsverband vorgebeugt.

Eine auf reflexive Modernisierung abzielende Bildungspolitik erfordert, daß man die lokalen kulturellen, sozialen und ökologischen Bedingungen stets im Blick behält. Organisatorisch setzt dies allerdings eine Dezentralisierung in der Verwaltung des Bildungssystems voraus.

7.6. Zwei zentrale Probleme des iranischen Schulwesens

7.6.1. Koedukation und das Verhältnis der Geschlechter an den Schulen

Seit Etablierung der Islamischen Republik wird im Zuge der gesamtgesellschaftlichen Umwälzungen von der religiösen und politischen Führung des Landes ein streng segregiertes System propagiert. Diese Trennung der Geschlechter

---

[95] Zu Problemen und bereits vorhandenen Lösungsansätzen bei der Unterrichtung von Kindern der nomadisierenden Stämme vgl.: Parsa, Mohamad: Tribal Education in Iran; in: Compare, Vol. 10, No. 1. Dortmund 1980, S. 55-59.

liegt im fundamentalistisch-islamisch geprägten Rollenverständnis von Mann und Frau begründet, das eine Separierung von weiblicher und männlicher Sphäre fordert.[96] Dies bringt unweigerlich Konsequenzen für die Kommunikation und das Zusammenleben beiderlei Geschlechter auf der gesellschaftlichen Ebene mit sich.

Im alltäglichen Leben der iranischen Gesellschaft dürfen Frauen nicht mit Männern in der Öffentlichkeit erscheinen, sofern sie nicht in Begleitung von Geschwistern oder verheiratet sind.[97] Auf diese Weise bleibt ihnen kein Freiraum für gemeinsame Aktivitäten, wie etwa Sport oder Freizeitgestaltung.

Auch das Bildungssystem blieb von diesen Veränderungen nicht unberührt.

Wie bereits dargestellt, führte das Pahlawi-Regime bereits in den dreißiger Jahren des 20. Jahrhunderts den koedukativen Unterricht in der Schule ein. Dies rief heftigen Widerstand seitens der Geistlichkeit hervor, so daß diese Unterrichtsform sich lediglich an einigen wenigen staatlichen und privaten Schulen durchsetzen konnte. Dieser ohnehin begrenzte koedukative Unterricht wurde von den Schulbehörden nach 1979 generell verboten. Seit dieser Wende erfolgt der Einsatz des Lehrpersonals geschlechterspezifisch.[98] Bereits von der Grundschule an ist Jungen und Mädchen der gemeinsame Schulbesuch verwehrt, und die Kinder und Jugendlichen begegnen in der Schule lediglich Lehrkräften des eigenen Geschlechts.

Indem die Schule den Jungen und Mädchen keine Freiräume zu einem freimütigen und ungezwungenen Umgang mit dem anderen Geschlecht bietet, in welchen sie sich unbeschwert miteinander am spielerischen Lernprozeß beteiligen können, wird ihnen eine wichtige Lebenserfahrung geraubt. Somit bleibt keine Möglichkeit, die Rollenbilder und bereits vorhandenen Vorurteile und Kompetenzen bezüglich des jeweils anderen Geschlechts zu hinterfragen. Auf diese Weise trägt die Schule in erheblichem Ausmaß dazu bei, die tradierte Dichotomie zwischen Männern und Frauen zu stärken und die Stereotypen zu festigen. In der alltäglichen Lebenspraxis begegnet man im Iran häufig Erscheinungsformen des weit verbreiteten Überlegenheitsgefühls des männlichen Teils der Gesellschaft über Frauen und Mädchen. Wenn man die Gleichberechtigung und damit auch gleiche Bildungschancen der Geschlechter als ein wesentliches Ziel der Modernisierung betrachtet, dann müßte auch im iranischen Bildungswesen schrittweise Koedukation neu begründet beziehungsweise wieder aufgegriffen werden. Damit sollte man in der Grundschule beginnen. Dies könnte dazu beitragen, das vielfach tief sitzende vorherrschende konservative, patriarchalische und zuweilen sogar archaische Frauenbild aufzuweichen. Partiell koedukativer Unterricht könnte zunächst ein akzeptabler Kompromiß sein, der die Inter-

---

[96] Vgl. Sanasarian, The politics of gender and development in the Islamic Republic of Iran; in: Gabbia, Joseph G. / Gabbia, Nancy W.: Women and development in the middle east and north Africa. Leiden/New York/Kopenhagen/Köln 1992, S. 64f.

[97] Vgl. Smoltczyk, Alexander / Gellie, Yves: Blick hinter den Schleier; in: Geo. Das neue Bild der Erde, Hamburg, 24.02.1992, S. 62-90.

[98] Vgl. Samadzadeh-Darinsoo 1986, Bd. 3, S. 454.

essen der Geistlichkeit und die vorliegenden gesellschaftlichen Verhältnisse im Iran berücksichtigen würde. Solch eine Minimallösung sollte aber ausbaufähig sein. Auch aus organisatorischen und materiellen Gründen ist eine solche Zusammenlegung vieler Mädchen- und Jungenschulen zu empfehlen.

Das Ziel eines partiell koedukativen Unterrichts sollte die Veränderung der Geschlechterrollen in Schule, Alltagsleben, Religion und Politik zugunsten eines gleichberechtigten Zusammenlebens sein. Bei solcher Behandlung der Geschlechter im Erziehungswesen fiele es später den Iranerinnen leichter, als Erwachsene auch auf gesellschaftlicher Ebene ihre Rechte durchzusetzen. Nachdrücklich ist zu empfehlen, daß sich die iranische Bildungspolitik dabei Erfahrungen und Forschungsergebnisse aus westlichen Ländern zunutze macht, vor allem dann, wenn später Koedukation auch in höheren Schulstufen eingeführt werden soll.

Es gilt, dies besonders im Hinblick auf den Sexualkundeunterricht zu beachten. Während dieser in Europa seit Jahrzehnten thematisiert wird, sind im Iran nicht einmal Ansätze zur Gestaltung eines solchen Unterrichts vorhanden. Da koedukativer Unterricht keineswegs den islamischen Vorstellungen von Erziehung entspricht, bleibt Sexualkundeunterricht erst recht ein Tabuthema, weshalb es keinerlei Denkansätze zu diesem Thema gibt.

Sexualkundeunterricht steht in den meisten europäischen Ländern bereits in der Grundschule als Unterrichtseinheit im Rahmen des Sachunterrichts auf dem Lehrplan und wird in den folgenden Schulstufen mehrfach als fächerübergreifendes Themengebiet mit unterschiedlichen Schwerpunkten behandelt.[99] Auf der Ebene der Verständnismöglichkeiten und Interessen von Kindern sollen hierbei die Funktion überkommener Vorstellungen über die Geschlechterrollen und die zukünftige sexuelle Entwicklung (Pubertät) bei Jungen und Mädchen thematisiert werden. In diesem Zusammenhang trägt die Koedukation dazu bei, daß sich die Kinder auch mit der körperlichen, seelischen und geistigen Entwicklung des eigenen und jeweils anderen Geschlechts auseinandersetzen.

> „In der 4. Klasse können diejenigen körperlich-seelischen Entwicklungsvorgänge angesprochen werden, die sich in der nächsten Zeit bei Mädchen und Jungen vollziehen werden."[100]

Dies soll gegenseitiges Verständnis und ein Gefühl für die eigene Körperwahrnehmung wecken. Die Schüler lernen, feste Rollenschemata zu hinterfragen. Jungen und Mädchen können auf diese Weise ihre Ängste vor den eintretenden Veränderungen in der Pubertät abbauen und ihre Emotionen und sexuellen Gefühle verstehen und bejahen. Ansätze einer Sexualerziehung sollten auch in der iranischen Pädagogik diskutiert werden.

Selbst wenn von den sogenannten westlichen Ländern viel über die Gestaltung koedukativen Unterrichts übernommen werden könnte, bleibt festzuhalten,

---

[99] Vgl. Teil C 1.2. Hessischer Rahmenplan für die Grundschule, Hessisches Kultusministerium (Hg.), Wiesbaden 1995, S. 268.
[100] Hessisches Schulgesetz 1997, § 7.

daß ungeachtet aller Fortschritte der letzten drei bis vier Jahrzehnte auch in diesen Ländern die Gleichberechtigung bei weitem noch nicht in allen Bereichen des gesellschaftlichen Lebens verwirklicht wurde. Eine speziell zu Aspekten der Koedukation publizierte Studie betont, daß „beide Geschlechter ‚neutral' oder ‚gleichberechtigt' zu erziehen" seien.[101] Gleichwohl wirken auch hier tief im Bewußtsein und im Verhalten der Frauen und Mädchen verwurzelte Traditionen in verschiedenen Bereichen des gesellschaftlichen Lebens, wie etwa in Politik, Beruf, Familie und Schule. Dies bestätigen auch Ergebnisse der Koedukationsforschung. Formell fördert der größte Teil der Schulen in Deutschland die Koedukation seit den sechziger Jahren in hohem Maße. Diese schulorganisatorische Maßnahme war zu jener Zeit wegen der rasant steigenden Bildungsnachfrage von Mädchen erforderlich, denn nur durch ihre Zulassung auf reinen Jungenschulen – besonders auf Gymnasien – konnte man diesem Andrang einigermaßen gerecht werden.[102] Koedukation ist gegenwärtig organisatorisch weitestgehend vollständig verwirklicht. Der überwiegende Teil des Unterrichts erfolgt in koedukativer Weise, selbst im Bereich des Sports.

Nun haben erziehungswissenschaftliche Studien aber einige überraschende Ergebnisse erbracht und zu neuem, pädagogischem Nachdenken angeregt[103]: Selbst wenn Lehrerinnen und Lehrer die pädagogische Absicht haben, Mädchen und Jungen im Unterricht und im außerschulischen Leben in vergleichbarer Weise zu fördern, wirken nicht selten geschlechtsspezifische Stereotype, die Kinder und Jugendliche in der außerschulischen Sozialisation seit ihrer frühesten Kindheit übernommen haben, der pädagogisch begründeten Absicht der Lehrkräfte entgegen.

In einer zum Aspekt solcher Stereotype von den Erziehungswissenschaftlerinnen Brehmer und Glumpler durchgeführten Analyse von Schulbüchern und Medien ergaben sich folgende häufig wiederkehrende Zuschreibungen und Rollenbilder

- „Mädchen und Frauen werden in Abbildungen und Texten seltener repräsentiert als Jungen und Männer.

- Frauen werden überwiegend als Hausfrau und Mutter dargestellt.

- Darstellungen berufstätiger Frauen beschränken sich auf sorgende und pflegende Berufe.

---

[101] Vgl. Rabe-Kleberg, Ursula / Löw, Martina: Geschlechterspezifische Sozialisation und deren Auswirkungen auf die Schulentwicklung; in: Braun, Karl-Heinz u.a. (Hg.): Schule mit Zukunft. Bildungspolitische Empfehlungen und Expertisen der Enquete-Kommission des Landtags von Sachsen-Anhalt. Opladen 1998, S. 323-339, hier S. 326.

[102] Vgl. Ebda., S. 327.

[103] Vgl. Klafki, Wolfgang: Unterricht; in: Wulff, Christoph (Hg.): Vom Menschen. Handbuch Historische Anthropologie, Weinheim/Basel 1997, S. 788-797, hier bes. S. 795f; vgl. auch Bildungskommission NRW: Zukunft der Bildung - Schule der Zukunft. Denkschrift der Kommission "Zukunft der Bildung - Schule der Zukunft" beim Ministerpräsidenten des Landes Nordrhein-Westfalen, Neuwied/Kriftel/Berlin 1995, S. 127 ff.

- Dargestellte Frauen verfügen über geringere Entscheidungskompetenzen und materielle Ressourcen als dargestellte Männer.
- Bereits Kinder werden mit scheinbar typisch weiblichen und männlichen Persönlichkeitsattributen dargestellt, z.B. Mädchen als lieb und sorgend, Jungen als aggressiv und durchsetzungsfähig".[104]

Im folgenden werden vier weitere Beispiele für solche speziell für den Unterricht konzipierte Befunde der deutschen Forschung zur Praxis der Koedukation aufgezeigt.

- In einigen Unterrichtsfächern, besonders in den exakten Naturwissenschaften (Physik und Chemie), im Gesellschaftslehre- und Politikunterricht, in der Arbeitslehre und in besonderem Maße beim Einsatz von Computern im Unterricht drängen sich Jungen oft in den Vordergrund und erwarten eine besondere Berücksichtigung ihrer Interessen und ihrer Beiträge durch Lehrerinnen und Lehrer. Sie schalten schneller ab oder stören, wenn sie, oft fälschlicherweise, meinen, daß sie nicht genügend zum Zuge kommen. Viele Mädchen überlassen diesen Jungen dann oft das Feld, sie schätzen die Jungen als „Experten" in diesen Gebieten ein und betrachten sich als dafür weniger begabt.
- Etliche Jungen neigen dazu, Beiträge von Mädchen – vor allem in den vorher erwähnten Unterrichtsbereichen – abzuwerten, zu ignorieren oder ironisch zu kommentieren.
- Streitigkeiten zwischen Jungen und Mädchen im Unterricht und außerhalb des Unterrichts sind oft Ausdruck eines bewußten oder unbewußten Strebens nach Überlegenheit und Dominanz.
- Spannungen besonders in der Phase der Pubertät entstehen auch dadurch, daß die geschlechtsspezifisch zumeist weiter entwickelten Mädchen den Jungen gezielt oder ohne Absicht zeigen, daß sie sie noch nicht als ebenbürtig ansehen und dadurch die betreffenden Jungen zu aggressivem Verhalten provozieren. Solche Befunde betonen besonders die Defizite im Bereich der weiblichen „verbalen Durchsetzungsbereitschaft" und der unangemessenen „Aggressivität und Gewaltbereitschaft als Teil männlicher Identität".[105]

Erfahrungen und Ergebnisse der Schul- und Unterrichtsforschung führten in Deutschland zur Forderung und in Ansätzen auch zu bereits praktizierten Modellen einer „reflexiven" oder „reflektierten" Koedukation[106]. Das bedeutet: Diese Tatbestände sollen Lehrerinnen und Lehrern bewußt gemacht, von ihnen reflektiert und dann mit den Schülerinnen und Schülern selbst im Unterricht diskutiert und möglichst mit ihnen zusammen in konstruktive pädagogische Folgerungen umgesetzt werden.

---

[104] Rabe-Kleberg / Löw 1998, S. 330.
[105] Ebda., S. 331.
[106] Vgl. Klafki 1997, S. 796.

Eine solche Konsequenz ist unterrichtsorganisatorischer Art. Sie besteht darin, daß in einigen Fächern – vor allem Physik, Chemie, Computerunterricht und im Rahmen des Biologieunterrichts (insbesondere Sexualkunde) – Jungen und Mädchen für begrenzte Zeiträume getrennt unterrichtet werden, ohne sie aber generell zu trennen. Damit kommt man den Wünschen der Jugendlichen entgegen. Denn jüngere Studien ergaben, daß sich die überwiegende Mehrzahl der Jungen und vor allem auch der Mädchen entschieden dagegen ausspricht, die Koedukation generell aufzugeben und getrennte Jungen- und Mädchenschulen einzurichten.[107] Sie befürworten aber die vorher skizzierte Lösung, begrenzte Phasen geschlechtsspezifischen Unterrichts in einzelnen Fächern einzuführen.

Die Bildungspolitik im Iran ist aber – wie bereits erwähnt –von dem Gedanken der Koedukation hinsichtlich der Gleichberechtigung der Geschlechter noch weit entfernt. Denn gerade heute diskutiert man wieder eifrig darüber, diese tendenziell rückläufige Entwicklung des prinzipiell geschlechtergetrennten Unterrichts in der Primarstufe und den übrigen Schulsektoren auch im universitären Bereich mit einer weiteren Beschränkung des koedukativen Moments durchzusetzen. Offensichtlich gibt es allerdings von weiblichen Studierenden zunehmenden Widerstand gegen Vorhaben dieser Art, der auch an die Öffentlichkeit getragen wird: So schreibt Keyhan-e Landan, den Berichten der Wochenzeitung Azadi („Freiheit") zufolge, daß iranische Studentinnen ihren Unmut zum Ausdruck bringen.

Diese Erwartungshaltung der Regierung entspricht nicht der idealen Vorstellung der Frauen. Eine Studentin bringt ihre Frustration in der folgenden sarkastischen Bemerkung, die zum Leitartikel wurde, zum Ausdruck:

„Teilt die Stadt in eine weibliche und eine männlichen Sphäre – dann habt ihr eure Ruhe."[108]

Diese restriktiven Maßnahmen der Regierung zur Geschlechtertrennung drohen auch auf Gesellschaftsbereiche außerhalb des Bildungssektors ausgedehnt zu werden. So stehen im iranischen Parlament Entwürfe zur Diskussion, die eine Trennung der Geschlechter auch im Gesundheitswesen vorsehen. Demnach sollte die Behandlung von Krankheiten der primären und sekundären Geschlechtsorgane bei dem weiblichen Geschlecht ausschließlich von Ärztinnen und bei männlichen Patienten nur von Ärzten durchgeführt werden. Hierbei handelt es sich etwa um Unterleibs- oder Brusterkrankungen sowie Untersuchungsbereiche, bei deren Behandlung nach Vorstellung der Regierung die Intimität der Frauen und Mädchen verletzt werden könnte. Nach einer Bestimmung dieses Gesetzvorhabens sollen sogar Untersuchung, Transport und Überwachung der Patientinnen und Patienten streng nach Geschlechtern erfolgen.[109]

---

[107] Vgl. ebda.
[108] o.V. Keyhan-e Landan, Nr. 706, London 1998 [Übersetzung des Verfassers].
[109] Vgl. o.V.: Geschlechtertrennung im Gesundheitswesen zur Vermeidung von Kontakten zwischen Frauen und Männern; in: Keyhan-e Landan, Nr. 704, 1998 [Übersetzung des Verfassers].

In einem weiteren Artikel zur geplanten Geschlechtertrennung im Bereich des Gesundheitswesens zeigt sich, daß die Obrigkeit es offenbar für notwendig hält, diese Vorstellung einer Gesellschaftsordnung mit Repressalien durchzusetzen. Auf einem jährlich stattfindenden Chirurgenkongreß entbrannte eine heftige Diskussion zwischen den Befürwortern und den Gegnern dieses Gesetzvorhabens, das medizinische Fragen an islamische Überzeugungen anpaßt, weil ein Teil der Versammlung die Meinung vertrat, daß diese Adaption nicht den Maßstäben einer modernen Gesellschaft adäquat sei. Ein Teilnehmer, der zugleich eine iranische Frauenvereinigung leitete, trat auf Grund des Gesetzvorhabens zurück. Ein weiterer Arzt und Gegner des Gesetzes versuchte, den Aufruhr der Versammlung zu beschwichtigen, und bat um Ruhe und Respekt: 30 schwarz gekleidete Eindringlinge schlugen ihn nieder.[110]

Dies zeigt, daß sich offenbar in weiten Teilen der iranischen Gesellschaft derart massiver Widerstand gegen die zunehmende Frauendiskriminierung regt, daß es religiösen Eiferern nicht möglich erscheint, mit legitimen Mitteln ihre Vorstellungen durchzusetzen. Der Staat bemüht sich, solche inszinierten Übergriffe geheimzuhalten, die aber meist doch an die Öffentlichkeit dringen; unter anderem auch deshalb, weil nicht alle Teile der Machtorgane und gesellschaftlichen Institutionen gewaltsames Eingreifen dieser Art mittragen.

Da aber der Staat bei der Erfüllung elementarer, frauenspezifischer Bedürfnisse versagt, wie etwa bei der Witwenversorgung, dem Schutz vor männlicher Willkür oder bei der Schaffung von Arbeitsplätzen, gründen sich im Iran viele Selbsthilfeorganisationen von Frauen, die Veränderungen auch auf politischer Ebene erreichen wollen. Ihrer Meinung nach muß eine geschlechterspezifische Politik und Erziehung beendet werden, denn Fragen der Politik, Wirtschaft und Bildung dürfen nicht geschlechterbezogen behandelt werden, da sie für einen Fortschritt oder eine Modernisierung wichtige und vor allem geschlechterunspezifische Sachverhalte darstellen.[111]

Resümierend kann man konstatieren, daß offensichtlich überwiegend Forscherinnen sich mit dem Gedanken der Koedukation auseinandersetzen, da sie offenbar während ihrer eigenen Sozialisation innerhalb eines traditionellen Rollenverhaltens Einschränkungen erfuhren. Diese Forschungsergebnisse sind zugleich als ein Appell besonders an den männlichen Teil der Gesellschaft aufzufassen, sich dieses Problem bewußt zu machen. In allen gesellschaftlichen Bereichen – Familie, Schule oder Berufswelt – sollten Männer diesbezüglich ihr Verhalten reflektieren. Der koedukative Ansatz bleibt hinsichtlich der spezifisch iranischen Verhältnisse, in denen eher eine zunehmend, strikte Trennung der Geschlechter intendiert ist, ein wichtiges Mittel, den Gedanken der Gleichberechtigung und sozialen Gleichstellung der Geschlechter zu realisieren.

Da das Rollenverständnis einer Gesellschaft im Kindes- und Grundschulalter entscheidend geprägt wird, bedarf es gerade im Primarbereich der Förderung

---

[110] Vgl. o.V.: Schwarz gekleidete Eindringlinge überfallen den iranischen Chirurgenkongreß; in: Keyhan-e Landan, Nr. 706. London 1998 [Übersetzung des Verfassers].

[111] Vgl. Sanasarian 1992, S. 66.

geistigen und liberalen Denkens und gleichberechtigter Behandlung der Geschlechter. Auf diese Weise könnte durch die Erziehung der Kinder in einem koedukativen Bildungssystem ein Grundstein gelegt werden, der die Einstellung der Geschlechter zueinander im gesamtgesellschaftlichen Kontext positiv verändern würde.

7.6.2. Zur Problematik des Religionsunterrichts an öffentlichen Schulen

Auf Grund der besonderen Stellung der Religion in der iranischen Gesellschaft bedeutete eine gesamtgesellschftliche kritische Einstellung zum Islam unweigerlich Folgen für alle anderen Lebensbereiche wie Politik und Bildung. Die kritische Auseinandersetzung mit der eigenen Religion impliziert einen wesentlichen Schritt des Lernprozesses, aus Unmündigkeit auszubrechen und sich den Herausforderungen der Moderne zu stellen. Darin begründet sich auch die Notwendigkeit der Reflexion über die Praxis des schulischen Religionsunterrichts.

Zunächst skizziert der Verfasser eine generelle, nicht auf bestimmte Staaten oder Kulturen begrenzte Auffassung eines modernen Religionsunterrichts in Schulen des 20. und beginnenden 21. Jahrhunderts. Religionsunterricht sollte Kinder und Jugendliche dazu anregen und anleiten, sich – ihrer Altersstufe gemäß – mit religiösen Fragen als einer wichtigen Dimension des menschlichen Lebens auseinanderzusetzen und damit

> „das eigene Leben in individueller Entscheidung an ethischen und (...) religiösen Sinndeutungen zu orientieren".[112]

Heranwachsende bedürfen der Konfrontation mit den grundlegenden Lehren und Aussagen der Religion jenes Kulturkreises, in dem sie aufwachsen. Sie sollten sich schrittweise mit zentrale Aspekten bedeutender Religionen vertrautmachen, die in ihrem eigenen Heimatland und in anderen Ländern der Welt vertreten sind.

Die Einführung in die Religion der „eigenen" kleineren oder größeren Menschengruppe, in die man durch Geburt und kulturelle Sozialisation gleichsam hineinwächst und für die man sich dann gegebenenfalls bewußt entscheidet, darf nicht – sei es direkt, sei es indirekt – zur Diskriminierung anderer Religionen oder Weltanschauungen führen. Andernfalls tragen, implizit oder explizit, religiöse Überzeugungen zu Intoleranz bei oder rufen gar Feindschaft zwischen Menschen, Völkern, Nationen, Staaten und Religionen hervor. Und wie uns die Geschichte lehrt, verursachen oder zumindest rechtfertigen sie Kriege, Unterdrückungen und Ausgrenzungen. Daher sollte der Religionsunterricht „Wertungs- und Entscheidungsprobleme" thematisieren, etwa bei der Betrachtung

---

[112] Klafki, Wolfgang: Schlüsselqualifikationen/Allgemeinbildung – Konsequenzen für Schulstrukturen; in: Braun, Karl-Heinz / Hoffmann, Christoph / Hofmann, Hans-Georg u.a. (Hg.): Schule mit Zukunft. Bildungspolitische Empfehlungen und Expertisen der Enquete-Kommission des Landtages von Sachsen-Anhalt, Opladen 1998, S. 153-208, hier S. 154.

von „gesellschaftlich verursachter Ungleichheit" oder von „Krieg und Frieden".[113]

Ein derart konzipierter Unterricht, würde eine grundlegende Reform des Islam-Unterrichts im Iran und anderen Ländern mit überwiegend islamischer Bevölkerung erfordern. Dabei orientieren sich meine Vorstellungen nicht an der Art von konfessionsgebundenem Unterricht, an dem die meisten Bundesländer in Deutschland nach wie vor festhalten, sondern an einem Modell eines konfessionsübergreifenden Faches für Religion und Ethik.

Von einer noch zu erwähnenden Ausnahme abgesehen werden die Lehrpläne für evangelischen und katholischen Religionsunterricht in Deutschland durch die jeweiligen, von den Kultusministerien einberufenen Kommissionen erarbeitet. Ihnen gehören konfessionell gebundene Lehrerinnen und Lehrer, Vertreter der 2. Ausbildungsphase und Religionsdidaktiker an. Die Entwürfe solcher Kommissionen bedürfen der Zustimmung der einzelnen evangelischen oder katholischen Landeskirchen. Mittlerweile gibt es an einer zunehmenden Zahl von Schulen für Kinder, die anderen Religionen als der christlichen angehören, fakultativen Religionsunterricht, der durch Lehrer der entsprechenden religiösen Bekenntnisse, vor allem des Islam, erteilt wird.

Die christlich-konfessionelle Ausrichtung in einigen Bundesländern läßt dem Schüler allenfalls die Wahl zwischen katholischem und protestantischem Religionsunterricht. In anderen Bundesländern steht auch Ethik zur Wahl. Allerdings können Eltern ihre nicht religionsmündigen Kinder auf Antrag vom Religionsunterricht befreien lassen. Dasselbe Recht steht den Jugendlichen selbst zu, wenn sie das 14. Lebensjahr vollendet haben.

In einer „modernen" Welt wäre zu überlegen, ob an öffentlichen Schulen überhaupt noch konfessionsgebundener Religionsunterricht erteilt werden sollte. Als Alternative böte sich ein konfessionsungebundenes Fach an, das staatliche, pädagogisch-wissenschaftliche sowie kirchliche Institutionen gemeinsam erarbeiten.

Erste Ansätze eines solchen Religionsunterrichts findet man bereits im Bundesland Brandenburg, wo das folgende Konzept als Alternative zum traditionell konfessionellen Religionsunterricht durchgeführt wird.[114] Vor dem Hintergrund der durch das politische System in der ehemaligen DDR bedingten Abwendung weiter Teile der Bevölkerung von Religion und Kirche schien es den damaligen verantwortlichen Bildungspolitikern nach der Wende von 1989 nicht angemessen, einen konfessionellen Unterricht zu verankern.

Sie entschieden sich für die Einrichtung eines konfessionsungebundenen Faches „Lebensgestaltung, Ethik und Religionskunde (L-E-R)", um

„in einem bekenntnisfreien Pflichtunterricht sich mit dem Themenbereich ‚Lebensgestaltung, Ethik, Religion' zu beschäftigen (...), als Ausgleich, so könnte man sagen, für ein noch zu DDR-Zeiten kritisiertes Defizit und zunächst der Absicht nach unter Mit-

---

[113] Ebda., S. 155.
[114] Vgl. ebda., S. 161.

wirkung der Kirchen und unter ministerieller Federführung einer ehemaligen Katechetin".[115]

Diese drei Teilbereiche und ihre thematische Struktur bedürfen allerdings noch einer genaueren Bestimmung. Ein wichtiges Kriterium dieser Konzeption und ihrer inhaltlichen Ausgestaltung kommt ihrer Praxisorientierung zu. Anzusprechende Themenbereiche könnten etwa gesellschaftspolitische Aspekte wie Kerntechnik oder Genforschung oder auch individuelle und soziale Fragen wie solche von Toleranz, Freundschaft und Solidarität sein.[116] Da dieses Fach erst wenige Jahre existiert, läßt sich noch kaum Genaueres über seine Auswirkungen auf ein verändertes oder völlig neues religiöses Verständnis der Schüler sagen.

Selbstverständlich kann man bei dieser Art von Unterricht weiterhin den religiösen Traditionen des jeweiligen Landes und den überwiegenden Glaubensrichtungen – in Deutschland dem Christentum in evangelischer oder katholischer Ausprägung und im Iran dem Islam – eine Sonderstellung einräumen. Jedoch zielt ein solcher Unterricht nicht auf die Bekehrung der Kinder, sondern auf die Vermittlung der unterschiedlichen Gehalte verschiedener Religionen, Weltanschauungen und Moralsysteme und auf deren kulturelle und gesellschaftliche Auswirkungen. Damit verfolgt man das Interesse, einerseits einen Beitrag zum Dialog zwischen verschiedenen Kulturen zu leisten, andererseits aber auch die Bedeutung der Religiosität als sinnstiftenden Faktor in der modernen Welt herauszustellen.

Für diese Art des Religionsunterrichts sind aus der Sicht von Religionspädagogen folgende Überlegungen ausschlaggebend: Ein zunehmend zu beobachtendes Phänomen ist die Einwanderung nach Deutschland, die die Zusammensetzung der Schüler kulturell, religiös und weltanschaulich verändert, so daß der Aspekt der Multikulturalität immer mehr an Bedeutung gewinnt. Der zweite Gesichtspunkt betrifft die voranschreitende Entkirchlichung der Gesellschaft, derzufolge immer weniger Menschen die Kirche als Bezugspunkt betrachten.[117]

„Die Öffnung der Religionspädagogik auf die Religionswissenschaft erscheint als sinnvoll, wenn Religionswissenschaft gesellschaftlich, lebensweltlich und kontextuell (auch und besonders im Blick auf die verschiedenen Religionen in Deutschland) verankert ist und nicht – wie in der Bundesrepublik bisher vorherrschend – auf eine verengte binnenreligiöse Systematik in fernen Ländern und vergangenen Zeiten gerichtet ist."[118]

Zwei Charakteristika des genannten Konzepts von Religionsunterricht als ökumenisch-interreligiösem Dialog sind die Orientierung des Unterrichts einerseits an der Lebenserfahrung und -welt der Kinder, andererseits der Einbeziehung von

---

[115] Schneider, Julius: Das neue Fach "Lebensgestaltung - Ethik - Religionskunde". Sinnvolle Propädeutik oder fragwürdiger Ersatz für den Religionsunterricht? In: Deutsche Zeitschrift für Philosophie 46. Köln 1998, S. 305-318, hier S. 306 f.

[116] Vgl. Klafki 1998, S. 158.

[117] Vgl. Weiße, Wolfram: "Dialogischer Religionsunterricht." Eine Einführung; in: ders. (Hg.): Vom Monolog zum Dialog: Ansätze einer interkulturellen dialogischen Religionspädagogik, Münster/New York 1996, S. 3-17, hier S. 4.

[118] Ebda., S. 8.

Texten mit Informationen, die es den Kindern ermöglichen, mit anderen Auffassungen in einen Dialog zu treten und somit einen erweiterten Horizont zu gewinnen.[119]

Ein so strukturierter Unterricht könnte, verglichen mit anderen Fächern, das reflexive Denken anregen. Grundkenntnisse der verschiedenen Religionen lassen sich durchaus bereits in der Grundschule vermitteln. Dabei können Grundlagen gelegt werden, damit die Kinder und Jugendlichen später begreifen, welche Lehren, Praktiken und Rituale sich als modernisierungsfördernd oder -hemmend für eine Gesellschaft erweisen. Eine solche Einstellung zur Religion und die damit einhergehende Säkularisierung hat nicht, wie fälschlicherweise angenommen, ihre Abschaffung zum Ziel. Vielmehr trägt sie zur Förderung der kritischen Auseinandersetzung mit dieser Religion bei, welche das religiöse Selbstwertgefühl einer Person stärken und den Umgang mit fremden Glaubensrichtungen erleichtern kann, da so die Angst vor religiöser Vereinnahmung und Missionierung schwindet.

Das Modell, das Brandenburg praktiziert, läßt sich sicher nur in Ansätzen auf iranische Verhältnisse übertragen. In Brandenburg nämlich stehen allgemeine Ethik beziehungsweise Philosophie und Fragen der Lebensgestaltung im Vordergrund, und religiöse Inhalte werden im Unterricht bisher nicht in entsprechendem Umfang behandelt. Ein vergleichbarer Unterricht ist im Iran, dessen Gesellschaftssystem – wenn auch in verschiedenen Varianten – durch den Islam geprägt ist, wohl weder möglich noch angebracht.

Obwohl der Koran im iranischen Gesellschaftssystem eine zentrale Rolle einnimmt, findet eine inhaltliche Auseinandersetzung mit ihm im Unterricht nicht statt. Vielmehr lernen die Schüler die überlieferten Suren des Koran sowie die Scharia in arabischer Sprache auswendig, obgleich sie diese Sprache nicht beherrschen und somit auch die Bedeutung der Verse nicht verstehen. Aus diesem Grund sind die Kinder auch nicht in der Lage, ihren Inhalt zu reflektieren.

Das Ziel des Unterrichts sollte darin bestehen, religiöse Texte im Zusammenhang mit anderen Erziehungsprinzipien und gesellschaftlichen Erfordernissen zu sehen, und sie außerdem über ihre sakrale Bedeutung hinaus, lebensnah auf konkrete Situationen zu beziehen, so daß jeder Schüler seinen individuellen Bezug zur Religion findet.

Thematisiert der Lehrer etwa die fünf „Säulen" des Islam – die Verpflichtung eines Muslim, den Glauben zu bekennen, fünfmal täglich zu beten, zu fasten, Almosen zu spenden und nach Mekka zu pilgern – genügt es nicht, nur auf die religiöse Pflicht als Begründung für die Ausübung dieser fünf Gebote hinzuweisen. Vielmehr bedarf es der Erläuterung sozialer Hintergründe und der Erklärung ihrer Ursachen und Funktionen. Die Schüler sollten lernen, den Sinn solcher religiösen Pflichten und Regeln zu hinterfragen.

Zum Beispiel umfaßt das Thema „Fasten" nicht nur Verbote, also etwa, in der Fastenzeit nicht zu essen, zu trinken oder zu rauchen, sondern auch die geisti-

---

[119] Vgl. Weiße, Wolfram: Ökumenisch-interkulturelles Lernen und interreligiöse Dialogerfahrungen; in: ders. 1996, S. 77-96, hier S. 84.

gen, psycho-hygienischen, ernährungsspezifischen sowie religiösen Hintergründe. Neben dem Was und dem Wie sollen die Kinder auch lernen zu hinterfragen, welchen historischen Sinn Gebote und Verbote haben. Die Schüler sollten den Propheten Mohammad nicht nur als „Gesandten Gottes", sondern auch als Begründer einer neuen Gesellschafts- und Werteordnung in Abkehr vom Nomadentum hin zu einer islamischen Gemeinschaft begreifen. Inwieweit eine solche Ordnung aus dem 7. Jahrhundert, die sich zunächst auf die Verhältnisse der damaligen Zeit bezog, auch in unserer Zeit noch Gültigkeit beanspruchen kann, sollte im Unterricht offen erörtert werden.

7.7. Die Grundschule als Ort und Ausdruck der gesellschaftlichen Spannungen und Widersprüche

An dieser Stelle soll ein Gesichtspunkt angesprochen werden, der bisher allenfalls am Rande oder zwischen den Zeilen anklang. Entgegen allen Versuchen der religiös-politischen Normierung der iranischen Gesellschaft seit der Islamischen Revolution sind gegensätzliche Entwicklungen, Modernisierungsansätze sowie ein Werte- und Einstellungswandel zu beobachten. Diese Gegensätze spiegeln sich auch im Vergleich zwischen schulischen und außerschulischen Bereichen wider, was die Ergebnisse der Umfrage unter den Lehrerinnen aus Isfahan auch bestätigen (vgl. Kapitel 7.5.2.). Dieser Befund erhärtet sich nicht zuletzt auch durch die Analyse der Unterrichtsmaterialien im Grundschulbereich. Hier findet man häufig mehr oder weniger verdeckte Indizien für solche Spannungen. Jedoch wird diese Frage von den Verfassern der Lehrwerke und der pädagogischen Fachliteratur kaum als eigenständiger Themenkomplex behandelt.

Solche Diskrepanzen belegt etwa die folgende Textstelle, welche die Aussage eines Lehrers folgendermaßen wiedergibt

> „Die erzieherischen Prinzipien, die in den Schulen dominieren, unterscheiden sich sehr von den erzieherischen und pädagogischen Prinzipien in den Familien; dies ist eines unserer pädagogischen Probleme. Die Nichtübereinstimmung der erzieherischen Normen und Werte zwischen Elternhaus und Schule bringt eine Art Dualität der Gedanken in den Geist des Kindes und des Jugendlichen. Unter diesen Bedingungen ist der Lehrer erfolglos."[120]

Der zitierte Lehrer berichtet von seiner persönlichen Situation, die zweifelsfrei als exemplarisch für seinen Berufsstand gelten kann. Er konkretisiert jedoch nicht, worin die Diskrepanz zwischen Elternhaus und Schule besteht, die für die Dualität im Denken der Schüler verantwortlich ist. Auch wenn diese Hintergrundinformationen dem Leser des oben zitierten Textes fehlen, so scheint doch auf Grund meiner eigenen Untersuchung evident, was diesen Zielkonflikt in seiner Hauptsache ausmacht. Er besteht in der Schwierigkeit, eine Balance zwischen außerschulischen und durch die Schule vermittelten Werten herzustellen. Dieses Spannungspotential kommt unverkennbar in der gegensätzlichen Darstellung und Beurteilung unterschiedlicher gesellschaftlicher Standpunkte in Bezug auf erlebte Tradition und praktizierte Kultur zum Ausdruck.

---

[120] Samadzadeh-Darinsoo 1986, Bd. 4, S. 640.

Evidente Spannungen und Widersprüche zwischen einer quasi offiziellen und einer privaten Lebenssphäre provozieren einen nicht unerheblichen gesellschaftlichen Konflikt. Der tangiert auch die Institution Schule, prägt den Schulbetrieb und formt besonders typische Verhaltensmuster der Schüler. So sind in vergleichsweise liberalerem Umfeld Lehrer wie Schüler diesem gesellschaftlichen Konflikt weitaus mehr ausgesetzt als innerhalb einer homogenen, traditionellen Gesellschaftsstruktur. Diese Diskrepanz ergibt sich aus der Doppelbödigkeit der sozialen Realität, welche aus dem staatskonformen Auftrag der Schule einerseits und der faktisch wesentlich vielfältigeren und oft auch als widersprüchlich erfahrenen Alltagsrealität des Schülers andererseits resultiert.

Zumindest in Großstädten läßt sich dieser Widerspruch oft bereits bei Kindern im Grundschulalter feststellen, wie außerhalb der Erhebung in informellen Gesprächen mit verschiedenen Primarschullehrern in Teheran zu erfahren war. Danach erlebten die Kinder das übliche Schulklima nicht selten als eher monoton-statisch und wirklichkeitsfern im Vergleich zu ihrem sozialen Umfeld, das in weiten Teilen noch von den westlichen Einflüssen während der Pahlawizeit geprägt ist.

Insgesamt ist davon auszugehen, daß sowohl zwischen verschiedenen Gesellschaftsschichten als auch unterschiedlichen Regionen des Iran graduelle Unterschiede in der Wahrnehmung der Diskrepanzen zwischen schulischem und außerschulischem Erleben der Schüler existieren. So unterscheiden sich Teheraner Schulen, die die Mittel- und Oberschichtkinder besuchen und an denen in der Regel Lehrer mit hohem Bildungsgrad unterrichten, ganz wesentlich von Dorfschulen, in denen unter einfachsten Bedingungen meist weniger qualifiziertes Personal aus oft innerer Überzeugung eher im traditionalistischen Sinne islamisch-religiös orientiert unterrichtet. Innerhalb des Landes existieren in verschiedenen Regionen sehr unterschiedliche Mentalitäten. So sind etwa die Bewohner der Provinz Isfahan vor dem Hintergrund der historischen Entwicklung ihrer Region besonders religiös geprägt. Dies hat seine historischen Wurzeln in dem Tatbestand, daß der Safawidenherrscher Schah Abbas I. die Stadt im Jahre 1598 zur Hauptstadt Persiens erklärte.[121] Sie behielt diesen Status bis zu der Zerstörung durch die Afghanen im Jahr 1722. Erst seit 1789, als die Ghadjaren mit Gewalt die Herrschaft an sich rissen, wurde Teheran zur Hauptstadt Irans ernannt.[122] Die Safawiden waren strenggläubige Schiiten. Unter ihnen erlangte Isfahan eine Blütezeit. Ihrer tiefen Religiosität gaben sie durch den Bau zahlreicher Moscheen und durch Anfertigung religiöser Kunst Ausdruck. Bezeichnend für ihre religiöse Haltung in unserer Zeit ist zweifellos, daß sich während des irakisch-iranischen Krieges überproportional viele Erwachsene und Jugendliche aus primär religiöser Überzeugung freiwillig zur Armee meldeten.[123]

---

[121] Vgl. Rashad 1998, S. 274.
[122] Vgl. Ebda., S. 100.
[123] Diese Angaben entstammen diversen Radio- und Fernsehberichten und liegen nicht in Form von statistischem Material vor, so daß hier auf einen Quellenverweis verzichtet werden muß.

Eine andere charakteristische Ausprägung der Mentalitäten ergibt sich auf Grund der jeweiligen geographischen Lage. So befinden sich die Bewohner der Provinz Gilan am Kaspischen Meer, die die Grenze zur früheren Sowjetunion bildet, traditionell im Austausch mit ihren Nachbarländern, wodurch sich eine vergleichsweise weltoffene und tolerante Mentalität herausbilden konnte. Dies wird einerseits an der unbefangeneren Lebenseinstellung erkennbar sowie andererseits daran, daß in der Bevölkerung Fragen zu Religion und Politik kontroverser als in anderen Gegenden diskutiert werden.

Daraus resultierte, daß eine beträchtliche Zahl an oppositionellen Bewegungen, die als Symbol des Widerstands gegen die diktatorische Herrschaft gelten, ihren Anfang im Norden nahmen. Als Beispiele des vergangenen Jahrhunderts seien hier nur die Bewegung *Djangal* unter Führung von Mirza-Kutschek-Chan in den 20er Jahren oder die des *Siahkal*, eine politisch links einzuordnende Bewegung der 70er Jahre, die sich beide gegen das Pahlawi-Regime richteten, erwähnt.[124] Exemplarisch sollen die genannten Gegensätze anhand der Bereiche Musikunterricht, Kleiderordnung und Zugang zu Lesestoff analysiert werden.

Im schulischen Musikunterricht, sofern er stattfindet, werden ausschließlich revolutionäre Lieder eingeübt. Damit entspricht das schulische Programm demjenigen des staatlichen Rundfunks und Fernsehens. Diese senden primär aus politisch-religiösen Motiven revolutionäre und meditative, gerade nicht zum Tanz einladende Musik, und sie lassen keine musikalischen Einzelbeiträge von Frauen zu. Die Bürger allerdings zeigen durchaus Interesse an heiterer Unterhaltungsmusik, die sie sich in Form von Kassetten und Videos „unter der Hand" besorgen. Tonträger westlicher Interpreten gelten als beliebte Schmuggelware. Auf solche Art besorgte Musik schließt dann je nach Geschmack vorrevolutionäre Sänger und Sängerinnen, im Ausland lebende iranische Künstler wie auch moderne Popmusik aus Europa und Nordamerika mit ein. Gerade die strenge Handhabung der Zensur und das staatliche Verbot, ausländische Medien zu empfangen, verleiten die Zuhörer und Zuschauer dazu, ausländische Programme regelmäßig einzuschalten. Hierzu zählen primär die Sender BBC, Radio Moskau, Deutsche Welle, Radio Jerusalem, Radio Washington und der „Feind"-Sender Radio Bagdad, die alle spezielle persische Programme ausstrahlen, in denen neben politisch gesellschaftlichen auch zu bildungsspezifischen Fragen Stellung genommen wird.

Bedingt durch den Tatbestand, daß den Schülern in ihrer Privatsphäre sowohl vorrevolutionäre als auch moderne westliche Musik zugänglich ist, wird das Musikangebot, das ihnen heute im Grundschulunterricht präsentiert wird, kaum anders als wirklichkeitsfremd erscheinen.

Während der Herrschaft des Pahlawi-Regimes wurde erstmalig der Musikunterricht in den Schulen verankert. Entgegen der heute zu beobachtenden negativen Trendwende war in dieser Zeit eine vielfältige Musikkultur zu verzeichnen,

---

[124] Eine nähere Beschreibung der Ursachen, Hintergründe und Zielsetzungen der Djangal-Bewegung vermittelt die Monographie des Autors Fachraii, Ibrahim: Sardar Djangal. Teheran 1357 (1978).

so daß der schulische Musikunterricht nicht im Widerspruch zu den Neigungen der Schüler stand. Angesichts der traditionellen religiösen Prägung des Landes begegneten diverse Kreise solch reformerischer Musikkultur mit Unbehagen. Dies bedingte eine allerdings nur sehr zögerliche Verbreitung dieses Faches in den Schulen. So wurde der Musikunterricht in der Regel unter dem Fach „Kunst" behandelt und konnte sich nur in wenigen Schulen als eigenständiges Fach etablieren.

Allerdings läßt sich in den siebziger Jahren des 20. Jahrhunderts beobachten, daß sich dieses Fach primär in den Schulen der Großstädte, besonders in der Hauptstadt, durchsetzte.

Ein interessantes, unbedingt anzumerkendes Phänomen ist die auffallende Anziehungskraft dieses Faches auf die Mädchen. Unmittelbar vor der Revolution war der Verfasser selbst Zeuge davon, daß die Mädchenschulen des öfteren Chöre bildeten, die das Teheraner Rundfunkorchester begleitete. Sie präsentierten ihre sehr stimmungsvollen Beiträge in einem Unterhaltungsprogramm mit dem Titel *Schoma Wa Radiow* (sinngemäß „Euer Radio"). Diese Musikdarbietungen fanden bei den Zuhörern große Resonanz. Dies war ein gutes Beispiel für eine gelungene Zusammenarbeit zwischen der Schule und den Medien. Diese Kooperation erfuhr nach der Revolution verständlicherweise heftige Kritik und wurde abrupt beendet, so daß sich diese vom Pahlawi-Regime in diesem Bereich geleistete Pionierarbeit nicht fortsetzen konnte.

Ein weiteres Beispiel für die Realitätsferne zeigt sich vor allem in den Formen der Darstellung von Frauen in den Lehrbüchern. Daß das weibliche Geschlecht sogar in seiner Privatsphäre mit Kopftuch abgebildet wird,[125] deutet darauf hin, daß der Staat intendiert, den Kindern frühzeitig konservative Wertvorstellungen zu vermitteln. Dies entspricht jedoch nicht der sozialen Wirklichkeit, die die Schülerinnen in ihren Familien erleben. Während in Schule und Öffentlichkeit das Tragen eines Schleiers zwingend ist, widersetzen sich in der Regel Frauen und Mädchen innerhalb der Familie bewußt diesen durch die Schule oktroyierten Kleidungsvorschriften. In Großstädten und vor allem bei Mittel- und Oberschichtfamilien läßt sich beobachten, daß weibliche Personen innerhalb der Familie westlich-modern gekleidet und geschminkt sind. Sie entziehen sich sogar in der Öffentlichkeit den ihnen auferlegten Verpflichtungen, sobald sie nicht der Kontrolle der Sittenpolizei ausgesetzt sind.

Bezüglich des in Schule und Elternhaus präsentierten Lehrstoffs läßt sich zugleich festhalten, daß die Schulen die staatskonformen und die herrschende Religion stützenden Lehrmaterialien und -bücher verwenden, also davon abweichende Literatur nicht zulassen. Hingegen stehen den Kindern und Schülern entsprechend ihren Neigungen und dem Ausbildungsstand der Eltern in den Familien eine Auswahl an aktuell greifbarer Literatur – etwa die eher gesellschaftskritischen Werke des beliebten iranischen Schriftstellers Mahmud Dou-

---

[125] Vgl. Wezarat-e Amuzesch Wa Parwaresch (Hg.): Farsi-e kelas-e awal-e dabestan (Bildungs- und Erziehungsministerium (Hg.): Persischlesebuch des ersten Schuljahres). Teheran 1373 (1994), S. 78; vgl. auch Marzolph 1994, S. 52.

latabadi[126] – zur Verfügung. Dies ermöglicht ihnen den Vergleich zwischen der offiziellen Auffassung und den davon divergierenden Meinungen und führt somit zu gesellschaftlichen Spannungen.

Der daraus resultierende unverkennbare Gegensatz zwischen der in der Schule vermittelten Wirklichkeit und der Erlebniswelt der Kinder in den Familien ist nicht nur von pädagogischer sondern durchaus auch von politischer Brisanz. Aus den anhaltenden Spannungen könnte einerseits eine nachhaltige Beeinträchtigung der Schüler in ihrer Lernfreude und -motivation folgen. Andererseits mag dies einen Autoritätsverlust des Staates, dessen Ideologie die Grundschulkinder als verkrustet und realitätsfern wahrnehmen, bewirken.

Vor dem Hintergrund der heterogenen Strukturen, welche sich maßgeblich durch soziale, regionale, geographische und mentalitätsgeschichtliche Entwicklungen auszeichnen, ist davon auszugehen, daß die Auffassungen der einzelnen am bildungspolitischen Prozeß beteiligten Akteure, wie etwa Lehrer, Eltern und Schüler, im Hinblick auf Beurteilung und Deutung der gegenwärtigen Verhältnisse voneinander divergieren. Daraus folgt, daß sich die Auflehnung gegen dieses Schulsystem in den einzelnen sozialen Gruppierungen und geographischen Teilen des Landes in vielfältigen Formen und graduell unterschiedlicher Intensität darstellen wird.

7.8. Umfrage unter Grundschullehrerinnen in der Region Isfahan im Iran

7.8.1. Durchführung der Studie

Mit dieser Umfrage beabsichtigte der Verfasser, während einer Studienreise im Iran in den Jahren 1997 und 1998 eine Einschätzung über den gegenwärtigen Stand der dortigen Grundschulen hinsichtlich ihrer personellen, materiellen und organisatorischen Situation zu gewinnen. Es war vorgesehen, auch die Meinung der vor Ort arbeitenden Lehrkräfte zu berücksichtigen.

Ursprünglich sah die Methode zur Durchführung der Erhebung – vergleiche dazu Dokumentation und Entwurf des Fragebogens im Anhang 1 – das multiple-choice-Verfahren vor. Allerdings stellte sich nach verschiedenen Gesprächen mit iranischen pädagogischen Fachkräften heraus, daß zum einen einzelne Fra-

---

[126] Doulatabadi wurde 1940 im Nordosten Irans geboren. Er arbeitete als Handwerker und Schauspieler, war zwei Jahre auf Grund seiner politischen Aktivitäten in Haft und lebt heute in Teheran als freier Schriftsteller. Er gilt als einer der bedeutendsten Vertreter der zeitgenössischen persischen Prosa. Seine Werke, wie etwa „Der leere Platz von Solutsch", sind auch in deutscher Sprache erhältlich. In diesem Buch wird eindrucksvoll das Auseinanderfallen der alten sozialen Ordnung, die Verarmung eines Dorfes in einer nordöstlichen Wüstenregion sowie das Leben und die Vereinsamung einer Frau beschrieben, die von ihrem Mann verlassen wurde und allein für ihre Kinder Sorge tragen muß. Es werden also die Probleme von alleinstehenden Frauen in der Gesellschaft, die Landflucht der jungen Generation und die hierarchische, weitestgehend feudale Struktur in den Dörfern thematisiert.

gen zu sehr aus dem Horizont europäischer Pädagogik formuliert waren und zum anderen bestimmte Begriffe oder Definitionen in der iranischen Literatur nicht bekannt waren. Vor allem aber zeichnete sich ab, daß kurzfristig eine Genehmigung des iranischen Kultusministeriums für eine umfassende Befragung an mehreren Schulen nicht zu erhalten war.

Um zumindest einen Meinungsausschnitt von einer verhältnismäßig kleinen Gruppe erhalten zu können, änderte der Verfasser das Projekt vor Ort. Die daraufhin durchgeführte Studie wurde nun als eine nicht repräsentative Befragung mit Hilfe eines „offenen" Fragebogens konzipiert. Hierunter versteht die empirische Sozialforschung ein nicht voll standardisiertes Erhebungsinstrument, mit dem entweder in offener Interviewform oder durch spezifische, konkrete Fragen ein Meinungsbild erstellt wird. Diesen „offenen" Fragebogen verteilte eine dem Verfasser bekannte Schulleiterin mit der Bitte um Beantwortung an Grundschullehrerkolleginnen und -kollegen verschiedener Isfahaner Primarschulen. Von fünfzig ausgeteilten Fragebögen erhielt der Verfasser bis zu seiner Abreise im Januar 1998 dreißig ausgefüllte Fragebögen zurück.

Obwohl im Kopfteil des Fragebogens Angaben zur Person und zum Wohnort erbeten worden waren, machten die Befragten hierzu nur teilweise Angaben. Besonders bei der Frage über ihre Herkunft äußerten sich die Befragten nicht. Es ist jedoch anzunehmen, daß die Mehrzahl der Befragten aus der Stadt oder der Provinz Isfahan stammt. Das Alter der antwortenden Pädagogen – ausschließlich Lehrerinnen – lag überwiegend in der Altersklasse von 35-40 Jahren; lediglich eine Lehrerin war zum Zeitpunkt der Befragung 57 Jahre alt. Sie vertrat meist einen von der Meinung der anderen abweichenden Standpunkt, weshalb sie häufiger zitiert wird. Die Lehrerinnen befanden sich im Durchschnitt seit 15 bis 20 Jahren im Schuldienst.

Da eine sehr homogene, altersspezifische Struktur der Befragten vorliegt, läßt sich bezüglich der Einstellung zur Modernisierung von Erziehungsprozessen, wie etwa hinsichtlich der Nähe oder der Distanz innerhalb des Lehrer-Schüler-Verhältnisses, vor wie nach der Revolution kein signifikanter Unterschied herausarbeiten. Die von den Pädagoginnen ausgefüllten Fragebögen wurden anschließend auf Band gesprochen, in die deutsche Sprache übersetzt und vom Verfasser ausgewertet. Die nachfolgend wiedergegebene Auswertung erhebt, wie oben bereits angeführt, keinen Anspruch darauf, repräsentativ zu sein, spiegelt aber nach Einschätzung des Verfassers typische Stimmungen und Auffassungen innerhalb der betreffenden Berufsgruppe wider. Im folgenden ist die Darstellung der Ergebnisse auf die besonders markanten Antworten und Positionen einzelner Interviewpartnerinnen beschränkt.

7.8.2. Ergebnisse der Erhebung

Frage 1: Welche Veränderungen haben sich seit Beginn Ihrer Lehrtätigkeit im Grundschulbereich ergeben?

Diese Frage wurde von allen Lehrerinnen beantwortet. Da die Mehrheit der Befragten unmittelbar vor oder gleich nach der „Islamischen Revolution" ihre Tätigkeit aufnahmen, liegen keine Erfahrungsberichte aus vorrevolutionärer Zeit vor. Acht Kolleginnen machten vor allem Angaben zu den räumlichen und materiellen Veränderungen. Die Mehrheit führte neu installierte Sportstätten oder Heizungs- und Belüftungseinrichtungen als Veränderungen an. Drei Lehrerinnen erwähnten neue Turnhallen und eine sprach von neuen Turngeräten in der alten Halle. Zwei wiesen auf die Klimaanlage hin. Lediglich die Antworten der 57-jährigen Lehrerin, die bereits während der Schahzeit unterrichtete, boten einige Anhaltspunkte über die damaligen Verhältnisse. Sie erwähnte die Neueinrichtung eines Gebetsraums. Dieser Kollegin fielen offenbar Veränderungen im religiösen Bereich eher auf als denen, die nach der Revolution eingestellt worden waren. Sechs Lehrerinnen hoben Änderungen der Lehrmethoden hervor. So führte eine Befragte, die zugleich Kinderpsychologin ist, als Beispiel an, daß sich das Bildungswesen jetzt insgesamt mehr nach den Bedürfnissen der Kinder richte. Es fiel in diesem Zusammenhang bei den Antworten zweier Lehrerinnen auf, daß die Schüler jetzt eher als Subjekte pädagogischen Handelns und nicht mehr als deren Objekte erkannt werden, was sich in einer persönlicheren Ansprache, individueller Ermutigung und Rückmeldungen der Schüler zeige.

Elf Lehrerinnen erwähnten bei dieser Frage eigens die Verkehrsformen, in denen die am Lernprozess beteiligten Personen (Lehrer, Schüler, Eltern und Schulleiter) in bessere Kommunikation und Kooperation zueinander treten. Fünf der Befragten gaben an, das Lehrer-Schüler-Verhältnis habe sich zum Positiven geändert, und jeweils drei bemerkten Neuerungen innerhalb des Kollegiums sowie beim Umgang der Schüler untereinander. Im allgemeinen charakterisieren alle Antworten eine positive atmosphärische Veränderung des Schulklimas, die mit der in Ansätzen etablierten Modernisierung der Lehrmethoden in der iranischen Grundschule einhergeht.

Frage 2: Was müßte sich Ihrer Meinung nach im Grundschulbereich verbessern?

Bei der Frage nach erforderlichen Veränderungen ging der überwiegende Teil der Lehrerinnen in erster Linie auf die materielle Ausstattung der Schulen ein. Dies deutet darauf hin, daß die finanzielle Ausstattung der Grundschulen auch in größeren Städten vielfach nicht den erforderlichen Standards genügt. Neben der unzureichenden materiellen Ausstattung wurde auch die zu hohe Schülerzahl von bis zu fünfzig Kindern pro Klasse kritisiert. Wünschenswert und sinnvoll für eine effiziente Arbeit mit den Kindern wären Klassenstärken von weniger als dreißig Schülern.

Verbesserungsbedürftig ist nach Aussage zweier Frauen der Austausch der Lehrer über didaktisch-pädagogische Fragen, etwa wie den Schülern einer Jahrgangsstufe ein Thema im Unterricht nahegebracht werden sollte. Beispielsweise sei die Behandlung des gleichen Themas in unterschiedlichen Fächern, etwa in Geschichte und Geographie, inhaltlich und zeitlich nicht immer aufeinander abgestimmt. So gingen einige der Befragten bereits bei der Beantwortung dieser Frage auch auf die Lehrinhalte ein und äußerten ihre Kritik bezüglich des Unterrichtsstoffs.

Laut Meinung einiger Lehrerinnen sind die Schulbücher nicht immer dem Aufnahmevermögen von Grundschülern angepaßt und die verschiedenen Unterrichtsmethoden werden nicht altersspezifisch eingesetzt. Ein weiterer Teil der Befragten wünschte sich eine höhere Beachtung der Kern- und Sachfächer.

Nachteilig empfand eine Lehrerin die Bürokratie bei der auch in Deutschland diskutierten Evaluation der Lehre. Hier handelt es sich um die Bewertung des Lehrers und des Unterrichts durch die Schulleitung oder durch Amtspersonen mittels Schülerbefragungen. Gleichermaßen klagten viele Lehrerinnen über das Mißverhältnis der Vergütung zu den erbrachten Unterrichtsstunden.

Frage 3: Welche persönlichkeitsbildenden Erziehungsziele halten Sie in der Grundschule für erstrebenswert?

Diese Frage wurde von allen Lehrerinnen beantwortet. Fünf Befragte hoben als vorrangiges Ziel den Aufbau der Kommunikationsfähigkeit und die Hilfsbereitschaft des Schülers hervor. Drei Lehrerinnen legten größeren Akzent auf die Erziehung zur Selbständigkeit des einzelnen Schülers. Des weiteren sahen zwei Befragte in einer positiven Einstellung zur Arbeit, die die Schüler befähigen sollte, für Gott zu lernen, eine wichtige Aufgabe der Grundschulerziehung. Die dienstälteste Lehrerin äußerte sich folgendermaßen:

> „Wenn Arbeitsmoral und Glaube an Gott vorhanden sind, ergibt sich alles andere von selbst".

Eine Befragte vertrat die Ansicht, das Ziel der Erziehung in der Grundschule sollte die Vorbereitung der Schüler auf ihr zukünftiges Leben sein und deshalb auch die Vermittlung sozialer Kompetenz beinhalten. Sie bemängelte, daß die iranischen Schulen meist nur Orte der Wissensvermittlung, nicht aber der Erziehung seien. Für sie sei es wichtig, die Schüler auch mit gesellschaftlichen Normen und Gesetzen vertraut zu machen und gleichzeitig Freude am Unterricht zu wecken.

Frage 4: Welche Unterrichtsmethoden entsprechen eher Ihrer Vorstellung in der Erziehungspraxis?

Bei dieser Frage ging es um die äußeren Unterrichtsformen. Die Befragten unterschieden hier insbesondere zwischen Gruppen- und Frontalunterricht, wobei das Gros der Lehrerinnen dem Gruppenunterricht eine vorrangige Bedeutung beimaß. Im Sachunterricht sei Gruppenunterricht zweckmäßiger, weil dort komplexe Zusammenhänge von Schülern leichter erarbeitet werden könnten. Im Mathematikunterricht dagegen sei der Frontalunterricht zu bevorzugen. Dabei sollten Übungen und Wiederholungen der Vertiefung des Lernstoffes dienen, was auch in Kleingruppen erfolgen könnte.

Ferner vertraten die Befragten interessante Einzelpositionen: Eine Lehrerin hielt es für wichtig, daß der Lehrer auch von den Schülern lerne und daher der Unterricht als ein dialogischer Prozeß strukturiert sein solle. Eine andere Lehrerin plädierte bei der Wahl der Unterrichtsmethode für eine ausreichende Berücksichtigung der jeweiligen sozialen und kulturellen Unterschiede zwischen den Schülern. Eine für iranische Verhältnisse eher ungewöhnliche Auffassung vertrat eine weitere Lehrerin, die sich für ein Kurssystem bereits im Primarbereich aussprach.

Frage 5: Welchen Fächern soll in der Grundschule ein besonderes Gewicht zukommen? Bitte begründen Sie Ihre Antwort!

In der Frage zur Gewichtung der Fächer besaß für sechs der Befragten Persisch die höchste Priorität. Dabei spielten folgende Gründe eine Rolle: Zum einen wurde als primäres Ziel der Grundschule die Vermittlung von Lesen und Schreiben genannt, Fähigkeiten also, die auch für das Erlernen der übrigen Fächer relevant seien. Zum anderen führten sie die Vernachlässigung der Muttersprache während der Schahzeit an. Ferner stellte eine Lehrerin die Identitätsbildung durch die Muttersprache in den Vordergrund.

Daneben rangierte Mathematik fünfmal an erster Stelle, gefolgt von den Naturwissenschaften, für die zwei Voten ergingen. Als Grund hierfür nannten sie die Bedeutung der möglichst frühzeitig erworbenen Grundkenntnisse in diesen Fächern für die daran anschließende Ausbildungsperiode. Jeweils eine Nennung entfällt auf Geschichte, Geographie und Sport, während zwei Lehrerinnen Kunst favorisierten. Für fünf Befragte sind alle Fächer gleich wichtig.

Für eine Kollegin ist die wichtigste Voraussetzung, daß in allen Fächern auch der Glaube an Gott vermittelt wird, denn

„für alle Berufe gilt: ein Fachmann ohne Glauben an Gott ist eine Katastrophe für die Zukunft".

Frage 6: Würden Sie die Aufnahme weiterer Fächer und Themen, die bisher noch nicht im Lehrplan enthalten sind, befürworten?

Ein Großteil der Befragten befürwortete grundsätzlich die Aufnahme neuer Themenfelder in den Stundenplan der Grundschule. Dabei wurden folgende Fächer oder Bereiche genannt: persische Grammatikübungen, Fremdsprachen, Laborarbeit, Gesundheitserziehung und Psychologie. Eine Lehrerin hielt die Bereitstellung von Verfügungsstunden für die Behandlung aktueller oder besonderer Fragen der Klassengemeinschaft für sinnvoll. Außerdem sollen die persische Literatur und Heimatkunde sowie Fragen der Hygiene und Ernährung im Unterricht intensiver einbezogen werden.

Fünf Lehrerinnen sprachen sich generell gegen die Aufnahme weiterer Fächer in den Stundenplan aus. Zwei von ihnen begründeten ihre ablehnende Haltung zum einen damit, daß die Schüler bereits mit den vorhandenen Fächern überfordert seien, und zum anderen, daß nicht genügend Lehrer für zusätzliche Fächer zur Verfügung stünden. Drei weitere Lehrerinnen gaben für ihre ablehnende Haltung keine Gründe an.

Frage 7: Sollte man Ihrer Meinung nach bereits in der Grundschule mit dem Unterricht von Fremdsprachen beginnen?

Zwei Lehrerinnen wollten den Fremdsprachenunterricht so früh wie möglich einsetzen. Sie begründeten ihre befürwortende Haltung damit, daß Kinder in diesem Alter Sprachen leichter aufnehmen könnten. Bereits zusammen mit dem

Erlernen des persischen Alphabets könnte der Fremdsprachenunterricht eingeleitet werden, wobei dieser Unterricht selbstverständlich spielerisch und altersgemäß erfolgen sollte. Dagegen wollte eine Lehrerin erst ab der vierten Klasse mit dem fremdsprachlichen Unterricht beginnen, da ihrer Ansicht nach erst zu diesem Zeitpunkt das kindliche Gedächtnis ausreichend geschult sei. Neun Lehrerinnen waren der Ansicht, daß erst in der Sekundarstufe I mit dem Fremdsprachenunterricht begonnen werden solle, was sie damit begründeten, daß zum einen das Erlernen der persischen Sprache den Grundschulkindern genügend abverlange, zum anderen auch die notwendigen Lehrkräfte zur Umsetzung dieses Vorhabens fehlten. Auffallend ist hierbei einmal mehr die Antwort der dienstältesten Lehrerin:

> „Es hängt von den staatlicherseits vorgegebenen Ansichten ab. So wie der Staat entscheidet, ist es richtig."

Frage 8: Welche Kriterien sollten für die Auswahl der Lehrinhalte in den Grundschulbüchern ausschlaggebend sein?

Der Alltagsbezug der Lehrbücher war für fünf Befragte das primäre Kriterium. Drei Lehrerinnen gaben an, daß die Lehrinhalte die kognitiven Fähigkeiten der Schüler berücksichtigen und fördern sollten. Daneben gab es weitere einzelne Stellungnahmen, die einerseits die Verständlichkeit und andererseits die altersgemäße Gestaltung der Lehrinhalte hervorhoben. Nach Ansicht einer Lehrerin sollten sich die Inhalte der Schulbücher der einzelnen Fächer in ihren Schnittmengen gegenseitig ergänzen und eine einheitliche pädagogisch-didaktische Struktur aufweisen.

Frage 9: Wie beurteilen Sie die Schulbücher des Primarbereichs in Bezug auf Qualität, Stoffumfang, Verständlichkeit und Praxisbezug?

Sechs Lehrerinnen bezeichneten die Schulbücher im allgemeinen als gut. Sie waren der Meinung, daß der Stoffumfang angemessen sei und die Schulbücher der unterschiedlichen Fächer einander ergänzten.

Ein Teil der Befragten bezog dazu eine konträre Position. Kritisiert wurde, daß die Schulbücher wegen fehlendem Alltagsbezug teilweise schwer verständlich, die inhaltliche Gestaltung oft nicht altersgemäß seien und aktuelle Themen werden kaum unterrichtsrelevant seien. Daher schlug eine Lehrerin vor, sich jährlich unter diesem Gesichtspunkt mit den Schulbüchern auseinanderzusetzen. Des weiteren berge der hohe Stoffumfang die Gefahr, daß Lehrer kaum die Möglichkeit besitzen, einzelne Themen zu vertiefen. Der zeitaufwendigere Gruppenunterricht könnte daher nicht praktiziert werden. Zudem nähmen religiöse Themen nach Meinung einiger Befragten nicht selten einen zu breiten Raum im Verhältnis zu Sachthemen ein.

Als Ideal sah eine Lehrerin Schulbücher mit vielen Beispielen und Übungen, da diese zum besseren Verständnis des Unterrichtsstoffes dienten.

Frage 10: Sind Sie der Auffassung, daß aktuelle Themen, wie etwa Hungersnot, Krieg, Umweltschutz, Arbeitslosigkeit, Demokratie und andere bereits im Grundschulunterricht behandelt werden sollten?

Auf die Behandlung gesellschaftlich aktueller Themen im Unterricht gingen die Befragten generell nicht ein. Eine Ursache könnte darin liegen, daß die genannten Themen die derzeitigen gesellschaftlichen Probleme im Kern treffen. Es ist anzunehmen, daß die Befragten aus Angst vor Repressalien oder aus Unsicherheit die Beantwortung dieser Frage vermieden. Dies ist keineswegs verwunderlich, wenn man betrachtet, wie die konservativ ausgerichtete Regierung auf kritische Anfragen im Bereich solcher Themenkomplexe – etwa durch oppositionelle Politiker oder Schriftsteller – reagiert: Das bloße Ansprechen von kontrovers diskutierten Fragestellungen wird bereits als Kritik am gesamten islamischen Staat verstanden und mit strengen Maßnahmen in Form von Verleumdungsprozessen oder durch Zensur geahndet. Von daher ist es verständlich, daß für die Grundschullehrerinnen die Frage nach der Behandlung solcher Themen ein Tabu darstellt.

Frage 11: Was sind Ihrer Meinung nach Eigenschaften eines idealen Schülers, wenn Sie ihn sich aussuchen könnten?
Bitte bringen Sie folgende Eigenschaften in eine Rangfolge: redegewandt, technisch begabt, hilfsbereit, gehorsam, diskussionsfähig, religiös, fähig, das Gelernte zu reflektieren und ein gutes Gedächtnis.

Die im Fragebogen vorgegebenen Attribute wurden nur vereinzelt in eine Rangfolge gebracht. Vielmehr ergänzten die Lehrerinnen zusätzliche Eigenschaften, die ihre Vorstellungen präziser widerspiegelten, wobei die Attribute „Ordentlichkeit", „Folgsamkeit", „Zielstrebigkeit", „Bescheidenheit" und „seelische Ausgeglichenheit" besonders herausragten. Auf die übrigen Merkmale, die die Kolleginnen neben den im Fragebogen angeführten nannten, wird hier wegen ihrer nur vereinzelten Erwähnung nicht näher eingegangen. Zu betonen ist aber die Aussage einer Lehrerin, welche die Ansicht vertrat, daß es grundsätzlich keine optimalen Schülereigenschaften gäbe, sondern jeder Schüler solle ungeachtet seiner persönlichen Qualitäten – als individuelles Subjekt – akzeptiert werden.

Frage 12: Wodurch sollte ein optimales Lehrer-Schüler-Verhältnis geprägt sein?

Während nur wenige Lehrkräfte eine gewisse Distanz zwischen Lehrern und Schülern als vorteilhaft ansahen, befürwortete die Mehrheit der Befragten – darunter auch die in der Regel eher einem angepaßten Denken verhaftete dienstälteste Lehrerin – ein vertrauensvolles Verhältnis, das eher der Beziehung zwischen Mutter und Kind als einem reinen Dienstverhältnis vergleichbar sei. Die relative Häufigkeit der Antworten, die dieses Erziehungsideal befürworten, läßt sich meines Erachtens auf folgende Gründe zurückführen. Zum einen darauf, daß die Befragten Frauen waren, zum anderen beruht diese Vorstellung einer erweiterten Familienbindung zugleich auf dem im Iran noch immer vorherrschenden traditionellen Familienbild. Danach genießt die Familie einerseits einen hohen Stellenwert im Leben des einzelnen, während andererseits der Mutter die Funktion einer fürsorglichen und innigen Person zukommt.

Frage 13: Wie sollte Ihrer Meinung nach die Zusammenarbeit zwischen Schule und Elternhaus aussehen? Wie häufig finden Elternversammlungen und Elternsprechtage statt?

Bei der Auswertung dieser Frage fiel bei allen Antworten die Notwendigkeit einer engen und vertrauensvollen Zusammenarbeit zwischen Lehrern und Eltern ins Auge. Als Voraussetzung für das Gelingen dieser Zusammenarbeit nannten die Befragten Ehrlichkeit und intensive Gespräche zwischen Kollegium, Elternhaus und Schulleitung. Eine Lehrerin will dabei nicht nur schulische, sondern auch familiäre Themen erörtern, wozu sie eigene Termine anbieten möchte. Zusätzlich könnte man die Eltern bei bestehenden Problemen auf Bücher oder gegebenenfalls auf therapeutische Möglichkeiten hinweisen. Eine Befragte war der Überzeugung, Elterngespräche seien nur dann sinnvoll, wenn Eltern eigenständig das Gespräch mit dem Lehrkörper suchen würden.

Eine weitere Lehrerin bemerkte, daß auch die Väter in diese Gespräche zunehmend einzubeziehen seien. Als relativierende Hintergrundinformation zu dieser Äußerung muß erwähnt werden, daß die geringe Beteiligung der Väter an den Beratungsgesprächen nicht generell als Ausdruck von Desinteresse an der Arbeit der Schule gewertet werden darf, sondern daß die finanzielle Lage eines großen Teils städtischer Familien so angespannt ist, daß ein Elternteil – meistens der Vater – auf Grund mehrerer Beschäftigungen nicht die notwendige Zeit aufbringen kann. Zur Häufigkeit der Elternversammlungen und -sprechtage machten die befragten Lehrerinnen keine Angaben.

Frage 14: Was sind Ihrer Meinung nach die notwendigen Voraussetzungen für einen erfolgversprechenden Unterricht?

Diese Frage wurde von allen Lehrerinnen beantwortet. Hierfür gaben drei Pädagogen die kameradschaftliche Zusammenarbeit unter Kollegen und den freundschaftlichen Umgang mit den Schülern an. Ferner nannten zwei Lehrerinnen hierfür ein gutes Schulklima als wichtigste Voraussetzung. Dazu gehören gesellschaftliche Achtung der Institution Schule und ihrer Vertreter, kollegiale Zusammenarbeit zwischen Schulleitung und Kollegium, das Interesse des Lehrers an persönlichen Problemen des Schülers sowie dessen Ermutigung und Unterstützung. Des weiteren sollte der Lehrer eine altersspezifische Sprache im Umgang mit den Schülern anwenden und nicht zu rigide auf die Umsetzung des Unterrichtsstoffes drängen. Darüber hinaus erachteten die Lehrerinnen gute Ernährung, Übung, Wiederholung, praxisbezogener Unterricht, sinnvolle Medienwahl oder Gruppenaktivitäten als vorteilhaft.

Frage 15: Welches sind Ihrer Meinung nach die wichtigsten aktuellen Probleme der Grundschule?

Zu dieser Frage waren lediglich einzelne Meinungen in Erfahrung zu bringen. Genannt wurden: seelische und physische Probleme der Schüler, familiäre Konflikte sowohl der Lehrer wie der Eltern, mangelnde Zusammenarbeit zwischen Lehrern und Elternhaus, völlig unzureichende Vergütung der Lehrer sowie die geringe finanzielle Ausstattung der Schulen. Ferner bemängelte man die unzureichende Einrichtung der Schulen im Hinblick auf Sporthallen, Laborräume oder neuer Medientechnik.

Frage 16: Wie beurteilen Sie Ihre eigene Ausbildung hinsichtlich Qualität, Praxisbezug und Dauer?

Bei dieser Frage fällt zunächst auf, daß das Ausbildungsspektrum der einzelnen Lehrkräfte in hohem Maße variierte. Ein Teil der Befragten verfügte über eine reguläre Grundschullehrerausbildung an einem Lehrerseminar[127], ein anderer Teil absolvierte eine universitäre Ausbildung, während eine Kollegin zur Schulpsychologin ausgebildet worden war.

Im folgenden werden lediglich die Antworten derjenigen Kolleginnen in Betracht gezogen, die ihre Ausbildung an Lehrerseminaren erhielten.

Positiv hervorgehoben wurden in mehreren Antworten die praxisbezogenen Lehrinhalte der Ausbildung. Dagegen kritisierte die Mehrzahl der Befragten deutlich die religiöse Ideologisierung. In der Abschlußprüfung der Lehrerausbildung werden neben den pädagogischen Fähigkeiten auch Kenntnisse des Koran geprüft. Diesen sogenannten „ideologischen Teil" charakterisierte die Mehrheit als monoton, überflüssig und nicht zeitgemäß. Allerdings gab es auch Stimmen, die eine betont religiöse Prägung von Ausbildung und Unterricht sehr positiv bewerteten. Als Grund für diese Einstellung führten die Lehrerinnen an, daß Religiosität das Gemeinschaftsgefühl und die Hilfsbereitschaft fördere.

Als eher negativ erachteten sie die fehlende Möglichkeit, eine Grundschullehrerausbildung an einer Universität zu absolvieren. Sie bemängelten den allzu umfangreichen Stoff der Intensivkurse im Rahmen der Ausbildung. Die dienstälteste Lehrerin jedoch begrüßte diese Kompaktkurse und vertrat die Auffassung, daß die Ausbildung in der vorrevolutionären Zeit nicht so vielseitig gewesen sei. Als weiteres Defizit wird von einer Kollegin die mangelnde theoretische Fundierung der Ausbildung angeführt.

Frage 17: Inwieweit beeinträchtigt die finanzielle und soziale Situation (Wohnverhältnisse, Anzahl der Geschwister, Ernährung oder Berufstätigkeit der Eltern und Geschwister) die Leistung eines Schülers?

Einige Lehrerinnen sahen die überwiegend fehlende adäquate Ernährung als eine wesentliche Ursache für mangelnde Konzentration und die damit zusammen-

---

[127] Zu näherer Darstellung der Ausbildungssituation der Lehrer vgl. Kap. 7.3.

hängenden schulischen Mißerfolge an.[128] Andere hingegen hoben hervor, daß die Eltern-Kind-Beziehung sowie die Familiengröße Hauptursache der schulischen Defizite der Schüler sein könnten. In diesem Zusammenhang kritisierte eine Lehrerin auch die von der iranischen Regierung praktizierte Familienpolitik.

Frage 18: Inwiefern soll Ihrer Meinung nach die Schule das außerschulische Umfeld des Kindes im Unterricht mit berücksichtigen?

Die überwiegende Mehrheit ging davon aus, daß dies grundsätzlich möglich und auch nötig sei. Als Voraussetzung dafür sollte jedoch das Einverständnis der Eltern vorliegen. Genauere Kenntnisse über die familiäre Konstellation der Schüler sei für einen erfolgreichen Unterricht von elementarer Bedeutung. Je vollständiger das Bild und die Informationen über den Schüler seien, desto einfacher gelinge es dem Lehrer, sich in die Lage des Schülers hineinzuversetzen. Dabei spielten die allgemeine finanzielle und bildungsspezifische Situation der Familie eine entscheidende Rolle. „Die genannten Probleme", so die Lehrerinnen, „haben verheerende Auswirkungen auf unsere Kinder. Die meisten unserer Probleme in der Schule sind dadurch bedingt."

Jedoch deutet die Mehrheit der Antworten darauf hin, daß es den Lehrerinnen als unpraktikabel erscheint, die außerschulischen Gegebenheiten der Kinder stets im Auge zu behalten. Denn eine dahingehende Verpflichtung würde die fundierte Vermittlung des Unterrichtsstoffs beeinträchtigen, was eine Problembewältigung auf Kosten der Unterrichtszeit zur Folge hätte.

Frage 19: Sind Sie der Auffassung, daß koedukativer Unterricht den Umgang der Geschlechter untereinander positiv beeinflussen könnte?

Zu dieser Frage liegen keine Antworten vor.

Wie bereits erwähnt, gibt es im Iran keinen koedukativen Unterricht. Die Trennung der Geschlechter ist in den religiösen Traditionen und gesetzlichen Bestimmungen fest verankert. Deshalb könnte die Infragestellung des als selbstverständlich und üblich empfundenen Status quo von den Befragten eventuell als irritierend oder gar provozierend empfunden worden sein.

Die entsprechende Frage hätte zweifelsfrei anders formuliert werden müssen, wie etwa: Was spricht Ihrer Meinung nach für eine Beibehaltung des getrennten Unterrichts von Jungen und Mädchen? Könnten Sie sich auch vorstellen, gegebenenfalls in einer Schule zu arbeiten, in der Mädchen und Jungen gemeinsam in einer Klasse unterrichtet werden? Wo liegen Ihrer Meinung nach die Gefahren? Wo könnten sich Vorteile für den Unterricht ergeben?

---

[128] Obwohl während der Schahzeit der Ernährungszustand des iranischen Volkes längst nicht das prekäre Ausmaß erreichte, das gegenwärtig in der Islamischen Republik herrscht, führte das iranische Kultusministerium während der 70er Jahre ein Projekt in den Schulen durch, demzufolge jedes Kind in der ersten Schulpause als Zwischenmahlzeit ein Päckchen Studentenfutter gereicht bekam. Es wäre angesichts der derzeitigen schwierigen finanziellen und sozialen Situation der Familien wünschenswert, erneut auf dieses Projekt zurückzugreifen.

In jüngster Zeit beginnt in der gebildeten, iranischen Öffentlichkeit eine in den Medien geführte Diskussion über die Vor- und Nachteile der Geschlechtertrennung in vielen Bereichen des gesellschaftlichen Alltagslebens. Es mehren sich die Anzeichen, daß diese Diskussion sich noch verstärken und noch kontroverser geführt werden wird. Insofern ist es bemerkenswert, daß bei einem so aktuellen Thema die von mir befragten Lehrerinnen, die in anderen Fällen differenzierte Auffassungen vertreten, dazu keine Stellung beziehen. Eine auch nur etappenweise Umsetzung dieser Idee geht derzeit noch weit über den tolerierbaren Rahmen möglicher Veränderungen des religiös-politischen Systems hinaus.

Die Frage einer möglichen Gestaltung des koedukativen Unterrichts im Iran wurde in dieser Arbeit bereits behandelt (vgl. dazu Kapitel 7.6.1.).

7.8.3. Interpretation der Studie

Die Auswertung der Erhebung verdeutlicht die besondere Stellung der Religion in der iranischen Gesellschaft und nicht zuletzt für den schulischen Bildungsbereich. Es kann zweifelsohne von einer religiös geprägten Orientierung des Unterrichts gesprochen werden. Obwohl alle Befragten sich zum Islam bekennen und die Bedeutung der Religion keineswegs in Frage stellen, wünscht sich dennoch der Großteil der Pädagoginnen keine einseitige Betonung des Religiösen im Unterricht.

Abgesehen von dieser inhaltlichen Schwerpunktverlagerung fand seit der Revolution in praktisch allen Bereichen eine Verbesserung der materiellen Ausstattung statt. Da diese jedoch nicht mit der hohen Wachstumsrate der Bevölkerung konvergiert, erweist sie sich als unzureichend. Die Lehrer-Schüler-Relation stellt sich nach wie vor als unbefriedigend dar. Eher muß auf Grund der demographischen Entwicklung und der gegenwärtig widrigen wirtschaftlichen Eckdaten sogar mit einer weiteren Verschlechterung der Lehr- und Lernsituation gerechnet werden.

Das Selbstbewußtsein der Lehrer und Lehrerinnen ist offenbar gewachsen. Dies drückt sich etwa in der offenen Forderung nach staatlichen Zuschüssen aus, über die jede Schule gemäß ihrer Bedürfnisse frei verfügen sollte.

Die Standardunterrichtsmethode bleibt nach wie vor der sogenannte Frontalunterricht. Das läßt den Schluß nahe, daß nur ein geringer pädagogische Fragen betreffender Austausch mit dem Ausland stattfindet. Ein deutliches Anzeichen dafür stellt ferner, daß bestimmte Unterrichtsmethoden, etwa der Projektunterricht, der in mehreren westeuropäischen Ländern zunehmend an den Schulen einen etablierten Bestandteil von Schulkonzeption und Unterricht darstellt, den iranischen Fachkräften gänzlich unvertraut ist.

Nach wie vor nimmt die Vermittlung von sozialen und moralischen Werten eine bevorzugte Stellung in den iranischen Schulen ein. Dagegen sieht der Staat die Heranführung an naturwissenschaftliche und technische Fragestellungen und Problemlösungen zwar als notwendig an, zählt sie aber nicht zu den besonders erstrebenswerten Zielen.

Das Erlernen von Fremdsprachen, das für die Modernisierung, die Kommunikation und den Kulturaustausch zwischen verschiedenen Nationen eine wichtige

Voraussetzung bildet, wird von den Lehrerinnen in seiner Bedeutung hinreichend erkannt. Die befragten Lehrerinnen äußern sich hierzu bemerkenswert differenziert und geben unterschiedliche Einschätzungen bezüglich des Einsatzes und der Methodik bei der Vermittlung von Fremdsprachen in der Grundschule an.

Der Bedarf an Verbesserung der Lehrerausbildung wird gesehen. Neben einer zeitgemäßen, allgemeinpädagogischen Ausbildung wird vereinzelt auch bereits für den Primarbereich der Wunsch nach einer universitären Ausbildung laut. Die qualitative Verbesserung der Lehrerausbildung soll eine effizientere Unterrichtsgestaltung gewährleisten. Die Einbeziehung vielfältiger und verbesserter Unterrichtsmethoden kann bei den Kindern die Neugierde für den Unterrichtsstoff wecken, ihre Phantasie und Kreativität anregen und den individuellen Interessen der Schüler besser gerecht werden.

Die Befragten beklagen eine völlig unzureichende Honorierung der Lehrer. Eine angemessene Vergütung der Lehrer hätte unmittelbar pädagogische Konsequenzen zur Folge. Die verbesserte finanzielle Situation könnte bewirken, daß Lehrer und Lehrerinnen nicht länger auf die Übernahme von Nebentätigkeiten zur Sicherung ihres Lebensunterhalts angewiesen wären. So könnten sie mehr Zeit für die Unterrichtsvor- und -nachbereitung aufwenden. Diese neu entstandene Sachlage dürfte sich zudem positiv auf die Arbeitsmotivation der Lehrer auswirken.

Bei der Interpretation der Studie fallen die zu Frage 11 gegebenen Antworten besonders ins Auge. Die Art und Weise, in der die Lehrerinnen auf diese Frage eingehen, hebt sich deutlich von den übrigen Antworten ab. Die Lehrerinnen erhielten einen Katalog erwünschter Schülereigenschaften. Sie sollten diese nach Kriterien pädagogischer Relevanz in eine Rangfolge bringen und gegebenenfalls ergänzen. Mit dieser Frage sollte in Erfahrung gebracht werden, welchen erzieherischen Vorstellungen die Lehrerinnen die höchste Priorität einräumen.

Betrachtet man die hierzu erhaltenen Antworten, könnte man den Eindruck gewinnen, daß die von mir ausgewählten Attribute die von den Lehrerinnen gewünschten Schülereigenschaften nicht hinreichend abdecken. In den ergänzten Attributen wird deutlich, daß die Befragten teilweise ethische und psychologische Werte hervor heben, die keineswegs im Widerspruch zu den modernen pädagogischen Leitvorstellungen stehen. Durch ihre Antworten zu den übrigen Fragen wird ferner deutlich, daß die Befragten sich durchaus der pädagogischen, der stofflichen und der sozialen Barrieren ihrer Arbeit bewußt sind. Sie erkennen, daß primär sie selbst im Rahmen der pädagogisch-administrativen Möglichkeiten auf die Schüler erzieherisch einwirken müssen.

Entgegen der Diskussion in der Öffentlichkeit findet im Rahmen der Schulpolitik das Thema „koedukative Erziehung" keine Berücksichtigung. Ein Blick über die Grenzen Irans hinaus in andere islamische Staaten könnte mögliche Vor- und Nachteile der Koedukation lehren, wie sie sich in Staaten ergeben, in denen ungeachtet der islamischen Orientierung koedukativer Unterricht erteilt wird, wie etwa in den „Maghreb-Staaten" Tunesien, Algerien und Marokko. Im Unterschied zum Iran sind diese Länder mehrheitlich sunnitisch. Auf Grund ihrer langjährigen Verbundenheit mit Frankreich war ihr Bildungswesen bis in die jüngste Zeit hinein in höheren Maße modernen Einflüssen ausgesetzt.

Für eine weitergehende Betrachtung und die langfristige Perspektive bietet es sich vor allem an, die hierzu gewonnenen Erfahrungen der islamischen Diasporagemeinden in Europa für eine mögliche Anwendung der Koedukation zu nutzen. Dort lebt inzwischen eine wesentliche Minorität von Muslimen – etwa die türkische Minderheit in Deutschland – als eine unter vielen gesellschaftlichen Gruppen. Sie sehen sich alltäglich vor die Aufgabe gestellt, in einem neuen kulturellen Umfeld die eigene Identität zu wahren. Selbstverständlich gehen dort die Kinder in koedukativ geführte Schulen und sind überdies täglich mit anderen religiösen Einflüssen konfrontiert. Ein solcher Erfahrungsaustausch mit ausländischen Gemeinden könnte der iranischen Diskussion dazu verhelfen, den Fragen der Vor- und Nachteile dieser Unterrichtsform unvoreingenommen zu begegnen. So könnte die negative Einstellung zum Einsatz des koedukativen Unterrichts relativiert werden. Auf diese Weise bleibt ferner die Möglichkeit offen, neue Anregungen über die Form und das Ausmaß des koedukativen Unterrichts an iranischen Schulen aufzugreifen.

Vergleichbar der Koedukation ist die Behandlung aktueller gesellschaftlicher Themen in iranischen Schulen ein Tabu. Hier ist eine enge Verknüpfung mit der politischen Struktur im Iran unverkennbar, die jegliche Kritik in der Öffentlichkeit als einen Angriff auf das politische System insgesamt auffaßt und verhindern will. Als Exempel sei hier die Verfolgung des regimekritischen Schriftstellers Faradsch Sarkuhi erwähnt, dessen Fall auch in Deutschland bekannt geworden ist. Als Herausgeber der inzwischen verbotenen Zeitschrift *Adineh* (Freitag) nahm er wiederholt kritisch zu gesellschaftlichen Themen Stellung.[129]. Freilich ist dieser Autor nur ein Beispiel dafür, daß kritische Intellektuelle im Iran in ihrer öffentlichen Wirksamkeit maßgeblich beeinträchtigt sind. Ein Großteil von ihnen ist dagegen nicht bereit, sich öffentlich zu äußern, auch nicht im Rahmen einer Befragung. Da der Staat keine kritische Einmischung durch Intellektuelle duldet, ist ein Erziehungsstil, der den Einzelnen in die Lage versetzen könnte, die Gesellschaft selbstbestimmt und kritisch mitzugestalten, unerwünscht.

Betrachtet man die Ergebnisse dieser Umfrage hinsichtlich der maßgeblichen, von mir in dieser Arbeit vertretenen Thesen, die das iranische Bildungssystem in ein traditionelles Bild stellten, deuten verschiedene Beurteilungen der Lehrerinnen in meiner Studie daraufhin, daß durchaus eine Neigung zu modernen pädagogischen Prinzipien, Erziehungs- und Unterrichtsformen vorhanden ist. Dazu zählen insbesondere,

---

[129] Als Beispiel für seine kritische Haltung sei ein Interview mit der Tageszeitung "TAZ" genannt, in welchem er sich zu den Mordanschlägen an einigen seiner Schriftstellerkollegen äußerte. Diese beabsichtigten, einen unabhängigen Schriftstellerverband zu gründen. In diesem Zusammenhang verweist er auf die strengen Zensurbestimmungen in der Islamischen Republik. Vgl. Sarkuhi, Faradsch: "Hinter den Morden steht die ganze Regierung". Interview in der "TAZ" Nr. 5711, Berlin, 14.12.1998.

a) daß Pädagoginnen kritisieren, daß bereits in den Grundschulen die Wissensvermittlung vorherrscht, während sie fordern, daß viel mehr Wert darauf gelegt werden sollte, bei den Schülern Freude am Lernen zu wecken und sie darüber hinaus mit gesellschaftlichen Normen und Gesetzen etappenweise vertraut zu machen,
b) daß das Gros der Lehrerinnen für den Bereich des Sachunterrichts die Lernform des Gruppenunterrichts dem Frontalunterricht vorzieht,
c) daß ein Teil der Lehrerinnen etliche Schulbücher wegen des fehlenden Alltagsbezugs, wegen ihrer Schwerverständlichkeit sowie aufgrund ihrer stofflichen Überfrachtung kritisiert,
d) daß eine Mehrheit bei der Frage nach einem optimalen Lehrer-Schüler-Verhältnis nicht auf die Einhaltung einer vermeintlich notwendigen Distanz zwischen Lehrern und Schülern besteht, sondern wechselseitiges Vertrauen nennt, das eher der Mutter-Kind-Beziehung ähnelt,
e) daß eine Gruppe der Lehrerinnen hinsichtlich der Beurteilung der Schülerleistungen die Einbindung der familiären, sozialen und finanziellen Situation der Elternhäuser fordert.

f) nicht zuletzt, daß der überwiegende Teil der Befragten die auffallend religiös ausgerichtete Lehrerausbildung bemängelt.

Im Rahmen einer grundlegenden Modernisierung müßten diese in den Antworten der Lehrerinnen vertretenen Ansätze in die Praxis des Unterrichts Eingang finden. Dies setzt aber die Bereitschaft des Staates zur Gewährung von Freiräumen hinsichtlich der Entwicklung und Förderung kritischer, emanzipativer und demokratischer Grundwerte voraus.

7.9. Zusammenfassende Kritik sowie Überlegungen zur Gestaltung des Unterrichts im Sinne einer zeitgemäßen iranischen Pädagogik

In diesem Kapitel sollen zunächst die maßgeblichen Probleme des iranischen Bildungssystems nochmals aufgegriffen werden. Dies dient dazu, ein adäquates Reformkonzept für eine zukunftsweisende Unterrichtsgestaltung nach modernen pädagogischen Prinzipien vorzustellen. Diese Ansätze sollen zeigen, wie den einzelnen Problemfeldern begegnet werden könnte. Die Grundlage dieses methodischen Ansatzes basiert auf den von Wolfgang Klafki formulierten und an die Kritische Theorie angelehnten didaktischen und bildungstheoretischen Überlegungen einer kritisch-konstruktiven Pädagogik. Abschließend soll an zwei Beispielen die konkrete Umsetzung dieses Unterrichtskonzepts im Primarbereich demonstriert werden. Die wesentlichen Problemfelder sind die folgenden:

- Der iranische Staat hat bisher versäumt, den Primarschullehrern eine qualitativ hochwertige Ausbildung auf akademischem Niveau zu ermöglichen.
- Die Schulbücher sind nicht nach neuesten pädagogischen und wissenschaftlichen Kriterien verfaßt und entsprechen somit nicht den Erfordernissen der modernen Zeit.

- Die vorherrschende Unterrichtsmethode ist der Frontalunterricht, der das Auswendiglernen zu sehr in den Vordergrund stellt. Diese Form des Unterrichts läßt den Schülern keinen Spielraum zum selbständigen Erarbeiten der Themen. Es mangelt an entsprechender Förderung zur kritischen Betrachtungsweise eines neuen Lehrstoffs. Somit führt das Schulwesen nicht zur Ausbildung mündiger Persönlichkeiten, sondern stärkt sogar autoritäre Strukturen. Insbesondere durch religiöse Einflüsse wird die kritische Auseinandersetzung mit der eigenen Tradition verhindert.
- Die Dominanz der Religion und Ideologie und die daraus folgende Beeinträchtigung der objektiven Vermittlung von Sachkenntnissen der verschiedenen Disziplinen.
- Politisch-militärische Agitationen bestimmen im Gegensatz zu solchen auf Friedenserziehung abzielenden modernen Konzepten die Erziehung.
- Bezüglich Personenkult und Manipulation der Kinder hat das Bildungssystem im Iran keine Veränderung erfahren.
- Das Schulsystem im Iran ist von Zentralismus geprägt. Dieser bringt besonders für periphere Gebiete Nachteile mit sich. Festgeschriebene Lehrpläne, die für das ganze Land gelten, lassen dem Lehrer für die Eigengestaltung des Unterrichts kaum Freiräume. Dies hat zur Folge, daß er nicht in der Lage ist, auf klassenspezifische, religiöse oder ethnische Minderheiten wie auf geographische, ökologische oder ökonomische Gegebenheiten einer bestimmten Region adäquat zu reagieren.
- Der nach Geschlechtern getrennte Unterricht verfestigt die geschlechtsspezifischen Rollenbilder.
- Die Schule erfüllt die strengen Maßstäbe des islamischen Staates, die aber nur bedingt das gesellschaftliche Leben widerspiegeln. Sie fordert von den Kindern andere Kulturpraktiken und anderes Verhalten, als der private Bereich sie erwartet. Den daraus resultierenden Widersprüchen und Spannungen sind die Kinder nicht gewachsen. In manchen Bereichen, wie denen der Kleiderordnung, des Musikunterrichts in der Schule oder auch der Konzeption der Schulbücher, gehen die Wertvorstellungen sowohl an den allgemeinen gesellschaftlichen Bedürfnissen als auch an den Interessen der Kinder vorbei.

1. Einen adäquaten Lösungsvorschlag bieten die folgenden Thesen. Die prinzipielle Zielsetzung des Unterrichts soll die Erziehung zu Selbstbestimmung, Mitbestimmung und Solidarität sein, wobei

    „das Lehren und Lernen in der Schule nicht dogmatische Setzungen oder bloße Übernahmen aus ungeprüften Traditionen sein dürfen, sondern didaktische Rechtfertigungen erfordern und für Kritik und Veränderung offengehalten werden müssen".[130]

2. Im Mittelpunkt dieses Konzepts steht die Konzentration auf lebensnahe und lebensrelevante Inhalte im Unterricht.

---

[130] Klafki, Wolfgang: Zum Problem der Inhalte des Lehrens und Lernens in der Schule aus der Sicht der kritisch-konstruktiven Didaktik; in: Zeitschrift für Pädagogik, 33. Beiheft Didaktik und/oder Curriculum. Weinheim 1995, S. 91-102, hier S. 97.

3. Lehrinhalte müssen den Blick der Schüler neben den gegenwärtigen immer auch auf die zukünftigen gesellschaftlich und individuell relevanten Aufgaben und Möglichkeiten lenken.
4. Die Wissenschaftlichkeit als einziges Kriterium genügt nicht. Unterricht muß mehr sein als eine vereinfachte Form der Darstellung einzelner universitärer Disziplinen. Über die Wissenschaftlichkeit hinaus müssen die Lehrinhalte auch Kulturpraktiken und -phänomene der jeweiligen Gesellschaft, wie etwa Musik, bildende Kunst oder Sport, vermitteln. Außerdem muß über die Rolle der Wissenschaften diskutiert werden, um individuelle und gesellschaftliche Fragen zu klären. Die epochaltypischen Schlüsselprobleme, etwa die Frauenfrage, die Menschenrechte, der Pluralismus, die Friedensproblematik, die Umweltfragen, Möglichkeiten und Gefahren des technischen Fortschritts, Entwicklungsländer und sogenannte hochentwickelte Länder, Arbeit und Arbeitslosigkeit, soziale Ungleichheit und ökonomisch-gesellschaftliche Machtpositionen, Immigranten und die jeweilige einheimische Bevölkerung eines Landes, Massenmedien und ihre Wirkungen dürfen nicht außer acht gelassen werden. Die Schüler sollen befähigt werden, bei den dargebotenen wissenschaftlichen Erkenntnissen zu hinterfragen, welche Interessen etwa für die Auswahl eines Themas im Curriculum ausschlaggebend sind. So sollen Kinder etwa bei dem Thema „Erzeugung von Energie" die Möglichkeit haben, Vor- und Nachteile von Alternativenergien wie Wind- und Wasserkraft im Vergleich zur Kernenergie abzuwägen; somit wird eine Grundlage gelegt für die kritische Auseinandersetzung mit Ideologien oder Expertenaussagen.
5. Ein weiterer Gesichtspunkt zielt auf das Lernen des Lernens ab und auf den Aspekt der Interaktion zwischen Lehrern und Schülern sowie zwischen den Schülern. Nur auf diese Weise sind die Bedingungen für einen fruchtbaren Lernprozeß gegeben.
6. Außerdem sollte ein Konzept des offenen oder schülerorientierten Unterrichts im Mittelpunkt stehen, zum Beispiel die Berücksichtigung von Schülerinteressen bei der Auswahl von Themen und Medien.

Den Schulen sowie den einzelnen Klassen sollten bezogen auf ihre aktuelle und spezifische Gruppenkonstellation bei regionalen Problemen und lokalen Gegebenheiten Freiräume zur Eigengestaltung gewährt werden. Es sollte die Möglichkeit bestehen, Anteile von Lehrinhalten dezentral zu gestalten, um so das eigene Schul- und Klassenprofil zu entwickeln

> „Auf der Ebene der Richtlinien-/Lehrplan-/Curriculumsentwicklung und -theorie folgt aus dem Demokratisierungs- bzw. dem Mitbestimmungsprinzip u.a. die Notwendigkeit, die immer noch vorherrschende Strategie ‚von oben nach unten' bzw. development-implementation zu verändern, also von der einseitig zentralisierten Entwicklung von Richtlinien, Lehrplänen, Curricula durch staatlich eingesetzte Kommissionen auf den höheren Ebenen der Schuladministration oder in Curriculumsinstituten zu einer Kooperation zwischen solchen Zentralinstanzen einerseits und dezentralisierter, schulnaher Curriculumsentwicklung an einzelnen Schulen bzw. durch Gruppen von Schulen, Lehrern, Eltern und Schülern zu kommen".[131]

---

[131] Ebda., S. 102.

7. Sieht man im Sinne der ersten These in der Erziehung zu Selbstbestimmung, Mitbestimmung und Solidarität die Leitgedanken des Unterrichts, ist es zur Förderung einer demokratischen Grundhaltung unabdingbar, im Unterricht das Blickfeld für Themen der epochalen Schlüsselprobleme wie Minderheitenrechte, Gleichberechtigung der Frau zu erweitern und außerdem die Schüler mit den Besonderheiten anderer Völker und Kulturen vertraut zu machen.
8. Gemäß der oben genannten zweiten These sollten die Unterrichtskonzepte im Iran Lebensrelevanz und Lebensnähe berücksichtigen. Die realen Konflikte des Landes, etwa Armut, Unterernährung, Arbeitslosigkeit, Bevölkerungsexplosion, Korruption, Drogenabhängigkeit oder Gewalt in der Familie, sollten in der Schule thematisiert werden, um die Schüler zu befähigen, die gegenwärtige gesellschaftliche Situation zu erkennen und zu lernen, sich mit Mißständen kritisch auseinanderzusetzen.

Im Zuge der Beschäftigung mit Schlüsselproblemen und demokratischen Grundprinzipien dürfen internationale Bezüge und Probleme mit globalen Auswirkungen nicht unberücksichtigt bleiben. Die Schüler sollen lernen, daß Probleme nicht nur in ihrem unmittelbaren Umfeld, sondern auch weltweit existieren. Dabei erkennen sie, welchen Einfluß sie selbst auf diese Probleme nehmen können. Das kann ihr Verantwortungsbewußtsein anregen und sie dadurch zu aktivem, verantwortungsvollem Handeln motivieren. Bei der Darstellung gesellschaftlich relevanter Themen sollten Beispiele für gelungene Veränderungen dargestellt werden, um so eventueller Resignation der Schüler vorzubeugen. Als mögliche Methode der Vermittlung solch vielschichtiger Themen können Rollenspiele dienen, in denen die Schüler lernen, sich in verschiedene Situationen hineinzuversetzen. Die zu behandelnden Themen sollten von realen Geschehnissen der iranischen Gesellschaft ausgehen, so daß sich die Kinder mit den Akteuren identifizieren können. Für diese Unterrichtsform müßten zusammen mit den Lehrern entsprechende Leitfäden konzipiert werden.

Folgt man der in These sechs eingeforderten Schülerorientiertheit des Unterrichts, so sollten spezielle gesellschaftliche und alltägliche Probleme der Kinder sowie allgemein-gesellschaftliche Interessen im Unterricht einbezogen werden. Vorlieben der Kinder sollten dabei berücksichtigt werden, indem Inhalte bearbeitet werden, die der kindlichen Lebensrealität und ihren Bedürfnissen entsprechen, aber auch die Phantasie nicht außer acht lassen. Im Gegensatz zu der gegenwärtigen Situation, bei der fast ausschließlich die Beschäftigung mit religiösen und revolutionären Themen – wie sich bei der Analyse von Schulbüchern gezeigt hat – im Persischunterricht im Vordergrund stehen, sollte viel stärker die Lebenswelt der Kinder in den Unterricht Eingang finden.

Die inhaltliche Gestaltung der Schulbücher sollte dazu dienen, die Kinder mit den Wurzeln ihrer eigenen iranischen Kultur vertraut zu machen, damit in den höheren Schulklassen ein kritischer Umgang mit ihren eigenen Traditionen möglich ist. Außerdem sollte die Bereitschaft geweckt werden, einen unvoreingenommenen Austausch mit anderen Völkern aufzubauen, was besonders in Bezug auf den Westen gilt. Gerade die positiven Errungenschaften der westlichen

Kultur sollten als erstrebenswert anerkannt werden. Dazu gehören gewisse Normen des Pluralismus wie Menschenrechte, Meinungsfreiheit, Glaubensfreiheit und Gleichberechtigung der Frau.

Auf die siebte These sollte man besonderes Gewicht legen, da demographische und regionale Unterschiede erfordern, sich von einem zentral gesteuerten Bildungssystem abzuwenden. Nur so könnte man der Vielzahl ethnischer Minderheiten mit divergierenden Sprachen, die auf iranischem Territorium leben, gerecht werden. Sind Freiräume im Unterricht vorhanden, bieten sich den Lehrern und Schülern Möglichkeiten, gemäß dieser regionalen, geographischen und kulturellen Gegebenheiten ihr Umfeld zu erkunden und zum Thema zu machen. Bei einer derartigen Gestaltung würden Voraussetzungen für ein Konzept des offenen Unterrichts geschaffen, in dem fächerübergreifendes, praxisbezogenes und auf Erfahrung basierendes Lernen stattfinden könnte (vgl. auch These 6). Zu diesem Zweck ist ein neues curriculares Konzept vonnöten, bei dessen Gestaltung die Schulen, Lehrer und Eltern mitwirken. Um gleichzeitig die gemeinsamen Grundlagen der Bildung des iranischen Volkes nicht zu gefährden, muß allerdings auch eine überregionale Basis für die Curriculumentwicklung gewährleistet sein, welche die regionalen sowie schul- und klassenspezifischen Anteile ausgleicht.

Die Verwirklichung dieser Forderungen setzt allerdings die politische Bereitschaft voraus, Lehrpläne demokratisch und offen zu gestalten, um auf die kulturellen und geographischen Gegebenheiten und Differenzen adäquat zu reagieren. Auf diese Weise kann den bildungsspezifischen Bedürfnissen und kulturellen Rechten aller Bürger des Landes Rechnung getragen werden.

Der Verfasser erklärte zu Beginn der Arbeit, daß der Bildungsbegriff der kritisch-konstruktiven Pädagogik als Maßstab der Überlegungen dienen soll. In Anlehnung an Klafki wurde Bildung als „selbsttätig erarbeitete(r) und personal verantwortete(r) Zusammenhang dreier Grundfähigkeiten", der Fähigkeit zur Selbstbestimmung, der Mitbestimmung und der Solidarität beschrieben.[132] Des weiteren wurde auf die Schwierigkeit aufmerksam gemacht, die darin besteht, einen modernen europäischen Bildungsbegriff auf das Bildungssystem eines islamischen Landes zu übertragen.

Anhand zweier Beispiele soll skizziert werden, wie Unterricht im Sinne des kritisch-konstruktiven Bildungsbegriffs im Rahmen der iranischen Verhältnisse verwirklicht werden kann. Diese Beispiele sind als Unterrichtseinheiten konzipiert und können als Rollenspiel den Schülern im letzten Jahr der Grundschule verdeutlicht werden.

Das erste Beispiel soll zugleich den Unterschied zwischen reflexivem und nicht-reflexivem Umgang mit einem Thema demonstrierenEin kurdisches Kind, dessen Eltern als Folge des irakisch-iranischen Krieges nach Teheran einwanderten, geht in eine normale persische Grundschule. Da die Eltern mit dem Kind zu Hause nur kurdisch sprechen, ergeben sich erhebliche Schwierigkeiten beim Lesen und Schreiben persischer Texte. Das Kind reagiert schüchtern und mit

---

[132] Vgl. Einleitung E.2. Zum Bildungsbegriff.

Stottern, wenn der Lehrer es zum Lesen auffordert, und es wird daraufhin von Mitschülern gehänselt. Zur Lösung dieses Problems bieten sich dem Lehrer zwei Wege an.

Entsprechend der nicht-reflexiven Variante werden die Eltern in die Sprechstunde des Lehrers zitiert und in Anwesenheit des Kindes kritisiert. Der Lehrer beschuldigt die Eltern, sich nicht um die Lese- und Schreibprobleme ihres Kindes zu kümmern. Er fordert sie daher auf, täglich Sprech- und Leseübungen mit dem Kind durchzuführen. Die Eltern, die selbst nicht akzentfrei Persisch sprechen, versuchen die Aufgabe – so gut sie können – zu lösen, bezahlen sogar teure Nachhilfestunden. Nach einem halben Jahr macht das Kind sichtlich Fortschritte und erhält auch großes Lob. Nun scheint zwar eines seiner Probleme, das Erlernen von Lesen und Schreiben, gelöst, jedoch haben sich soziale und zwischenmenschliche Barrieren in der Schule ergeben. Es kann auf Grund der häuslichen Übungen und der Nachhilfestunden neben den üblichen Hausaufgaben nicht an Spielen teilnehmen und zieht sich zunehmend zurück. Diese Form der Lösung wäre im heutigen Iran wohl die gängige.

Eine an der reflexiven Pädagogik orientierte Lösung des Problems könnte dagegen folgendermaßen aussehen: Der Lehrer spricht die Leseschwäche in der Klasse offen an und nutzt die Stunde, um über Probleme von ethnischen Minderheiten und deren Integration zu referieren und zu diskutieren. Dabei berichtet das kurdische Kind über seine früheren Lebensverhältnisse. So erfahren die Mitschüler Einzelheiten über sein Leben, den Grund der Flucht nach Teheran und die grausamen Erfahrungen des Krieges. Die Kinder bemerken unter Leitung des Lehrers, daß die kurdische und die persische Sprache sehr viele Ähnlichkeiten aufweisen und es auch in den Sitten und Gebräuchen Übereinstimmungen gibt. So wird bei den Kindern das Interesse an der kurdischen Sprache geweckt, und sie können einige wichtige Begriffe lernen. Außerdem kann der Lehrer die Mitschüler motivieren, dem kurdischen Kind schwierige persische Begriffe zu erklären.

Eine solche Form des Unterrichts baut Hemmungen ab und mindert das durch diese Ängste hervorgerufene Stottern. Das Kind verliert die Angst davor, wegen seiner sprachlichen Probleme gehänselt zu werden. Spielerisch und durch seine Lernerfolge wird es immer mehr in die Klasse integriert. Der Lehrer verringert somit nicht nur die Sprachbarriere des Kindes, sondern bewirkt darüber hinaus auch seine soziale Integration. Die Schüler bekommen einen Einblick in die Probleme von Minderheiten und wirken selbst aktiv bei der Integration solcher Gruppen mit.

Der Aufbau von Einfühlungsvermögen und Hilfsbereitschaft müßte als ein allgemeines, wichtiges Unterrichtsziel anerkannt und gezielt gefördert werden. Auch können sich weitere positive Entwicklungen ergeben: die schulischen Leistungen insgesamt verbessern sich, die momentan hohe Zahl der Klassenwiederholungen und Frühabgänger könnte reduziert werden.

Das zweite Beispiel soll dem gesellschaftskritischen und dem universellen Anspruch des hier angewandten Bildungsbegriffs gerecht werden und bewußt an ein lebensnahes und relevantes Thema anknüpfen.

In einer praxisorientierten Unterrichtseinheit soll auf die Lebensverhältnisse von Kindern aus den sozialen Brennpunkten Teherans eingegangen werden. Die Behandlung dieses Themas im Unterricht zielt darauf ab, bei den Kindern gesellschaftliches Problembewußtsein zu wecken, um damit ihre Fähigkeit zur Solidarität als einer elementaren Voraussetzung zur Koexistenz aufzubauen. Darüber hinaus soll den Kindern der Stellenwert der Bildung als Basis zur Erkennung ihrer individuellen Mitverantwortung für gesellschaftliche Aufgaben – etwa bei sozial Benachteiligten – deutlich gemacht werden. Eine Lektion im Persischlesebuch des fünften Schuljahres könnte etwa von der Biographie eines Kindes handeln, das seine Eltern bei einem (im Iran nicht selten auftretenden) Erdbeben verliert. Das Kind wird konfrontiert mit den problematischen Lebensumständen von Waisenkindern. Andere erwachsene Personen – etwa Pflegeeltern oder engagierte Lehrer– bieten ihm ein Zuhause und ermöglichen ihm den Schulbesuch.

Zum besseren Nachempfinden des eben beschriebenen Sachverhalts sollen die Schulkinder einige Szenen aus dem Lebensalltag des Kindes im Rollenspiel aufführen, indem ein Schüler das Kind, andere die Mitschüler und dritte die Pflegeeltern des Kindes darstellen. Hieran lassen sich die Probleme der Armut verdeutlichen. Es läßt sich aber auch zeigen, daß Solidarität und Hilfsbereitschaft Früchte tragen können und die Schulbildung zur Verbesserung der Lebenssituation einen wichtigen Beitrag leistet. Die Schulkinder sollten selbst berichten, in welcher Situation sie bereits einmal Hilfe erhielten, wo sie selbst einmal halfen oder gerne helfen würden. Unterstützend für diese Unterrichtseinheit würde sich auch anbieten, einen Lehrer in die Klasse einzuladen, der an einer in einem sozialen Brennpunkt gelegenen Schule unterrichtet. Er soll den Schülern über Lebensbedingungen und bestehende Benachteiligungen sozialer und ökonomischer Art – etwa Arbeitslosigkeit der Eltern, Armut, niedriges Einkommen, schlechte Wohnverhältnisse und geringe Bildungschancen – berichten. Und die Kinder sollen die Möglichkeit haben, den Gast nach seinen Erfolgserlebnissen bei seiner Arbeit zu befragen.

Eine in pädagogischer Hinsicht sinnvolle Anregung könnte auch darin bestehen, die Kinder in einer weiteren Unterrichtsstunde davon berichten zu lassen, welche Fernsehsendungen sie bisher verfolgten oder welche Kinderbücher ihnen vertraut sind, die von Armut in anderen Ländern handeln. Somit gelingt es den Kindern, einen realen Bezug zur problematischen Situation von Menschen in sozialen Brennpunkten herzustellen. Auf diese Weise begreifen sie, daß sich dieses Phänomen nicht allein auf den iranischen Raum beschränken läßt. Gleichzeitig wird die Solidarität mit Opfern der Armut in anderen Erdteilen ermöglicht. Abschließend sollen in einem praxisbezogenen Projekt in Kooperation mit einigen Lehrern, Eltern und Kindern kleine Gebrauchsgegenstände für einen Wohltätigkeitsbasar in der Schule hergestellt werden, die gegen eine geringe Spende zu erwerben sind. Aus dem Erlös sollen Schulmaterialien wie etwa Schreibhefte und Schulbücher für die Kinder einer Klasse im Teheraner Armenviertel finanziert werden. Diese Art von Unterricht verdeutlicht, daß man den

Kindern in einer adäquaten Weise Sachverhalte vermitteln kann, die unmittelbar ein gesellschaftliches Problem widerspiegeln.

Wenn das Bildungssystem im Iran seinem Auftrag einer umfassenden Modernisierung des gesamten gesellschaftlichen Lebens gerecht werden soll, ist es umso notwendiger, daß dieses kritisch-konstruktive Unterrichtskonzept, wie es sich an den genannten Beispielen gezeigt hat, so früh wie möglich in der Schule Eingang findet. Auf diese Weise können die Schüler frühzeitig zu kritisch-mündigen Personen erzogen werden, die später in der Lage sind, eigenständig über gesellschaftliche, politische, kulturelle und umweltbezogene Fragen zu reflektieren und somit an der Gestaltung der Zukunft ihres Landes aktiv mitzuwirken. Damit würde die Basis für eine demokratische Entwicklung des Landes geschaffen werden, in der geschlechtsspezifische, konfessionsbedingte, soziale, ethnische und regionale Benachteiligungen abgebaut werden können.

Bildung für alle bleibt ein unverzichtbarer Bestandteil einer humanen, demokratischen Gesellschaft, ein Grundrecht, das auch im iranisch-islamischen Staat zunehmend verwirklicht werden sollte.

Schlussbetrachtung

Abschließend soll eine Zusammenfassung der wesentlichen Ergebnisse dieser Untersuchung erfolgen. Obwohl der Iran sich seit Mitte des 19. Jahrhunderts zunehmend westlichen Einflüssen geöffnet hatte, bestand seitens der jeweils herrschenden Machthaber keine erkennbare kontinuierliche und konsequente Bereitschaft, eine weitreichende Modernisierung voranzutreiben. Die bisherigen von iranischen Regierungen betriebenen Modernisierungsmaßnahmen blieben systemimmanent. Insofern ermöglichten die gesellschaftspolitischen Bedingungen lediglich partielle Reformen im technischen, militärischen und sozialen Sektor.

Besonders das Bildungssystem litt unter diesen verkrusteten Strukturen. Die Bildungseinrichtungen blieben Institutionen mit integrierender und stabilisierender Funktion im Interesse des autoritären Staates. Sie konnten folglich kein demokratisches und emanzipatives Gedankengut in den jeweils nachwachsenden Generationen fördern.

Neben den Widerständen seitens des jeweiligen politischen Systems stand auch das in der schiitischen Religion überlieferte Moment der Fixierung auf die religiösen Führer jedem Ansatz einer Erziehung im Sinne individueller Mündigkeit entgegen. Die Verwurzelung des Bildungssektors in traditionellen Prinzipien – ungeachtet einer etwa eineinhalb Jahrhunderte alten Geschichte begrenzter moderner pädagogischer Einflüsse – wurde in Kapitel 7 am Beispiel des Primarbereichs ausführlich erläutert. Eine grundlegende Veränderung dieser Verhältnisse setzt allerdings eine umfassende Reform des politischen Systems voraus.

Solche Reformen dürfen freilich nicht in unreflektierter Weise vorgenommen werden. Dies geschah vor allem während der Zeit der Pahlawi-Dynastie, als man mit teilweise fragwürdigen Mitteln die Angleichung an den Westen durchsetzen wollte, dabei aber die tiefe Verwurzelung der Traditionen in der Bevölkerung unterschätzte. Als Folge ergriff eine oppositionelle, antiwestliche Einstellung weite Teile der Bevölkerung, da das Traditionsbewußtsein und der kulturelle Hintergrund es ihnen erschwerten, die oft aufgesetzten Modernisierungsbestrebungen nachzuvollziehen und zu akzeptieren. Auch die islamischen Modernisten kritisierten partiell die Erneuerungspläne des Pahlawi-Regimes. Sie faßten sie als uneingeschränkte Übernahme westlichen Gedankenguts auf, während sie selbst eine Modernisierung anstrebten, die primär aus der eigenen Tradition schöpfen sollte.

In die Modernisierungskonzepte des Pahlawi-Regimes flossen kaum Überlegungen zu den Spannungen ein, die zwischen neuiranischer Identität und den Herausforderungen der Moderne entstehen könnten. Die differenzierte Erörterung solcher Probleme ist notwendig, obgleich die Tradition bei Modernisierungsvorhaben nicht unangetastet bleiben kann.

Daraus resultiert das komplexe Problem, wie ein Modernisierungskonzept strukturiert sein kann, das traditionelle Elemente mit nach Fortschritt strebenden Ideen in Einklang bringt und so gleichsam zwischen den beiden Extremen –

nämlich der statischen Bewahrung des „Alten" einerseits und der gewaltsamen Modernisierung andererseits – einen „Dritten Weg" markiert.

Bezüglich der Modernisierung des iranischen Bildungswesens muß primär nach den Grundpfeilern der spezifisch iranischen Identität gefragt werden. Diese Identität beruht zunächst auf der persischen Sprache. Daneben ist auch der Teil der Bevölkerung, der sich nicht zum schiitischen Islam bekennt, durch diese Religion und durch weitere kulturelle Traditionen, die das Land in gemeinsamen Sitten und Bräuchen sowie Kunst, Musik und Dichtung hervorbrachte, mitgeprägt. Alle diese, das nationale Zusammengehörigkeitsbewußtsein konstituierenden Faktoren bilden eine Einheit, die es zu erhalten und zu fördern gilt.

Ein wesentlicher Grund für das Scheitern der diversen Modernisierungsversuche im Iran des 20. Jahrhunderts bestand darin, daß man stets nur einen Teil dieser identitätsstiftenden Momente berücksichtigte. Das gilt für die Pahlawi-Dynastie wie für ihre Nachfolger, die geistlichen Führer der Islamischen Republik. So wurden während der Pahlawi-Zeit die persische Sprache, Kunst und Literatur entscheidend gefördert und vor allem die vorislamische Geschichte des Landes als identitätsstiftender Faktor namhaft gemacht. Die Religion wurde weitestgehend aus dem gesellschaftlichen Leben zurückgedrängt. Die Islamische Republik legt dagegen den Akzent besonders auf die Religion und die daraus resultierenden Traditionen und Wertvorstellungen. Für die historische Identitätsfindung soll nun vor allem die Geschichte seit der Islamisierung des Landes bedeutsam sein. Die Förderung von Sprache und Literatur hingegen wird vernachlässigt. Hier wird die Schwerpunktverlagerung von einer national-iranischen Identität hin zu einer religiös-islamischen sichtbar.

Das von mir vertretene Konzept einer behutsamen, demokratisch orientierten gesellschaftlichen Veränderung zielt darauf ab, Identität durch Berücksichtigung des Gesamtzusammenhangs identitätsstiftender Faktoren zu fördern. Nun beharrt die derzeitige politisch-religiöse Führung des Landes darauf, daß durch eine Modernisierung der Gesellschaft die Religion gefährdet sei. Freilich verfolgt ein erfolgversprechendes Modernisierungskonzept keineswegs das Ziel, der Religion ihren Wirkungskreis abzusprechen. Zentral jedoch bleibt, im gesellschaftlich vermittelten Diskurs eine Verständigung darüber zu erzielen, inwieweit religiöse Instanzen und ihre Vertreter sich in die Alltagsvollzüge der iranischen Gesellschaft einbinden können. In diesem Diskurs muß allerdings die Monopolstellung der schiitischen Geistlichkeit zur Disposition gestellt werden.

Afghani und vergleichbare islamische Modernisten gingen von der naiven Vor-stellung aus, eine weitreichende Modernisierung unter Einbeziehung der Geist-lichkeit erzielen zu können, ohne dabei deren Machtstellung kritisch zu hinterfragen. Dies ist jedoch kaum möglich, und die Zusammenhänge um die Etablierung der konstitutionellen Monarchie 1906 bilden insofern eine Ausnahme.

Was ihre Modernisierungsfähigkeit angeht, steht die Geistlichkeit gegenwärtig vor einer ganz neuen Bewährungsprobe. Erstmals in der jüngsten Geschichte des Landes verfügt eine iranische Regierung, die sich den Prinzipien des schiitischen Islam verbunden sieht, über die Möglichkeit, ihre Vorstellungen in die

Realität umzusetzen. Dies könnte zugleich die Chance bieten, daß die Realitätsferne und Kurzsichtigkeit mancher religiös motivierter Gesetzgebung zu Tage tritt, wie es am Beispiel der Familienplanung ersichtlich wird.

Zu Beginn der Revolution charakterisierten eher naiv anmutende Gedanken die offizielle Bevölkerungspolitik: „Wer die Zähne schenkt, schenkt auch das Brot." Gemeint ist damit, daß Gott immer für seine Geschöpfe sorgt, wie groß ihre Anzahl auch sein mag. Der Einsatz von Verhütungsmitteln galt als Eingriff in Gottes Herrschaftsbereich. Diese Politik zeitigte aber gravierende soziale Probleme. So stieg etwa die Anzahl der schulpflichtigen Kinder derart an, daß der Staat nicht mehr in der Lage war, die erforderlichen Investitionen für die Entwicklung des Bildungswesens aufzubringen. Heute ist hier ein Umdenken zu beobachten. Die Töne der politischen Stellungnahmen zur Frage der Geburtenkontrolle sind moderater und näher an der Realität. So stellt sich der Erwerb von Verhütungsmitteln in Apotheken und Drogerien gegenwärtig relativ unproblematisch dar.

Allerdings sind die wenigen Beispiele für solche Prozesse allenfalls kleine Hoffnungsschimmer und bilden noch keine wirkliche Grundlage für nachhaltige Modernisierungen.

Beide Systeme, sowohl das vor- als auch das nachrevolutionäre, zeichnen sich dadurch aus, daß sie im Hinblick auf Modernisierung bemüht waren, Veränderung und Entwicklung der Gesellschaft allein auf die instrumentellorganisatorische Ebene zu begrenzen.

Auch wenn Modernisierung lediglich auf den technisch-industriellen Bereich abzielt, wird man dennoch weitergehende Modernisierungsvorgänge nicht verhindern können, da Veränderungen in einem bestimmten Bereich zwangsläufig Folgen für andere Bereiche nach sich ziehen. So kann keine technische Modernisierung erfolgen – etwa im Bereich moderner Kommunikationsmittel – , ohne daß auf längere Sicht das allgemeine gesellschaftliche Leben davon unberührt bleibt. Vielmehr entstehen in der Bevölkerung Tendenzen zu politischer Modernisierung und Demokratisierung häufig daraus, daß die Bürger durch verbesserte Kommunikation einen weiteren Horizont gewinnen, als es den führenden Kreisen lieb ist. Beispielhaft sei hier verwiesen auf den Einfluß der Massenmedien der Bundesrepublik (besonders Fernsehen und Radio) auf die Meinungsbildung in der damaligen DDR. Dabei haben die gemeinsame Sprache und die gemeinsame historische Vergangenheit diesen Prozess entscheident begünstigt.

Ein weiteres Beispiel sei aus der ehemaligen Sowjetunion genannt. Ihre Regierung strebte die Förderung kreativer Wissenschaftler an, um dadurch Unabhängigkeit und Konkurrenzfähigkeit dem westlichen Ausland gegenüber zu sichern oder neu zu begründen. Der Staat förderte die Ausbildung in naturwissenschaftlichen Fächern wie Physik, Biologie oder Chemie und erzog junge Menschen auf diesen Gebieten zu selbständigem Denken. Diese gewonnene Eigenständigkeit wurde aber zu einem Faktor, der den Demokratisierungsprozess förderte.

Unsere Zeit ist von einer nie dagewesenen Globalisierung in diversen gesellschaftlichen Bereichen bestimmt. In wirtschaftlicher Hinsicht, aber auch etwa im

Blick auf die ökologische Krise, die die gesamte Erde betrifft, kann sich diesem Prozeß kein Land mehr entziehen, ohne sich in eine selbstgewählte und trügerische Isolation zu begeben. Die Globalisierung macht den Austausch von Informationen, Waren und Dienstleistungen zwischen sehr unterschiedlichen, bisweilen diametral entgegengesetzten gesellschaftlichen Systemen notwendig. Dieser Austausch gelingt jedoch allein unter der Prämisse eines Mindestmaßes an gegenseitiger Achtung und Toleranz.

Die Voraussetzungen für eine humane Gesellschaftsordnung sind der Abbau von Vorurteilen sowie fortwährender Dialog zwischen Ländern und Kulturen auf partnerschaftlicher Basis. Diese Einstellung muß sich auch im Erziehungswesen widerspiegeln: Kinder und Jugendliche aller Nationen sollen dazu angeregt werden, in den kulturellen Austausch mit anderen Ländern und Völkern einzutreten. Schulbücher und Schulprogramme bis hin zu Schüleraustausch können diesen Prozeß entscheidend fördern. Hierzu ist es vorrangig erforderlich, daß sich die Schüler frühzeitig Fremdsprachen aneignen.

Die Situation, vor die uns die Globalisierung stellt, zwingt also zur Förderung der allgemeinen kulturellen Bildung, die heute kein Luxus mehr ist. Dies bedeutet, jede Nation, die nicht ins Abseits geraten möchte, muß den Bildungssektor bewußt fördern. Hierzu zählen neue Lehrmittel, Lehrkräfte und die Verkleinerung der Schulklassen, um Unterricht effektiv gestalten zu können.

Die zunehmende Hinwendung zu diesem Bereich hätte eine Veränderung des politischen Bewußtseins zur Folge, aus dem heraus die Bürger ihrem politischen System gegenüber kritischer eingestellt wären als bisher. Um den Herausforderungen der Globalisierung gewachsen zu sein, bedarf es daher eines Staatswesens, das von einer breiten Mehrheit der Bevölkerung getragen wird. Ein solches Staatswesen kann nur demokratischen Charakter haben. Neokolonialistische oder vetternwirtschaftlich-oligarchisch strukturierte politische Systeme jeglicher Art entsprechen den heutigen Anforderungen nicht. Die Erziehung zu mündigen, demokratisch eingestellten Bürgern, die auf längere Sicht zur Auseinandersetzung mit gesellschaftlichen Fragen befähigt sind, ist also unabdingbar. Dieser Tatbestand gewinnt nicht zuletzt auch im Iran an Bedeutung, weil es sich hierbei um eine Gesellschaft handelt, in der traditionelle patriarchalische Familienstrukturen noch weitgehend vorherrschen, und die familiäre Erziehung nicht die Heranbildung selbständig denkender Persönlichkeiten fördert.

Da sich der Iran gegen die Folgen der Globalisierung nicht verschließen kann, ist nicht nur die Erziehung zu kulturell "vernetztem" Denken dringend geboten. Schon wegen des erforderlichen technischen Entwicklungs- und Informationsbedarfs will sich der gegenwärtige Iran von den Innovationen der internationalen Kommunikationstechnologie nicht abkoppeln. Ein Indiz für eine solche Öffnung ist die zunehmende Ausrüstung der Universitäten mit Computern und deren Anschluß ans Internet, was die Möglichkeit eines verbesserten Informationsaustausches im Bereich von Wirtschaft, Kultur und Wissenschaft bedeutet.

Allerdings fördert der Staat dieses moderne Kommunikationsmittel bisher nur halbherzig, und der Kreis der Anwender ist gegenwärtig noch sehr begrenzt. Führende Unternehmer und die Studenten in den Großstädten wie etwa in Teheran und Isfahan sind die Nutznießer dieser Entwicklung. Jedoch kann das Internet bisher ausschließlich unter Überwachung und nur gegen hohe Gebühren in Anspruch genommen werden. Dieser Bereich sollte aber der breiten Masse der Bevölkerung, ungeachtet der politischen und religiösen Einstellung des Einzelnen, offenstehen.

Es war ein Ziel der Islamischen Revolution, die iranisch-islamische Kultur vor sogenannten "schädlichen westlichen Einflüssen" zu bewahren. Dadurch aber, daß der Staat in seinen Bildungsinstitutionen lediglich an der Religion orientierte Wissensvermittlung zuläßt, begibt man sich in die Gefahr einer noch größeren Abhängigkeit vom Westen. Unter diesen Bedingungen sind die Förderung und Ausschöpfung der geistigen Potentiale kaum möglich und der „Kulturimperialismus" gewinnt an Nährboden.

In jüngster Zeit bestand die Hoffnung, daß sich auf dem bisher vernachlässigten Sektor der Erziehung im Zuge bestimmter aussichtsreicher Veränderungen im Lande – etwa des überwältigenden Sieges der reformorientierten Kräfte bei der Parlamentswahl vom Februar 2000 – positive Entwicklungen vollziehen würden. Nach dieser Wahl waren seitens reformorientierter Politiker programmatische Äußerungen zu vernehmen, die auf die Gewährung grundlegender Freiheitsrechte für alle Bürger, also auch für religiöse und ethnische Minderheiten, abzielten. So bezeichnete etwa der, den Reformern zuzuordnende Parlamentsabgeordnete Mohammad Reza Khatami, der Bruder des amtierenden Staatspräsidenten, den Schutz von Minderheiten wie Juden und Christen, den ungehinderten Informationsaustausch mittels moderner Medien, den Schutz der Privatsphäre und die Festigung der Demokratie durch ein Mehrparteiensystem als erstrebenswerte politische Ziele.[1]

Zugleich waren Anfänge einer kritischen, öffentlichen Debattenkultur zu beobachten. Die Teheraner Korrespondentin Christiane Hofmann diagnostizierte eine gewisse Aufbruchstimmung auf Grund dieser Entwicklungen über das Vorgehen der Islamischen Republik gegen kritische Bürger. Sie beurteilte die zunehmend geäußerte Kritik am bisherigen System und seinen Repräsentanten als hoffnungsvollen Anfang eines Wandels im Lande:

> „Die islamische Republik hat begonnen, ihre Geschichte zu hinterfragen. In den vergangenen Monaten hat im Iran eine öffentliche Diskussion über den islamischen Staat, die Rechtmäßigkeit des Vorgehens führender Politiker in den vergangenen zwei Jahrzehnten [d.h. seit Gründung der Islamischen Republik, d. Verf.] und die Verbrechen des Staates gegenüber seinen Bürgern angefangen, deren Ende noch nicht abzusehen ist. (...) Aber die Debatte wird öffentlich geführt. Und die Pandorabüchse der Vergangenheit dürfte, einmal geöffnet, schwerlich wieder zu schließen sein".[2]

Ungeachtet der hoffnungsvollen Ansätze, etwa des eindeutigen Wahlsieges der reformwilligen Kräfte, der ihnen eine deutliche Parlamentsmehrheit brachte, blieb die erwünschte Entwicklung aus. Die Ursache dafür lag darin, daß die fundamentalistischen Geistlichen, an ihrer Spitze der „Revolutionsführer" Ayatol-

---

[1] Vgl. Interview; in: „Stern", Nr. 10, Hamburg, 2.3. 2000, S. 252.
[2] Frankfurter Allgemeine Zeitung v. 07.03.2000, S. 3.

lah Khamenei, letztlich die Kontrolle über alle staatlichen Instanzen, auch über das Parlament, ausüben. Damit verfügen sie über die Möglichkeit, jedes Reformvorhaben im Keim zu ersticken. So verbot Khamenei Anfang August 2000 dem Parlament durch eine briefliche Mitteilung, über eine Liberalisierung des Pressegesetzes zu diskutieren. Dies ist ein prägnantes Beispiel für den imensen, von der Gesellschaft nicht zu kontrollierenden Einfluß der Geistlichen auf die Politik.[3]

Hoffnung auf grundlegende Veränderungen dieser Verhältnisse besteht lediglich, wenn eine Säkularisierung der Gesellschaft und eine Öffnung ihres politischen Systems hin zum Pluralismus erfolgt. Eine wesentliche Voraussetzung dafür bildet eine konsequente Modernisierung des Schul- und Bildungssystems im pro-reformerischen Sinne.

Ferner veranlaßt uns die Modernisierung zu einem unbefangenen Umgang mit der westlichen Zivilisation und einer kritischen Auseinandersetzung mit ihren Wertvorstellungen auch innerhalb der Schule.

Der Verfasser plädiert nicht für eine unkritische Übernahme aller Tendenzen, die sich unter dem Motto "Modernisierung" in der westlichen Welt seit der Neuzeit, vor allem seit der Aufklärung im 18. Jahrhundert entwickelt haben. Selbst dort bedürfen zahlreiche negative Folgewirkungen in den Bereichen Bildung und Technik intensiver Diskussion und kritischer Bewertung. Es sollte im Iran wie in anderen "nicht-westlichen" Ländern darum gehen, Anregungen der „Moderne", die zunächst von Europa und in der Folgezeit auch von Nordamerika ausgingen, kritisch und unvoreingenommen zu begegnen und sie hinsichtlich ihrer Anwendbarkeit auf die gesellschaftlichen Strukturen des Iran und ihrer Vereinbarkeit mit dessen kulturellen und religiösen Traditionen zu befragen.

Die Adaption westlich-aufklärerischen Gedankenguts soll also nicht bedeuten, den Iran in ein westliches Land zu transformieren. Er hat allen Grund, dem Westen gegenüber seine eigenen kulturellen Traditionen geltend zu machen. Und dies gilt um so mehr, als sich in der persischen Kulturgeschichte während langer Perioden in den vielfältigen religiösen und geistigen Strömungen bedeutende Ideen entwickelten, die Europa erst sehr viel später im Zuge der Aufklärung entdeckte.

An dieser Stelle sei noch einmal erinnert an die während der Achämenidenzeit praktizierte Toleranz[4], an den Zoroastrismus mit seinem Aufruf an jeden Einzelnen, grundlegende ethische Positionen zu beziehen und individuell Verantwortung dafür zu tragen[5], sowie an die Forderung nach gesellschaftlicher Verantwortung und Solidarität, die der Mazdakismus erhob[6]. Es dürfen aber auch die modernen Ansätze Avicennas, die er in seinem Erziehungskonzept bezüglich der

---

[3] Zu den jüngsten Entwicklungen im Iran vgl. die resignierende Einschätzung von Udo Steinbach in dem Essay: Iran - Land vor dem Bürgerkrieg? In: Brockhaus Enzyklopädie. Jahrbuch 2000, Leipzig-Mannheim 2001, S. 182f.
[4] Vgl. Kap. 1.1.3.
[5] Vgl. Kap. 1.1.4.1.
[6] Vgl. Kap. 1.1.4.2.

Rechte und Freiheiten des Kindes formulierte, sowie das Moment der Weltzugewandtheit und die aktive Teilhabe am gesellschaftlichen Leben, die von Saadi hervorgehoben wurden, nicht außer acht bleiben[7]. Des weiteren sind die beiden folgenden Aspekte von besonderer Bedeutung: erstens die Tradition der Mu'taziliten, welche den Gebrauch der Vernunft als Maßstab des menschlichen Handelns in den Vordergrund rückten und zweitens das Erbe der Mystik, welche die individuelle Gotteserfahrung in den Mittelpunkt ihres Glaubens stellte[8].

Für die Identitätsfindung des Einzelnen ist ein Gegenüber unabdingbar, denn nur in der Begegnung läßt sich Individualität herausbilden, und das Individuum kann zu Wachstum und Reife gelangen. Der jüdische Philosoph und Theologe Martin Buber bringt dies wie folgt zum Ausdruck: „Ich werde am Du; Ich werdend spreche ich Du. Alles wirkliche Leben ist Begegnung".[9] In gleicher Weise brauchen auch die Zivilisationen die Begegnung und den Austausch untereinander, um ihre Einzigartigkeit zu entdecken. Dazu ist es freilich erforderlich, daß sich die Kulturkreise in ihrem Miteinander als gleichberechtigt anerkennen.

Die orientalische Zivilisation ist dabei in keiner Weise dem Westen untergeordnet oder nachstehend. Es ist unverkennbar, daß vom Orient, insbesondere von Persien, bedeutende Impulse für die westliche Zivilisation ausgegangen waren. Erinnert sei in diesem Zusammenhang an die zahlreichen Ideen und technischen Errungenschaften, die durch die Kreuzfahrer im europäischen Raum Eingang gefunden hatten. Die holländische Windmühle, der gotische Spitzbogen sowie die arabischen Ziffern sind weithin bekannte Zeugnisse dafür.

Was spätere Epochen betrifft, so findet man in den Werken der klassischen deutschen Literatur Belege für die Hochschätzung gerade der mittelalterlichen persischen Dichtung. Das sicherlich bekannteste Beispiel ist Goethes Gedichtsammlung „West-östlicher Divan", in der er sich besonders an der Poesie des Hafis orientiert.[10] Auch das persische Nationalepos „Schahnameh" hat seitens bedeutender deutscher Dichter und Literaten höchste Würdigung erfahren.[11] Zweifelsfrei sind bis in die Gegenwart in bestimmten Bereichen für die westliche Zivilisation Impulse aus dem orientalischen Raum bedeutsam. So etwa sind Muße, Spontaneität und familiäres Zusammengehörigkeitsgefühl Phänomene, die in den westlichen Ländern vielfach verloren gegangen sind. Der kulturelle Austausch mit dem Orient könnte dazu beitragen, diese Werte in der westlichen Welt wieder zu entdecken.

---

[7] Vgl. entsprechende Abschnitte in 1.2.4
[8] Vgl. Kap. 4.2.
[9] Buber, Martin. Ich und Du. Leipzig 1923, S. 18.
[10] Zu Goethes Kenntnis und Hochschätzung der persischen Kultur vgl. auch Anm. 2 des Vorworts.
[11] Eine Auswahl von Voten deutscher Literaten und Gelehrter zum Schahnameh findet sich im Anhang zu der von Uta von Witzleben herausgegebenen Auswahlübersetzung des Epos von Firdausi: Geschichten aus dem Schahnameh. Ausgewählt und übertragen von Uta von Witzleben, Köln 1960, Neuausgabe 1984, S. 284-288.

Vergegenwärtigt man sich noch einmal das Thema dieser Untersuchung, so wird folgende Einschätzung mehr als deutlich. Es gelang in Europa, vorwärtsgewandte Ideen in konsequenter Weise in die Praxis des gesellschaftlichen Systems einzubinden und somit einen Weg in die Moderne einzuschlagen. Demgegenüber kamen im Iran vergleichbare Ansätze nur bedingt zur Geltung, und daher konnte sich kein eigenständiger Weg in die Moderne anbahnen.

Aus der kritischen Auseinandersetzung mit westlichen Modernisierungsprozessen folgte das Bewußtwerden von kulturellen Leistungen und Traditionen, welche der Iran während verschiedener Zeitabschnitte seiner Kulturgeschichte hervorbrachte. Insoweit ist die Öffnung für europäische Anregungen auf verschiedenen Gebieten, auch und gerade im Bildungsbereich, unabdingbar. Jedoch soll sich der Iran bei gleichzeitigem Interesse an den innovativen Impulsen aus dem Ausland erneut auf seine ureigenen positiven, kulturübergreifenden Traditionen zurückbesinnen.

Anhang 1

Fachbereich Erziehungswissenschaften der Philipps Universität Marburg, Deutschland.

Projekt: Schule zwischen Orient und Okzident. Das iranische Bildungssystem im Spannungsfeld zwischen europäisch geprägter Modernisierung und islamischem Anspruch.
Durchführung des Projekts: Dipl.-Päd. Kambis Moghbeli
Betreuung des Projekts: Prof. Dr. W. Klafki

Der Interviewleitfaden
Sehr geehrte Frau M.,
wie bereits bei meinem Anruf vereinbart, schicke ich Ihnen nun einige Informationen zu unserer Untersuchung sowie 50 Exemplare der Fragebögen, die Sie bitte an Grundschullehrer und -lehrerinnen ihrer Region verteilen mögen. Ich, Kambis Moghbeli, habe an der Philipps-Universität Marburg in Deutschland Pädagogik studiert. Im Rahmen meiner Dissertation beschäftige ich mich nun mit den Problemen der Modernisierung des iranischen Bildungswesens. In diesem Zusammenhang bin ich daran interessiert, eine Befragung iranischer Grundschullehrer und -lehrerinnen durchzuführen, bei der ich die oben genannten Fragebögen verwenden möchte. Die Bearbeitungszeit pro Fragebogen beträgt circa 30 Minuten.
Vielen Dank für Ihre Mitarbeit und Unterstützung!

Mit freundlichen Grüßen,

Sehr geehrte Damen und Herren,
ich möchte eine Befragung von Gundschullehrern und -lehrerinnen durchführen und Ihnen daher einige Fragen stellen, die Ihren Unterricht und Ihre Schüler und Schülerinnen betreffen. Bitte antworten Sie offen auf alle Fragen und denken sie vorher gründlich über ihre Antworten nach.
Die Fragen beziehungsweise Aussagen sind keine Intelligenz- oder Leistungsprüfung, es gibt daher keine richtigen oder falschen Antworten.
Lassen Sie bitte keine Frage /Aussage unbeantwortet und nehmen Sie auf den Bewertungsskalen jeweils nur eine Markierung vor.
Ihre Antworten bleiben vertraulich, es ist daher nicht erforderlich, den Namen anzugeben. Es besteht auch keinerlei kommerzielles Interesse an dieser Befragung, das heißt sie dient rein wissenschaftlichen Zwecken.
Sollten Sie noch Fragen zu dieser Untersuchung haben, wenden Sie sich bitte an mich.
Vielen Dank für Ihre Mitarbeit!
Mit freundlichen Grüßen,

1. Zu Beginn bitte ich um allgemeine Angaben zu Ihrer Person:

Alter:
GeschlechtBeginn der Tätigkeit als Lehrer/LehrerinFächerAusbildung und Abschluß-Herkunftsprovinz
2. Anweisung
Dieser Fragebogen enthält 25 Fragenkomplexe über das iranische Bildungssystem.
Bitte beantworten Sie die Fragen vollständig und wahrheitsgetreu.

Fragebogen

1. Hat sich seit dem Antritt Ihrer Tätigkeit als Lehrer im Grundschulbereich etwas geändert bezüglich ......?

	stimmt nicht	stimmt überwiegend nicht	stimmt überwiegend	stimmt vollständig
a) des Verhaltens der Schüler	0	0	0	0
b) der Zusammenarbeit des Kollegiums	0	0	0	0
c) der Elternarbeit	0	0	0	0
d) des Schulsystems	0	0	0	0
e) des Verhaltens der Vorgesetzten	0	0	0	0
f) der eigenen Person	0	0	0	0
g) Sonstiges: _____	0	0	0	0

2. Müssen Verbesserungen in den folgenden Bereichen vorgenommen werden?

	stimmt nicht	stimmt überwiegend nicht	stimmt überwiegend	stimmt vollständig
Unterrichtsräume				
a) Raumgröße	0	0	0	0
b) Raumgestaltung	0	0	0	0
c) Raumausstattung	0	0	0	0
d) Fachräume	0	0	0	0
Materielle Lage				
a) Schulbücher (Qualität, Aufmachung, Grad der Verständlichkeit, ...)	0	0	0	0
b) Materielle Ausstattung (Fachräume, Geräte, Medien, ...)	0	0	0	0
Schwerpunkte der Lehrpläne / Lehrziele				
a) wissenschaftlich	0	0	0	0
b) moralisch	0	0	0	0
c) technisch	0	0	0	0
d) praxisbezogen	0	0	0	0
e) religiös	0	0	0	0
f) umweltorientiert	0	0	0	0

	stimmt nicht	stimmt überwiegend nicht	stimmt überwiegend	stimmt vollständig
Zusammenarbeit der Kollegen				
a) gemeinsame Absprachen	0	0	0	0
b) Austausch von unterrichts- und schulbezogenen Themen und Problemen	0	0	0	0
c) Lehrerkonferenzen	0	0	0	0
Zeiteinteilung				
a) Einführung von Doppelstunden (das ist: dasselbe Fach in zwei aufeinanderfolgenden Stunden)	0	0	0	0
b) Verkürzung der Stunden	0	0	0	0
c) Vermehrung der Stundenanzahl	0	0	0	0
d) Minimierung der Stundenzahl	0	0	0	0

Lehrinhalte

3. **Welche Lernziele sollten Ihrer Meinung nach vorrangig in der Schule verfolgt werden?**

	stimmt nicht	stimmt überwiegend nicht	stimmt überwiegend	stimmt vollständig
a) Wissensvermittlung	0	0	0	0
b) sozialer Umgang (Kommunikationsfähigkeit, Hilfsbereitschaft, kooperatives Verhalten)	0	0	0	0
c) Fähigkeiten zur individuellen Lebensbewältigung (Stärkung des Selbstvertrauens, Selbständigkeit, Konfliktbewältigung)	0	0	0	0
d) moralische Werte	0	0	0	0
e) Sonstiges: _____	0	0	0	0

4. **Bitte bringen Sie die folgenden Fächer nach ihrer Bedeutsamkeit in eine Rangfolge (1 = sehr wichtig, 10 = weniger wichtig; jede Zahl darf nur einmal vergeben werden).**

	Rang		Rang
a) Persische Literatur	____	f) Geographie	____
b) Sachunterricht	____	g) Geschichte	____
c) Mathematik	____	h) Sport	____
d) Sozialkunde	____	i) Religion	____
e) Fremdsprachen	____	j) Kunst	____

5. **Sollten folgende Fächer bzw. Themenbereiche, die nicht im Lehrplan enthalten sind, eingeführt werden?**

	stimmt nicht	stimmt überwiegend nicht	stimmt überwiegend	stimmt vollständig
a) Werken	0	0	0	0
b) Musik mit Instrumenten	0	0	0	0
c) Hauswirtschaft	0	0	0	0
d) Heimatkunde	0	0	0	0
e) 1. Fremdsprache	0	0	0	0
f) Sexualkunde	0	0	0	0

6. **Sollten im Unterricht der Grundschule folgende internationale Themen altersgemäß behandelt werden?**

	stimmt nicht	stimmt überwiegend nicht	stimmt überwiegend	stimmt vollständig
a) Hungersnöte	0	0	0	0
b) Naturkatastrophen	0	0	0	0
c) Krieg / Frieden	0	0	0	0
d) Umweltschutz	0	0	0	0
e) Atomare Gefahr	0	0	0	0
f) Aids-Problematik	0	0	0	0
g) Drogen	0	0	0	0
h) Arbeitslosigkeit	0	0	0	0
i) Grundlagen der Demokratie	0	0	0	0

Unterrichtsmethode

7.1. Sind Ihnen die folgenden Unterrichtsformen vertraut?
   Erläuterung:

In der BRD gibt es neben dem Frontalunterricht sehr verschiedene Unterrichtsformen
a)   Gruppenunterricht
Hier bearbeiten Schülergruppen zwischen zwei und sechs Schülern gemeinsam oder arbeitsteilig eine Aufgabe. Bei auftretenden Problemen wenden sie sich an den Lehrer. Solch ein Gruppenunterricht könnte zum Beispiel darin bestehen, daß die Schüler 30 Tierbilder bekommen, aus denen sie nach dem Kriterium der Ähnlichkeit verschiedene Gruppen bilden sollen.
b)   Projektuntericht
Dabei bearbeiten die Schüler eine umfangreiche Aufgabe über eine längere Zeit, zum Beispiel den Bau einer Ritterburg oder die Erstellung einer Klassenzeitung. Diese Unterrichtsform zielt darauf ab, den Schülern vielfältige, also kognitive, soziale und praxisbezogene Lernerfahrungen zu vermitteln, bei denen verschiedene Fächer interdisziplinär zur Geltung kommen sollen. Auch die Eltern können in solch einen Unterricht einbezogen werden.
c)   Offener Unterricht
Nach dieser Unterrichtsmethode dominiert die Aktivität des Schülers. Während des Unterrichts finden gleichzeitig verschiedene Aktivitäten verschiedener Schüler oder Schülergruppen statt. Dabei können sie aus unterschiedlichen Lernangeboten, die sie bearbeiten wollen, auswählen, etwa aus den Bereichen Rechtschreibung, Erlernen eines Gedichts, Durchführung einer Rechenaufgabe oder die Abfassung eines Tagebuchs.

	ist nicht bekannt	ist überwiegend nicht bekannt	ist bekannt	ist vollständig bekannt
a) Gruppenunterricht	0	0	0	0
b) Projektunterricht	0	0	0	0
c) Offener Unterricht	0	0	0	0

7.2. Könnten Sie sich vorstellen, diese Lehrmethoden teilweise in Ihrem Unterricht einzusetzen?

	stimmt nicht	stimmt überwiegend nicht	stimmt überwiegend	stimmt vollständig
a) Gruppenunterricht	0	0	0	0
b) Projektunterricht	0	0	0	0
c) Offener Unterricht	0	0	0	0
d) Sonstige Unterrichtsformen:	0	0	0	0

Schüler

8. Welche Eigenschaften sollte „der ideale Schüler" besitzen, wenn sie ihn aussuchen könnten? Bitte bringen Sie die folgenden Eigenschaften in eine Rangfolge (1 = sehr wichtig, 8 = weniger wichtig)!

                             Rang
a) redegewandt   ____
b) technisch begabt   ____
c) hilfsbereit   ____
d) gehorsam   ____
e) diskussionsfähig   ____
f) religiös   ____
g) fähig zu reflektieren   ____
h) gutes Gedächtnis   ____

9. Worauf führen Sie das Nichtbestehen der Abschlußprüfungen von Schülern hauptsächlich zurück? Bitte bringen Sie die aufgeführten Punkte in eine Rangfolge (1 = sehr bedeutend, 10 = weniger bedeutend)!

	Rang
a) Intelligenz der Schüler	____
b) Schlechte Ernährung der Schüler	____
c) Keine finanziellen Mittel für Nachhilfeunterricht	____
d) familiäre Probleme	____
e) zu hohe Leistungsanforderungen	____
f) geringer Leistungswille der Schüler	____
g) Sprachschwierigkeiten der Schüler	____
h) Benachteiligung der Schüler aufgrund der Zugehörigkeit zu ethnischen Minderheiten	____
i) Benachteiligung der Schüler aufgrund der Zugehörigkeit zu religiösen Minderheiten	____
j) Benachteiligung aufgrund des Geschlechts	____

10. Kann koedukativer Unterricht den Umgang der Geschlechter miteinander positiv beeinflussen?

stimmt nicht	stimmt überwiegend nicht	stimmt überwiegend	stimmt vollständig
0	0	0	0

11. Befürworten Sie einen koedukativen Unterricht?

stimmt nicht	stimmt überwiegend nicht	stimmt überwiegend	stimmt vollständig
0	0	0	0

Lehrertätigkeit

12. Sind Sie verglichen mit anderen Beamten ähnlicher Ausbildungdauer und vergleichbarer beruflicher Position angemessen bezahlt für Ihre Tätigkeit als Lehrer?

stimmt nicht	stimmt überwiegend nicht	stimmt überwiegend	stimmt vollständig
0	0	0	0

13. Aus welchen Gründen haben Sie den Lehrerberuf gewählt?

	stimmt nicht	stimmt überwiegend nicht	stimmt überwiegend	stimmt vollständig
a) Interesse an diesem Beruf	0	0	0	0
b) gut bezahlte Tätigkeit	0	0	0	0
c) Prestigegründe	0	0	0	0
d) Kurze Ausbildungsdauer	0	0	0	0
e) Sicherheiten als Beamte	0	0	0	0
f) familiäre Tradition	0	0	0	0
g) Sonstiges:	0	0	0	0

Belastungsgrad

14. Wie viele Stunden unterrichten Sie wöchentlich?

    5-10 Stunden wöchentlich   0
    10-15 Stunden wöchentlich   0
    15-20 Stunden wöchentlich   0
    20-25 Stunden wöchentlich   0
    25-30 Stunden wöchentlich   0
    mehr als 30 Stunden wöchentlich   0

15. Wie viele Stunden verwenden Sie für die Vor- und Nachbereitung des Unterrichts? *Bitte nur eine Aussage ankreuzen!*

    weniger als 5 Stunden wöchentlich   0
    5-10 Stunden wöchentlich   0
    10-15 Stunden wöchentlich   0
    15-20 Stunden wöchentlich   0
    20-25 Stunden wöchentlich   0
    mehr als 25 Stunden wöchentlich   0

16. Wie viele Stunden arbeiten Sie wöchentlich noch zusätzlich im Rahmen Ihrer Lehrertätigkeit, etwa für Konferenzen oder Ausflüge in den Schulferien oder den Kontakt zu den Eltern? *Bitte nur eine Aussage ankreuzen!*

weniger als 3 Stunden wöchentlich	0
3-4 Stunden wöchentlich	0
5-6 Stunden wöchentlich	0
7-8 Stunden wöchentlich	0
9-10 Stunden wöchentlich	0
mehr als 10 Stunden wöchentlich	0

17. Falls Sie eine Nebentätigkeit ausüben, wie viele Stunden arbeiten Sie in Ihrer Nebentätigkeit?

weniger als 5 Stunden wöchentlich	0
5-10 Stunden wöchentlich	0
10-15 Stunden wöchentlich	0
15-20 Stunden wöchentlich	0
20-25 Stunden wöchentlich	0
mehr als 25 Stunden wöchentlich	0

18. Könnten Sie sich vorstellen, Ihre Nebenerwerbstätigkeit aufzugeben, wenn Sie als Lehrer mehr verdienen würden?

stimmt nicht	stimmt überwiegend nicht	stimmt überwiegend	stimmt vollständig
0	0	0	0

19. Sind Sie mit Ihrer Vor- und Nachbereitungsarbeit für den Unterricht zufrieden?

stimmt nicht	stimmt überwiegend nicht	stimmt überwiegend	stimmt vollständig
0	0	0	0

20. **Falls Sie mit Ihrer beruflichen Tätigkeit nicht zufrieden sind, worauf führen Sie diese Unzufriedenheit zurück?**

	stimmt nicht	stimmt überwiegend nicht	stimmt überwiegend	stimmt vollständig
a) mangelnde Ausbildungsqualität	0	0	0	0
b) Zeitmangel	0	0	0	0
c) Mangel an Arbeitsmaterialien	0	0	0	0
d) zu große Klassen	0	0	0	0
e) zu hohe Unterrichtsbelastung	0	0	0	0
f) zu große Stoffülle	0	0	0	0

21. **Waren folgende Bereiche in Ihrer Berufsausbildung ausreichend abgedeckt?**

	stimmt nicht	stimmt überwiegend nicht	stimmt überwiegend	stimmt vollständig
a) Vermittlung von fachbezogenem Wissen	0	0	0	0
b) Vermittlung von praxisorientertem Wissen	0	0	0	0
c) Vermittlung von pädagogischem Wissen	0	0	0	0
d) Vermittlung von Allgemeinbildung	0	0	0	0
e) Sonstiges	0	0	0	0

22. **Halten Sie Unterrichtsinhalte und -themen für sinnvoll, die sich aus konkreten Lebenssituationen oder Erlebnissen der Schüler ableiten lassen?**

stimmt nicht	stimmt überwiegend nicht	stimmt überwiegend	stimmt vollständig
0	0	0	0

23. Bietet Ihnen der Lehrplan genügend Freiräume zur Behandlung von Themen, die spontan in konkreten Unterrichtssituationen entstehen, wie etwa herausragende aktuelle Ereignisse (Überschwemmungen, Erdbeben oder die schwere Krankheit eines Schülers) oder besonderen Fähigkeiten der Lehrer und Schüler Rechnung tragen?

stimmt nicht	stimmt überwiegend nicht	stimmt überwiegend	stimmt vollständig
0	0	0	0

24.1. Sind Sie der Auffassung, daß die Unterrichtsinhalte von vornherein durch einen Lehrplan festgeschrieben werden sollten?

stimmt nicht	stimmt überwiegend nicht	stimmt überwiegend	stimmt vollständig
0	0	0	0

24.2. Wie hoch sollten die festgelegten Anteile prozentual sein? *Bitte nur eine Aussage ankreuzen!*

    0-20%   0
    20-40%   0
    40-60%   0
    60-80%   0
    80-100%   0

25.1. Sollten geistige, körperliche oder soziale Barrieren einzelner Schüler bei der Leistungsbewertung berücksichtigt werden?

stimmt nicht	stimmt überwiegend nicht	stimmt überwiegend	stimmt vollständig
0	0	0	0

25.2. Sollten die oben genannten Benachteiligungen durch eine zusätzliche Förderung abgebaut werden?

stimmt nicht	stimmt überwiegend nicht	stimmt überwiegend	stimmt vollständig
0	0	0	0

Anhang 2

Iranische Doppelbriefmarke anläßlich des Internationalen Tag des Kindes 1986
Auf der rechten Briefmarke befindet sich folgendes Zitat Khomeinis

„Unser Führer ist dieses zwölfjährige Kind mit seinem kleinen Herzen, das sich mit einer Handgranate vor einen Panzer warf, diesen damit zur Explosion brachte und so den Trank der Märtyrer zu sich nahm. Diese Handlung ist hundertfach wertvoller als unser Reden und Schreiben."

Literaturverzeichnis

Die abweichenden Jahreszahlen in persischen Publikationen beruhen auf der islamischen Zeitrechnung, die im Jahr 621 abendländischer Zeitrechnung mit 1 beginnt.

Akhlaghi-Kohpai, Hossein: Die sonderschulische Förderung im Iran. Eine kritische Analyse und der Versuch eines Entwicklungskonzepts. Dissertation, Marburg 1989

Akrami, Seyed Kazem: Vortrag vor der „International Conference on Education, 40th Session, in Genf vom 2. bis 11. Dezember 1986; in: Quarterly Journal of Education, Bd. 2, Nr. 1, 1987

Algar, Hamid: The Encyclopedia of Islam, New Edition Volume IV, Leiden 1973, S. 141-171

Ameri-Mohabadian, Bijan: Fundamentalistische Bewegungen im Islam am Beispiel des Iran. Dissertation, Marburg 1992

Andrae, Tor: Islamische Mystiker. (1947) Neudruck Stuttgart 1960

Anonym: Gesellschaftliche Probleme im Iran als Konsequenz eines starren, militaristischen Bildungssystems; in: Keyhan-e Landan, Nr. 689. London 1997

Anonym: Geschlechtertrennung im Gesundheitswesen zur Vermeidung von Kontakten zwischen Frauen und Männern; in: Keyhan-e Landan, Nr. 704. London 1998

Anonym: Schwarz gekleidete Eindringlinge überfallen den iranischen Chirurgenkongreß; in: Keyhan-e Landan, Nr. 706. London 1998

Anonym: Teilt die Stadt in eine weibliche und eine männliche Sphäre ein – dann habt ihr eure Ruhe; in: Keyhan-e Landan, Nr. 706. London 1998

Antes, Peter: Der Islam als politischer Faktor. Hannover 1991

Anweiler, Oskar u.a.: Bildungspolitik in Deutschland 1945-1990. Ein historisch-vergleichender Quellenband. Opladen 1992

Ders.: Bildungssysteme in Europa. Entwicklung und Struktur des Bildungswesens in zehn Ländern. Weinheim/Basel ^{4}1996

Arnold, Rolf / Müller, Hans-Joachim: Berufsbildung: Betriebliche Berufsausbildung, berufliche Schulen, Weiterbildung; in: Krüger, Heinz-Hermann/ Rauschenbach, Thomas (Hg.): Einführung in die Arbeitsfelder der Erziehungswissenschaft. Opladen 1995, S. 61-88

Aschoff-Ghyczy, Christiane: Ländliche Bildungspolitik und Dorfentwicklungshilfe im Iran. Untersuchungen über die „Armee des Wissens" und ihren Stellenwert für die bäuerliche Bevölkerung im Iran. Hannover 1982

Asheim, Ivar: Glaube und Erziehung bei Luther. Ein Beitrag zur Geschichte des Verhältnisses von Theologie und Pädagogik. Heidelberg 1961

Bakthiar, Mansour: Das Schamgefühl der persisch-iranischen Kultur. Eine ethnopsychoanalytische Untersuchung. Berlin 1984

Banisadr, Abol-Hassan: Khiyanat beh omid (Verrat an der Hoffnung), o.O.u.J.

Bartholomae, Christian: Die Frau im sassanidischen Recht. Heidelberg 1924

Ders.: Zarathustras Leben und Lehre; in: Schlerath, Bernfried (Hg.): Zarathustra. Darmstadt 1970, S. 1-19

Beck, Ulrich: Risikogesellschaft. Auf dem Weg in eine andere Moderne. Frankfurt a.M. 1986

Beck, Ulrich / Beck-Gernsheim, Elisabeth: Individualisierung in modernen Gesellschaften. Perspektiven und Kontroversen einer subjektorientierten Soziologie; in: Beck, Ulrich (Hg.): Riskante Freiheiten. Frankfurt a.M. 1994, S. 10-39

Beck, Ulrich u.a.: Eigenes Leben. Ausflüge in die unbekannte Gesellschaft, in der wir leben. München 1995

Becker, Hildegard: Diesseits von Eden. Islam und Demokratie – Trennung von Religion und Staat? in: WDR 5, Sendung vom 6.1.2002

Bellmann, Dieter: Nachwort; in: Sa'di, Muslih ad-Din: Der Rosengarten. Bremen 1982

Benner, Dietrich u.a. (Hg.): Erziehungswissenschaften zwischen Modernisierung und Modernitätskrise. Weinheim/Basel 1992

Berg, Christa: Handbuch der deutschen Bildungsgeschichte. Band 4 (1870-1918): Von der Reichsgründung bis zum Ende des Ersten Weltkriegs, München 1991

Bibel: Siehe unter: **Neue Jerusalemer Bibel**

Bijan, Asdollah: Durnamai-e Tarbiat Dar Iran ghabl az Eslam (Perspektive der Erziehung im Iran vor dem Islam). Teheran (1315) 1936

Bildungskommission NRW: Zukunft der Bildung - Schule der Zukunft. Denkschrift der Komission »Zukunft der Bildung - Schule der Zukunft« beim Ministerpräsidenten des Landes Nordrhein-Westfalen. Neuwied/Kriftel/Berlin 1995

Blankertz, Herwig: Geschichte der Pädagogik. Von der Aufklärung bis zur Gegenwart. Wetzlar 1982

Block, Rainer / Klemm, Klaus: Lohnt sich die Schule? Reinbek 1997

Böhm, Johann: Geschichte der Pädagogik. Nürnberg 1892

Botschaft der islamischen Republik Iran (Hg.): Verfassung der Islamischen Republik Iran; in: Iran und die Islamische Republik. Bonn 1980

Brandenstein, Wilhelm / Mayrhofer, Manfred: Handbuch des Altpersischen. Wiesbaden 1964, S.1

Brecht, Martin: Martin Luther. Band 2: Ordnung und Abgrenzung der Reformation 1521-1532, Stuttgart 1986, S. 140-143

Brentjes, Burkhard: Steppenreiter und Handelsherren. Die Kunst der Partherzeit in Vorderasien. Leipzig 1990

Brockhaus: Die Enzyklopädie. Leipzig/Mannheim ^{20}1996 ff.

Buber, Martin: Ich und Du. Leipzig 1923

Büchmann, Georg (Hg.): Geflügelte Worte. Der klassische Zitatenschatz. Neu bearbeitet von Winfried Hofmann. Frankfurt ^{39}1993

Büro für Forschung und Curriculumentwicklung: Cholaseh-ye gozaresch-e Baresi-ye waz' Amuzesch-e qabl az Dabestan (Zusammenfassender Untersuchungsbericht über die Lage der vorschulischen Bildung); in: Arbeitsgruppe für vorschulische Bildung beim Büro für Forschung und Curriculumentwicklung, Veröffentlichung Nr. 153-1. Teheran 1363 (1984).

Dass.: Rahnama-ye entechab-e rescteh Tahsili ba'ad az Payan-e doreh-ye Rahnama-ye Tahsili (Orientierung zur Wahl der Schulfachrichtung nach Beendigung der Orientierungsschule); in: Arbeitsgruppe für vorschulische Bildung beim Büro für Forschung und Curriculumentwicklung, Veröffentlichung Nr. 129. Teheran 1363 (1984)

Büro für Kad-Projekt-Angelegenheiten: Natayedj-e Nazarchahi-ye Daneschamuzan-e Tarh-e Kad (Ergebnisse der Befragung von Kad-Projekt-Schülern), Nr.1, Teheran 1362 (1983)

Büro zur Erforschung der internationalen Bildungssysteme in der Organisation für Forschung und Bildungsplanung: Das Schulwesen in der Islamischen Republik Iran. Teheran 1986

Büttner, Friedemann: Islamische Reform; in: Büttner, Friedemann (Hg.): Reform und Revolution in der islamischen Welt. Von der osmanischen Imperialdoktrin zum arabischen Sozialismus, München 1971, S. 49-85

Bundesministerium für Umwelt, Naturschutz und Reaktorsicherheit (Hg.): Umweltpolitik. Konferenz der Vereinten Nationen für Umwelt und Entwicklung im Juni 1992 in Rio de Janeiro. Dokumente, Bonn (o. J.).

Chardin, Jean: Voyages de chevalier Chardin en Perse. L. Langles (Hg.), 10 Bände, Bd. 4, Paris 1811

Christoffel, Ernst J.: Aus der Werkstatt eines Missionars. Bensheim-Schönburg 1971

Davidson, Herbert A.: Alfarabi, Avicenna and Averroes on Intellect; in: Tibi, Bassam: Der wahre Imam. New York 1992

Daddjou, Keywan / Nirumand, Bahman: Mit Gott für die Macht. Eine politische Biographie des Ayatollah Khomeini, Hamburg 1987

Daha, Reza: Bildungs- und Ausbildungsprobleme bei der iranischen Landbevölkerung; in: Pädagogische Rundschau 33, H. 2, Ratingen 1979, S. 110-122

De Boer, T. J.: Geschichte der Philosophie des Islam. Stuttgart 1901

Deutscher Bildungsrat: Empfehlungen der Bildungskommission. Strukturplan für das Bildungswesen, Bonn 1970

Dilthey, Wilhelm: Gesammelte Schriften, Band 9: Pädagogik. Geschichte und Grundlinien des Systems, Stuttgart 1960

Djawid, Syrus: Die Alphabetisierung im Iran vor ihrem sozialökonomischen Hintergrund. Dissertation, Köln 1969

Drechsler, Hanno u.a.: Gesellschaft und Staat. Lexikon der Politik, Baden Baden 1970

Dreger, Thomas: Kommentar: Abkehr von der Islamischen Republik. Irans Studenten stellen das System in Frage; in: taz Nr. 5583, 12.07.1999, S. 1

Dschalaluddin, Rumi: Die Flucht nach Hindustan und andere Geschichten aus dem Mathnawi. Aus dem Persischen übertragen von Gisela Wendt, Amsterdam 1989

Durschmied, Erik: Der Untergang großer Dynastien. Wien u.a. 2000

Eberhard, Otto: Bildungswesen und Elementarunterricht in der islamischen Welt; in: Pädagogisches Magazin, H. 685, Goslar u.a. 1918, S.10

Eilers, Wilhelm: Zarathustra; in: Die Religion in Geschichte und Gegenwart, Band 6, Galling, Kurt (Hg.). Tübingen ^{3}1962, Sp. 1866-1868

Ders.: Der Keilschrifttext des Kyros-Zylinders; in: Festgabe deutscher Iranisten zur 2500 Jahrfeier Irans. Stuttgart 1971, S.156-166

Eliade, Mircea: Geschichte der religiösen Ideen. 4 Bände, Freiburg/Basel/Wien ^{2}1994

Ende, Werner: Der schiitische Islam als politische Kraft; in: Iran in der Krise – Weichenstellungen für die Zukunft. Beiträge zur Diskussion der Zukunftsfragen der Islamischen Republik Iran. Forschungsinstitut der Friedrich-Ebert-Stiftung (Hg.), Bonn 1980, S. 19-35

Fachraii, Ibrahim: Sardar Djangal. Teheran 1357 (1978)

Falaturi, Abdoljawad: Der Islam. Eine Religion mit gesellschaftlichem und politischem Engagement; in: Beiträge zur Konfliktforschung 10, H. 1, Köln 1980, S. 49-70

Ders.: Die iranische Gesellschaft unter dem Einfluß der westlichen Kultur – Untersucht im Hinblick auf die islamische Revolution im Iran; in: Iran in der Krise – Weichenstellungen

für die Zukunft. Beiträge zur Diskussion der Zukunftsfragen der Islamischen Republik im Iran. Forschungsinstitut der Friedrich-Ebert-Stiftung (Hg.), Bonn 1980, S. 51-75
Fathi-Azar, Eskandar: An Investigation of Reading Level of the Fourth Grade Persian Textbook in the East Azerbaijan Province of Iran; in: Compare, Vol. 25, No. 2. London 1995, S. 179-185
Fereshteh, M. Hussein: A brief history of the influences of western culture on education in Persia; in: International education 24, No. 1. New York 1994, S. 60-72
Firdausi: Geschichten aus dem Schah-nameh. Ausgewählt und übertragen von Uta von Witzleben. Köln 1960, Neuausgabe 1984, S. 284-288
Ders.: Schahnameh-e Firdowsi az ruy-e tschap-e Vullers pas az mughabeleh ba nusach chatti-ye digar. (Firdausis Schah-Nameh. A revision of Vuller's Edition, newly collected with MSS., with the Persian translation of the Latin notes) Vol. I. Teheran 1313 (1934)
Flechsig, Karl-Heinz: Vielfalt und transversale Vernunft. Prinzipien postmodernen Denkens und die Modernisierungskrise in Bildungssystemen; in: Benner, Dietrich u.a. (Hg.): Erziehungswissenschaft zwischen Modernisierung und Modernitätskrise. Weinheim/Basel 1992, S. 351-360
Flitner, Andreas: Reform der Erziehung. Impulse des 20. Jahrhunderts, München 1992
Flitner, Wilhelm / Kudritzki, Gerhard (Hg.): Die deutsche Reformpädagogik. Die Pioniere der pädagogischen Bewegung. Bd.1, Düsseldorf/München 1961
Freyer, Hans: Weltgeschichte Europas. Bd. 2, Wiesbaden 1948
Friedeburg, Ludwig von: Bildungsreform in Deutschland. Geschichte und gesellschaftlicher Anspruch, Frankfurt a.M. 1992
Frotscher, Werner / Pieroth, Bodo: Verfassungsgeschichte der Neuzeit. München 1997
Frye, Richard: Persien. Essen 1975
Fürstenauer, Johanna: Sittengeschichte des alten Orients. Reinbek 1969
Gabrieli, Francesco: Mohammed in Europa. 1300 Jahre Geschichte, Kunst, Kultur, München 1983
Geldner, Karl F.: Die zoroastrische Religion. Das Awesta, Tübingen 1926
Gemoll, Wilhelm: Griechisch-Deutsches Schul- und Handwörterbuch. München/Wien ^{9}1965
Gesenius, Wilhelm / Buhl, Franz: Hebräisches und aramäisches Wörterbuch über das Alte Testament. Berlin u.a. ^{17}1915
Ghafari, Hossein: Awal Moalem Chodast (Gott ist der erste Lehrer); in: Roschd Moallem (Entwicklung). Teheran Azar 1370 (Dezember 1991)
Ghirshman, Roman: Iran – From the earliest times to the Islamic conquest. Harmondsworth/Middlesex ^{2}1978
Glasenapp, Helmuth von: Die nichtchristlichen Religionen. Frankfurt a.M.1957
Goethe, Johann W.: West-östlicher Divan, Hg. und erläutert von Hans-J. Weitz. Mit Essays zum 'Divan' von Hugo von Hofmannsthal, Oskar Loerke und Karl Krolow, Frankfurt a.M. ^{8}1988
Golschani, Abdolkarim: Bildungs- und Erziehungswesen Persiens im 16. und 17. Jahrhundert. Hamburg 1969
Gottschalk, Hans L.: Die Kultur der Araber; in: Eugen Thurnher (Hg.): Die Kultur des Islam. Handbuch der Kulturgeschichte, Frankfurt a.M. 1971
Grousset, René: Orient und Okzident im geistigen Austausch. Stuttgart 1955
Gruhl, Herbert: Ein Planet wird geplündert. Die Schreckensbilanz unserer Politik, Frankfurt a.M. 1975

Habermas, Jürgen: Der philosophische Diskurs der Moderne. 12 Vorlesungen, Frankfurt a.M. 1985

Ders.: Theorie des kommunikativen Handelns. Band 2: Zur Kritik der funktionalistischen Vernunft, Frankfurt a.M. 1988

Ders.: Erläuterungen zur Diskursethik. Frankfurt a.M. 1991

Hairi, Abdul-Hadi: Shi'ism and Constitutionalism in Iran. Leiden 1977

Ders.: Nachostin Ruiayie Andischgeran-e Iran ba Doreh-e Tama don-e Bourgeoisie Gharb (Die erste Begegnung der iranischen Denker mit der westlich bürgerlichen Bourgeoisie). Teheran 1367 (1988)

Halliday, Fred: Iran. Analyse einer Gesellschaft im Entwicklungskrieg. Berlin 1979

Ders.: Iran im Zeichen der Revolution. Ursachen, Verlauf und Bedeutung der Umwälzungen im Iran; in: Der Bürger im Staat, 31, H. 1, Opladen 1981, S. 56-64

Halm, Heinz: Der schiitische Islam. Von der Religion zur Revolution, München 1994

Härle, Wilfried: Luthers Zwei-Regimenter-Lehre als Lehre vom Handeln Gottes; in: Härle, Wilfried / Lührmann, Dieter (Hg.): Marburger Jahrbuch I. Theologie. Marburg 1987, S. 12-32

Haumann, Heiko: Geschichte Rußlands. München/Zürich 1996

Hejazian, Razi: Die Rolle der Nomadenstämme in der Politik Irans und die Nomadenpolitik des iranischen Staates. Dissertation [*mikrofiche*]. Berlin 1999

Hekmat, Ali-Asghar: Education in Ancient Iran. Teheran (1351) 1972

Heller, Erdmute / Moshabi, Hassouna (Hg.): Islam. Demokratie. Moderne. Aktuelle Antworten arabischer Denker, München 1995

Helmer, Karl: Modern-Moderne-Modernität. Begriffsgeschichtliche Analysen und kritische Anmerkungen; in: Koch, Lutz u.a. (Hg.): Revision der Moderne? Beiträge zu einem Gespräch zwischen Pädagogik und Philosophie, Weinheim 1993, S. 10-26

Herder, Johann Gottfried: Ideen zur Philosophie der Geschichte der Menschheit. Bd. 1, Berlin/Weimar 1965

Herrlitz, Hans-Georg u.a.: Deutsche Schulgeschichte von 1800 bis zur Gegenwart. Eine Einführung, Königstein/Ts. 1981. Neuauflage München 1993

Herzfeld, Ernst: Das Schahnameh und die Geschichte; in: Iranistische Mitteilungen 16 (Hg.: Helmhart Kanus-Credé). Berlin 1986, S. 2-32

Hessisches Kultusministerium (Hg.): Hessischer Rahmenplan für die Grundschule. Wiesbaden 1995

Hessisches Kultusministerium (Hg.): Hessisches Schulgesetz. Wiesbaden 1997

Hinz, Walther: Iran. Politik und Kultur von Kyros bis Reza Schah, Leipzig 1938

Ders.: Aus der Geschichte Irans; in: Mitteilungen. Hg. vom Institut für Auslandsbeziehungen, Stuttgart 1960

Ders.: Zarathustra. Stuttgart 1961

Hofmann, Christiane: „Die heutigen Reformer sind die Henker von gestern" Belgische Klage gegen Rafsandschani ist eine Prüfung für Iran; in: Frankfurter Allgemeine Zeitung v. 07. 03. 2000, S.3

Horkheimer, Max / Adorno, Theodor W.: Dialektik der Aufklärung. Philosophische Fragmente, Frankfurt a.M. 1994

Houtsma u.a. (Hg.): Enzyklopädie des Islam. Bd. 3, Leiden/Leipzig 1936

Huber, Ernst Rudolf: Deutsche Verfassungsgeschichte seit 1789. Bd. 4: Struktur und Krisen des Kaiserreichs, Stuttgart u.a. 1969

Huober, Hans-Günther: Reform des Bildungswesens im Iran; in: Bildung und Erziehung, 22. Düsseldorf 1969, S. 296-303

Ims, Alfons L.: Umwelt-Krise in der Dritten Welt oder Die ökologische Bedrohung der Einen Welt. Friedrich-Ebert-Stiftung. Abteilung Akademie der Politischen Bildung (Hg.), Bonn 1990

Iuvenalis, Decimus Iunius: Saturae X ; in: Decimi Iunii Iuvenalis saturae. Hg.: J.R.C. Martyn, Amsterdam 1987

Jacobs, Norman: The Sociology of Development. Iran as an Asian Case Study, New York 1966

Jeddi, Farideh: Politische und kulturelle Auswirkungen des Auslandsstudiums auf die iranische Gesellschaft im 19. Jahrhundert. Unter Berücksichtigung der iranischen Stipendiaten in Westeuropa (1812-1857), Frankfurt a.M. 1992

Jeismann, Karl-Ernst / Lundgren, Peter: Handbuch der deutschen Bildungsgeschichte. Bd. 3 (1800-1870) Von der Neuordnung Deutschlands bis zur Gründung des Deutschen Reiches, München 1987

Kant, Immanuel: Beantwortung der Frage: Was ist Aufklärung? (1784); in: Königlich Preußische Akademie der Wissenschaften (Hg.): Kant's gesammelte Schriften. Bd. 8, Berlin/Leipzig 1923, S. 35-42

Kasrawi, Ahmad: Tarikh-e Maschrutiat-e Iran (Geschichte des iranischen Konstitutionalismus). Teheran ^{6}1344 (1965)

Kemper, Herwart: Schule und bürgerliche Gesellschaft. Zur Theorie und Geschichte der Schulreform von der Aufklärung bis zur Gegenwart. Teil 1: Bürgerliche Öffentlichkeit und öffentliche Schulen: Aufklärung und Neuhumanismus, Weinheim 1991

Kent, Roland G.: Old Persian. Grammar, Texts, Lexicon, New Haven (Conn.) 1953

Khatami, Reza: Interview mit dem Hamburger Magazin „Stern" vom 2.3.2000, Nr. 10, S.252

Khomeini, Ruh-Allah: Payam-e Emam Khomeini beh Monasebat-e Aqaz-e Sal-e Tahsili (Botschaft Imam Khomeinis zum Schuljahresanfang); in: Etela-at (Nachrichten) Teheran, Nr. 15960, vom 2.8.1358 (24.9.1979)

Ders.: Sahifheie Nur; in: Roschd Moallem (Entwicklung), Teheran Dezember 1370 (1991)

Ders.: Kaschf Al-asrar (Schlüssel zu den Geheimnissen). Teheran 1359 (1980)

Ders.: Der islamische Staat (Übersetzt von Nader Hassan und Ilse Itscherenska); in: Islamkundliche Mitteilungen (Hg.: Klaus Schwarz). Bd. 9, Berlin 1983

Kiesewetter, Hubert: Industrielle Revolution in Deutschland (1815-1914). Frankfurt a.M. 1989

Kim, Djongkil: Ökologische Herausforderung an die moderne „Weltgesellschaft„ und die Notwendigkeit einer internationalen ökologisch-ökonomischen Kommunikation; in: Gosalia, Sushila/ Heise, Karl Fritz: Ökologieverständnis der Völker Afrikas und Asiens. Ansätze zu neuen Paradigmen des Wirtschafts- und Erziehungsdenkens. Beiträge zu einem interkulturellen Wissenschaftsverständnis und zum internationalen Dialog, Frankfurt a.M. 1993, S. 1-23

Klafki, Wolfgang: Zum Problem der Inhalte des Lehrens und Lernens in der Schule aus der Sicht kritisch-konstruktiver Didaktik; in: Zeitschrift für Pädagogik, 33. Beiheft: Hopmann, Stefan / Riquarts, Kurt (Hg.): Didaktik und/oder Curriculum. Grundprobleme einer international vergleichenden Didaktik, Weinheim 1995. S. 91-102

Ders.: Grundzüge eines neuen Allgemeinbildungskonzepts. Im Zentrum: Epochal typische Schlüsselprobleme; in: Neue Studien zur Bildungstheorie und Didaktik. Weinheim/Basel 1985, ^{5}1996, S. 43-81

Ders.: Unterricht; in: Christoph Wulf (Hg.): Vom Menschen. Handbuch Historische Anthropologie, Weinheim/Basel 1997, S. 788-797

Ders.: Schlüsselqualifikationen/Allgemeinbildung – Konsequenzen für Schulstrukturen; in: Braun, Karl-Heinz u.a. (Hg.): Schule mit Zukunft. Bildungspolitische Empfehlungen und Expertisen der Enquete-Komission des Landtages von Sachsen-Anhalt, Opladen 1998, S. 153-208

Klemm, Klaus / Klima, Otakar: Mazdak. Geschichte einer sozialen Bewegung im sassanidischen Reich, Prag 1957

Klima, Otakar: Ruhm und Untergang des alten Iran. Leipzig 1988

Koch, Heidemarie: Götter und ihre Verehrung im achämenidischen Persien; in: Zeitschrift für Assyriologie und Vorderasiatische Archäologie 77 (1987), S. 239-278

Dies: Persien zur Zeit des Dareios. Das Achaemenidenreich im Lichte neuer Quellen. Kleine Schriften aus dem Vorgeschichtlichen Seminar der Philipps-Universität Marburg, H. 25, Marburg 1988

Dies: Es kündet Dareios der König ... Vom Leben im persischen Großreich. Kulturgeschichte der antiken Welt, Bd. 55, Mainz 1992

Koran: Übersetzt von Rudi Paret. Stuttgart ²1982

Kramer, Samuel Noah: Geschichte beginnt mit Sumer. München 1959

Krappmann, Lothar: Identität; in: Lenzen, Dieter (Hg.): Enzyklopädie Erziehungswissenschaft. Handbuch und Lexikon der Erziehung in 11 Bänden. Bd. 1: Theorien und Grundbegriffe der Erziehung und Bildung, Stuttgart 1983, S. 434-437

Küppers, Steffen: Die islamische Republik Iran oder kulturgebundene Aktionsmuster für die Bewältigung der Probleme eines Staates im 20. Jahrhundert. Frankfurt a.M./Bern/New York/Paris 1991

Kurian, George: Iran; in: World education Encyclopedia USA. New York 1988, S. 602-609

La Belle, Thomas J. / Ward, Christopher R.: Education reform when nations undergo radical political an social transformation; in: Comparative Education 26 No.1, London 1990

Langewiesche, Dieter / Tenorth, Heinz-Elmar: Handbuch der deutschen Bildungsgeschichte. Band 5 (1918-1945): Die Weimarer Republik und die nationalsozialistische Diktatur, München 1989

Laqueur, Walther: Die deutsche Jugendbewegung. Eine historische Studie, Köln 1983

Linde, Ernst: Deutsche Erziehung; in: Die Deutsche Schule. Monatszeitschrift 16, Weinheim 1912, S. 475-494

Lingelbach, Karl-Christoph: Erziehung und Erziehungstheorien im nationalsozialistischen Deutschland. Frankfurt a.M. ²1987

Looney, Robert E.: War, revolution and the maintenance of human capital: An analysis of iranian budgetary priorities; in: Journal of South Asian and Middle Eastern Studies 15 (1991), No. 1

Lüders, Michael: Mit dem Koran in die Moderne; in: Die Zeit, Nr. 52, Hamburg, 22.12.1995

Luther, Martin: An die Ratsherren aller Städte deutschen Landes, daß sie christliche Schulen ausrichten und halten sollen (1524); in: Keserstein, Dr. H. (Hg.): Dr. Martin Luthers pädagogische Schriften und Äußerungen. Langensalza 1888, S. 31-49

Ders.: An Hans Metch (Brief von 1529); in: Keserstein, Dr. H. (Hg.): Dr. Martin Luthers pädagogische Schriften und Äußerungen. Langensalza 1888, S. 75

Ders.: Von der Freiheit eines Christenmenschen (1520); in: Lorenzen, Hermann (Hg.): Martin Luther. Pädagogische Schriften, Paderborn 1957, S. 15-32

Ders.: Von weltlicher Obrigkeit, wie weit man ihr Gehorsam schuldig sei (1523); in: Lorenzen, Hermann (Hg.): Martin Luther. Pädagogische Schriften, Paderborn 1957, S. 33-63

Lutherisches Kirchenamt der Vereinigten Evangelisch-Lutherischen Kirche Deutschlands (VELKD) und Kirchenamt der Evangelischen Kirche in Deutschland (EKD): Was jeder vom Islam wissen muß. Gütersloh 1995

M. N. (Lehrerin einer 2. Klasse): Leserbrief zur Kritik und Analyse der Grundschulbücher. (Persisch-Lesebuch für die 2. Klasse); in: Roschd Moallem (Entwicklung). Teheran Mehr 1370 (Oktober 1991)

Mahrad, Ahmad: Iran nach dem Sturz des Schahs. Die provisorische Revolutionsregierung Bazargans, Frankfurt a.m./New York 1984

Ders.: Die Außenpolitik Irans von 1950 bis 1954 und die Aufnahme der Beziehungen zwischen Iran und der Bundesrepublik Deutschland; in: Sozialwissenschaftliche Studien zu internationalen Problemen (Hg.: Diether Breitenbach). Bd. 103. Saarbrücken 1985

Mankiw, Gregory N.: Principle of Economics. Fort Worth (u. a.) 1998

Marquard, Odo: Identität: Schwundtelos und Mini-Essenz. Bemerkungen zur Genealogie einer aktuellen Diskussion; in: Marquard, Odo / Stierle, Karl-Heinz (Hg.): Identität. (Politik und Hermeneutik 8), München 1979, S. 347-369

Marzolph, Ulrich: Die Revolution im Schulbuch. Die Grundschulbücher "Persisch" vor und nach 1979; in: Spektrum Iran 7, Bonn 1994, H. 3/4, S. 36-56

Ders.: Interkulturelles Erzählen. Der Transfer von Erzählgut in iranischen Grundschulbüchern; in: Carola Lipp (Hg.): Medien populärer Kultur. Erzählung, Bild und Objekt in der volkskundlichen Forschung, Frankfurt/New York 1995, S. 182-195

Mehran, Golnar: The creation of the new muslim woman: Female education in the Islamic Republic of Iran; in: Convergence 24 (1991) No.4

Menger, Christian-Friedrich: Deutsche Verfassungsgeschichte der Neuzeit. Heidelberg, [4]1984

Meyer, Adolf: Wilhelm von Humboldt (1767-1835); in: Scheuerl, Hans (Hg.): Klassiker der Pädagogik. München 1979

Meyer, Lutz: Islamische Ideologie und Schule. Die Lehrinhalte von sozialkundlichen Unterrichtsbüchern der Grundschule der islamischen Republik im Vergleich zu denen der Schahzeit; in: Angewandte Sozialforschung 12, H. 4. Wien 1984, S. 265-274

Mieth, Dietmar: Meister Eckart; in: Greschat, Martin (Hg.): Gestalten der Kirchengeschichte. Bd. 4 (Mittelalter II), Stuttgart/Berlin/Köln 1984 (unv. Nachdruck 1993), S. 124-154

Milani, Abbas: Mabahesi dar Babe Tadjadod dar Iran "Taskerad al Ulia" (Einige Beiträge zu Modernität im Iran). Saarbrücken 1994

Mintzel, Alf / Oberreuter, Heinrich: Parteien in der Bundesrepublik Deutschland. Opladen 1992

Mirlohi, Seyed Hossein: Das allgemeine und berufliche Schulwesen im Iran. Entwicklung, Strukturen, Probleme und Perspektiven. Dissertation. Dortmund 1989

Modjabi, Djawad: Sochan dar Halghe Zandjir Asnadi az Sansur dar Matbuate Iran (Beiträge zu den Dokumenten über die Zensur in der iranischen Presse). Teheran 1357 (1978)

Mohsenpour, Bahram: Philosophy of education in postrevolutionary Iran; in: Comparative Education Review 32 (1988), No.1

Moin, Mohammad: Persisches Lexikon. Band 4, Teheran 1362 (1983)

Moini, Zohreh: Meine glückliche Schülerin; in: Roschd Moallem (Entwicklung), Teheran Azar 1371 (Dezember 1992)

Mollenhauer, Klaus: Erziehung und Emanzipation. München 1977

Mosadeghi, Modjtaba: Ein Interview über eine Lektion über Gott in der 2. Klasse im Persischunterricht. Analyse und Kritik der Grundschullehrbücher, 2. Auseinandersetzung; in: Roschd Moallem (Entwicklung). Teheran 1370 (November 1991).

Moschtaghi, Huschang: Erziehungswesen im Iran zwischen Tradition und Modernität. Freiburg i. Br. 1969

Mühlenberg, Ekkehard: Epochen der Kirchengeschichte. Heidelberg 1980

Munzinger Archiv: Iran – Politik – Wirtschaft – Kultur; in: Munzinger Länderhefte Nr. 5, Ravensburg 1998

Nafisi, Rasool: Education and the culture of politics in the Islamic Republic of Iran; in: Farsoun, Samih K. / Mashayekhi, Mehrdad (Hg.): Political culture in the Islamic Republic. London/New York 1992

Nagel, Tilmann: Die Festung des Glaubens. Triumph und Scheitern des islamischen Rationalismus im 11. Jahrhundert, München 1988

Naini, Ahmad: Entwicklungsplanung im Iran unter besonderer Berücksichtigung der landwirtschaftlichen und industriellen Entwicklung. Hamburg 1975

Nasri-ye Kad: (Zeitschrift Kad). Teheran 1362 (1983) Nr. 1

Nawab, Mohammad Ali: Keyfiat-e Amusesch wa Parwaresch dar Darun-e Madares ta sal-e 1357 (Die Qualität der Bildung und Erziehung in den iranischen Schulen bis 1978.). Teheran 1357 (1978)

Nayyeri, Mostafa: Darstellung des Schulwesens im Iran seit 1850. Dissertation. Köln 1960

Neue Jerusalemer Bibel: Einheitsübersetzung mit dem Kommentar der Jerusalemer Bibel. (Neu bearbeitete und erweiterte Ausgabe. Deutsch herausgegeben von Alfons Deissler und Anton Vögtle in Verbindung mit Johannes M. Nützel.). Freiburg/ Basel/ Wien 1985

Nöldeke, Theodor: Das Iranische Nationalepos. Berlin [2]1921

Norouzi, David / Itscherenska, Ilse: Zur Entwicklung der religiösen Bewegung in Iran: von Ansätzen eines liberalen Islamverständnisses zur Entstehung des Fundamentalismus; in: Asien, Afrika, Lateinamerika, Bd. 10, Berlin 1982

Oehler, Elisabeth: Hochbegabtenförderung in Deutschland. URL: www.goethe.de/kug/buw/sub/thm/de27082.htm (11.02.2003)

Orlandi, Enzo: Mohammed und seine Zeit. Wiesbaden 1974

Osman, Abdallah Abdel Gadir: Psychiatrische Abhandlungen im Canon medicinae des islamischen Philosophen und Mediziners des Mittelalters Ibn Sina (Avicenna, 980-1037 n. Chr.). Dissertation. Marburg 1994

Pahlawi, Mohhamed Reza Schah: Antwort an die Geschichte. Die Schah-Memoiren, München 1979

Parsa, Mohamad: Tribal Education in Iran; in: Compare, Vol. 10, No.1, Dortmund 1980

Pestalozzi, Johann Heinrich: Pestalozzi über seine Anstalt in Stans. Mit einer Interpretation von Wolfgang Klafki, Weinheim/Basel 1971

Peukert, Helmut: Die Erziehungswissenschaften der Moderne und die Herausforderungen der Gegenwart; in: Benner, Dietrich u.a. (Hg.): Erziehungswissenschaften zwischen Modernisierung und Modernitätskrise. Weinheim/Basel 1992, S. 113-127

Picht, Georg: Die deutsche Bildungskatastrophe. Freiburg 1964

Polak, Jakob Eduard: Persien. Das Land und seine Bewohner. Ethnografische Schilderungen, Leipzig 1865

Rabe-Kleberg, Ursula / Löw, Martina: Geschlechtsspezifische Sozialisation und deren Auswirkungen auf die Schulentwicklung; in: Braun, Karl-Heinz u.a. (Hg.): Schule mit Zukunft. Bildungspolitische Empfehlungen und Expertisen der Enquete-Kommission des Landtags von Sachsen-Anhalt, Opladen 1998

Rahimzadeh-Oskui, Rahim: Das Wirtschafts- und Erziehungssystem in der Geschichte Irans. Heterozentrismus – Autozentrismus, Frankfurt/New York 1981

Raisdana, Farrochlaqa: Tschegunegi-e darsad-e qabuli wa Marudi doreha-ye Tahsili-ye Ebtedaii, Rahnamaii wa Motawaseteh dar Sath-e Keschwar dar Sal-e Tahsili-ye 1363/64. (Prozentuale Verteilung der erfolgreichen und der durchgefallenen Schüler in den Schulstufen Grundschule, Orientierungsstufe und Sekundarstufe II des Landes im Schuljahr 1984/85.); in: Quarterly Journal of Education, Bd. 2 (1986) Nr. 3 und 4

Raisdana, Farrochlaqa / Zandparsa, Ali Hasan: Barresi–ye darsad–e qabuli wa Marudi dar doreha-ye Tahsili–ye Ebtedaie, Rahnamaii wa Motewasteh dar Sath–e Keschwar dar Sal-e Tahsili–ye 1362/63 (Untersuchung über erfolgreiche und erfolglose Prüflinge in Grundschule, Orientierungsschule und Oberschule im Schuljahr 1983/1984), Hg. v. Büro für Forschung und Curriculum–Entwicklung, Veröffentlichung Nr. 158. Teheran 1364 (1985)

Rasech-Afschar, Achmad: Interview, in: Roschd Moallem (Entwicklung). Mehr 1370. Teheran, Oktober 1991

Ders.: Interview; in: Roschd Moallem (Entwicklung), Azar 1370 (Teheran, Dezember 1991)

Rashad, Mahmoud: Iran- Geschichte, Kultur und lebendige Traditionen - antike Stätten und islamische Kunst in Persien. Köln 1998

Razi Hamedani, Abdullah: Tarich-e Iran az Zaman-e Bastan ta Sal-e 1316 (Geschichte Irans vom Altertum bis 1937). Teheran 1317 (1938)

Reble, Albert: Geschichte der Pädagogik. Dokumentationsband. Stuttgart 1992

Rezaii, Ali Reza: Simai Ansani Tarbiat Jafteh. (Das Bild eines gebildeten Menschen.), in: Roschd Moallem (Entwicklung). Teheran Azar 1370 (Dezember 1991)

Rezazade, Schafaq: Tarich-e adabiyat-e Iran. (Geschichte der iranischen Literatur.) Teheran 1333 (1954)

Richard, Yann: Die Geschichte der Scharia in Iran. Grundlagen einer Religion, Berlin 1983

Rodinson, Maxime: Die Faszination des Islam. München 1991

Romein, Jan: Das Jahrhundert Asiens. Geschichte des modernen asiatischen Nationalismus, Bern 1958

Roth, Karl: Mazdak: Bemerkungen über die erste sozialrevolutionäre Bewegung in Iran und ihre Auswirkungen auf den schiitischen Chiliasmus; in: Autonomie Nr. 1. Der Iran. Materialien gegen die Fabrikgesellschaft, Hamburg/Frankfurt a. Mazdak: Bemerkungen über die erste sozialrevolutionäre Bewegung in Iran und ihre Auswirkungen auf den schiitischen Chiliasmus; in: Autonomie, Nr. 1. Der Iran. Materialien gegen die Fabrikgesellschaft, Hamburg/Frankfurt a.M. 1979

Rousseau, Jean-Jacques: Emile oder Über die Erziehung (Hg.: Martin Rang). Stuttgart 1978

Ruhloff, Jörg: Jean-Jacques Rousseau, in: Fischer, Wolfgang / Löwisch, Dietrich-Jürgen (Hg.): Pädagogisches Denken von den Anfängen bis zur Gegenwart. Darmstadt 1989

Sa'di, Muslih ad-Din: Bustan (Der Obstgarten). (Hg.: Abdul Azim Qarib) Teheran 1328 (1949)

Ders.: Dibaca (Einleitung von Gulistan). Teheran o.J.

Ders.: Gulistan (Der Rosengarten). Teheran o.J.

Sa'diq, Isa: Tarich-e farhang-e Iran (Die Geschichte der iranischen Kultur). Teheran 1339 (1960)

Safa, Zabi-Allah: Durnamaii az farhang-e Iran wa asare djahani-e an. Djelweh haii az honare Iran dar tamadonhai-e digar (Einflüsse der iranischen Kunst und Kultur auf die anderen Zivilisationen).Teheran 1375 (1996)

Safarpur, M.: Amusesch wa pawaresch-e tatbighi (Vergleichende Ausbildung und Erziehung). Teheran 1342 (1963)

Samadzadeh-Darinsoo, Fatemeh: Die Islamisierung des Schulsystems der Islamischen Republik Iran. Verlauf und organisatorische Maßnahmen; in: Orient 27. Hildesheim 1986

Sanasarian, Eliz: The politics of gender and development in the Islamic Republic of Iran; in: Gabbia, Joseph G. / Gabbia, Nancy W.: Women and development in the middle east and north Africa. Leiden/New York/Kopenhagen/Köln 1992

Sarkuhi, Faradsch: "Hinter den Morden steckt die ganze Regierung". Interview in der Tageszeitung, TAZ, Nr. 5711, Berlin 14.12.1998

Schaeder, Hans-Hermann: Das persische Weltreich; in: Iranistische Mitteilungen 27 (Hg.: Helmhart Kanus-Credé), Berlin 1997, S. 31-62, (ursprünglich erschienen in: „Vorträge der Friedrich-Wilhelms-Universität zu Breslau im Kriegswinter 1940/41", Breslau 1941)

Schaller, Klaus: Die Pädagogik des Johann Amos Comenius und die Anfänge des pädagogischen Realismus im 17. Jahrhundert. Heidelberg 1962

Schariati, Ali: Schahadat. Hg. von der Union der islamischen Studentenvereine in Europa, USA und Kanada, o.O. 1977

Ders.: Zivilisation und Modernismus. Hg.: Botschaft der Islamischen Republik Iran. Aus der Reihe: Islamische Renaissance Nr. 1, Bonn 1980

Ders.: Hadsch. Hg.: Botschaft der Islamischen Republik Iran. Aus der Reihe: Islamische Renaissance Nr. 9, Bonn 1983

Schimmel, Annemarie: Islam, religionsgeschichtlich und politisch; in: Religion in Geschichte und Gegenwart, Bd. 3. Tübingen ^{3}1959, Spalten 907-920

Dies: Mystische Dimensionen des Islam. Aalen 1979

dies: Al-Halladsch – „O Leute rettet mich vor Gott". Texte islamischer Mystik, Freiburg/Basel/Wien 1995

Dies: Die Zeichen Gottes. Die religiöse Welt des Islam, München 1995

Schipperges, Heinrich: Eine "Summa Medicinae" bei Avicenna. Zur Krankheitslehre und Heilkunde des Ibn Sina (980-1037); in: Sitzungsberichte der Heidelberger Akademie der Wissenschaften. Mathematisch-naturwissenschaftliche Klasse, 1987, 1. Abhandlung, Berlin/Heidelberg 1987

Schmid, Karl Adolf: Geschichte der Erziehung vom Anfang an bis auf unsere Zeit, bearbeitet in Gemeinschaft mit einer Anzahl von Gelehrten und Schulmännern. Bd. 1, Stuttgart 1884

Schmidt-König, Fritz: Ernst J. Christoffel. Vater der Blinden im Orient, Gießen 1969

Schmitz, Klaus: Geschichte der Schule. Ein Grundriß ihrer historischen Entwicklung und ihrer künftigen Perspektiven, Stuttgart u.a. 1986

Schneider, Julius: Das neue Fach "Lebensgestaltung – Ethik – Religionskunde". Sinnvolle Propädeutik oder fragwürdiger Ersatz für den Religionsunterricht? in: Deutsche Zeitschrift für Philosophie 46. Köln 1998, S. 305-318

Schreiner, Hans Peter u.a.: Der Imam: islamische Staatsidee und revolutionäre Wirklichkeit. St. Michael 1982

Schulin, Ernst: Die französische Revolution. München 1988

Schweizer, Gerhard: Iran. Drehscheibe zwischen Ost und West, Stuttgart 1991

Seyedebrahimi, Fatemeh: Cultural incorporation of Iran into the western capital culture. Ann Arbor / Michigan University (Microfilm) 1993

Smoltczyk, Alexander / Gellie, Yves: Blick hinter den Schleier; in: Geo – das neue Bild der Erde. Hamburg, 24.02.1992, S. 62-90

Sørensen, Bengt Algot: Geschichte der deutschen Literatur II. Vom 19. Jahrhundert bis zur Gegenwart, München 1997

Sobhe, Khosrow: Education in Revolution: Is Iran duplicating the Chinese Cultural Revolution? in: Comparative Education 18, Nr. 3, London u. a. 1982, S. 271-280

Söderblom, Nathan: Der lebendige Gott im Zeugnis der Religionsgeschichte. Nachgelassene Gifford-Vorlesungen, München/Basel 1966

Soltany, Khalifeh M.: Education and shortage of skilled manpower in Iran; in: Indian Journal of Asian Affairs, (1994) Nr. 7

Sorusch, Abdul-Karim: Farbethar as ideologie. (Gewichtiger als Ideologie). Teheran 1372 (1993)

Ders.: Im Meer der Deutungen; in: Die Zeit, Nr. 52. Hamburg, 22.12.1995

Spahn, Christine: Wenn die Schule versagt. Vom Leidensweg hochbegabter Kinder, Asendorf 1997

Spuler, Bertold: Iran in früh-islamischer Zeit. Politik, Kultur, Verwaltung und öffentliches Leben zwischen der arabischen und der seldschukischen Eroberung 633 bis 1055. Hg.: Orientalische Kommission, Wiesbaden 1952

Steinbach, Udo: Iran – Land vor dem Bürgerkrieg? in: Brockhaus Enzyklopädie. Jahrbuch 2000, Leipzig/Mannheim 2001, S. 182f.

Tabatabai, Mohamad Mohiet: Naghsch-e Seyed Jamal aldin Assadabadi Dar Bidari-e Maschregh Zamin. (Die Bedeutung von Seyed Jamal aldin Assadabadi für die Wachrüttelung des Orients), Qom, 1. Aufl., o. J.

Taghawi-Moghadam, Mostafa: Modernism wa dindari dar Iran. (Modernität und Religiosität im Iran). Dissertation. Teheran 1374 (1995)

Tehrani, Alexander Sebastian: Iran. Berlin 1943

Tenorth, Heinz-Elmar: Geschichte der Erziehung. Einführung in die Grundzüge ihrer neuzeitlichen Entwicklung, Weinheim/ München 1988

Tibi, Bassam: Der Islam als eine Defensivkultur im technisch-wissenschaftlichen Zeitalter; in: Frankfurter Hefte 35, H. 4. Frankfurt a. M. 1980. S. 13-21

Ders.: Der wahre Imam. Der Islam von Mohammed bis zur Gegenwart, München 1996

Ders.: Islamische Bildungsvorstellungen und Islam-Unterricht an deutschen Schulen. Interkulturelle Öffnung und Konfliktpotentiale; in: Bildung und Erziehung 48, H. 4. Köln 1995, S. 249-260

Ders.: Krieg der Zivilisationen. Politik und Religion zwischen Vernunft und Fundamentalismus, Hamburg 1995

Tilly, Richard H.: Vom Zollverein zum Industriestaat. Die wirtschaftlich-soziale Entwicklung Deutschlands 1834 bis 1914, München 1990

Tinaye-Therani, Ali: Der irakisch-iranische Krieg vom September 1980 bis zum August 1988: Zur Möglichkeit einer Einflußnahme der Bundesrepublik Deutschland auf die Außenpolitik Irans während des Krieges sowie eine Untersuchung der Darstellung des Krieges in der bundesrepublikanischen Presse. Dissertation. Marburg 1994

Titze, Hartmut: Die Tradition der Pädagogik und die Selbstkritik der Moderne; in: Oelkers, Jürgen (Hg.): Aufklärung, Bildung und Öffentlichkeit. Pädagogische Beiträge zur Moderne, Weinheim/Basel 1992, S. 99-116

Trotzki, Leo: Die permanente Revolution; in: Pfemfert, Franz (Hg.): Kommunistische Aktionsbibliothek. Berlin-Wilmersdorf 1930

Weegen, Michael: Wie gewonnen, so zerronnen. Einige Anmerkungen zum Zusammenhang von Bildungsexpansion und Akademikerangebot; in: Rolff, Hans-Günter u.a. (Hg.), Jahrbuch der Schulentwicklung. Daten, Beispiele und Perspektiven. Band 11, Weinheim und München 2000, S. 129-150

Weiße, Wolfram: Vom Monolog zum Dialog: Ansätze einer interkulturellen dialogischen Religionspädagogik. Münster/New York 1996

Wensick, Arent Jan / Kramers, J.H.: Handwörterbuch des Islam. Leiden 1976

Wezarat-e Amuzesch Wa Parwaresch (Bildungs- und Erziehungsministerium [Hg.]): Farsi-e kelas-e awal-e dabestan (Persisch-Lesebuch des ersten Schuljahres). Teheran 1373 (1994)

Dass.: Farsi-e kelas-e dovom-e dabestan (Persisch-Lesebuch des zweiten Schuljahres). Teheran 1373 (1994)

Dass.: Farsi-e kelas-e sevom-e dabestan (Persisch-Lesebuch des dritten Schuljahres). Teheran 1373 (1994)

Dass.: Farsi-e kelas-e tschaharom-e dabestan (Persisch-Lesebuch des vierten Schuljahres). Teheran 1371 (1992)

Widengren, Geo: Iranische Geisteswelt. Von den Anfängen bis zum Islam; Baden-Baden 1961

Ders.: Mani und der Manichäismus. Stuttgart 1961

Ders.: Der Feudalismus im alten Iran. Männerbund-Gefolgswesen-Feudalismus in der iranischen Gesellschaft im Hinblick auf die indogermanischen Verhältnisse, Köln 1969

Wiesehöfer, Josef: Das antike Persien. Von 550 v. Chr. bis 650 n. Chr. Düsseldorf/Zürich ²1998

World University Service (WUS): Ausländerstudium und Reintegration. Bericht einer Studienreise in die Türkei und den Iran im Auftrag der Kommission zur Reform des Ausländerstudiums des World University Service, Bonn 1979

Über den Autor

Kambis Moghbeli, wurde am 22. Juni 1961 in Isfahan/Iran geboren. In seiner frühen Kindheit erblindete er unfallbedingt.

Von 1967-1972 besuchte er die von der deutschen Christoffel-Blindenmission initiierte Grundschule in Isfahan. Danach wechselte er auf die Regelschule und besuchte zunächst die Sekundarstufe I des Kurusch-Gymnasiums, dann den humanistischen Zweig der Sekundarstufe II des Schah-Abbas- und des Harati-Gymnasiums in seiner Geburtsstadt.

1979 legte er die Abiturprüfung ab und bezog die Rechts- und Staatswissenschaftliche Fakultät der Universität Teheran.

Im September 1980 kam Kambis Moghbeli nach Deutschland und besuchte zunächst das Studienkolleg für ausländische Studierende in Frankfurt am Main, wo er die für das Studium in Deutschland notwendigen Sprachkenntnisse erwarb.

Im Sommersemester 1981 immatrikulierte er sich an der Philipps-Universität Marburg und studierte zunächst ein Semester Germanistik. Im Wintersemester 1981/82 wechselte er in den Fachbereich Erziehungswissenschaften und begann Pädagogik zu studieren. Dieses Studium schloß er am 3. Februar 1989 mit der Diplomprüfung (Gesamtnote: sehr gut) ab.

Während seines Pädagogikstudiums absolvierte Kambis mehrere Praktika: Vom 1. Juli bis zum 31. Dezember 1982 im Psychiatrie-Beschwerdezentrum Marburg, das von der autonomen ESG (Evangelische Studentengemeinde) unterhalten wurde, vom 15. Oktober bis zum 30. November 1985 ein sozialpädagogisches Praktikum bei der Deutschen Blindenstudienanstalt Marburg und vom 15. März bis zum 30. April 1986 ein Praktikum im Internat des Landeswohlfahrtsverbandes Hessen (Joh.-Peter- Schäfer-Schule) in Friedberg.

Nach Erlangung des Diplomgrades hospitierte Kambis Moghbeli vom 1. Oktober bis zum 31. Dezember 1989 in der mediativen Frühförderung der Blindenstudienstiftung Würzburg. Dort beteiligte er sich an der Konzipierung von Förderprogrammen für blinde und mehrfachbehindert-sehgeschädigte Kinder.

Danach begann er mit einem Promotionsvorhaben, das sich zunächst auf Probleme der Modernisierung des Blindenbildungswesens im Iran bezog. Im Rahmen dieses Projekts unternahm Kambis Moghbeli in den Jahren 1990 und 1991 mehrwöchige Studienreisen in den Iran. Dabei ergab sich eine Verlagerung des Schwerpunktes seiner Arbeit auf interkulturelle Aspekte, so daß sich schließlich das endgültige Thema der vorliegenden Arbeit herauskristallisierte.

Seine Arbeit wurde mehrfach durch Verzögerungen unterbrochen, die durch Ausfälle von dringend erforderlichen Vorlesern bedingt waren.

Parallel zu seiner Arbeit war er im Bereich der christlichen Erwachsenenbildung unter Iranern engagiert. Außerdem beteiligte sich Kambis Moghbeli im Jahre 1994 an der Gründung eines evangelischen Arbeitskreises für Ausländerfragen in Marburg (MAMA e. V.).

Seinem Grundanliegen, einer zu gegenseitiger Befruchtung führenden Begegnung der Kulturen, versucht Kambis Moghbeli auch in seiner Freizeit als Geiger nachzugehen, indem er sich um eine Synthese orientalischer und europäischer Musik bemüht.

Seine akademische Ausbildung wurde im Bereich der Pädagogik vor allem durch die Professoren Wolfgang Klafki und Peter Büchner geprägt. Darüber hinaus gewann er durch die apl. Professorin der Iranistik, Heidemarie Koch, kulturgeschichtliche Erkenntnisse über den Iran aus der Sicht europäischer Wissenschaft.

www.ingramcontent.com/pod-product-compliance
Lightning Source LLC
Chambersburg PA
CBHW021932290426
44108CB00012B/814